JUNGLA DE PIEDRA

WILLIAM CARLSEN

JUNGLA DE PIEDRA

La verdadera historia del descubrimiento de la civilización perdida de los mayas

Traducción del inglés de
José Manuel Osorio

MEMORIA CRÍTICA DE MÉXICO

Título Original: *Jungle of Stone*

Traducción: José Manuel Osorio

Bajo el sello editorial CRÍTICA M.R.
Avenida Presidente Masarik núm. 111,
Piso 2, Polanco V Sección, Miguel Hidalgo
C.P. 11560, Ciudad de México
www.planetadelibros.com.mx
www.paidos.com.mx

Diseño de portada: Planeta Arte & Diseño / Marilia Castillejos
Ilustración de portada: *Cabeza colosal en Izamal,* litografía de Frederick Catherwood, 1844
Diseño de interiores: Sandra Ferrer
Fotografías de interiores: Proporcionadas por el autor
Ilustraciones de interiores: Proporcionadas por el autor (arte del frontispicio: Maria Egupova/Shutterstock, Inc. y mapa de la p. 19: Nick Springer © 2015 Springer Cartographics LLC)

Primera edición impresa en México: noviembre de 2022
ISBN: 978-607-569-361-3

Impreso en los talleres de Litográfica Ingramex, S.A. de C.V.
Centeno núm. 162-1, colonia Granjas Esmeralda, Ciudad de México
Impreso y hecho en México – *Printed and made in Mexico*

Para Kathleen O'Shea

Contenido

Introducción 11
Mapa 19
Prólogo 21

PRIMERA PARTE *Expedición* 25

1 Sur, 1839 27
2 Río arriba 43
3 Sierra del Mico 55
4 Pasaporte 67
5 A los monos les gusta el viento 81

Stephens 99

SEGUNDA PARTE *Política* 153

6 Ruinas 155
7 Carrera 175
8 Guerra 193
9 Malaria 207
10 Crisis inminente 221
11 La reunión 235

Catherwood 249

TERCERA PARTE *Arqueología* 285

12 Viaje al pasado 287
13 Palenque 309
14 Uxmal 335
15 "Magnífico" 349
16 Yucatán 363
17 Londres 381
18 Hallazgos 389
19 Chichén Itzá 411
20 "Tuloom" 423
21 Hogar 443

Los mayas 453

CUARTA PARTE *Amigos* 483

22 Vistas de monumentos antiguos 485
23 Barco de vapor 497
24 Panamá 509
25 Cruzando el istmo 525
26 Juntos otra vez 549
27 Desaparecido 561

Epílogo 569
Agradecimientos 581
Bibliografía 587
Notas 607

Introducción

Mientras cruzaba el lago más grande de Guatemala y me acercaba al poblado de Izabal, me era casi imposible imaginar que esa colección desordenada de casas de bloques de hormigón y chozas dispersas había sido alguna vez el principal puerto de entrada a la Centroamérica del siglo XIX. La otrora vigilante fortaleza en la cima de la colina ya no era más que un montón de piedras, la plaza principal se había convertido en una cancha de futbol descuidada, las tumbas y las lápidas del cementerio del puerto habían quedado hundidas, enterradas, debajo de la maleza.

Llegué al poblado para observar con mis propios ojos el lugar en donde dos hombres desembarcaron en 1839 y cambiaron la forma de comprender la historia de la humanidad. Hasta cierto punto, John Lloyd Stephens y Frederick Catherwood eran una pareja dispareja, un dúo inusual para un viaje tan revolucionario. Uno era un abogado neoyorkino extrovertido con barba pelirroja; el otro, un arquitecto y hombre de negocios inglés bien afeitado y de pocas palabras. Sin embargo, los viajes a las antiguas ruinas de Grecia, Palestina y Egipto que cada uno había hecho por separado los prepararon para la incursión sin precedentes que estaban a punto de emprender. Y la combinación de sus brillantes habilidades —Stephen con las palabras y Catherwood con las ilustraciones— los hizo candidatos idóneos para documentar y dar sentido a los sitios arqueológicos que estaban por descubrir.

Elegí la misma semana del año en la que ellos habían arribado 170 años antes. La temporada de lluvia estaba por finalizar y yo languidecía bajo el mismo calor opresivo y sofocante que ellos describieron. Si bien la ciudad de Izabal, desde hace mucho, había quedado rezagada con el paso del tiempo (el principal puerto caribeño de Guatemala ahora quedaba a un poco más de 160 km al noreste), el paisaje a su alrededor permanecía igual. La cresta de la montaña al fondo del pueblo aún constituía una barrera hacia el interior y sus pendientes empapadas de lluvia seguían cubiertas por la densa jungla. Como lo habían hecho durante generaciones, los habitantes de la localidad, muchos de los cuales vivían en chozas con techo de paja, continuaban teniendo una estrecha relación con la tierra, alimentados por la agricultura tropical a pequeña escala y la pesca en el lago.

Stephens y Catherwood me conducirían a una búsqueda de casi 2400 km a través de las montañas y las junglas de Guatemala, Honduras y México. Mientras ellos viajaron en mulas, yo seguiría su pista montado en mi propia bestia primitiva: un Toyota Corolla 1985, de color azul desgastado, sin radio o aire acondicionado. Mientras ellos se quejaban de tener problemas con los arrieros y se preocupaban por la salud de sus animales, yo —conduciendo solo por senderos selváticos enlodados, llenos de baches y grava capaz de romper huesos— imaginaba al equipo de trabajadores en la línea de ensamblaje de una fábrica japonesa de automóviles apretando los tornillos de mi Toyota, veinte años antes, a la vez que rezaba porque hubieran hecho bien su trabajo.

A pesar de la relativa semejanza entre los dos viajes a través de Centroamérica, mi llegada a Izabal tuvo lugar en un mundo transformado por los hallazgos de Stephens y Catherwood. Los dos hombres tuvieron que abrirse camino a través de una de las junglas más densas para, en muchas ocasiones, solo descubrir incomprensibles montones de piedras esculpidas y estructuras al parecer inacabadas. Yo, en cambio, llegaría a sitios arqueológicos completamente excavados y restaurados, con pirámides, templos y palacios magníficos; sitios cuyo arte y jeroglíficos revelan una civilización extraordinariamente sofisticada y compleja. Aunque sabía qué era lo que me motivaba a emprender el viaje (un irresistible deseo por saber quiénes eran estos dos hombres y cómo se las habían ingeniado para sobrevivir a pesar de que parecía imposible), aún no comprendía el insaciable deseo que los impulsó a participar en una misión tan descabellada y peligrosa.

Tampoco entendía el mundo que llevaban a cuestas y que habitaba en sus cabezas. Cuando llegaron, Charles Darwin aún se encontraba a veinte años de publicar *El origen de las especies*. En Occidente, la Biblia continuaba siendo el modelo básico a seguir en cuanto a historia, y la mayoría de los cristianos creía que el mundo tenía menos de 6 000 años. La población indígena que Colón y sus sucesores europeos encontraron al llegar al "Nuevo Mundo" era considerada salvaje y sin refinamiento: unas cuantas tribus indígenas dispersas aquí y allá, solo capaces de vivir de la tierra de la manera más básica; adoradoras de ídolos y perpetradoras de sangrientos sacrificios humanos sobre montículos de piedra.

Después de 1839, esa visión del mundo, la noción de que América siempre había sido un territorio ocupado por gente primitiva e inferior, se transformaría para siempre. Y también la suposición de que la escritura, las matemáticas, la astronomía, el arte, la arquitectura monumental —la civilización misma— eran posibles solo gracias a la denominada difusión desde una parte del "Viejo Mundo" hasta otra, y del "Viejo Mundo" civilizado al "Nuevo Mundo" incivilizado. El viaje histórico de Stephens y Catherwood alteró radicalmente nuestra comprensión de la evolución de la humanidad. Su legado hizo posible entender a la civilización como un rasgo inherente al progreso cultural humano, tal vez codificado en nuestros genes; una característica que permite a las sociedades avanzadas surgir de sociedades primitivas de modo orgánico, independiente y sin contacto, tal como ocurrió en Centroamérica y el hemisferio occidental, regiones que estuvieron aisladas del resto del mundo por más de 15 000 años. Y tal como ocurrió con las antiguas civilizaciones del Viejo Mundo, también pueden colapsar y dejar tan solo restos de su anterior esplendor.

Stephens y Catherwood fueron temerarios y se lanzaron a una región asolada por la guerra civil. Soportaron episodios implacables de fiebre tropical, momentos de enorme peligro y dificultades físicas para, al final, salir vivos de la hazaña y publicar dos *best sellers*: los primeros trabajos de arqueología americana, escritos e ilustrados de manera tan cautivadora que se han vuelto clásicos y continúan editándose en la actualidad. En 1839, descubrieron vestigios de lo que llegaría a conocerse como la *civilización maya*. Pero, más que descubrirlos, les dieron sentido. Llegaron a conclusiones que desafiaron el pensamiento convencional de su época y marcaron el inicio de un siglo y medio de excavaciones e investigaciones que continúan hoy en día. Tras la publicación de sus libros, las misteriosas ruinas de piedra en Centroamérica, la vasta y sofisticada red de caminos de los Inca en América del Sur, y los monumentos y templos de los aztecas dejaron de ser considerados vestigios de las tribus perdidas de Israel, de los marineros fenicios o de los sobrevivientes de la Atlántida perdida. Se comprendió su origen autóctono, producto de la imaginación, inteligencia y creatividad de los nativos americanos.

Jungla de piedra se centra en el tortuoso viaje que condujo a estos descubrimientos, así como en los dos extraordinarios hombres que los llevaron a cabo. El libro teje sus biografías poco conocidas a través de la narrativa de sus expediciones y posteriores logros. Stephens derrotaría al Imperio británico dos veces y sus éxitos personificaron el espíritu de los Estados Unidos en apogeo durante el siglo XIX.

Este libro es el primer texto que combina la historia de exploraciones anteriores, las circunstancias y el contexto de sus descubrimientos, así como la repentina e inesperada competencia con los británicos para convertirse en los primeros en mostrar al mundo el arte y las maravillas arquitectónicas de los mayas. Las ilustraciones de Catherwood, dibujadas "allí mismo", son las primeras representaciones precisas, sorprendentemente detalladas, de ese mundo perdido de una época anterior a la fotografía.

Las hazañas de Stephens y Catherwood son sobresalientes incluso para una gran era para la exploración, que más tarde revelaría la fuente del Nilo en África Central y Machu Picchu en Perú y enviaría expediciones a los polos norte y sur. Conocidos entre los arqueólogos de hoy día como los creadores de los estudios mayas, sus logros fueron muchos más. Como Darwin lo haría después, rechazaron las construcciones dogmáticas del pasado y contribuyeron a sentar las bases para una nueva ciencia de la arqueología. Capturaron el romance, misterio y júbilo del descubrimiento con tal viveza e intensidad que inspiraron a futuros exploradores. Expusieron al mundo el reino de riquezas artísticas y culturales de una antigua civilización originaria, cuyos vestigios echan a volar la imaginación, atraen a millones de visitantes cada año y todavía tienen mucho que enseñarnos.

Cuando Cristóbal Colón y sus sucesores europeos comenzaron a arribar en el llamado "Nuevo Mundo" a finales del siglo XV, el hemisferio occidental se encontraba habitado por varias sociedades avanzadas. A Hernán Cortés y a sus conquistadores españoles les maravilló en particular la gran sofisticación de la capital de los aztecas, Tenochtitlán, ahora enterrada bajo la actual Ciudad de México. Sin embargo, a ellos les interesaba más el oro que los hallazgos arqueológicos, y les preocupaba más subyugar a las poblaciones indígenas a través de la imposición del cristianismo "civilizado" y la erradicación de las prácticas paganas, derribando templos para construir nuevas ciudades y poniendo a la población originaria a trabajar para los señores españoles. Cualquiera que haya sido la sofisticación y los refinamientos sociales que encontraron en México y Perú, evitaron mezclarse con sus habitantes y mantuvieron a la América española aislada del resto del mundo durante casi tres siglos.

Al momento de la Conquista española, los aztecas dominaban el territorio central de México y los incas administraban un imperio en expansión desde su base central en los Andes peruanos. Sin embargo, la muy evolucionada civilización maya ya había dejado de existir, formaba parte de la historia antigua. Fue una cultura tan distante de los aztecas y de los incas en la línea del tiempo como esos dos imperios lo son hoy de nosotros. Los restos de las ciudades mayas, otrora deslumbrantes centros densamente poblados, yacían cubiertos por la vegetación de la jungla. Los señores de las ciudades, escribas y astrónomos, arquitectos y artistas, obreros, soldados y comerciantes habían desaparecido de forma misteriosa. Inclusive si los aztecas —separados del corazón territorial de los mayas por cientos de kilómetros— sabían de la existencia de las ruinas mayas, tenían poca o nula comprensión histórica de quiénes habían sido aquellos antiguos mayas. Los aztecas eran incapaces de leer la milenaria historia escrita que los mayas dejaron en los jeroglíficos de sus monumentos caídos.

En la cúspide de sus logros, durante un período de seiscientos años que abarcó hasta el siglo X d. C., los mayas se encontraban en un nivel sin parangón en las Américas. Incluso mientras los arqueólogos continúan hallando rastros de antiguas culturas nativas americanas, algunas anteriores a la maya, ninguna ha igualado la complejidad política, el arte, la escritura, las habilidades matemáticas y astronómicas, la visión arquitectónica y la longevidad de los mayas de la era clásica. Durante la longeva existencia de su civilización construyeron más de cuarenta ciudades-Estado importantes, y se estima que hasta diez millones de ellos habitaban la península de Yucatán y los bosques tropicales de las tierras bajas de lo que hoy en día es Guatemala, México, Honduras y El Salvador. En contraste, en una región de Guatemala conocida como El Petén, en el corazón del territorio de los antiguos mayas, hoy la población apenas supera el medio millón de habitantes.

Desde cualquier perspectiva, la civilización maya fue en alto grado longeva y sostenible. Ya para 1500 a. C., ocupaba desde la costa del Pacífico hasta las tierras altas de Guatemala y se extendía al norte hasta los pantanos tropicales de las tierras bajas. Así, durante el milenio siguiente y aun más adelante, desarrollaron comunidades agrícolas cada vez más complejas, con cosechas de yuca, frijoles, calabaza y, lo más importante de todo, maíz. Durante el período de florecimiento de la Grecia clásica (400 a. C.), los mayas ya construían pirámides y templos alrededor de sus plazas centrales.

Línea de tiempo de las civilizaciones antiguas

2500 a. C. 2000 1500 1000 500 0 500 1000 1500 d. C.

Nuevo Mundo

800 a. C. maya 950 d. C.
1350 azteca 1521
1220 inca 1532

Viejo Mundo

3100 a. C. egipcia 30 d. C.
750 a. C. griega 146 a. C.
500 a. C. romana 476 d. C.

En tan solo unos cuantos cientos de años, las estructuras adquirieron una escala que requirió millones de horas de mano de obra, así como maestría técnica y organizativa. Aunque no disponían de herramientas de metal o de la rueda, extrajeron miles de kilogramos de bloques de piedra y construyeron pirámides que se elevaban por encima del dosel de la selva tropical.

Docenas de sus ciudades-Estado evolucionaron durante el siguiente milenio, cada una gobernada por señores poderosos, algunas con poblaciones más grandes que cualquier ciudad de Europa en ese momento, y conectadas mediante largas calzadas de piedra caliza triturada. Aunque gobernados por dinastías reales independientes que a menudo se declaraban la guerra entre sí, los mayas desarrollaron una cosmología unificada y cohesiva, una serie de dioses comunes, un mito de la creación y una visión artística y arquitectónica compartida. Crearon monumentos y bajorrelieves de estuco y piedra, esculpieron figuras y jeroglíficos con refinada habilidad artística. Cubrieron sus templos con colores brillantes y llamativos, decoraron sus palacios con mosaicos de piedra y pintaron murales narrativos memorables. Estudiaron el cielo nocturno desde observatorios astronómicos, crearon uno de los calendarios entrelazados más complejos del mundo, resolvieron matemáticamente grandes ciclos de tiempo —en el proceso inventaron el concepto de *cero*— y registraron su historia con el único sistema de escritura precisa en las Américas, lo que les permitió transcribir todo lo que querían decir.

Pero luego todo llegó a su fin. La gran civilización maya, una de las más complejas y avanzadas del mundo antiguo, se disolvió, y los bosques tropicales se adueñaron de sus logros, dejando tras de sí una jungla de piedra oculta que un día dos exploradores revelarían al mundo, lo que daría comienzo al proceso de desentrañar la asombrosa e improbable historia de los mayas.

United States
Gulf of Mexico
Mexico
Cuba
Caribbean Sea
Pacific Ocean
Nicaragua
Costa Rica
To New York 1842
From New York 1841
To New York 1840
F. Catherwood Del.
Gulf of Mexico
Silan
Yalahou
Cancun
Sisal
Merida
Valladolid
Chemax
Cozumel
Mayapan
Chichen Itza
Uxmal
Kabah
Labna
Tulum
Bolonchen Cave
Labphak
Iturbide
0 50 100
Scale in Miles
Yucatan
Caribbean Sea
Mexico
Calukmal
From New York 1839
El Mirador
Palenque
Belize City
Tikal
Usumacinta R.
Belize
Tonina
Gulf of Honduras
Comitan
Guatemala
Lake Izabal
Rio Dulce
Camotan
Quirigua
Quetzaltenango
Iximche
Copan
Lake Atitlan
Guatemala City
Honduras
Pacific Ocean
El Salvador
Sonsonate
San Salvador
Uxmal
Stephens to Costa Rica and Nicaragua
Nicaragua
F. Catherwood Del.

Prólogo

John Lloyd Stephens se sentía exhausto. Era abril de 1852 y estaba en su segundo año como presidente de uno de los proyectos más atrevidos de la época: la construcción de un ferrocarril a través del estrecho, brutal, casi impenetrable istmo de Panamá. Encontrar o construir un pasaje que conectara a los dos grandes océanos había sido el sueño de exploradores y comerciantes durante siglos. Las propuestas de un canal nunca faltaron, pero ninguna se había vuelto realidad. Costaban demasiado y la tecnología adecuada aún no existía. Pero entonces parecía el momento oportuno. A mediados de siglo, la presión para atravesar el hemisferio occidental por algún lugar de Centroamérica —fuera a través de un canal o por ferrocarril— había llegado a su punto álgido. Hubo una estampida de gente en busca de oro en las sierras de California. Era la época de los barcos de vapor, los ferrocarriles y el telégrafo, una época en la cual el tiempo y el espacio fueron acortados. Tecnológicamente casi todo parecía posible.

A principios de abril, debilitado por el exceso de trabajo, con el hígado devastado por episodios crónicos de malaria, Stephens ya no podía continuar. Su camino de hierro ya tenía años de retraso. A diferencia de sus adinerados socios de negocios que vivían cómodamente en Nueva York,

Stephens había pasado la mayor parte de los tres años anteriores en Panamá. A pesar de no ser físicamente imponente, poseía una constitución de acero que había sobrevivido a todo tipo de abusos corporales imaginables durante sus viajes por las regiones del planeta más asoladas por enfermedades. Se había familiarizado íntimamente con las traicioneras montañas y selvas de Centroamérica. Pero la selva tropical de Panamá era diferente. Era oscura y despiadada, más tenebrosa e implacable que cualquier otra cosa que hubiera conocido.

Desde el principio casi todo salió mal. En lugar de empezar la construcción del ferrocarril desde el centro del istmo —como en un inicio se había planeado y donde el terreno era más elevado, más seco y más propicio—, se vieron obligados, en cambio, a comenzar en una isla ubicada en los manglares de la costa caribeña. Desde allí se abrieron paso centímetro a centímetro hacia el Pacífico a través de la jungla. Sumergidos hasta el pecho, los hombres vadearon por aguas infestadas de cocodrilos y serpientes venenosas. Cuando los pantanos terminaban, empezaban las arenas movedizas y el lodo. Las nubes de mosquitos cargados de enfermedades eran tan espesas que oscurecían el cielo. Y la lluvia torrencial que caía, solamente interrumpida por intervalos insoportables de sol, parecía rebasar la capacidad humana de comprenderla.[1]

A veces parecía que todo era solo padecimiento y muerte. La malaria y otras enfermedades tropicales, agrupadas bajo el temido término genérico de fiebre de Chagres, tuvo un costo devastador. En ocasiones resultaba imposible mantener una fuerza laboral estable y hubo más de un motín. Equipos de trabajo enteros perecían o los hombres se enfermaban a tal grado que no podían continuar, su salud dañada para el resto de sus vidas. Algunos se volvieron locos, otros huyeron a los campos de oro en California o pagaron con su propio dinero el pasaje de vuelta a casa con tal de salir de allí. Más tarde, a mediados de 1852, el cólera volvería a propagarse por el istmo y, en cuestión de semanas, dejaría a su paso cientos de muertos.

Las vías de hierro se extendían 32 km a través de abundantes pantanos y, en los días buenos, hasta parecía que la descabellada idea podría funcionar. Pero unos cuantos meses antes, el dinero comenzó a agotarse. Stephens sentía que llevaba todo el peso del proyecto a cuestas. En cartas a sus amigos, había predicho que para 1852 el ferrocarril atravesaría la división continental y se acercaría a la ciudad de Panamá y al océano Pacífico. Después de todo, la distancia total era de menos de 80 km. Pero gradualmente dejó de aventurar más predicciones. Tres años de penuria, trabajo, enfermedad y muerte no habían servido siquiera para recorrer la mitad del camino. Aún no cruzaban el río Chagres, el más formidable de los obstáculos y cuya furia durante la temporada de lluvias parecía la ira de Dios. Además, la cima que divide las cuencas del Atlántico y el Pacífico aún se vislumbraba a kilómetros de distancia.

Stephens rara vez se quejaba, pero con ánimo sombrío comenzó a insinuar su deseo de vivir lo suficiente para ver el primer tren transcontinental del hemisferio desplazarse de mar a mar. A la edad de 46 años, su cuerpo estaba deteriorado. Ya había perdido la cuenta de las veces que había cruzado y vuelto a cruzar el istmo. Pronto llegaría la temporada de lluvias y el trabajo se ralentizaría. Era hora de regresar a casa.

Aunque no hay constancia del estado exacto de su salud cuando abordó el barco de vapor con destino a Nueva York, no mucho antes de partir le escribió a su padre una confesión: "Estoy envejeciendo, la adversidad y las enormes demandas de mi trabajo me hacen sentir cada vez más agotado. Pero no vale la pena preocuparlo con la labor, la ansiedad y las responsabilidades que debo seguir soportando".[2] Vería pronto a su padre, dijo.

El ferrocarril —un ferrocarril a través de Panamá— se convertiría en una realidad, de eso no le cabía duda. Ya antes había enfrentado y vencido dificultades y obstáculos increíbles. Era un visionario y Centroamérica nunca lo había derrotado. En sus selvas presenció cosas que pocos hombres habían visto, hizo descubrimientos asombrosos y trajo historias casi imposibles de creer, relatos que habían cambiado en el mundo la forma de entender la historia de la humanidad y que lo habían hecho rico y famoso.

Por un tiempo, los aplausos y el reconocimiento lo habían deleitado.

Ahora creía en un nuevo sueño —un sueño muy americano— y en que, cuando la temporada de lluvias llegara a su fin, nada podría impedirle regresar a Panamá para terminar la obra que había comenzado.

PRIMERA PARTE

Expedición

Vista de Manhattan en 1851

1

Sur, 1839

Stephens subió a bordo de un bergantín británico antes del amanecer del 3 de octubre de 1839 para embarcarse en el viaje más audaz y extraordinario de su vida. Temprano en la mañana, cuando la marea comenzó a bajar a lo largo de los muelles del río Hudson en Nueva York, el *Mary Ann*, con las velas quietas por la falta de viento, soltó amarras. "Las calles y los muelles se encontraban silenciosos", escribió Stephens, "el Battery estaba desolado y, en el momento de dejarlo atrás por un viaje de duración incierta, parecía más hermoso que nunca".[1]

El barco zarpó con la marea saliente alrededor de Castle Garden, una antigua fortaleza en las aguas adyacentes al Battery, y luego giró lentamente alrededor de Governors Island en compañía de un gran barco ballenero que se dirigía al Pacífico. Un solo pasajero más viajaba con Stephens a bordo del *Mary Ann*, un artista y arquitecto inglés llamado Frederick Catherwood. Stephens estaba a punto de cumplir 34 años y Catherwood, más alto y más delgado que su compañero, era seis años mayor. Formaban una pareja extraña, opuestos en muchos sentidos, pero eran amigos y ahora, por acuerdo escrito, compañeros de trabajo. Stephens, un abogado, había redactado el inusual contrato.

Varios amigos los acompañaron hasta el Narrows, en el extremo sur de Brooklyn, donde se despidieron y desembarcaron, seguidos una hora después por el práctico del puerto. Ahora en compañía nada más del capitán del *Mary Ann* y de su pequeña tripulación, Stephens y Catherwood esperaron la llegada del viento. Después de un tiempo, las velas comenzaron a llenarse y lentamente llevaron el bergantín de dos mástiles rumbo al este, hacia el Atlántico. Finalmente rodearon Sandy Hook y los dos hombres vieron cómo las tierras altas de Nueva Jersey desaparecían en el poniente junto con el sol. A la mañana siguiente ya se encontraban de lleno en alta mar.

Se dirigían al sur hacia el golfo de Honduras. En ese momento, la mayoría de los norteamericanos desconocía aquel golfo hondureño. Las rutas comerciales de Estados Unidos hacia el sur se concentraban principalmente en las islas del Caribe: las Indias Occidentales, Cuba y Jamaica, todas en el lado este del golfo. Las rutas marítimas continuaban en dirección sur a través del Caribe, bordeando la joroba oriental de América del Sur y luego descendiendo para rodear la punta sur del continente a la altura de Cabo de Hornos y hacia el Pacífico.

El golfo de Honduras —un cuerpo de agua semejante a la forma de un triángulo y que de manera parcial delimita la zona de Centroamérica inmediatamente al sur de México— se encontraba alejado de las rutas marítimas de Estados Unidos por una buena razón. Más de trescientos años antes, en 1502, no mucho después de que Colón cruzara sus aguas en su último viaje al Nuevo Mundo, se corrió un gran telón desde el sur de México alrededor de la masa continental de Centro y Sudamérica. Los conquistadores que llegaron después de Colón y sus gobernantes en España habían aislado a Hispanoamérica del resto del mundo.[2] No fue sino hasta los disturbios políticos en Europa a principios del siglo XIX cuando la situación comenzó a cambiar. La Revolución francesa y el ascenso de Napoleón Bonaparte pusieron en marcha la disolución del Imperio español. Una a una, las colonias americanas españolas se separaron de España y el telón empezó a levantarse. Finalmente, el acceso progresivo a las misteriosas tierras del sur, cerradas durante tantos años a los norteamericanos, fue posible.

Si bien los comerciantes estadounidenses tardaron en explotar la apertura, sus rivales, los británicos, siempre expandiendo los límites de su propio imperio, ya se habían establecido a lo largo de un extremo del golfo de Honduras, haciéndose de un territorio en el borde de la península de Yucatán en donde fundaron una colonia llamada Belice. El asentamiento inglés estaba protegido por una larga cadena de arrecifes de coral y pequeñas islas que, durante cientos de años, habían protegido a los bucaneros británicos, acosadores de los galeones españoles que navegaban de un lado a otro entre Centroamérica y España.

Justo al sur de Belice, el golfo triangular se estrecha hasta un punto en la base de la península de Yucatán, donde un cuerpo de agua llamado río Dulce había servido de conducto para la mayor parte del comercio de España hacia y desde Centroamérica. Stephens y Catherwood se dirigían a ese punto, luego tierra adentro hasta su destino final: Ciudad de Guatemala, la antigua capital de las colonias centroamericanas de España. El secretario de Estado de Estados Unidos, John Forsyth, fue quien encomendó a Stephens la misión. Como *chargé d'affaires* y agente confidencial designado por el presidente Martin van Buren, se le indicó que se reuniera con los líderes de las Provincias Unidas de Centroamérica, recientemente formadas, para llegar a un acuerdo comercial.[3] Sin embargo, había un problema. Los dos hombres aterrizaban en una región devastada por la guerra civil y, en el mejor de los casos, no quedaba claro si Stephens iba a poder llevar a cabo exitosamente su misión diplomática.

Pero él y Catherwood también tenían otra misión, una que habían planeado de forma cuidadosa meses antes de que Stephens obtuviera, inesperada y fortuitamente, su nombramiento presidencial. Habían leído informes vagos de piedras intrincadamente esculpidas enterradas en la jungla centroamericana. Los relatos habían despertado en ellos la sospecha y la esperanza de que aquellos vestigios pudieran ser más que piedras esparcidas al azar, algo quizá más sofisticado, posiblemente signos de un mundo oculto desconocido. Así es que, una vez que Stephens resolviera sus deberes oficiales, con o sin éxito, los dos hombres estaban decididos a abrirse camino a través de la jungla y ver por sí mismos lo que podían encontrar.

No se sabe exactamente cuándo o dónde se conocieron Stephens y Catherwood.

Ninguno de los dos dejó un relato del encuentro, y no existe una descripción de esa primera reunión por parte de alguno de sus contemporáneos. Durante mucho tiempo se asumió que tuvo lugar en Londres en el verano de 1836, tres años antes de que abordaran el *Mary Ann*.[4] Catherwood había estado trabajando en Londres y Stephens pasó por la ciudad de camino a su casa en Nueva York, tras haber viajado dos años a través de Europa, Egipto y el Oriente Próximo. Mientras visitaba Jerusalén a principios de ese año, se encontró con un mapa turístico de la ciudad santa que había sido elaborado y publicado por Catherwood; su primer encuentro con el artista, aunque solo haya sido con su nombre. Ese verano en Londres, aventureros como Stephens y Catherwood formaron una pequeña sociedad y es lógico concluir que hayan coincidido allí. Pero manifiestos navieros recientemente descubiertos muestran que Catherwood se había ido de Londres para mudarse con su familia a Nueva York antes de que Stephens llegara a la capital inglesa.[5] Lo más probable es que se conocieran en la ciudad de Nueva York ese mismo año o el siguiente. Una vez más, sus intereses habrían hecho que tal reunión fuera casi inevitable dado el pequeño, pero creciente, círculo de artistas e intelectuales de Nueva York. (La población de Nueva York era menos de una cuarta parte de la de Londres). Y, de hecho, los dos hombres habían tenido aventuras notablemente similares. Cada uno había cubierto el mismo terreno accidentado del Medio Oriente, explorado muchos de los mismos sitios históricos antiguos —Catherwood precedió a Stephens por casi una década— y ambos habían sobrevivido al entorno político y natural, a menudo hostil, de la región. Era como si ambos hombres, siguiendo pistas paralelas durante años, estuvieran destinados a unirse.

Catherwood fue aprendiz de un arquitecto-agrimensor en Londres durante su juventud. Después continuó sus estudios en Roma y Grecia antes de arribar a El Cairo en 1824. Llegó el mismo año en el que Jean-François Champollion anunció al mundo que había descifrado el ancestral sistema de escritura jeroglífica egipcia con la ayuda de la piedra de Rosetta. Europa se hallaba inmersa en un "furor" egipcio, y durante la década siguiente Catherwood participó en dos expediciones por el Nilo para estudiar e ilustrar pirámides y templos. Se familiarizó con el idioma árabe, usó turbante y, en ocasiones, arriesgó su vida vistiéndose como un nativo para ganarse la entrada a los lugares sagrados musulmanes, prohibidos a extranjeros, con el fin de capturarlos mediante dibujos.[6]

De igual manera, Stephens se había puesto la indumentaria de un comerciante de El Cairo, un disfraz que lo ayudó a cruzar el desierto del Sinaí sin que lo molestaran hacia uno de los sitios históricos más peligrosos de la región: la antigua ciudad de piedra de Petra, enclavada en un cañón rocoso en lo que ahora es el sur de Jordania. Petra se encontraba aislada del mundo exterior y era custodiada por impredecibles tribus beduinas. Era el destino más alejado de la cómoda vida de abogado de Nueva York, que Stephens hubiera podido encontrar.

Cualesquiera que fueran las circunstancias de su primer encuentro, algo se había apoderado de ambos hombres en el desierto. Ninguno de los dos fue exactamente imprudente. De hecho, en muchos sentidos, eran hombres convencionales. Catherwood era arquitecto de profesión, casado y con tres hijos, consciente de sus responsabilidades como padre de familia. Stephens ejercía la abogacía, era dueño de propiedades y se había dedicado a la política durante casi una década antes de partir hacia Europa y Medio Oriente. Pero algo que parecía viral, una compulsión casi patológica de ir hasta el límite, de redefinirlo, había infectado a ambos hombres en el desierto, y ninguno parecía capaz de curarse. La adrenalina nunca se había desvanecido del todo. Las comodidades de Nueva York parecían injustificadas. Algo faltaba en sus vidas. Entonces, después de tres años en la ciudad, leyeron acerca de las seductoras referencias a misteriosos monumentos esculpidos y ruinas de edificaciones de piedra que se encontraban en las selvas de América Central, descripciones acompañadas por especulaciones sobre el significado de los descubrimientos. ¿Podría acaso tratarse de los vestigios de una antigua civilización perdida y enterrada bajo la jungla, a diferencia de las ruinas egipcias que habían visto completamente expuestas sobre las arenas del desierto? Parecía demasiado bueno para ser cierto, pero la idea era embriagadora. Las antiguas obsesiones se volvieron a apoderar de ellos, la sed por la aventura, la búsqueda, el olor a peligro, una curiosidad insaciable.

Aun así, había asuntos mundanos que resolver primero.

En 1836, cuando Catherwood se mudó con su familia a Nueva York, rápidamente encontró trabajo como arquitecto. No obstante, al cabo de un año emprendió la construcción de una cavernosa sala "panorámica" de exposiciones para exhibir sus enormes lienzos del Medio Oriente. La iniciativa despegó instantáneamente y fue remunerada de forma generosa.

Stephens, mientras tanto, venía de dos fenomenales éxitos editoriales. A pesar de que nunca había redactado algo más emocionante que informes y contratos, a su regreso de

Europa decidió intentar escribir sus aventuras en Europa y Medio Oriente. Resultó ser un narrador talentoso. Su primer libro, *Incidents of Travel in Egypt, Arabia Petraea, and the Holy Land*, tuvo un éxito de ventas arrollador.[7] Según John R. Bartlett, un vendedor de libros de Astor Place, "Ningún libro despertó un interés más profundo en Nueva York". Tuvo tanto éxito que, inmediatamente, Stephens siguió con un segundo trabajo, un relato de sus viajes por Grecia, Turquía, Rusia y Polonia.

En dos años logró producir dos obras literarias, casi mil páginas en total, increíblemente populares, aclamadas por la crítica y con una de las prosas más originales de su tiempo. Había dejado las leyes muy atrás y estaba listo para otra aventura y un nuevo libro. También entendió que, si encontraba la manera de incorporar el arte de Catherwood en su narrativa, el próximo libro podría tener aún más éxito. Mientras los dos hombres comenzaban a planear su escape a Centroamérica, el agregado estadounidense a la región murió de forma inesperada, seguido por el fallecimiento igualmente repentino de su reemplazo. El destino parecía dar por terminado el asunto. Recurriendo a antiguas conexiones en el Partido Demócrata, Stephens consiguió que el presidente Van Buren le asignara el cargo diplomático.

Un largo viaje hacia el sur no era tan fácil para Catherwood, ya que tenía una familia y un nuevo negocio del que ocuparse. Así que Stephens, quien había recibido mucho dinero gracias a las regalías de sus libros, le hizo una oferta. Según un "acta de acuerdo" firmada por ambos el 9 de septiembre de 1839, Catherwood acompañaría a Stephens a Centroamérica y permanecería con él hasta que terminara sus funciones oficiales para el gobierno de Estados Unidos, momento en el que los dos quedarían libres para viajar a "ciudades, lugares, escenas y monumentos en ruinas".[8] Catherwood crearía dibujos para "uso y beneficio exclusivo" de Stephens. A cambio, Stephens pagaría todos los gastos de Catherwood durante su viaje, más 1 500 dólares (una suma significativa en ese momento), de los cuales 25 se deducirían semanalmente para entregárselos a la Sra. Catherwood durante la ausencia de su esposo.[9] Catherwood dejó la administración de su sala panorámica en las manos de un socio comercial.

Es difícil saber hasta qué punto el acuerdo, con su lenguaje contractual detallado, reflejaba una falta de familiaridad y confianza entre los dos hombres o si se trataba de otra cosa, de una formalidad típica del siglo xix. Sin duda, Catherwood tenía que cuidar a su familia y Stephens no había dejado de ser abogado, ni había perdido la forma de pensar de un abogado o dejado de apreciar el valor de los contratos. Los dos hombres revelarían tan poco sobre su relación personal en los años siguientes que continúa siendo un misterio a pesar de los célebres viajes públicos que hicieron juntos. En las más de 1 800 páginas de narraciones e ilustraciones que surgirían de sus futuras aventuras, Stephens ni una sola vez describió a Catherwood. De hecho, nunca se ha encontrado una imagen de Catherwood, ningún dibujo o daguerrotipo de él.[10] Y siguió siendo el "señor Catherwood" o "Sr. C." a lo largo de los escritos de Stephens, incluso si el "Sr." a veces no se incluía en las cartas de Stephens. Pero dicha formalidad también reflejaba la llegada de la era victoriana, cuando la reserva y el decoro entre los dos hombres era de esperar, al menos públicamente. En este sentido, la formalidad exterior entre los dos no era muy diferente a la de otros famosos compañeros de viaje de la época: Meriwether Lewis y William Clark, o Alexis de Tocqueville y Gustave de Beaumont, o Alexander von Humboldt y Aimé Bonpland.

Además, el señor Catherwood, como la escritura de Stephens revelaba de forma indirecta, era taciturno por naturaleza, con un sentido del humor peculiar, un hombre profundamente reservado, un perfeccionista. En parte, su formación como arquitecto y sobre todo como artista —el observador que traficaba con imágenes— pudo llevarlo a evitar el protagonismo y dejar que el comunicativo y gregario Stephens fuera el centro de atención. Si bien tenían personalidades opuestas, no hay duda de la lealtad y respeto que sentían entre sí y que aflorarían una y otra vez durante los siguientes 13 años de asociación y estrecha amistad. Los dos amaban la historia, compartían un interés compulsivo por las antigüedades y poseían un coraje físico y una tenacidad de tan asombroso alcance que les permitiría superar las enormes dificultades que les esperaban.

Era un tiempo particularmente complicado para navegar hacia el sur. La temporada de huracanes aún no había terminado. Los capitanes de barco y sus pasajeros no contaban con nada parecido a los sistemas de predicción del tiempo que hoy existen. Así es que navegaron en aguas del Caribe a fines del verano y principios del otoño solo con coraje y fe ciega, conscientes de los grandes peligros que enfrentaban. Sin embargo, ya en el octavo día el *Mary Ann* se desplazaba fácilmente entre Cuba y La Española, hasta que una tormenta tropical los golpeó. El pequeño bergantín se dirigió directamente al oeste, hacia el golfo de Honduras. Tras unos tortuosos 18 días de lluvia, viento y mares agitados, arribaron en el puerto protegido de Belice justo cuando amainaba la última tormenta.

La deteriorada ciudad fronteriza sobresalía de las aguas color aguamarina como una línea blanca plana de poco más de 1.5 km de largo, enmarcada por un fondo verde oscuro de cocoteros y jungla. La noche anterior, un adolescente, el hijo de uno de los pilotos del puerto, había subido a bordo para conducirlos de manera segura entre los escarpados arrecifes de coral. El *Mary Ann* terminó anclado junto a varias balsas cargadas con troncos de caoba, el principal producto de exportación de la colonia. Una docena de barcos, bergantines y goletas se hallaban anclados al lado de un viejo barco de vapor. El asentamiento costero, pegado al borde de la gran península de Yucatán, se asemejaba más a una isla que a un país. Había evolucionado desde sus días de piratas hasta convertirse en el principal puesto comercial para la distribución de bienes europeos que se dirigían a las costas de Honduras, Guatemala y la Isla Mosquito y, finalmente, tierra adentro a otros estados centroamericanos. Pero sus almacenes, residencias y 6000 habitantes se encontraban aislados del interior por una jungla densa, casi intransitable. Un río dividía a la ciudad en dos. Conocido simplemente como río Viejo, era el único camino hacia el interior; su fuente tan profunda dentro de las selvas tropicales seguía siendo un misterio.

En muchas de las calles, el lodo llegaba hasta los tobillos debido a los aguaceros que aterrizaban repentinamente desde el mar. Algunas de las casas se elevaban sobre pilotes y estaban circundadas por terrazas abiertas para aprovechar cualquier brisa que pudiera aliviar el húmedo y abrumador calor de la tarde. Tablones de madera servían como veredas llenas de flores tropicales y palmeras. Un puente de madera sobre el río conectaba los dos extremos de la ciudad. En el extremo sur había un ordenado complejo de edificios públicos de tablillas blancas: la residencia del superintendente de Su Majestad, el palacio de justicia, oficinas, un hospital, una cárcel y una escuela gratuita. En medio se encontraba una iglesia de piedra coronada con un alto chapitel agudo que parecía trasplantado directamente de la campiña inglesa.

Como Stephens relataría, quedó atónito ante el recibimiento que tuvieron a su llegada al desconocer las exaltadas formalidades y los privilegios que acompañaban a su nueva oficina diplomática. Inmediatamente fue invitado a la Casa de Gobierno para reunirse con el superintendente del asentamiento, el coronel Alexander MacDonald. Luego, mientras organizaba el pasaje por la costa a Guatemala en el viejo barco de vapor anclado en el puerto, encontró a un agente dispuesto a retrasar la salida del barco de vapor durante varios días más para permitir una estadía más larga en Belice.

"Acostumbrado a someterme a las regulaciones despóticas de los agentes de barco de vapor en casa", escribió Stephens, "esto me pareció un honor aún mayor que la invitación de su excelencia; pero, no deseando abusar de mi fortuna, pedí una demora de solamente un día".

Otra notable diferencia con Estados Unidos era que Gran Bretaña había prohibido la esclavitud en todas sus colonias cinco años antes. Pero a Stephens le quedó claro rápidamente que la esclavitud nunca se había hecho realidad en Belice, en donde dos tercios de la población eran negros y la mayoría de los blancos descendía de piratas ingleses náufragos o retirados. Se maravilló frente a la mezcla de razas. "Antes de haber permanecido una hora en Belice", escribió, "me enteré de que el gran trabajo de amalgamación práctica, un tema que genera mucha polémica en casa, se había desarrollado discretamente durante generaciones". Describió su primera comida, el desayuno en la mesa de un comerciante y su esposa con dos oficiales del ejército británico y dos hombres que Stephens identificó como mulatos bien vestidos y bien educados. "Hablaron de sus trabajos de caoba, de Inglaterra, sobre cacería, caballos, las damas y el vino".

Stephens era un neoyorquino, un hombre del norte, pero su abuelo materno, el juez John Lloyd, había sido dueño de esclavos en Nueva Jersey hasta su muerte en la década de 1820.[11] Por lo tanto, Stephens, que había crecido en una familia muy unida, conocía de primera mano el tema de la institución de la esclavitud. En sus escritos nunca abordó sus experiencias de infancia al respecto, pero su reacción a lo que presenció en Belice dejó clara su posición. Apenas podía disimular la alegría que le causaba escandalizar a algunos de sus lectores estadounidenses con sus descripciones de la igualdad entre las razas. Durante una visita al tribunal de justicia de la colonia, por ejemplo, fue invitado a ocupar uno de los puestos vacantes de los jueces. De los cinco jueces en funciones, uno era mulato, al igual que dos de los miembros del jurado. El juez sentado a su lado mencionó que estaba al tanto de los sentimientos raciales en Estados Unidos, pero en Belice, dijo, "en la vida política no se hacía ningún tipo de distinción, excepto las basadas en las cualificaciones y el carácter, y casi ninguna en la vida social, ni siquiera al contraer matrimonio".

A Stephens también le divirtió claramente otra costumbre de Belice que sabía que provocaría a sus futuros lectores, o al menos a un grupo selecto con el que estaba íntimamente familiarizado. No había ni un solo abogado en el lugar, nunca lo había habido, y el tribunal se las arreglaba bien sin ellos, escribió. Ninguno de los jueces había estudiado derecho, a pesar de presidir en disputas civiles que involucraban grandes transacciones comerciales. Un juez era cortador de caoba, dos eran comerciantes y el juez mulato era médico.

Stephens y Catherwood fueron invitados por el quinto juez, Patrick Walker, secretario de la colonia, a un recorrido completo por el asentamiento. También organizó una excursión en barco por el río Viejo y hacia la jungla. Stephens se sintió inmediatamente atraído por el misterio del denso bosque tropical que se cerraba por encima del río ocultando el sol. "Estábamos en una soledad tan perfecta que parecía como si nos halláramos a miles de kilómetros de cualquier territorio habitado por humanos", escribió. Pero el río estaba en plena crecida y los remeros luchaban contra la corriente, así es que el grupo de navegantes se dio la vuelta.

Cuando finalmente llegaron a la Casa de Gobierno, el superintendente del asentamiento, el coronel MacDonald, causó una profunda impresión en Stephens. Él era, según Stephens, "alguien de una raza que pronto quedará extinta". Había ingresado en el ejército británico como un joven oficial a los 18 años, sirvió durante años en la campaña contra España y más tarde comandó un regimiento en Waterloo; fue condecorado en el campo de batalla por el rey de Inglaterra y el zar de Rusia. Conversar con MacDonald, un hombre de porte militar rígido de 1.83 m de altura, "fue como leer una página de la historia", escribió Stephens.

El coronel saludó de manera amigable a Stephens y Catherwood. Había organizado una cena con militares y funcionarios locales. Si bien Stephens, claramente, se dejó engañar por la aparente amabilidad de MacDonald, tenía órdenes de no discutir sus asignaciones diplomáticas oficiales, en particular las negociaciones sobre un pacto comercial con la nueva República centroamericana. Pero él y Catherwood parecieron cautivar al coronel con comentarios sobre sus planes para ir en busca del rastro de una antigua civilización enterrada en los bosques tropicales de Honduras, Guatemala y México. Catherwood, explicaron, usaría sus habilidades artísticas y topográficas para llevar a cabo un registro de lo que encontraran, si es que llegaban a encontrar algo.

La tarde de su partida, MacDonald organizó otra cena. Hubo un brindis por la reina Victoria y por el presidente Van Buren. Luego otra ronda seguida por otra más. Cuando todo terminó, el coronel acompañó a Stephens del brazo por el amplio césped de la Casa de Gobierno hasta la orilla del agua, en donde los esperaba una lancha para llevarlos al barco de vapor que arrojaba humo negro en el puerto. MacDonald volteó hacia Stephens y le advirtió por segunda vez sobre la agitación política y los sangrientos disturbios que se estaban produciendo en Centroamérica. Si se encontraba en peligro, dijo, Stephens debía reunir a los estadounidenses y europeos en Ciudad de Guatemala, colgar la bandera y enviar un mensaje para él. Stephens conocía bien los peligros que se avecinaban y encontró tranquilizadora la oferta. "Sabía que aquellas no eran solo palabras de cortesía", escribió, "y, en el estado del país al que me dirigía, aprecié lo valioso que era tener un amigo así".

El momento fue magnífico y muy diferente a su silenciosa, casi furtiva partida de Nueva York. Cuando Stephens y Catherwood cruzaron la bahía en lancha, fueron acompañados por el estallido de un saludo de 13 cañones. Se izaron banderas en la Casa de Gobierno, el fuerte y el palacio de justicia.

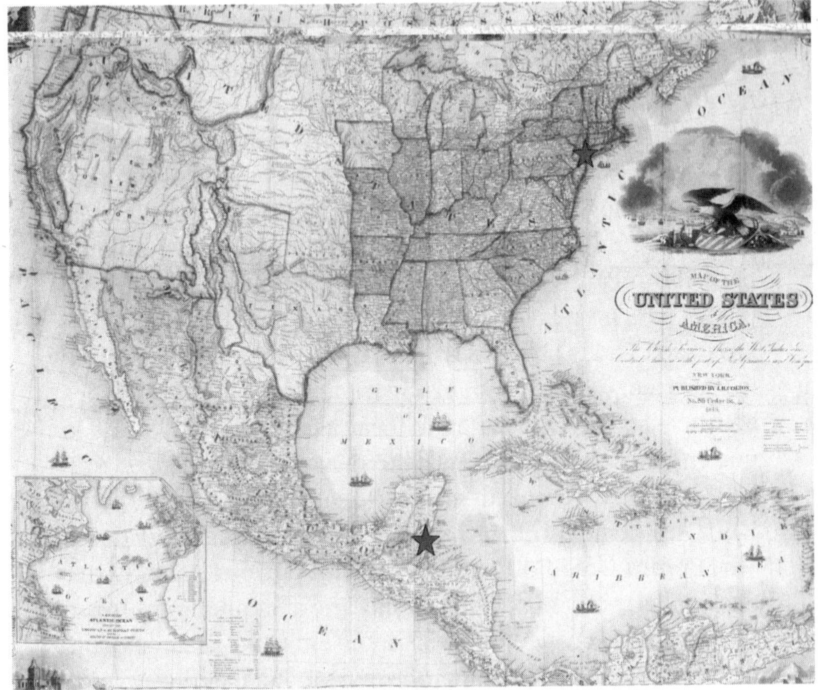

América del Norte y América Central: las estrellas indican el puerto de Nueva York y la ciudad de Belice

Toda la escena fue una clásica demostración del imperialismo británico: el puesto avanzado de la civilización perfectamente ordenado frente a la jungla salvaje, oscura y no del todo domada. Sería un momento final de consuelo y seguridad que ambos hombres recordarían en días venideros.

"Había visitado muchas ciudades", escribió Stephens, "pero era la primera vez que banderas y cañones anunciaban al mundo mi partida. Aunque era un novato, me esforcé por comportarme como si me hubieran educado para ello; y, a decir verdad, mi corazón latía fuertemente y me sentía orgulloso, porque no fueron honores dirigidos a mí, sino a mí país".

A bordo del *Vera Paz*, se guardó el equipaje y Stephens se instaló en su camarote. Esa noche tomaron el té en cubierta. Cuando el capitán se acercó a ellos a las diez en punto para recibir sus órdenes, Stephens dijo que comenzó a entender por qué los hombres aceptaban las responsabilidades de los nombramientos oficiales. "He tenido mis aspiraciones, pero nunca esperé poder dictar órdenes al capitán de un barco de vapor. Sin embargo, de nuevo con una frialdad que parecía como si me hubieran educado para ello, designé los lugares que deseaba visitar y me retiré".

Mientras tanto, la charla informal de Stephens y Catherwood acerca de sus planes de ir en busca de ruinas antiguas no había pasado desapercibida para el coronel MacDonald. De vuelta en la Casa de Gobierno, se puso inmediatamente a trabajar. Llamó a Patrick Walker y a un teniente del ejército con el nombre de John Herbert Caddy, un oficial de la Artillería Real desplegado al asentamiento. Se les ordenó organizar una expedición y prepararse para remontar el río Viejo, adentrarse en la jungla del Petén y cruzar la península de Yucatán hasta llegar a un pueblo mexicano llamado Santo Domingo de Palenque. Allí llevarían a cabo un estudio minucioso de los restos de antiguas ruinas, cuya existencia, sin duda, habían sido mencionados en la conversación de la cena con Stephens y Catherwood. El teniente Caddy era un artista talentoso cuyos bocetos de escenas locales, dibujados en su tiempo libre, habían llamado la atención de MacDonald. Empleando sus dotes artísticas y su formación como ingeniero militar, Caddy debía hacer un registro visual y un mapa topográfico de todo lo que encontraran en Palenque. Walker, cuya lista de cargos y deberes ahora incluía uno más, lideraría la expedición con Caddy y redactaría el informe oficial.

MacDonald dejó en claro que la misión era urgente a pesar de que Stephens y Catherwood se dirigían al sur, en dirección opuesta, hacia Guatemala y Honduras. No habría demora aun cuando todavía se encontraban en temporada de lluvias y el río rebosaba de agua, de troncos y otros desechos peligrosos. La fuerte corriente trabajaría en su contra durante más de 160 km, pero los dos hombres aceptaron sus órdenes sin objeciones.

En dos semanas, abastecidos con barriles de harina, ron y cerdo, medicinas y otros elementos esenciales, Walker y Caddy estuvieron listos con 27 hombres y dos canoas largas llamadas *cazoletas*. Sin embargo, en su prisa por poner en marcha la expedición, MacDonald cometería un grave error que más tarde llegaría a lamentar.

2

Río arriba

Saliendo de Belice hacia Guatemala, el *Vera Paz* navegó hacia el sur a lo largo de la costa de Yucatán y luego cortó en diagonal a través de una bahía sinuosa formada por el dedo largo y torcido de la península Punta de Manabique. Un muro bajo de colinas verde oscuras se alzaba lentamente ante ellos. A lo lejos estallaban nubes blancas de oleaje ante el telón de fondo azul verdoso, la espuma convertida en vapor se mezclaba con la neblina que se elevaba desde la jungla. El aire pesado los envolvió. En la ribera, las áreas de arena marcaban el borde de una región tan densamente poblada de montañas, selva tropical y pantanos que pocos hombres blancos habían pasado por ahí. Uno de ellos fue Hernán Cortés, el gran conquistador en persona, quien, después de conquistar México a principios del siglo XVI, y un poco loco por su éxito, partió por tierra con un pequeño ejército rumbo a Honduras con la intención de disciplinar a un subalterno rebelde. No tenía idea de lo que le esperaba. Él y sus hombres dejaron la civilizada zona montañosa del centro de México con un gran séquito, anticipando un rápido paso hacia el sureste a través de la península de Yucatán. Seis meses después, aturdido, exhausto, con muchos de sus hombres en los huesos o muertos a causa del hambre o de enfermedades, y habiendo perdido a la mayoría de sus caballos, Cortés emergió del horror maligno de la tierra salvaje de Petén, abriéndose camino a través de la jungla profunda hacia la misma costa adonde el *Vera Paz* ahora se dirigía.

Era la frontera de una tierra en donde pocos humanos, y mucho menos hombres blancos, le habían ganado terreno a la fuerza bruta de la naturaleza. Cuando Stephens y Catherwood se acercaron a la orilla, se encontraron con una amenazante masa de vegetación enmarañada. Parecía que no había forma de entrar hasta que al fin apareció una abertura en la aparentemente sólida pared verde, desde donde pudieron distinguir la orilla de un río.

Ilustración del río Dulce (Catherwood)

Fotografía de río Dulce en la actualidad (Carlsen)

El *Vera Paz* negoció el banco de arena y se adentró en el canal. Un grupo de chozas apareció en lo alto de la orilla derecha del río y Stephens consideró brevemente hacer un alto allí. El asentamiento de indígenas caribes y negros antillanos apenas se aferraba a la orilla de la costa, pero ofrecía una posición clave como uno de los únicos puertos de entrada fluvial a América Central. El ambicioso grupo de casas llevaba el nombre de Livingston. Curiosamente, había sido nombrado en honor a un exalcalde de Nueva York y secretario de Estado de Estados Unidos, Edward Livingston. Entre los diversos logros de Livingston, se encontraba haber simplificado los códigos civil, criminal y penal de Luisiana, y el gobierno centroamericano ahora estaba copiando e imponiendo estas reformas a su población campesina, a pesar de las violentas protestas.

Stephens ordenó al capitán que se acercara al terraplén. Los habitantes, apáticos por el calor de la tarde, miraban hacia abajo desde sus chozas con techo de palma ubicadas entre plantaciones de plátanos y cocoteros. Pero ya eran las cuatro, demasiado tarde para detenerse si esperaban llegar a un fondeadero tierra adentro antes del anochecer. De modo que el barco de vapor volvió a girar hacia el centro del río.

Más adelante, una muralla se cernía sobre ellos con un corte vertical que lentamente atraía al *Vera Paz* hacia un desfiladero acuoso y serpenteante de una belleza irresistible. Muros escarpados de follaje se elevaban cientos de metros por encima de ellos a cada lado, con plantas tropicales brotando de cada grieta de los acantilados de caliza. Desde el dosel de los árboles en lo alto, las lianas descendían hasta la superficie del río, y una profusión de bromelias y orquídeas cubría las ramas de los árboles y las enredaderas. La fragancia perfumaba el aire deliciosamente. Otro giro a través del pasaje serpenteante y se encontraron encerrados otra vez por los muros de la jungla. En la oscuridad no podían ver ninguna entrada o salida. El pasadizo se había cerrado detrás de ellos y temieron que avanzar con el barco a través de la vegetación envolvente sería imposible.

Belice había sido un mero prólogo. Aquí los envolvía una jungla claustrofóbica y delirante que podían alcanzar y tocar, un estrecho fiordo tropical, magnífico y enervante a la vez. Habían oído hablar de este río, sabían sobre su abrumadora belleza. ¿Cómo era posible que esta fuera la entrada por la que fluía gran parte del comercio de Centroamérica?

El agua cristalina extraída de los bosques nubosos de Guatemala fluía por debajo de ellos hacia el mar. Hubo un breve y sofocante olor a azufre procedente de las fuentes termales que hervían a lo largo de la orilla del río. A medida que avanzaban, el aire de la tarde se fue volviendo opresivo, saturado de un calor húmedo y sofocante, pero las profundas sombras daban la impresión de frescor. Las únicas aves que vieron al principio fueron pelícanos. Los monos se apresuraban a lo largo de las enredaderas, impulsados por el "rugido antinatural" del motor del *Vera Paz* que reverberaba en las paredes. Debajo del estruendo del motor y el golpeteo de las ruedas de las paletas había una quietud intemporal y prehistórica. Garzas y loros despegaron de sus perchas en los acantilados y los árboles y volaron frente a ellos.

"¿Podría ser este el portal a una tierra de volcanes y terremotos, desgarrada y distraída por la guerra civil?", escribió Stephens. Era, continuó, "una escena encantada, la combinación de una belleza exquisita y una grandeza colosal".

A poco más de 14 km río arriba, el cauce se ensanchaba hasta convertirse en un pequeño lago salpicado de islas y rodeado por una costa de juncos y agrupaciones de manglares. Detrás de hileras de nenúfares y grupos de juncos aparecieron lagunas con superficies espejadas. Ominosas e imponentes montañas verdes enmarcaban la escena. Más adelante, el lago se volvía a estrechar en la parte superior del río Dulce, mientras la puesta del sol flotaba como oro sobre el agua y el *Vera Paz* avanzaba pesadamente hacia la creciente oscuridad.

En algún momento durante la noche, o temprano en la mañana, pasaron por el Castillo San Felipe de Lara, una pequeña fortaleza de piedra tan pintoresca que podría haber sido diseñada por niños para sus soldaditos de juguete. Sola entre el agua y la jungla, sus fantasmales torretas almenadas se elevaban por encima de sus murallas y paredes derrumbadas cubiertas de musgo. La aislada guarnición se extendía sobre una estrecha franja de tierra que casi cercaba al río por completo antes de que este se abriera de nuevo hacia un lago más adelante. Se trataba de una ubicación defensiva natural para una fortaleza construida en 1595 a partir de una sola torre. Era un guardián solitario contra los piratas que navegaban río arriba para asaltar los almacenes españoles en el lago. No obstante, al igual que otros intentos fallidos de domesticar a la naturaleza circundante, la ley y el orden aquí solo sirvieron para retrasar lo inevitable. A pesar de haber sido ampliado varias veces con fortificaciones adicionales, más cañones y, finalmente, una fosa y un puente levadizo, el castillo fue invadido y saqueado una y otra vez por los invasores ingleses.

Por la mañana, Stephens y Catherwood encontraron que habían anclado frente a la ciudad de Izabal, el principal puerto de entrada para Guatemala y gran parte de América Central. Estaban rodeados por las aguas del golfo Dulce, el cuerpo de agua más grande de Guatemala, conocido hoy como lago de Izabal (Lago Isabel). Al igual que el asentamiento de Belice, la ciudad de Izabal fue a la vez una importante estación comercial y un puesto de avanzada aislado entre el agua y la jungla.

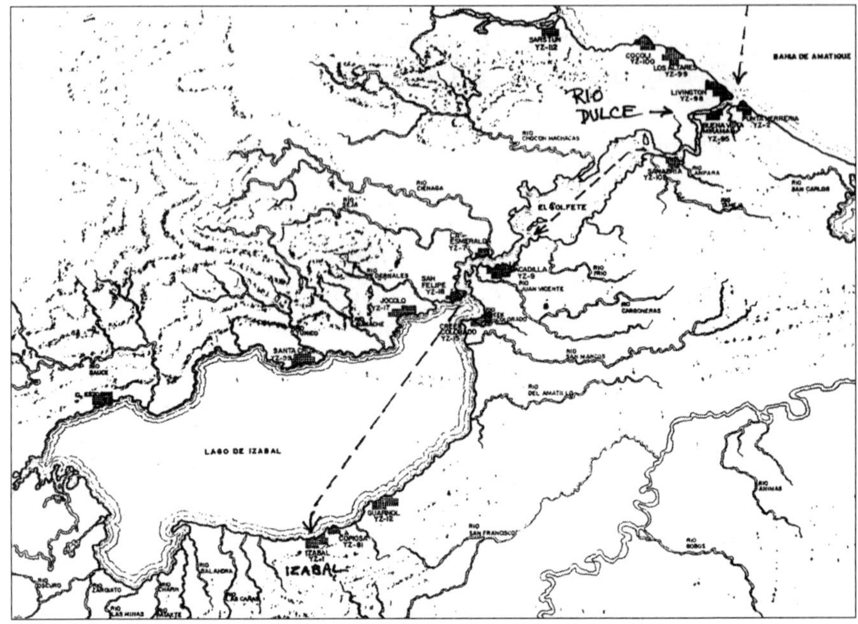

Mapa que muestra la ruta de Stephens y Catherwood al lago de Izabal a través del río Dulce

Izabal era más pequeño y primitivo en comparación, y la jungla ascendía dramáticamente por el muro montañoso a su alrededor. Desde allí, la ruta comercial se dirigía hacia el interior, a través de la espesa vegetación y sobre las montañas.

Stephens y Catherwood desembarcaron en busca de una autoridad a quien mostrar sus pasaportes. Ahora viajaba con ellos un asistente y cocinero llamado Augustin, cuyos servicios habían contratado en Belice. La ciudad tenía una sola casa con estructura de madera. El resto eran chozas de adobe o caña, techadas con hojas de palma y que albergaban a una población de alrededor de 1 500 habitantes. Por fin encontraron al comandante del pueblo, Juan Penol, quien recientemente había tomado el mando de una tropa descalza de treinta hombres y niños vestidos con camisas y pantalones de algodón blanco y armados con mosquetes oxidados y espadas viejas. Solo tres semanas antes, el predecesor de

Penol había sido expulsado del cargo cuando el equilibrio de poder en la guerra civil se inclinó a favor del partido que representaba Penol.

El nuevo comandante expresó cierta inquietud con respecto a cuánto tiempo podría mantener el mando antes de que la balanza volviera a inclinarse. Aquí no hubo nada parecido al gran trato que Stephens había recibido en Belice. Penol apenas reconoció el estatus oficial de Stephens y explicó que solo podía autorizar visas para Guatemala porque el resto de las provincias centroamericanas se encontraban en estado de agitación.

A medida que avanzaba el día, el calor se volvía más abrumador. Durante la mayor parte del siglo XIX, aún se creía —casi se daba por sentado— que el calor húmedo de los trópicos y las brumas ascendentes, o el llamado miasma exhalado por los pantanos y lagunas, eran la causa de la fiebre y la muerte en las razas blancas provenientes del norte. A Stephens le habían advertido que Izabal era un lugar particularmente insalubre, que pasar por ahí era como atravesar el infierno.

Más de un enviado de Estados Unidos a Centroamérica no lo había logrado. De hecho, toda la iniciativa de montar una misión diplomática en Centroamérica fue un acto de descaro rayano en la arrogancia que requirió una cantidad cada vez mayor de coraje. Desde que las provincias centroamericanas declararon su independencia de España y el primer diplomático estadounidense fue nombrado en la región en 1824, solo dos de los ocho designados llegaron a Ciudad de Guatemala. Entre ellos había un exsenador de Estados Unidos y un congresista. Tal vez fueron más aptos para la tarea que los demás por haber sobrevivido la temprana rudeza política estadounidense. Cuatro de los enviados murieron en el camino poco después de llegar, o incluso antes de haber salido de Estados Unidos. Otros dos designados se regresaron al poco tiempo de arribar en Izabal. Era como si una barrera impenetrable de enfermedad, muerte o miedo bloqueara la entrada al país.

Charles G. DeWitt, un excongresista de Nueva York, fue uno de los dos enviados que logró llegar a Ciudad de Guatemala. DeWitt aceptó el nombramiento en 1833, pero se entretuvo con otros menesteres y no reservó pasaje a Centroamérica hasta que pasaron cinco meses. En un momento, se sintió tan amedrentado por la reputación de Izabal como un lugar enfermizo, así como por el largo y duro viaje tierra adentro necesario para llegar a Ciudad de Guatemala, que decidió navegar todo el camino alrededor del Cabo de Hornos para acercarse a Guatemala desde el lado del Pacífico. Esto no le cayó nada bien a Andrew Jackson, el presidente que lo había designado. Jackson, el rígido héroe de guerra que derrotó al ejército británico en la Batalla de Nueva Orleans, no se había ganado el apodo de Viejo Nogal por ser sumamente precavido o falto de determinación. Dejó en claro a DeWitt, a través del secretario de Estado Livingston, que la ruta planificada por DeWitt hacia el Pacífico era inaceptable. "[El presidente] no puede de ninguna manera", escribió Livingston a DeWitt, "aprobar el proyecto de hacer el viaje a los Mares del Sur, alrededor del Cabo de Hornos, para llegar a Centroamérica, un lugar casi a nuestras puertas. Agregue a esto que, cuando llegue a Valparaíso [Chile], estará dos veces más lejos de su destino que ahora". Castigado, DeWitt reservó con celeridad un pasaje más directo a Guatemala, luego se enfermó y se retrasó cinco meses más antes de partir.[1]

A pesar de su lento comienzo, DeWitt aguantó en su puesto en Guatemala cinco sorprendentes años. Al final, pidió permiso varias veces para volver a casa, aunque solo fuera con una licencia temporal para cuidar a su esposa enferma en Nueva York. Sin embargo, sus relaciones con el Departamento de Estado nunca se recuperaron del todo tras su desfavorable comienzo, y se le ordenó no salir de

Guatemala hasta renovar el tratado comercial que estaba a punto de expirar entre Estados Unidos y la república. Los despachos de DeWitt se volvieron cada vez más desesperados. En uno de ellos, describió haberse escondido en la casa de dos viudas cuando guerrilleros indígenas invadieron por poco tiempo Ciudad de Guatemala, asesinaron a sus ciudadanos y ejecutaron al vicepresidente de la república. Dijo que le habían advertido que abandonara la ciudad. Pero, escribió, con considerable osadía, "Invariablemente respondí que, si tengo que morir, entonces déjenme morir en la casa conocida como la Legación de América del Norte bajo la bandera de Estados Unidos".[2]

Al final, un año después, con la situación política desintegrándose a su alrededor y las condiciones cada vez más peligrosas, regresó a Estados Unidos sin haber renovado el tratado. Cuando llegó a Estados Unidos, el Departamento de Estado le ordenó regresar a Guatemala de inmediato para cumplir con su deber y concretar el tratado. En cambio, el 12 de abril de 1839, mientras iba a bordo de un barco de vapor sobre el río Hudson frente a Newburgh, Nueva York, DeWitt se suicidó. Tenía 49 años.[3]

Estos relatos de muerte y fracaso circulaban como una bandada de buitres sobre la misión diplomática y deberían haber disuadido a cualquier persona sensata de considerar tal misión. A pesar de ello, de alguna manera, el puesto tenía suficiente prestigio como para atraer a un hombre del calibre de William Leggett, quien fue nombrado para reemplazar a DeWitt. El nombramiento de Leggett resultó ser el más corto. Fue un conocido escritor, demócrata radical y antimonopolista que, junto con William Cullen Bryant, editó el *New-York Evening Post.* Los editoriales incendiarios de Leggett fueron muy influyentes durante la década de 1830 (y ayudaron a formar la base de las doctrinas libertarias posteriores). Pero el popular editor de 38 años sufría de muy mala salud, resultado de la fiebre amarilla que contrajo mientras servía en la Marina. Razón de más para haber evitado un puesto en Guatemala. Sin embargo, cuando el presidente Van Buren, un demócrata moderado que a menudo sentía el aguijón de la pluma de Leggett, lo nombró para reemplazar a DeWitt, fue a instancias de varios amigos de Leggett que, extrañamente, pensaron que el cambio de clima le haría algo de bien. Leggett murió un mes después, en mayo de 1839, mientras se preparaba para su partida a Guatemala. El puesto como *chargé d'affaires* en Centroamérica estaba nada menos que maldito.

Van Buren nombró a continuación a un entusiasmado Stephens. Sin ser un instigador como Leggett, el abogado neoyorkino era un acérrimo demócrata jacksoniano al igual que el presidente, y ambos hombres tenían profundas raíces en el Partido Demócrata de Nueva York. Van Buren había sido un poderoso legislador estatal y gobernador del estado antes de unirse a la administración del presidente Jackson, a quien sucedió para convertirse en el octavo presidente de la nación. Antes de viajar a Europa y más lejos, Stephens había estado particularmente activo en la política del Partido Demócrata en la ciudad de Nueva York. Pero debía su nombramiento tanto a su éxito como escritor como a sus afiliaciones partidistas. Sus libros de viajes no solo eran muy populares, sino que también habían obtenido grandes elogios de la crítica. Y el presidente tenía debilidad por las conexiones literarias. El Pequeño Mago, como se le conocía a Van Buren por su pequeño tamaño y su brillantez como estratega político, nunca había ido a la universidad. Toda su vida sufrió de un complejo de inferioridad intelectual que intentó mitigar a través de su asociación con hombres de letras.[4] Washington Irving y William Cullen Bryant eran amigos íntimos, y nombró a Nathaniel Hawthorne y al historiador George Bancroft para puestos gubernamentales. Cualesquiera que fueran las motivaciones, Van Buren pareció reconocer en Stephens al hombre adecuado para el trabajo. Quedaba claro que Stephens tenía la requerida capacidad intelectual y, a juzgar por sus viajes, también tenía la fortaleza física como para hacer frente al reto. De igual importancia era que Stephens parecía estar lo suficientemente loco como para aceptar la tarea. Por otro lado, él y Catherwood ya habían estado planeando con entusiasmo su ruta hacia el sur.

Al inicio de la tarde, cuando el calor agotador de Izabal comenzaba a disminuir un poco, Stephens se dispuso a encontrar la tumba de James Shannon, un hombre de Kentucky que había sido el sexto enviado de Estados Unidos a América Central. Con un guía local, cruzó la antigua plaza de Izabal y siguió un camino fuera de la ciudad que, tras unos cuantos minutos, conducía a un barranco profundo recientemente inundado por el último aguacero. Lo cruzó con la ayuda de una tabla y subió una colina hacia un bosque oscuro que dominaba el lago. Allí, entre lápidas rudimentarias, le señalaron la tumba de Shannon. Sin piedras que la elevaran, la tumba apenas se distinguía de la tierra que la rodeaba. Los ánimos de Stephens se hundieron ante la escena.

Shannon había llegado a Izabal en el verano de 1832, más de un año antes de que llegara DeWitt como su reemplazo. Con optimismo o ingenuidad, había traído a su esposa, a su hijo Charles y a una sobrina, la señorita Shelby. Poco después de llegar, tanto Shannon como su sobrina contrajeron la fiebre amarilla. Murieron poco tiempo después.

"Me causó tristeza que alguien que había muerto en el extranjero al servicio de su país hubiera sido enterrado en una montaña salvaje sin ninguna piedra para marcar su tumba", escribió Stephens. Al regresar a la ciudad, dispuso que se construyera un letrero y una cerca alrededor de la tumba. El sacerdote local prometió plantar un cocotero detrás.

Mientras tanto, Catherwood había estado visitando al ingeniero del *Vera Paz*, un compatriota inglés llamado Rush. Se había enfermado a bordo del barco de vapor y ahora descansaba en una hamaca rodeado de gente del pueblo. Stephens notó cómo, a pesar de ser un hombre de enormes proporciones, con un robusto cuerpo de 1.95 m de altura, "yacía indefenso como un niño" en la choza. No era un buen augurio.

3

Sierra del Mico

A las siete de la mañana del día siguiente, Stephens y Catherwood llevaron su equipaje hasta donde un gran grupo de hombres y animales formaban una fila para iniciar el viaje por la sierra del Mico. La escena desvaneció cualquier idea romántica de abrirse paso a capa y espada a través del campo guatemalteco montados en un par de briosos corceles. El viaje se haría en mulas, una bestia de carga de paso seguro que dominaba los escabrosos senderos de Centroamérica. Ante ellos había una escena de gran agitación, en la cual se colocaban mercancías acarreadas de los almacenes en los lomos de casi un centenar de mulas que formaban una interminable caravana que veinte o treinta arrieros atendían. El grupo separado de Stephens y Catherwood consistía en cinco mulas: una para cada uno de ellos, otra para su nuevo compañero de viaje —el cocinero Augustin— y las dos restantes para el equipaje. Se había contratado a cuatro nativos para que transportaran suministros adicionales a pie y atendieran a las mulas.

En las semanas previas a su partida, Stephens había buscado reunir tantos instrumentos científicos como le hubiera sido posible conseguir. En una carta al secretario de Estado Forsyth, con copia para el presidente, le preguntó si no sería demasiado "impertinente" obtener del gobierno un sextante, un telescopio, un cronómetro de bolsillo, un horizonte artificial y dos barómetros de montaña.[1] Al parecer, la solicitud fue rechazada porque solo pudo conseguir, con dinero de su propio bolsillo, un barómetro de vidrio, que ahora llevaba colgado en el hombro por temor a encargárselo a uno de los ayudantes locales. Esto convirtió la expedición, en el mejor de los casos, en una operación científica de poca monta. Dados los avances en el desarrollo de instrumentos de medición, y para los estándares de principios del siglo XIX, su equipo de dos hombres traía consigo la cantidad mínima de tecnología.

Puerto de Izabal en 1860

El barón Alexander von Humboldt, por ejemplo, el gran naturalista y héroe de Stephens, había llevado consigo en su muy celebrado viaje por Sudamérica, cuarenta años antes, cianómetro, pluviómetro, péndulo, magnetómetro, eudiómetro y baterías galvánicas, así como los básicos sextantes, termómetro, brújulas, horizontes artificiales, cronómetro y barómetro. Y el mismo día en que Stephens y Catherwood hacían los preparativos en Izabal, una pequeña flota de barcos navales estadounidenses levaba anclas en la bahía de Apia, Samoa, rumbo a Australia, en preparación para un asalto a la Antártida (si acaso existía tal lugar). Los estadounidenses estaban enfrascados en una carrera con los franceses por ser los primeros en pisar un continente aún por descubrir.

La operación, denominada *Expedición exploradora de Estados Unidos*, aunque pequeña, de cualquier forma estaba equipada con la mejor instrumentación científica disponible.[2] Sin embargo, las órdenes de marcha que el Departamento de Estado había dado a Stephens se referían solo al comercio, no a la ciencia. Él y Catherwood tendrían que aceptar sus exploraciones posteriores a la diplomacia como nada más que una aventura privada de anticuarios independientes. El término *arqueólogo* aún no se había creado.

Sin embargo, Catherwood era un artista profesional consumado con gran experiencia en su campo. Sabía lo que necesitaba y no era mucho: una variedad de cuadernos de dibujo, papel e instrumentos de dibujo y pintura. Su herramienta tecnológica más avanzada era una "cámara lúcida", un dispositivo óptico inventado en 1807 y utilizado por artistas en la era previa a la fotografía para dibujar las proporciones reales de los objetos. Consistía en un prisma reflectante montado en un pequeño soporte que se juntaba a un tablero de dibujo. Al dirigir el prisma hacia un objeto en el ángulo correcto, un proceso complicado que requería un poco de paciencia, un artista podía mirar a través del vidrio y ver la silueta del objeto como si este estuviera proyectado sobre la superficie del papel. De ese modo se podía trazar el objeto. Catherwood también llevaba un viejo cronómetro para ayudar con los cálculos longitudinales, así como el único equipo de topografía de la expedición: una brújula y un largo tramo de cinta calibrada que había usado para medir los templos y monumentos de Egipto.

Para Stephens, el escritor, no podría ser más sencillo. Llevaba lápices, bolígrafos y cuadernos en blanco para tomar notas diarias. Después de todo, Stephens sabía reconocer una buena historia. Pero como también era el encargado de los asuntos comerciales de Estados Unidos, llevó, empacado con esmero en una de sus maletas, un abrigo diplomático hecho a la medida, confeccionado con la mejor tela azul disponible en Nueva York y decorado con una cantidad generosa de botones dorados. Si bien rara vez lo usaba, seguía siendo el traje necesario para su cargo oficial. También llevaban el obligatorio botiquín médico. Y aunque eran hombres de temperamento y sensibilidad artística, ambos eran prácticos al viajar a través de tierras desconocidas en tiempos difíciles. Estaban, escribió Stephens, "armados hasta los dientes". Cada uno tenía un par de pistolas, municiones y grandes cuchillos de caza atados a sus cuerpos con cinturones. Augustin recibió una pistola y una espada.

Se montaron en sus bestias a las ocho en punto, una hora detrás de la caravana de mulas, y partieron rumbo a la sierra del Mico y a la antigua carretera española, el Camino Real, que serpenteaba a lo largo de casi 200 km tierra adentro hasta Ciudad de Guatemala. Por este camino pasaba la mayor parte del comercio de Centroamérica. No se parecía a ninguna carretera o autopista en casa. Consistía en poco más que un sendero montañoso empinado, que —en esta época del año (la temporada de lluvias abarca de junio a noviembre)— se encontraba lleno de hoyos traicioneros escondidos bajo el lodo, estrechas y resbaladizas hondonadas y barrancos profundos con raíces de árboles expuestas, de uno o más metros de altura, extendiéndose a lo largo del camino. Cabalgaban bajo una lluvia que caía a cántaros. Pronto quedaron abrumados por el fango azuloso y el calor sofocante, y apenas lograban pasar a través de los barrancos.

Las primeras horas demostraron ser una dura prueba para la amistad de los dos hombres. Hasta ese punto había sido un viaje tranquilo, incluso a través del agitado mar de ida a Belice. La mula de Stephens cayó primero. "Me levanté de su lomo, evitando las raíces y los árboles pero no el fango", escribió. "Había escapado de un peligro peor: mi daga se salió de su funda, quedando el mango en el lodo y 30 cm de su hoja expuesta verticalmente". El señor Catherwood, la manera en que Stephens solía referirse a su amigo, fue el siguiente en ser lanzado de su montura, con tal violencia que de momento perdió la compostura y maldijo a Stephens a todo volumen por arrastrarlo a ese país olvidado por Dios.

La discusión duró poco ya que los dos hombres, cubiertos de lodo, tuvieron que batallar para permanecer sobre sus monturas. La jungla se volvió más espesa y la pendiente más escarpada. Los árboles y la vegetación del bosque se cerraban cada vez más a su alrededor, tanto así que apenas se filtraba un poco de luz de día. Después de un tiempo lograron alcanzar a la caravana de mulas que ascendía por un sinuoso lecho pedregoso. Parte del cargamento se había deslizado del lomo de algunas mulas, unos cuantos animales cayeron y las maldiciones y los gritos de los arrieros resonaron en el bosque. Stephens y Catherwood desmontaron y trataron de caminar, pero las piedras y las raíces de los árboles estaban demasiado resbaladizas como para mantener un paso seguro. Habían estado batallando cuesta arriba durante horas cuando la mula de Augustin cayó hacia atrás en un hueco cubierto de fango, y por un instante creyeron que lo habían perdido. Había tratado de liberarse cuando la mula cayó, pero su pierna quedó atrapada y desapareció cuando el animal rodó sobre él. Stephens estaba seguro de que su cocinero se había roto todos los huesos. Pero Augustin y la mula se levantaron al mismo tiempo, cubiertos de lodo pero milagrosamente sin heridas graves.

Por fin, a la una de la tarde dejó de llover y alcanzaron la cima de la sierra del Mico. Después de unos minutos de descanso en el calor húmedo y pegajoso, siguieron adelante y pronto se encontraron en medio de la caravana. El descenso desde la cumbre fue tan resbaladizo y traicionero como la subida, y los arrieros parecían decididos a cubrir terreno lo más rápido posible mientras bajaban a las mulas. En un punto, Stephens y Catherwood casi fueron aplastados en un estrecho barranco cuando una mula que había caído bloqueó el paso, provocando que las otras se amontonaran detrás de ellos.

Pero lo peor aún estaba por ocurrir, según Stephens. Después de ocho horas de trabajo agotador y frenético, la mayor parte solo para permanecer en sus monturas, llegaron a un arroyo de la agreste montaña llamado, apropiadamente, el arroyo del Muerto. Se detuvieron junto al agua cristalina y fresca, sus estómagos gruñendo de manera voraz por la primera comida del día. Mientras descansaban bajo la sombra de un gran árbol, sumergiendo sus tazas en el agua, su estado de ánimo mejoró y, como recuerda Stephens: "Hablamos con desprecio de los ferrocarriles, las ciudades y los hoteles".

Entonces, Augustin desempacó las provisiones: un suministro para tres días de pan, aves asadas y huevos duros. "La escena que se presentó fue demasiado impactante, incluso para los nervios más fuertes", escribió Stephens. Por error, Augustin había puesto con la comida una gran envoltura de papel con pólvora que se había roto, dejando la comida "completamente sazonada con el nuevo condimento".

"Toda la belleza de la escena, toda nuestra ecuanimidad, todo menos nuestros enormes apetitos, nos abandonaron en un instante".

Hubo otros contratiempos. El único barómetro de la expedición no sobrevivió el trayecto. Después de batallar para permanecer en su montura, Stephens pensó que el instrumento de vidrio estaría más seguro en la espalda de uno de los ayudantes locales que viajaban a pie. El hombre lo cargó en su espalda con sumo cuidado, junto con una jarra de cerámica con borde rojo que colgaba de su cinturón y que había sostenido con orgullo después de cada tropiezo, una señal de que estaba a la altura de la tarea. Y, de hecho, logró llevar el barómetro intacto a través de la montaña, pero descubrieron que no era hermético y el mercurio se había escurrido por completo, volviendo inútil el instrumento.

Después de diez horas de montar a caballo, lo más duro que había experimentado en su vida, escribió Stephens, solo habían recorrido 20 km. Al acercarse el anochecer, descendieron a un terreno abierto de pradera, luego —a través de una arboleda arqueada de palmeras— hasta un pequeño rancho, no más que una choza, en donde pasarían la noche. Enfurecieron al darse cuenta de que las mulas con su equipaje se habían adelantado con el resto de la caravana y no podrían cambiarse de ropa.

Se encontraban ahora a más de 20 km en el interior de Guatemala, mirando hacia un magnífico valle atravesado por el río Motagua, un importante drenaje que conectaba a las tierras altas centrales del interior con el golfo de Honduras. Cuando por fin llegaron al río, estaban casi al nivel del mar de nuevo; habían sobrevivido a la sierra del Mico. Hacia el noreste, el valle se ensanchaba hasta convertirse en una amplia llanura aluvial que desembocaba en el mar. En su extremo occidental, se estrechaba como un estoque lanzado hacia Ciudad de Guatemala, el corazón de la república destruida. La ciudad, asentada sobre una meseta a 1 500 m s. n. m., todavía quedaba a más de 160 km de distancia.

El valle adelante era menos agreste y más civilizado que la brutal montaña que acababan de cruzar. Había ranchos y pequeños surcos de tierra agrícola esparcidos a ambos lados del río. Pero, como en casi toda Centroamérica, existían pocas comodidades para los viajeros del Camino Real. No había posadas u hoteles, ni establecimientos para comer. Gran parte de la región continuaba siendo un lugar remoto e inaccesible, no muy diferente al oeste de Estados Unidos en ese momento, y viajar por la región no ofrecía garantías. Si uno desarrollaba los contactos adecuados o si tenía algo de suerte, era posible alojarse en la casa de alguien. Los ayuntamientos, llamados cabildos, y las iglesias también proporcionaban refugio a los viajeros. De vez en cuando había cabañas con techo de paja construidas con caña o paredes de barro, en donde era posible pasar la noche por unos cuantos centavos.

La comida era otro asunto. Cuando acordaron contratar a Augustin en Belice, ni Stephens ni Catherwood creyeron que fuera muy listo. Pero a pesar de la furia que les causó el incidente con la pólvora, no tardaron en cambiar de opinión. De padres provenientes de España y Francia, Augustin nació en la isla caribeña de La Española y creció en la ciudad portuaria de Omoa, en la costa norte de Honduras. Resultó ser muy capaz, ambicioso y bastante orgulloso. Siempre maniobraba en segundo plano a lo largo del camino, para luego reaparecer en el momento justo, como por arte de magia, con gallinas, huevos, chocolate, frijoles y tortillas, cocinándolo todo para proporcionar el combustible que mantenía a la expedición en movimiento. Era joven, aunque Stephens nunca da su edad exacta ni una descripción física. Y no hablaba inglés. Pero su educación franco-española resultó crucial. El dominio del español de Stephens y Catherwood era débil o inexistente cuando comenzó el viaje. Por lo tanto, Augustin hablaba con los dos hombres en francés, idioma que sí hablaban ambos, y les servía de intérprete en español, el idioma de la mayoría de los lugareños.

En el calor de la tarde del segundo día, llegaron al río Motagua. Allí, en una escena que Stephens describe casi como la secuencia de un sueño, él y Catherwood se desprendieron por primera vez de sus ropas manchadas de sudor y lodo. Cuando se puso el sol, se metieron al río; un lujo, dijo, que solo podían apreciar aquellos que habían sobrevivido a la sierra del Mico. Se pusieron de pie en el agua fresca y cristalina, rodeados de montañas distantes y un exuberante follaje tropical que bordeaba la orilla del río, mientras bandadas de loros y otras aves de plumas brillantes charlaban y revoloteaban en el aire arriba de ellos. El encantamiento fue roto solo por Augustin, quien había bajado por la orilla opuesta del río para invitarlos a cenar.

Salieron del agua y con horror se dieron cuenta de que aún no habían alcanzado a su equipaje. Observaron su "asquerosa" ropa. "Teníamos una sola alternativa, y era prescindir de ella", escribió Stephens. "Pero, como eso parecería un ataque a las buenas formas, las recogimos y nos las pusimos de mala gana".

Esa noche se quedaron con una familia en una modesta choza. Se les invitó a colgar sus hamacas en el cuarto central, que contenía las camas del anfitrión, su esposa y su hija de 17 años. A Stephens ya le había impresionado observar los diversos estados de desnudez del anfitrión y su esposa. Despertó varias veces durante la noche al oír el chasquido del acero contra un pedernal y vio a uno de sus vecinos encendiendo un puro. Durante una de las veces en que se despertó aquella noche, encontró a la adolescente sentada de lado en su catre al pie de su hamaca. Estaba fumando un cigarrillo y no llevaba nada puesto, excepto un pedazo de tela atado a la cintura y un collar de cuentas. "Al principio pensé que se trataba de algo que había evocado en un sueño", recordó. "Ya he pasado noches confusas en compañía de griegos, turcos y árabes. Estaba comenzando un viaje en un nuevo país; era mi deber apegarme a las costumbres de la gente, estar preparado para lo peor y aceptar con resignación lo que pudiera sucederme".

El valle del Motagua es una de las regiones más calientes y áridas de Centroamérica durante la estación seca. Tan solo 50 cm de lluvia llegan al fondo del valle cada año durante la temporada de lluvias, en comparación con seis veces esa cantidad en las montañas circundantes. Los cactus y arbustos espinosos se encuentran entre las pocas plantas que prosperan en la tierra árida. Pero, al igual que en el Nilo, la exuberante vegetación cubre la orilla del río durante todo el año y ahora —cerca del final de la temporada de lluvias— un manto verde cubría al valle entero. Stephens y Catherwood siguieron el camino en dirección suroeste a lo largo del río, a través de largas galerías de árboles y luego por una cresta expuesta con impresionantes vistas del valle. Se encontraron con ganado extraviado a la orilla del camino y algunos indígenas con machetes rumbo al trabajo en el campo. Finalmente cruzaron una llanura abierta para entrar al pueblo de Gualán, el municipio más grande que habían encontrado hasta ese momento en el país. Sin la más leve brisa, el sol se cernía sobre ellos con un poder abrasador. “Estaba confundido”, dijo Stephens, “mi cabeza daba vueltas y sentía que corría el riesgo de insolarme”. Después sintieron el estruendo de un leve terremoto, el primero para ellos.

Tres días más tarde, con un nuevo guía y mulas, se aproximaron al siguiente pueblo, Zacapa, viajando a la sombra de la sierra de las Minas, una enorme cadena montañosa cubierta de nubes y rica en depósitos de jade. A lo largo del camino, los árboles y arbustos circundantes estaban cubiertos de flores rojas y púrpuras. A Stephens, las cascadas que corrían por las lejanas laderas de las montañas le recordaban a Suiza. Entrando en Zacapa, un municipio importante con una impresionante iglesia de estilo morisco, casas encaladas y calles regulares, se dirigieron de inmediato a la casa de don Mariano Durante —uno de los ciudadanos importantes del pueblo— para entregarle una carta de presentación. El don no estaba, pero un sirviente se hizo cargo de las mulas y los invitó a pasar a una enorme sala de recepción.

“Teníamos velas encendidas y nos sentimos como en casa”, escribió Stephens. “Entró un señor, se quitó la espada y las espuelas y dejó las pistolas sobre la mesa. Suponiendo que se trataba de un viajero como nosotros, le pedimos que tomara asiento y, cuando la cena estuvo servida, lo invitamos a comer con nosotros. No fue hasta la hora de dormir cuando nos dimos cuenta de que habíamos hecho los honores a uno de los dueños de la casa”.

Durante los dos días siguientes, Stephens aprendió mucho sobre la situación política en el campo y las condiciones del camino por recorrer. Recibió relatos contradictorios de diferentes facciones, pero todos los informantes coincidieron en un hecho: el camino a la capital era tan traicionero en ese momento debido a la presencia de bandidos y guerrillas indígenas que tomarlo implicaría enfrentar serios riesgos. El peligro que enfrentaban al venir a Centroamérica ya no era abstracto, sino real e inmediato. No habría más paseos placenteros por el campo. El único camino a la capital se hallaba plagado de la peor clase de violencia, alimentada, les dijeron, por el odio de los nativos hacia todos los extranjeros.

Fue un momento aleccionador y los dos hombres elaboraron rápido un plan alternativo. Retrasarían el viaje a Ciudad de Guatemala. Y en lugar de esperar en Zacapa hasta que los disturbios políticos más recientes se calmaran y el camino a la capital se volviera más seguro, se desviarían en dirección este hacia el estado de Honduras. Aunque Stephens tenía órdenes oficiales de ir a Ciudad de Guatemala, por supuesto tenía cierta libertad sobre cómo proceder, y el proteger su vida caía dentro de esa libertad. Pero había otro motivo para el rodeo: un pueblo llamado Copán se encontraba justo al otro lado de la frontera con Honduras. Él y Catherwood habían leído que se habían encontrado piedras esculpidas esparcidas por la jungla cerca de Copán, junto a muchas estructuras de edad incierta. En gran parte, fue ese informe lo que llevó a Stephens y Catherwood a Centroamérica. Estaban tan cerca, un viaje de tres días, les dijeron, aunque pocas personas, incluso en Zacapa, habían oído hablar de Copán. Stephens se había convencido a sí mismo.

En la mañana del 12 de noviembre salieron de Zacapa hacia el este, rumbo a Copán. Nadie pudo asegurarles que era más seguro ir en esa dirección.

4

Pasaporte

El camino a Copán apuntaba hacia el sur por una cresta hasta el pueblo de Chiquimula, luego hacia el este a través de una brecha en las montañas rumbo a Honduras. Ahí, el terreno se transformó de manera radical, y el exuberante y abundante follaje del valle del Motagua dio paso a colinas áridas salpicadas de tunas y cactus. A medida que descendían a Chiquimula, el paisaje volvió a llenarse de una densa vegetación. Desde la distancia, pudieron ver una iglesia blanca delineada de forma nítida contra las verdes montañas circundantes salpicadas de árboles de mimosa de color rosa. Otrora un edificio importante y ahora abandonado, fue la primera iglesia española de Chiquimula. Varios terremotos causaron el derrumbe del techo. También fue la primera de muchas estructuras desoladas que verían en los próximos días, víctimas de la actividad sísmica y la guerra.

Las ruinas de la iglesia se hallaban a las afueras de la ciudad. Enormes bloques de piedra y argamasa, algunos tan altos como un hombre, yacían adentro exactamente donde habían caído a causa de un terremoto años atrás. Parte del sitio ahora era un cementerio, y Stephens tenía buen ojo para detectar incongruencias. Notó que las ordenadas tumbas de los residentes más acomodados de la ciudad estaban ubicadas dentro de la nave y los huesos de varias generaciones de sacerdotes de la ciudad estaban alojados en criptas en las enormes paredes agrietadas. Afuera yacía la gente común. Partes de sus cuerpos descompuestos eran visibles en tumbas poco profundas excavadas de forma apresurada, rodeadas de flores que crecían en el suelo o colgaban de las ramas de los árboles. El aire estaba lleno de loros chillones cuyo "parloteo sin sentido" interrumpía con irreverencia la quietud del suelo sagrado.

Iglesia en Chiquimula (Catherwood)

Durante un breve paseo por la plaza principal de Chiquimula, los dos hombres conocieron a una hermosa joven que vivía en una casa de la esquina y que los invitó a pasar la noche. Fue una bienvenida inusual para dos conspicuos extranjeros considerando el lugar y la época. Stephens, siempre dispuesto a dejarse llevar por los encantos de las mujeres, encontró a su anfitriona muy atractiva. En este duro lugar parecía una verdadera dama. Llevaba puesto un vestido, zapatos con medias y sus cejas habían sido finamente delineadas con lápiz. Sin embargo, la esperanza de Stephens de que no estuviera casada se desvaneció cuando se percató de que el hombre de la casa, a quien al principio tomó por su padre, era en realidad su marido.

Palmeras y árboles de jacaranda daban sombra a la plaza, dispersando la luz del sol sobre un grupo de mujeres que sacaba agua de una fuente en el centro. Una sensación de paz se apoderó de la escena final de la tarde. Era inimaginable que el país estuviera desgarrado por un conflicto violento. Luego, cientos de soldados comenzaron a reunirse en una gran formación para el desfile de la noche, y así la guerra de la que tanto habían oído hablar comenzó por primera vez a adquirir una presencia tangible. Stephens pensó que parecían bandidos de aspecto feroz, pero se consoló al ver a unos criminales mirando a través de los barrotes de la cárcel cercana, "ya que daba la idea de que a veces los delitos eran castigados".

Aunque la ciudad se hallaba lo suficientemente al norte como para estar fuera de la línea directa de combate que ahora oscilaba entre Ciudad de Guatemala y la actual capital federal de San Salvador, el área que rodea a Chiquimula había sido devastada en la reciente guerra civil. Las lealtades en la región estaban divididas entre las autoridades federales y los insurgentes. En ocasiones, el caos y la anarquía habían sido peores que las batallas campales. Por el momento, una especie de calma inquietante se había apoderado de la zona. Los insurgentes estaban liderados por un excriador de cerdos de 24 años llamado Rafael Carrera. El líder rebelde había invadido Ciudad de Guatemala con sus seguidores indígenas varias veces y ahora se había apoderado de toda la ciudad capital. A principios de año, también había tomado el control del distrito de Chiquimula y designó a un mercenario profesional llamado Francisco Cáscara para pacificar el área. Cáscara era un exgeneral de Cerdeña que había aprendido su profesión como oficial en el ejército francés bajo el mando de Napoleón.

Mientras Stephens y Catherwood observaban cómo se formaba el disperso contingente de soldados en la plaza,

Cáscara —de 62 años— inspeccionó la línea de soldados con un ayudante a su lado. Stephens notó que el general parecía fantasmalmente pálido y enfermo. Después de la inspección, siguieron al viejo comandante de regreso a su casa, donde Stephens presentó sus credenciales. Cáscara de inmediato adoptó una actitud desconfiada. No le gustó la ruta que los dos hombres habían decidido tomar. ¿A quién en su sano juicio se le ocurriría deambular por el campo hasta el pequeño pueblo de Copán en medio de una guerra civil? Parecía temeroso de que, en cambio, se dirigieran a San Salvador para reunirse con las autoridades federales. Pero aceptó que Stephens era un ministro acreditado de Estados Unidos y, además, Copán no era parte de su jurisdicción. Firmó la visa que permitía el paso seguro por el departamento, no sin antes advertirles de los riesgos que estaban tomando. Su firma no era garantía de seguridad, advirtió.

A la mañana siguiente, Stephens y Catherwood se marcharon. No lejos de Chiquimula, pasaron por un pueblo que había sido destruido un año antes por soldados federales; su iglesia estaba sin techo y abandonada. Dejando la carretera, tomaron un sendero poco transitado y cruzaron una montaña cabalgando un trecho en medio del bosque nuboso y bajo la lluvia. Luego descendieron a un valle fluvial profundo, parecido a una serpiente, que zigzagueaba por más de 16 km.

Después de un rato llegaron a San Juan Ermita, un poblado a orillas del río donde su arriero declaró que habían cubierto suficiente terreno por ese día. Pero eran solo las dos de la tarde y una banda de soldados rebeldes de aspecto amenazador ocupaba la única cabaña de barro de la ciudad, lo que bastó para convencer a Stephens de que debían seguir adelante. El arriero obedeció a regañadientes. Su camino ahora era paralelo al lecho de un río pedregoso que atravesaba los álamos a lo largo del fondo del valle. El campo era accidentado, extravagante. Montañas empinadas a cada lado se elevaban sobre ellos, algunas de forma piramidal, con sus picos romos alcanzando las nubes. A medida que avanzaban por el valle, iban ganando altura hasta que pudieron observar los bosques de pinos a lo largo de las laderas superiores. El suelo era de un intenso color ladrillo. Cabalgaban empapados por una lluvia que caía a raudales y que les recordó a la sierra del Mico. Grupos de chozas, suficientes como para contar como aldeas, emergían aquí y allá de las lejanas laderas de las montañas, cada una con una iglesia o capilla perfectamente encalada contra las laderas de color verde oscuro. Al final del día llegaron a un pueblo llamado Camotán. Al acercarse, vieron su séptima iglesia del día. "Al llegar a ellas y observarlas en medio de una región desolada y conectada por senderos montañosos que las manos humanas nunca habían intentado mejorar, su colosal grandeza y opulencia eran sorprendentes", escribió Stephens.

La pequeña plaza frente a la iglesia de Camotán consistía en poco más que tierra y una sección de maleza. No había nadie alrededor. De hecho, todo el pueblo parecía desierto. Stephens y Catherwood cabalgaron hasta el cabildo municipal frente a la iglesia, abrieron la puerta a la fuerza y empezaron a descargar las mulas. Augustin fue enviado a buscar comida para cenar. Regresó con un solo huevo, aunque al parecer había despertado al pueblo en el proceso. Un grupo de funcionarios de la aldea —incluido el alcalde, quien llevaba el bastón con mango de plata propio de su cargo— llegó para inspeccionar la escena. Stephens les mostró su pasaporte y su visa, y les explicó adonde iban. Los funcionarios se marcharon, pero no sin antes explicarles que no había comida extra en el pueblo para darles.

La expedición se instaló rápido y para cenar se repartieron el único huevo, que complementaron con pan y chocolate propios. El alcalde envió una jarra de agua. El ayuntamiento del pueblo era de buen tamaño, 12 x 6 m, y estaba equipado con ganchos de pared para las hamacas de los viajeros. Todavía hambrientos y agotados por el largo viaje del día, colgaron sus hamacas y se prepararon para dormir. Catherwood ya se había subido a su hamaca y Stephens estaba medio desnudo cuando la puerta se abrió de golpe. Más de dos docenas de hombres entraron de manera apresurada. Como Stephens los describió más tarde, incluían al alcalde y sus ayudantes, así como "soldados, indígenas y mestizos; tipos harapientos y de aspecto feroz, armados con porras, espadas, garrotes, mosquetes y machetes, y portando palos de pino en llamas".

Por un momento todos se quedaron paralizados. Stephens y Catherwood fueron sorprendidos. Los dos hombres no tenían ninguna posibilidad de empuñar sus pistolas; de cualquier forma, intentarlo hubiera sido suicida.

Un joven oficial, capitán de una de las unidades del ejército de Cáscara, según se enteraron más tarde, dio un paso adelante. Llevaba un sombrero lustroso, una espada grande y una sonrisa pedante. Mientras miraba a los dos extranjeros, el alcalde —que era obvio que estaba ebrio— pidió ver de nuevo los papeles de Stephens. Al recibir el pasaporte, el alcalde se lo pasó al oficial, quien lo examinó de cerca para luego declarar de forma rotunda que no era válido.

Con la ayuda de Augustin, Stephens, ya vestido, explicó el propósito de su visita y señaló en particular los sellos en la visa del comandante Penol de Izabal y del general Francisco Cáscara. Nada impresionado, el capitán ignoró las explicaciones. Dijo que había visto un pasaporte una vez antes y que era mucho más pequeño que el que poseía Stephens. Más importante aún, debía tener el sello del estado de Guatemala, no del departamento de Chiquimula. No había nada más que hacer, dijo, tendrían que permanecer en Camotán hasta que se enviara un despacho a Chiquimula y se recibieran órdenes directamente del general.

Stephens no estaba dispuesto a hacer eso. Había aguantado con muchísimo esfuerzo el lodo y la lluvia, soportado trayectos abrasadores a lomo de mula y había cumplido con las reglas para obtener visados adjuntos a su pasaporte dos veces. Además, se sentía culpable por desviarse, por motivos personales, de la ruta más directa a su destino diplomático en Ciudad de Guatemala. Ahora, retrasarse más por el capricho arbitrario de un capitancillo intransigente y desdeñoso no era una opción. Stephens los amenazó con las repercusiones de detener a un representante del gobierno de Estados Unidos. Cuando eso no surtió efecto, por frustración dijo que él mismo regresaría de inmediato a Chiquimula. Pero tanto el capitán como el alcalde dijeron que no se iría a ninguna parte.

El capitán exigió que Stephens le devolviera el pasaporte. Stephens se negó. Fue expedido por su gobierno, afirmó, y era propiedad de Estados Unidos. Entonces intervino el por lo general reservado Catherwood, lanzándose a un discurso erudito sobre la "ley de las naciones" y los derechos legales de los embajadores, y agregó que el capitán estaba en gran peligro de hacer caer sobre su cabeza la ira del gobierno de "el Norte", Estados Unidos. El capitán no se inmutó. Cuando Stephens se ofreció otra vez a ir a Chiquimula, bajo guardia armada si era necesario, el oficial dijo que no iría a ninguna parte, ni hacia adelante ni hacia atrás, y que debía entregar de inmediato su pasaporte.

En ese momento, Stephens colocó el documento en el interior de su chaleco y se abotonó el abrigo, que le quedaba justo, sobre el pecho. Con una sonrisa desdeñosa, el capitán le advirtió que se lo quitaría por la fuerza. Como Stephens relató más tarde, durante la intensificación del *impasse*, dos "bribones con aspecto de asesinos" tomaron asiento en una banca cercana y le apuntaron al pecho con sus mosquetes, las bocas de los cañones apenas a un metro de distancia. Los otros hombres estaban de pie con las manos listas sobre sus machetes y espadas. Mientras las flamas de las ramas de pino proyectaban sombras titilantes contra las paredes, el largo y tenso silencio fue interrumpido por una voz familiar proveniente de un rincón oscuro de la habitación. Era Augustin, quien, pistola en mano, le rogó a Stephens en francés que diera la orden de disparar. Podría dispersarlos con un solo disparo, dijo. Stephens recordó más tarde su ingenuidad en ese momento: "De haber llevado más tiempo en el país, nos hubiéramos sentido mucho más alarmados. Pero, como aún no conocíamos el temperamento sanguinario de aquella gente, y debido a lo sumamente inaceptable e insultante que nos pareció todo el asunto, en ese momento sentimos mucha más indignación que miedo".

Justo entonces, un hombre que llevaba puesto un sombrero lustroso y una corta chaqueta y que había entrado detrás de los demás dio un paso adelante. Pidió ver el pasaporte. Stephens, al juzgar que el hombre era de mejor clase que el resto de la chusma ahí presente, se sacó con cuidado el pasaporte de su chaleco y lo apretó con fuerza entre los dedos mientras lo sostenía a la luz de las antorchas. A petición de Catherwood, el hombre lo leyó en voz alta. Cuando por fin se comunicó en el idioma oficial a los que estaban en la habitación, estalló un murmullo y la tensión pareció salir del edificio en un chiflido. A Stephens se le ocurrió más tarde que era probable que ni el capitán ni el alcalde supieran leer. Aunque se abandonó la demanda del pasaporte, se les ordenó permanecer bajo custodia.

En aquel momento Stephens insistió en que se enviara un mensajero de inmediato con una nota a Cáscara. El capitán y el alcalde estuvieron de acuerdo solo después de que Stephens dijo que él correría con los gastos del viaje. Luego, Catherwood y Stephens se pusieron a trabajar en la redacción de la nota en italiano que daba cuenta de su encarcelamiento.

> Para no andar con rodeos, el señor Catherwood firmó la nota como secretario; y, como no tenía un sello oficial a la mano, sin que nadie nos viera lo sellamos con un medio dólar americano nuevo y se lo entregamos al alcalde. El águila extendió sus alas y las estrellas brillaron a la luz de las antorchas. Tras reunirse para examinar la nota, todos se retiraron, dejándonos encerrados en el cabildo y apostando a 12 hombres frente a la puerta con espadas, mosquetes y machetes. Al despedirse, el oficial le dijo al alcalde que, si escapábamos durante la noche, lo pagaría con su cabeza.

Finalmente se fueron, pero ahora ¿qué deberían hacer? Miraron hacia afuera. Los guardias se sentaron alrededor de una fogata justo frente a la puerta, fumando puros, con sus armas al alcance de la mano. Stephens estaba seguro de que cualquier intento de escapar sería fatal. Las consecuencias no parecían agradables. Cerraron la puerta lo mejor que pudieron y, para calmar los nervios, abrieron la botella de vino que el coronel MacDonald les había enviado desde Belice y brindaron por su generosidad. Agotados, se echaron en sus hamacas.

En medio de la noche, la puerta se abrió de nuevo y la misma multitud entró corriendo. Esta vez, sin embargo, el joven capitán no estaba entre ellos. Tan rápido como había comenzado todo el asunto, se acabó. El alcalde devolvió a Stephens su carta con el gran sello —el medio dólar de plata prensado en cera— intacto. Sin explicación, les dijo que eran libres de irse cuando quisieran. Más tarde, al reflexionar sobre el episodio, Stephens no estaba seguro de por qué habían cambiado de opinión de manera tan repentina. Especuló que su agresividad para defenderse sin duda ayudó. Pero supuso que fue el sello, el águila americana del medio dólar, lo que motivó la decisión.

Cuando el alcalde y sus hombres se retiraron, Stephens y Catherwood tuvieron un dilema. Si continuaban hacia el interior, era muy probable que volvieran a encontrarse con situaciones similares o tal vez mucho peores. De nuevo se dejaron caer en sus hamacas. Una vez más, el alcalde y sus ayudantes los despertaron a primera hora de la mañana. Habían venido a presentar sus respetos, dijeron. Fueron los soldados y su capitán, explicaron, quienes habían creado el alboroto la noche anterior, y ya se habían ido después de una corta estadía en el pueblo.

Con el ánimo renovado, Stephens y Catherwood acordaron seguir adelante. Luego de su chocolate matutino, cargaron las mulas. Después de todo, Copán, el misterio en el centro de su búsqueda, la remota posibilidad de poder encontrar evidencia de algo antiguo y perdido, los esperaba a menos de 16 km de distancia. Pero las montañas aún los separaban. Cuando lograron ensillar a las mulas y salir de Camotán, parecía tan desierto como cuando llegaron. Era como si nada hubiera cambiado; ni siquiera una mota de polvo se había movido. Los dos hombres, más cautelosos que nunca, cargaron sus armas y respiraron profundo. Mientras cabalgaban, la gran y vacía tranquilidad de Camotán les resultaba inquietante, interrumpida solo por el gorjeo y el graznido de los pájaros matutinos.

El teniente John Herbert Caddy de la Artillería Real encendió un habano genuino mientras se alejaban del terraplén hacia el río Viejo la tarde del 14 de noviembre. Estaban rodeados de bananos e higueras a lo largo de un ancho tramo del río. Dando una calada despreocupada a su puro, Caddy ordenó a los botes dirigirse río arriba. Los barqueros avanzaban con mucha dificultad, navegando a no más de 6 km/h contra la fuerte corriente. Habían transcurrido 24 horas desde que la expedición británica había partido de la ciudad de Belice hacia Palenque con la orden de investigar las grandes ruinas que supuestamente ahí se encontraban y de publicar un informe detallado e ilustrado de los hallazgos antes que lo hicieran Stephens y Catherwood. En un almuerzo de despedida con el coronel MacDonald en la Casa de Gobierno, un contratiempo de última hora amenazó con retrasar el inicio de la expedición: la desaparición del intérprete de español, el señor Nod. Sin embargo, para el final del almuerzo, dos policías ya lo habían encontrado, en un avanzado estado de ebriedad, y lo habían subido a la canoa principal.

Además de Caddy y el colíder de la expedición, John Walker, el grupo constaba de un total de 28 personas: incluía a 15 soldados del Segundo Regimiento de las Indias Occidentales, el intérprete, un artillero que servía como ayudante personal de Caddy y nueve barqueros. Los hombres estaban repartidos entre dos embarcaciones, una para el equipaje y la otra que llevaba a Walker y Caddy. La canoa principal medía 12 m de largo y 1.5 m de ancho, era una de las más grandes en el río y había sido esculpida de un solo árbol de caoba. Un toldo de lona en la parte trasera protegía a Caddy y a Walker del sol abrasador.

Justo antes de partir, MacDonald envió a Londres una carta dirigida a lord John Russell, el secretario de Estado para las colonias: "Ha sido mi intención durante un tiempo considerable llevar el tema ante el secretario de Estado y sugerir que se debería hacer el intento de explorar Polenki [Palenque] con el fin de decidir si esas ruinas, por su naturaleza enorme y extraordinaria, son tales que justifiquen los informes que les conciernen, o si, en cambio, dichos informes son exagerados y el lugar es, de hecho, indigno de la atención del viajero moderno". Pasarían meses antes de que su correspondencia llegara a manos de lord Russell y meses antes de que recibiera una respuesta.

El semanario del lugar, el *Belize Advertiser*, fue un poco más sincero en cuanto a las razones detrás de la precipitada expedición. "Nos complace enterarnos de que el diseño del señor Catherwood ha causado celos en nuestro asentamiento e inducido a una visita, con un propósito similar, al mismo lugar pero por una ruta diferente". Más adelante, el artículo señalaba el peligro involucrado. "Tememos que los dos señores de aquí, quienes han partido por el río Viejo y a través del camino a Petén, hayan elegido un período fuera de temporada y sufran retrasos mayores tanto por agua como por tierra". Luego, con la típica alegría británica, el autor agrega: "'un corazón valiente...' supera muchas dificultades, y tal vez las sumen a sus experiencias personales".[2]

Walker y Caddy pasaron su primera noche —la misma noche en la que Stephens y Catherwood brindaban por MacDonald en Camotán— alojados en una cómoda cabaña del gobierno ubicada en un hermoso recodo del río y en cuyo terreno se habían plantado árboles frutales. Sería una de sus últimas noches con tanta comodidad. El siguiente campamento se montó en Bakers Bank, donde los hombres colgaron sus hamacas bajo pabellones de lona y malla.

Aunque Caddy se formó en ingeniería militar y artillería, además de poseer un talento artístico considerable, sus habilidades también se extendían al lenguaje. "Los mosquitos eran insoportables, y si no hubiera sido por nuestros pabellones, habríamos quedado bien flebotomizados", escribió en una entrada de su diario fechada el 14 de noviembre. "Tal como estaban las cosas, el constante zumbido de los mosquitos casi me privó del sueño. Al escribir 'adormecido por el zumbar de los insectos nocturnos', queda claro que Shakespeare nunca padeció el fastidio de estos músicos nocturnos".

El día siguiente trajo encuentros aún más desagradables con mosquitos y moscas chupasangre, con serpientes letales y caimanes del tamaño de troncos que observaban desde los bancos de fango mientras las canoas se abrían paso río arriba. Fue difícil para los barqueros. Se esforzaban en extremo para maniobrar las canoas gigantes y pesadas contra la fuerte corriente de un río que ahora se encontraba en etapa de inundación. Aunque en algún momento el mapa indicó que se aproximaban a una cascada, nunca la encontraron porque el río corría tan elevado que las dos embarcaciones pasaron sobre su ubicación sin verla. Los barqueros cambiaban de remos a varas durante el paso por las secciones menos profundas del río. "El timonel tiene una tarea bastante difícil", escribió Caddy, "ya que, debido a la gran longitud de la canoa, él debe mantenerla apuntando directamente contra la corriente o la fuerza de esta surte efecto y la vuelca, causando una gran pérdida de tiempo y esfuerzo y, quizá, un gran enojo, algo para nada poco frecuente".

A pesar de su naturaleza traicionera y poderosa, el río poseía una belleza inolvidable que aumentaba a medida que avanzaban. Tucanes de pecho dorado y carmesí chasqueaban sus enormes picos como si fuera "el sonido de castañuelas", escribió Caddy. Oropéndolas anaranjadas y negras parecían encendidas por el fuego del sol abrasador. Iguanas de color verde brillante, casi fluorescentes (que servían de sabroso almuerzo), se paseaban sobre troncos de caoba astillados que estaban incrustados en las orillas. Sobre el río se elevaban los árboles más grandes y silvestres que Caddy había visto jamás, sus raíces anudadas a veces apuntaban peligrosamente hacia el río, sus ramas cubiertas de bromelias, orquídeas y enredaderas tan gruesas y retorcidas como las trenzas de los aparejos de un barco.

En la mañana del 16 de noviembre pasaron por debajo de una vieja canoa que había quedado suspendida por lianas a 6 m sobre sus cabezas. El río era capaz de marejadas tan extremas durante la temporada de lluvias, subiendo y bajando hasta 12 m en un solo día, que los torrentes, al parecer, habían arrastrado la canoa río abajo hasta quedar alojada boca abajo en la maraña de enredaderas. No había rastro de la suerte que había corrido su tripulación. Era una señal ominosa para los hombres en las canoas. Sabían que nadie en su sano juicio debería intentar un viaje río arriba durante esta temporada, tras semanas de lluvia continua que, con toda certeza, no serían las últimas. En esta época del año, la supervivencia en el río era una cuestión solo del azar.

Pero se había dado la orden: llegar a Palenque lo antes posible, antes que Catherwood y Stephens. La ruta trazada para ellos, incluso en condiciones climáticas ideales, era brutal e implacable. Ir por mar hubiera sido mucho más fácil. Pero Palenque seguía siendo un lugar misterioso, poco conocido, cuya proximidad exacta a la costa se ignoraba. El camino recto hacia el oeste a través del salvaje Petén, el corazón endemoniado de la península de Yucatán, los conduciría por casi el mismo terreno que Cortés había recorrido con mucha dificultad trescientos años antes, pero en dirección opuesta. Después de tres siglos, no había cambiado mucho. El terreno de la jungla era tan implacable y difícil como antes, igual de asesino.

Caddy había nacido para seguir órdenes. Hijo de un capitán de artillería inglés, desde su nacimiento (Quebec, 1801) se esperaba que siguiera los pasos de su padre. Al haber crecido en Canadá, comprendió la violencia del conflicto armado cuando comenzó la guerra entre Inglaterra y Estados Unidos en 1812. Tres años más tarde, fue enviado a Inglaterra, en donde ingresó a la Real Academia Militar a los 15 años. Cuando él y Walker partieron hacia Palenque, Caddy era un veterano del ejército con casi 25 años de servicio como cadete y oficial en la Artillería Real y, sin embargo, no había nada del soldado endurecido en él. Uno de los pocos retratos suyos que se conservan muestra a un hombre de ojos grandes y soñadores con un rostro juvenil y redondo. Nunca había servido en combate. Por un tiempo fue secretario de un general, y en algún momento dado se convirtió en un excelente acuarelista.

En el río, exhibió todos los privilegios propios de un oficial británico. Trajo un asistente de campo y bebió madeira de buena cepa, cazó por deporte (y comida) con su escopeta de doble cañón durante las paradas a lo largo de los terraplenes y, con la excepción de Walker, consideraba a todos los hombres a su alrededor como inferiores. También —al igual que Stephens— tenía buen ojo para los detalles.

Mientras continuaban río arriba, atravesando Laboring Creek para pasar la noche en Beaver Dam, Caddy dio otra calada a su puro. “Fumamos casi todo el día para mantener alejadas a las moscas”, escribió, “pero a ellas parecía importarles poco el humo, excepto a aquellas que tenían la temeridad de atacarnos la cara y que, de vez en cuando, terminaban siendo derribadas por un certero soplo”.

5

A los monos les gusta el viento

Apiladas a gran altura, las montañas al sureste del valle del río Motagua se extienden paralelas, divididas por valles profundos y fértiles, en un paisaje formado por la fricción entre dos enormes placas de la corteza terrestre: las grandes placas tectónicas de América del Norte y del Caribe. Cuando Stephens y Catherwood cruzaron el valle del río días antes, viajaron sobre la zona de la falla en donde las dos placas chocan. Desde arriba, las montañas del norte y del sur parecen sábanas de color verde oscuro apiladas y estrujadas contra el extenso valle plano. Allí, a lo largo de la falla, hace más de 100 millones de años, el mar Caribe aislaba a América del Norte de América del Sur. Millones de años después, el puente terrestre de América Central comenzó a emerger del mar y los continentes norte y sur volvieron a conectarse a través del largo y estrecho istmo de Panamá. El reencuentro llevó a la fusión de la flora y la fauna de ambos continentes y sentó las bases para uno de los espectáculos biológicos más exuberantes del planeta.[1]

Al oeste, debajo del océano Pacífico, el tercer gigante geológico, la placa de Cocos, empuja hacia el este y hacia el norte por debajo de la orilla de la costa centroamericana. La colisión de estas tres placas flotantes convierte a Centroamérica en una de las regiones geológicamente más violentas de la Tierra, azotada por frecuentes terremotos y perforada por una serie de volcanes ardientes que recorren la costa oeste.[2] Tan brutales son estas fuerzas de la naturaleza que a veces América Central parece regresar a los inicios de los tiempos.

Stephens y Catherwood continuaron hacia el este por aquel terreno escarpado y sinuoso. Un día después de su partida de Camotán, vieron por vez primera el río Copán recorriendo los valles montañosos. Lo vadearon varias veces y subieron por un sendero pedregoso a lo largo de la ladera de la montaña, mirando hacia las aguas turbulentas desde un sendero estrecho y resbaladizo en lo alto. Los rodeaba una selva húmeda densa e impenetrable.

El grupo se detuvo en una hacienda rústica construida con tablas. A diferencia de las interrupciones de la noche anterior, esta parada sí les permitió descansar un poco. Pasaron la noche en el único cuarto de la hacienda, rodeados de nueve hombres, mujeres y niños. “Por todas partes había pequeños círculos de fuego brillando y desapareciendo con las bocanadas de los puros”, escribió Stephens. “Uno a uno se fueron extinguiendo y nos quedamos dormidos”.

A la mañana siguiente cruzaron a Honduras, aunque ningún cartel señalaba la línea fronteriza. Poco tiempo después, se encontraron contemplando el valle de Copán desde lo alto. No estaban a más de 64 km al sur de donde habían arribado en Izabal, pero habían viajado dos semanas y más de 160 arduos kilómetros. En el extremo opuesto del valle, el río Copán fluía desde la Sierra del Gallinero, atravesando una llanura aluvial que daba forma al fondo del valle a unos 600 m s. n. m. El río fluía hacia el oeste, la dirección de donde venían, y al final desembocaba en el Motagua, uniéndose a su curso rumbo al mar.

A pesar de la tierra fértil, del exuberante follaje a ambos lados del río y de la combinación de pinos y bosques subtropicales a lo largo de las laderas, el valle se hallaba despoblado. Había permanecido casi sin gente durante cientos de años. Pero hubo un tiempo, más de mil años atrás, cuando sus fértiles focos de suelo aluvial ofrecían sustento a una densa población. El río Copán representaba el alma de una civilización impresionante.

Stephens no tenía forma de saberlo en 1839. No se sabía nada de la extraordinaria historia del valle. Stephens y Catherwood no solo carecían de los conceptos arqueológicos y las herramientas para desentrañar el misterio que estaban a punto de encontrar, sino que compartían la ignorancia de su época sobre las sociedades nativas americanas tal como existieron antes de que Cristóbal Colón llegara al Nuevo Mundo. Como Charles Darwin demostraría dos décadas más tarde, en 1859, con la publicación de *El origen de las especies,* la Tierra revelaba sus secretos de forma gradual.

En la primera mitad del siglo XIX aún se desconocía gran parte de la historia física y humana del mundo. En ese momento, la Marina de Estados Unidos iba rumbo a la Antártida, un continente de cuya existencia muchos dudaban. Esa expedición alrededor del mundo produciría valiosos hallazgos científicos, pues reuniría miles de especímenes biológicos, artefactos de las islas del mar del Sur, cartas náuticas y mapas que en su totalidad constituirían la colección inicial del Instituto Smithsoniano.[3] La historia de América Central y América del Sur, que ahora se revelaba al mundo exterior, fue el siguiente paso. Pero también llevaría tiempo. Stephens y Catherwood estarían entre los primeros en enfocar en ella la atención del mundo.

Mientras miraban al este, hacia el valle de Copán, habían llegado al borde del abismo, no había vuelta atrás, y lo que estaban a punto de descubrir cambiaría en el hemisferio occidental la forma de entender la historia de la humanidad.

Hasta bien entrado el siglo XX, persistía la creencia, incluso entre los etnógrafos e historiadores prominentes de la época, de que existía una especie de edén natural en el hemisferio occidental previo a la llegada de los europeos; dos continentes vírgenes llenos de interminables bosques vírgenes, desiertos, selvas y praderas. Se pensaba que el área estaba poco poblada por pequeñas tribus primitivas separadas unas de otras por grandes distancias, con solo unos cuantos focos dispersos de vida semicivilizada. Dichas suposiciones no podrían haber sido más erróneas.

Los primeros informes de encuentros entre europeos y nativos americanos en los siglos XV y XVI fueron escasos y a menudo inexactos. En lo que luego se conocería como México, Centroamérica y Perú, se encontraron algunas ciudades. Pero los españoles que desembarcaron en esas zonas estaban concentrados en la conquista y el oro, no en el descubrimiento. Se documentaron pocas historias extensas u observaciones etnológicas. Muy poca de la cultura indígena nativa avanzada sobrevivió al ataque europeo.

La Conquista española fue brutal. Ídolos, monumentos y ciudades enteras fueron destruidos; libros indígenas y otros escritos —algunos de los cuales registraban historias que abarcaban siglos— fueron sistemáticamente recolectados, apilados y quemados. Las pirámides, palacios y templos que encontraron los conquistadores —evidencia del avanzado nivel de organización social y habilidad tecnológica de las sociedades nativas— fueron demolidos en poco tiempo, en parte para proporcionar material de construcción para las iglesias y residencias españolas erigidas sobre sus ruinas, pero también para subyugar a los nativos. Los españoles veían a los indígenas como salvajes paganos entregados a los sacrificios humanos y a la idolatría. Su cultura y todos los vestigios de su religión serían borrados, y ellos, convertidos al cristianismo. La sumisión total era fundamental, según los sacerdotes españoles que acompañaban a los conquistadores, para salvar las almas de los nativos.

El problema era que cada vez había menos almas que salvar. Las enfermedades traídas del Viejo Mundo y el frecuente trato inhumano y homicida infligido por los españoles rápidamente aniquilaron a las poblaciones indígenas. Hoy en día, continúa el debate entre los académicos acerca de cuántos nativos americanos vivían en el hemisferio occidental en 1491 y qué porcentaje perdió la vida debido al descubrimiento de América por parte de Europa. En La Española, Cuba y las islas de las Indias Occidentales, la primera parte del Nuevo Mundo colonizada por los españoles, las masacres, las enfermedades y el hambre causaron estragos a tal grado que los indígenas casi desaparecieron durante los primeros veinte años de la ocupación española. La demanda de trabajadores en las plantaciones que los conquistadores establecieron condujo a una nueva red de explotación humana: la trata transatlántica de esclavos africanos, creada para suministrar a las islas mano de obra de reemplazo.[4]

Hasta mediados del siglo pasado, los etnógrafos e historiadores creían que en 1491 no vivían más de 20 millones de indígenas en todo el hemisferio, desde el círculo polar ártico hasta Tierra del Fuego. Otras estimaciones aceptadas afirmaban que en toda América del Norte había tan solo un millón de habitantes. La mayoría de los demógrafos hoy en día descarta esas cifras tan bajas como cálculos descabellados. Hoy en día, se estima que hasta 100 millones de pueblos "amerindios" vivían en todo el hemisferio occidental, aunque nunca se sabrá el número exacto. De ser cierto, este cálculo superior significaría que la población de las Américas igualaba o superaba a la de Europa en el momento del primer viaje de Colón.[5]

Para 1650, solo 160 años después, la población originaria se había desplomado a no más de seis millones, una disminución de hasta 95%. Aunque las cifras iniciales de la población y la magnitud del declive todavía se debaten, la mayoría de los académicos ahora está de acuerdo en que el descubrimiento de América por parte de Europa casi con certeza resultó en la mayor calamidad demográfica en la historia de la humanidad.

"Las pérdidas de población fueron indiscutiblemente considerables y rápidas", escribe Alfred W. Crosby, historiador de la Universidad de Texas y experto en las consecuencias biológicas que siguieron al descubrimiento europeo de las Américas, o lo que se conoce como el *intercambio colombino*. Crosby agrega: "Se debe concluir, entonces, que el mayor efecto inicial de los viajes colombinos fue la transformación de América en un osario. La invasión europea al Nuevo Mundo redujo el acervo genético y cultural de la especie humana".[6]

La causa principal de dicha aniquilación fue la enfermedad.

De acuerdo con estudios científicos, todos los americanos originarios descienden de un pequeño número de cazadores que cruzaron el estrecho de Bering desde Asia, desde la actual Siberia hasta Alaska, por un puente terrestre que apareció durante la última glaciación. Esos migrantes comenzaron a poblar las Américas hace unos 17000-13000 años. Cuando terminó la Edad de Hielo, los glaciares se derritieron, los mares se elevaron y el puente terrestre fue cubierto por las aguas del océano una vez más. Aislados de Asia, los cazadores y las generaciones posteriores quedaron atrapados en América del Norte. Se trasladaron hacia el sur y, al encontrar tierras fértiles ilimitadas, se multiplicaron con rapidez. Muchos se establecieron en la zona de clima favorable de México y América Central, mientras que otros continuaron viajando inclusive hasta la punta de América del Sur.

Aislados del resto del mundo durante miles de años, los indígenas americanos nunca desarrollaron anticuerpos ni inmunidades contra las enfermedades que luego surgieron en Asia, África y Europa. Por lo tanto, la llegada de los conquistadores y otros colonizadores europeos trajo consigo una forma de genocidio biológico mediante enfermedades infecciosas como la viruela, el sarampión, la influenza, la peste bubónica, la difteria, la tos ferina, la varicela y la tuberculosis. Ola tras ola de enfermedades se propagaron en las poblaciones nativas, con resultados catastróficos.[7]

En consecuencia, los europeos que llegaron a América subestimaron en gran medida el tamaño de la población indígena. Llegaron a la conclusión de que habían tropezado con tierras vacías y en gran parte deshabitadas cuando, de hecho, sus enfermedades avanzaban a tal velocidad que, cuando los colonos llegaban a las zonas nativas del interior, estas ya se encontraban muy despobladas. Esto facilitó la conquista y la colonización, sobre todo para los españoles, que parecían lograr tanto con tan pocos hombres. Por ejemplo, los historiadores occidentales han descrito a Hernán Cortés y su banda de 550 compañeros conquistadores como guerreros ingeniosos y tenaces que lograron la increíble hazaña de conquistar al Imperio azteca en la región central de México. Si bien hay algo de una verdad brutal en esa evaluación, una epidemia de viruela en 1521 mató a tantos líderes y guerreros aztecas que la enfermedad desempeñó un papel importante en las victorias militares finales de los españoles. Sin la viruela, la historia bien podría haberse vuelto contra Cortés.

La viruela y las otras enfermedades europeas continuaron propagándose hacia el sur con tal rapidez que, cuando los conquistadores llegaron a Perú, una década más tarde, el daño ya estaba hecho.[8] Francisco Pizarro llegó a la región de América del Sur en 1532 con solo 168 hombres, un número lamentable con que enfrentarse al vasto Imperio inca de cinco millones de personas, que se extendía desde el actual Ecuador, a través de Perú, hasta Bolivia y Chile. Sin embargo, la viruela, llegó mucho antes que Pizarro y mató al gran líder inca Huayna Capac, junto con el heredero que había designado y muchos capitanes de su ejército. Las muertes pusieron en marcha una guerra civil entre los dos hijos sobrevivientes de Capac, debilitando militarmente al imperio aún más. Pizarro pudo aprovechar esta oportunidad y conquistar la mayoría de las posesiones incas en menos de tres años.[9]

Los pueblos originarios de Centroamérica sufrieron las mismas pérdidas enormes. Los expertos ahora calculan que la población indígena de la región se redujo de casi seis millones de personas en 1500, poco después de los viajes de Colón, a menos de 300 000 en 1680.[10] Cuando Stephens y Catherwood arribaron, la población comenzaba a recuperarse y se acercaba al millón. Aun así, todavía representaba tan solo una sexta parte de la que podría haber sido cuando los españoles desembarcaron por primera vez.

El valle de Copán no se salvó de la ola de devastación. Según los primeros historiadores españoles, el área estaba densamente poblada y era el centro de una de las más feroces resistencias nativas a la invasión de los conquistadores. Miles de indígenas, encabezados por un poderoso líder llamado Copán Calel, lucharon batalla tras batalla contra los españoles y sus tropas aliadas indígenas de México. Después de un gran derramamiento de sangre en ambos lados, los españoles lograron someter a Calel y sus guerreros.[11] Al final, los indígenas derrotados sucumbieron a "una pestilencia" —es probable que fuera viruela—, que pronto acabó con la mayor parte de la población local.

Durante siglos, el valle de Copán continuó siendo un remanso rural escondido, casi vacío de gente a pesar de su clima templado y las condiciones ideales para el desarrollo. Pero había algo diferente en este valle. Una vez había sido habitado por pobladores que desaparecieron y dejaron tras de sí una ciudad fantasma. Una calamidad demográfica siglos antes, que precedió por mucho a la llegada de los conquistadores, llevó al colapso y desaparición de un poderoso reino dinástico, el asentamiento más al sureste de una civilización extraordinaria.

Los pocos habitantes que quedaban en el valle, aquellos a quienes Stephens y Catherwood estaban a punto de encontrarse, no tenían idea de lo que había bajo sus pies. En otras partes de Mesoamérica, la contundente fuerza de la Conquista casi había borrado la memoria indígena. Allí el tiempo y la naturaleza se habían encargado de ello. Sobrevivieron aquellas extrañas piedras, misteriosamente esculpidas. Los habitantes eran conscientes de ellas, las habían visto medio enterradas en la jungla a lo largo del suelo del valle. Pero las fuerzas biológicas, fecundas y regeneradoras fueron tan eficaces que la naturaleza misma había borrado su historia. Una historia grandiosa sobre el ingenio y la gloria, el fracaso y la desolación, de un pueblo indígena que parecía haber quedado para siempre en el olvido.

A las dos de la tarde del 15 de noviembre de 1839, Stephens y Catherwood entraron en el pequeño pueblo de Copán. Consistía en no más de media docena de chozas con techo de paja y suelo de tierra. De los pocos habitantes que pronto se reunieron a su alrededor ("nuestra apariencia generó gran revuelo", señaló Stephens), ninguno pudo dirigirlos a las ruinas. En cambio, los enviaron a la hacienda más grande de la zona, un rancho en expansión, propiedad de don Gregorio, un hombre local de influencia e importancia.

Después de que las mujeres del rancho les dieran una amistosa bienvenida y una comida preparada con rapidez, los dos hombres se felicitaron por su buena suerte. El país por fin parecía hacer honor a su reputación hospitalaria, se dijeron entre ellos, y el lugar era ideal como punto de partida para emprender una investigación sobre toda antigua ruina de piedra que pudieran encontrar.

No obstante, la bienvenida duró solo hasta la tarde. Terminó con la llegada del propio don Gregorio, un hombre hosco de unos 50 años, con bigotes y el ceño fruncido, propio de un tirano. No le gustó el aspecto de los dos extranjeros y, con toda claridad, les hizo saber que no eran bienvenidos.

Stephens y Catherwood se hallaban en un aprieto. Don Gregorio los ignoraba a propósito, y las mujeres, sus hijos y los trabajadores que llegaban del campo siguieron su ejemplo. A pesar de tal rudeza, los dos hombres no podían permitirse una pelea con "el gran hombre de Copán" si querían tener alguna posibilidad de encontrar y explorar las ruinas. Eran extranjeros sospechosos, una posición delicada.

Los dos hombres se tragaron su orgullo. No tenían ningún otro lugar adonde ir y el anochecer se acercaba con rapidez. Al final, prevaleció una tregua tácita. El don estaba dispuesto a tolerar su presencia para evitar una "mancha en su nombre", al parecer, pero solo si dormían en un área pequeña y protegida fuera de la casa con los peones del rancho. Stephens describió la escena de la siguiente manera: "Había tres hamacas además de la nuestra y tenía tan poco espacio para la mía que mi cuerpo describía una parábola invertida, con mis talones tan altos como mi cabeza". El incómodo enfrentamiento continuó a la mañana siguiente cuando apareció el don, todavía con el mismo mal humor. "No le prestamos atención, pero hicimos nuestras necesidades debajo del cobertizo con el mayor respeto posible a la presencia de las mujeres que formaban parte de la familia y que constantemente iban y venían".

Por fin, se trajo a un guía del pueblo para llevarlos a las ruinas. La pequeña caravana avanzó lento por la ladera sureste, atravesando el centro del valle de 11 km de largo hacia lo que ahora se conoce como la cuenca de Copán. En este punto, el valle es bastante estrecho, no más de unos cuantos kilómetros de una cresta a otra. A más de 600 m de altura, se encontraban en una zona más templada, por fin libre del sofocante calor y humedad de las tierras bajas circundantes al lago Izabal y al río Motagua.

El suelo del valle se hallaba cubierto de bosques tropicales y latifoliados, salpicado de coloridos destellos de buganvilias, hibiscos y otras muestras exóticas. Las pocas chozas esparcidas por el valle estaban rodeadas de jardines y claros separados de la jungla en los que se sembraban tabaco y maíz. El ganado pastaba por algunos de los campos rodeados de plantas de cacao, papaya y mango. La fragancia de jazmín y franchipán mezclada con limón flotaba en el aire, así como rastros de canela y nuez moscada provenientes de grupos de árboles de pimienta dioica.

Pero el telón de fondo continuaba siendo un bosque denso y sombrío, amenazante. En esta tierra fértil, compuesta de limo y ceniza volcánica, regada por el río y lluvias que cada año acumulaban entre 150 y 180 cm, casi cualquier cosa parecía crecer. Ahora, al final de la temporada de lluvias, la tierra estaba tan saturada que despedía un fuerte y empalagoso olor a marga mezclado con la clorofila fresca y húmeda de la maleza. Se detuvieron poco tiempo para descansar y, entre el canto de los pájaros y el chillido de las guacamayas rojas, pudieron sentir la vegetación que los rodeaba palpitando y rebosante de vida.

José, su guía, los llevó por un estrecho camino que se hallaba a cierta distancia del rancho, a través de un gran campo sembrado de maíz. Ataron sus mulas a la entrada de la selva. Utilizando su machete, José se abrió camino hacia el bosque a través de la maleza enmarañada. Después de un tiempo, salieron a la orilla oriental del río Copán. Mientras se acercaban, Stephens y Catherwood miraron a través de los árboles y quedaron atónitos ante lo que vieron.

En el mejor de los casos, esperaban encontrar ruinas de piedra desperdigadas. Pero lo que apareció al otro lado del río fue un enorme muro de piedra que se elevaba a una altura de casi 30 m. Una gran sección se había derrumbado, sus cimientos erosionados y socavados por el río. Stephens y Catherwood habían leído el relato de un testigo y una vaga referencia histórica sobre las ruinas de Copán. La enormidad de la pared frente a ellos los dejó sin aliento. Habían estado en Italia, Grecia, Medio Oriente. Habían visto pirámides y restos de ciudades antiguas. Pero se suponía que este lugar estaba ocupado por salvajes, que esta era la América aborigen. Nadie esperaba que sus pueblos desaparecidos hubieran sido capaces de construir una sólida fachada de piedra como esta que se elevaba alto hacia el cielo y abarcaba varias decenas de metros a lo largo de la orilla del río.

Después de cruzar un tramo poco profundo del río y llegar a la base del muro, los dos hombres se dieron cuenta de que algunas secciones estaban revestidas con lo que parecía ser piedra bien cortada y acabada. Subieron por una serie de escalones de piedra, muchos desordenados y separados por las raíces de los árboles que crecían a través de las grietas, y ya muy por encima del río llegaron a una pequeña terraza envuelta por tantos árboles que medirla resultaba difícil.

izq. y der.: Ilustraciones de una estela en Copán, en *Incidents of Travel in Central America, Chiapas, and Yucatan (Catherwood)*

en medio: Estela hoy (Carlsen)

José se puso a trabajar de nuevo, abriendo una brecha en el terreno y el follaje subyacente. Pronto divisaron lo que parecía ser el lateral de una pirámide.

Poco tiempo después, tropezando entre los árboles y la maleza, se encontraron con algo que nunca habían imaginado posible y, asombrados, se detuvieron en seco. Frente a ellos había un monumento de una altura y maestría artística tales, escribió Stephens, que igualaba a las mejores esculturas que habían visto en Egipto.

Los dos hombres se habían aventurado más de 3200 km, arriesgándose a sufrir enfermedades y heridas, expuestos a enormes peligros durante el viaje por una tierra desgarrada por la guerra civil. Todo con la esperanza puesta en lo que tal vez pudieran llegar a encontrar. El monolito ante ellos por sí solo superaba todo lo que se habían atrevido a imaginar. El enorme ídolo de piedra de 3.5 m se cernía sobre ellos, esculpido de arriba abajo y en sus cuatro lados con un relieve audaz.

"El lado frontal describía la figura de un hombre", escribió Stephens, "vestido de manera curiosa y opulenta, con un rostro, evidentemente un retrato, solemne, grave y representado de manera que provocaba terror. La parte posterior ostentaba un diseño diferente a todo lo que habíamos visto antes y los lados estaban cubiertos de jeroglíficos. La visión de este monumento inesperado acabó de una vez por todas, en nuestras mentes, con cualquier duda sobre la naturaleza del mundo antiguo en las Américas".

Estela enterrada en Copán (Catherwood)

Monumento derruido en Copán (Catherwood)

Más adelante, José continuó abriendo camino por la jungla poco iluminada, creando un sendero a través de la maraña de enredaderas y maleza. El bosque se encontraba tan lleno de árboles (ceibas inmensas y envolventes higueras estranguladoras) que a veces era difícil ver muy lejos. Las copas de los árboles formaban un dosel arbóreo hermético que bloqueaba al sol de mediodía. Los hombres sorteaban y trepaban las raíces y enredaderas que serpenteaban por el suelo del bosque. Musgos, lianas y epífitas envolvían todos los árboles y ramas que había en el lugar. Incluso José se perdió más de una vez, llevándolos a varios callejones sin salida que daban a paredes de impenetrable follaje verde.

No tardó mucho en guiarlos a otros 14 monumentos esculpidos en piedra, similares en apariencia al primero. Algunos se habían caído al suelo, algunos estaban medio enterrados, cubiertos de enredaderas y raíces. Uno se encontraba "envuelto por el apretado abrazo de las ramas de los árboles y casi elevado del suelo", recordó Stephens. "Con su altar frente a él, otro, erguido en una arboleda que crecía a su alrededor, al parecer para darle la sombra y el cobijo propios de algo sagrado. En la solemne quietud del bosque, parecía una deidad llorando por un pueblo caído".

A medida que avanzaban a través de la tenue luz, comenzaron a distinguir muros semienterrados, altares tallados, enormes y redondos, y otros fragmentos de piedra esculpida. Las gruesas raíces de higueras estranguladoras se envolvían como pitones alrededor de cornisas rotas e hileras de esculturas de cabezas de la muerte. Por todo su alrededor, los árboles crecían entre monumentales estructuras fragmentadas. Enormes montículos de piedra se elevaban muy por encima de sus cabezas. Troncos y raíces habían desprendido y fragmentado las piedras de construcción color ocre manchadas con parches de liquen gris verdoso, ocasionando que los bloques, cortados con gran precisión, cayeran para formar enormes pilas al pie de las pirámides.

A pesar de la desordenada desolación, los vestigios que dejó la fuerza natural de la jungla aún mostraban delicados trazos e intrincadas cabezas y figuras talladas: arte esculpido en piedra y congelado en el tiempo. Ambientada en el bosque abrumador, se trataba de una devastación y un misterio desconcertantes e imposibles de asimilar de una sola vez. Los dos hombres trastabillaban por la jungla siguiendo a José en un estado de incredulidad. Stephens se dio cuenta casi de inmediato de que se hallaban en presencia de algo extraordinario, algo con el potencial de cambiar la comprensión de la historia. Estos no eran los vestigios de un pueblo atrasado o poco sofisticado, escribió Stephens, sino obras de arte que demostraban que "los pueblos que alguna vez ocuparon el continente de América no eran salvajes".

Stephens se sentía más vivo que nunca, con todos sus sentidos y nervios a flor de piel. Incluso la quietud de la jungla y los susurros que detectó en ella llamaron su atención:

> Los únicos sonidos perturbando la tranquilidad de esta ciudad enterrada eran el ruido de los monos moviéndose entre las copas de los árboles y el crujido de las ramas secas que-

> bradas por su peso. Se desplazaban por encima de nuestras cabezas en largas y rápidas procesiones, cuarenta o cincuenta de ellos a la vez, algunos con pequeños prendidos a sus largos brazos; caminaban hasta el final de las ramas y, agarrándose con las patas traseras o su cola prensil, saltaban a la rama del siguiente árbol para, con un ruido como la corriente del viento, sumergirse en las profundidades del bosque. Era la primera vez que veíamos estos remedos de la humanidad y, con los extraños monumentos que nos rodeaban, parecían espíritus errantes de una raza difunta que custodiaban las ruinas de sus antiguos habitantes.

Al subirse a los montículos, los hombres por fin encontraron el terreno llano y la terraza por donde habían entrado. Sus ojos se habían acostumbrado a la luz filtrada y podían distinguir lo que parecía ser una gran plaza rectangular rodeada de escalones a cada lado, lo que le daba la apariencia de un anfiteatro romano. Una enorme cabeza esculpida, incrustada en los escalones, los miraba desde el otro lado de la plaza. Cruzaron en dirección a ella, subieron los escalones que conducían a una terraza larga y estrecha y se encontraron mirando el río que estaba a más de 30 m hacia abajo.

Habían llegado a la cima del muro que vieron horas antes desde el otro lado del río. Por encima de ellos, asomándose sobre el anfiteatro, había dos ceibas gigantes. Sus troncos lisos y grisáceos median hasta 6 m de circunferencia y sus apuntaladas raíces se extendían por decenas de metros como los tentáculos de un pulpo sosteniendo montones de piedras con su fuerte agarre.

Agotados emocional y físicamente, los dos hombres se sentaron al borde de la plaza y trataron de comprender lo que acababan de encontrar. ¿Quién era la gente —se preguntaban— que había construido estos monumentos y pirámides? ¿Y cuándo los construyeron? Los habitantes del valle no tenían idea. No había registros escritos y, al parecer, tampoco relatos orales transmitidos de generación en generación.

"Todo era un misterio, un gran e impenetrable misterio", escribió Stephens. En Egipto, los templos sobresalían de las arenas del desierto en franca y desprotegida desnudez. Aquí, en cambio, los templos y las pirámides yacían enterrados bajo una densa jungla, perdidos en el tiempo y la historia. Stephens buscó capturar la maravilla de esto:

> La arquitectura, la escultura y la pintura, todas las artes que embellecen la vida, habían florecido en este bosque frondoso; oradores, guerreros y hombres de Estado, la belleza, la ambición y la gloria habían vivido y desaparecido allí. Y nadie sabe que todo eso alguna vez existió o puede hablarnos sobre aquel pasado. Yacía ante nosotros como una barca náufraga en medio del océano, su mástil desaparecido, su nombre borrado, su tripulación muerta y nadie sabía de dónde vino, a quién pertenecía, cuánto tiempo llevaba de viaje o qué causó su destrucción.

Era un misterio con asombrosas implicaciones, pero no parecía haber respuestas inmediatas. Stephens y Catherwood no solo encontraron en Copán evidencia de una civilización avanzada y aparentemente antigua, sino que las ruinas se hallaban en el corazón de la jungla de América Central, un lugar donde nadie creía que una civilización así podría haber existido.

Supieron, de inmediato, el desafío al que se enfrentaban: no podía ser la única prueba de civilización en la región, debía de haber otros indicios de asentamientos antiguos en la jungla, otras ruinas que encontrar, y cuando su existencia se diera a conocer al mundo, la curiosidad humana no quedaría satisfecha hasta descubrir también sus historias no contadas y las respuestas a todos sus misterios.

Stephens

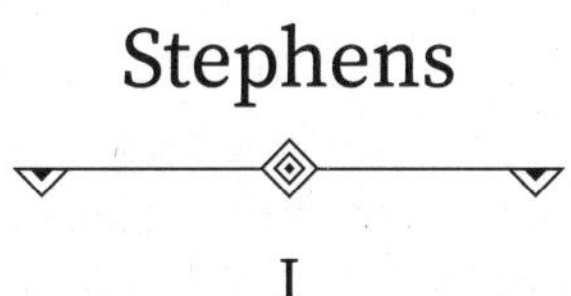

I

A fines de la primavera de 1804, al anochecer, el barón Friedrich Wilhelm Heinrich Alexander von Humboldt apareció frente a la puerta de la Casa del Presidente. El famoso naturalista prusiano acababa de llegar a Washington para visitar a Thomas Jefferson después de cinco años de exploración en Hispanoamérica. Humboldt, hiperactivo e inquieto, siempre iba corriendo a alguna parte. A su anfitrión estadounidense, el pintor Charles Willson Peale, le confesó que había estado viajando desde que tenía 11 años y que nunca había vivido en el mismo lugar por más de seis meses.[1] Después de haber arribado en Filadelfia, aceptó con entusiasmo la invitación del presidente Jefferson a visitar Washington para hablar sobre sus descubrimientos en América del Sur. El Distrito de Columbia recién había sido creado en el territorio boscoso de Maryland y todavía se hallaba poco poblado y lleno de calles vacías y enfangadas. La majestuosa mansión presidencial —que sería nombrada la Casa Blanca un siglo más tarde por Theodore Roosevelt— se alzaba en una colina desnuda con vistas al río Potomac en la distancia.

Cuando Humboldt fue conducido al salón sin haber sido anunciado, encontró al presidente en el piso rodeado de sus nietos. Pasó un momento incómodo mientras Jefferson continuaba jugando con los niños antes de darse cuenta de que Humboldt estaba en la puerta. Jefferson se levantó de inmediato para estrechar la mano de Humboldt. El presidente se alzaba alto y delgado por encima del bajo y robusto Humboldt. "Me ha encontrado haciéndome el tonto, barón", dijo Jefferson.[2]

Durante las siguientes dos semanas de la visita de Humboldt, los dos hombres se hicieron amigos íntimos. Podrían haber sido padre e hijo, Jefferson todavía vigoroso a los 61 años y Humboldt rebosante de energía a los 34. Tenían mucho en común. Eran cultos, hijos leídos de la Ilustración, y ambos científicos, filósofos y botánicos. Cada hombre venía de alcanzar un logro diplomático y geográfico de enorme magnitud. Se habían convertido, a su manera, en los dueños de inmensas parcelas territoriales que cubrían amplias franjas del hemisferio occidental. Jefferson había logrado la hazaña, apenas un año antes, con la compra del territorio de Luisiana a Napoleón Bonaparte por unos miserables 15 millones de dólares, duplicando así el tamaño de Estados Unidos de un solo y brillante golpe. Humboldt, gracias a la buena suerte de contar con conexiones aristocráticas, cinco años antes había convencido a la corona española de que le permitiera emprender una gran y amplia exploración de América del Sur en nombre de la ciencia. Impresionada con las credenciales de Humboldt como antiguo experto en minería, la corte real de Madrid se hallaba muy deseosa de que explorara los recursos de oro y plata de sus colonias, incluso si eso significaba abrir América del Sur a un extranjero.[3]

El prusiano y su asistente, un médico y botánico francés llamado Aimé Bonpland, zarparon hacia Venezuela en junio de 1799 llevando consigo cajas y cajas de instrumentos, incluyendo todas las herramientas avanzadas de medición científica disponibles a principios de siglo XIX. Humboldt financió la expedición con la considerable herencia recibida tras la muerte de su madre. Durante los siguientes años, enfrentando dificultades y peligros, los dos hombres exploraron las regiones interiores del sur del continente en partes nunca exploradas o documentadas. En un punto de 1802, el infatigable Humboldt estableció un récord mundial de altitud, al menos para un occidental, escalando el Chimborazo, un volcán ecuatoriano inactivo de 6 623 m de altura, en ese momento considerado la montaña más alta del mundo. Durante su viaje de cinco años, los dos hombres recolectaron miles de especímenes en las selvas ecuatoriales y documentaron un número incalculable de mediciones.[4] Agregaron México y Cuba a su itinerario antes de detenerse en Estados Unidos en su camino de regreso a Europa.[5]

Humboldt fue un prototipo de principios del siglo XIX. Los exploradores llegaron primero, luego los científicos. Pocos habían creado una imagen pública del apuesto científico-explorador aventurándose en lo desconocido mejor que Humboldt, quien en su época fue casi tan famoso como Napoleón. Vastas regiones del mundo aún permanecían inexploradas. Armado con los instrumentos de la ciencia, una energía en apariencia inagotable y audaz, Humboldt se convirtió en una figura inspiradora para los gigantes de las ciencias naturales por venir. "En verdad podría ser llamarlo el padre de una gran progenie de viajeros científicos", escribió Charles Darwin, quien, treinta años después, llevaría consigo el relato de Humboldt en su viaje a Sudamérica, arriba del bergantín *HMS Beagle*, y descubriría los fundamentos biológicos de la evolución.[6]

Con Jefferson, Humboldt fue incapaz de contener su deseo de explicar todos los detalles de sus exploraciones.[7] Jefferson lo escuchó con profundo interés. Incluso antes de que el Congreso aprobara la compra de Luisiana, el presidente estadounidense ya estaba planeando enviar una expedición exploratoria por el río Missouri y atravesar regiones desconocidas del oeste hasta el océano Pacífico. Tan solo tres semanas antes de que Humboldt llegara a Filadelfia, dos hombres salieron de St. Louis bajo las órdenes de Jefferson, acompañados de un grupo de endurecidos soldados fronterizos reunidos bajo el nombre de Corps of

Discovery [Cuerpo de Descubrimiento]. Sus comandantes: el capitán del ejército estadounidense Meriwether Lewis y William Clark.

Más de un año después de que Humboldt regresara a Europa, Lewis y Clark llegaban al Pacífico por la desembocadura del río Columbia. El 28 de noviembre de 1805, la fecha en que los dos hombres buscaban un lugar para sus cuarteles de invierno, John Lloyd Stephens nacía en Shrewsbury, una ciudad agrícola de Nueva Jersey ubicada a un poco más de 40 km al sur de la ciudad de Nueva York. Nació en un nuevo siglo cuyo advenimiento estuvo marcado por dos de las mayores exploraciones de las Américas, sur y norte. Sin embargo, Stephens y el resto de su generación no entendería por completo todo lo que Lewis, Clark y Humboldt habían logrado sino hasta más tarde. Stephens tenía un año cuando los dos exploradores estadounidenses regresaron a St. Louis y cumpliría 9 antes de que por fin se publicara el relato oficial. Al regreso de la expedición, a Lewis se le asignó preparar el reporte; sin embargo, en octubre de 1809, se suicidó sin siquiera haberlo comenzado. Le tocó a Clark asumir el proyecto, pero no fue sino hasta 1814 cuando se publicó *History of the Expedition under the Command of Captains Lewis and Clark*.

En París, Humboldt también había luchado por la publicación de obras propias que habían tardado mucho en salir a la luz. En el mismo año en el que apareció la *History...* de Lewis y Clark, el relato de Humboldt sobre su expedición fue publicado por primera vez en inglés.[8] Se encontraba reuniendo meticulosamente, volumen tras volumen, los hallazgos científicos de la expedición. Serían al final treinta volúmenes en total, el último publicado en 1834, justo cuando el gran prusiano invertía lo último que quedaba de su herencia en el proyecto.[9]

Al igual que muchos de sus contemporáneos, a Stephens lo acompañaron aquellos dos relatos épicos de descubrimientos desde sus primeros días en la escuela hasta su práctica como abogado. Marcaron el espíritu de su generación. Se trataba de relatos emocionantes e inspiradores para un John Stephens joven que creció en un lugar de Estados Unidos propicio para sueños de exploración durante la infancia. Su familia se había mudado de Shrewsbury a Nueva York en 1806, lo que significaba que a la edad de 1 año el pequeño John vivía en una ciudad en donde barcos entraban y salían del puerto desde y rumbo a todas partes del mundo, ofreciendo una visión amplia del mundo como pocos lugares en el planeta.[10] A pesar de que se hacía cada vez más pequeña, la Tierra tenía grandes regiones aún inexploradas que generaban un gran interés.

En 1806, Nueva York era una ciudad pequeña, el equivalente a un pueblo estadounidense de buen tamaño para los estándares actuales. Ocupaba una fracción de la larga y estrecha isla de Manhattan, sus 75 000 ciudadanos amontonados en unos cuantos kilómetros cuadrados en el extremo sur de la isla. La mayor parte de Manhattan estaba formada por granjas y bosques y todavía se podía cazar en los prados y colinas de lo que ahora es Houston Street, en ese entonces el límite norte de la ciudad. Filadelfia tenía una mayor población, pero la de Nueva York se duplicaba cada veinte años. Las primeras casas holandesas a dos aguas a lo largo de las estrechas calles del casco antiguo daban paso a edificios de ladrillo de dos y tres pisos estilo federal que se encontraban más de moda. Los pantanos cercanos eran desecados y las calles eran pavimentadas con adoquines, incluso cuando los cerdos todavía deambulaban libres por algunos distritos.

La ciudad tenía la distinción de ser la primera capital de Estados Unidos. El Gobierno pronto se trasladaría a Filadelfia en lo que la nueva Ciudad Federal de Washington se establecía en Maryland, a lo largo del Potomac. Veinte años después de la toma de posesión de George Washington en 1789, los neoyorquinos agregaron otro toque de grandeza. Durante los años preescolares de John Stephens, se llevó a cabo la construcción de un gran ayuntamiento, una confección extravagante y resplandeciente con fachada de mármol blanco de Massachusetts, ubicada en un parque de la sección más al norte de la ciudad conocida como Commons. Llevaría nueve años terminarlo y, para cuando fue inaugurado en 1812, su costo había alcanzado la asombrosa suma de 500 000 dólares (el doble de la cantidad presupuestada en un inicio).[11]

Un segundo y aún mayor signo de ambición cívica fue el nombramiento, en 1807, de una comisión especial encargada de trazar planes para el desarrollo ordenado de la ciudad a medida que se expandía hacia el norte por la isla de Manhattan. Fue un acto visionario. Cuando los agrimensores de la ciudad presentaron su plan en 1811, el diseño físico de una futura Nueva York se había consolidado, escrito en piedra literalmente (marcadores de piedra delimitaban cada esquina) .[12] El mapa mostraba una cuadrícula rígida de 13 km de calles paralelas largas y calles perpendiculares cortas sobre una isla desocupada en su mayor parte; un sistema de calles que permanece intacto hasta el día de hoy.[13] El plan desencadenó una fiebre especulativa de tierras que no cesó hasta que la ciudad se expandió hacia el norte, con tal rapidez que en menos de cien años toda la isla había sido urbanizada.

Los primeros años de la vida de Stephens coincidieron con tiempos de prosperidad para Nueva York que atrajeron a cientos de nuevos comerciantes como Benjamin Stephens, el padre de John. Las guerras napoleónicas en Europa habían creado una enorme demanda por exportaciones estadounidenses, sobre todo de carne, grano, cuero y madera. De 1790 a 1806, el valor de las exportaciones que fluían a través de los muelles de la ciudad se multiplicó por diez.[14] Llegaron cantidades igual de grandes de productos importados de manufactura europea.

Ya en 1796, Benjamin Stephens se había adentrado en el mundo de los negocios, operando entre Shrewsbury y Nueva

York.[15] Para 1806, vivía en un edificio ubicado en la parte sur de Greenwich Street que también usaba como base de operaciones, en un arreglo de trabajo-vivienda común en ese entonces. Su creciente familia (acabaría teniendo cinco hijos) vivía arriba. La calle Greenwich fue pavimentada varios años antes y estaba llena de residencias de lujo. Su extremo sur terminaba en Battery, que John y sus hermanos usaban como lugar de juegos. Era un gran espacio abierto, la mayor parte utilizada como vertedero, en un inicio reservado por los holandeses y los británicos para fortificaciones defensivas con vistas al puerto. Cuando llegó la familia Stephens, se había convertido en un paseo popular bordeado por olmos.

La política británica de presionar a los marineros estadounidenses para formar parte de la Marina Real durante su guerra con Francia había aumentado las tensiones con un Gobierno estadounidense que, como resultado, buscaba establecer nuevas defensas en caso de un conflicto con Inglaterra. No obstante, en lugar de llenar de armas el paseo marítimo, en 1808 el ejército de Estados Unidos comenzó a construir una fortaleza circular de arenisca en un afloramiento rocoso cerca de la costa. El fuerte estaba equipado con 28 cañones y conectado al Battery por un puente de madera de 60 m de longitud. Cuando era niño, John Stephens observaba con ojos bien abiertos desde el Battery cómo el fuerte tomaba forma y las pruebas periódicas de los cañones.

Desde temprana edad, su mundo estuvo circunscrito casi solo por el agua. Los mástiles y palos de los veleros, densos como bosques, abarrotaban el fondo de casi todas las calles. Su patio delantero no era solo el Battery, parecido a un parque, sino también las aceras de ladrillo rojo alrededor de Bowling Green, al pie de Broadway. Él y sus amigos de la infancia jugaban beisbol cerca del ahí y trepaban las rejas de hierro para recuperar las pelotas que se les volaban.[16] Nadaban en las aguas cristalinas del Battery en verano y pescaban por todo lo largo del puente de madera hasta el fuerte.

El *boom* económico no duró. Tan pronto como Benjamin Stephens se mudó con su familia a Nueva York, el comercio al que apostó su futuro económico se desplomó de manera abrupta. A fines de 1807, el presidente Jefferson ordenó un embargo comercial total para obligar a Inglaterra y Francia a respetar la neutralidad estadounidense y los derechos de los marineros estadounidenses en el mar. El embargo resultó ser un error garrafal.[17] Sumergió al país, y en particular a Nueva York, en una depresión que dejó a miles de personas sin trabajo y arruinó muchos negocios.

No existen registros que indiquen cómo sobrevivió la familia Stephens, pero con un pie todavía en la cercana zona rural de Nueva Jersey, había conexiones familiares a las que recurrir. Por otro lado, sí existen documentos y pagarés que muestran que la firma de Stephens and Lippincott pudo sobrevivir para llevar a cabo importantes transacciones comerciales durante los años inmediatos posteriores al levantamiento final del embargo.[18] Luego estalló la guerra, en junio de 1812, y un bloqueo británico puso otra vez de rodillas a Nueva York.

Cuando comenzó el conflicto, Stephens tenía 7 años y su educación primaria estuvo a cargo de un maestro conocido solo como el señor Boyle. A medida que se avecinaba la amenaza de una invasión británica, Stephens y su desempeño escolar fueron sin duda puestos a prueba por aquella distracción. El peligro se volvió tan palpable que, en 1814, llevó a los neoyorquinos a hacer frenéticos preparativos defensivos. Anticipándose a un ataque británico por el río Hudson desde Canadá, los voluntarios cavaron trincheras y construyeron parapetos en la parte norte de Manhattan y Brooklyn. Miles de milicianos invadieron la ciudad. Las unidades de artillería probaban a cada rato sus cañones desde los fuertes de los alrededores.[19] Para un niño de 9 años debió de haber sido una época de mucha ansiedad, pero también emocionante. Sin embargo, el ataque nunca llegó a materializarse. En su lugar, los británicos incendiaron Washington y aterrizaron en Nueva Orleans. En 1815, se firmó un tratado de paz y la fortuna económica de la ciudad se recuperó.

El negocio de Benjamin Stephens comenzó a prosperar. Cargamentos de té, sedas y cajas laqueadas provenían de China. En 1816, un costoso servicio de mesa de porcelana fue enviado desde Liverpool para la señora Stephens, junto con un chal de pelo de camello aún más caro.[20] Luego, justo cuando regresaban los buenos tiempos, la familia sufrió una serie de pérdidas personales devastadoras. A principios de 1817, murió el abuelo de John, el juez John Lloyd, seguido cinco meses después por la muerte de Clemence, la madre de John, a los 33 años. La pérdida de su madre debe de haber sido un golpe desolador para un niño de 11 años, y parece haberlo acercado mucho a su padre, con quien mantendría una relación muy cercana por el resto de su vida.

En el momento de la muerte de Clemence Stephens, Benjamin Stephens ya tenía planes ambiciosos para su hijo. John cursaba su último año en la escuela de Joseph Nelson, un erudito ciego, experto en los clásicos, que luego se convertiría en un distinguido profesor de idiomas en el Rutgers College. Nelson parece haber sido una elección calculada, ya que la entrada al cercano Columbia College, adonde se dirigía Stephens, requería algo más que un conocimiento superficial del latín y el griego. Para ser admitidos, los candidatos tenían que demostrar un dominio de los comentarios de César, las oraciones de Cicerón, los libros de Virgilio, Tito Livio y Homero, el Evangelio según San Lucas y San Juan, los Hechos de los Apóstoles, así como un dominio de las reglas de aritmética, álgebra y geografía moderna. La educación recibida de Nelson fue una tarea agotadora de seis días a la semana con solo unas pocas semanas libres cada año. Stephens debió de haber sido un estudiante particularmente brillante y diligente a pesar de las distracciones de la guerra y el trauma de la muerte de su madre. Pudo aprobar los exámenes de admisión y ser aceptado en Columbia en 1818 con 13 años, uno de los matriculados más jóvenes en la historia de la escuela.

En ese entonces, Columbia se alojaba en un edificio de ladrillo y estuco en Park Place, a pocos pasos de la casa de Stephens. Fue fundado por carta real 75 años antes con el nombre de King's College. Entre sus exalumnos se encontraban Alexander Hamilton, quien se convertiría en el primer secretario del Tesoro de la nación; John Jay, el primer presidente de la Suprema Corte; y Robert R. Livingston, quien ayudó a redactar la Declaración de Independencia. La escuela fue cerrada durante la Guerra Revolucionaria y reabierta tras el término del conflicto con el nombre de Columbia College.

Columbia College era conocido por producir hombres prácticos, en su mayoría neoyorquinos de toda la vida que emprendían carreras en los negocios, las leyes y la política. Aunque la facultad contaba con algunos profesores excelentes, la universidad no era Harvard ni Yale. Un profesor, sin embargo, sobresalía mucho de entre los demás: Charles Anthon. Graduado de ahí mismo, Anthon tenía 23 años cuando fue contratado, en 1820, para enseñar griego y latín. Era joven y brillante, y fue una gran influencia para Stephens. Durante su tiempo en Columbia, Anthon publicó trabajos sobre los clásicos que se convirtieron en libros de texto obligatorios en instituciones tan lejanas como Cambridge y Oxford. "Este caballero ha hecho más por una erudición sólida en casa, y por nuestra reputación clásica en el extranjero, que cualquier otro individuo en Estados Unidos", escribió Edgar Allan Poe en 1837.[21] Stephens llegaría a apreciar profundamente su tiempo con Anthon cuando viajó más tarde por Grecia y Turquía y pudo escribir con gran seguridad sobre la historia y literatura de esos dos pueblos.

Durante su paso por la universidad, la naturaleza gregaria de Stephen se manifestó con toda su fuerza. Toda su vida fue sociable, casi en extremo, y en Columbia se convirtió en el favorito de sus compañeros.[22] Se unió a los dos clubes literarios que había en la escuela, lo cual era inusual por tratarse de agrupaciones rivales entre sí. Enfocados en la oratoria y al debate, los clubes a menudo seleccionaban a Stephens como el orador principal.[23] Era un estudiante brillante pero por lo general flojo que, sin embargo, se abrió camino con habilidad a través del duro programa de estudios de cuatro años de la universidad, cubriendo los clásicos, retórica, literatura, matemáticas, geografía, antigüedad clásica, gramática inglesa, composición y crítica, historia, ciencia de las fluxiones, química y astronomía, filosofía y economía política.

Cuando terminó su carrera universitaria, Stephens se unió a la élite educada de la ciudad de Nueva York.[24] La escuela produjo solo 23 egresados en 1822 y Stephens ocupó el cuarto lugar de su clase, un logro significativo si se considera que tenía tan solo 16 años, algo muy inusual. Su discurso de la clase de último año, "Sobre las supersticiones orientales y clásicas que afectan la imaginación y los sentimientos", ofrecía pistas acerca de su futuro.[25] La colegiatura había costado ochenta dólares al año, una suma considerable pero que estaba dentro del presupuesto de su padre, cuyos intereses comerciales en expansión incluían una participación cada vez mayor en el sector inmobiliario de Nueva York.

Pero como corrían tiempos de pragmatismo en una inmisericorde ciudad de Nueva York, el padre decidió que su hijo entraría a la carrera de abogacía. Así fue como, poco después de graduarse, John comenzó una pasantía en el bufete de Daniel Lord, un abogado graduado de Yale de 26 años que recién establecía su práctica. Los estudios anteriores de Lord en una Facultad de Derecho en Litchfield, Connecticut, inspiraron el siguiente paso de Stephens. Después de menos de un año como asistente jurídico, en junio de 1823 se dirigía a la Facultad de Derecho de Litchfield para inscribirse.

Situada sobre las verdes colinas de la zona oeste de Connecticut, Litchfield era una ciudad en esencia campestre, con casas impecablemente organizadas y cercadas por bardas blancas de madera, que en nada se parecía a Nueva York. A su llegada en diligencia, Stephens, de 17 años, se sintió cautivado. Litchfield fue la primera escuela de Estados Unidos solo enfocada en derecho. La educación jurídica en aquella época solía impartirse sobre todo mediante pasantías en oficinas de abogados. La Facultad de Derecho de Litchfield se fundó en 1784 como un curso sistemático de conferencias sobre los principios y la práctica del derecho. Aaron Burr —el vicepresidente de Estados Unidos, infame por matar a Alexander Hamilton en un duelo— fue el primer alumno de la escuela, y Tapping Reeve, su cuñado y fundador de la escuela, lo instruyó en persona. Más de 1100 jóvenes de todos los estados encontraron su camino a caballo o en diligencia hacia el pintoresco y remoto Litchfield. Tan solo en la clase de Stephens, siete de sus 44 compañeros se convirtieron en congresistas, y más de un tercio en jueces o legisladores de la Suprema Corte estatal, incluido un estudiante del estado de Georgia que redactó el proyecto de ley de secesión de los estados del sur al comienzo de la Guerra Civil.

Las clases se impartían en un edificio de madera de una sola habitación ubicado en el jardín junto a la casa de Tapping Reeve. Ahí se dictaban conferencias diarias en las que había que tomar apuntes detallados y donde los estudiantes presentaban cada semana casos en un tribunal simulado extracurricular. Resultó una experiencia tortuosa para Stephens. Fuera de casa por primera vez y de nuevo el miembro más joven de su clase, sintió de inmediato una profunda nostalgia. Les rogó a su padre, hermano y hermanas que le escribieran y lo visitaran. Extrañaba muchísimo a su familia y leer los periódicos de Nueva York ("tráiganme el periódico cuando vengan"), pero también se había enamorado tanto de los espacios abiertos de la vasta campiña alrededor de Litchfield que se preguntaba si podría volver a tolerar la mugre, el aire sucio y el caos de la ciudad de Nueva York. Escribió a su padre: "Ningún otro legado desearía más que el de que algún amigo por conocer me heredara un pequeño lugar en las cercanías de Nueva York donde poder construir una casona en medio de un terreno de unas 60 hectáreas". [26]

En el transcurso del año siguiente, Stephens se levantaría a las 4:30 a. m. seis días a la semana para comenzar sus actividades académicas. Señaló que en Columbia "nos enorgullecía demostrar un descuido académico. Aquí lo contrario es considerado la mejor cualidad para ser visto como un 'estudiante duro'". Siempre afable y extrovertido, disfrutaba socializar con sus compañeros del colegio en las habitaciones estudiantiles y en los bailes locales. Incluso el día de Año Nuevo lo pasaba en clase, pero aquella noche fue a un baile y le escribió a su padre que si bien no conocía a una sola dama cuando entró, "en poco tiempo conocí a todas las bellezas del recinto".

Escribía a casa todos los domingos después de asistir a la Iglesia Episcopal, firmando con toda formalidad cada carta con su nombre completo, como lo haría a lo largo de su vida: "Su afectuoso hijo, John L. Stephens". Sus cartas eran íntimas y personales, y de todos los volúmenes de escritos y correspondencias futuras, nada capturaría de forma tan directa o plasmaría un autorretrato de él tan claro y sin pretensiones como aquellas. Su afecto por sus hermanas era obvio cuando hablaba de su educación, su salud y la reciente partida de la señora Madden, el ama de llaves de la familia, quien al parecer se había convertido en una figura materna tras la muerte de Clemence, seis años antes. Se entristeció muchísimo al enterarse de que su padre no vendría a visitarlo y dijo que se sintió muy mal cuando su hermano Benjamin hizo una visita inesperada. "No pudo dejar de tomar notas y atender clases y él sintió que no le estaba prestando suficiente atención". Se esmeró muchísimo en mejorar su letra, de la que todos se habían quejado por ser casi ilegible. Probó una variedad de estilos de escritura en la correspondencia con su familia, incluido uno casi horizontal que era igual de malo, o aún peor, que el que estaba tratando de reemplazar. "Es muy difícil para alguien imaginar lo difícil de una operación aparentemente tan insignificante como alterar la letra", explicó. "Por mucho que les ordeno a mis dedos hacerlo de una forma diferente, ellos se rehúsan".

El aspecto más revelador de las cartas y una indicación de lo que vendría, era su dominio del lenguaje a los 17 años, así como su ya gran ambivalencia en torno a convertirse en abogado, un sentimiento que continuaría atormentándolo a lo largo de su relativa corta carrera legal. Se suponía que, además de asegurarle una profesión respetable, dijo, el derecho también le aportaría recursos económicos. Pero se mostró renuente cuando su padre le mencionó la suma que Daniel Lord dijo que estaría dispuesto a pagarle si regresaba a trabajar en el bufete del joven abogado en Nueva York. "Si no me equivoco, tras una práctica de seis o siete años, su propio negocio le reditúa apenas un poco más que la suma que nombró", escribió. Añadió haber escuchado que ahora el número de personas que ingresan a la práctica legal es mucho mayor que el de los clientes. Al final, admitió que, si en la profesión "muchos cretinos ignorantes son capaces de prosperar y rápidamente nadar en la abundancia", era probable que él también pudiera ganarse la vida con ello, "aunque [es] una idea irritante tener la esperanza del éxito solo porque otros tontos lo hacen".

Estaba claro que el extrañar a su familia, su corta edad y el gran esfuerzo dedicado a los estudios alimentaban sus dudas sobre permanecer en la escuela. Pero también vivía inmerso en sueños literarios de juventud a los que sentía que estaba renunciando. "Esta profesión no es cuento de hadas que alimente el corazón de alguien deseoso de construir castillos en el aire", le dijo a su padre. "El hecho, el hecho inexorable, insufrible, lo mira directa y fijamente a la cara con tal insistencia que le resulta imposible entretenerse por mucho tiempo en un mundo de creación propia, o tener incluso la esperanza de que algún día dicho mundo pueda ser construido [...] y mostrarle los esbeltos cimientos sobre los que se erige su tejido visionario".

Pero el asunto estaba fuera de sus manos. Aunque ya llevaba varios meses en la Facultad de Derecho, lo suficiente, pensó, como para justificar sus dudas, la decisión final sobre si debía continuar dependía de su padre. "He prometido obedecer su decisión", escribió. Cuando su padre le contestó que deseaba que terminara la escuela para después reanudar su aprendizaje con Lord, Stephens lo aceptó sin rechistar. Con las dudas y las inquietudes ahora desterradas, concluyó en una carta con fecha del 30 de noviembre de 1823: "Ahora tengo 18 años y dos días, y me encuentro a tres años de que la ley me permita la posibilidad de vivir de ella".

Nunca más Stephens se revelaría a sí mismo de manera tan personal. Hay destellos de aquel Stephens esparcidos en cartas futuras, pero sus libros delatan poco de su vida interior. En todas las numerosas páginas de sus escritos y cartas, por ejemplo, no hay ni un solo indicio de una relación romántica significativa. Hasta el misterioso y desconocido Shakespeare, con toda su poesía críptica, reveló más. Aunque un lector de los libros de Stephens obtendría una impresión completa y distintiva de él, a menudo encantadora y formal a la vez, es en el grupo de cartas de Connecticut en donde mejor queda plasmado lo esencial de su carácter y espíritu. Su padre guardó la mayoría de las cartas; él también debió de haber sentido su consternación.

Asimismo, la correspondencia revela a Stephens luchando con una prosa que se debate entre el estilo encantador y relajado por el que se haría famoso y las difíciles construcciones debido al extenso uso del latín y el griego. Ya lo siente. Respondiendo a una carta de su hermana menor, Clemence, la felicita por su escritura, por su uso de las palabras "supremamente", "fuego crepitante" y "vestido de alepín", y su estilo puro y sin pretensiones. "Todo parece tan natural", escribió. "Ella ha escrito sobre el papel lo que hubiera dicho en persona".

La carrera de Derecho de Stephens se caracterizó por su intermitencia. Concluyó sus estudios en Litchfield a fines del verano de 1824 y se ganó la vida como abogado por solo siete años. Su formación le permitió refinar su intelecto y le fue de gran utilidad en su trabajo posterior. No obstante, incluso antes de reanudar la pasantía en Nueva York, y como señal de lo que vendría, decidió huir. Con la nostalgia sosegada, él y un primo, Charles Hendrickson, emprendieron una larga "excursión" al territorio de Illinois con la renuente bendición de sus respectivas familias. El propósito oficial era visitar a la tía Helena Ridgway, una de las cinco hijas del juez Lloyd. Como tantos estadounidenses de la época, la tía había emigrado al oeste con su esposo, Caleb Ridgway, en busca de una nueva vida, estableciendo su hogar en la pequeña ciudad de Carmi en las praderas de Illinois. Para dos jóvenes en su adolescencia tardía motivados por una pasión por viajar, esta fue una aventura demasiado tentadora como para dejarla escapar.

El viaje los llevó primero a Pittsburgh y luego en un bote de quilla por el río Ohio, hasta Cincinnati, donde visitaron a un primo de Lloyd que vivía en una cabaña de troncos de una sola habitación. Desde ahí viajaron a Carmi, un lugar al borde del "salvaje Oeste". Pasaron junto a granjas antiguas y vagones de Conestoga y se encontraron con indígenas en el camino. Los Ridgway vivían una dura existencia fronteriza, según Hendrickson, quien describió el viaje en una serie de cartas a su madre. La correspondencia de Stephens, si la hubo, desapareció. El tío Caleb se vio obligado a elaborar él mismo los zapatos de la familia, informó Hendrickson después de su llegada, y para el próximo invierno planeaba abrir una escuela con veinte alumnos. "Sabes que deben ser tiempos muy difíciles para llevar al tío Caleb a eso", escribió Hendrickson.[27]

Después de más de dos meses de viaje, Hendrickson admitió que ya se habían cansado de viajar y se encontraban ansiosos por llegar a casa. La forma más fácil era bajar por el río Mississippi en una lancha y luego en barco hasta Nueva York. La madre de Hendrickson les escribió rogándoles que evitaran pasar por Nueva Orleans, donde en ese momento la fiebre amarilla estaba fuera de control. Pero su hijo le aseguró que disminuiría con el clima más fresco. Al salir de Carmi, los primos viajaron a través del poco poblado territorio indígena de los Shawnee, una noche llegando a acampar en el bosque con las pistolas desenfundadas y listas para disparar. Viajaron por el Mississippi a principios de diciembre y llegaron a Nueva York al comienzo de 1825.

Luego, Stephens hizo una pasantía en el bufete de George W. Strong. Tras dos años de aprendizaje con Strong, viajó a Albany, donde en 1827 fue admitido en el colegio de abogados. Existe poca documentación sobre los siguientes siete años de la vida de Stephens, período durante el cual practicó la abogacía en Nueva York. Él menciona que sirvió durante un breve tiempo en la milicia local, como era común entre los jóvenes de esa época. Además, se involucró de manera seria en la política de Nueva York. Pero su carrera de abogado continúa siendo un misterio, ya que no hay documentos disponibles que indiquen por lo menos el tipo de derecho que practicó: penal o civil, o ambos. El único relato de este período de su vida proviene del reverendo Francis Lister Hawks, quien publicó el obituario de Stephens en una revista de Nueva York poco después de su muerte. Según Hawks, Stephens "nunca sintió ni exhibió mucha pasión o entusiasmo por el ejercicio de su profesión". Puesto que sus principales intereses eran políticos, era un orador frecuente en Tammany Hall, escribió Hawks. Allí, sin duda, pudo demostrar las habilidades de debate que había perfeccionado con esmero en Columbia y Litchfield.

Tammany era una poderosa organización política que había utilizado su peso para ayudar a colocar a Andrew Jackson en la presidencia. No se sabe qué papel desempeñó Stephens, pero era un demócrata jacksoniano comprometido y debe de haber hablado en su apoyo. Hawks señaló que Stephens pronunció discursos apasionados en contra de los monopolios y en apoyo del libre comercio. "Hablaba desde el corazón", escribió Hawks. "Su comportamiento era serio y todos los que lo escuchaban podían sentir que hablaba con el corazón".[28] Luego, en 1834, la vida de Stephens dio un brusco y extraño giro. El mismo instrumento del que dependía para su vida política y profesional le falló. Había contraído una grave infección de garganta que iba a alterar el curso de su vida.

II

Stephens tenía 29 años cuando llegó aquel mismo año a Le Havre, Francia, en el paquebote *Charlemagne*. Había dejado atrás su práctica legal y un brutal año político en Nueva York. El año anterior, el presidente Andrew Jackson había cumplido su promesa de, en efecto, cerrar el Segundo Banco de Estados Unidos, lo que desató una feroz campaña electoral por la alcaldía de la ciudad en la primavera de 1834. Durante las elecciones, estallaron disturbios entre los partidarios de Jackson y los que apoyaban a la banca. Luego, siguieron disturbios contra los abolicionistas durante el verano con terribles ataques a afroamericanos de Nueva York recientemente emancipados. No hay registros del papel que Stephens desempeñó en estos eventos, pero es probable que se haya involucrado en la refriega gracias a su conexión con Tammany Hall.

A finales del verano, su infección de garganta había empeorado a tal grado que se vio obligado a consultar a un médico. Le dijeron que se fuera de Nueva York, donde el aire de la ciudad, que era evidentemente dañino, empeoraría con los incendios y el humo del invierno. El médico, al parecer, sugirió el aire templado del Mediterráneo, un antídoto recetado con frecuencia a quienes pudieran costearlo para problemas de garganta y pulmones. Stephens obedeció de inmediato.

De Le Havre fue a París, luego viajó a Roma y, en febrero de 1835, había cruzado el mar Adriático rumbo a Grecia.

Allí, sitio tras sitio, se sumergió en el mundo clásico. Lo que habían sido solo palabras e imágenes en Columbia bajo el tutelaje de Charles Anthon ahora yacía en piedra frente a Stephens. En vez de acatar el descanso y la recuperación prescritos, Stephens subió a la acrópolis de Corinto para observar el nevado monte Parnaso, visitó la Puerta de los Leones y la tumba de Agamenón en Micenas, y con una copia de Heródoto en mano trepó al túmulo que cubría a los griegos caídos en la llanura de Maratón. Allí, sentado solo, leyó el relato de la batalla épica del 490 a. C., entre los persas y unos atenienses con una gran desventaja numérica.[29]

En Atenas, una ciudad todavía en ruinas por la revuelta griega contra los turcos una década antes, Stephens hizo varios viajes a su famosa acrópolis. "La soledad, el silencio y la puesta de sol son el semillero del sentimiento", escribió sobre su última visita. "Me senté en un capitel roto del Partenón: la lechuza ya revoloteaba entre las ruinas". Al mirar hacia abajo a la ciudad destrozada, el sentimiento dio paso al neoyorquino de hueso colorado en él:

> Me dije a mí mismo: "¡Los terrenos tienen que subir de precio en Atenas!". El país es hermoso, el clima es bueno, el gobierno es estable, los barcos de vapor están en funcionamiento, todo el mundo viene aquí y los terrenos tienen que subir de precio. Compré (en la imaginación) un amplio terreno para explotar, la organicé en calles a las que di nombres como Platón, Homero, Washington Places y Jackson Avenue, construí una hilera de casas para mejorar el vecindario donde no vivía nadie, hice mapas litográficos y vendí en subastas. Me encontraba en condiciones adecuadas para "participar" ya que no tenía nada que perder. Por desgracia, los griegos estaban muy atrasados en cuanto al espíritu de la época. No sabían nada sobre las maravillas del sistema crediticio y no podían ser obligados a disponer de su suelo consagrado "en los términos habituales" (10% de pago inicial, el resto mediante préstamo hipotecario). Así

que deseché la idea y al anochecer me despedí de las ruinas de la acrópolis para ir a cenar a mi hotel.[30]

Acrópolis en Atenas, del libro de Stephens
Incidents of Travel in Greece, Turkey, Russia, and Poland, 1838

Por muy serio que fuera su dolor de garganta, viajar hizo que Stephens se sintiera revitalizado. Italia y Grecia habían sido su objetivo, pero ahora el mar Egeo lo llamaba y encontró un viejo bergantín que se dirigía a la costa turca. Se subió sin pensarlo. Primero viajó a Esmirna —hoy llamada Izmir— y luego cabalgó hacia el sur hasta las antiguas ruinas de Éfeso. Todo lo que vio lo describió en su cuaderno y más tarde en una larga carta enviada a sus amigos en Nueva York. Sin él saberlo, la carta llegó a manos de Charles Fenno Hoffman, editor de *American Monthly Magazine* en Nueva York, quien la publicó en su revista como una serie publicada en cuatro números. Más tarde, Stephens reconoció el impacto que esas publicaciones tuvieron en su vida. "El hecho de que fuera recibida favorablemente", escribió, "tuvo cierta influencia en mi decisión de escribir un libro".[31] La carta crearía un autor pero también, como resultado, pondría fin a la carrera de Stephen como abogado.

Poco a poco, conseguiría un mejor dominio de su escritura, pero el estilo de la carta muestra la rimbombancia de sus días escolares y quizá de sus discursos en Tammany Hall, que sin duda estuvieron repletos de florituras retóricas comunes en la oratoria de la época. Antes, por ejemplo, mientras se preparaba para salir de Grecia, visitó la tumba de Temístocles, uno de los mayores héroes de Atenas. "Durante más de 2000 años", escribió Stephens, "las olas han amenazado con inundar su tumba; sobre él ha brillado el sol y han aullado los vientos, mientras su espíritu quizá se ha entremezclado con el suspiro de una brisa y el murmullo de un mar en duelo por el largo cautiverio de sus compatriotas. Quizá, también, su espíritu ha estado con ellos durante su lucha tardía por la libertad, los ha acompañado desde las alturas en la batalla y a través del viento, y ahora, de pie, hace guardia sobre su amado y liberado país".[32] Así era el estilo de escritura de la época, una forma de enunciar que Stephens estaba a punto de transformar. La poética se desvanecería, no de la noche a la mañana, pero su prosa se volvería sobria y sencilla hasta alcanzar el tono natural y conversacional que lo haría famoso.

Viajó en barco de vapor a Constantinopla, la actual Estambul. "Únase a mí, ahora en esta carrera", les dijo a sus eventuales lectores desconocidos, "y si su corazón no sucumbe al ir a una velocidad de 12 a 16 km/h, los fustigaré sobre el más clásico pedazo de suelo".[33] Aunque las ruinas de Troya aún no habían sido desenterradas, Stephens sabía que se encontraban en algún lugar de la planicie a lo largo de la costa turca, al sur del antiguo Helesponto. Mientras su barco navegaba por la costa, la poesía de Homero resonaba en su cabeza con los cuentos de Helena y Paris, Ájax y Aquiles. A lo lejos, se emocionó al ver la isla de Ténedos, detrás de la cual los griegos habían dado retirada a su flota, fingiendo así abandonar su ataque a Troya mientras dejaban un caballo de madera gigante como regalo.

Al acercarse a Constantinopla desde el mar de Mármara, Stephens quedó deslumbrado por las "medialunas resplandecientes y puntos dorados" en las mezquitas y minaretes. Su barco giró alrededor de las Siete Torres y los muros del serrallo hacia el Cuerno de Oro, cuyas orillas se hallaban cubiertas de jardines escalonados y palacios orientales. Su escritura captura gran parte del misterio de la ciudad, su suciedad y pestilencia, la belleza de la cúpula de Santa Sofía y la mezquita del sultán Ahmed, las murallas y puertas de la antigua Bizancio. Visitó un mercado de esclavos y presenció el estreno de un enorme barco encargado por el sultán Mahmud II, el soberano supremo del Imperio otomano, que asistió a la ceremonia. "No podía despojarme de la persistente idea del poder y esplendor del sultán", escribió, "la sombra de Dios sobre la tierra. Había deseado verlo como un genocida con más sangre en sus manos que cualquier otro hombre vivo". En cambio, Stephens dijo que lo encontró como "el hombre más sencillo, más apacible y amable" vestido con una "levita militar y un fez rojo, con su larga barba negra como la única marca del turco en él".[34]

Mezquita del sultán Solimán en Estambul

Stephens cayó enfermo en la ciudad, es probable que debido a una reaparición de la infección de garganta que lo siguió atormentando en los meses siguientes. A lo largo de su viaje se salvaría del horror de otra enfermedad mucho más grave, la peste, que estaba infectando varios de los puertos que visitó, incluida Constantinopla. Su viaje para recuperar la salud lo estaba exponiendo a un peligro aún mayor. No obstante, mostró cierta sensatez. Deseaba con desesperación navegar a Egipto, pero al enterarse de que la plaga había estado asolando ese país durante meses, se abstuvo de ir. De hecho, en ese momento morían más de mil personas al día en Alejandría y El Cairo. Para cuando la epidemia se extinguiera a fines de ese verano, habría cobrado la vida de hasta 200 000 egipcios.[35] No había forma de ignorar la enfermedad. Banderas amarillas en muchos puertos del Mediterráneo indicaban que no había enfermedades, pero también advertían a los viajeros que llegaban que serían detenidos durante semanas en estaciones de cuarentena llamadas lazaretos. Una bandera roja, como la que ondeaba entonces en Alejandría, indicaba que la plaga había llegado primero.

La enfermedad de Stephens no lo detuvo por mucho tiempo. A los pocos días se puso de pie y se dispuso a viajar a caballo por los Balcanes y en barco por el río Danubio hasta París. Siguiendo un impulso, tomó un barco de vapor que partía de Constantinopla por el estrecho del Bósforo y cruzaba el mar Negro hacia Rusia. Tres días después el navío había anclado en Odessa. En el puerto ondeaban banderas amarillas y un oficial de salud ruso se acercó. Stephens y sus compañeros de viaje obtuvieron la primera pista de lo que les esperaba cuando el oficial subió a bordo y se ofreció a llevar cartas a la ciudad, luego purificarlas y entregarlas. "De acuerdo con sus instrucciones", escribió Stephens, "las dejamos en la cubierta, donde él las tomó con un par de largas pinzas de hierro, las metió en una caja de hierro, la cerró y se fue remando".

Pronto pusieron a Stephens y a los otros pasajeros juntos en cuarentena durante 14 días en el lazareto, un complejo de cabañas, oficinas y edificios de inspección y purificación. Le hicieron un examen físico. Fumigaron con gas sulfúrico su ropa y efectos personales, y a él y a los demás pasajeros les asignaron guardias apostados afuera de sus habitaciones. No fue tan desagradable como esperaba. Amigable como de costumbre, tomaba el té todos los días con los demás pasajeros, comía en el único restaurante del lugar ("quizás no de primera, pero lo suficientemente bueno") y disfrutaba de una vista directa al mar. Pero volvió a enfermarse y los demás lo inundaron con consejos y recetas. Aunque todos temían que su enfermedad pudiera alargar la cuarentena, fueron liberados del confinamiento el 7 de junio de 1835, dentro del período previsto.

Lo que siguió para Stephens fue un viaje arduo, a veces estimulante, de cuatro meses. Había dado la espalda a la ruta fácil a París a cambio de un largo y tortuoso pasaje por Rusia y Polonia. Al principio, estaba tan impresionado con la sofisticación y la calidad de Odessa (una ciudad, escribió, que parecía hacer sido construida de la noche a la mañana por orden del zar) que no pudo evitar comparar a Rusia con Estados Unidos. Ambas eran naciones jóvenes rebosantes de energía, dijo, con ciudades como Odessa emergiendo de la nada, no muy diferente a Rochester, Búfalo o Cincinnati.

La siguiente parte de su viaje, la más larga y difícil, fue a través de la estepa rusa, las interminables praderas al norte del mar Negro. Stephens iba acompañado de un inglés que había conocido en Odessa y un francés bravucón que contrataron como sirviente-intérprete. Viajaron en carruaje a un ritmo vertiginoso a través de las praderas ininterrumpidas, avanzando día y noche y solo deteniéndose para reemplazar caballos y comer. Recorrieron los casi 1 500 km hasta Moscú en 15 días, con una escala de cuatro días en la ciudad de Kiev. Fue un viaje de vistas panorámicas y una monotonía sorprendente. Stephens fue uno de los primeros estadounidenses en emprenderlo, o al menos en escribir sobre él a detalle.

El Kremlin en Moscú

En Moscú visitó varias veces el suelo sagrado del Kremlin. Quedó impresionado por la grandeza y la belleza de los palacios y las iglesias abovedadas y no pudo deshacerse de la visión de un Moscú inquietantemente silencioso, desierto, abandonado por los rusos cuando el ejército de Napoleón entró el 14 de septiembre de 1812, apenas 23 años antes. En tan solo el primer día de ocupación, incendios en varios barrios comenzaron a propagarse, y pronto toda la ciudad —construida en su mayor parte con madera— quedó envuelta en llamas.

> Sabía que la magnífica ciudad a mis pies había sido una sábana de fuego. Napoleón dejó su base en los suburbios y se dirigió con prisas al Kremlin, subió los escalones y entró por la misma puerta frente a la cual yo me había sentado. A medianoche toda la ciudad se hallaba otra vez en llamas, y mientras el techo del Kremlin se incendiaba [...] los cristales de la ventana en la que se había recargado quemaban de solo tocarlos. Napoleón observó cómo ardía el lugar y exclamó: "¡Qué gran espectáculo! ¡Estos sí que son escitas de verdad!". Rodeado de humo y fuego, sus ojos cegados por el intenso calor y sus manos quemadas al

proteger su rostro de aquella furia incandescente, Napoleón atravesó las calles arqueadas por el fuego y escapó de la ciudad en llamas.

La gloriosa victoria de Napoleón contra los rusos, obtenida unos días antes en la batalla de Borodinó, no lejos de Moscú, quedó reducida a cenizas entre aquellas llamas.

Más tarde, muy al oeste, cerca de la frontera con Polonia, el joven viajero llegó a una encrucijada donde el desmoralizado ejército napoleónico sufrió su último golpe aplastante. A pesar de ser un niño pequeño en Nueva York, cuando aquello ocurrió, Stephens sabía de historia. Era el final del verano cuando llegó con un compañero de viaje al pequeño pueblo de Borísov, a orillas del río Berézina. Mientras esperaban el cambio de caballos para su carruaje, cenaron en la casa de correos cercana a una iglesia de madera en la plaza del pueblo. Luego caminaron hacia el puente que cruzaba el río.

"Fue una tarde hermosa y nos detuvimos un rato en el puente", escribió Stephens. "Al cruzarlo, caminamos por la orilla del lado opuesto hacia el lugar donde Napoleón erigió sus puentes para permitir el paso de su ejército". Fue aquí, en los gélidos días de finales de noviembre de 1812, en donde miles de soldados franceses en retirada fueron masacrados por el ejército ruso. Los rusos habían quemado el único puente que cruzaba el río, atrapando durante un tiempo a Napoleón en Borísov. Mientras que una parte del ejército ruso se acercaba por el lado opuesto, los ingenieros franceses trabajaban día y noche en las aguas heladas para construir dos puentes que permitieran la salida de aquel ejército derrotado. Sin dejar de ser acosada y atacada en su retirada de Moscú, la Grande Armée de Napoleón, que ese verano había cruzado Rusia con 400 000 efectivos, ya había quedado reducida a grupos de hombres en harapos, exhaustos y hambrientos que luchaban por la mera supervivencia, mientras que un invierno ruso tempranero y sobre todo brutal se les avecinaba. Napoleón, su Guardia Imperial y dos tercios de lo poco que quedaba de su ejército cruzaron el río antes de que el ejército ruso atacara a los franceses por los dos lados y les cerraran el paso. Al tratar de cruzar los puentes temporales, la retaguardia francesa fue acribillada por la artillería rusa y su fuego de mosquete. Para cuando todo terminó, Napoleón había perdido más de la mitad de los 30 000 hombres que aún le quedaban y podían pelear. Pero fueron los miles de soldados rezagados y los miembros del personal civil que acompañaban al ejército los que corrieron con la peor suerte. La mayoría se ahogó al intentar cruzar el río en medio del pánico colectivo o fueron masacrados por cosacos rusos apostados en las dos orillas. Era una escena de terror que había quedado grabada en la imaginación de Stephens cuando era niño y la epopeya napoleónica todavía transcurría. Y ahora, mientras caminaba a lo largo del tranquilo río en una tarde de verano, visualizó la carnicería, el suelo empapado de sangre, así como otros detalles nuevos proporcionados apenas unos días antes por varios oficiales rusos ya jubilados que conoció en San Petersburgo y que habían participado en la batalla.

Stephens volvió a enfermarse cuando llegó a Varsovia. Pero fue obediente y se tomó su medicina y, tras recuperar su buena salud y habitual e incontenible energía, se dedicó a visitar varios sitios históricos polacos. Al igual que en Rusia y Grecia, en Polonia se había escrito hacía poco una página de la historia. Apenas cuatro años antes, los polacos se habían alzado contra la ocupación rusa, pero su revolución duró poco y fue reprimida con violencia. A Stephens lo llevaron al campo de batalla a las afueras de la ciudad donde miles de polacos de la resistencia habían caído tras enfrentar las oleadas de ataques rusos. También visitó el célebre sitio de Wola, a 8 km de Varsovia, donde los nobles del país tenían por tradición acampar y elegir al nuevo rey polaco. Ahora, señaló Stephens, la mayoría de los líderes de Polonia había muerto o se encontraba en el exilio. La población del país, todavía en alto grado orgullosa, se sentía profundamente desmoralizada por la ocupación rusa.

"A pesar de las tiendas y cafeterías abiertas y las multitudes abarrotando las calles, todo el tiempo en Varsovia sentí que un aire sombrío se cernía sobre la ciudad entera; y si por un instante me abandonaba aquella impresión, una compañía de cosacos y su música salvaje en camino a otro puesto, o un solo oficial ruso que pasaba en un *droshky* envuelto en su capa militar, volvían a recordarme de inmediato que el pie del conquistador se mantenía firme sobre el cuello de los habitantes de Varsovia".

La siguiente parada de Stephens fue Cracovia, y allí termina de forma abrupta el relato de su viaje. La narrativa completa del viaje está contenida en las más de quinientas páginas de *Incidents of Travel in Greece, Turkey, Russia, and Poland,* un libro que publicó tres años después.[36]

No dejó ningún relato de los meses siguientes que pasó en Europa central. Solo sabemos que llegó a París en algún momento del otoño de 1835 con la aparente intención de regresar a su hogar en Nueva York, pero algo le hizo cambiar de parecer y, en vez de ello, se arriesgó a viajar a Egipto. El biógrafo de Stephens, Victor Wolfgang von Hagen, especula que su nuevo plan pudo haber sido motivado por un libro que encontró en París de dos franceses que describen su exploración de la misteriosa ciudad antigua de Petra, ubicada hoy en el sur de Jordania. También en París, sin duda Stephens se enteró de que la plaga en Egipto había perdido intensidad. Además, estaba a punto de cumplir 30 años. Para muchos hombres de esa época, a los 30 ya no eran jóvenes. La mayoría de los amigos de Stephens se había asentado en sus carreras y el matrimonio. Por el momento, Stephens estaba libre de aquellos obstáculos, pero una vida de respetabilidad convencional como la de su padre se cernía ante él como antes lo había hecho aquella amante poco satisfactoria: el derecho. Egipto y Petra debieron de haber representado un último escape.

Cualquiera que haya sido la razón, su cambio de planes resultaría trascendental, otro punto de inflexión en su vida, y tendría más que ver con su transformación a explorador y autor que cualquier cosa que haya sucedido antes. "También cambiaría el curso de la historia arqueológica estadounidense", escribió Von Hagen.[37] Stephens abordó un barco de vapor en Marsella con destino a las islas de Malta. Allí otra vez lo pusieron en cuarentena en un lazareto, ahora durante un mes. Arribaría a Alejandría en diciembre de 1835.

Al igual que sus viajes por Grecia, Rusia y Polonia, las aventuras de Stephens en el Oriente Próximo (su viaje por el Nilo y la caminata por el desierto del Sinaí) proporcionarían material abundante y entretenido para un libro. Como muchos otros "caballeros viajeros" del siglo XIX, él era, en efecto, un turista que viajaba para visitar lugares de interés. También era un agudo y casi sobrenatural observador y un tomador compulsivo de notas. Y cuando más tarde se sentó y convirtió sus notas en libros, comprendió el valor de ser selectivo. Sabía que los lectores estaban interesados en la novedad, en que los llevaran a lugares donde nunca habían estado o, por lo menos, sobre los cuales todavía no habían leído. De modo que omitió todos los detalles de sus viajes por Inglaterra, Francia, Italia y Alemania, que debieron de llenar varios cuadernos. Escribió sobre países que pocos habían visitado y, como un verdadero periodista, acerca de lugares relevantes de aquella época, como Grecia poco después de su guerra contra los turcos o Polonia tras su revuelta contra los rusos, así como sobre personajes históricos del momento. Describió con gran detalle una entrevista que hizo en persona a Mehmet Alí en El Cairo. Mehmet Alí, el todopoderoso bajá de Egipto, había ganado notoriedad mundial en ese momento por demostrar una crueldad insaciable. Stephens también se dio cuenta de que en aquellos lugares él mismo era una novedad, uno de los primeros estadounidenses en la escena. Sería el primer estadounidense, con una perspectiva estadounidense, en informar a su joven patria sobre lo que encontraba.

Cuando decidió viajar a la ciudad de piedra de Petra —sería el primer estadounidense en hacerlo—, Stephens sabía que había mucho en juego. Tan solo un puñado de europeos había logrado visitar las remotas ruinas y vivido para contarlo. El vasto sitio, colmado de arquitectura clásica, permaneció oculto en un profundo cañón durante casi 2000 años, ocupado y custodiado por las posesivas tribus beduinas del desierto circundante. Fue "redescubierto" en 1812 por el explorador suizo Johann Burckhardt, y después tan solo seis europeos más se atreverían a aventurarse al lugar.

En su viaje por el Nilo, en cambio, Stephens fue el turista clásico. Pero un turista pionero después de todo, cuyos escritos abrirían el camino a los miles que lo seguirían. Hasta que Napoleón desembarcó con su ejército en Alejandría en 1798, pocos occidentales durante los siglos XVII y XVIII se habían adentrado a Egipto y Arabia mientras esas áreas estaban bajo el control del Imperio otomano. Bonaparte insistió en que un gran grupo de la academia francesa, científicos eminentes, lingüistas, geógrafos y artistas lo acompañaran en su conquista de Egipto. En las décadas posteriores, una resiliente banda de protoarqueólogos, buscadores de tesoros y artistas como Rigaud, Belzoni, Wilkinson y Hay seguiría el ejemplo de los franceses. Entre ellos también se encontraba el eventual compañero de viaje de Stephens, Catherwood, cuyas obras visuales y escritas comenzaron a revelar con gran detalle las maravillas a lo largo del Nilo.

Embarcación en el Nilo, El Cairo, de
Incidents of Travel in Egypt, Arabia Petraea, and the Holy Land, 1837

Stephens sabía que estaba viajando por un lugar que otros ya habían cubierto. Entendió, cuando más tarde se sentó a escribir, que cualquier contribución que pudiera hacer no sería académica o artística; su aporte haría que Egipto se volviera accesible, comprensible. Para la mayoría de los estadounidenses y europeos, Egipto seguía siendo intrigante y exótico. Por lo tanto, los templos antiguos proporcionarían un telón de fondo de primera clase para su historia personal: el alquiler de un barco y su tripulación de diez hombres, su soledad (¿nostalgia otra vez?) y su lucha por comunicarse, su frustración ante noches sorprendentemente frías y los enloquecedores vientos en contra en el río; sus anhelados encuentros con otros viajeros de habla inglesa, su intento de organizar una caravana hacia el "gran oasis" en el Sahara, frustrado por otro achaque de su vieja enfermedad. Deambuló por Luxor, Karnak, Philae, Edfu y otros sitios bien documentados. Se sumergió en las profundidades de un pozo ubicado en el interior de la Gran Pirámide de Guiza y visitó las catacumbas de las aves sagradas cerca de Menfis. Y, como cualquier buen turista conversador, habló sobre el confort y los precios:

> En cuanto a mí, al encontrarme solo y no muy bien de salud, tuve algunos momentos difíciles, pero no dudaría en afirmar que, acompañado de un amigo, un buen barco bien equipado, libros, armas y mucho tiempo [...] un viaje por el Nilo excedería las expectativas de cualquier viaje que he hecho. La perfecta libertad de no atenerse a todas las restricciones y obstáculos convencionales de la sociedad civilizada ofrece un episodio sumamente atractivo y emocionante en la vida de un hombre. Piense en lo que se sentiría no afeitarse durante dos meses, lavar sus camisas en el Nilo y llevarlas puestas sin planchar. Puede desembarcar cuando quiera, pasear por los pequeños pueblos mientras los árabes se le quedan mirando o caminar a lo largo de la orilla del río hasta que la oscuridad se tienda sobre la tierra [...] y, por otro lado, se trata de

> una forma de entretenimiento muy barata. Obtiene su bote con diez hombres por treinta o cuarenta dólares al mes, aves de corral por tres piastras (alrededor de un chelín) el par, una oveja por medio o tres cuartos de dólar y huevos que cuestan apenas más que pedirlos. Navega bajo la bandera de su propio país; y si cuando avanza por el río se encuentra con árabes de particular apariencia oscura y truculenta, uno siente con orgullo que hay seguridad en sus ondeantes pliegues. De vez en cuando, uno se entera de que una bandera francesa o inglesa ha pasado unos días antes que la propia, y al encontrarse finalmente con aquellos compañeros de viaje, se apodera de uno un sentimiento de libertad y cordialidad que no existe en ninguna parte más que en el Nilo.

Stephens no inventó este estilo de narrativa personal. A mediados del siglo XIX ese tipo de relato de viajes, una forma sencilla y a la vez formal de escribir, se había convertido en un género muy utilizado. En la pluma de Stephens se volvió mucho más natural y original.

Visitar Petra, sin embargo, no era un paseo turístico por las pirámides. Fue una exploración peligrosa, emocionante y contagiosa, una verdadera aventura que cambiaría el curso de la vida de Stephens y ayudaría a explicar por qué, unos años después, estaría parado en el corazón de la jungla centroamericana, en Copán, en medio de una guerra civil.

Para llegar a Petra, Stephens debía cruzar el hostil desierto al este de El Cairo y arriesgar su vida entre los nómadas de Arabia Pétrea, feroces tribus beduinas cuya reputación como ladrones y asesinos era bien merecida. Planeaba detenerse primero en Áqaba, viajar al norte hasta Petra y luego cruzar una región conocida como Idumea hasta llegar a Palestina, su destino final. Viajar a través de Idumea presentaba otro peligro, uno que Stephens no tomó a la ligera. Ir allá, le habían dicho, significaría desafiar una vieja maldición bíblica a riesgo de morir en el intento. Según los profetas hebreos, los antiguos habitantes de Idumea, los edomitas, fueron destruidos tras provocar la ira de Dios, y a partir de entonces una maldición cayó sobre su tierra para "que nadie pasara por ella nunca más".[38] Stephens estaba decidido a arriesgarse. No tenía ninguna intención de seguir la habitual ruta segura a través de Gaza hasta Jerusalén, que según supo lo obligaría a soportar otra larga cuarentena.

Todas las personas a las que consultó en El Cairo intentaron convencerlo de no ir. Las advertencias —en particular sobre Idumea— solo consiguieron que lo deseara aún más. Se había enterado de que ninguno de los primeros exploradores de Petra se había arriesgado a viajar a través de la desolada Idumea. Este hecho por sí solo tuvo la mayor influencia en su decisión. A diferencia de sus viajes anteriores, aquí tenía la oportunidad de lograr una verdadera primicia. Sabía que las probabilidades de éxito no parecían buenas. Todavía no recuperaba por completo su salud, había que lidiar con beduinos despiadados y no sabía hablar árabe. El desierto en sí podría ser traicionero e implacable. Además, solo iría acompañado de un intérprete, un maltés llamado Paolo Nuozzo, "quien, en lugar de guiarme y apoyarme cuando flaqueaba, se torturaba constantemente a sí mismo con miedos inútiles y se mostraba muy reacio a acompañarme".

Nada de eso importaba. La tentación de sentar un precedente, de enfrentar los peligros, incluso la ira de Dios, fue demasiado poderosa. Resultó ser un momento crucial para Stephens. Podía regresar a casa como turista o seguir adelante, superar todos los obstáculos y dejar escrito, por lo menos, un pie de página en la historia.

Sin embargo, Stephens se sintió obligado a hacer una parada antes de llegar a Petra. Lo alejaría muchos kilómetros de su camino, pero como abogado era un desvío que tenía que tomar. Así fue como —después de diez días de viajar a través de la península del Sinaí en camello, sobrevivir a una cegadora tormenta de arena, pasar días sin beber agua y acampar a lo largo de la costa del mar Rojo, donde

Moisés condujo a su pueblo a través de las aguas divididas— Stephens por fin llegó a la montaña donde Dios había dictado sus leyes: los Diez Mandamientos. "¿Será posible o es un simple sueño?", preguntó con asombro, parado en la cima del monte Sinaí. "¿Acaso pudo esta simple roca haber sido testigo de aquella gran entrevista entre el hombre y su Creador? Donde, en medio de truenos y relámpagos, y espantosos temblores de los montes, el Todopoderoso entregó a su pueblo elegido las valiosas tablas de su ley [...]?".

Fortaleza en Áqaba

Después, Stephens llegó a la fortaleza de Áqaba, exhausto y enfermo de nuevo a causa de su antigua dolencia. Esta vez, sin embargo, se sintió lo suficientemente mal como para automedicarse con todo lo que pudo encontrar en su botiquín, duplicando la dosis. Se hallaba tan enfermo que se tambaleó y casi cayó de su dromedario frente a la puerta del fuerte. Lo llevaron a un cuarto abierto en el interior de la fortaleza, en donde los beduinos se congregaban día y noche para ver a la curiosidad: aquel hombre blanco de barba roja. Al acercarse a Áqaba, que se encuentra en la punta del brazo nororiental del mar Rojo, los guías árabes de Stephens le advirtieron que estaban entrando en un distrito de tribus peligrosas y debían "considerar utilizar sus armas". Stephens decidió estrenar el disfraz que había traído para el viaje: un traje turco diseñado para hacerse pasar por un comerciante de El Cairo. Consistía en una vestidura roja de seda sobre pantalones blancos holgados, una tela a rayas verdes y amarillas doblada como un turbante alrededor del *tarbush* de fieltro rojo que adornaba su cabeza, así como calcetas amarillas y zapatos rojos. Llevaba alrededor de la cintura una amplia banda que sujetaba su espada y dos grandes pistolas turcas. Sus guías lo felicitaron de inmediato por su "mejorada" apariencia. Pero los beduinos de Áqaba no se dejaron engañar. Para entonces, la noticia de que venía había llegado al fuerte antes que él. Se abrieron paso a empujones para verlo acostado en su lecho de enfermo como un animal exótico y herido.

Mercader de El Cairo con pistolas y sable
(Stephens se vistió así, armas incluidas)

Tenía dudas sobre si continuar o no el viaje rumbo a Petra. Ahora, con su salud en declive, se sentía por completo desalentado. Ya que antes había presenciado la muerte en el desierto de un turco que viajaba en una caravana de peregrinos a La Meca, se preguntaba si él también se encontraría con la muerte en aquel país extranjero. Fue el punto más bajo de todos sus viajes. "Me sentía enfermo en cuerpo y alma", escribió. "Estaba a diez días de El Cairo. Ir allá en persona resultaba imposible, y si enviaba a alguien, en el mejor de los casos, la ayuda de un médico tardaría por lo menos 25 o treinta días en llegar adonde estaba, y para entonces ya no la necesitaría".

Pasó una noche espantosa y se sintió aún peor por la mañana. Se encontraba bajo los efectos de una dosis doble de eméticos, sintiéndose "sumamente molesto por los veinte o treinta pares de ojos negros observándome intensa y fijamente sin cesar". De repente apareció como por arte de magia el jeque El Alouin. Stephens lo había conocido semanas antes en El Cairo, donde el líder tribal acordó que, si Stephens llegaba a Áqaba, le proporcionaría una escolta hasta Petra. "Pareció sorprendido y sobresaltado cuando me vio", escribió Stephens. "No obstante, en un destello de buen juicio, aunque me pareció que con innecesaria dureza, me dijo que moriría si me quedaba allí". Pensando que sería mejor morir en una tienda en el desierto que pasar otra noche en la fortaleza, Stephens estuvo de acuerdo. Se animó cuando el jeque le dijo que le había traído un caballo árabe de la mejor sangre. "No podría haberme dicho ninguna otra cosa que agradeciera más, ya que la sola idea de tener que montarme de nuevo en mi dromedario me privaba de toda energía y fuerza".

Stephens había tomado la precaución de llevar consigo solo la cantidad de dinero que calculó necesaria para su viaje, incluidos los generosos pagos al jeque y su séquito por sus servicios y el alquiler de sus camellos. A su salida de Áqaba, Stephens pensó por primera vez que tal vez había calculado mal. Dada la gran generosidad de los dos franceses que, también de camino a Petra nueve años antes, habían "bañado" de oro a los beduinos de Áqaba, Stephens solo recibió el ceño fruncido cuando hizo que Paolo rociara pequeñas cantidades de dinero entre los habitantes como gesto de agradecimiento. Su mayor preocupación, no obstante, era el jeque, que había traído provisiones para alimentar a diez hombres, seis camellos y dos caballos durante diez días de viaje. El costo de los camellos se había liquidado en El Cairo, pero el jeque había pospuesto acordar la cantidad de *baksheesh*, o pago por servicios, que esperaba recibir en persona. Se convirtió en un factor de constante irritación durante la expedición, ya que el jeque, de forma repetida, intentaba averiguar con Paolo cuánto dinero llevaba Stephens y lo que planeaba pagar.

El aire del desierto ayudó a revivir a Stephens la primera noche. Al día siguiente viajaron hacia el norte a través de un valle inmenso, inhóspito y vacío, con montañas estériles a cada lado. Pero el clima era perfecto y Stephens estaba entusiasmado con su nuevo caballo. "Si hubo algo relacionado con mi viaje por el Oriente capaz de arrojarme al éxtasis, es el recuerdo de aquel caballo", escribió. "Montado en el lomo de mi caballo árabe, sentí una ligereza de cuerpo y una elasticidad de espíritu que no podría haber creído posible en mi estado de salud actual". Stephens recobraba su fuerza con el paso de los días.

Todos los informes que Stephens había recibido sobre los beduinos de la zona, incluida la propia tribu del jeque, habían sido horrorosos. Burckhardt, que viajó haciéndose pasar por árabe y que hablaba árabe a la perfección, dijo que la ruta era "la más peligrosa por la que había viajado". Describió cómo los beduinos encargados de custodiar la ciudad de Petra incluso le habían robado los harapos que cubrían sus tobillos heridos. Cuatro ingleses que exploraron Petra en 1818 informaron que el año anterior a su visita, treinta peregrinos musulmanes habían sido asesinados en las ruinas. La propia escolta de Stephens tenía fama de ser una de las "tribus más barbáricas de una raza de por sí barbárica". Los describió como individuos que "tienen, por mucho, el aspecto más salvaje y feroz de todos los que había visto hasta ahora; ojos oscuros, brillando con un fuego que se acerca a la ferocidad; figuras delgadas y encogidas, aunque nerviosas; pechos sobresalientes y costillas que sobresalen de la piel, como las de un esqueleto". El jeque vestía una túnica de seda roja, como Stephens, y una capa escarlata. Llevaba pistolas, una cimitarra y una lanza de 3.5 m con puntas de acero en ambos extremos.

Beduinos cerca de Petra

Stephens no tuvo que esperar mucho para darse cuenta del riesgo que corría. En la segunda noche de viaje, mientras acampaban alrededor de una fogata, su grupo fue atacado por dos individuos. "Apenas habían alcanzado a mis hombres y ya todos desenvainaban sus espadas y comenzaron a cortarse unos a otros con toda la fuerza". No podía, escribió, sino "admirar la audacia de aquellos tipos; tan solo dos hombres deliberadamente desenvainando espadas para atacar a diez. El jeque, que había estado ausente en ese momento, se lanzó hacia ellos y los atacó con su larga lanza mientras su capa escarlata le caía de los hombros, su oscuro rostro enrojecido y sus ojos negros brillando a la luz del fuego. Con una voz que ahogó el estruendo de sus armas, el jeque rugió en árabe lo que sonaba como una andanada de sonidos guturales que hizo que los forajidos, al parecer avergonzados, dejaran caer sus armas y permanecieran en silencio". Stephens se quedó atónito cuando, poco tiempo después, uno de los atacantes comenzó a ayudar a vendar las heridas del hermano del jeque. Luego se sentaron todos juntos a compartir pipas y café.

Hubo que continuar varios días más viajando por el estéril desierto antes de entrar al acceso montañoso que los llevaría a Petra. Durante todo el trayecto, el jeque mencionó de manera constante los peligros de la ruta, la amistad y lealtad que sentía por Stephens "desde el primer momento en que me vio" y su disposición a sacrificar su vida por él. "Sospeché que exageraba los peligros del camino para inflar el valor de sus servicios", dijo Stephens. Cuando se desviaron de la ruta principal hacia Petra, el jeque explicó a Stephens que necesitaría mucho dinero para apaciguar a la hostil tribu beduina que vivía cerca de la entrada de las ruinas. A Stephens le costaría entre treinta o cuarenta dólares en caso de que solo fueran treinta o cuarenta beduinos, dijo el jeque. Pero como podían llegar a ser hasta doscientos o trescientos, sugirió que Stephens le entregara su bolso con el dinero para encargarse él mismo de pacificarlos con *baksheesh* cuando fuera necesario. Disgustado a causa del constante acoso del jeque por el dinero, Stephens se negó rotundamente. Esa noche hubo un enfrentamiento en su tienda. Le explicó al jeque que había traído una suma específica de dinero y que todo estaba destinado a él y a sus hombres al final del viaje. Así, si el jeque deseaba esparcir dinero por el camino, tendría que salir de su paga. "Era evidente que estaba sorprendido", escribió Stephens, "de que un *howaga*, o caballero, no tuviera recursos ilimitados, y prometió economizar en el futuro".

A la mañana siguiente, el jeque dejó a la mitad de sus hombres para que cuidaran el equipaje y las tiendas, mientras llevaba a Stephens, a Paolo y al resto del grupo al monte Hor, la montaña que albergaba en su cima la tumba de Aarón, el hermano de Moisés. Aunque no se lo reveló a Stephens, el plan del jeque era entrar en Petra por la puerta trasera. Después de la advertencia de Stephens la noche anterior, el jeque no tenía la menor intención de compartir su *baksheesh* con el beduino que custodiaba la entrada principal —y mucho más espectacular— a Petra. En cambio, Stephens y el jeque, adelantándose a caballo, ascendieron durante algún tiempo por un camino empinado y pedregoso hasta que por fin llegaron a un grupo de tumbas excavadas en los lados de las paredes de roca. Se detuvieron en la otra entrada, sin vigilancia de Petra, una impresionante ciudad de roca excavada y esculpida en el siglo II a. C. por los nabateos. Una fortaleza protegida por acantilados de piedra que formaban un fuerte natural de montaña, durante cientos de años había servido como cruce principal para las caravanas comerciales provenientes del mar Rojo. Y durante siglos la riqueza y la magnificencia de Petra la habían convertido en un atractivo objetivo. En el año 106 d. C., cayó en manos de los romanos. Más tarde, Adriano la convirtió en capital provincial. Las sectas cristianas florecieron durante un tiempo, pero terminaron por derrumbarse tras las conquistas árabes en el siglo VII. Estuvo abandonada y desolada, arruinándose con el tiempo bajo los efectos de los terremotos y la erosión.

Al descender al valle principal, donde se encuentra la parte central de la ciudad, Stephens contempló maravillado los templos, las elaboradas fachadas de las viviendas y los edificios públicos, los cementerios, las escaleras y los pórticos con columnas dispuestas a la perfección, todo creado de las paredes de roca circundantes. Sin embargo, se sintió decepcionado por no haber entrado a través del estrecho desfiladero que exploradores anteriores habían descrito como el camino principal a Petra. Preguntó si esta era la única forma de entrar y el jeque insistió en que sí. Sin embargo, después de recorrer toda la ciudad, Stephens divisó la entrada sobre la que había leído y se dirigió hacia ella a pie a través de lo que no parecía más que una larga grieta vertical en una pared de roca ubicada frente a un templo fabuloso. El estrecho pasaje, donde apenas cabían dos caballos, serpenteaba a través del espectacular desfiladero; sus lados verticales casi se tocaban en lo alto y proyectaban profundas sombras en el pasadizo. Las puertas de las tumbas se encontraban a cada lado. "Higueras silvestres, adelfas y hiedras crecían en las laderas rocosas del acantilado a cientos de metros por encima de nuestras cabezas; el chillido del águila sobre nosotros", escribió. Después de haber recorrido casi 1.5 km por el sinuoso corredor, el jeque y sus hombres subieron corriendo por el profundo barranco detrás de él, gritando: "¡El Arab, el Arab!". Stephens ahora se daba cuenta de lo que había hecho el jeque y que, más adelante, de haber continuado por el camino, se habría topado con la temida tribu de Wadi Musa, que vivía en las afueras de la entrada y consideraba a Petra como su propiedad privada.

Al darse la vuelta para volver a entrar a Petra, pudo observar a través de una grieta en las estrechas paredes del cañón la dramática escena que otros habían descrito de manera tan vívida: la asombrosa fachada del templo en el lado opuesto, excavada a profundidad en la pared de roca color rosa. Al salir del pasaje, en el otro lado del pequeño espacio abierto, se encontraba Al-Khazneh, como lo llamaban los árabes, o el Tesoro de Petra, con su pórtico enmarcado por columnas corintias y profusamente ornamentado con figuras clásicas. La fachada —que se elevaba a más de 30 m— estaba decorada con figuras de águilas, grupos ecuestres y estatuas aladas, todo esculpido en la roca rosa con tal precisión que parecía nuevo. La vista dejó a Stephens sin aliento. "Al entrar por este estrecho desfiladero", escribió, "con los sentimientos a flor de piel debido a su extraordinario y romántico esplendor y belleza, la primera vista de aquella magnífica fachada debe producir un efecto imperecedero".

Al-Khazneh ('El Tesoro') en Petra. Ilustración de Léon de Laborde reproducida en *Incidents of Travel in Egypt, Arabia Petraea, and the Holy Land*

Tumba en Petra

Stephens sabía que tenía tan solo un día como máximo para asimilar todo.

El jeque advirtió que pasar la noche en las ruinas pondría sus vidas en gran peligro. "Corrí de un lugar a otro, completamente insensible a la fatiga física", escribió Stephens. "Subí por escaleras derruidas, caminé entre las ruinas de las calles, y tras recorrer una excavación, me apuraba a otra y luego a otra hasta cubrir todo el circuito de la desolada ciudad". Stephens y Paolo luego se detuvieron en un enorme anfiteatro capaz de albergar a miles de personas, excavado en la ladera de la montaña. "Podría haber pasado días en esos escalones, porque nunca había estado en un lugar capaz de provocar la multitud de asociaciones que aquel teatro aglomeró en mi mente". Pero la cálida luz de la puesta de sol ya bañaba la pared del cañón, mientras los acantilados en lo alto resplandecían con "vetas de blanco, azul, rojo, púrpura y, a veces, escarlata y naranja claro atravesándolos como un arcoíris [...] una peculiaridad y belleza que nunca había visto en ningún otro lugar". El jeque rondaba impaciente en segundo plano, insistiendo en partir "mientras aún había tiempo". Stephens se montó en su caballo árabe y galoparon a través de las ruinas, subiendo hasta el paso elevado por donde habían entrado. Ya estaba oscuro cuando se encontraron a las afueras del valle frente al primer grupo de tumbas que habían encontrado a su llegada. Eligieron una vacía para pasar la noche y Stephens se echó al suelo exhausto. "Acababa de concluir uno de los días más interesantes de mi vida", escribió, "por el carácter singular de la ciudad y la belleza poco común de sus ruinas".

Días después entraron a Hebrón, el asentamiento de Palestina más al sur y una de las ciudades más antiguas del mundo. Stephens había trepado las ruinas de Petra, subido al monte Hor hasta la tumba de Aarón, soportado más encuentros con los beduinos del desierto y, lo más importante, había sobrevivido a la maldición de los profetas, convencido de que era el primer no árabe en atravesar todo el territorio de Idumea desde que Dios arrasó con sus otrora fértiles valles.

Ahora solo tenía que sobrevivir al jeque y sus hombres. Hebrón, una ciudad encalada, ubicada en la ladera de una colina en el corazón de Judea, fue el lugar donde terminó el contrato del jeque con Stephens. La ciudad se hallaba bajo el rígido control de los turcos y, debido a ello, la mayoría de la población había sido desarmada. Stephens acordó conseguir la protección del gobernador para el jeque y su séquito, quienes se sentían reacios a entrar por ser beduinos del desierto al margen de la ley. No obstante, lo hicieron y de manera dramática, con el jeque a la cabeza. "Tras dejar en la entrada a los camellos con el equipaje", escribió Stephens, "con nuestros caballos y dromedarios a todo galope, atravesamos la estrecha calle hasta la puerta de la ciudadela y, en un tono no muy modesto, exigimos una audiencia con el gobernador". Aunque los turcos y árabes, señaló Stephens, son "notorios por su indiferencia", su entrada había creado tal sensación que "hizo pausar a los hombres que se hallaban en medio de sus asuntos; los grupos de personas relajándose en los cafés se levantaron y los obreros dejaron sus herramientas en el suelo para salir corriendo a mirarnos. Fue un hecho extraño y sorprendente ver a un grupo de forajidos beduinos llegar del desierto, armados hasta los dientes, y cabalgando audazmente hasta las puertas de la ciudadela".

El gobernador se indignó por la intrusión, pero estaba enfermo y al notar que Stephens era de Occidente le preguntó si podía proporcionarle algún medicamento. "Yo estaba más que a la altura del caso del gobernador, porque me di cuenta de que se había medio matado comiendo y solo tenía indigestión", recuerda Stephens. "Traía conmigo eméticos y catárticos que sabía muy bien que eran capaces de aliviar a un regimiento entero". Luego, llevaron a Stephens y a su séquito de forajidos al barrio judío, donde fue recibido con calidez por el rabino de Hebrón. "Nunca olvidaré la amabilidad con la que, como forastero y cristiano, me recibieron los judíos en la capital de su antiguo reino".

El enfrentamiento final con el jeque ya no podía postergarse. Durante el trayecto entre Áqaba y Hebrón el jeque había seguido acosándolo por dinero, y ahora Stephens se disponía a entregarle todo lo que tenía y quedarse solo con lo suficiente para llegar a Beirut, donde lo esperaba una carta de crédito. "El jeque y toda su banda me habían seguido de cerca, a través de las calles y las estrechas callejuelas, hasta las mismas puertas de la sinagoga", escribió Stephens. "Y sus figuras morenas, sus espadas resonantes y sus caras sombrías me impidieron ver el rostro de muchas doncellas hebreas. Esperaba una escena con ellos al despedirme y no me decepcionaron". Cuando puso sobre una mesa el precio acordado por la renta de los camellos y, por separado, el *baksheesh* para cada uno de ellos, parecieron tan atónitos que "ninguno de ellos lo tocó, sino que todos miraron el dinero y a mí alternadamente sin decir una palabra (era como diez veces más de lo que habría tenido que pagar por el mismo servicio en cualquier otro lugar)".

Estaban furiosos. Stephens argumentó que el pago era demasiado generoso y además les había dado su tienda junto con todo el equipo para acampar, así como sus armas y municiones. Le produjo algo de alivio pensar que en Hebrón contaba con la protección del gobernador turco, mientras que en el desierto habría estado totalmente a la merced del jeque y su banda. "Entre mejor mi posición, peor la del jeque", escribió Stephens, "y cuando mi enojo fue en aumento ante el exorbitante monto que demandaba, él se puso a mendigar por uno o dos dólares más en términos tan conmovedores que no pude negárselos". El jeque mendigó hasta por el disfraz que Stephens llevaba puesto. Este se negó. El jeque se indignó tanto que tomó el dinero que le había ofrecido Stephens y lo arrojó al suelo, despotricando, antes de salir enfurecido por la puerta, que ningún extranjero volvería a atravesar su país.

Por supuesto, aquello no fue el fin del asunto. Poco tiempo después, el jeque y su hermano regresaron. Ambos lados se sentían arrepentidos. Stephens estuvo de acuerdo en separarse de su disfraz de comerciante, mientras el jeque solo dijo desear ser amigo y protector de Stephens, y una carta de recomendación para cualquier otro occidental que quisiera visitar Petra. Al día siguiente saldaron cuentas. Stephens le dio el dinero, la ropa, la carta y "prácticamente todo lo demás que tenía excepto mi ropa europea, completando mi regalo con una pistola de dos cañones, bastante propensa a dispararse sola, que le di al hermano del jeque". El jeque besó a Stephens en ambas mejillas, declaró que lo amaba tanto como si fuera su propio hermano, dijo que si Stephens regresaba y se convertía al islam, le daría cuatro de las chicas más hermosas de su tribu como esposas, y después se fue. "Los seguí con la mirada hasta que desaparecieron en la distancia", recuerda Stephens, "esperé hasta escuchar el último traqueteo de sus armaduras y nunca más volví a verlos ni lo deseé.

Stephens volvió a sufrir varios episodios más de su enfermedad mientras atravesaba Tierra Santa. Visitó el río Jordán y tomó un barco hacia el mar Muerto. En Jerusalén, recorrió la ciudad con la ayuda de un mapa publicado un año antes por un artista llamado "F. Catherwood", cuyo nombre reconoció grabado, entre varios más, en monumentos a lo largo del Nilo. En algún momento de finales de abril, Stephens llegó a Beirut. "Mis viajes por el Oriente terminaron de manera abrupta", escribió. "Después de pasar diez días bajo el cuidado de un viejo curandero italiano, que usaba una levita azul con alamares y que me mataba de miedo cada vez que se acercaba a mi cama, abordé el primer barco disponible con destino a Alejandría". De allí se dirigió a Génova, viajó hasta Londres y, por último, ese mismo verano, cruzó el Atlántico.

En Nueva York, la publicación de su primer libro fue un éxito inmediato. La obra en dos volúmenes *Incidents of Travel in Egypt, Arabia Petraea, and the Holy Land* vio la luz en septiembre de 1837, solo un año después de que Stephens regresara. La obra, aclamada por la crítica de forma unánime, fue tan popular que en tan solo un año pasó por diez ediciones, incluidas dos en Inglaterra. "Estos volúmenes figuran entre los relatos de viajes más entretenidos que hemos leído", escribió la revista *Monthly Review* de Londres. "No es posible llegar al final sin desear que otro par similar, escrito con la misma pluma, estuviera al alcance de la mano para una consulta inmediata. La narrativa de este autor se distingue por imprimir en cada objeto los sentimientos que le provocaban, confiriéndoles una brillantez y frescura que permiten al lector sentir una pasión si no igual, al menos semejante a la que el escritor experimentó en carne propia. No percibimos ningún intento de sensacionalismo o tipo alguno de exageración".[39]

El éxito de la publicación fue un logro sin precedentes para un autor estadounidense; una hazaña aún más asombrosa si se considera que el libro se publicó al comienzo de una de las peores depresiones económicas desde la fundación de Estados Unidos.[40] En muchos sentidos, la ciudad de Nueva York que Stephens dejó en 1834 ya no era la misma a la que regresó dos años después. En una helada noche de diciembre de 1835, más o menos cuando cuando Stephens desembarcaba en Egipto, un incendio (tan feroz que su brillo pudo verse en lugares tan lejanos como New Haven, Connecticut y Filadelfia) arrasó con el Bajo Manhattan. Se propagó a través del distrito comercial de la ciudad, a solo unas cuadras del lugar en donde Stephens había crecido, consumiendo 52 acres de edificios; desde Broad Street hasta el río este y desde Coenties Slip en el sur hasta Wall Street en el norte, destruyendo casi todo a su paso. El fuego ardió durante dos días y pasaron dos semanas antes de que las últimas brasas se apagaran. Fue el mayor incendio urbano desde la conflagración que quemó Londres en 1666 y el gran incendio de Moscú en 1812. Cuando las llamas finalmente se extinguieron, el fuego había destruido 674 edificios. De las 25 compañías de seguros contra incendios de Nueva York, 23 se declararon en quiebra.

No sabemos si el negocio del padre de Stephens se vio afectado de forma directa. No obstante, cuando Stephens regresó a casa a fines del verano de 1836, menos de un año después del incendio, una nueva ciudad surgía de las cenizas. Quinientos edificios se hallaban en construcción o ya habían sido construidos. Estrechas y torcidas, las antiguas callejuelas holandesas del siglo XVII que solían serpentear por el distrito estaban siendo ensanchadas y enderezadas para convertirlas en modernas calles iluminadas con gas. Sin embargo, un nuevo infierno comenzaba a propagarse: un auge inmobiliario impulsado por papel moneda fácil de imprimir y sobrevaluado. Un aumento especulativo del valor de los terrenos de Manhattan ya andaba en marcha cuando Stephens se fue a Europa, pero ahora se había salido de control por completo. Tan febril se había vuelto el auge de la reconstrucción, que tan solo el terreno de algunas propiedades allanadas debido al incendio alcanzaba precios que excedían por mucho el valor que habían tenido con todo y sus estructuras originales intactas.

Y entonces todo se acabó. Stephens cumplía apenas nueve meses de haber regresado cuando la economía de la nación se desplomó con el infame "pánico de 1837". En mayo de ese año, los bancos de Nueva York ya no podían pagar a sus depositantes con dinero en efectivo, o en "especie" (como se solía decir) de oro y plata. La crisis se propagó cuando los bancos comenzaron a quebrar por todo el país, mientras que las empresas cerraban y el desempleo se disparaba a niveles nunca vistos.[41]

Cuando comenzó el pánico, Stephens se encontraba a punto de terminar su libro. Había empezado a escribirlo poco tiempo después de regresar, posponiendo cualquier retorno a la abogacía de tiempo completo. Incentivado por los comentarios favorables de sus amigos en torno a la publicación de su carta de viaje, se dirigió a un edificio de ladrillo sencillo en el número 82 de Cliff Street, ubicado siete cuadras al norte de Wall Street en un área que no había sido afectada por el incendio. Allí conoció a James Harper, el mayor de cuatro hermanos cuya compañía, Harper & Brothers, era una de las editoriales más importantes del país. Los hermanos habían comenzado años antes como impresores, pero rápido se expandieron hacia el mundo editorial. Estaban amasando una pequeña fortuna reimprimiendo sobre todo obras de autores ingleses, un negocio muy lucrativo, ya que en Estados Unidos las leyes internacionales de derechos de autor no se aplicaban y, por lo tanto, los hermanos no estaban obligados a pagar regalías a autores extranjeros. Sin embargo, cuando Stephens entró en escena, la editorial ya había comenzado a incorporar la obra de escritores estadounidenses.

Cuentan que Stephens alguna vez le preguntó a Harper qué tipo de libros se vendían mejor. "Los libros sobre viajes son los que mejor se venden", contestó Harper. "No siempre de un día a otro, como sucede con la obra de autores célebres, pero se venden bien a la larga y al final generan mayores ganancias". Como estaba al tanto de que Stephens acababa de regresar de viajar durante dos años, Harper le sugirió que escribiera un libro sobre sus viajes.

"Nunca se me ocurrió algo así", respondió Stephens. "Viajé a lugares recónditos y los recorrí muy rápido".

"No importa. Los recorrió y vio las señales. Tenemos muchos libros sobre esos países. Elija todos los que quiera y yo se los enviaré a su casa. De algo le pueden servir".[42]

Para el verano siguiente, las primeras planchas del libro de Stephens eran preparadas para la imprenta. Pero Harper & Brothers, como casi todas las empresas de Nueva York, atravesaba por serios problemas financieros. Una vez que el auge económico terminó, los hermanos tuvieron que reducir de manera drástica el número de libros que publicaban, pasando de un promedio de dos por semana, en 1834, a tan solo uno por mes durante el verano de 1837.[43] Sin embargo, el manuscrito de Stephens había causado tanto entusiasmo entre ellos que decidieron seguir adelante con su publicación. También ayudó que Stephens pudiera aportar cuatrocientos dólares de su propio dinero, o el de su padre, una suma sustancial en esa época, para cubrir el costo de impresión de la primera edición. Resultaría ser una de las mejores inversiones de su vida. Stephens no solo consiguió el habitual acuerdo de regalías con la casa editorial, una división equitativa de todas las ganancias netas, sino que, después de siete años, también se le permitiría comprar los derechos de autor y las planchas de impresión (estereotipos) por tan solo el costo de estas.[44] Al final, el libro haría una fortuna, pues se vendió sin parar hasta el fin del siglo XIX y hasta el día de hoy se publica.

Stephens se dedicó de lleno a escribir y, sorprendentemente, terminó el libro de 522 páginas y dos volúmenes en menos de ocho meses. Recurrió a la convención, de uso frecuente en aquel tiempo, de publicarlo de forma anónima, dada la noción de la época de que escribir libros no era una actividad respetable para caballeros y profesionales. Como resultado, al autor de la primera edición solo se le identifica como "Un estadounidense".

Pero había otra razón para buscar el anonimato. Stephens no estaba seguro de que el libro fuera bueno. De hecho, cerca de la fecha de su publicación, decidió salir de la ciudad y viajar por el río Hudson hasta Albany para visitar a la familia de Stephen van Rensselaer III, uno de los terratenientes más acaudalados de Nueva York. Mientras se encontraba en el norte del estado, Stephens descubrió que, después de todo, la publicación de su libro lo había seguido hasta allí. Una noche, se hallaba sentado a la mesa durante la cena familiar cuando un sirviente trajo la última edición del *Albany Evening Journal*. Una de las señoritas abrió el periódico y comenzó a leerlo cuando su padre preguntó "si había alguna noticia". Ella respondió que un artículo reseñaba la publicación de un nuevo libro que al *Journal* le parecía sumamente encantador "supongo que debe serlo, ya que mamá cree todo lo que dice el *Journal*". Se le pidió que leyera el artículo y deleitó a todos tanto que enviaron a un sirviente a Little's, la librería local, para adquirir un ejemplar. Sin que la familia lo supiera, el invitado sentado a su mesa era el autor "estadounidense" del libro. Stephens no dijo nada y pronto se excusó.

Stephens localizó al editor del periódico, Thurlow Weed, y poco después se apareció en su casa. Weed, quien más tarde se convertiría en una fuerza importante de la política estadounidense, había trabajado con los Harper como impresor oficial, y por lo general recibía copias avanzadas de sus libros para reseñar. Más tarde, en su autobiografía, explicó: "Escribí una reseña elaborada y entusiasta, prediciendo una venta prolongada del libro [de Stephens] y elogiando a aquel autor desconocido". Añadió que Stephens llegó a su casa "con emociones imposibles de describir". Se presentó, explicó lo que acababa de ocurrir en la residencia de la familia Rensselaer y agradeció a Weed por su reseña. Weed continuó: "Me dijo que se había ido de la ciudad de Nueva York ansioso y lleno de dudas sobre la recepción de su libro, publicado a instancias de aquellos cuyo buen juicio él temía había sido nublado por el afecto que le tenían". El exitoso estilo de Stephens, agregó Weed, había surgido de escribir largas cartas que pensó que solo serían leídas por familiares y amigos, y "aquella circunstancia confirió a su narrativa una frescura y libertad responsables del encanto peculiar de sus libros. Y Stephens no era menos interesante conversando que como escritor. Nos hicimos muy buenos amigos".[46]

El anonimato de Stephens duró poco tiempo, al ser obvio para muchos en la ciudad de Nueva York que solo él podría haber escrito *Incidents*. En la edición de octubre de la revista *New York Review*, recibió una de las críticas más entusiastas que le harían, de la pluma de un escritor que intentaba conseguir que Harper & Brothers le publicara su propia primera novela. Edgar Allan Poe, quien en aquel momento era un crítico influyente, dedicó 17 páginas a un análisis detallado del libro, identificando a Stephens en el primer párrafo.

"El señor Stephens nos ha dado aquí dos volúmenes, ambos dignos de gran consideración y de un interés más que ordinario, escritos con un estilo original que evidencia una poderosa sensibilidad", escribió Poe, quien, como crítico, a veces podía ser de una causticidad inmisericorde. Dedicó gran parte de la reseña al viaje de Stephens a través de Idumea. Le había fascinado el relato sobre la maldición bíblica de los profetas y la capacidad de Stephens para sobrevivir a ella. Pero, al final, lo que más le atrajo fue la cautivadora forma de escribir de Stephens y el personaje que había creado en la página. "En general, los volúmenes han sido escritos con una libertad, una franqueza y una total ausencia de pretensión que le asegurarán el respeto y la buena voluntad de quienes los lean. Stephens nos deja sintiendo un sincero respeto por él. Esperamos que no sea la última vez que tengamos noticias de él. Es un viajero con el que nos gustaría hacer otros viajes".[47]

Stephens había dado con una mina de oro. Como, al parecer, todo el mundo quería que el viaje continuara, se apuró a "servirles" su segundo trabajo en dos volúmenes: *Incidents of Travel in Greece, Turkey, Russia, and Poland.* También fue publicado por los Harper al año siguiente y recibió críticas favorables (y una cantidad considerable de dinero). "Antes de que el señor Stephens haya alcanzado su 'mediana edad'", escribió la revista *Southern Literary Messenger* en agosto de 1839, "habrá acumulado una buena fortuna con sus escritos; un hecho extraordinario en la historia de la autoría estadounidense, y más notable cuando se considera que no fue educado en la literatura".[48]

Era obvio que el crítico se refería a la educación de Stephens en derecho, sin saber todo lo que el autor también había aprendido con Charles Anthon sobre educación clásica, y todo lo que también había tenido que desaprender en cuanto a estilo.

Stephens ahora tenía poco interés o necesidad de volver a ejercer la abogacía. Pero ¿qué podría ocupar su lugar ahora, puesto que había agotado todo el material sobre sus viajes? La respuesta llegó en la forma de una petición de la New-York Historical Society a la legislatura estatal para financiar una investigación sobre la historia colonial temprana en el estado de Nueva York y la ciudad de Nueva York. En respuesta, en mayo de 1839, los legisladores de Albany aprobaron un proyecto de ley que asignaba 4 000 dólares para recuperar documentos coloniales tempranos de los Países Bajos, Francia e Inglaterra. Stephens y varias otras figuras literarias locales presionaron para obtener el prestigioso nombramiento. Sin embargo, como el gobernador William Seward pertenecía al Partido Whig, la conocida afiliación de Stephens con el Partido Demócrata sin duda perjudicó sus posibilidades. Seward nombró, en cambio, a un miembro de la poderosa familia Bleecker, descendiente de los primeros colonos holandeses en Nueva York.[49]

El revés para Stephens fue pasajero. Ya había conocido a Catherwood. Las ruinas de Centroamérica lo llamaban. Las muertes, una después de la otra, del encargado de negocios de Estados Unidos, Charles DeWitt, y de su reemplazo, William Leggett, crearon la oportunidad. El presidente demócrata Martin van Buren la hizo realidad con el nombramiento de Stephens como agente especial para la república en desintegración. Stephens estaba muy entusiasmado. A pesar de su naturaleza incierta y peligrosa, el viaje al corazón oscuro de Centroamérica se cernía ante él como otra Petra. A su regreso de Washington, el 20 de junio de 1839, con su nuevo nombramiento en la mano, le escribió a su amigo Daniel S. Dickinson, futuro senador de Estados Unidos y fiscal general del estado de Nueva York:

> Parece decretado que abandone el país. Los Whigs impidieron mi ida a Inglaterra y Holanda; o, como lo expresó el *Herald*, mi gran aliado en aquella ocasión: "en busca de fondos para conseguir documentos de los Países Bajos". La virtud es su propia recompensa; y he sido designado Agente Diplomático para

> Centroamérica. Sin duda me creerá cuando le diga que esto me cae infinitamente mejor que el proyecto de Albany; de hecho, ahora considero que hubiera sido muy desafortunado haberlo conseguido.
>
> Mis amigos no paran de bromear al respecto; me llaman el "enviado extraordinario", insistiendo en que no existe tal país en el mapa. Pero, por fortuna, alguien proveniente de la región trajo noticias (de un ejército revolucionario invadiendo el país y un general revolucionario ocupando la capital) que lo puso en el mapa. La misión promete eventualidades, pues el "gobierno" parece estar jugando a "las escondidas" con el país, y en este momento el "enviado extraordinario" no sabe exactamente dónde encontrarlo. ¿No basta con que un hombre esté dispuesto a entregarse a ciegas a la fortuna y al destino? El curso de mi vida cambia por un accidente...[50]

Acto seguido, Stephens fue con su sastre para que le hicieran un abrigo de diplomático a la medida, color azul oscuro con botones dorados, como corresponde a un enviado extraordinario en busca de una República cuya existencia era conocida por pocos en Estados Unidos.

SEGUNDA PARTE

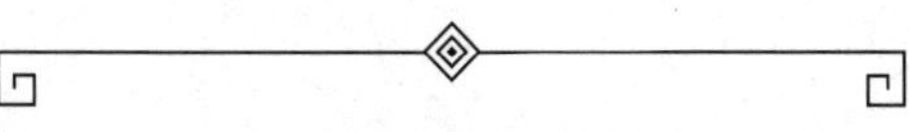

Política

6

Ruinas

Del otro lado de Honduras, al este del campamento improvisado de Stephens y Catherwood en Copán, el coronel Juan Galindo se estaba preparando, estaba seguro, para las batallas decisivas que salvarían a la República. Galindo era un irlandés, convertido en patriota centroamericano, que desde hace algún tiempo luchaba para reconstruir su reputación tras una desafortunada misión diplomática en Inglaterra. Había ido a Londres en nombre de la República para conseguir que la frontera de Belice retrocediera, pero había fracasado y regresado en la deshonra.[1] Ahora, con el gobierno central sitiado y su mundo adoptivo derrumbándose a su alrededor, comprendió que su futuro y su única oportunidad de conseguir la redención dependía de volver a tomar las armas para defender a la federación.

Nació en Dublín en 1802 con el nombre de John Galindo, y en su juventud adoptó con celo la causa republicana después de viajar a Guatemala en 1827.[2] Tras ser herido en una batalla durante la primera guerra civil del país en 1829, el entonces nuevo y liberal Congreso federal le concedió la ciudadanía centroamericana. Durante los siguientes diez años, asumió una serie de asignaciones militares y gubernamentales; en un momento se desempeñó como gobernador de El Petén, el departamento más al norte de Guatemala y área fronteriza con Belice y México. Galindo conocía a profundidad el terreno que ahora pisaban Stephens, Catherwood, Walker y Caddy. En 1831, exploró las ruinas de piedra de Palenque en la frontera entre México y Guatemala. Tres años después, el Gobierno guatemalteco le encargó la investigación de un misterioso grupo de piedras que, según se rumoreaba, se encontraban cerca de la frontera entre Guatemala y Honduras. Llegó a Copán en abril de 1834, más de cinco años antes que Stephens y Catherwood.

Los años de su vida anteriores a su llegada a Centroamérica continúan siendo un misterio. Su madre era una actriz irlandesa y su padre un actor inglés y maestro de esgrima de ascendencia española. Se desconoce el alcance de la educación de Galindo, pero sin duda cursó la escuela primaria y era probable que tuviera cierta educación superior. Era moreno y guapo, con cabello negro arremolinado sobre su frente, pestañas espesas y ojos descomunales que dominaban una nariz romana y una boca pequeña, casi femenina.[3] Ambicioso e inteligente, poseía una curiosidad caleidoscópica y una mente científica. Si bien estuvo muy involucrado en asuntos militares y diplomáticos para su país adoptivo, todavía encontró tiempo para convertirse en miembro de la Royal Geographical Society of London, la Royal Horticultural Society of London, la American Antiquarian Society y la Société de Géographie de Paris, y contribuyó a cada una de ellas con artículos e informes.

En junio de 1834, Galindo redactó un informe para el Gobierno guatemalteco desde Copán en el que describía las ruinas de piedra que había encontrado allí; un relato lleno del orgullo chovinista de un hijo adoptivo.[4] El informe afirmaba que las ruinas proporcionaban una clara evidencia de una civilización avanzada en América que no solo antecedía a la llegada de Colón, sino que indicaba que los indios americanos eran la raza más antigua de la tierra. De hecho, afirmó que América bien podría haber sido la cuna de la civilización humana, una afirmación atrevida y fuera de sintonía con el pensamiento intelectual que predominaba en aquel momento.

Aunque brindó poca evidencia científica para respaldar sus declaraciones, las ambiciosas afirmaciones de Galindo demuestran en cierto modo el profundo impacto que un encuentro con Copán y Palenque podría tener en la imaginación europea. Si bien erróneos, sus pronunciamientos categóricos contenían descripciones claras, concisas y valiosas de las ruinas de Copán. Describe las estatuas caídas, los obeliscos esculpidos y los escalones de piedra derruidos, las plazas y los templos del lugar. Señaló de forma correcta que los arquitectos de los templos y los artesanos de los monumentos tan elaboradamente esculpidos realizaron su trabajo sin contar con herramientas de hierro. De manera más profética, supuso que los jeroglíficos que encontró eran, al menos en parte, una forma de escritura fonética, que representaba sonidos y no solo ideogramas. Fue una suposición notable.[5] Su evaluación resultaría ser correcta, aunque se necesitarían otros cien años de investigación para respaldar aquella conclusión".[6]

Galindo también afirmaba haber sido el primer explorador en investigar Copán, lo que no es cierto. En el Archivo Real en España existía otro informe de Copán que él desconocía y que no saldría a la luz hasta 1858, mucho después de que tanto Galindo como Stephens y Catherwood hubieran muerto.[7] Fue escrito a fines del siglo XVI, solo treinta años después de que los conquistadores sometieran a los guerreros indígenas de Guatemala y Honduras.

Diego García de Palacio, un magistrado del consejo de gobierno conocido como la Real Audiencia de Guatemala, partió en 1576 de la capital colonial de Santiago, hoy conocida como Antigua, para inspeccionar las provincias conquistadas por orden del rey Felipe II de España. Nacido en

Asturias, España, en 1530, García de Palacio era un hombre de gobierno inteligente y educado que había comprendido con rapidez la importancia de América Central en el gran plan del imperio en expansión de España. Consideraba la región, en particular Honduras, un buen punto de cruce para conectar a la pequeña pero creciente flota del Pacífico de la corona con su poderosa armada atlántica. También parece haber tenido razones personales para explorar el interior de lo que ahora son Honduras y El Salvador. Quería convertirse en gobernador de Filipinas, una región que creía más digna de sus ambiciones, y sin duda pensó que encontrar un camino rápido y fácil a través de América Central lo ayudaría a alcanzar su objetivo. Aunque al parecer nunca llegó a Filipinas, algunos años más tarde terminó en México escribiendo manuales navales y liderando una armada costera que perseguía a saqueadores ingleses, como Francis Drake, que causaban estragos en el transporte marítimo de España en la costa del Pacífico. Es en ese punto que el nombre de García de Palacio desaparece de los registros.

Sin embargo, su pequeño lugar en la historia ya había quedado asegurado. García de Palacio fue el primer no indígena en investigar los monumentos de piedra de la civilización maya "clásica", después de haber visitado Copán en 1576. Asombrado por lo que encontró, también fue el primero en dejar por escrito lo que observó.

En una carta dirigida al rey, fechada el 8 de marzo de 1576, García de Palacio escribe: "Aquí fue antiguamente la sede de una gran potencia y un gran pueblo, civilizado y considerablemente avanzado en las artes, como lo demuestran diversas figuras y edificios". Dio una descripción general de las ruinas, señalando que encontró seis grandes estatuas de hombres, dos de mujeres, altares, terrazas y una gran plaza que se asemejaba al Coliseo de Roma. Gran parte del trabajo en piedra demostraba una habilidad tal, le dijo al rey, que no podía haber sido creado por gente "tan grosera como los nativos de aquella provincia". Añadió que los habitantes locales tenían poco conocimiento sobre la historia del sitio.

Era una sección de tan solo unas 850 palabras, que aparecía al final de un largo relato centrado en su viaje por las provincias, y no se sabe si el rey español alguna vez la leyó. El relato completo fue agregado al montón de inteligencia acumulada de las colonias hasta que más tarde lo guardaron en uno de los crecientes archivos de la corte real. Allí permaneció durante casi tres siglos hasta ser descubierto (por un diplomático estadounidense), traducido y publicado en inglés por primera vez dos décadas después de que Stephens y Catherwood llegaran a Copán.[8]

Al igual que Stephens y Catherwood, Galindo no tenía forma de conocer la existencia de la carta inédita de García de Palacio y, creyendo que era el primero en investigar Copán, trabajó para asegurarse de que el mundo se enterara de su descubrimiento. El mismo día que terminó de escribir su informe completo al Gobierno de Guatemala, también redactó dos breves "observaciones", como él las llamó. Envió la primera al *London Literary Gazette* y al *Journal of Belle Lettres, Arts, Sciences, etc.*, que la publicó en julio de 1835. La segunda apareció en la edición de 1836 de una revista publicada en Cambridge, Massachusetts, por la American Antiquarian Society. Una tercera versión, más extensa, que incluía sus dibujos y mapas, fue enviada a la Société de Géographie de París. Aunque nunca fue publicada, apareció un resumen sin los dibujos en el boletín de la Sociedad.

Galindo esperaba que su extenso informe al estado de Guatemala, con todos sus mapas y dibujos, también fuera publicado por su Gobierno. Pero, por razones desconocidas, permaneció guardado en los archivos burocráticos de Ciudad de Guatemala y no fue descubierto sino hasta varias décadas después. El informe fue publicado por la Carnegie Institution en Washington, D. C., en 1920. Los mapas y dibujos nunca se han encontrado.[10]

Para noviembre de 1839, la publicación de sus exploraciones científicas era lo último en lo que Galindo pensaba. Tras su fracaso diplomático en Inglaterra, había perdido el favor de la administración federal.[11] Ahora, con la causa liberal en grave peligro y viendo la posibilidad de redimirse, el coronel Galindo limpió sus pistolas y afiló su espada en preparación para las batallas finales que salvarían a la República centroamericana.[12]

Aunque los "comentarios" abreviados que Galindo publicó sobre Copán bien podrían haber permanecido en la oscuridad, llamaron la atención de algunos anticuarios en Nueva York y luego llegaron a manos de Stephens. Eran la razón por la que él y Catherwood se encontraban ahora en la jungla hondureña. "Es el único hombre en aquel país que ha prestado alguna atención al tema del mundo antiguo", escribió Stephens. "Estos relatos, por vagos e insatisfactorios que sean, habían despertado nuestra curiosidad. Por otro lado, debería decir que tanto el Sr. C. como yo nos sentíamos algo escépticos al respecto, y cuando llegamos a Copán, fue más con la esperanza que con la expectativa de encontrar maravillas".

Aburridos y a la vez pesados, los relatos de Galindo fueron, sin embargo, lo suficientemente interesantes como para encender la imaginación de aventureros como Stephens y Catherwood. Pero se necesitaría la prosa enérgica, a veces romántica, de Stephens, en combinación con la belleza cruda de los dibujos detallados y precisos de Catherwood, lo que pondría a Copán en el mapa mundial.

Stephens y Catherwood pasaron su segunda noche en Copán meciéndose en hamacas afuera de la casa del malhumorado don Gregorio. "Por la mañana", escribió Stephens, "seguimos asombrando a la gente con nuestras formas extrañas de comportamiento, especialmente al cepillarnos los dientes". Don Gregorio parecía tan poco impresionado y hostil como siempre, y los dos exploradores estaban decididos a encontrar otro lugar para quedarse.

Mientras tanto, Stephens y, en particular, Catherwood se habían ganado la reputación de "médicos", ya que habían utilizado su botiquín de viaje para tratar a varias personas vinculadas a la casa de don Gregorio. Se corrió la voz y pronto casi una docena de personas se presentaron para recibir tratamiento. Después, mientras se preparaban para partir rumbo a las ruinas, un hombre alto y bien vestido se les acercó, se presentó como José María Asebedo y entregó a Stephens un paquete de papeles. Declaró que las ruinas estaban ubicadas en su tierra y presentó los documentos para probarlo. Stephens revisó los papeles y luego, recurriendo a su encanto natural, le aseguró a Asebedo que ninguna de las ruinas sería alterada. Agregó que estaría feliz de compensarlo por el tiempo que pasaran allí antes de partir.

"Por fortuna", escribió Stephens, don Asebedo "necesitaba que le hicieran un favor. Nuestra fama de médicos había llegado al pueblo y deseaba remedios para su esposa enferma". Aprovechando la oportunidad de ganarse el favor de Asebedo, Stephens partió de inmediato hacia el pueblo para tratar a la esposa del terrateniente, mientras que Catherwood se dirigía a las ruinas en compañía de algunos trabajadores que habían contratado.

Aquella tarde, la lluvia comenzó de nuevo y pronto se volvió tan torrencial que impidió continuar la exploración. Juntos de nuevo, Catherwood y Stephens buscaron refugio a las afueras de las ruinas, en una modesta choza cuyos habitantes, una amable familia de tres, se ofrecieron a acogerlos durante el resto de su estadía en Copán. La estructura constaba de una sola habitación, la mitad abierta al aire en uno de sus lados. La familia dormía en una cama de cuero sin curtir en un rincón. Solo había espacio para una sola hamaca, por lo que Stephens accedió a dormir sobre una pila de hojas de maíz. Allí también atendieron a la mujer de la casa, que padecía fiebres intensas intermitentes, y a su hijo, que tenía el hígado infectado.

Choza ocupada por Stephens y Catherwood cerca de las ruinas de Copán (Catherwood)

Aquella noche, envuelto en una manta y fumando un puro hecho con tabaco de Copán, "el más famoso de Centroamérica", cultivado y enrollado a mano por los dueños de la cabaña, Stephens tuvo una visión. Compraría Copán. Como hijo de comerciante que era, le explicó a Catherwood su grandioso plan. Quitarían algunos de los monumentos de las ruinas y los instalarían en Nueva York en un "gran emporio comercial". Después de todo, explicó, Copán se encontraba "a la orilla de un río que desemboca en el mismo océano que baña los muelles de Nueva York". La idea de Stephens no era del todo descabellada. Aunque los museos públicos sin fines de lucro todavía no existían en Estados Unidos (aún faltaban seis años para la fundación del Instituto Smithsoniano), sí había museos con fines de lucro en Nueva York y Filadelfia. Estaban llenos de animales disecados, todo tipo de curiosidades científicas y artefactos indígenas. Solo pasarían otros dos años antes de que uno de aquellos establecimientos, el Scudder's American Museum en Nueva York, fuera comprado y transformado en un centro de fama mundial para la iluminación científica y el entretenimiento *freak* bajo el genio de Phineas Taylor (P.T.) Barnum.[13]

La idea de Stephens no solo buscaba hacer dinero. La empresa comercial que imaginaba que se convertiría, escribió, en "el núcleo de un gran museo nacional de vestigios americanos". Incluso el comentario de su anfitrión, don Miguel, desde el otro extremo de la habitación, explicando que los rápidos río abajo hacían que el río Copán fuera intransitable, no apagó el entusiasmo de Stephens (ni su chovinismo cultural). Algunos de los grandes monumentos podrían ser seccionados y transportados en pedazos, mientras que para los demás se harían moldes de yeso portátiles, dijo. Si los moldes del Partenón de Atenas habían podido exhibirse en el British Museum entonces también era posible exhibir los de Copán en Nueva York. Por otro lado, habría otras ruinas aún por descubrir en su viaje que podrían resultar inclusive más accesibles. "Muy pronto se sabría de su existencia y se apreciaría su valor, y los amigos de la ciencia y las artes en Europa querrían apoderarse de ellas", explicó. "Nos pertenecían por derecho propio, y aunque no sabíamos qué tan pronto nos echarían a patadas, decidí que debían ser nuestros".

Unos días después, Stephens compró Copán.

No fue fácil. Don Gregorio aprovechó toda oportunidad para difamar a los dos hombres del pueblo. Su campaña difamatoria tuvo tanto éxito que el alcalde de la aldea se dirigió a la cabaña en la que estaban para pedirles que se fueran por temor a que su presencia trajera al ejército. Sin embargo, el alcalde se retiró en cuanto los vio. "Cuando regresamos a la cabaña para recibir su visita", escribió Stephens, "como de costumbre, cada uno de nosotros llevaba un par de pistolas en el cinturón y otra en la mano".

Stephens todavía debía ganarse a don Asebedo, quien poseía el título de propiedad de 2 428 ha mediante un contrato que vencería en tres años. Por suerte, además de tener a la mano una carta de presentación de un político del bando correcto de la guerra civil, al día siguiente un mensajero indígena le entregó a Stephens una carta del general Cáscara disculpándose por su arresto en Camotán. Aunque aquellos documentos lo impresionaron, don Asebedo todavía se resistía a vender. Dijo que temía tener problemas con el Gobierno por entregar la tierra a un extranjero. Así que Stephens abrió su baúl y se puso su chaqueta diplomática azul con sus grandes botones dorados de águila.

"Yo llevaba puesto un sombrero de Panamá, empapado de lluvia y manchado de lodo, una camisa a cuadros, pantalones blancos pero amarillentos hasta las rodillas por el lodo", recuerda Stephens, "sin embargo, don José María no pudo resistir los botones de mi abrigo. Lo único por resolver era saber quién conseguiría el papel en el que redactar el contrato. Es posible que la curiosidad lleve al lector a preguntarse cómo se venden las ciudades antiguas en Centroamérica. Pagué cincuenta dólares por Copán. Mi oferta fue aceptada sin dificultad. Ofrecer aquella suma hizo que don José María me considerara un tonto. De haber sido un monto mayor, es probable que su opinión de mí habría sido aún peor".

Con las ruinas ahora bajo su control, el trabajo expedicionario se echó a andar en serio. Mientras Catherwood se preparaba para dibujar los monumentos, Stephens y los trabajadores comenzaron a limpiar de manera metódica ciertas secciones de la jungla. De inmediato, Catherwood se encontró en problemas. La manera en que los monumentos habían sido esculpidos parecía tan enigmática y compleja que resultaba incomprensible.

Primero, estaba el problema de la luz. Aunque los monolitos habían sido esculpidos con profundos relieves, la tenue luz que se filtraba a través del dosel del bosque hacía que todo pareciera plano, que las formas humanas, los fantásticos tocados y faldas de piedra fueran difíciles de diferenciar entre sí. Esto ocurría cuando Catherwood incluso podía echar un buen vistazo a través de las enredaderas, las ramas y las raíces de los árboles que sofocaban a muchos de los "ídolos". Pero aquel problema tuvo solución. Stephens y sus trabajadores consiguieron cortar la maleza y derribar un número suficiente de los árboles circundantes para abrir un agujero en el dosel y de ese modo permitir la entrada de la luz. Las veces que el cielo —casi siempre nublado— estaba despejado, los rayos del sol intensificaban las profundas sombras y sacaban a relucir los extraños y excéntricos rasgos de los monumentos.[14]

Comparativa de una estela de Copán:
foto hoy (IZQ.) e ilustración de Catherwood (DER.)

El segundo problema era más mental que visual y no tan fácil de remediar. ¿Cómo podía un occidental, un europeo como Catherwood, reproducir esculturas que reflejaban una cosmovisión tan diferente (de otro mundo), decoradas de manera inescrutable y cubiertas con los jeroglíficos de una misteriosa civilización avanzada? Los dos viajeros veteranos, que habían visitado las singulares maravillas de Egipto y el Oriente Próximo, ahora se encontraban, escribió Stephens, en un territorio completamente nuevo.

Mientras entrecerraba los ojos a través del vapor y el calor de la jungla, Catherwood, en particular, había llegado a un momento existencial. Todo el trabajo que había hecho anterior a su llegada a Copán dependía en su totalidad de una educación y práctica como ilustrador muy arraigada en la predominante tradición occidental del arte de Grecia y Roma, del Renacimiento europeo y de su mundo contemporáneo. Si bien lo que vio (y dibujó) durante sus viajes por Túnez, Egipto y el Levante también parecía inescrutable en un inicio, al final se volvería legible gracias a los referentes establecidos durante siglos de intercambio cultural. En Copán, en cambio, se sentía perdido. Los monumentos que contemplaba en medio del bosque le resultaban tan ajenos a todo lo que había visto en su vida que al principio su cerebro no podía procesarlos o encontrarles sentido. Durante su primer día completo de trabajo, los ídolos de piedra lo derrotaron. Ni siquiera su cámara lúcida —que ayudaba a proyectar en el papel de dibujo (muy utilizado por él) los contornos de los monolitos a través de un espejo semitransparente— le sirvió de algo. Odió los primeros bocetos que dibujó. Sus habilidades no parecían estar al nivel de los indescifrables y complejos diseños de las estatuas.

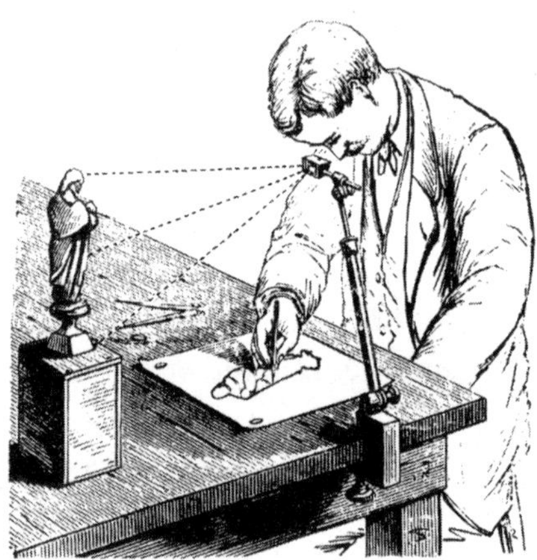

Cámara lúcida

Al regresar de una exploración en la que había localizado con facilidad cincuenta objetos nuevos para que los dibujara su compañero, Stephens se encontró a un Catherwood abatido. "De pie, con los pies en el lodo, dibujaba con los guantes puestos para protegerse las manos de los mosquitos", escribió Stephens. "Dos monos en un árbol cercano parecían reírse de él y me sentí desanimado y apesadumbrado. De hecho, decidí, no sin algo de pesar, que debíamos abandonar la idea de llevarnos cualquier material para la especulación anticuaria y simplemente contentarnos con haberlos visto nosotros mismos. Nada podría privarnos de aquella satisfacción".

A la mañana siguiente, el descubrimiento de unas botas impermeables dadas por perdidas, una buena noche de sueño y un sol brillante parecieron aclarar la mente de Catherwood.

De pie, sobre un pedazo de lona engrasada, con los pies ya secos en el interior de sus botas, terminó el primero de una serie de bocetos que, aunque aún no satisfactorios, ayudaron a regresarle algo de la confianza perdida. A medida que avanzaba el día, con cada nueva serie Catherwood parecía alcanzar un nuevo nivel de percepción que le permitía dibujar el monolito ante él con una precisión cada vez mayor. Pudo haber sido solo un cambio sutil en la perspectiva causado por el afilado borde de las sombras proyectadas por el sol, pero parecía que había roto alguna barrera cognitiva y ahora comenzaba a captar, si bien no a comprender, lo que veía. Su dominio y habilidades regresaron, impulsados por su perfeccionismo. Estaba decidido a captar cada intrincado detalle de las piedras que tenía delante, sin dejar nada fuera, sin añadir nada. No habría distorsiones. Esa siempre había sido la intención de Stephens: "desde el principio, nuestro gran objetivo y esmero fue conseguir copias auténticas de los originales, sin añadir nada efectista a las imágenes. El señor Catherwood hizo los contornos de todos los dibujos con la cámara lúcida y dividió el papel en secciones para preservar la máxima precisión de las proporciones".

Tras dibujar el lado frontal de las exuberantes figuras con sus trajes estrafalarios, algunas con la pintura roja original aún visible en ciertas secciones de su superficie, Catherwood se movía hacia la parte lateral y luego hacia la posterior de los monumentos, llenando su papel de dibujo con los ricos detalles de aquellos jeroglíficos indescifrables. Tal precisión consiguió en aquellos dibujos que en el futuro los arqueólogos pudieron leerlos cuando consiguieron descifrar el código maya, agradecidos de contar con ilustraciones de aquellos jeroglíficos cuyos originales se perdieron debido a la erosión o al vandalismo.

Los dos hombres continuaron trabajando durante días, Stephens limpiando la jungla, midiendo los templos, las pirámides y demás estructuras de piedra, anotando datos sin cesar. Recogería y llevaría a casa el contexto, los trazos generales, las sensaciones:

> No podíamos ver a más de 10 m de distancia y nunca sabíamos qué sería lo siguiente con lo que nos toparíamos. En algún momento nos deteníamos para cortar las ramas y las enredaderas que ocultaban la cara de un monumento, y luego cavábamos y sacábamos a la luz un fragmento, una esquina esculpida que sobresalía de la tierra. Me agachaba casi sin poder respirar por la emoción, mientras los indígenas trabajaban y descubrían un ojo, una oreja, un pie o una mano. La belleza de la escultura, la solemne quietud del bosque —perturbada solo por las peleas entre los monos y el parloteo de los loros— la desolación de la ciudad y el misterio que se cernía sobre ella solo conseguían generar un interés que superaba (si es que eso era posible) al que había sentido entre las ruinas del Viejo Mundo.

Catherwood, el hombre de pocas palabras, sacaría a la luz las primeras representaciones fidedignas de aquella civilización oculta para que el mundo entero la viera. Su trabajo lo haría famoso y le aseguraría un lugar permanente en los anales de la arqueología. Día tras día trabajaría estoicamente para conseguirlo, a pesar de los mosquitos, las garrapatas, el calor, la lluvia y el lodo. Como la jungla que lo rodeaba, sería uno de los momentos más exuberantes y fértiles de su vida artística, y no dejaría de aprovecharlo al máximo.

Vista posterior de una estela en Copán (Catherwood)

Por su parte, Stephens tuvo que realizar sus tareas casi sin instrumentos topográficos, con la ayuda solo de una buena brújula, el carrete de cinta que Catherwood había usado para medir los templos de Jerusalén y Tebas, y un "horizonte artificial" para ayudar a determinar la longitud. Sin embargo, cuando Catherwood intentó usar el dispositivo con su sextante, descubrieron que estaba doblado y, al igual que el barómetro roto que tenían, resultó inútil.

Eludían escorpiones y serpientes, llevaban los pantalones bien atados alrededor de las botas, se abotonaban el cuello de la camisa hasta la barbilla para protegerse de los mosquitos y cosían las sábanas para hacer sacos de dormir que en la noche los protegían de las pulgas que infestaban la choza de don Miguel. Un día se tomaron un descanso de trabajo y recorrieron más de 3 km de terreno accidentado y jungla hasta llegar a la cima de la montaña paralela al río. Allí les mostraron las canteras de donde habían salido las piedras utilizadas para los ídolos gigantes y otras estructuras de la ciudad. Grandes bloques de piedra cubiertos por matorrales y enredaderas, al parecer rechazados siglos atrás por tener algún defecto, aún se encontraban en el lugar. A cierta distancia, un enorme bloque atravesaba un barranco como si el trabajo de transportarlo cuesta abajo a la ciudad hubiera sido suspendido solo momentáneamente con la intención de reanudarlo pronto. Los dos hombres no pudieron resistir y grabaron sus nombres en uno de los bloques de piedra de la cantera.

Cuando regresaron a las ruinas y lograron despejar la jungla lo suficiente como para completar su estudio, llegaron a la conclusión de que se encontraban en medio de lo que debió de haber sido una ciudad mucho más grande, dentro del perímetro de un centro ceremonial con templos piramidales, plazas salpicadas de estatuas y altares monolíticos, así como patios rodeados de escalones que parecían anfiteatros. Más adelante, varios enormes y sugerentes montículos cubiertos de tierra, coronados por árboles y un espeso follaje, se extendían desde las expuestas ruinas en todas direcciones. Los dos hombres solo podían preguntarse qué tesoros escondían y qué encontrarían allí las generaciones futuras.

De hecho, Stephens y Catherwood se habían topado con una ciudad que 1 200 años atrás se extendía por todo el valle y hasta las crestas a cada lado del río. En un espacio de aproximadamente 0.66 km^2 vivieron hasta 9 000 habitantes en el centro de la ciudad, otros 10 000 en los distritos periféricos inmediatos y miles más en el campo circundante.

Futuros arqueólogos descubrirían evidencia cerámica de que las primeras poblaciones del valle comenzaron a asentarse a partir del 1100 a. C. Investigaciones subsecuentes demostrarían que los monumentos jeroglíficos hicieron su primera aparición en el siglo V d. C.; en ellos quedaría grabada la historia de una línea dinástica de reyes que gobernarían Copán durante los siguientes cuatrocientos años. Dicha historia salió a la luz en la segunda mitad del siglo XX, una vez que los expertos poco a poco empezaron a desentrañar el significado de los jeroglíficos de Copán. Una de las claves fue un bloque sólido de piedra esculpida, de 183 cm de ancho en cada uno de sus lados por 122 cm de altura, descubierto por Stephens y Catherwood e ilustrado por Catherwood a la perfección y con todo detalle. La parte superior del bloque se hallaba cubierta de jeroglíficos, y en cada lado ostentaba cuatro figuras sentadas esculpidas a gran profundidad. Cuando los jeroglíficos finalmente fueron descifrados, resultó que las figuras representaban a 16 de los 17 reyes de Copán, comenzando con el fundador de la dinastía, que data del 426 d. C., y terminando con el penúltimo rey de Copán, cuya muerte en el 822 d. C. ahora se cree que coincidió con el comienzo del colapso de la ciudad y su eventual abandono.

Ruinas en Copán (Catherwood)

Los reyes narraron sus historias en las imponentes estatuas (o estelas), en las plazas, en las fachadas de sus palacios, altares y templos; en la cancha de pelota y en la gran escalera jeroglífica que muestra el texto maya más largo que se ha encontrado. Cada gobernante empleó una sucesión de arquitectos y escultores que convirtieron a Copán en una ciudad que hoy en día es considerada una de las más hermosas del período Clásico maya. Copán se fue convirtiendo en una pequeña montaña a medida que cada rey construía nuevas edificaciones sobre los palacios y templos de sus predecesores, añadiendo con cada nueva capa un refinamiento y arte cada vez más brillantes.

Stephens y Catherwood sabían que estaban en presencia de un arte y una arquitectura de asombrosa sofisticación. Pero no supieron que tenían ante ellos el último revestimiento de la ciudad caída, cubierta no solo por la jungla sino también por las capas finales de la larga y dramática historia de Copán. Tampoco comprendían con claridad quién podría haber construido y habitado una ciudad como aquella, cómo una sociedad tan avanzada pudo aparecer y luego desaparecer en aquel lugar, o qué tan antigua fue. Pero alcanzaron a comprender que no importaba cuántos pasajes descriptivos escribiera Stephens, cuando la única manera de convencer al mundo entero de lo que habían encontrado (no solo de su existencia, sino también de su singularidad y excepcional elegancia) sería a través del arte riguroso y detallado de Catherwood. A su ritmo actual, aún le quedaba trabajo suficiente para más de un mes.

Antes de llegar a Copán, habían previsto quedarse solo unos cuantos días, al desconocer la extensión de las ruinas y las dificultades que enfrentarían. Ahora llevaban casi dos semanas en el lugar y a Stephens le preocupaba continuar postergando sus deberes diplomáticos. "No me sentía con la libertad de permanecer más tiempo", escribió. "Anticipaba con ansiedad una carrera desesperada en pos del cumplimiento del servicio a mi Gobierno. Temiendo que entre estas ruinas pudiera hallar mi propia ruina política y quedar mal con mis amigos políticos, pensé que lo más seguro era emprender dicha carrera". Se llevaron a cabo varios "consejos" y, a pesar de la renuencia a separarse que sentían, al final acordaron que Stephens y Augustin debían partir rumbo a Ciudad de Guatemala, mientras que Catherwood permanecía en Copán para terminar sus dibujos.

Una vez tomada la decisión, Stephens no perdió tiempo en preparar las mulas y las provisiones. Catherwood lo acompañó la mitad del camino a casa de don Gregorio. Aunque Stephens sintió la tentación de descargar su ira contra el don por las descortesías que le habían aguantado, se abstuvo de hacerlo a sabiendas de que Catherwood aún tendría que permanecer ahí sujeto a su influencia. Se sintió satisfecho con limitarse a exigir, en cambio, que el don le entregara la cuenta por la leche, la carne y los huevos que habían consumido, pagando la suma total que ascendió a dos dólares. "Después, me enteré de que la estima que el don y el resto de los vecinos sentían hacia mi persona había crecido considerablemente tras mi conducta ejemplar en no irme sin antes pagar", escribió.

7

Carrera

Llovió la mayor parte del camino a través de las montañas. Tras enterarse de que varios puntos de su ruta habían sido bloqueados por tropas insurgentes conocidas por las atrocidades que perpetraban, en especial en contra de extranjeros, Stephens y Augustin optaron por tomar caminos alternativos. Unas semanas más tarde, cuando Catherwood siguió la ruta de Stephens, se enteró por el cura de un pueblo de que se había planeado un complot para asesinar y robar a Stephens. Escapó solo porque partió más temprano en la mañana de lo que esperaban los conspiradores.

En otro pueblo, Guastatoya, un segundo presunto complot de robo fue frustrado por el alcalde y un grupo de pobladores, quienes reclutaron a Stephens y a sus ya famosas armas de fuego para perseguir a los presuntos ladrones por el campo. Se dispararon varios tiros en la oscuridad. No se encontraron ladrones.

La presencia de insurgentes salvajes deambulando por el campo que odiaban a los extranjeros de por sí ya era bastante malo. Pero Stephens y Catherwood aprendieron rápido que el país estaba infestado de bandidos y asesinos de todo tipo. Y como lo había demostrado su experiencia en Camotán, incluso los encuentros con simples pobladores conllevaban el riesgo de violencia.

A los dos hombres les quedaba cada vez más claro que el calor, la jungla, las montañas y los mosquitos no era lo único que enfrentaban. La exploración que habían emprendido en el territorio turbulento de América Central no sería una simple aventura del hombre contra la naturaleza, como ocurriría con las exploraciones polares a principios del siglo siguiente o durante los asaltos al monte Everest que siguieron décadas después. Stephens y Catherwood se habían sumergido en una horrible tempestad provocada por el hombre. Los obstáculos físicos por sí solos ya eran bastante desalentadores si se enfocaban solo en buscar ruinas, pero Stephens ahora se veía obligado a lanzarse al ojo de una vorágine política para cumplir con sus obligaciones diplomáticas.

Diez días después de salir de Copán, Stephens y Augustin arribaron a Ciudad de Guatemala. Habían pasado exactamente dos meses desde que Stephens se había marchado de Nueva York, aunque, escribió, parecía como un año. La noche era negra y sin luna cuando llegaron a las afueras de la capital, donde encontraron grupos de soldados borrachos sentados alrededor de fogatas disparando de vez en cuando sus mosquetes al aire. Ya en el interior de las murallas de la ciudad, era difícil encontrar un alma en las misteriosas calles sin iluminación que diera la bienvenida a los exhaustos viajeros, y la ciudad tampoco tenía hoteles.

Tras tropezar en la oscuridad en busca de alojamiento sin conseguirlo, Stephens optó por importunar al vicecónsul británico, William Hall, a quien llevaba varias cartas de presentación. Después de saludar y cerrar rápido la puerta tras de ellos, Hall expresó su sorpresa de que Stephens hubiera podido cruzar la ciudad sin ser asaltado. Según el vicecónsul, los soldados, furiosos por no haber recibido su pago aquel día, habían amenazado con saquear la ciudad;

los ciudadanos se hallaban en un estado de terror. Stephens y Augustin fueron bienvenidos a pasar la noche.

"Por primera vez desde que ingresé al país", escribió Stephens, "dormía en una buena cama y con un par de sábanas limpias".

A la mañana siguiente, dio un paseo por la ciudad y quedó impresionado por su amplitud y grandeza, comparándola con la "mejor clase de ciudades italianas". La capital se encontraba en un valle sobre una gran meseta a 1500 m s. n. m., rodeada de barrancas o desfiladeros profundamente marcados. Aunque la ciudad estaba bien asentada, todavía era relativamente nueva para los estándares coloniales españoles. Sesenta y seis años antes, no había sido más que una aldea ganadera y su característica más impresionante era un convento llamado El Carmen. Todo eso cambió en 1773, cuando una serie de terremotos devastadores demolió la que había sido la antigua capital de Centroamérica, Santiago de los Caballeros, ubicada a poco menos de 39 km al oeste. Santiago —hoy conocida como la Antigua Guatemala— fue fundada por los conquistadores que invadieron México junto con Cortés en el siglo XVI. Fue la capital española de toda América Central y partes del sur de México durante más de doscientos años. A lo largo de su historia, grandes terremotos la sacudieron con regularidad. Pero el terremoto de julio de 1773 y sus réplicas fueron de tal magnitud que las autoridades coloniales españolas decidieron que ya había sido suficiente. La corte real de España ordenó la evacuación de Santiago y los sobrevivientes fueron trasladados al siguiente valle que se encuentra al este.

Nueva Guatemala de la Asunción fue erigida en la meseta del valle siguiendo la habitual cuadrícula española, norte-sur y este-oeste, y rodeando una gran plaza. La de la nueva ciudad era mucho más grandiosa que la de Santiago y las calles más anchas. Iglesias, conventos y monasterios enteros fueron trasladados desde Santiago a la nueva capital, con sus nombres intactos. Los residentes recibieron terrenos similares a los que habían tenido en la ciudad vieja, con las familias más ricas y prominentes ubicadas más cerca de la plaza principal. Todo lo que tenía valor —obras de arte, esculturas religiosas, oro, plata, hasta las vigas y columnas de madera— fue sustraído de los edificios de Santiago y trasladado a la nueva capital. La Nueva Guatemala fue construida en el estilo colonial español tradicional: casas con paredes de estuco encaladas fluyendo de forma continua a lo largo de las calles, interrumpidas solo por las rejas de hierro en las ventanas y los enormes portales, algunos decorados al estilo mudéjar, con pesados portones dobles de madera lo suficientemente altos para permitir a los jinetes entrar sin desmontar. Las estructuras eran de un solo piso y contaban con paredes de gran grosor que les permitía resistir la fuerza de la mayoría de los terremotos. Cuando llegó Stephens, la reubicada capital, conocida como Ciudad de Guatemala, o solo Guatemala, era un próspero centro con una imponente catedral a un lado de la gran plaza, la sede del gobierno (el Palacio Real) en el lado opuesto y el edificio municipal en el lado norte de la plaza.

"Pocas veces me ha causado una reacción tan favorable la primera impresión de una ciudad", escribió Stephens, "y lo único que me incomodó durante una caminata de dos horas por sus calles fue ver a los andrajosos e insolentes soldados de Carrera".

Stephens logró localizar la residencia de Charles DeWitt, el encargado de negocios estadounidense fallecido hacía poco. La casa se hallaba cerrada, pero continuaba siendo la misión diplomática de Estados Unidos y contenía los archivos de la sede. Sintiéndose como en casa, a Stephens le encantó el gran tamaño del recinto y su característico diseño español, que a menudo sorprendía a quienes la visitaban por primera vez, engañados por los modestos muros exteriores que daban a las calles. La casa fue construida alrededor de un patio interior empedrado y rodeado de flores. Este espacio estaba delimitado por pasillos cubiertos y puertas que daban a las habitaciones interiores, incluidas la cocina, los dormitorios y la sala principal de la casa, o sala de recepción, con sus ventanas enrejadas que daban a la calle. En esta sala de recepción, dos estanterías imponentes llenas de documentos diplomáticos encuadernados flanqueaban el escritorio de DeWitt, sobre el cual colgaba una copia de la Declaración de Independencia de Estados Unidos. Por un momento, transportaron a Stephens de regreso a casa, a las bibliotecas de su colegio y de la Facultad de Derecho. Más tarde, cuando reparó en los pequeños detalles de la habitación y, teniendo en cuenta el final trágico de DeWitt, la escena adquirió una significancia emocional que le produjo un estremecimiento momentáneo.

El protocolo diplomático requería que Stephens presentara sus credenciales ante las autoridades centrales lo más pronto posible. Esto habría sido un asunto normal y rutinario, pero todo estaba en el aire en la Centroamérica de aquel momento. Como agente especial del presidente de los Estados Unidos, recibió órdenes específicas y una lista de instrucciones que eran al mismo tiempo optimistas y realistas, y por lo tanto contradictorias. Su tarea principal era conseguir la ratificación del tratado de "comercio, navegación y amistad" (cuyo plazo había vencido hacía poco) entre Estados Unidos y las Provincias Unidas de Centroamérica. Pero debido al caótico estado de la República, también se le ordenó cerrar la misión de Estados Unidos una vez lograda la ratificación del tratado, proteger los archivos de la legación, enviar los registros de regreso a Estados Unidos y despedirse formalmente del Gobierno centroamericano.

En el mejor de los casos, se trataba de una misión delicada. En medio de la agitación política y militar, Stephens tenía que avanzar con el objetivo de emprender la retirada. Además de llegar a un acuerdo sobre el tratado comercial, el secretario de Estado Forsyth le ordenó que entregara una carta al ministro de Relaciones Exteriores de la República explicando por qué se retiraba la misión de Estados Unidos, al tiempo que expresaba el total apoyo de ese país a la frágil federación. "Puede, en su conversación con el ministro", decían las instrucciones de Stephens, "dar explicaciones adicionales que ayuden a eliminar cualquier impresión desfavorable y persuadirlo de que, al adoptar este paso, el presidente actúa pensando en el interés de nuestra nación, y que, por ningún motivo, la intención es poner en duda el afecto y respeto que sentimos hacia Centroamérica".[1] Además, debía añadir que, en cuanto se resolvieran las dificultades internas de la República, Estados Unidos reanudaría relaciones diplomáticas.

En el momento de la misión de Stephens, Estados Unidos aún no era un actor serio en el escenario internacional, ni sus secretarios de Estado tenían el poder de influir en los eventos mundiales como lo hacen hoy. En 1825, fue el primer país no latino en reconocer formalmente a las Provincias Unidas de Centroamérica. Lo que siguió fue una serie de intentos tragicómicos para establecer una presencia allí, puesto que ninguno de los diplomáticos que Estados Unidos envió con dicho propósito consiguió siquiera llegar a la capital de la nueva república guatemalteca. Ahora, para cuando el intrépido John L. Stephens se había instalado en la antigua residencia de DeWitt, su homólogo británico, Frederick Chatfield, del servicio exterior de su majestad, iba a galope tendido por El Salvador haciendo todo lo que estaba a su alcance, y utilizando su considerable poder, para destrozar a la joven república, respaldado, por supuesto, por la todopoderosa Marina Real de Gran Bretaña.[2]

Gran Bretaña marcó la pauta de la geopolítica del siglo XIX. Aunque no le interesaba anexar toda Centroamérica a su imperio, sus impulsos imperiales eran difíciles de contener. Junto con sus atractivos recursos naturales, la región ofrecía un mercado listo para el consumo de los productos manufacturados en Gran Bretaña. Desde su base en Belice, los británicos buscaron expandir su influencia al oeste y sur hacia Guatemala, y al este y sur, a lo largo de la llamada costa de Mosquitos, hacia Nicaragua y Costa Rica. Y si bien Centroamérica era un asunto de poca monta para las oficinas exteriores y coloniales de la corona británica, sí era de suma importancia para los dos agresivos representantes de Gran Bretaña en la región: el coronel MacDonald y Chatfield, quien ostentaba el título formal de ministro plenipotenciario de Centroamérica.

A Chatfield lo habían enviado a la región en 1834, después de haber pasado varios años en Europa. A los 33 años, era ambicioso, abrasivo y astuto. Debido a la distancia entre Londres y América Central (la correspondencia de ida y vuelta a veces tomaba de cuatro a cinco meses), Chatfield a menudo se sentía con la libertad de establecer la política británica hacia la nueva república por su cuenta. Al igual que Stephens, su misión principal había sido negociar un tratado comercial, pero no pudo resistir inmiscuirse en los asuntos internos de la nueva república.[3]

Una piedra en el zapato del ministro resultó ser el coronel Juan Galindo. Debido a que Chatfield lo consideraba todavía un súbdito británico, el celo que Galindo demostraba por la federación lo irritaba, sobre todo cuando Galindo montó una misión diplomática en Estados Unidos e Inglaterra para hacer retroceder las fronteras de Belice. Dado su origen irlandés, Galindo, por su parte, sentía poco amor por Gran Bretaña y detestaba la interferencia de su representante en el país que recién lo había adoptado.[4] La hostilidad entre ellos se volvió evidente en 1838, cuando un sirviente inglés de 14 años, empleado del coronel, buscó la protección del consulado británico en San Salvador alegando que Galindo lo había golpeado brutalmente. Chatfield acogió al adolescente, enfureciendo a Galindo. Al día siguiente, Galindo retó a Chatfield a un duelo que el cónsul ignoró, pero el escándalo acabó en los periódicos. Al final, el Gobierno central tuvo que intervenir para resolver la disputa.[5]

En un principio, Chatfield apoyaba a la república, creyendo que era más fácil tratar con una sola federación que con cinco provincias enfrentadas. Después, las disputas territoriales sobre Belice y la costa de Mosquitos (el coronel MacDonald en persona dirigió un asalto contra las islas frente a la costa hondureña después de ser ocupadas por la república) pusieron a Chatfield en contra del Gobierno central. Cuando el general Francisco Morazán, presidente de la república, impuso préstamos forzosos a empresas británicas y extranjeras para financiar su ejército, Chatfield informó a sus superiores en Londres que había llegado el momento de apoyar a la oposición. Y mientras Stephens jugaba al arqueólogo en Copán, Chatfield recorría Centroamérica para llegar a un acuerdo con las facciones separatistas, prometiéndoles el apoyo de la marina británica a pesar de que el secretario de Estado, lord Palmerston, había rechazado una propuesta anterior de intervención armada.

Cuando Chatfield llegó a Ciudad de Guatemala a mediados de diciembre, Stephens ya se había reunido con miembros de la facción conservadora que ahora controlaba el estado de Guatemala bajo la autoridad absoluta del general rebelde mestizo Rafael Carrera. No encontró rastros de republicanos liberales o del Gobierno federal en la ciudad. Le llamaron la atención los sacerdotes de mano dura en el nuevo Gobierno guatemalteco. Al visitar la asamblea estatal, vio que la mitad de los treinta diputados reunidos en el antiguo y mal iluminado Salón del Congreso eran sacerdotes vestidos con togas y gorros negros. Le recordó, dijo, a una "reunión de inquisidores". Los diputados estaban ocupados restaurando los privilegios de la Iglesia que habían sido arrancados antes con rudeza por los liberales.

Personas cercanas al Gobierno aconsejaron a Stephens que presentara de manera formal sus credenciales al jefe de Estado guatemalteco, Mariano Rivera Paz, recién instalado por Carrera, y a los jefes de las demás provincias centroamericanas de forma individual, a fin de evitar hacerlo de forma oficial ante el Gobierno federal, ahora con sede en El Salvador. Sin embargo, consideró que la sugerencia era "absurda" puesto que había sido acreditado solo para reunirse con el Gobierno central. Reconoció en la sugerencia que debía actuar con mucha cautela en Guatemala. Como el futuro de la república aún se hallaba en juego, al menos debía parecer neutral, aunque sus puntos de vista políticos y los del Gobierno de Estados Unidos claramente favorecían a los liberales sobre los conservadores.

Después de pagarle a Augustin y mandarlo de regreso a casa, Stephens envió una escolta a sacar a Catherwood de Copán. Carrera se encontraba fuera de la ciudad, pero sus soldados andaban por todas partes. Stephens tuvo un encuentro tenso con ellos una noche después de cenar al otro lado de la calle en casa de la mujer que alquilaba el edificio a la sede diplomática estadounidense. Al salir en la oscuridad para dirigirse a su casa, un centinela que se encontraba al final de la calle le exigió que pronunciara la contraseña requerida. Pero Stephens aún no se la había aprendido. El tono de voz del centinela era tan feroz que "me atravesó como una bala de mosquete, y probablemente un poco después una bala de verdad lo habría hecho de no haber sido por una anciana que, linterna en mano, salió corriendo de la casa de la que yo acababa de salir y gritó: 'Patria Libra'". Stephens corrió hacia la seguridad de su puerta. Más tarde, se enteró de que un centinela había disparado y golpeado a una mujer poco antes por no dar la contraseña con la suficiente prontitud.

Carrera regresó a la ciudad y Stephens fue a presentarse al día siguiente, fascinado de conocer al excriador de cerdos que ahora era dueño de toda Guatemala. Se le aconsejó llevar su abrigo diplomático porque a Carrera le cautivaban esas muestras de pompa y circunstancia, a pesar de que el líder guerrillero vivía de forma modesta en una pequeña casa en una calle menor. Al llegar, Stephens se encontró con la guardia de Carrera de ocho o diez soldados afuera de la puerta. A diferencia del resto del ejército andrajoso, todos iban bien vestidos con una chaqueta roja y una gorra a cuadros. Stephens fue conducido por un pasillo a través de una hilera de mosquetes en buen estado y llevado a una pequeña habitación adyacente a la sala de recepción, en donde encontró a Carrera sentado a la mesa contando dinero.

Retrato de Rafael Carrera, creado algunos años después de su encuentro con Stephens (Catherwood)

“Se puso de pie cuando entramos”, escribió Stephens, “empujó el dinero a un lado de la mesa y, probablemente por respeto a mi abrigo, me recibió con cortesía y me ofreció una silla para sentarme a su lado”. Llevaba puesta una chaqueta corta de lana delgada y pantalones ajustados. No medía más de 1.67 m de altura, tenía rasgos indígenas, piel clara y no tenía barba. Se sorprendió por lo joven que parecía, estimando que no podía tener más de 21 años. Comentó sobre su juvenil apariencia y Carrera respondió que tenía 23 años (en realidad tenía 25) y, sabiendo lo extraordinario que podría parecer, pasó a explicar cómo había comenzado con no más de 13 hombres que encendían y detonaban sus antiguos mosquetes de pólvora negra con el fuego de sus puros. Señaló ocho lugares donde había sido herido y agregó que aún quedaban tres balas de mosquete en su cuerpo.

Deseaba corregir las mentiras que se decían sobre él, dijo. No era un ladrón ni un asesino, y había cambiado de opinión sobre los extranjeros en los últimos dos años. Había conocido a varios de ellos, dijo, y uno, un médico inglés, le había quitado una bala de mosquete de su costado. Fueron las únicas personas que nunca lo engañaron, explicó.

Stephens respondió que había leído en los periódicos reportajes sobre su última entrada a Ciudad de Guatemala, incluido un artículo en Estados Unidos que elogiaba su moderación y sus intentos de detener el pillaje y las masacres por parte de sus tropas. Dada su corta edad, el militar parecía tener una larga carrera por delante, le dijo Stephens, y podía hacer mucho bien por su país. Al escuchar esto, Carrera se llevó la mano al corazón y, en un estallido de pasión que sorprendió a Stephens, dijo que sacrificaría su vida por su país.

Stephens quedó impresionado. "Con todas sus faltas y crímenes", escribió, "nadie lo podía acusar de ser hipócrita o de decir algo que no había querido decir. Mi entrevista con él fue mucho más interesante de lo que esperaba. Era un hombre muy joven, de origen humilde y había crecido sin las ventajas tempranas de aquellos más afortunados; con impulsos honestos, tal vez, pero ignorante, fanático, sanguinario y esclavo de pasiones violentas". Stephens también vio algo más, una ágil inteligencia natural. Y por más juvenil que pareciera, escribió Stephens, Carrera nunca sonreía, era muy serio y consciente de su poder, a pesar de no presumirlo. Dijo que estaba aprendiendo a escribir por sí mismo y que ya podía deshacerse de su sello y escribir su nombre. Stephens sugirió que se beneficiaría de viajar a otros países. "Tenía una noción muy vaga de dónde se encontraba mi país; lo conocía solo como el Norte; preguntó qué tan lejos se encontraba y qué tan fácil era llegar a él, diciéndome que una vez terminadas las guerras trataría de visitar el Norte".

Stephens se quedó con la sensación profética del potencial que observó en Carrera. "Pensé que estaba destinado a ejercer una influencia importante, si no controladora, en los asuntos de Centroamérica", escribió.[6] Sin embargo, Carrera era un hombre difícil de leer. Le importaba poco la riqueza. No requería salario y solo pedía dinero para él y sus tropas cuando lo necesitaba, apenas una fracción de lo que le había costado a la aristocracia y a los comerciantes guatemaltecos mantener al ejército federal. El título de general brigadier que el Gobierno guatemalteco le otorgó hizo sentir a Carrera halagado y al mismo tiempo le pareció apropiado, pues se veía a sí mismo como un servidor del Estado. Pero, en realidad, su comportamiento continuó siendo caprichoso y por encima de la ley, señaló Stephens. Cuando Stephens iba de regreso a casa aquella mañana, observó a un destacamento de soldados detenerse ante la casa de un miembro de la Asamblea Constituyente que había cometido el error de hacer enojar a Carrera. Los soldados se metieron en la casa a buscarlo. "Fue por orden de Carrera, sin el conocimiento del Gobierno", agregó Stephens.

A pesar de su exitoso encuentro con Carrera, la vida cotidiana de Stephens no cambió mientras esperaba con ansia la llegada de Catherwood. Como alguien que prosperaba con la compañía humana y las relaciones sociales, le resultaba insoportable estar encerrado en la residencia todas las noches, mientras que la ciudad permanecía prácticamente en estado de sitio. Acostado en la cama, podía oír los disparos de mosquete de los soldados, descargas que resonaban a través de las calles de la plaza.

Cuando ya no pudo soportarlo más, emprendió una gira relámpago por el campo cercano, que por el momento parecía pacificado gracias a Carrera. Su primera parada fue en una hacienda cercana donde fue testigo de cómo acorralaban y marcaban al ganado, una vista impresionante para un neoyorkino hijo de comerciante de la costa este. En compañía de un grupo de jóvenes aristocráticas, siguió una procesión religiosa por la ciudad y viajó al norte hasta una aldea indígena donde se celebraba un festival anual.

Sin noticias de Catherwood y una semana antes de Navidad, decidió hacer un viaje más. A pesar de haber viajado mucho en su vida, nunca había visto el océano Pacífico y, en aquel momento, este se encontraba a menos de 160 km al sur. Al pasar por la histórica ciudad de la Antigua, quedó impresionado por la cantidad de iglesias y otros edificios que aún permanecían en ruinas tras el terremoto de 1773, muchos con sus restos intactos yaciendo justo donde habían caído.

Al sur de Antigua se elevaba un enorme cono coronado por un cráter irregular, el volcán de Agua, cuyas laderas se hallaban cubiertas con maizales y un bosque verde oscuro. Las nubes rodeaban la cima. Fue una tentación demasiado grande para Stephens. Después de una buena noche de descanso, emprendió la empinada y miserable subida. Al llegar a la cima, estaba a 3 749 m s. n. m. En el frío glacial, las nubes y los vapores se arremolinaban sobre el cráter inactivo. En su fondo encontró varias inscripciones grabadas en las rocas. Soplando sus dedos para mantenerlos ágiles, copió un mensaje dejado por tres viajeros de Rusia, Inglaterra y Filadelfia. Describieron brindar con champán, sin duda para celebrar su llegada a la cima.

Varios días después llegó al océano Pacífico. "Había cruzado el continente de América", escribió. Cubierto de mosquitos y jejenes, dejó su mula al borde de la jungla y vadeó un río en canoa hasta la playa de arena negra volcánica que se encontraba más adelante. El puerto era una rada abierta, un barco de Burdeos se mecía anclado a una milla de distancia.

Stephens anotaba de forma meticulosa sus miniexpediciones en sus cuadernos. Era compulsivamente curioso, un periodista prototípico decidido a pintar con palabras el cuadro más completo posible de la vida en Centroamérica para sus compatriotas del norte. En el camino, visitó plantaciones de cochinilla, sacerdotes en sus iglesias y molinos de azúcar. También conoció a un compañero neoyorquino que vivía en una granja. Lo describiría todo en su libro, entrelazando el viaje de ocho días con una historia de la Antigua y notas sobre los conquistadores, quienes en su interminable deseo de oro alistaron una flota para navegar a Perú desde la costa en la que él se encontraba.

A su regreso a la capital, Stephens se encontró con una inquietante carta de Catherwood. En ella, contaba que lo habían robado, que se enfermó y se vio obligado a dejar las ruinas para refugiarse en la casa del desagradable don Gregorio. A pesar de aquellas adversidades, se dirigía a la capital. Era Nochebuena. "Me sentía muy angustiado", escribió Stephens, "y resolví, después de un día de descanso, partir en busca de Catherwood".

Aquella noche asistió a una fiesta de Navidad en la casa del exministro de Centroamérica en Inglaterra, y allí conoció a Frederick Chatfield. Había llegado a Guatemala durante la ausencia de Stephens. Desde su arribo, y sin que Stephens lo supiera, Chatfield había estado planeando la total desaparición de la república. Al enterarse de que Stephens había sido enviado a reunirse con el Gobierno central, Chatfield explicó que su asignación era inútil, ya que la república —como entidad efectiva— había dejado de existir.

Stephens no regresó a su casa hasta las tres de la madrugada y, al despertarse tarde, escuchó un golpe en la puerta. En el patio entró Catherwood "armado hasta los dientes, pálido, delgado y muy feliz de llegar a Guatemala, pero ni la mitad de feliz que yo de verlo".

Carrera

Con el sol intenso bañando su sombrero de Panamá de ala ancha, el teniente John Caddy de la Artillería Real tenía su escopeta de dos cañones lista para disparar. Desde que dejó atrás el río Belice en el poblado de Duck Run, se había autodesignado cazador en jefe de su expedición, preparado en todo momento para derribar a cualquier ser que pudiera resultar comestible. Sentado a horcajadas sobre su viejo caballo percherón gris y vestido con una chaqueta de cazador verde y pantalones de sarga azul, encabezaba una columna de caballos, mulas y jinetes que partían del pueblo de Santa Ana en su último tramo hacia el lago Petén Itzá, en el corazón del Petén. Caddy y su grupo se hallaban en aquel momento casi a medio camino de su difícil marcha a través de la península de Yucatán.

Semanas antes, Caddy había enviado de regreso a la ciudad de Belice las canoas, sus tripulaciones y la mayoría de los soldados del segundo regimiento de las Indias Occidentales que los habían acompañado en su viaje de siete días río arriba. Ahora, el resto del grupo, que en ese momento continuaba por tierra, estaba formado por Caddy; el colíder de la expedición, Patrick Walker; su intérprete, el señor Nod, y cinco soldados. Cuando partieron de Duck Run, también incorporaron a un guía, varios arrieros y transportistas indígenas para encargarse del equipaje. Las siguientes dos semanas de viaje en dirección oeste rumbo a las profundidades del Petén fue una de las peores experiencias que Caddy y Walker habían tenido en sus vidas. El sendero atravesaba una jungla de una espesura tal que no permitía la entrada de los rayos de sol, y tuvieron que luchar sin descanso para cruzar arroyos crecidos, pantanos y marismas casi intransitables. En ocasiones, se veían obligados a acampar en los pantanos, a centímetros del lodo, plagados de mosquitos y, peor aún, garrapatas que, microscópicas, se enterraban en la piel y provocaban una comezón intolerable.

"Los pantanos otra vez estaban tan inundados", escribió Walker en su informe oficial al coronel MacDonald, "que durante cinco días consecutivos apenas avanzamos un paso sin que los caballos estuvieran hundidos en el lodo o el agua hasta las cinchas. Además, el camino en algunos lugares estaba completamente cerrado y nos forzaba a detenernos para abrirnos paso a través de la maleza con nuestros machetes".[7] La comida escaseó a un nivel crítico durante días, con poca o ninguna caza para alimentar a los hombres. Caddy mató lo que pudo encontrar: algunos pájaros, un cerdo salvaje ocasional, un pequeño zorro y una vaca demacrada que se había dejado por muerta en el camino. En un momento, anotó en su diario que los nativos tenían una forma particular de cocinar y ahumar los animales cazados que llamaban "barbacoa".

Al octavo día de viaje, un operador de artillería identificado solo como soldado I. Carnick —el asistente personal de Caddy— contrajo una fiebre intensa y no pudo continuar. Después de un día de retraso, durante el cual Caddy le dio varias píldoras, sales y una papilla caliente para inducir la sudoración, Carnick revivió lo suficiente como para seguir adelante. Sin embargo, dos días después se encontraba tan débil que apenas podía permanecer sobre su caballo. "Me vi obligado a pedirle a alguien que guiara a su caballo", escribió Caddy, "y que otro hombre caminara a su lado para evitar que se cayera".

El 12 de diciembre, después de dos semanas tortuosas, emergieron del bosque a "una magnífica llanura ondulante con uno que otro grupo de árboles aquí y allá; un prado abierto que se expandía hasta donde la vista alcanzaba a observar", escribió Caddy. "Nunca olvidaré lo alegre que me sentí, y, de hecho, fue un sentimiento compartido por todos". Llegaron a un rancho ganadero y tomaron posesión del edificio principal de la hacienda, que, a pesar de hallarse desierto y sucio, les pareció un hotel de lujo. Sin embargo, el deterioro de Carnick afectó el estado de ánimo colectivo.

Ahora la disentería se había sumado a su fiebre, dejándolo con un intenso deseo de beber agua. Caddy atribuyó su nuevo padecimiento al agua sucia que se vieron obligados a tomar en el camino y que describió como alquitranada.

Al día siguiente, recibieron la visita de un mestizo llamado Torribio, quien se ofreció a llevar a Carnick a su casa no lejos de allí. Su esposa e hija, que hablaban inglés, lo cuidarían y atenderían hasta que se recuperara. Walker y Caddy estuvieron de acuerdo, pues se dieron cuenta de que el operador de artillería estaba demasiado enfermo para continuar. Se envió una carta a las autoridades guatemaltecas en el lago Petén Itzá para notificarles por adelantado que su grupo se acercaba con la intención de viajar rumbo a México. Seis días después, cuando llegaron al lago, Caddy quedó maravillado por su belleza: "un magnífico espejo de agua que resplandecía gloriosamente con el reflejo del sol y en el que se encontraba la ciudad isleña de Flores, así como otros islotes más pequeños que parecían salidos de un cuento de hadas". Walker calculó que poco más de 800 m de agua separaban a Flores de la orilla del lago. En su diario relató lo que había aprendido sobre la historia del lago como último bastión de los mayas contra los españoles. No fue hasta 1697, más de 150 años después de la conquista de Guatemala, cuando los indígenas de Itzá fueron sometidos en batalla. Los españoles habían construido un camino a través de la sabana y la jungla hasta el lago, y después construyeron una pequeña flota de botes en la orilla para llevar a cabo un asalto frontal a la isla. Al final, prevaleció la superioridad tecnológica española con sus cañones, mosquetes y pólvora. Como era su costumbre, los españoles se dieron a la tarea de destruir todos los templos, ídolos y monumentos que pudieron encontrar para luego erigir una gran iglesia sobre las ruinas.

Cuando Caddy y Walker llegaron al lugar, apenas quinientas personas vivían en la isla. Las casas y las calles estaban en mal estado y el techo de paja de la iglesia de la ciudad se había derrumbado. Las ruinas de un gran cuartel y de un monasterio se hallaban dispersas a lo largo de uno de los lados de la plaza central.

Los siete hombres que aún formaban parte de la expedición llevaban viajando más de un mes, pero solo habían cubierto una distancia de menos de 240 km en línea recta desde la ciudad de Belice. Estaban exhaustos. Era casi Navidad y gustosos se incorporaron a las festividades locales. Se organizaron bailes en su honor, auspiciados por el comandante distrital y un grupo de damas de la localidad. Después, recibieron una noticia que se cernió sobre su divertimiento como una nube negra. El soldado Carnick había muerto.

Es curioso que, dado el estrecho contacto de Carnick con Caddy como su asistente personal, este no mencione en su diario la muerte de Carnick. Tal vez le resultaba demasiado doloroso. Solamente lo refiere el informe oficial de Walker. "Por lo que observé de este hombre en nuestro viaje", escribió Walker, "parecía una persona muy respetable". Walker envió una carta al sacerdote local que incluía dinero para que se ofrecieran oraciones por el alma de Carnick.

8

Guerra

"Con respecto a mis asuntos oficiales", escribió Stephens, "no tenía idea qué hacer".

En Ciudad de Guatemala no encontró el Gobierno que había ido a buscar. La conversación allí era completamente unilateral: la república federal ya no existía. Pero según el recuento de Stephens, los estados estaban divididos en partes iguales sobre la cuestión. Tres provincias todavía se aferraban a la república: El Salvador, Honduras (por la fuerza) y el nuevo estado separatista de Quetzaltenango (hasta hacía poco un departamento occidental de Guatemala que se había separado y ahora estaba controlado por los liberales). Del otro lado se encontraban los estados de Costa Rica que hacía poco se habían declarado independientes —muy alejados al este—, Nicaragua y, por supuesto, Guatemala, el estado más poblado y poderoso de Centroamérica. Stephens estaba convencido de que la ecuación podría cambiar muy pronto. El líder de la república, el general Francisco Morazán, nunca había sido derrotado en el campo de batalla, e incluso Carrera siempre se había batido en retirada antes que él. Ahora los dos hombres estaban reuniendo fuerzas para un enfrentamiento final. Como dos leones caminando de un lado a otro, se miraban el uno al otro desde lados opuestos de la frontera, esperando una oportunidad. La contienda no se decidiría solo mediante el ingenio militar de Carrera o de Morazán, sino por el corazón mismo, aún palpitante, de Mesoamérica: los campesinos sobrevivientes de la civilización perdida que Stephens y Catherwood habían venido a buscar. Despertando tras siglos de conquista, abuso y servidumbre, el pueblo maya se levantaba para retomar las riendas de su historia.

La guerra había comenzado dos años y medio antes, durante un brote de cólera en el campo a las afueras de Ciudad de Guatemala. El gobierno del estado, entonces bajo el férreo control del progresista Partido Liberal, ordenó cuarentenas en las áreas infectadas y envió médicos para tratar a los afectados. En aquel momento, por desgracia, los tratamientos no eran los adecuados o no se comprendían correctamente al igual que el misterioso origen del propio cólera. Los remedios incluían sangrías y restringir el agua (las víctimas del cólera mueren en medio de una deshidratación extrema), la administración de brandy y del opiáceo láudano. Muchas de las víctimas del cólera, por lo tanto, morían, y a veces a un ritmo aún mayor a manos de médicos bien intencionados.

El 6 de mayo de 1837, Rafael Carrera lideró una multitud enfurecida de casi 2000 personas para confrontar a los funcionarios de salud en Mataquescuintla, un pueblo en las montañas a 60 km al este de la capital. Muchos en la multitud creían que el cólera era un veneno que la clase dominante guatemalteca había puesto en sus pozos y arroyos para exterminarlos y así traer compañías extranjeras para explotar sus tierras. Los funcionarios de salud, afirmaban, habían sido enviados para acabar con ellos mediante la distribución de medicinas venenosas. Al final del día, la turba obligó a uno o dos médicos (el registro de lo acontecido no es claro) a consumir todos los medicamentos que estaban dispensando. El láudano ingerido en esa cantidad es fatal y la muerte de los médicos dejó pocas dudas en la mente de la gente de que el medicamento era, de hecho, veneno. Siguieron revueltas armadas en todo el campo que culminaron con una lista de quejas contra el Gobierno.

El incidente de Mataquescuintla fue la primera aparición registrada de Carrera en el escenario público. En poco tiempo, el criador de cerdos —que varios años antes había servido como tamborilero en el ejército federal— ahora lideraba a pequeñas bandas de insurgentes en las montañas en ataques relámpago contra las tropas del Gobierno. Su reputación comenzó a adquirir dimensiones casi mitológicas y, aunque sufrió varias heridas de bala, sus seguidores indígenas llegaron a creer que no podía ser asesinado y que por designio divino había venido a salvarlos. En febrero de 1838, solo nueve meses después de que comenzara la insurgencia, Carrera encabezó un ejército de indígenas y mestizos.

Con 23 años, Carrera estaba por convertirse en el hombre más poderoso de Centroamérica.[1] Solo una persona se interponía en su camino: Francisco Morazán, el poderoso líder de la República centroamericana.

La historia de Morazán comenzó 15 años antes, poco después de que América Central se independizara de España, cuando las cinco colonias españolas originales se unieron en una república federal que se deterioró rápido debido a la lucha por el poder. Detrás del conflicto existía una división entre la vieja guardia conservadora (la poderosa Iglesia católica y las familias aristocráticas adineradas) y una clase emergente de pensadores liberales, en su mayoría criollos en ciernes educados en la ciencia y la Ilustración, motivados por las revoluciones en Estados Unidos y Francia, que buscaban reducir el poder de la Iglesia, forjar una unión y desarrollar una economía en la región.

Morazán nació en 1792, hijo de un pequeño empresario de ascendencia italiana y madre de ascendencia española. Al haber crecido en la provincia de Honduras, tuvo pocas posibilidades de recibir una educación formal. Pero aprendía con rapidez y era lo suficientemente inteligente como para que al final de su adolescencia se le encontrara leyendo libros de derecho en la oficina de un notario en la ciudad hondureña de Tegucigalpa.[2] Tras la independencia de América Central de España, Morazán ascendió en poco tiempo las escalas del nuevo orden político, pasando de ser un simple empleado burocrático a secretario general del estado hondureño en 1824 y, dos años después, en presidente liberal de la legislatura estatal. Era apuesto, elegante y políticamente astuto. Ese mismo año se casó con María Josefa Lastiri, quien —se supone— aportó dinero al matrimonio.

Más tarde, en 1827, los conservadores en Ciudad de Guatemala tomaron el control del Gobierno federal, destituyeron a los líderes liberales del Gobierno del estado de Guatemala y enviaron al ejército federal a atacar a El Salvador y Honduras, ambos dominados por el partido liberal. Morazán huyó a la vecina Nicaragua, donde reunió un pequeño ejército de liberales para un contraataque. En la extraordinaria serie de batallas que siguió, el exsecretario provincial, un comandante no probado en la guerra y sin antecedentes militares, dirigió, uno tras otro, sorpresivos asaltos exitosos contra el gran y bien entrenado ejército federal. Inspiraba a sus hombres con atrevidas cargas a todo galope por los campos de batalla. Como líder militar, era audaz y carismático y poseía una extraordinaria frialdad en combate. Usó sus habilidades organizativas para reunir un ejército efectivo de hondureños, salvadoreños y nicaragüenses, y en 1829 arrasó Guatemala y se apoderó de su capital.

Batalla de la Trinidad, en la que Morazán obtuvo su primera victoria (como se muestra en un billete actual)

Francisco Morazán, cuyo natalicio es fiesta nacional en Honduras (como se muestra en el reverso del mismo billete)

Reinstauró el Estado liberal de Guatemala. Exilió a 16 de los principales líderes conservadores.[3] Después, bajo sus órdenes, al arzobispo y a cientos de frailes franciscanos, dominicos y recoletos los detuvieron, transportaron a la costa y los expulsaron del país. Se promulgó una nueva legislación que abolió las órdenes monásticas y confiscó sus propiedades, algunas de las cuales se convirtieron en escuelas y edificios gubernamentales.

Por la bravura demostrada en el campo de batalla y la fuerza de su personalidad, en dos años Morazán había pasado de una relativa oscuridad a convertirse en el amo supremo de Centroamérica. Una vez presidente electo de la república, él y otros miembros del gobernante Partido Liberal implementaron programas para modernizar a la unión de provincias durante la siguiente década. Sin embargo, intentaron cambiar las cosas demasiado rápido, en particular en Guatemala. "Los liberales guatemaltecos esencialmente pedían una revolución capitalista en un país que en gran parte todavía era feudal", explicó el historiador Ralph Lee Woodward, autor de un brillante estudio sobre aquel período.[4] La población general no recibió los beneficios de un nuevo auge económico del que sí disfrutaba el sector dominante. Los blancos de la clase gobernante —liberales y conservadores— constituían solo una fracción del pueblo guatemalteco. La mayoría de la población consistía en una subclase analfabeta de indígenas mayas y mestizos, pocos de los cuales participaban en la vida política y económica del país, excepto cuando los presionaban para servir como soldados o en la fuerza laboral.

Aquellos mismos campesinos habían logrado cierta estabilidad bajo el antiguo sistema colonial español. Llevaban una vida dura en las mismas aldeas rurales pobres que sus antepasados habían cultivado durante siglos. Tras sobrevivir al impacto de la Conquista española, y después de más de trescientos años de dominio colonial, habían asimilado el catolicismo que les fue impuesto y lo entrelazaron con el tejido de su propia vida social y espiritual. Si bien estaban dispuestos a aceptar cualquier medida que mejorara sus vidas, para ellos independizarse de España significaba poco más que un cambio de amo. Excepto que ahora se veían obligados a dejar de cultivar sus tierras para construir las cárceles de un nuevo sistema penal y formar parte de jurados o de brigadas dedicadas a la construcción de caminos. La industria local del tejido sufrió cuando los textiles importados ingresaron al país bajo nuevas políticas comerciales. Sus sentimientos de injusticia aumentaron cuando el Gobierno estableció un impuesto por persona para financiar los programas liberales del régimen y cuando algunos territorios indígenas no utilizados fueron ofrecidos a la inversión extranjera. Como católicos devotos, la represión de sus líderes eclesiásticos los enfureció.

Mientras tanto, los conservadores no habían desaparecido. Muchos estaban escondidos. Otros regresaron en secreto del exilio decididos a recuperar el control. Y un gran número de párrocos, que como grupo no habían sido exiliados, se convirtieron entonces en sus principales colaboradores. A medida que los liberales apartaban sistemáticamente a la Iglesia de sus roles tradicionales en la política y la educación, limitándola solo al ámbito religioso, los sacerdotes iban de aldea en aldea propagando el odio contra el Gobierno. Predicaban que cada terremoto o mala cosecha era una señal del castigo de Dios a los demonios que habían tomado el poder. Se estaba invitando a extranjeros, declaraban, a apoderarse de las tierras comunitarias indígenas.

En 1837, los liberales de Ciudad de Guatemala dictaminaron que el Estado podía otorgar el divorcio y que los matrimonios podían llevarse a cabo mediante un contrato civil. Aquello representó un asalto directo a la autoridad más santa y sagrada de la Iglesia. Los decretos causaron furor entre los conservadores y los líderes de la Iglesia. Para los sacerdotes y la mayor parte de su rebaño, fue la gota que derramó el vaso.

Ese mismo año, el cólera llegó a Guatemala.

Muchos de los contemporáneos de Carrera creían que él era indígena, en parte por su papel de líder del levantamiento popular, pero también debido a su tez oscura y cabello color negro azabache. Era hijo de padres mestizos y nació en una zona empobrecida de Ciudad de Guatemala en 1814. Su padre era arriero y su madre empleada doméstica.[6] Poco se sabe sobre su infancia, más allá de que no recibió una educación formal y nunca aprendió a leer o escribir. Se fue de su barrio a los 12 años para unirse, como tamborilero, al ejército federal liderado por los conservadores y, al parecer, ascendió al rango de cabo o sargento durante la guerra civil de 1827-1829.

Cuando terminó el conflicto, Carrera, aún adolescente, se dedicó a errar por el campo guatemalteco, encontrando trabajo como sirviente o en otras ocupaciones de poca monta, hasta que se instaló en Mataquescuintla, en 1832, y comenzó a comprar cerdos en el campo para llevarlos al mercado a vender. Para 1836, había acumulado suficiente dinero como para casarse con Petrona García Morales, la hija de un ganadero local. Si bien no se sabe con exactitud qué tanta influencia tuvo en la postura política de su joven marido, la arrogante y fogosa García se convertiría en los meses siguientes en una de las personas de confianza y consejeras más cercanas de Carrera. Experta en el uso de la lanza y la pistola, García a menudo acompañaba a su esposo a la batalla. Legendaria por sus violentos ataques de celos, se jactaba de cómo mutilaba y desfiguraba a las amantes de su marido.

Carrera no tenía un físico imponente. Sin embargo, sin ser alto, poseía la constitución sólida de un cuerpo de hombros anchos que rebosaba de energía. Un médico que lo atendió se maravilló ante la fuerte complexión del militar.[7] Era famoso por su capacidad para sobrevivir a las recurrentes heridas de batalla y por recuperarse a una velocidad asombrosa. Sus seguidores estaban seguros de que no podían matarlo, y se decía que el propio Carrera lo había llegado a creer. Pero Carrera también tenía una vitalidad y un carisma imponentes que le permitían dominar a hombres y ejércitos. Poseía una mezcla explosiva de violencia, astucia y coraje.

Después de Mataquescuintla, el Gobierno guatemalteco respondió con una fuerza militar rápida y brutal. Carrera y su pequeño ejército de insurgentes se refugiaron en las montañas y libraron una clásica guerra de guerrillas. Las tropas saquearon pueblos. El contraataque de Carrera y los rebeldes consistió en ir de pueblo en pueblo a asesinar a funcionarios del Gobierno y jueces. La lucha tomó aspectos de una cruzada religiosa y se convirtió en una guerra racial y de clases cuando indígenas, mestizos y mulatos se unieron en contra de la clase dominante blanca y los extranjeros. Los gritos de batalla pronto se convirtieron en "¡Muerte a todos los extranjeros!" y "¡Viva la religión!".

El presidente Morazán, que años antes había trasladado el Gobierno federal a El Salvador, intentó negociar la paz desde su sede en San Salvador. Pero fue demasiado tarde. Carrera había convertido a su heterogéneo grupo de rebeldes en un ejército de gran tamaño que, en 1838, marchó sobre Ciudad de Guatemala y sus defensores liberales. Tras cinco días de peleas callejeras, el caudillo ingresó victorioso al centro de la ciudad. Aterrorizados, los residentes se atrincheraron en sus casas preparados para lo peor.

DeWitt, todavía el diplomático estadounidense del lugar, describió el asalto en un despacho dirigido al secretario de Estado Forsyth: "La batalla comenzó el lunes 29 [de enero] a la una de la madrugada. El fuego de fusilería se mantuvo intenso durante una hora cerca de la puerta occidental [...] Desde ese momento hasta el viernes por la mañana, la guerra continuó día y noche, sobre todo en las esquinas de las calles y las barricadas, con varios intervalos de descanso. El miércoles 31, Carrera y su ejército de 3000 indígenas ingresaron a la ciudad por la puerta oriental. Cometieron muchos excesos y el jueves por la tarde asesinaron con saña al vicepresidente [José Gregorio Salazar había sido enviado por Morazán para negociar la paz] en presencia de su familia, mientras caminaba por la sala con un infante en brazos".[8]

Una semana después, Carrera y su ejército campesino se habían retirado. Con los liberales depuestos, el principal objetivo de Carrera se había cumplido y parecía no saber qué más hacer en la capital. Aterrorizados, los conservadores y funcionarios municipales rápidamente entregaron rifles nuevos a sus hombres y a él le otorgaron el cargo de teniente coronel al mando de su distrito natal en Mataquescuintla.[9] A pesar de la retirada de Carrera y su ejército popular, la caja de pandora ya había sido abierta, según DeWitt, quien escribió a Forsyth: "Lo que más temen ahora los hombres sabios es que los indígenas han descubierto, por primera vez desde la conquista del territorio, que pueden —mediante el uso de su poder— obligar a los blancos y [mestizos] a acatar sus términos; y que, en lo sucesivo, volverán a repetir sus atrocidades ante la menor provocación. Ellos superan en número a las otras clases en una proporción de diez a uno".[10]

Morazán se movilizó rápido de San Salvador a Ciudad de Guatemala con 1 500 efectivos de tropas federales, restauró a los liberales y, durante los siguientes 18 meses, llevó a cabo una campaña de contrainsurgencia para capturar o matar a Carrera y acabar con sus partidarios. Las tropas federales ganaron casi todas las batallas, pero la mayoría de los rebeldes escaparon y Morazán no pudo atrapar a Carrera. "Morazán no puede dominar más terreno que el que sus tropas son capaces de cubrir", escribió DeWitt.[11] Los insurgentes continuaron con sangrientos asaltos relámpago desde bastiones en las montañas al este de la capital. Ambos bandos intensificaron la masacre.

En medio de la campaña de Morazán contra Carrera en Guatemala, los conservadores de Nicaragua, Honduras y Costa Rica tomaron el poder, formaron una alianza para disolver la federación y, a principios de 1839, marcharon hacia El Salvador. DeWitt resumió la situación en uno de sus últimos despachos. La constitución de la república era, dijo, "una simple cuerda de arena, y el pueblo no está listo para un gobierno republicano. El engranaje no funcionará".[12] Mientras la federación comenzaba a desmoronarse a su alrededor, Morazán ahora solo representaba a la república.

La guerra estalló en Centroamérica y Morazán se vio obligado a regresar a El Salvador con el núcleo de su ejército para contenerla. Carrera había ganado una guerra de desgaste. El 13 de abril de 1839, marchó a Ciudad de Guatemala sin oposición. Por decreto, reinstaló en el poder a los conservadores y algunos políticos moderados. Ellos, a su vez, otorgaron al extamborilero el rango de general de brigada y lo nombraron comandante en jefe del ejército guatemalteco. Esta vez Carrera, o uno de sus subalternos, se quedaría en la ciudad permanentemente.

Algunos cientos de kilómetros al este, en El Salvador, Morazán lograba una vez más hacer lo que sabía hacer mejor: ganar enfrentamientos militares. A principios de mayo, con solo la mitad de los soldados que tenía el enemigo, derrotó a un ejército combinado de hondureños y nicaragüenses. Sin embargo, sufrió una grave herida de bala en el brazo derecho durante la batalla. La victoria no fue decisiva y su pequeño ejército de liberales leales ya no podía continuar. Morazán quedó aislado y hasta su estado natal de Honduras se volvió en su contra. El Congreso federal fue disuelto. El sueño de Morazán de una Centroamérica unida se desintegraba a su alrededor.

En rápida sucesión, Guatemala se separó de la federación, se invitó al arzobispo a regresar a Guatemala, se restableció la Iglesia católica romana como la religión del Estado, se revocó la ley del matrimonio civil y se restauraron las órdenes monásticas. Bajo la mirada atenta de Carrera, el Gobierno estatal regresaba al antiguo sistema colonial. En septiembre, casi al mismo tiempo que Stephens y Catherwood se preparaban para zarpar de Nueva York, Carrera escuchó rumores de que Morazán estaba a punto de atacar y cabalgó hasta la frontera con El Salvador para inspeccionar la situación. Mientras estaba allí, un pequeño grupo de tropas salvadoreñas le disparó y lo hirió en el pecho con una bala de mosquete.

En San Salvador, Morazán —recuperándose de su herida, aislado y rodeado— siguió defendiéndose de los invasores de Honduras. Luego, un grave terremoto sacudió a San Salvador y causó graves daños. El general hondureño, Francisco Ferrera, le dio a Morazán 24 horas para rendirse. En respuesta, Morazán cabalgó hacia el norte con el resto del ejército salvadoreño para enfrentarse a los hondureños en San Pedro Perulapán. La batalla pareció perdida hasta que Morazán, de nuevo superado en número, encabezó él mismo uno de los ataques finales, apareciendo arriba y abajo de la línea de sus tropas e instando a sus hombres a seguir. Fue el momento decisivo y cambió el rumbo de la batalla. Ferrera y otro alto oficial hondureño resultaron heridos, y una gran cantidad de armas y municiones fueron aseguradas por lo hombres de Morazán, la espada de Ferrera entre ellas (la peor humillación posible). El general hondureño se vio obligado a huir a pie con sus soldados. Morazán salió victorioso en el campo de batalla una vez más, parecía que nunca más sufriría otra derrota.

Stephens no había perdido el tiempo en Ciudad de Guatemala. Observador agudo, había evaluado con cuidado la situación política general y se formó una opinión muy mala de los hombres públicos que iba conociendo en reuniones sociales y oficiales. No sentía simpatía alguna por su política. Eran los ricos y privilegiados que tras años de exilio habían recuperado sus propiedades y su poder político. Observó cómo alentaban y utilizaban a Carrera y a los indígenas para conseguir sus propios fines, manipulándolos a través de los sacerdotes, jugando con su ignorancia y avivando su fanatismo religioso. Escribió que en "su odio a los liberales, estaban cortejando a un tercer poder que podría destruirlos a ambos, fraternizando con un animal salvaje que en cualquier momento podía volverse en su contra y hacerlos pedazos. Y en medio de la agitación general no había un hombre lo suficientemente valiente entre ellos, con la influencia de su nombre y posición, para unir a su alrededor a los hombres fuertes y honestos del país, reorganizar la república destrozada y salvarlos de la desgracia y peligro de doblegarse ante un ignorante niño indígena sin educación".

Concluyó que lo único responsable que podía hacer era dirigirse a El Salvador, donde podría decidir por sí mismo si existía alguna forma legítima de Gobierno central que tuviera la posibilidad de triunfar. Pero viajar por tierra no era posible. Chatfield había tomado una ruta tortuosa por mar de regreso a Ciudad de Guatemala. El capitán de un barco francés anclado frente a El Salvador, el capitán De Nouvelle, informó, tras haber llegado a todo galope a Ciudad de Guatemala, sobre una serie de atrocidades que incluían el hallazgo de tres cadáveres de hombres con los rostros desfigurados a tal grado que no hubo forma de identificarlos. En lugar de regresar por tierra, el capitán envió un mensajero con órdenes de llevar su barco al puerto guatemalteco de Iztapa y ofreció llevar a Stephens a bordo cuando regresara a El Salvador.

Mientras tanto, 1840 y una nueva década cobraban vida a través de las campanas de las 38 iglesias, conventos y monasterios de la ciudad. Las tiendas se hallaban cerradas, el cielo estaba despejado, las plantas florecían en los patios, las cimas de las montañas se vestían de verde y los volcanes rodeaban una ciudad bañada por un calor asoleado tan diferente de la nieve y del frío que haría en Nueva York aquel primer día de enero. Al visitar la catedral mientras "la música de Mozart se derramaba por los pasillos", Stephens observó a Carrera sentado frente al púlpito junto a Mariano Rivera Paz, el jefe de Estado. Cuando terminó el servicio, se despejó el camino mientras Carrera, "con movimientos torpes y la vista fija en el suelo, o con miradas de reojo furtivas, como si estuviera incómodo por ser objeto de tanta atención, caminaba por el pasillo". Cuando salió de la iglesia a los escalones que daban a la plaza principal, Stephens vio a mil "soldados de aspecto feroz amontonados frente a la puerta. Un salvaje estallido de música lo recibió mientras los rostros de aquellos hombres brillaban de devoción hacia su jefe".

9

Malaria

Stephens partió rumbo a Iztapa el 5 de enero acompañado de Catherwood, quien solo planeaba ir a la costa y de regreso a la ciudad. Su contrato, después de todo, no decía nada acerca de perseguir Gobiernos. Partieron por la tarde, deteniéndose para pasar la noche a la orilla de un lago.

En algún momento de la noche, Stephens cayó enfermo de gravedad. Los parásitos *Plasmodium* pululaban por su cuerpo. Una o dos semanas antes, probablemente durante su visita a la costa, le había picado un mosquito hembra del género *Anopheles*. Su saliva contenía protozoos microscópicos que entraron al torrente sanguíneo de Stephens hasta quedar alojados en su hígado. Después de días de consumir células y reproducirse hasta 40 000 veces, estallaron y entraron en sus glóbulos rojos. Allí continuaron replicándose en tal cantidad que las células sanguíneas se habían hinchado más allá del punto de ruptura. Sin saberlo, Stephens había contraído malaria.

"Me desperté a la mañana siguiente", recordó, "con un violento dolor de cabeza y dolor en todos los huesos". Aunque estaba muy enfermo, aún podía viajar. Sufrió de fiebre alta las siguientes noches mientras luchaba por llegar a la costa. Una mañana, con mucho dolor, no pudo moverse durante horas. La última noche en el camino, su condición empeoró.

"El señor Catherwood", escribió, "quien, al no haber matado a nadie en Copán, se había ganado una reputación favorable por sus habilidades médicas, me dio una poderosa dosis de medicina y antes del amanecer me quedé dormido".

Al día siguiente llegaron al puerto de Iztapa, donde Stephens se despidió de Catherwood y abordó el barco de De Nouvelle. El aire fresco del mar lo reanimó. Esa noche, cuando el barco atrapó una brisa vespertina rumbo a El Salvador, su cabina se llenó de mosquitos. En aquel entonces Stephens no tenía forma de saber que algunos de aquellos mosquitos, casi con certeza, portaban los mismos protozoos que le causaron la enfermedad. Volvió a tener fiebre durante todo el día siguiente. Cuando llegaron a la costa de El Salvador, Stephens se sentía demasiado enfermo para bajar del barco. De Nouvelle tuvo que seguir adelante ya que tenía asuntos urgentes que atender, pero le dijo a Stephens que haría arreglos para tener caballos esperándolo una vez que estuviera en condiciones de desembarcar. Para tomar el aire aquella tarde, Stephens subió a cubierta, donde contó seis volcanes a lo largo de la costa. Esa noche se sentó a observar maravillado la cima incandescente del volcán de Izalco, cuya lava dorada y ardiente servía a los marineros en alta mar como guía de navegación.

Por la mañana se sintió lo suficientemente bien como para bajar a tierra. El puerto principal de El Salvador era un lugar desolado, no más que una playa de arena, algunos soldados, unos cuantos almacenes españoles deteriorados, varias cabañas —incluida una para el capitán del puerto— y un pequeño rancho. Débil y tambaleante, Stephens buscó refugiarse del calor en una de las cabañas del rancho. "Estaba cerca y calurosa", escribió, "pero muy pronto necesité abrigarme con todo lo que pude conseguir". Temblaba violentamente debido a los escalofríos, sufría los clásicos paroxismos de la malaria. La fiebre regresó. Ansiaba agua. "Me mareé, me volví loco de dolor y vagué entre las miserables chozas solo consciente de que mi cerebro estaba ardiendo. Tengo un recuerdo impreciso de haber hablado en inglés con algunas mujeres indígenas, rogándoles que me consiguieran un caballo para ir a Sonsonate; de algunas personas riendo, otras mirándome con lástima, y otras sacándome del sol y haciéndome tumbar bajo la sombra de un árbol. A las tres de la tarde llegó a tierra el oficial del barco. Había cambiado de posición y me encontró dormido boca abajo y casi marchito por el sol".

El marinero quiso llevarlo de regreso al barco, pero Stephens insistió en viajar a la ciudad de Sonsonate, en donde podría recibir atención médica. De alguna manera se recuperó lo suficiente como para montar a caballo y cabalgar tres horas a través del calor; llegó al pueblo poco antes del anochecer.

Justo a las afueras de Sonsonate se encontró, sin saberlo, con la república federal que andaba buscando. Escribió: "Conocí a un caballero a las riendas de un corcel de elegante montura, ataviada con un pellón peruano escarlata sobre la silla que me llamó la atención. Intercambiamos reverencias respetuosas". El caballero, como luego descubriría Stephens, era nada menos que Diego Vigil Cocaña, el vicepresidente de la república y el último funcionario constitucional que quedaba del Gobierno central. "Cuando salí de Guatemala en busca de un Gobierno, no esperaba encontrármelo en el camino".

Incluso si hubiera reconocido al jinete, Stephens no estaba en condiciones de participar en asuntos oficiales. Su primera parada fue la casa del hermano del capitán De Nouvelle, donde le dieron una habitación y pasó varios días recuperándose. Tan pronto como se sintió bien, salió en busca del Gobierno y, para su sorpresa, le presentaron a Vigil. A la edad de 45 años y con parálisis parcial en ambas piernas, el hondureño, un hombre alto, delgado y bien educado, era un antiguo y cercano amigo de Morazán. Se había desempeñado como presidente interino de lo que quedaba de la república fracturada desde que Morazán renunció a su segundo mandato como presidente, un año antes, para convertirse en jefe de Estado de El Salvador y dirigir su ejército. En las conversaciones que siguieron, Stephens explicó que se dirigía a presentar sus credenciales diplomáticas en Cojutepeque, la capital temporal de la república en lo que la ciudad de San Salvador, dañada por el terremoto, terminaba de ser reconstruida. Sin embargo, le dijo a Vigil con franqueza que no quería dar un "paso en falso" si la federación ya no existía. Stephens entendió que presentar sus credenciales estadounidenses le daría una legitimidad valiosa al Gobierno, mientras que retenerlas parecería "irrespetuoso" y mostraría un favoritismo a los estados rebeldes. "Me encontraba en una posición bastante incómoda", escribió. Vigil le aseguró que el Gobierno legítimo sí existía en su propia persona, pero al comprender la situación de Stephens decidió no pedirle sus documentos diplomáticos.

Llegaron a un acuerdo después de que Vigil explicara que en ese mismo momento los delegados de los estados individuales se encontraban reunidos en Honduras para resolver la crisis constitucional. Vigil dijo que confiaba en que restablecerían la república y que, si Stephens lo deseaba, podía esperar el pronunciamiento oficial antes de actuar. En un despacho al secretario de Estado Forsyth poco tiempo después, Stephens se mostró pesimista dada su experiencia en Guatemala. "Mi opinión personal", escribió, "es que la convención no hará nada".[1] Sin embargo, sintió que sus instrucciones requerían que hiciera todo lo posible para cumplir su misión y que su obligación era esperar el resultado. El *impasse* fue frustrante. Estaba ansioso por resolver el asunto y regresar con Catherwood a la búsqueda de regímenes más antiguos, el motivo principal de su llegada a Centroamérica. Pero también vio una oportunidad en el retraso y la aprovechó. A los pocos días navegaba por la costa rumbo a la lejana provincia de Costa Rica.

Aunque el Departamento de Estado no le ordenó explícitamente que examinara el asunto, Stephens era muy consciente del interés de su Gobierno en la creación de un canal de navegación del Caribe al Pacífico a través del río San Juan, una vía fluvial a lo largo de la frontera de Nicaragua y Costa Rica. El río conectaba el Caribe con el lago de Nicaragua, y desde allí, mediante la construcción de un canal corto, los barcos podrían llegar al Pacífico.[2] La ruta había sido estudiada antes; el mayor obstáculo era la estrecha cordillera de tierra que separa al lago del Pacífico. Stephens quería inspeccionarlo en persona. Abandonar su cargo diplomático con el resultado del tratado aún pendiente era arriesgado. Pero ahora que se había recuperado de su ataque de malaria, lo impacientaba quedarse quieto y a la espera de que Centroamérica se arreglara.

La visión de una ruta náutica a través de Centroamérica había cautivado a casi todos los capitanes de barco, aventureros y empresarios desde que Colón se adentrara sin saberlo en el hemisferio occidental en su camino a las Indias Orientales. A pesar de las numerosas rutas propuestas a partir del siglo XVI, fue Humboldt quien dio cierta credibilidad científica a la posibilidad de un canal. El gran naturalista y geógrafo sin duda habría mencionado la ruta de San Juan al presidente Jefferson durante su visita en 1804.[3] Años más tarde, el presidente Andrew Jackson enviaría a un agente especial para investigar las rutas nicaragüenses y panameñas.[4,5] Con el tiempo, el omnipresente Juan Galindo se involucró. Cuando llegó a Washington de camino a Inglaterra en junio de 1835, llevaba consigo encuestas, relatos históricos y otros documentos relacionados con la viabilidad del canal a través de Nicaragua, y entregó copias de estas al Departamento de Estado antes de su partida.[6] Stephens estaba al tanto de esta historia.

Su primera parada fue San José, la capital de Costa Rica, donde se reunió brevemente con el jefe de Estado, Braulio Carrillo. En Carrillo, un hombre bajo y robusto de 50 años que había sido instalado como jefe político durante un golpe de Estado, Stephens encontró una de las razones por las que la república federal se estaba desintegrando. "Se mostró intransigente en su hostilidad hacia el general Morazán y el Gobierno federal", escribió Stephens, "y creía con firmeza en la idea de que Costa Rica podía existir como una nación independiente. De hecho, aquel era el motivo central de desacuerdo entre todos los políticos de Centroamérica: la inexistencia de un sentimiento nacional".

Stephens llegó a Costa Rica con la intención de evaluar la viabilidad del río San Juan entre aquel país y Nicaragua. Sin embargo, poco después de su llegada, a principios de febrero, sus labios se pusieron azules y sus dientes empezaron a castañetear. La malaria lo atacaba de nuevo. Su estancia de varios días en un convento postrado en cama resultó en la cancelación de su plan de investigar el río. Se encontraba a casi 1 000 km de Guatemala, solo, deprimido y enfermo.

Una vez recuperado, consideró regresar de inmediato a El Salvador en barco, pero dos cosas lo hicieron cambiar de opinión. Al recobrar la salud sintió cómo su habitual energía inquieta le regresaba al cuerpo y, por otro lado, tuvo la oportunidad de comprar una de las mejores mulas de San José: "un macho, domado a medias, pero el mejor animal que he montado", una obvia exageración dado que había dicho lo mismo acerca del caballo árabe que le dio el jeque de Áqaba. Este "macho", sin embargo, resultó especial. Se formó un vínculo profundo entre los dos cuando el animal lo llevó sobre su lomo durante el resto del viaje por Centroamérica y México.

Decididos a por lo menos explorar la posible desembocadura del canal del lado del Pacífico, Stephens y su macho se dirigieron rumbo a la costa, viajando a través de la selva y permaneciendo en las rudimentarias haciendas fronterizas a lo largo del camino. Cruzando a Nicaragua, llegó a un arroyo que bajaba hacia el Pacífico y el "puerto" de San Juan del Sur. La bahía en forma de herradura estaba rodeada de acantilados tan altos como para albergar barcos y, por lo tanto, ofrecería una salida excelente para cualquier canal.

Sin embargo, el puerto y sus alrededores estaban deshabitados. Hacía años que no había entrado un barco por ahí. "Parecía absurdo considerarlo el centro de una gran empresa comercial", escribió Stephens, "o imaginar que una ciudad surgiría de aquel bosque, que el desolado puerto se llenaría de barcos y se convertiría en un gran portal para la vía de las naciones".

Stephens pasó la tarde caminando por la orilla, montó un campamento y se bañó en el océano. "La escena fue magnífica", escribió. "Probablemente era la última vez en mi vida que vería el Pacífico". Fue un momento extraño. A pesar de que se sintió atraído por San Juan del Sur, convencido de una eventual conexión entre los dos grandes océanos, no tenía forma de prever el papel que él desempeñaría años más tarde en un proyecto de ese tipo, y que lo llevaría de regreso al Pacífico una y otra vez.

Al día siguiente, dejó la bahía para explorar el camino más probable del canal a través de la jungla, sobre una cadena de colinas y cruzando una llanura abierta hasta el lago de Nicaragua, el cuerpo de agua tierra adentro más grande de América Central. La distancia entre la costa y el lago era casi 25 km, pero eran kilómetros escarpados y difíciles. Aun así, la distancia no era nada comparada con el tramo cubierto por el canal de Erie, que se extendía por casi todo el ancho de Nueva York. Sin embargo, este lugar no se parecía en nada al estado natal de Stephens. Ante él, se elevaban de manera majestuosa de una isla en el lago dos volcanes altísimos y perfectamente cónicos. Cuando llegó a la antigua ciudad colonial española de Granada, situada en el extremo norte del lago, estaba convencido de que el canal de navegación al Pacífico era factible. Cuando entró en la ciudad llevaba casi dos semanas montado en su mula, todavía se sentía débil debido a la malaria y se encontraba al borde del agotamiento total.

Pero la fortuna volvió a sonreírle. Stephens conoció en Granada a un ingeniero británico a cargo del estudio más completo de la ruta del canal hasta la fecha. John Bailey, contratado por la República centroamericana para realizar el estudio, se encontraba a punto de terminarlo cuando estalló la guerra civil. Con el colapso del Gobierno federal, Bailey nunca fue remunerado por su trabajo y sobrevivía en Nicaragua como oficial naval británico con la mitad del salario que le correspondía ganar. Estuvo encantado de mostrar a Stephens todos sus mapas y medidas, permitiéndole al neoyorquino copiar todo lo que quisiera para su libro. Más tarde, con la ayuda de un ingeniero de Nueva York, Stephens calculó que la construcción del canal y el dragado del río San Juan costarían 25 millones de dólares, una subestimación enorme de acuerdo con estimaciones posteriores.

Como demostraría más tarde en Panamá, Stephens fue uno de los grandes proponentes del progreso y el comercio de su época. Era hijo de un comerciante, nacido en una ciudad que reemplazaba mástiles de vela con árboles. "Hasta ahora", escribió, la idea de un canal "no se ha apoderado de la imaginación del público. Será discutido, mal visto, despreciado y condenado como fantasioso e imposible". Escribió sobre las innegables ventajas comerciales y de tranporte de tal canal, pero tenía en mente más que beneficios económicos o mercantiles:

> Compondrá al desconcertado país de Centroamérica, convertirá la espada, ahora empapada de sangre, en podadora; eliminará los prejuicios de los habitantes al ponerlos en estrecho contacto con personas de todas las naciones, proporcionándoles un motivo para trabajar y una recompensa por hacerlo, infundiéndoles el gusto por generar dinero, que, después de todo, por oprobioso que a veces se considere, hace más por civilizar y mantener al mundo en paz que cualquier otra influencia. El comercio del mundo cambiará [...] Los barcos de vapor irán arrojando humo a lo largo de las ricas costas de Chile, Perú, Ecuador, Granada, Guatemala, California, nuestro propio territorio de Oregón y las posesiones rusas en las fronteras

> del estrecho de Bering. Se abrirán nuevos mercados para los productos de la agricultura y la manufactura, y el intercambio y la comunión entre los numerosos e inmensos grupos de la raza humana asimilarán y mejorarán el carácter de las naciones. El mundo entero está interesado en este trabajo.

Aunque se concentró en investigar el pasado a fondo, Stephens no pudo apartar la vista del futuro. Centrado en el descubrimiento de una civilización antigua, su libro también propuso una utópica y atrevida visión de las posibilidades que ofrecía el futuro. Y debido al enorme éxito de sus libros, más que nadie en su época plantó en la conciencia del público la idea de aquella conexión oceánica. Entre sus lectores se encontraban capitalistas e inversionistas, en particular empresarios de Nueva York, que poseían el instinto comercial y los medios para hacer algo al respecto. En el futuro, se convertirían en socios y competidores suyos. Irónicamente, cuando más tarde luchaba por construir un ferrocarril a través de Panamá, sus competidores buscaron socavar el proyecto insistiendo en que Nicaragua era la mejor ruta y enviando barcos de vapor por el río San Juan para probarlo.

En 1840, sin embargo, mientras Stephens deambulaba por la cresta y observaba aquellos volcanes indómitos y fantásticos que se elevaban sobre las aguas del lago de Nicaragua, ningún interés comercial personal motivaba su fervor. Con el franco optimismo estadounidense característico de su época, creía que el mundo podía mejorar, que el progreso no solo era inevitable, sino inevitablemente bueno.

Patrick Walker fue el primer miembro de la expedición británica en llegar a las ruinas de Palenque. El teniente John Caddy permaneció a 8 km de distancia en el pueblo de Santo Domingo de Palenque, donde yacía "indispuesto" debido a picaduras de garrapata en las piernas, tan dolorosas que casi no le permitían caminar y mucho menos montar a caballo. Walker, acompañado por un guía local y dos indígenas, se aproximó a las ruinas por el noreste a través de una verde y ondulante llanura cubierta de flores silvestres, secciones boscosas y un entramado de arroyos. Colinas y montañas densamente boscosas se alzaban ante ellos hacia el sur. Los restos de la antigua ciudad estaban ubicados en una meseta que sobresalía entre el pie de las colinas y una escarpada que descendía de manera abrupta a una planicie. El viaje —que involucró un ascenso escarpado por la montaña hasta llegar a la meseta— resultó aún más difícil debido a la densa jungla que crecía sobre los montones de piedra y fragmentos desiguales de las estructuras caídas. Walker notó un riachuelo que fluía entre las rocas y que parecía provenir de un acueducto subterráneo. Siguiendo el arroyo a lo largo de un canal de piedra artificial, se sorprendió al observar que el agua emergía del subsuelo a través de la cabeza esculpida de un caimán.

Desmontó de su caballo y, luchando por mantener el equilibrio, trepó con cautela un montículo de piedras sueltas de casi 2 m de altura. En la parte superior encontró la pared sólida de un edificio flanqueado, escribió, por pasillos bien construidos, "la vista de los cuales inmediatamente justificó todo el esfuerzo invertido en mis viajes hasta aquel momento". Después de dos meses y medio de un recorrido a menudo brutal, por fin habían llegado a las ruinas de Palenque. "La peculiar estructura del edificio y su espléndido exterior u ornamentación de inmediato le confirieron un sello de gran antigüedad", continuó. Poco propenso a recurrir a la poética en sus informes oficiales, Walker no pudo resistir intentarlo en aquella ocasión: "En un examen más detenido, las 'torres coronadas por nubes, los magníficos palacios y los solemnes templos', aunque despojados de sus prístinas proporciones, sobrevivieron lo suficiente la mano castigadora del tiempo como para indicar que aquí alguna vez existió un pueblo grande, poderoso y depurado en la práctica del arte, esa gran prueba del avance de una civilización".[7] Después de una rápida mirada a su alrededor, con las sombras alargándose al final de la tarde, se apresuró a regresar a Santo Domingo, adonde llegó justo antes del anochecer para contarle a Caddy lo que había encontrado.

La expedición avanzaba desde hace más de tres semanas seguidas desde que abandonaron el pueblo isleño de Flores en el lago Petén Itzá. La mitad del tiempo transcurrió a caballo por una solitaria sabana sin caminos y por los bosques del Petén. El tramo final lo hicieron en canoa por el río Usumacinta y luego de nuevo a caballo hasta llegar a Santo Domingo de Palenque. En algún lugar, porque no había señalamientos, cruzaron la frontera entre Guatemala y el estado mexicano de Chiapas. Para entonces Caddy ya no podía con el dolor. "Había estado sufriendo mucho el tormento causado por las picaduras de mosquitos y garrapatas", escribió, "y mis piernas, en carne viva de las rodillas para abajo, se encontraban en tan mal estado que no era nada agradable". Aún así, durante el trayecto a caballo por el río hasta Santo Domingo fue el cazador del grupo, aún capaz de matar loros de cabeza amarilla con los cuales, según él, se podría preparar un excelente estofado.

En Santo Domingo obtuvieron sin problemas el permiso de las autoridades locales para visitar las ruinas, lo cual fue un alivio porque durante el trayecto habían escuchado que los extranjeros tenían prohibida la entrada al sitio. La única condición fue que un guía del pueblo los acompañara para vigilar que no se dañara o sustrajera nada.

La emoción de Caddy aumentaba a medida que Walker le describía lo que había encontrado. Caddy llevaba todo el día en su hamaca frotándose las piernas con un mejunje preparado con una planta local llamada *malbi*. La cura funcionó lo suficiente como para que en pocos días él, Walker y el resto de la expedición ensillaran los caballos y se dirigieran a las ruinas con provisiones suficientes para montar un campamento en el sitio. Los acompañaba un capitán de medio tiempo del ejército mexicano, identificado solo como don Juan, quien también había sido guía oficial de Walker en su primera visita a las ruinas.[8]

Durante las siguientes dos semanas exploraron la jungla, despejaron parte de la vegetación y tomaron medidas de los edificios principales. Caddy pasó la mayor parte del tiempo haciendo meticulosos y precisos dibujos de las estructuras y las figuras en bajorrelieve que decoraban las paredes. Fue así como trazó un mapa general del sitio central y un plano del edificio principal, denominado El Palacio. En sus dibujos plasmó detalles de algunos de los jeroglíficos labrados junto a las figuras humanas. Además del complejo principal del palacio, que era la estructura más grande que encontraron y que los protegía por la noche, exploraron otras estructuras cercanas, semejantes a templos, que se hallaban en la cima de montículos de escombros de piedra. La mayoría de los edificios que encontraron estaba cubierta de árboles y un denso follaje; muchos de los edificios estaban destruidos, agrietados y derrumbados debido al paso del tiempo y por la fuerza de la naturaleza. Las estructuras estaban pegadas a una ladera de la jungla que se elevaba de manera abrupta y que casi las envolvía. Explorando las áreas circundantes, encontraron las paredes fragmentadas y los escombros de lo que supusieron habían sido otros edificios y templos de una ciudad que posiblemente se extendía por kilómetros.

El informe final del teniente Caddy sobre las ruinas fue conciso y directo; consistía sobre todo en lacónicas descripciones factuales y en medidas de las ruinas. Por alguna razón, quizá por la seriedad con la que abordó el trabajo, su relato casi no contenía referencias de los vivaces detalles personales y divertidos pasajes que caracterizaron sus anotaciones en su diario de viaje. La mayoría de sus dibujos eran representaciones sencillas de limitado alcance, que se concentraban solo en las características esenciales. Algunas otras, en cambio, fueron realmente notables; las primeras ilustraciones en ofrecer al espectador una idea de cómo eran las ruinas de Palenque. Pero no llegó a ninguna conclusión sobre los orígenes de Palenque, y solo resumió cuidadosa y conservadoramente lo que habían encontrado: "La magnitud de estos restos, cuyas estructuras caídas cubren un espacio de algunos kilómetros; el gran volumen de los edificios que aún permanecen en pie; la elegancia de los bajorrelieves (tanto aquellos esculpidos en piedra como los moldeados en estuco), así como la belleza de la ornamentación interna y externa, hacen del lugar uno de los monumentos más extraordinarios e interesantes al arte de los pueblos antiguos de este país. El hallazgo es prueba de que una raza numerosa y civilizada habitó el lugar durante un período muy antiguo". Sin embargo, su informe de 5 000 palabras —que mantuvo separado de su diario— parece burocrático y aburrido, y carece del entusiasmo y la emoción propios de ese descubrimiento. Quizás, al escribirlo, había pensado en el público al que iba dirigido: funcionarios coloniales, eruditos y anticuarios.[9] Caddy parecía más interesado en volver a la caza, el tema que ocupaba las secciones más felices y emocionantes de su diario. Sin embargo, el tiempo probaría que lo que encontró en Palenque le dejó una profunda impresión, y llegaría a verlo como uno de los hechos más importantes de su vida.

Walker dedicó solo unas cuantas páginas de su informe oficial a las ruinas, algo que él, y sobre todo el coronel MacDonald, lamentarían. Pero en su informe reconoció que se sentía decepcionado por no haber dedicado más tiempo a aquella tarea y por no haber reunido más información. Se necesitaba al menos un año para hacerle justicia, dijo. Pero habían tardado demasiado tiempo en llegar a Palenque a través del Petén, y le preocupaba lo que pudieran estar pensando en Belice. Le pareció "prudente" acortar aquella investigación y regresar a casa.

Al final, su prisa por irse resultaría en la eventual ruina de aquella expedición. En un viaje que ya había durado más de tres meses, solo dedicaron dos semanas al objetivo de su misión. Incluso, en su informe oficial, Walker a veces parecía confundido en cuanto al verdadero propósito de la expedición. Dedicó mucho más espacio a la agricultura, la geografía y la política de Petén que a las ruinas. Como resultado, se fueron con muy pocos pasajes descriptivos e ilustraciones. Lo más importante fue que sus informes no transmitían el asombro que las ruinas les provocaron a otros exploradores ni la urgencia de que el mundo se enterara. Esto tal vez se debió al hecho de que, a diferencia de Stephens y Catherwood, ninguno de los dos había iniciado la expedición. Fueron asignados al proyecto por el coronel MacDonald, y sin importar con cuánta diligencia trataran de llevar a cabo su misión, al final de cuentas solo obedecían órdenes.

Sin embargo, salieron de las ruinas con un objetivo claro: estaban decididos a no regresar a Belice por donde habían venido. Había sido demasiado agotador. En cambio, planearon tomar el río Usumacinta hasta el golfo de México y regresar a Belice por la costa que bordea la península. Por alguna razón desconocida hasta ahora, incluso ese plan fracasó.

10

Crisis inminente

El coronel Juan Galindo estaba muerto, había sido descuartizado. Stephens escuchó la noticia poco después de llegar a Granada. Según el informe, el coronel cayó en manos de indígenas armados con machetes luego de una batalla cerca de la ciudad hondureña de Tegucigalpa. En su deseo de salvar la república, el irlandés se había unido al general José Trinidad Cabañas del Partido Liberal y, a fines de enero, las Fuerzas Conservadoras hondureñas y un ejército de Nicaragua derrotaron a su pequeño ejército en la Hacienda del Potrero. "Los registros de las guerras civiles entre los cristianos en ninguna parte presentan una página más sangrienta", escribió Stephens sobre la batalla. "No se dio ni se pidió cuartel. Después de la batalla, 14 oficiales fueron fusilados a sangre fría y ni un solo prisionero sobrevivió como monumento a la misericordia". Cabañas logró escapar pero Galindo, acompañado por dos jinetes y un criado, fue detenido y asesinado en una aldea indígena cercana.[1]

Stephens quedó profundamente afectado por la noticia. Tenía la esperanza de encontrarse con Galindo, en quien vio algo de sí mismo. Ambos eran aventureros, políticos idealistas, hombres modernos poseídos por una gran curiosidad hacia las antigüedades. Stephens llevaba una carta de presentación para el coronel de Forsyth, quien se había reunido con Galindo en Washington. Sin duda, Galindo habría estado interesado en las experiencias de Stephens en Egipto y el este. Stephens, por su parte, le habría atribuido el mérito de ser quien lo inspiró a visitar Copán (como lo mencionaría más tarde en su libro). Ahora, a los 38 años, el coronel estaba muerto, sus planes y sueños aniquilados por la guerra. Stephens perdió la oportunidad de hablar con la única persona que había explorado tanto Palenque como Copán.[2]

Mientras tanto, las nubes de la guerra oscurecían aún más el panorama centroamericano. El Potrero fue solo la primera escaramuza. Stephens se enteró en Granada de que Morazán había renunciado a su puesto como jefe de estado de El Salvador para tomar el mando absoluto de sus fuerzas y que había enviado a su familia por mar a Chile para alejarla del peligro. Los ejércitos ya marchaban en Honduras y Nicaragua. "La crisis estaba cerca", concluyó Stephens, y agregó que tenía que llegar a Guatemala "mientras la carretera aún estuviera abierta".

Montó su caballo para ir a El Salvador. En el camino se detuvo en León, entonces la capital de Nicaragua, y se encontró la ciudad en llamas, la mitad de ella arrasada por una furiosa lucha entre los liberales y los conservadores locales. Ahora se encontraba ocupada por el mismo ejército nicaragüense que había derrotado a Galindo y Cabañas en Honduras. Stephens observó cómo seiscientos de los soldados marchaban fuera de la ciudad. No se dirigían a El Salvador para luchar contra su archienemigo Morazán, sino a su ciudad hermana, Granada, que se había negado a contribuir con los gastos de la última campaña en Honduras. "La guerra entre los estados ya era bastante mala", escribió Stephens, "pero aquí la llama que antes había dejado a la capital en ruinas se encendía de nuevo dentro de sus propias fronteras".

Stephens atravesó el golfo de Fonseca en bote y entró en El Salvador. Cuando desembarcó en La Unión con sus dos mulas y equipaje, se enteró de que Morazán había salido del puerto solo unos días antes, después de enviar a su familia a un lugar seguro a bordo de un barco. Le dijeron que el general estaba planeando un ataque inmediato a Guatemala. Stephens partió al instante para alcanzarlo, con la esperanza de que pudiera cruzar a Guatemala bajo su protección.

Cinco días más tarde, después de evadir a las fuerzas hondureñas que invadían El Salvador desde el norte, Stephens llegó a una capital de San Salvador devastada por el terremoto. Pero Morazán ya se había ido. Había partido con su ejército rumbo a Guatemala. Esa noche, Stephens se reunió nuevamente con Vigil, el vicepresidente de la república, y sus asesores. Quedó atónito por su optimismo dado el caos de la situación. "Fue un tono más elevado de lo que estaba acostumbrado", escribió Stephens, "cuando los jefes de un estado, con un ejército invasor a la puerta y sus propios soldados lejos, expresan con toda convicción mantener a la federación o morir bajo las ruinas de la capital. Todo dependía del éxito de la expedición de Morazán. Si fallaba, mi ocupación se iría. Pero en aquella hora, la más oscura de la república, no desesperé. En diez años de guerra Morazán nunca había sido vencido; Carrera no se atrevería a pelear con él [...] y del caos emergería el gobierno que yo buscaba".

Stephens pensó que era necesario llegar a la Ciudad de Guatemala lo más pronto posible. A pesar de las repetidas advertencias de que no continuara, partió hacia la frontera con Guatemala. El camino era traicionero, los bandidos campaban a sus anchas. Soldados a caballo, armados hasta los dientes, requisaban cada mula y caballo que encontraban en su camino y presionaban a los niños y ancianos para que sirvieran en el ejército. Tras varios días, Stephens llegó a Ahuachapán, un pueblo fronterizo salvadoreño que mantenía estrechos vínculos con Morazán. Entró justo antes del anochecer y encontró refugio en casa de una viuda cuyo difunto esposo había sido amigo personal de Morazán, además su hijo se había unido al ejército del general para la invasión. Un segundo hijo había sido encarcelado por Carrera en la Ciudad de Guatemala.

Cansado del viaje, Stephens se fue a dormir. Pero dormiría poco. Primero, lo despertó un informe de que Carrera había aplastado a Morazán en la Ciudad de Guatemala. La noticia provocó pánico inmediato en el pueblo. Al parecer, Morazán había escapado y se dirigía de regreso a El Salvador con el ejército de Carrera persiguiéndolo. A las pocas horas de sueño, llegó un segundo reporte de que hombres armados a caballo se acercaban a Ahuachapán. Las campanas de la iglesia repicaron y la gente del pueblo empezó a huir de la ciudad. Stephens recordó que fue un espectáculo trágico: ancianos enfermos y discapacitados amontonados en los escalones de la iglesia. A Stephens se le propuso que escapara mientras aún era posible. "No sabíamos si se acercaba todo el ejército de Carrera o solo un destacamento errante", escribió. "En caso de que fuera lo primero, mi esperanza era que Carrera estuviera con ellos y que no se hubiera olvidado de mi casaca diplomática". Stephens volvió a la casa con uno de sus acompañantes y esperó con ansias. Fumó, salió y miró a su alrededor, pero no había nada que ver. Las campanas habían dejado de sonar y un silencio fantasmal había caído sobre el pueblo ahora casi vacío. "Estábamos sumamente cansados de esperar, aún faltaban dos horas para que amaneciera. Nos fuimos a acostar y, por extraño que parezca, nos quedamos dormidos de nuevo".

La tan aclamada invencibilidad del general Francisco Morazán se desintegró en las primeras horas de la mañana del 20 de marzo de 1840. Apenas escapó con vida de la ensangrentada plaza central de la Ciudad de Guatemala. Mucho había sucedido desde que Stephens partiera de Guatemala más de dos meses atrás. En enero, Carrera salió de la ciudad con unos mil hombres para invadir el bastión liberal de Quetzaltenango, el distrito disidente en el oeste de Guatemala aliado con Morazán. Con dos ataques rápidos, Carrera y su pequeño ejército derrotaron a los liberales. Su regreso triunfal a la Ciudad de Guatemala, el 17 de febrero, fue celebrado bajo arcos florales, con bandas musicales, banderas ondeando y disparos de cañón. Una vez vencidos los liberales de Quetzaltenango y eliminada la amenaza militar por la retaguardia, solo quedaba el tan esperado enfrentamiento con Morazán por el oriente. Con casi todas sus fuerzas intactas y curtidas en batalla, Carrera entonces dio la vuelta para enfrentar a su enemigo más peligroso.

Morazán respondió. Cruzó la frontera a Guatemala el 12 de marzo al frente de una columna de tan solo 1500 hombres, con la expectativa de que los liberales guatemaltecos se levantarían rápidamente, uniéndose a él y a la causa republicana. Mientras tanto, Carrera salía cabalgando de la capital con casi mil de sus guerreros indígenas y mestizos más leales y tomaba una posición a unos 8 km de distancia en una plantación cercana. Había dejado ochocientos hombres atrás para que cavaran y fortificaran la ciudad bajo el liderazgo de uno de sus oficiales cercanos.[3] El plan de Carrera consistía en atrapar a Morazán y a su ejército justo cuando se acercaban a la ciudad y, como con martillo y yunque, aplastarlos entre sus hombres y los que esperaban dentro de las murallas de la ciudad.[4] Pero Morazán atacó más rápido de lo esperado, arremetiendo el 18 de marzo a las tres de la mañana, a través de la entrada de Buena Vista y tomando por sorpresa a las fuerzas conservadoras en la capital. Después de una serie de batallas feroces, los defensores retrocedieron y, para el mediodía, Morazán había capturado gran parte de la ciudad. De inmediato abrió las cárceles de la capital y liberó a más de cuarenta liberales que habían sido encarcelados por Carrera. Entre ellos se encontraba el humillado comandante del ejército de Quetzaltenango, del cual abusaron tanto como prisionero que no pudo tomar las armas cuando le quitaron las cadenas. Morazán ordenó a sus hombres que tomaran posiciones defensivas mientras Carrera, reforzado por indígenas del campo, rodeaba la ciudad.

Al día siguiente, Carrera lanzó un ataque con todas sus fuerzas. Según los relatos que Stephens luego obtuvo de testigos, la batalla se prolongó durante toda la mañana en una lucha callejera salvaje y sangrienta.[5] Carrera y sus hombres atacaron primero las reservas de Morazán en las afueras de la ciudad. Morazán salió de la plaza principal con una pequeña fuerza para unirse a la batalla. Los dos bandos se enfrentaron en un combate cuerpo a cuerpo y un gran número de los mejores oficiales de Morazán terminaron muertos o heridos de gravedad. Más tarde, Carrera se jactó de que se había encontrado en persona con Morazán durante la lucha y casi partió en dos la silla del general con su sable. Morazán y sus hombres se retiraron por las calles hasta llegar a la plaza, dejando atrás cerca de cuatrocientos muertos y heridos, trescientos mosquetes muy necesarios y todo el equipaje y equipo de su ejército. A las diez de la mañana estaban acorralados en la plaza, rodeados por la enorme multitud de indígenas de Carrera. Morazán colocó hombres en los techos de las casas y edificios circundantes, pero sus hombres en la plaza recibían fuego de todos lados. Al mediodía, el fuego aminoró, ya sea porque Carrera y sus hombres se habían quedado sin municiones o porque las estaban ahorrando para un asalto final. El mismo Carrera, se informó, se sentó a cargar cartuchos. Un silencio siniestro descendió sobre la plaza cuando cesó el fuego. "Atrapado en esta terrible posición", escribió Stephens, "Morazán tuvo tiempo para reflexionar".

> Pero un año antes había sido recibido [por los residentes de la ciudad] con repique de campanas, cañonazos, aclamaciones jubilosas y comités de ciudadanos agradecidos, como el único hombre que podía salvarlos de Carrera y la destrucción. [Ahora] entre los pocos ciudadanos blancos que había en la plaza al momento de la entrada de los soldados de Morazán había un joven que fue hecho prisionero y llevado ante el general Morazán. Este último lo conocía personalmente y preguntó por el nombre de varios de sus antiguos partidarios, preguntando si

no venían a unirse a él. El joven respondió que no, y Morazán y sus oficiales parecieron decepcionados. Sin duda había esperado un levantamiento de ciudadanos a su favor, y de nuevo ser aclamado por liberarlos de Carrera.

Los cadáveres obstruían las calles y yacían esparcidos por el suelo de la plaza. Era la escena de una enorme matanza. El silencio solo lo rompían los indígenas de Carrera lanzando abucheos e insultos desde los rincones con acceso a la plaza en donde se amontonaban. Al atardecer, los indígenas se arrodillaron a rezar el avemaría. El cántico aumentó a tal volumen que hizo estremecer a Morazán y sus hombres atrapados, a quienes en aquel momento les quedó en claro la gravedad de su situación. El himno fue seguido por el estruendoso clamor de "¡Viva la religión! ¡Muera el general Morazán! ¡Viva Carrera!", mientras que las balas llovían en la plaza otra vez con más ferocidad que nunca. La lucha se prolongó durante horas; a las dos de la mañana, los hombres de Morazán hicieron un intento desesperado por abrirse paso, pero fueron repelidos. La plaza estaba cubierta de muertos, incluido el hijo mayor de Morazán y cuarenta de sus oficiales veteranos más leales.

La plaza central de la Ciudad de Guatemala en 1860, ocupada en su totalidad por puestos de mercado

Lo que sucedió después es tema de debate. Según el acta oficial de la batalla, es decir, de los vencedores, Morazán colocó a cien hombres en cada esquina de la plaza, menos en la cuarta, y les ordenó abrir fuego a las tres de la mañana. Aquella distracción sirvió para que el general y quinientos hombres escaparan por la cuarta esquina bajo el oscuro manto de la noche mientras gritaban "¡Viva Carrera!", abandonando de ese modo a su suerte al resto de sus hombres. Sin embargo, el cónsul francés, Auguste Mahelin, señaló que aquella noche una luna brillante había iluminado la ciudad, dando así poca credibilidad al informe de que Morazán escapara en la oscuridad.

Ya sea que Morazán haya escapado luchando o mediante una artimaña, el registro oficial del "vencedor" no dice nada sobre el horror que siguió. Mientras Morazán huía de la ciudad, los hombres de Carrera tomaron prisioneros y fusilaron sumariamente a muchos de los hombres que permanecieron en la plaza. Los heridos que yacían en el suelo murieron a bayonetazos. "Carrera señalaba con el dedo a este hombre y a aquel", escribió Stephens, "y todos los que señalaba eran alejados a unos pasos de él y fusilados".[6] Una docena de sobrevivientes se arrojó desde el techo y buscó refugio en el patio de la casa del vicecónsul británico, ubicado cerca de la plaza. De alguna manera, Carrera se enteró, tal vez alertado por el cónsul general británico Chatfield, según un relato. Carrera exigió que entregaran a los hombres. Chatfield estuvo de acuerdo, pero solo con la condición de que los juzgaran con legalidad. Capturaron a los hombres, y varios minutos después los ejecutaron a la vuelta de la esquina.[7]

Mientras continuaba la masacre en la plaza, Morazán se abría paso por las montañas rumbo al pueblo de Antigua. Una facción de la gente del pueblo todavía leal a la causa liberal le imploró que declarara la ley marcial y lanzara un nuevo ataque contra la capital. Él se negó, señalando que "se había derramado suficiente sangre". Se quedó el tiempo justo para escribir una carta a Carrera pidiéndole que tratara a los prisioneros con misericordia. Luego se retiró por la costa en dirección a El Salvador.

Cuando Stephens despertó en Ahuachapán, un niño llegó corriendo con la noticia de que los hombres de Carrera se dirigían hacia el pueblo. Poco tiempo después apareció un destacamento de caballería al final de la calle. Stephens salió a enfrentarlo. Más de cien lanceros desfilaban de dos en dos con banderines rojos en las puntas de sus lanzas, gritando "¡Viva Carrera!". Los dirigía un general llamado Figueroa. Los lanceros fueron seguidos por la infantería, en su mayoría indígenas, muchos en harapos, portando machetes y viejos fusiles de chispa. Ellos también gritaban "¡Viva Carrera!" con una ferocidad que exigía igual respuesta. "No había escapatoria", escribió Stephens, "y creo que nos habrían disparado ahí mismo si nos hubiéramos negado a hacer eco del grito".

Stephens, siempre diplomático, invitó al general a desayunar. Pero al poco tiempo, Figueroa y sus hombres galopaban y corrían para investigar un informe de que los aliados de Morazán se hallaban al acecho no muy lejos del pueblo. Por la tarde regresaron, al parecer, sin haber encontrado al enemigo. Con el general Figueroa alojado en la plaza una vez más, Stephens lo convenció de que le entregara un salvoconducto que esperaba le aseguraría el tránsito durante el camino a la Ciudad de Guatemala. Entonces llegó la noticia de que Morazán se acercaba a la ciudad. Figueroa y los lanceros subieron a sus caballos y partieron de la plaza para enfrentarlo. Detrás los seguía la larga fila de soldados de infantería indígenas. Luego cayó una ráfaga de disparos, seguida por un caballo sin jinete galopando a través de plaza. Varios más lo siguieron y pronto las balas zumbaban por doquier. Figueroa y treinta o cuarenta de sus lanceros se aproximaron corriendo por la calle. Se reunieron, dieron la vuelta y atacaron calle arriba de nuevo. Stephens y varios compañeros de viaje, junto con una anciana sirvienta, regresaron a toda prisa a la casa que habían estado ocupando y, mientras la batalla se desarrollaba en la calle, buscaron refugio en una pequeña habitación interior cerrada por una puerta de 8 cm de grosor. "En absoluta oscuridad", escribió, "escuchamos valientemente".

Por fin, el fuego cesó, se escuchó un toque de corneta y el resonar de los cascos de la caballería. Fueron a la puerta principal y se asomaron con cuidado al escuchar el grito de "¡Viva la Federación!". La noche había caído. Un lancero que pasaba pidió agua, y se la dieron. Al poco rato, un grupo de hombres de Morazán entró en tropel a la casa, que era bien conocida para ellos debido a la conexión de la familia con Morazán. Habían montado a caballo durante seis días, zigzagueando por territorio enemigo para evitar que los persiguieran. "Al entrar bajo la emoción de una escaramuza exitosa", recordó Stephens, "me parecieron el mejor grupo de hombres que había visto en el país". Mientras limpiaban la sangre de sus espadas, explicaron que Figueroa los había tomado por sorpresa. Morazán, que iba a la cabeza, esquivó dos balas antes de poder desenfundar su pistola. Si sus caballos no hubieran estado tan cansados, habrían matado a todos los hombres de Figueroa, afirmaron.

Morazán corrió la voz de que él y sus soldados descansarían en la plaza. Stephens aprovechó la oportunidad para, por fin, conocer al famoso general. Este se encontraba de pie hablando con algunos de sus oficiales cuando Stephens entró en el cabildo.

> Una gran fogata ardía frente a la puerta y pegada a la pared había una mesa con una vela y varias tazas con chocolate. Tendría [Morazán] unos 45 años y aproximadamente 1.78 m de estatura, delgado, con bigote negro y barba de una semana. Llevaba puesta una levita militar abotonada hasta el cuello y portaba una espada. Se había quitado el sombrero y la expresión de su rostro era apacible e inteligente. Aunque todavía

> joven, durante los diez últimos años había sido el hombre más importante en el país. Había llegado adonde estaba, y se había mantenido allí, gracias a su habilidad militar y valentía personal; siempre dirigiendo él mismo sus fuerzas, participando en innumerables batallas, a menudo herido pero nunca derrotado. Por lo que pude averiguar, y por el entusiasmo con el que había escuchado hablar de él a sus oficiales y, de hecho, a toda persona de su estado cuando él era mencionado, me formé una opinión del general Morazán que rayaba en admiración, y mi interés por él aumentó con sus desgracias. No teniendo idea de cómo abordarlo y, mientras no podía pensar en otra cosa que en el tema de su malograda expedición, su primera pregunta fue si su familia había llegado a Costa Rica, o si yo había sabido algo de ellos. Dice mucho que, en un momento como aquel, con la ruina de sus seguidores ante él y el recuerdo de sus compañeros asesinados aún fresco en su mente, en medio del derrocamiento de toda esperanza y fortuna, su corazón lo haya llevado a pensar en sus seres queridos.

Al presentarse en su capacidad oficial, y a pesar de lo incómodo o hasta absurdo que pudiera haber parecido en aquel momento, Stephens mencionó con brevedad el tratado que fue enviado a negociar en Centroamérica. Morazán dijo lamentar profundamente que no se hubiera cumplido. "Él expresó su pena por la condición en la que encontré a su infeliz país", recordó Stephens. "Sintiendo que él debía tener asuntos más importante que atender, me quedé poco tiempo y regresé a la casa".

Aquella noche, Stephens trató en vano de conseguir un guía que lo ayudara a llegar al mal llamado río Paz que separaba a El Salvador de Guatemala. Las perspectivas no eran prometedoras. Todo hombre capaz de guiarlo tenía un miedo mortal a encontrarse con los hombres de Carrera. A Stephens también lo invadía el miedo, pero le temía aún más a la sangrienta batalla que tendría lugar en Ahuachapán si Carrera llegaba mientras Morazán aún se encontraba ahí.

A la mañana siguiente Morazán llegó a la casa a visitarlo. Esta vez la conversación fue "más larga y más general". Stephens no le preguntó sus planes y el general solo aludió de manera muy vaga a formas de enfrentar al comandante del norte, el general Cáscara, quien ahora ocupaba el pueblo salvadoreño de Santa Ana. "Habló sin malicia o amargura sobre el líder del partido [conservador], y se refirió a Carrera como un indígena ignorante y fuera de la ley, de quien algún día el partido que ahora lo utilizaba se alegraría de ser protegido". El general le advirtió a Stephens no viajar a Guatemala, ya que era muy peligroso. Pero, si insistía, Morazán dijo que mandaría llamar al alcalde y que le buscaría un guía.

> Me despedí de él con un interés mayor del que había sentido por cualquier otro hombre del país. Poco sabíamos entonces de las calamidades que aún le esperaban. Aquella misma noche la mayoría de sus soldados desertaron, habiendo permanecido juntos solo por el peligro al que estuvieron expuestos mientras se encontraban en un país enemigo. Con los demás marchó a Zonzonate, tomó un navío en el puerto que tripularon sus propios hombres y navegaron hasta Libertad, el puerto de San Salvador. Luego marchó a la capital, donde el pueblo que durante años lo había idolatrado en el poder le dio la espalda en la desgracia, recibiéndolo con insultos en las calles. Embarcó para Chile con muchos de sus oficiales, quienes también estaban demasiado comprometidos para quedarse. Inclusive sus peores enemigos admiten que fue ejemplar en sus relaciones privadas y que no era un hombre sanguinario, un elogio nada menor. Ahora ha caído y se encuentra en el exilio, probablemente para siempre, bajo sentencia de muerte si regresa. De verdad creo que han echado de sus costas al mejor hombre de Centroamérica.[8]

No mucho después de la partida de Morazán, un anciano leal al general se presentó ante Stephens con su hijo de 22 años, a quien ofreció como guía. No obstante, cuando supo que irían hacia la frontera con Guatemala, el joven se excusó diciendo que iba a comprar un caballo y nunca volvió. Fue sustituido por un niño de 10 años que llevaba puesto un sombrero de paja y cabalgaba a pelo. Se pensó que el niño correría menos riesgo con los soldados que acechaban en el campo. Mejor un niño de 10 años que nadie, pensó Stephens. Poco tiempo después emprendieron el camino a Guatemala.

11

La reunión

“Había terminado un viaje de cerca de 2000 km”, escribió Stephens, “y ni todo el oro del Perú podría haberme tentado a emprenderlo de nuevo”. Las edificaciones y las calles empedradas se hallaban oscurecidas por la sangre cuando Stephens cabalgaba en su macho rumbo a la capital guatemalteca. En un callejón cercano a la plaza, 27 indígenas de Carrera habían levantado una barricada frente a la puerta de la casa de moneda de la ciudad. Cuando los hombres de Morazán terminaron su asalto, 26 de los defensores yacían muertos o heridos, y diez días después su sangre todavía ennegrecía los escalones. Las paredes encaladas de las casas a lo largo de las calles laterales estaban llenas de agujeros de bala y habían adquirido un tono rojizo debido a las salpicaduras de sangre. Todas las estructuras que daban a la plaza central mostraban las “temibles cicatrices de la guerra”. En la casa del cónsul de Estados Unidos cerca de la plaza, la residencia oficial de Stephens, le mostraron tres balas de mosquete que habían extraído de las superficies de madera para inspeccionarlas.

La ciudad permanecía en estado de *shock*. La inimaginable derrota de Morazán y las consecuencias de la victoria de Carrera eran de lo único sobre lo que se hablaba. Mientras tanto, Carrera y la mayoría de las fuerzas de su ejército habían abandonado la capital. Iba en busca de Morazán, pero tuvo que desviarse a Quetzaltenango para sofocar otro levantamiento allí. Los soldados que habían quedado atrás como guardias se enfrentaron a Stephens, mientras este daba un primer paseo por las calles. Demostraron cómo trataban a sus enemigos apuntándole a la cabeza con sus mosquetes. Se apresuró a regresar a la seguridad de la residencia del cónsul.

A pesar de los peligros aún al acecho en las calles, Stephens sintió que había regresado a su "hogar", un lugar donde por fin podía descansar seguro tras tres meses de arduo viaje. "La ansiedad aún no me abandonaba. No había recibido ninguna carta de casa y el señor Catherwood aún no llegaba".

A la tarde siguiente, Catherwood apareció inesperadamente en la puerta. Acababa de regresar de una segunda visita a Copán, adonde se había retirado mientras Morazán y Carrera luchaban por la ciudad. "En la alegría de nuestro reencuentro", escribió Stephens, "caímos en los brazos del otro". Resolvieron nunca más separarse durante el resto del viaje.

En los días siguientes, los dos hombres intercambiaron notas con entusiasmo. Mientras Stephens estuvo ausente, Catherwood se mantuvo ocupado trabajando. Además de regresar a Copán para hacer más dibujos, descubrió algo extraordinario que otra vez avivó los sueños arqueológicos de Stephens. Cuando viajaba a la capital tras su primera visita a Copán, Catherwood había escuchado rumores de ruinas de piedra enterradas en la selva a lo largo del río Motagua, no muy lejos de Copán. Stephens había escuchado historias similares en la Ciudad de Guatemala, de boca de tres hermanos herederos de una gran extensión de tierra a lo largo del río. Los hermanos Payés le dijeron que su padre alguna vez mencionó que el área contenía misteriosos objetos de piedra en un sitio que los lugareños llamaban Quiriguá, pero nunca habían visitado el lugar ni visto los objetos por sí mismos. Quedó decidido que, mientras Stephens viajaba a El Salvador, Catherwood intentaría determinar si los rumores eran ciertos.

Catherwood tuvo éxito en su cometido, pero solo después de un complicado y arduo viaje. Tras llegar al Motagua y aguantar varios viajes en canoa bajo un calor y una humedad casi insoportables, él y los hermanos Payés caminaron por campos esponjosos y bosques de altos cedros y caobas hasta llegar a una estructura piramidal cubierta de vegetación. Encontraron una "colosal" cabeza tallada de 1.82 m de diámetro cubierta de musgo, varios altares de piedra esculpidos con características inusuales de animales, así como un gran grupo de bloques verticales de piedra esculpida, semejantes a los monolitos que Catherwood y Stephens habían encontrado en Copán. Ostentando grabados de figuras humanas y cubiertos con jeroglíficos, aquellos bloques de piedra fueron trabajados con el mismo estilo que los de Copán, salvo por una diferencia asombrosa: se trataba de monumentos gigantes. Rebasaban de dos a tres veces la altura de los que habían encontrado en Copán y su circunferencia era proporcionalmente mucho mayor.

Basándose en las anotaciones y los dibujos de Catherwood, Stephens calculó que un "obelisco o piedra esculpida" se elevaba a casi 8 m del suelo. "Se inclina 3.7 m fuera de la perpendicular, y parece a punto de caer [...] El lado que da al suelo representa la figura de un hombre muy perfecta y refinadamente esculpida. Parecía que el lado superior era igual, pero la vegetación lo ocultaba a tal grado que no era posible afirmarlo con certeza. Los dos [lados] contienen jeroglíficos en bajorrelieve". Catherwood le explicó a Stephens que habían descubierto otros cinco monumentos igual de enormes que todavía estaban de pie y otros dos derrumbados. Había fragmentos de piedra y de tallado dispersos en un área mayor, lo que indicaba que aún quedaba mucho por descubrir. El día siguiente trabajó lo más rápido que pudo para producir varios bocetos, pero no habían podido traer provisiones y los hermanos Payés ya habían partido a otra parte de su propiedad. Catherwood los alcanzó poco después.

Estela gigante en Quiriguá (Catherwood)

Al repasar sus anotaciones y bocetos, Stephens y Catherwood especularon que Quiriguá debe de haber tenido alguna asociación con el sitio más grande de Copán, a unos 40 km de distancia hacia el sur. "De una cosa no hay duda", escribió Stephens, "allí una vez hubo una gran ciudad. Su nombre se ha perdido, su historia se desconoce y, con la excepción de un aviso tomado de las notas del señor C. e insertado por los señores Payés en un periódico de Guatemala tras la visita, y que llegó a Estados Unidos y Europa, nunca antes se ha publicado relato alguno sobre su existencia. Durante siglos ha permanecido enterrada que bien podría haber sido cubierta con la lava del Vesubio".

A Stephens lo entusiasmaba la idea de ver el sitio por sí mismo. Pero no había suficiente tiempo para ir a Quiriguá y llegar a Palenque antes del inicio de la temporada de lluvias. Los dos sitios se encontraban en direcciones opuestas.

Por otro lado, Stephens debía atender varios asuntos oficiales antes de que pudieran partir. Si bien su asignación principal concluyó con la derrota de Morazán y el colapso final de la república, también tenía órdenes de cerrar la misión, empacar los archivos de la delegación y enviarlos de regreso a Washington. Tras resolver aquellos asuntos con celeridad, envió un último despacho detallado a Forsyth que concluyó así: "Después de una búsqueda diligente, no se encontró ningún Gobierno".

Una vez cumplidos todos sus deberes, Stephens escribió: "Volví a ser mi propio amo, con la libertad de ir adonde quisiera, por mis propios medios. De inmediato comenzamos a preparar todo para nuestro viaje a Palenque".

Para retirarse de la capital de la manera más diplomática posible, Stephens visitó a varios representantes del Gobierno conservador de Guatemala, incluido el jefe de estado, Mariano Rivera Paz. El líder lo proporcionó un pasaporte para su viaje. Para allanarle el camino, una nota favorable sobre sus planes de viaje fue publicada en el diario oficial *El Tiempo*. "Pero esto no fue suficiente", escribió Stephens. "El nombre de Carrera valía más que todos, y esperamos dos días a que regresara de Quetzaltenango".

Mientras tanto, visitó a Narciso Payés, uno de los tres hermanos en cuyo terreno se encontraba Quiriguá. Aunque el descubrimiento del sitio fue asombroso, lo que más entusiasmó a Stephens fue su proximidad al río Motagua. Según los cálculos de Catherwood, la profundidad del agua permitía que uno o más de los enormes monumentos fueran transportados en bote al golfo de Honduras y de ahí, por barco, a la ciudad de Nueva York. Llegó a la puerta de Payés para hacer un trato. Después de todo, con el mínimo esfuerzo y su saco de diplomático había adquirido los derechos de las ruinas de Copán por cincuenta dólares. Pero esta vez su cobertura diplomática jugó en su contra. A pesar de que intentó una y otra vez persuadir a Payés de que en aquel momento actuaba como un individuo privado y, por lo tanto, no tenía los recursos monetarios del Gobierno de Estados Unidos detrás de él, Payés no quedó convencido. En cualquier caso, continuó Payés, tendría que hablarlo con sus hermanos cuando regresaran a la Ciudad de Guatemala en los próximos días.

Los dos hermanos no llegaron antes de que un frustrado Stephens partiera con Catherwood rumbo a Palenque. De cualquier forma las probabilidades de negociar un trato se desvanecerían pronto. Durante el intervalo, Narciso Payés consultó con el cónsul general de Francia, quien le informó que su Gobierno había pagado varios cientos de miles de dólares para adquirir tan solo uno de los obeliscos egipcios de Luxor y llevarlo a París.[1] Antes de tomar en cuenta la opinión del cónsul, Stephens escribió: "los propietarios habrían estado encantados de vender todo el terreno, que consta de más de 50 000 acres, con todo lo que hay en él, por unos cuantos miles de dólares". Stephens se mantuvo optimista de que aún se podía llegar a un acuerdo, y dejó una oferta con un amigo para que la presentara cuando los dos hermanos Payés regresaran.[2]

Palenque llamaba. Después de apenas una semana en la Ciudad de Guatemala, Stephens y Catherwood habían conseguido suministros, mulas y caballos y estaban preparados para partir. Pero la gente que llegaba de fuera de la ciudad aún advertía sobre el peligro en los caminos. Casi todas las personas con las que hablaron les instaron a reconsiderar. Un asistente de campo del coronel MacDonald llegó de Belice y se encontró con Stephens durante una reunión oficial. Por primera vez a Stephens le informaron sobre la expedición de Walker y Caddy a Palenque. Las noticias no eran nada buenas, agregó el militar. Los dos hombres habían sido asesinados con lanzas por los indígenas, según los últimos informes recibidos en Belice. Stephens se enteraría más tarde de que aquello no era cierto. Sin embargo, el mayor motivo de temor provenía de los rumores sobre la campaña militar de Carrera en Quetzaltenango, por donde Stephens y Catherwood tenían que pasar de camino a Palenque. Carrera, se rumoreaba, había cometido más atrocidades, los indígenas se habían alzado y estaban masacrando a los blancos.

Mientras esperaba el encuentro con Carrera para obtener un pasaporte con su firma, Stephens decidió dar un último paseo por las afueras de la ciudad. Quedó fascinado una vez más por la belleza natural del lugar y, en particular, por los volcanes Agua, Fuego y Acatenango que, no muy lejanos, se erguían sobre el lugar cual guardianes de un turbulento Jardín del Edén. Después, como le había ocurrido tantas otras veces, terminó sintiéndose atraído por un cementerio cercano. Establecido durante la época del brote de cólera, ahora servía también como lugar de descanso final para más de cuatrocientos hombres muertos en la reciente contienda armada por la ciudad. Sus cuerpos yacían juntos bajo una gran sección cuadrada de tierra recién removida. "Fue una sombría despedida de Guatemala", escribió.

Al día siguiente, los rumores sobre Quetzaltenango fueron confirmados. La violencia había comenzado dos semanas antes, cuando llegó a Quetzaltenango un mensaje en el que se informaba que Morazán había atacado y ocupado con éxito Ciudad de Guatemala. En respuesta a la noticia, los ciudadanos de Quetzaltenango se alzaron y expulsaron de la ciudad a la guarnición de Carrera. Entonces los funcionarios de la ciudad cometieron el error de enviar una carta de felicitación a Morazán por medio de un mensajero. Carrera, mientras tanto, se había enterado del levantamiento durante su persecución de Morazán. Cambió su rumbo de inmediato y se dirigió a Quetzaltenango. Con gran temor, los líderes de la ciudad se reunieron en la plaza para recibirlo. Apenas llegó, el mensajero indígena —que nunca viajó a la capital como se le había indicado— entregó a Carrera la carta de felicitación destinada a Morazán de parte de la ciudad. Para los líderes municipales fue por mucho el momento más inoportuno posible. Al escuchar a su secretario leer el mensaje, Carrera se enfureció tanto que desenvainó su espada e hirió al alcalde y a otros dos sujetos antes de recuperar la compostura. Ordenó a sus soldados que apresaran a los líderes y los llevaran a la cárcel. Al día siguiente, mandó traer a la plaza al alcalde y a 17 de los principales hombres de la ciudad. Luego, escribió Stephens, "sin la más mínima forma de juicio, ni siquiera un sumarísimo consejo de guerra", uno por uno fueron sentados en una piedra frente a la pared y ejecutados.

Después llegó la noticia a la Ciudad de Guatemala de que, a su regreso, Carrera tenía la intención de hacer marchar a la plaza y matar a tiros a los cientos de partidarios de Morazán que habían sobrevivido y caído prisioneros. El miedo en la ciudad era palpable. "De nuevo, la espada parecía suspendida de un solo pelo", escribió Stephens.

> Incluso entre los simpatizantes del partido de Carrera existía el temor de una posible guerra de castas, así como un fuerte deseo, por parte de aquellos que podían escapar, de abandonar el país. Hombres que tenían casas y grandes propiedades, pero solo 2000 o 3000 dólares en papel moneda, me preguntaban si acaso podrían vivir con esa suma en Estados Unidos. Hasta aquel momento, los blancos habían ejercido la influencia controladora en todas las guerras y revoluciones, pero esta vez los indígenas representaban el poder dominante. Despertando de un letargo de siglos, y con mosquetes en la mano, su mansedumbre se transformó en ferocidad. Carrera fue el pivote alrededor del cual giraba aquel levantamiento.

Al día siguiente del regreso de Carrera, Stephens fue a verlo. El general ahora vivía en una casa mucho más grande y sus guardias eran más numerosos y estaban mejor equipados. Cuando Stephens entró en sus aposentos, Carrera se hallaba de pie detrás de una mesa con una cadena de oro en la mano. Su abrigo militar estaba sobre la mesa y tenía puesta la misma chaqueta militar con la que Stephens lo había visto la última vez. Su esposa, la fogosa e infame Petrona, estaba cerca examinando una pila de collares de oro con el presidente Rivera Paz y una o dos personas más. Stephens se sorprendió de inmediato por lo bonita, joven y delicada que se veía. Tenía, señaló Stephens, "no más de 20 años, y parecía tener la afición de una mujer por las cadenas y el oro. Carrera por su parte miró la joyería con indiferencia".

El general lo reconoció de inmediato. A pesar de todas las vicisitudes por las que Carrera había pasado en los últimos meses, señaló Stephens, no había perdido nada de su juventud: "Su rostro mantenía la misma [...] agudeza e inteligencia; su voz y modales la misma suavidad y seriedad, y había sido herido de nuevo". Stephens explicó el propósito de su visita: su necesidad del endoso personal de Carrera en su pasaporte. Carrera tomó el pasaporte de la mano de Stephens y lo arrojó sobre la mesa diciendo que redactaría uno nuevo y lo firmaría él mismo. Se volteó hacia su secretario y le indicó que lo hiciera a nombre del "cónsul del norte".

El secretario se fue y Carrera le indicó a Stephens que se sentara a la mesa con él. El general reveló haber escuchado que Stephens conoció a Morazán durante su retirada y preguntó sobre el encuentro. Carrera explicó que estaba planeando un asalto a San Salvador en una semana, con 3 000 hombres. Señaló que, de haber tenido cañones, habría expulsado a Morazán de la plaza en la Ciudad de Guatemala mucho antes. Stephens le preguntó si acaso el informe sobre el encuentro entre él y Morazán al principio de la batalla era fidedigno. Carrera le dijo que era cierto, que los soldados a pie de Morazán le habían arrancado las cartucheras, que el propio Morazán le había disparado. Carrera se había acercado lo suficiente a Morazán como para acertarle un buen tajo con su espada, pero falló y solo logró cortarle la montura.

Stephens escribió que la totalidad de la reunión le pareció extraña: "No podía dejar de pensar en la insólita posición en la que me arrojaron: estrechar la mano y sentarme a la mesa de hombres sedientos de la sangre del otro, bien recibido por todos, escuchando lo que tenían que decir el uno del otro, y en muchos casos sus planes y propósitos, sin reservas, como si yo fuera un miembro viajero de ambos gabinetes".

El secretario llamó a Carrera desde la otra habitación y, después de unos minutos, el general regresó con el pasaporte de Stephens en la mano, la tinta aún fresca con su firma. "Había invertido más tiempo del que le hubiera tomado cortar una cabeza, y sin embargo parecía causarle más orgullo", escribió Stephens. "Hice un comentario sobre la excelencia de su letra, y tras haber expresado sus buenos deseos para mi llegada segura al norte [...] me despedí".

Aquella noche, Stephens empacó su abrigo diplomático, cuyos grandes botones dorados resplandecían con toda su opulencia y calidez a la luz de la lámpara, y lo colocó con los demás artículos que iba a enviar de vuelta a casa. Él y Catherwood escribieron la última de sus cartas y, a la mañana siguiente, el 7 de abril de 1840, partieron rumbo a Chiapas y Palenque.

Dos días antes, el 5 de abril, Caddy y Walker arribaban al puerto de Belice. Habían pasado casi cinco meses desde el inicio de su expedición por el río Belice y un mes y medio desde su partida de Palenque. Su regreso los llevó por el río Usumacinta (Caddy disparó con su escopeta a los caimanes de 6 m de largo que se encontraban a la orilla del río) hasta el gran estuario del golfo de México llamado laguna de

Términos. De allí se dirigieron en bote hacia el norte a lo largo de la costa de Yucatán hasta el puerto de Sisal, viajaron tierra adentro hasta Mérida, la capital de Yucatán. Luego continuaron por tierra a través de los tramos secos superiores de Yucatán hasta la costa este de la península, donde abordaron un barco y navegaron hacia el sur hasta Belice. En comparación con su agonizante viaje de Petén a Palenque, su camino de regreso atravesó la mucho más transitable zona de matorrales del norte, lo que probablemente los llevó a preguntarse por qué no tomaron esa ruta a Palenque en primer lugar. Al desembarcar en el puerto de Belice fueron recibidos por un ansioso coronel MacDonald que, como el resto de la colonia, suspiró con alivio. El informe de su desaparición había sido infundado y su expedición era un triunfo evidente.

Pero había un problema. Poco después del regreso de Caddy y Walker, MacDonald recibió un mensaje preocupante de la oficina colonial. La carta que él había enviado en noviembre a la oficina describiendo la expedición no fue bien recibida en Inglaterra. Existía una preocupación, en lo más profundo de las entrañas burocráticas, de que el coronel había actuado fuera de lugar al adelantar dinero del Gobierno para la expedición sin aprobación previa.

El despacho de lord John Russell, secretario de Estado para las colonias y futuro primer ministro, señalaba que no recibió la comunicación de noviembre de MacDonald hasta febrero, que resultó ser más o menos cuando Caddy y Walker se marchaban de Palenque para regresar a Belice. En la carta de lord Russell, fechada el 19 de febrero, este escribió que se enteró de que MacDonald se había apropiado de doscientas libras esterlinas del "Cofre Militar" para destinar a la expedición.

> El teniente en Honduras ha informado a los señores de la tesorería que se ha hecho este avance y sus señorías me han comunicado la opinión, con la que concuerdo, de que usted no

> estaba de ninguna forma autorizado para asignar una emisión del Cofre Militar, para objeto de la descripción a que se refiere su despacho, sin la autorización previa del Gobierno de Su Majestad.
>
> Sus Señorías declaran, además, que no tendrían justificación para sancionar relevarlo a usted de la responsabilidad por este anticipo hasta que se haya especificado claramente la forma en que el dinero ha sido desembolsado, y hasta que dicho informe de la expedición sea presentado y demuestre cómo el resultado de esta es beneficioso para el público.

Cuando de responsabilidad fiscal se trata, el "prestigio científico inglés" puede esperar, escribió David Pendergast en su libro de 1967 *Palenque: The Walker-Caddy Expedition to the Ancient Maya City, 1839-1840.*[3] En lugar de ser elogiado por su iniciativa para avanzar la ciencia en nombre de la reina (y, por supuesto, para vencer a un rival estadounidense), el coronel se enfrentaba a la posibilidad de tener que reembolsar de su bolsillo doscientas libras al "Cofre Militar" solo por no cumplir con protocolos burocráticos. La presión recaía ahora sobre MacDonald, quien puso a sus dos exploradores a trabajar de inmediato.

El intercambio de despachos fue un ejemplo más de la paralizante lentitud de las comunicaciones a principios del siglo XIX, algo inimaginable el día de hoy. Solo unos meses antes, un MacDonald preocupado le escribía a Chatfield en Guatemala para preguntarle si había escuchado algo sobre Walker y Caddy. En su respuesta de marzo, semanas después de que los dos hombres regresaran a Belice, Chatfield dijo que no sabía nada de ellos. Volvió a escribir el 8 de abril que todavía no tenía noticias, tres días después de que Walker y Caddy estuvieran a salvo en casa en Belice. Sin embargo, sí compartió con MacDonald otro dato de inteligencia: "El señor Stephens y el yanquilizado artista inglés que lo acompaña se han ido a Quetzaltenango con la intención de llegar a Palenque por la frontera mexicana".

A las seis semanas del regreso de Walker y Caddy, MacDonald tenía a mano el informe oficial de 10 000 palabras de Walker. Parecía complacido con él, ya que el 13 de mayo escribió a lord Russell lo siguiente: "Soy muy consciente de que antes de autorizar cualquier expedición de este tipo debería haber tenido autorización del Gobierno de Su Majestad, pero confío en que, cuando haya presentado a su señoría mi explicación sobre el particular, vuestra señoría me librará de la imputación de haber actuado prematuramente o sin haber considerado el asunto". Agregó que ahora solo esperaba que Caddy terminara los dibujos "ilustrativos de la expedición" antes de enviar el informe de Walker a Londres.

Con una baja, los dos ingleses se habían adelantado a Stephens y Catherwood en Palenque, un motivo de orgullo nacional para ellos, MacDonald y el resto de la colonia. Otros, incluido Juan Galindo, habían visitado las ruinas antes que ellos. Pronto quedaría claro que no importaba tanto quién llegaba primero sino quién aprovechaba al máximo la visita. El tono formal del informe de Walker no se compararía con el relato escrito que Stephens haría sobre Palenque. El contraste se notaba en la prosa (Stephens, sin duda, era más talentoso como escritor), pero el mayor problema fue la falta de atención de Walker a las ruinas. Aunque era el objetivo principal de su expedición, Palenque no mereció más de cuatro párrafos en su informe de treinta páginas (Stephens escribiría más de cuarenta páginas sobre Palenque). Walker dedicó la mayor parte de su informe a describir a las poblaciones locales, sus costumbres, la producción agrícola, la geografía, el terreno y la política de Guatemala y México, en combinación con comentarios abiertamente chovinistas. Muchos de los comentarios de Walker tocaban temas políticos delicados, que la oficina colonial más tarde ordenó eliminarlos.

A pesar de la falta de descripciones de Palenque en su informe, Walker estaba muy dispuesto a especular acerca de las teorías sobre los orígenes de las ruinas: "La que más me inclino a aceptar es que una gran flota había surcado el Atlántico en busca de un país". Una vez que navegaron por el río Usumacinta, escribió, encontraron este sitio fértil enclavado en las montañas y decidieron quedarse. "Cada edificio construido rigurosamente de acuerdo con un modelo invariable indica el carácter despótico de la arquitectura egipcia". Agregó que los asiáticos del Lejano Oriente o la India también podrían haber construido Palenque. La única hipótesis que Walker descartó por completo fue que los aborígenes de las Américas pudieran haber creado una ciudad tan avanzada. Llamó a los indígenas que habitaban el territorio antes de la llegada de los españoles "una raza carente de habilidades y débil, incapaz de crear grandes diseños o con la capacidad de ejecutar cualquier obra de magnitud o arte". Es curioso que no se percató de que las figuras humanas talladas con tanta destreza en las ruinas, también dibujadas por Caddy, y que —como era obvio— representaban a los señores y nobles de la antigua ciudad, se parecieran tanto a los indígenas contemporáneos de la zona.

Para ser justos con Walker, es posible que creyera que la responsabilidad de contar la historia real de las ruinas recaía en las ilustraciones de Caddy y que, por otro lado, su propio informe no sería más que un cuaderno de viaje con observaciones interesantes, "beneficiosas para el público". Después de todo, MacDonald parecía estar satisfecho con eso.

Ahora todo dependía de Caddy, quien trabajó durante meses en sus ilustraciones. Algunos de sus dibujos resultarían excepcionales, los mejores en aquel momento; eso era, hasta que Catherwood comenzó su trabajo en Palenque. Sin embargo, al final, la lentitud de las comunicaciones coloniales resultaría ser un obstáculo enloquecedor. Lord Russell no recibiría el informe de Walker ni los dibujos de Caddy hasta el siguiente febrero. Para entonces ya era demasiado tarde.

Catherwood

En los libros de Stephens, llenos de personajes vívidamente delineados que encontró en el camino, no existe una sola descripción del "señor Catherwood". Aunque nunca dejará de ser el leal acompañante, también es esquivo, enigmático, casi invisible. A pesar de que toda su vida se asoció con artistas y escritores, no se conoce descripción o retrato alguno de él, con la excepción de una imagen borrosa que dibujó de sí mismo en Yucatán: una figura delineada con sencillez, sin barba, con el mentón ligeramente caído, alto y delgado; con un sombrero de ala ancha, anteojos y un largo abrigo marrón. Visto a distancia, de pie ante los restos de un templo y con una cinta métrica en la mano, no parece más que un débil accesorio utilizado para mostrar la escala de la estructura en ruinas. Su modestia y reserva innatas parecían ser factores que desalentaban un autorretrato más tangible y nítido.[1] Pero Catherwood había tenido una vida tan extraordinaria como la de Stephens.

Había nacido 41 años atrás, un 27 de febrero de 1799 en Hoxton, un distrito en aquel entonces ubicado en la periferia norte de Londres. Creció en una casa de tres plantas similar a la mayoría de las residencias de ladrillo contiguas que rodeaban Charles Square. Los edificios pragmáticos e impersonales se caracterizaba por sus filas niveladas de ventanas y fachadas protegidas por rejillas de hierro forjado con picos que separaban a los edificios y sus sótanos subterráneos de las veredas. El jardín central de la plaza recordaba a la campiña, "cubierto de césped, plantas, árboles frutales y de otros tipos", y el vecindario (algunos edificios en la plaza databan del siglo XVII) se caracterizaba por el refinamiento de sus residentes.[2]

Aunque no eran una familia aristocrática, los Catherwood eran de acomodada clase media. El abuelo de Catherwood, William, había llegado a Londres en 1745 desde la ciudad de Coventry, en el centro de Inglaterra. Originalmente figuraba en los registros de bautizo de sus hijos como boticario, pero luego obtuvo un puesto de servicio civil como oficial aduanero, trabajo que consistía en cobrar impuestos en la aduana de Londres. De sus numerosos hijos, dos se convirtieron en relojeros; otro, en maestro y luego en fundidor de latón, y otro, en fundidor de tipos. Su hijo mediano, John James, el futuro padre de Frederick Catherwood, siguió el camino de su progenitor en el servicio civil y más tarde ascendió al cargo de "recaudador general de impuestos de maíz y contador general de impuestos especiales", puestos de gran responsabilidad fiscal en el servicio gubernamental. También se convirtió en socio de una de las fundiciones de tipos más importantes de Inglaterra, una empresa establecida medio siglo antes por William Caslon, quien producía tipografías de letras populares para imprentas.

Próspero y bien establecido, en 1793 John James Catherwood se casó, a la tardía edad de 41 años, con Anne Rowe. Poco se sabe acerca de Anne, más allá de que descendía de una prominente familia aristocrática cuyo linaje incluía a sir Thomas Rowe, embajador ante la reina Isabel I, así como a sir Henry Rowe, alcalde de Londres. Durante los siguientes nueve años, ella y John tuvieron seis hijos —tres mujeres y tres hombres—, uno de los cuales murió joven. Frederick fue su quinto hijo, seguido por Alfred, el más joven, nacido en 1802.

Nada se sabe sobre la infancia de Frederick, salvo que parecía haber crecido en el seno de una familia acomodada. En aquel entonces, Charles Square se encontraba en las afueras de Londres, donde, durante décadas, gran parte del espacio abierto circundante estaba ocupado por viveros. El campo quedaba cerca, por lo que habría sido fácil para el joven Frederick deambular por las áreas agrestes del norte como lo había hecho Stephens de niño en los ondulantes prados rurales de Manhattan, no lejos del límite norte de la ciudad de Nueva York. Durante las primeras décadas del siglo XIX, al igual que Stephens, Catherwood fue testigo de cómo las áreas abiertas que rodeaban su vecindario en poco tiempo se urbanizaron conforme la población de Londres se extendía hacia el norte.

El distrito de Hoxton había sido conocido durante años por sus casas de beneficencia y asilos psiquiátricos, algunos ubicados en antiguas viviendas solariegas reacondicionadas, construidas siglos atrás por londinenses ricos que escapaban del humo y las enfermedades del centro de la ciudad. Sin embargo, Charles Square estaba aislada, envuelta en sí misma, y debió parecer un oasis de intimidad y seguridad cuando el joven Catherwood crecía junto a sus numerosos hermanos y primos. La familia de Frederick vivía en el número 21 de Charles Square, mientras que el hermano de su padre, Nathaniel Catherwood, ocupaba el número 20 con su esposa e hijos, y su tía Elizabeth, la hermana de su madre, vivía cerca con su familia.[3] El reverendo John Newton, el famoso abolicionista y autor del himno *Amazing Grace*, alguna vez vivió justo al final de la calle en el número 13. Newton escribió que a menudo miraba por la ventana trasera los campos cercanos llenos de vacas, pájaros y árboles.[4]

En aquel entonces no existía un sistema de escuelas públicas en Londres y no se sabe nada sobre la educación temprana de Frederick. Es probable que haya asistido a una de las muchas escuelas privadas establecidas para niños de clase media y alta. Independientemente de las escuelas a las que asistieron los niños Catherwood, lo cierto es que recibieron una sólida educación. Alfred, el hermano menor de Frederick, asistió a la Universidad de Glasgow y se convirtió en un prominente médico de Londres; fue autor de un importante tratado sobre enfermedades pulmonares.[5] Frederick, cuyas habilidades literarias son evidentes en sus escritos, también dominaba las matemáticas y las ciencias lo suficiente como para convertirse en topógrafo, arquitecto o ingeniero ferroviario.

Al igual que Stephens, la trayectoria profesional inicial del joven Frederick fue una decisión de su padre. Comenzó a los 16 años cuando, por un período de cinco años, fungió como aprendiz del arquitecto y agrimensor Michael Meredith en Great Winchester Street.[6] Durante ese tiempo también pareció interesarse por el arte. El 17 de enero de 1817, en pleno trabajo como aprendiz de arquitecto, se inscribió en la prestigiosa Real Academia de Artes como estudiante "en período de prueba". Esto le permitió producir, durante tres meses, trabajos suficientes en la academia para ser admitido como estudiante regular. No existe documentación demostrativa de que se haya convertido en estudiante de tiempo completo.[7] Logró cierto reconocimiento cuando una obra suya, descrita solo como *Puerta de Buckingham, Adelphi* (ahora perdida) fue exhibida en una exposición de la Real Academia en 1820, año en que dejó la oficina de Meredith.[8]

Inglaterra estuvo en guerra tanto en Europa como en Estados Unidos durante la niñez y la adolescencia de Catherwood y, aunque no se vio directamente afectado, más tarde sentiría las consecuencias de las implacables campañas militares de Napoleón Bonaparte. El 1 de julio de 1798, ocho meses antes de nacer, Napoleón desembarcó con una gran fuerza expedicionaria en Alejandría, Egipto. Los británicos, al final derrotarían al ejército francés en aquel país, pero solo después de que Napoleón abriera, por primera vez, los antiguos templos y pirámides egipcias al escrutinio científico, un acto que influiría en el curso de la vida de Catherwood.

Antes de Egipto, Napoleón había conquistado gran parte de Italia. La ocupación francesa que siguió durante dos décadas impidió con éxito el acceso a lo que había sido un componente esencial en la educación de los artistas y arquitectos ingleses: el estudio de primera mano de las ruinas romanas y el arte y la arquitectura italianos. Aquel bloqueo llegó a su fin con la abdicación de Napoleón en 1814 y su derrota en Waterloo en 1815. Las puertas de Italia se abrieron una vez más, y oleadas de artistas y arquitectos británicos arribaron para recuperar el tiempo perdido, en particular deseosos de estudiar las excavaciones francesas del Foro Romano y otros sitios clásicos. Después de ellos llegaron los aristócratas ingleses y una generación de escritores y poetas románticos, incluidos Lord Byron, Percy Bysshe Shelley y John Keats.

La decisión de Keats de viajar a Roma inspiró, de manera indirecta, también a Catherwood. Si bien no hay evidencia documental que lo corrobore, es muy probable que los dos hombres se conocieran a través de un amigo en común, Joseph Severn, un artista que creció en Hoxton y cuya familia de músicos era amiga de los Catherwood. A fines de 1820, Keats, quien se encontraba enfermo de tuberculosis y presentía que no sobreviviría otro invierno inglés, decidió partir a Italia. Severn haría cualquier cosa por el talentoso poeta de 1.54 m de altura y, dejando todo en Londres, se ofreció como voluntario para cuidar a Keats durante su viaje. Llegaron en noviembre y ocuparon habitaciones en el centro de Roma, en el número 26 de Piazza di Spagna, con vistas a una amplia escalinata de mármol blanco que más tarde se conocería como "las escaleras españolas". Sin embargo, las espléndidas vistas desde sus ventanas ofrecerían poco consuelo mientras Severn cuidaba a su amigo durante el invierno romano, rara vez apartándose de su lado. El 23 de febrero de 1821, Keats murió en los brazos de Severn a los 25 años, dolorosamente consciente de que los escasos volúmenes de poesía de su autoría habían atraído poco más que el desdén de los críticos. Mientras agonizaba, insistió en que se escribiera en su lápida: "Aquí yace uno cuyo nombre fue escrito en el agua". Las autoridades italianas ordenaron quemar todo lo que había en la habitación donde murió e incluso lijar las paredes. Tenían miedo, escribió Severn a su padre, de la "tuberculosis inglesa".

izq.: Retrato de Joseph Severn en 1822
der.: El poeta John Keats, en su lecho de muerte en Roma, por Joseph Severn

El afligido Severn envió la noticia de la muerte de Keats a sus amigos en Inglaterra y enterró a Keats en el pequeño cementerio protestante de Roma. Decidió permanecer en Italia para terminar sus estudios de arte. Escribió a su familia sobre su plan e incluyó una carta para su viejo amigo Frederick Catherwood. En septiembre, siete meses después de la muerte de Keats, Catherwood apareció en Roma.

"El señor Catherwood llegó aquí anoche en excelente estado de salud y sin contratiempos", escribió Severn a su hermana Maria. "Lo encontré sentado en mi estudio con la misma mirada y forma de ser que recuerdo de él en Londres".[9] Fue un reencuentro muy alegre. Aunque Severn era cinco años mayor, los dos se habían vuelto amigos cercanos en Hoxton y durante el breve tiempo de Catherwood en la Real Academia de Artes. Compartían una crianza y educación similares. Mientras Catherwood había sido aprendiz de arquitecto, Severn pasó ocho años infelices como aprendiz de grabador antes de emprender su camino en el arte. Catherwood lo puso al día sobre los chismes familiares en casa. Al día siguiente, apenas podían contener su entusiasmo mientras salían corriendo por la puerta. "Esta mañana hemos visto la basílica de San Pedro y el Vaticano, con lo que quedó encantado o debería decir maravillado", escribió Severn a Maria. "Aquí le he presentado a muchos amigos ingleses que son artistas, tres arquitectos entre ellos, con quienes comenzará a estudiar".

Severn explicó que había encontrado habitaciones que podían compartir "a un precio muy razonable y con todas las comodidades posibles para los dos. Tiene dos estudios, dos salas de estar, dos dormitorios y una vista panorámica de Roma". Incluso antes de que pudieran instalarse, sus planes se vieron interrumpidos por una dominante mujer de la nobleza británica llamada Jane Huck-Saunders, la condesa de Westmorland. Desde la muerte de Keats, la voluble condesa se había hecho cargo de Severn y de su arte. Le había conseguido encargos de retratos con otros aristócratas británicos que vivían en Roma y lo invitaba a cenas en su casa, Villa Negroni. Más tarde, en septiembre, el mes en que llegó Catherwood, la condesa había caído bajo el hechizo de Egipto y estaba preparando un gran recorrido por sus antiguas ruinas. Le insistió a Severn que la acompañara. Aunque halagado, Severn le dijo que no podía, señalando que su amigo Catherwood acababa de llegar de Inglaterra. La condesa respondió que ambos debían venir a Egipto. Severn así lo explicó a su hermana al escribirle:

> Le dije que tal vez a él le gustaría ir solo. A ella pareció gustarle mucho lo que le había contado sobre él (sobre sus habilidades y su familia) y me dijo que aceptaría cualquiera que fuera mi

> recomendación porque yo entendía los puntos de vista. Anoche tuve que volver a visitarla, y pensé que sería mejor ir con el Sr. C. Lady Westmorland le propuso ella misma lo del viaje y a él le encantó la idea. Yo lo había convencido de no ir por las siguientes razones: sería infinitamente mejor permanecer en Roma y estudiar arquitectura tal como él ya estaba preparado para hacerlo. Por otro lado, él considera que es una oportunidad muy favorable y tal vez la única que tenga de ir a Egipto [...]

Sin embargo, al día siguiente la condesa se apareció en el estudio de Severn para anunciar que había pospuesto el viaje hasta la siguiente temporada por "falta de sirvientes", y agregó que ambos hombres debían acompañarla entonces. Severn estuvo de acuerdo. En su carta a María, añadió:

> El señor Catherwood te ruega que muestres mi carta en Charles Square, y les pide una disculpa por enviarles solo este mensaje, agregando que su cabeza está tan llena de Roma y de sueño, y él se siente tan cansado que con humildad espera se le permita ir a la cama. Desea que presente su amor y recuerdos a todo lo que es querido por él, a su hogar. Dice que nunca podría quedarse aquí más de un año sin verlos.

Tres meses después, Severn informó que Catherwood vivía con lady Westmorland en su "palacio".

La condesa era la segunda esposa de John Fane, el décimo conde de Westmorland, que había sido miembro del consejo privado del rey Jorge IV, y era un hombre inmensamente rico y poderoso. Le había dado al conde tres hijos, pero —ya en Roma— ella y Fane se habían separado. Al momento de la llegada de Catherwood, ella tenía 41 años, era arrogante, ingeniosa, una conversadora cautivadora y casi veinte años mayor que él. En una versión de aquel episodio en la vida de Catherwood se afirma que la condesa había tomado como amante al joven e impresionable Catherwood, a quien el cambio de Charles Square a Villa Negroni debió de haberle causado una gran confusión.[10] Pero aquel punto de vista no se ve del todo reflejado en el recuento de Severn. De hecho, como le explicó a su hermana:

> Le tiene un poco de miedo a sus sirvientes y quería que yo estableciera mi residencia allí para mantener el orden entre ellos. De aceptar, viviría con ella en mis propios términos, pero aun así la idea no me gustó. Mi dedicación completa a mis estudios no me permite, y no quiero ni querré, pensar en nada más. Así es que le pregunté a Catherwood si acaso él estaría dispuesto a tomar mi lugar y mi propuesta fue bien recibida. Respondió que le encantaría, ya ha empacado todas sus posesiones, y ahora él es amo y señor de aquel cometido.

No se sabe con certeza cuánto tiempo pasó Catherwood como "amo y señor" de Villa Negroni. Él y Severn nunca fueron a Egipto con lady Westmorland. En febrero de 1822, las autoridades italianas concedieron un permiso a Catherwood y al arquitecto John Davies para erigir andamios con el propósito de estudiar más de cerca cuatro templos localizados en sitios de Roma excavados hacía poco.[11] Y aunque se desconoce la fecha exacta en la que dejó la casa de la condesa, durante los siguientes dos años pasó un tiempo considerable viajando por Italia y Sicilia en pos de sus estudios de arquitectura.[12]

Parte del misterio que rodea a Catherwood se debe al escaso registro que queda de sus primeros viajes, así como de su tiempo en Inglaterra antes de su llegada a Nueva York más de una década después. Se ha encontrado poco de su correspondencia, pero han sobrevivido algunas piezas de su arte de aquel período, incluida una pintura que hizo en Sicilia, a principios de la década de 1820, de las ruinas griegas cerca de la ciudad de Taormina, con el monte Etna cubierto de nieve en el fondo.[13]

Es posible que su siguiente viaje haya sido a Atenas, donde comenzó a manifestarse por primera vez una propensión, involuntaria o no, a meterse en medio de revoluciones. Los griegos se vieron envueltos en una guerra de independencia en contra del Imperio otomano y Catherwood quedó atrapado en la capital griega. Más tarde, le describió la situación a Stephens. Stephens la relató así: "Atrapado en Atenas durante la revolución griega cuando la ciudad fue sitiada por los turcos, el señor Catherwood, al encontrarse en medio de sus estudios artísticos, se vio forzado a hacer vaciados [de monumentos] con sus propias manos". Sin embargo, no hay constancia de exactamente cuándo visitó Grecia. La revolución griega comenzó en 1821 y duró siete años, lo que significa que Catherwood pudo haber visitado Atenas antes o después de viajar a Egipto.

Catherwood no necesitó que lady Westmorland lo alentara a cruzar el Mediterráneo hasta Egipto. En la década de 1820, una especie de egiptomanía se había apoderado de Inglaterra, en parte inspirada por la publicación de *Description de l'Égypte,* el enorme trabajo elaborado por los eruditos franceses que acompañaron a Napoleón a Egipto en 1798. En mayo de 1821, mientras Catherwood todavía estaba en Londres preparándose para su viaje a Roma, se inauguró una gran exposición de artefactos egipcios en Piccadilly. Giovanni Battista Belzoni, un antiguo forzudo de circo convertido en cazador de tesoros, montó la exhibición en el salón egipcio poco después de la publicación de su popular libro sobre sus aventuras en el Nilo. Más de 1 900 personas abarrotaron la sala el primer día de la exhibición.[14]

Igualmente importante, Egipto había conseguido mantener un grado de estabilidad política durante el gobierno del bajá Mehmet Alí, un albanés implantado en el poder por los turcos en 1809. Alí era un líder despiadado pero sofisticado que, en su empeño de modernizar Egipto, pensó que recibir a cualquier occidental o europeo con los brazos abiertos podía ayudar a alcanzar ese cometido. Llegaron técnicos británicos, seguidos de aristócratas y artistas, muchos de los cuales deseaban navegar río arriba por el Nilo para ver con sus propios ojos los templos y pirámides sobre los que tanto habían escuchado hablar.

Catherwood llegó a Egipto a fines del otoño de 1823. Fue un punto de inflexión importante en su vida. Hasta su llegada a Alejandría, el joven de 24 años se había concentrado en la arquitectura romana, griega e italiana, con la intención de usar lo que había absorbido para comenzar una práctica arquitectónica cuando regresara a Inglaterra. Egipto, en cambio, abrió en él un nuevo horizonte, una vida paralela, como si hubiera tropezado con una dimensión donde la historia, mucho más de lo que había aprendido en la escuela, era más amplia, más profunda y se extendía mucho más hacia el pasado. Fue como si hubiera aterrizado en otro planeta: desiertos secos y sin caminos hasta donde alcanzaba la vista, nada parecido al fresco verdor de Inglaterra. Monumentos, pirámides y templos de una escala inimaginable, arte y arquitectura novedosa y exótica. ¿Construido por quién, con qué motivo y hace cuántos miles de años? Junto con otros ingleses atraídos al país, se sumergió en los escritos de aquellos historiadores griegos y romanos que habían reconstruido la historia de 2500 años del antiguo Egipto: el "Reino Antiguo", el "Imperio Medio" y la Dinastía Ptolemaica que dejó Alejandro Magno. Egipto fue el inicio de una odisea que finalmente llevaría a Catherwood a Copán y a Palenque.

El viaje comenzó sin contratiempos. Desembarcó en Alejandría con dos amigos que había conocido en Roma o tal vez antes, en Londres: los arquitectos Henry Parke y Joseph John Scoles. Los tres arquitectos, tal como lo habían hecho en Italia, comenzaron su exploración de Egipto con una serie de bocetos, empezando por las catacumbas de Alejandría. Algunos de sus dibujos fueron publicados más tarde en el *Dictionary of Architecture.*[15] Luego se dirigieron a El Cairo y navegaron por el Nilo "delineando cada objeto digno de atención desde el delta hasta la Segunda

Catarata".[16] A mediados de enero de 1824, llegaron al templo de Abu Simbel en Nubia, en el sur Egipto. Varios de los dibujos de Catherwood de los templos de aquel período han sobrevivido.

Luego fueron víctimas de llegar en un mal momento. Al igual que en Grecia y más tarde en América Central y México, para Catherwood y otros aventureros de su época los seres humanos representaban un obstáculo para la exploración tan grande como los peligros de los desiertos, las selvas y las enfermedades. Detrás de ellos, mientras navegaban por el Nilo, los granjeros y campesinos locales habían protagonizado una rebelión contra el duro gobierno del bajá. Los viajeros quedaron atrapados en el alto Nilo. Durante más de un mes, a lo largo de las orillas del río se produjeron sangrientos enfrentamientos entre los insurgentes fellahines y los soldados del bajá. Las aldeas alrededor de la antigua Tebas y Luxor fueron incendiadas hasta los cimientos y miles murieron.[17] Las batallas representaron una amenaza mortal para cualquiera que estuviera en el río y pronto se propagó el rumor de que un grupo de ingleses, Catherwood y sus compañeros, habían sido masacrados durante el levantamiento. Sin embargo, estos se las habían arreglado para permanecer un poco más allá de la zona de conflicto. A mediados de abril, se arriesgaron a navegar de regreso por el Nilo, cuyas orillas estaban llenas de muertos, y buscaron refugio en la ciudad de Kaine, hoy conocida como Qina. Otro inglés, John Madox, también atrapado en la revuelta, llegó el 26 de abril a Qina, donde encontró a Catherwood.[18] "Todos estuvimos encantados de conocernos", escribió, "y nos felicitamos mutuamente por nuestra afortunada fuga".[19]

El río Nilo y pirámides (Catherwood)

Los soldados del bajá —1 500 jinetes turcos del sur y 4 000 "tropas de infantería de línea" del norte dirigidas por oficiales mercenarios franceses— enfrentaron y aplastaron la rebelión. Los viajeros quedaron bajo la protección de los hombres del bajá. Al poco tiempo quedaron libres para continuar por el Nilo hasta El Cairo. Después, un gran brote de peste retrasó su viaje por varias semanas más. Aprovecharon la oportunidad para explorar las ruinas alrededor de Qina, incluidas las tumbas cercanas llenas de momias, y, para mediados del verano, agradecian encontrarse en El Cairo otra vez a pesar de las crecientes muertes en la ciudad a causa de la peste.[20] Sin perder tiempo se dieron a la tarea de explorar y dibujar las pirámides cercanas de Guiza.

Meses más tarde, Catherwood llegó a la diminuta isla de Malta en medio del Mediterráneo y frente a las costas de Sicilia. Allí, a principios de octubre, conoció a un escocés adinerado de nombre Robert Hay.[21] A sus 25 años —la misma edad de Catherwood—, Hay era un exoficial naval y heredero de una inmensa fortuna en Escocia tras el fallecimiento de sus dos hermanos mayores, uno de ellos muerto en Waterloo. Iba de camino a Egipto. El extenso portafolio de Catherwood de pinturas y bocetos de las ruinas a lo largo del Nilo impresionó a Hay, él mismo un consumado dibujante y artista.[22] El joven aristócrata, más tarde, contrataría a Catherwood y se reunirían en Egipto. Pero en ese momento Catherwood viajaba de regreso a Inglaterra. No existe un registro de su vida durante el año siguiente, aunque es posible que haya viajado a Grecia, si es que no lo había hecho ya. Un año más tarde, parece que estuvo una vez más en Roma. En una carta de diciembre de 1825 a su hermana en Londres, Joseph Severn preguntó: "¿Llegó bien el señor Catherwood? Él te contará todos los detalles que desees saber sobre mí".[23]

Luego, durante los siguientes seis años, Catherwood prácticamente desapareció. Como escribiría su biógrafo Victor Wolfgang von Hagen: "Era como si un duende rencoroso hubiera seguido la estela de Catherwood, destruyendo cada página del testimonio de su vida".[24] La dificultad para localizarlo durante estos años se debe, en buena medida, a la falta de correspondencia y demás documentos escritos. Stephens, quien en aquel momento se encontraba inmerso en la práctica de la abogacía en Nueva York (y cuyos escritos son también escuetos), describe con claridad a Catherwood como un hombre de pocas palabras. Quizás eligió el arte como su principal medio de expresión, aunque dejó poca evidencia de eso. Sin importar las razones, los registros de su vida entre 1825 y 1831 prácticamente se han esfumado. Es posible que se haya mudado de regreso a la casa familiar en el número 21 de Charles Square, donde continuaría viviendo de forma intermitente por el resto de su vida. Su tía Isabel, que vivía al lado, murió en 1827 y, dos años después, en lo que debió de ser un golpe mayor, su padre murió a los 77 años.

Gracias a un breve perfil de Catherwood escrito por uno de sus compañeros de viaje en Egipto, Joseph J. Scoles, sabemos que ejerció como arquitecto en Londres durante este tiempo, aunque al parecer sin mucha distinción o éxito. "Diseñó un edificio de cristal cerca del puente de Westminster y una casa en Pentonville", fue todo lo que Scoles pudo recordar al escribir sobre Catherwood años después de su muerte.[25] De hecho, en 1826 Catherwood había enviado una nota de advertencia a Scoles, que entonces estaba de paso por Roma de regreso a Inglaterra, con fecha del 2 de mayo; es la carta más antigua que se conserva de él e indica los tiempos difíciles por los que debió de haber pasado para ejercer la arquitectura en Inglaterra. Porque al igual que muchos contemporáneos como Scoles, Catherwood parece haber cometido un error de cálculo en sus estudios clásicos en Roma y Atenas. "Poynter está construyendo un hospital de Santa Catarina en Regent's Park", escribió, refiriéndose a un amigo en común. "Es de estilo gótico, que es de hecho el gusto predominante de la época. Nuestra tradición griega y egipcia es peor que inútil y el gótico debe estudiarse *malgré soi*. El mejor consejo que puedo darle, y lo hago con seriedad y sinceridad, es que dedique el resto del tiempo que tenga que permanecer en el extranjero al estudio de la arquitectura gótica. Si hubiera sabido lo que ahora sé, habría empleado mi tiempo de otra manera, y le aconsejaría que haga todo lo posible para regresar a través de Alemania".[26]

Al mismo tiempo, Catherwood nunca abandonó su arte. Volvió a exponer en la Real Academia en 1828 y 1831, esta vez trabajos de su portafolio egipcio.[27] Tras su experiencia laboral en Inglaterra, la práctica de la arquitectura nunca sería más que una interrupción en su vida, una forma de ganar dinero antes de partir a la siguiente aventura. Pero aquel interludio en Inglaterra sería el más largo. Como no podía sacudir su fascinación por la antigüedad, a fines de 1831 abandonó su tierra natal y, varios meses más tarde, arribaba en Túnez. Allí buscó los restos de la antigua ciudad de Cartago, fundada por los fenicios entre 800 y 700 a. C. en un sitio cercano a la actual ciudad de Túnez.

En mayo de 1832, llevaba dos días viajando rumbo al suroeste de Túnez cuando descubrió un edificio extraordinario en un lugar llamado Dugga.[28] Para Catherwood fue un hallazgo tan importante como para escribir un artículo sobre él una década más tarde en *Transactions of the American Ethnological Society*.[29] "Presenta un tipo de arquitectura muy diferente a todas las demás del país", explicó, "y es de mucha mayor sencillez y elegancia de forma". Lo describió en detalle. "Lo que más me impactó como arquitecto fue la belleza y la armonía de la proporción [...] y una singular anomalía arquitectónica, en específico una mezcla de arte griego y egipcio". Incluyó dibujos, un plano y una copia de dos inscripciones grabadas en la fachada.[30] En su artículo queda claro que, al igual que Stephens, quien haría su viaje a Petra tres años después, Catherwood sintió en Dugga una embriagadora sed de descubrimiento, una sensación adictiva que ambos hombres llegarían a conocer de forma repetida en América Central y México.[31]

Su siguiente aparición fue en Egipto, probablemente el lugar adonde se dirigía desde el principio y en donde se reunió con Robert Hay. Tras su encuentro en Malta en 1824, Hay había continuado hacia Egipto, donde lanzó un ambicioso proyecto de mapeo y registro de los principales templos y monumentos a lo largo del Nilo. Su intención era continuar el trabajo que los sabios de Napoleón habían comenzado y, además, incluir los hallazgos y las excavaciones de ruinas posteriores a la partida de los franceses. Durante los siguientes siete años, con solo un descanso en 1828 para administrar sus asuntos en Escocia, Hay gastó una buena parte de su fortuna financiando el trabajo del equipo de artistas y expertos involucrados en el proyecto. Al llegar a El Cairo, Catherwood perdió poco tiempo para adaptarse. Hay lo puso a trabajar en el mapeo de las pirámides de Guiza, luego de la orilla oeste de Tebas, Amarna y otros sitios. También fue empleado en la creación de vistas panorámicas de 360° de El Cairo y Tebas, y dibujos de los denominados colosos de Memnón en Tebas, varios de los cuales se encuentran entre los pocos dibujos de Catherwood sobre

Egipto que han sobrevivido.[32] Luego, cuando Hay propuso un arriesgado viaje desde el valle del río Nilo hasta los grandes oasis del desierto occidental de Egipto, Catherwood no lo dudó.

Solo Hay, Catherwood y un tercer artista-viajero, George Alexander Hoskins, emprenderían el largo viaje. Hay —cuya esposa vivía con él en Egipto en aquel entonces— estableció su hogar y cuartel general en el interior de una gran tumba en Tebas, y los jueves por la noche invitaba siempre a Catherwood, Hoskins y a otros artistas y viajeros extranjeros que se encontraran en el vecindario a juntarse para comer, beber y conversar. Hoskins describió el estado de ánimo de aquel grupo de viajeros en Egipto:

> Nunca la morada de la muerte había sido testigo de escenas más alegres. Aunque llevábamos puesta la vestimenta del país, no siempre manteníamos la seriedad de los turcos; y el salón, aunque otrora un sepulcro, no pudo opacar nuestra alegría con su melancolía. Los hermosos fragmentos que aún quedaban del techo pintado eran iluminados por el resplandor de las lámparas de cera; y el olor de las momias había sido disipado desde hace mucho por los aromas más agradables de las sabrosas viandas. No obstante la grandeza de la civilización de los antiguos egipcios, me pregunto si acaso sus divanes eran más cómodos, si su tabaco (o su sustituto, porque tabaco no podrían haber tenido) era mejor o si su comida era más sabrosa que la de mi amigo el señor Hay. Todos éramos aficionados a las artes y habíamos demostrado nuestra devoción por las indagaciones en torno a la antigüedad, sacrificando por un tiempo la vida en Europa y sus placeres con tal de proseguir nuestras investigaciones en esta tierra lejana. Por lo tanto, el entusiasmo de nuestras conversaciones nunca disminuyó y aquellas tardes que pasé en la tumba de Tebas las recuerdo como algunas de las horas más felices de mi vida.[33]

Templo de Tebas (Catherwood)

Montados en camellos y armados hasta los dientes, salieron de Tebas el 13 de octubre de 1832. Dieciocho personas formaban parte de la expedición, incluido un guía, un dragomán o traductor, sirvientes y una escolta de camelleros armados. Hoskins llevaba pistolas y un sable. Catherwood ya había alcanzado cierta celebridad debido a la pistola de siete cañones que portaba. Al respecto, Hoskins escribió que "los árabes que la vieron la consideraron un arma formidable y su fama se propagó por todo el valle del Nilo". Viajaron hacia el oeste durante días a través de un vasto territorio desértico que Hoskins describió como "sin agua, estéril, sin caminos, lúgubre, baldío". Mientras la caravana enfrentaba inmensos montículos de arena, encontraron innumerables huesos blanqueados de camellos muertos que parecían ser la única indicación de un sendero. Los suministros de agua comenzaron a agotarse bajo un sol abrasador. Por fin, al cuarto día, al llegar a la cima de una loma pudieron observar a lo lejos las palmeras datileras del Gran Oasis.

> Todos los semblantes resplandecían de una alegría que hasta nuestros camellos parecían compartir acelerando el trote.

> Saber que la fatiga que hasta aquel momento llevábamos a cuestas había llegado a su fin nos hizo sentir contentos. Pero el mayor deleite fue el de los camelleros y nuestros sirvientes, quienes llevaban casi cinco días recibiendo una ración mínima de agua rancia.

Los jeques del lugar dieron la bienvenida a la caravana. Habían transcurrido siete años desde la última visita de europeos. Catherwood y sus compañeros pasaron las siguientes semanas dibujando y tomando medidas de los templos antiguos esparcidos entre las palmeras datileras. Documentaron las inscripciones jeroglíficas y griegas, una necrópolis y una fortaleza romana, así como una serie de ruinas que atravesaban una larga cadena de oasis que conectan las aldeas de El Jariyá, Bulaq, *Bryese* y *Doosh*.[1*] Después, la expedición se preparó para el largo viaje de regreso. Catherwood nunca sintió la necesidad de usar su gran arma, su reputación parecía suficiente para prevenir cualquier problema. Llegaron a la cordillera que domina el Nilo después de más de un mes de su partida. "Al llegar a la cima de la colina que forma el límite occidental del valle del Nilo", escribió Hoskins, "nuestros sirvientes dispararon sus armas como testimonio de la alegría que les causaba ver de nuevo el río".[34]

Durante sus meses en Egipto, Catherwood aprendió suficiente árabe y sobre las costumbres locales como para pasear por los bazares, pueblos y sitios antiguos sin llamar mucho la atención. También desarrolló el tipo de lazos profundos que a menudo se forman entre compatriotas que se encuentran en tierras remotas, y se sintió muy cercano a sus colegas artistas ingleses Joseph Bonomi y Francis Arundale. Bonomi, un hombre pequeño de semblante refinado, casi delicado, era hijo de un arquitecto. Estudió arquitectura en la Real Academia y, al igual que Catherwood y Scoles,

[1*] Así aparecen en el libro original en inglés, no se encontró traducción al español. [*N. del t.*]

continuó sus estudios en Roma en 1822, donde podría ser que él y Catherwood se conocieron. Arundale se incorporó al proyecto de Hay en 1831. Era un dibujante de arquitectura que había trabajado en toda Europa.

Catherwood, más tarde, se despidió de Hay para ir a El Cairo a trabajar como ingeniero en la corte del bajá. A mediados de 1833 estaba listo para abandonar Egipto de una vez por todas. Decidió viajar con Bonomi y Arundale por el desierto del Sinaí, luego hacia el norte a través de Gaza hasta Jerusalén, un camino que Stephens rechazaría tres años más tarde cuando optó por desviarse rumbo a Petra. Arundale publicó un diario de su viaje.[35] Pasaron semanas haciendo los preparativos en El Cairo, comprando comida, tiendas de campaña, alfombras y ropa árabe y turca. Contrataron a un jeque como guía y a varios camelleros. El 29 de agosto de 1833, cabalgaron a través de los bazares de El Cairo en una caravana de nueve camellos hasta que, al final, abandonaron la ciudad por la puerta de Bab al-Nasr, con la puesta del sol detrás de ellos.

El viaje de El Cairo a Jerusalén a través de territorio rocoso, desértico y desolado, con un largo desvío al monte Sinaí, tomó casi seis semanas. Catherwood enfermó en el camino y la caravana se detuvo durante varios días. Una vez en Jerusalén, los tres hombres se pusieron a trabajar de inmediato, explorando, midiendo y dibujando las iglesias, mezquitas y otros puntos de interés. Catherwood decidió producir un plano de la ciudad. Dieciocho meses después, en Londres, publicó un mapa muy preciso que se convertiría en el plan turístico estándar de Jerusalén durante las próximas dos décadas. Stephens compró uno durante su visita de 1836.

Al ya no encontrarse bajo la sombra de Hay, Catherwood trabajaba con pleno dominio de su talento, decidiendo por sí mismo qué plasmar en el papel. Llevaba consigo también un *firmán* especial o pasaporte, que lo nombraba "ingeniero al servicio de su alteza", el bajá Alí. Esto le abrió puertas en un Jerusalén, que entonces se encontraba bajo el gobierno del bajá. Lo aprovechó para conocer al gobernador de la ciudad, quien le dio libre acceso a la azotea de su palacio. Desde ahí pudo hacer bocetos del horizonte y los edificios circundantes, dibujos que luego serían invaluables. Se sintió atraído por una estructura cercana de particular importancia: la llamada Cúpula de la Roca. Muchos judíos creen que ese santuario con cúpula dorada, uno de los más sagrados del islam, ocupa el antiguo sitio del templo del rey Salomón.

En un relato que escribiría una década más tarde, Catherwood dijo que sentía la "urgente e irresistible necesidad" de investigar aquella estructura.[36] Pero a los no musulmanes se les prohibía incluso entrar en el área exterior del santuario. "Había escuchado", escribió, "que solo por entrar en el patio exterior, sin llegar a entrar en el interior de la mezquita, varios Franks desafortunados han sido ejecutados" (*Franks* se usaba para referirse a los europeos en general).

Para Catherwood parecía que cuanto mayor era el peligro, mayor era la atracción. También es posible que se haya convencido a sí mismo de que su naturaleza tranquila e imperturbable, el *firmán* especial que llevaba, además de su vestimenta "común y corriente" de funcionario egipcio, le proporcionarían toda la protección que necesitaba.

A continuación describió lo que sucedió: "A pesar de las protestas de mis amigos, una mañana entré al recinto con una actitud indiferente y procedí a inspeccionar, pero sin demostrar demasiada curiosidad, los múltiples objetos de interés que ofrecía". Estuvo a punto de entrar en el santuario, pero le ganaron los nervios cuando observó a un oficial religioso aproximarse desde el otro lado del patio. Catherwood dio media vuelta y se alejó con la mayor tranquilidad posible.

Sin haber perdido su determinación, regresó al día siguiente, esta vez decidido a hacer algunos dibujos. Trajo consigo su cámara lúcida, consciente —escribió— de que el extraño artilugio atraería a una multitud. Al principio, con su "tranquila indiferencia" llamó poco la atención a la hora de montarlo. Cuando comenzó a dibujar el santuario, más devotos se fueron acercando, hablando entre ellos y cada vez más agitados. "Era evidente que se estaba gestando una tormenta". Pronto descendieron sobre él, maldiciendo y gesticulando de forma amenazadora. "Escapar era inútil. Había sido rodeado completamente por una multitud de doscientas personas que parecían armarse de valor para abalanzarse sobre mí en cualquier momento; no hace falta decirles cuál habría sido mi destino".

De milagro apareció en ese momento en los escalones de la plataforma el gobernador, acompañado de su séquito habitual. Cuándo la multitud corrió hacia él para exigir el castigo del "infiel", el gobernador se volvió y reconoció a Catherwood.

> Como habíamos fumado juntos muchas veces y nos conocíamos bien, me saludó con cortesía y, dando por imposible que yo me atreviera a aventurarme a hacer lo que estaba a punto de hacer sin autorización del bajá, de inmediato se dio a la tarea de apaciguar a la multitud. "Como pueden ver, amigos míos", dijo, "nuestra sagrada mezquita se encuentra en un estado ruinoso, y sin duda nuestro amo y señor Mehmet Alí ha enviado a este efendi para inspeccionarla a fin de llevar a cabo su reparación. Si no podemos hacer estas cosas nosotros mismos, entonces es justo emplear a quienes sí pueden. Siendo tal la voluntad de nuestro señor el bajá, les pido dispersarse y no provocar mi disgusto con ninguna otra interrupción. Y, volteándose hacia mí, me dijo, en voz alta para que todos pudieran oír, que si alguien llegaba a tener el atrevimiento de molestarme en el futuro, lo trataría de manera sumaria.

Catherwood pasó las siguientes seis semanas explorando, midiendo y dibujando cada aspecto del exterior e interior del santuario, "presentando a mis asombrados compañeros [Bonomi y Arundale] como asistentes necesarios en la obra". El nombre de la mezquita, Cúpula de la Roca, describe su función principal de albergar uno de los objetos más sagrados del islam: una roca caliza que muchos musulmanes creen que fue pisada por el profeta Mahoma durante su ascensión al cielo con el ángel Gabriel. "La basílica de San Pedro del mahometismo", lo llamó Arundale.[37]

En el momento de la visita de Catherwood, el edificio octogonal tenía más de 1 100 años de antigüedad y fue construido con madera, ladrillo y piedra entre el 689 y 691 d. C., y más tarde, cubierto con exquisitos mosaicos de porcelana y mármol con incrustaciones de escrituras coránicas.[38] Catherwood quedó impresionado por su magnificencia por dentro y por fuera.

Interior de la Cúpula de la Roca en Jerusalén (Catherwood)

Debido al acceso restringido al santuario, sabía que su inspección y sus dibujos serían los primeros realizados por un europeo. Arundale describió cómo se movieron sistemáticamente por todas las estructuras circundantes, dibujando todo y usando un sextante para determinar la altura de la cúpula dorada.

Más tarde, varios ingleses llegaron de visita y Catherwood y sus compañeros hicieron una excursión con ellos a Jericó y al mar Muerto. Los viajeros incluían a un rico aristócrata británico, el marqués de Waterford, que estaba recorriendo el Mediterráneo en su yate privado acompañado por dos amigos. Más tarde, el marqués se ganaría una reputación infame y desempeñaría un pequeño pero doloroso papel en la vida de Catherwood. Sin embargo, en el momento de su encuentro en Jerusalén, el marqués y sus amigos fueron muy bien recibidos. El 23 de noviembre, Catherwood regresó a continuar su trabajo en el santuario.

Catherwood estaba seguro de que sus esfuerzos serían celebrados en Inglaterra cuando publicaran su estudio sin precedentes. Con 34 años, había madurado y demostrado liderazgo y una enorme capacidad de trabajo. Durante casi dos meses creó un mapa detallado de Jerusalén, dibujó la mayoría de los monumentos clave y la silueta de la ciudad y, por más de un mes, se dedicó a diseccionar la arquitectura de uno de los monumentos más famosos del lugar.

Pero cuando él y sus compañeros se enteraron de que el hijo de Muhammad Ali, el bajá Ibrahim, llegaría pronto a Jerusalén, tomaron la sabia decisión de irse de la ciudad. Más tarde se enteraron de que varios viajeros ingleses llegaron casi al mismo tiempo que Ibrahim y le pidieron permiso para ver la Cúpula de la Roca. Él les respondió que podían visitarla, pero que no les proporcionaría ninguna protección. Cuando se le mencionó el reciente estudio de Catherwood, Ibrahim no podía creerlo. El gobernador y los funcionarios de la mezquita fueron convocados para dar explicaciones, escribió Catherwood, "lo que debe de haber sido una escena nada aburrida".

A fines de diciembre, tras un mes de recorrer el norte de Palestina, los tres hombres llegaron a Beirut, y la vida de Catherwood dio un giro inesperado y trascendental.[39] Durante los siguientes tres meses cayó bajo el hechizo de Gertrude Pasquala Abbott y Suárez, la brillante y cautivadora hija del cónsul británico, Peter Abbott.[40]

Abbott había nacido en el Medio Oriente, en el seno de una prominente familia de comerciantes ingleses. Más tarde se desempeñó como representante de las compañías East India y Levant. De joven había llevado una vida audaz y aventurera. En una ocasión, mientras navegaba hacia Estados Unidos para promover el comercio con el Imperio otomano, durante las guerras napoleónicas, los franceses lo capturaron y lo encarcelaron. Más tarde, en 1820, tras su nombramiento como cónsul en Beirut, de alguna manera provocó la ira del gobernador turco en Acre. Bajo amenaza de muerte, apenas logró escapar durante la noche con su esposa y sus dos hijas pequeñas, a bordo de un pequeño velero con destino a Chipre.[41] Ahora, a punto de cumplir 60 años (moriría poco después de la visita de Catherwood), se había convertido en una persona esencial en Beirut, sirviendo como protector de los viajeros occidentales y contacto para las reuniones sociales de los extranjeros.[42]

La madre biológica de Gertrude era española. No se sabe qué pasó con ella, pero Abbott se volvió a casar y su segunda esposa —nacida en Florencia— se convirtió en la madrastra de Gertrude, mientras la joven crecía en Beirut. En el momento en que ella y Catherwood se conocieron, Gertrude tenía 20 años, casi 15 años menos que él, y era descrita como "una dama sumamente hermosa, fascinante y consumada". Bonomi la llamó "vivaz".[43]

No ha sobrevivido ningún relato del cortejo. El 11 de marzo de 1834, Catherwood y Gertrude se casaron en la casa de los Abbott, en una ceremonia oficiada por un misionero bautista estadounidense. Poco después de su boda, partieron rumbo a Damasco y se detuvieron en las ruinas romanas de Baalbek, con vistas al valle de la Becá. Allí, Catherwood debió haber deslumbrado a su joven novia con sus dibujos del espectacular Templo de Júpiter y otros vestigios importantes. Sin embargo, como luna de miel no debió haber sido nada cómoda. Bonomi los acompañó, a veces durmiendo en la misma tienda, un arreglo que luego generaría un escrutinio indeseado y sería utilizado para desacreditar el matrimonio de Catherwood.

Cuando la pareja regresó a Beirut, Gertrude estaba embarazada y decidieron navegar hacia Inglaterra. En Londres, se mudaron con la madre de Catherwood a Charles Square, y en diciembre nació Frederick hijo.[44] La rápida sucesión de su boda, su regreso a Inglaterra y el nacimiento de su hijo debió de ser un cambio desconcertante para Catherwood. Ya no era el artista errante, ahora tenía una familia que alimentar. Vivir en la casa familiar en Hoxton alivió un poco la presión financiera. Pronto descubrió que las perspectivas de publicar su enorme portafolio no eran buenas. Su estudio de la Cúpula de la Roca, las ilustraciones de las ruinas de Baalbek y Dugga y sus escenas de Jerusalén atrajeron interés académico pero poco interés comercial. Los escasos libros ilustrados de anticuario que generaban alguna ganancia incluían diarios de viaje. Arundale publicó su diario; pero a Catherwood al parecer no le interesaba escribir, mucho menos sobre sí mismo.

Cúpula de la Roca en el Monte del Templo, Jerusalén (Catherwood)

El dinero era una seria preocupación, y los extensos viajes de Catherwood lo habían puesto muy por debajo de sus contemporáneos en la construcción de una práctica arquitectónica. A los 36 años, su mayor capital seguía siendo su portafolio y su conocimiento acumulado de Medio Oriente. Se puso a trabajar sin demora en la creación de su plano detallado de Jerusalén y, más tarde, obtuvo algunos ingresos con su publicación. Pero el dinero continuó escaseando, como lo evidencia su correspondencia con Robert Hay, su antiguo benefactor en Egipto.

Hay había regresado a Escocia poco después de la llegada de Catherwood a Londres. Casi de inmediato, los dos hombres comenzaron a tramar una forma de publicar parte del enorme volumen de material recopilado durante los años del proyecto egipcio de Hay. Catherwood pasó meses consiguiendo grabadores y preparando vistas de las tumbas y monumentos de Tebas, incluida una vista panorámica del sitio. Sin embargo, las respuestas de Hay a sus cartas se volvieron menos frecuentes y se dio cuenta de que Hay estaba perdiendo interés.

El tono de Catherwood se volvió urgente cuando, en abril de 1835, escribió a Hay: "He permanecido a la espera de una respuesta durante algún tiempo y lamento escuchar que tu entusiasmo sobre Egipto ha aminorado. Me imagino que esto se debe a que vives en el campo y te encuentras muy lejos de la agitación de Londres". Hay terminó por enviar a Catherwood veinte libras por su trabajo. Catherwood objetó y pidió más. Pero Hay —al parecer preocupado por asuntos relacionados con su propiedad escocesa— canceló el proyecto.[45]

Es difícil saber si esto fue una lección práctica para Catherwood en sus tratos contractuales posteriores con Stephens. No fue el único que lamentó el comportamiento de Hay. Bonomi y otras personas también se quejaron de que Hay estaba tirando por la borda años de trabajo. Tanto esfuerzo invertido en el proyecto, que a menudo involucró arriesgar sus vidas, y no había casi nada que mostrar.

Pero Catherwood ya miraba hacia adelante. Había decidido usar de forma muy diferente su portafolio personal, así como parte del trabajo que produjo durante la expedición. Se trataba de una estrategia con potencial y muy lucrativa. Incluso antes de que el proyecto con Hay se derrumbara, había accedido a que sus dibujos de Jerusalén y Tebas fueran convertidos en dos enormes lienzos panorámicos similares a los que cautivaban al público en Londres y otros lugares. Por otro lado, ya se encontraba planeando su próxima jugada. Dentro de un año se mudaría con su creciente familia (Gertrude estaba embarazada de nuevo), esta vez a Estados Unidos, para comenzar de nuevo. Catherwood debía aquel plan a un ingenioso empresario llamado Robert Burford.

Los panoramas habían existido en Inglaterra desde fines del siglo XVIII. Antes del advenimiento de la fotografía, la gente sentía las mismas ganas enormes que siente hoy de experimentar eventos y lugares de forma visual, y los "panoramas" fueron creados para satisfacer esa demanda.

Transportaban a los espectadores a lugares lejanos, ubicándolos en medio de París, Río de Janeiro, El Cairo o Versalles, insertándolos también en el epicentro de eventos de actualidad. De pie en una plataforma elevada en medio de una rotonda, los espectadores podían darse la vuelta despacio para contemplar, ya fuera una escena panorámica envolvente del campo de la batalla en Waterloo, los disparos de los barcos británicos y franceses en Trafalgar o la coronación más reciente en el continente, todo por 25 centavos.

Robert Burford no fue el único propietario de panoramas en Inglaterra, pero su rotonda principal en Leicester Square, en Londres, fue la más exitosa. Compraba los derechos de los dibujos de artistas/viajeros como Catherwood en cuanto estos regresaban del extranjero. Eran, en aquel momento, el equivalente a los fotógrafos de la National Geographic Society que vendrían más adelante. Burford recurría al asesoramiento de almirantes y generales para plasmar los detalles de las batallas en los gigantescos lienzos que mandaba colgar en los pasillos de su exposición.

La primera mención del "Panorama de Jerusalén" en la rotonda de Leicester de Burford apareció en el *Times* de Londres el 31 de marzo de 1835. Explicaba que se habían pintado los lienzos con base en dibujos realizados el año anterior por el señor Catherwood "en el lugar mismo", una frase común utilizada para dar autenticidad a los panoramas. La plataforma de los espectadores ofrecía la misma perspectiva que la del techo del palacio del gobernador, desde donde Catherwood había esbozado sus dibujos y a veces había compartido una pipa de agua con el gobernador. Incluso se mencionó que Catherwood se había dibujado a sí mismo y a Bonomi en primer plano como dos figuras vestidas con atuendos árabes. Pero el reseñador del *Times* parecía más cautivado por la Cúpula de la Roca. "Es un edificio magnífico. Aunque discrepa con todas las ideas de gusto derivadas de especímenes de excelencia gótica o griega, su apariencia de imponente grandeza atrapa la mirada y provoca la admiración del espectador". Después de todo, aquel estudio de Catherwood no había sido desperdiciado por completo.

Panorama de Jerusalén tuvo tanto éxito que tres meses más tarde Burford montaría un segundo panorama inspirado en la obra de Catherwood en una habitación contigua a la rotonda, esta vez centrada en su trabajo en Tebas. "El talento del artista se muestra eminentemente en esta pintura", escribió *Literary Gazette* en junio. "Y ofrece la idea más perfecta de la magnitud y el carácter de este extraordinario lugar".[46] Catherwood había encontrado su nuevo oficio.

No hay constancia de cuánto pagó Burford a Catherwood por sus dibujos. Al parecer, lo suficiente para que su familia cruzara el Atlántico y se estableciera en Nueva York, adonde llegaron en la primavera de 1836. Según relatos posteriores, es probable que Catherwood se llevara consigo los enormes lienzos del panorama de Jerusalén, así como planos para montar su propia rotonda en Nueva York. Pero primero necesitaba conseguir trabajo. En octubre, Gertrude había dado a luz a Ann, su segundo hijo. Se lanzó de nuevo a la práctica de la arquitectura, abriendo una oficina en el número 94 de Greenwich Street, en sociedad con otro arquitecto inglés, Frederic Diaper.

Los dos hombres tuvieron pocos problemas para encontrar proyectos tras el incendio que había destruido gran parte de la ciudad el año anterior. Nueva York experimentaba un gran auge en la construcción. El nombre de Diaper pronto se asoció con el diseño de muchos bancos de Wall Street, y más tarde construiría casas de campo para millonarios y famosos, así como algunos de los mejores hoteles de la ciudad.[47]

Catherwood dejaría una huella mucho menor en la arquitectura. Sin embargo, para 1839, su reputación como arquitecto había ascendido a tal grado que se le encargó un proyecto para los herederos de Edward Livingston, el difunto alcalde de Nueva York que también se había desempeñado como senador de Luisiana y como secretario de Estado bajo el presidente Andrew Jackson. La viuda y la hija de Livingston habían decidido rediseñar Montgomery Place, su enorme propiedad a la orilla del río Hudson en el condado de Dutchess. Catherwood recibió el encargo de diseñar el invernadero de la finca. Creó una estructura de alrededor de 21 m de largo con una delicada armadura y vidrio esmaltado en un estilo neogótico arqueado.[48]

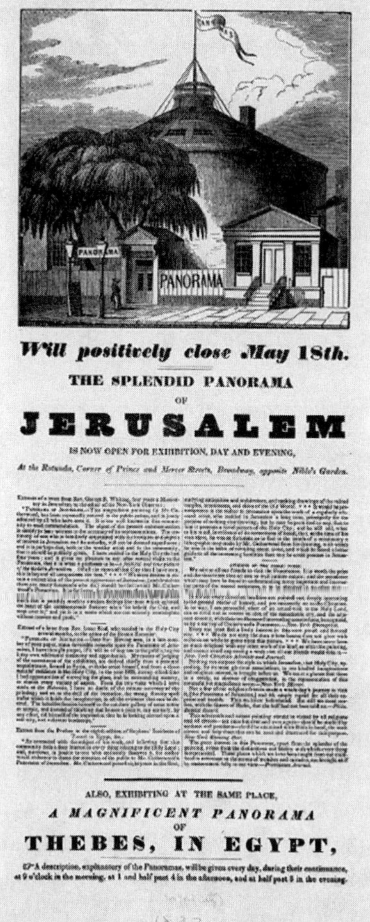

Anuncio de la exhibición del *Panorama de Jerusalén* en la ciudad de Nueva York (se cree que la ilustración fue dibujada por Catherwood)

Su proyecto más importante, sin embargo, fue el diseño de su propia sala de exposiciones panorámicas.[49] Ya había probado las aguas, en 1837 en Boston, donde había expuesto con éxito *Panorama de Jerusalén*. En la primavera de 1838, se inauguró en las calles Prince y Mercer, justo al lado de Broadway. La imponente rotonda de ladrillo y madera ocupaba 929 m^2 y se elevaba varios pisos. Estaba equipada con un círculo de lucernarios para exposiciones diurnas, así como doscientas lámparas de gas para los espectáculos nocturnos. No se sabe cuál fue el costo exacto de su construcción, aunque —según el libro de cuentas de Catherwood— puede haber ascendido a 16 000 dólares, una suma enorme en aquel momento. Había sido asegurado por tan solo la mitad de ese valor. Para llevarlo a cabo, Catherwood se asoció con un bibliotecario y editor de Nueva York llamado George William Jackson, quien ayudó a financiar el proyecto y más tarde dirigió la parte comercial de la empresa.[50] Es probable que Robert Burford también haya invertido.

Panorama de Jerusalén ofreció la primera exposición de la rotonda.[51] Tal y como había ocurrido en Londres, fue un éxito inmediato. No atrajo los 140 000 visitantes en una sola temporada como en Londres, pero aun así fue visitado por grandes audiencias, a veces hasta trescientas personas por día; cada una pagaba 25 centavos, el equivalente a unos seis dólares en la actualidad.

Durante el año y medio siguiente, Catherwood tendría poco tiempo para la arquitectura. Había que poner anuncios para promover la exposición en los periódicos de Nueva York, se tuvieron que escribir folletos con los antecedentes históricos para venderlos como *souvenirs* en las exposiciones. También se produjo un *Panorama de las Cataratas del Niágara*, probablemente a partir de dibujos de Catherwood. Aquella asociación le redituó un total combinado de 2 000 dólares por el segundo lienzo y el de Jerusalén. El negocio tuvo tanto éxito que, a fines de 1838, navegó a Inglaterra con su hijo de 4 años, Frederick, para recuperar más panoramas de Burford, incluido el lienzo de Tebas, así como uno de Lima, Perú. Seguirían panoramas de Roma y Nueva Zelanda. Además, comenzó a estudiar la posibilidad de organizar exposiciones en otras ciudades, incluidas Boston, Filadelfia y Baltimore. A lo largo de este período, Catherwood dio hasta cuatro conferencias diarias en la rotonda basadas en sus experiencias personales en Jerusalén y Tebas.

En algún momento, en medio de este torbellino de actividad, Catherwood conoció a Stephens.[52] No tenemos registro de su primer encuentro, pero es casi seguro que los dos se conocieron a principios de 1838, que es cuando Stephens menciona a Catherwood en su libro *Incidents of Travel in Egypt, Arabia Petraea, and the Holy Land.* Los hermanos Harper imprimían nuevas ediciones del libro lo más rápido que podían y, en la cuarta edición, lanzada en febrero de 1838, Stephens hace referencia a Catherwood por primera vez, justo antes de la inauguración del panorama. Catherwood, escribió Stephens, había traído consigo de Inglaterra "modelos y dibujos de todos los principales monumentos del Viejo Mundo" y "una panorámica de Jerusalén [...] que se espera pronto será exhibida aquí". En la octava edición, publicada aquel mismo año, sus comentarios reflejaron una familiaridad aún mayor con Catherwood y eran aún más generosos. Instaban al público a visitar la nueva rotonda y ver la exhibición que, escribió, "presenta una imagen vívida de la Ciudad Santa". Agregó que cuando visitó Jerusalén tuvo "la fortuna de encontrar en manos de un misionero un mapa litográfico hecho por el señor Catherwood [...] que tenía el hábito de llevar conmigo a mis exploraciones solitarias de aquella ciudad".

Es difícil estimar qué tanto se conocían los dos hombres en aquel momento. Pero no es difícil imaginar por qué se hicieron amigos en poco tiempo: eran espíritus afines que tenían mucho en común. Primero, Egipto y Tierra Santa los acercaron y, en algún momento durante el año siguiente, sus intereses mutuos los llevaron a asociarse. El salto de sus conversaciones de Jerusalén y Tebas a las de Copán y Palenque debe de haber sido fácil.

Pero primero Catherwood tuvo que regresar a Inglaterra para obtener los lienzos adicionales que tenía Burford. Gertrude se encontraba embarazada de nuevo y Catherwood estaba decidido a establecer su negocio de panoramas sobre una base sólida. Stephens, mientras tanto, era tan incansable y productivo como siempre. Tras el éxito de su primer libro, se apresuró a publicar otro sobre sus viajes por Grecia, Turquía, Rusia y Polonia. Produjo tres ediciones en dos semanas y mantuvo las imprentas de Harper Brothers a toda marcha.[53]

Aunque no queda claro cuándo Stephens y Catherwood conversaron sobre América Central por primera vez o de quién fue la idea, sí hay algunos indicios. Stephens conocía a un contratista maderero llamado Noah O. Platt que trabajaba en México y que le contó haber visitado algunas ruinas en el estado de Chiapas. Luego —no mucho después de que apareciera el libro de Stephens sobre Egipto y Tierra Santa en 1837—, el *Knickerbocker*, una publicación mensual de Nueva York, publicó una serie de artículos sobre antiguas ruinas indígenas en Estados Unidos y América Central.[54] Rememorando veinte años después, el editor de la revista, Lewis Gaylord Clark, mencionó un encuentro con Stephens justo después de la publicación de la serie. Era una mañana de otoño, recordó Clark, cuando Stephens pasó a visitarlo para charlar. Clark dijo que Stephens le había preguntado cómo podría contactar al autor de la serie. "He adquirido un profundo interés en el tema", explicó Stephens, "y tengo la idea de ir a aquel territorio desierto y adormecido [de América Central] para examinarlo por mí mismo".[55]

Los libros posteriores que Stephens y Catherwood publicaron sobre América Central fueron tan importantes que otras personas se pelearon por el crédito. John Russell Bartlett, un residente de Rhode Island que se mudó a Nueva York en 1836, afirmó que la expedición al sur fue idea suya. Junto con un socio, había abierto una librería en Astor Place que se convirtió en un famoso centro para los literatos de Nueva York. En su diario escribió sobre un encuentro con Stephens en 1838 durante el cual le mencionó reportes de ruinas misteriosas en Yucatán, agregando que sería una continuación natural de su libro sobre Egipto y Arabia Pétrea, y le dio libros sobre el tema.[56]

Mientras tanto, Catherwood y Bartlett también se habían hecho amigos. Estaban en tan buenos términos que Catherwood le ofreció el uso parcial de su residencia en Houston Street, mientras que él iba a Londres a recuperar más panoramas. "Siento no haberle visto ayer", le escribió a Bartlett en noviembre de 1838, consciente de que Bartlett buscaba alojamiento. "Como es probable que lleve a mi hijo pequeño conmigo a Inglaterra, la Sra. C. no se siente inclinada a vivir sola en una casa y pensé que, a menos que usted tenga una mejor opción, podría ocupar la casa y dejarles a la Sra. C. y a su bebé un salón y un dormitorio".[57]

Algún tiempo después de que Catherwood regresara de Londres, las conversaciones anteriores entre él y Stephens sobre América Central comenzaron a convertirse en un plan de acción. Dichas conversaciones tuvieron lugar antes del nombramiento de Stephens como diplomático de Estados Unidos tras la muerte de su predecesor inmediato, William Leggett. Como recordaría más tarde Catherwood: "Apenas habíamos terminado nuestros preparativos cuando el señor Leggett, quien estaba a punto de partir como ministro de Estados Unidos para ese país, murió de forma repentina. El señor Stephens solicitó el nombramiento y le fue otorgado de inmediato. Sentimos cierta preocupación de que su nuevo cargo pudiera llegar a interferir con nuestras actividades de anticuario".[58]

Sin embargo, Gertrude estaba embarazada de ocho meses y Catherwood tenía otros dos niños pequeños y un negocio que considerar. La oferta de Stephens de 1500 dólares a cambio de sus servicios artísticos ayudó, pero no pudo haber sido por sí solo incentivo suficiente para dejar a su joven esposa, a sus hijos y un cómodo hogar en pos de la jungla indómita plagada de enfermedades, en una región asolada por la guerra civil. Por otro lado, la oportunidad de otra vez ir en busca de las ruinas del mundo antiguo, de vivir fuera de las restricciones de la clase acomodada en la vida urbana y doméstica, de revivir —en efecto— lo que había sido el período más emocionante de su vida, era simplemente una propuesta demasiado seductora para rechazar. De hecho, ambos hombres estaban más que listos para emprender aquella aventura. Los vestigios de la antigüedad se habían convertido en la razón de ser de los dos. Demasiado tiempo habían permanecido alejados de ellos. No sería la última vez que sentirían la necesidad de volver.

Elizabeth Catherwood nació el 8 de julio de 1839. Se decidió que Gertrude, su niña recién nacida y sus otros dos niños regresarían a Inglaterra a vivir con la madre de Catherwood, mientras él se encontraba en América Central. Gertrude se fue de Nueva York a principios de septiembre.[59] Ese mismo mes se firmó el contrato entre Catherwood y Stephens, proporcionando un ingreso garantizado a la señora Catherwood de 25 dólares a la semana, y acordando que la suma completa de 1 500 dólares le sería entregada incluso si no regresaban.[60] El 3 de octubre de 1839, los dos hombres abordaron el *Mary Ann* y zarparon rumbo a Centroamérica.

TERCERA PARTE

Arqueología

12

Viaje al pasado

Los enormes volcanes de Agua, Fuego y Acatenango se elevaban ante Stephens y Catherwood mientras viajaban en dirección oeste a México desde Ciudad de Guatemala el 7 de abril de 1840. La chaqueta azul ministerial de Stephens había sido empacada y ya iba en camino de regreso a Nueva York. Su misión diplomática había terminado y por fin los dos hombres eran libres para dedicarse de lleno a buscar las antigüedades que los habían cautivado en Nueva York y que los habían arrastrado al caos y a la agitación de América Central. Su destino, Palenque, se encontraba a alrededor de 400 km en línea directa desde la Ciudad de Guatemala, pero el sinuoso camino lleno de altibajos a través de las montañas agregaría innumerables kilómetros al trayecto. "Habría sido más fácil llegar a Palenque desde Nueva York que desde donde estábamos", escribió Stephens, señalando que solo el agua separaba los muelles de Manhattan del golfo de México y el río Usumacinta, el punto de partida hacia Palenque. Ya que venían de la capital guatemalteca —adonde los habían llevado las obligaciones diplomáticas de Stephens—, tendrían que atravesar las tierras altas del centro de Guatemala (un terreno ondulado atravesado por profundos barrancos y grietas montañosas) y luego deberían ascender por las dos cadenas montañosas más altas de

América Central y México. Esperándolos al otro lado se hallaba el empinado y peligroso descenso hacia las selvas que rodean Palenque.

El camino que estaban tomando tendría ventajas cruciales a pesar del terreno y las bandas de indígenas agitados que todavía rondaban por el campo. Era representativo del plan que Stephens había implementado para su ahora revivida expedición arqueológica. Debían pasar por una serie de antiguas ruinas indígenas a lo largo de su ruta. A diferencia de las piedras de Copán y Quiriguá, aquellas ruinas eran bien conocidas, mucho más modernas y habían formado parte de la historia de la conquista española de América Central. Fueron las primeras ciudades mayas con las que se encontraron los conquistadores, construidas por descendientes de aquel pueblo ancestral, aunque ni Stephens ni nadie más había establecido del todo esa conexión. Así es como, aunque desconocida para ellos, su ruta a Palenque los llevaría a través de capas cada vez más antiguas del pasado maya.

La primera parada fue Iximché,[1] que había sido la capital de los mayas kaqchikeles cuando el primer conquistador español, Pedro de Alvarado, y su ejército invasor llegaron en abril de 1524. Las ruinas se encuentran a menos de 80 km al oeste de la Ciudad de Guatemala, sobre una meseta de territorio elevado rodeado de barrancos profundos que ofrecían una posición defensiva casi inexpugnable. Cuando Alvarado se acercó, ya había derrotado a la poderosa nación maya quiché —el enemigo tribal de los kaqchikeles al oeste— en una serie de salvajes y aterradoras batallas. Muy conscientes de la destreza militar de Alvarado (los kaqchikeles habían enviado guerreros para ayudar a los españoles contra el rival quiché), los principales señores de Iximché dieron la bienvenida a Alvarado afuera de su capital, profesaron lealtad a los españoles y los invitaron a entrar en la ciudad. La capital maya tenía poco más de cincuenta años de haber sido fundada, después de que los kaqchikeles se separaran de los quichés. No obstante su corta historia, era un lugar impresionante. Su zona central constaba de dos plazas mayores y dos menores, al menos dos templos piramidales, varias canchas donde se practicaban los juegos de pelota preferidos por los indígenas de toda Mesoamérica, así como residencias y otros palacios rudimentarios. Las edificaciones habían sido construidas con piedra bien labrada; las calles eran rectas y se intersectaban en ángulo recto. Alvarado decidió convertir a Iximché en su centro de operaciones. Pero el opresivo trato que los españoles daban a los kaqchikeles, incluidas las incesantes demandas de oro y otros tributos, desató una rebelión. En 1527, Alvarado arrasó con la ciudad.[2] Después, los españoles trasladaron su centro de operaciones a otro sitio localizado al pie del volcán Agua a unos 64 km al sureste.[3]

Stephens y Catherwood conocían aquella historia cuando entraron en lo que quedaba de la vieja ciudad a través de un estrecho pasaje que los condujo por el filo de un barranco hasta la meseta que se hallaba cuesta arriba. Cuando llegaron a la cima no vieron ninguna evidencia de las ruinas. Sin embargo, tras caminar una corta distancia, llegaron a un muro bajo sobre el cual pudieron observar varios montículos de escombros. En comparación con el mucho más antiguo Copán, Iximché fue una gran decepción. Entre los montones de piedras pudieron distinguir los cimientos de lo que habían sido grandes estructuras. Encontraron dos piedras esculpidas, pero estaban tan deterioradas que sus diseños apenas eran visibles. No había mucho más que ver. Tampoco había indicios de la antigua gloria de los otrora poderosos mayas kaqchikeles. No había obras de arte o jeroglíficos con los cuales establecer un vínculo con Copán o Quiriguá. Los españoles habían sido eficientes en la destrucción del lugar. Durante los siglos intermedios, los habitantes cercanos terminaron el trabajo llevándose gran parte de los restos de la ciudad para proporcionar materiales de construcción a los pueblos aledaños.

Mientras Stephens y Catherwood continuaban hacia el oeste, siguieron el camino de Alvarado pero en reversa, hacia el lugar desde donde el conquistador español y su ejército habían partido. Cuando llegaron días después a Utatlán, la antigua capital de los mayas quiché, se sintieron igual de desilusionados. Alvarado también había destruido y quemado aquella ciudad.[4] Y, una vez más, los pobladores cercanos habían removido y reutilizado gran parte de los escombros.[5]

Al igual que Iximché, la capital quiché también fue asentada sobre una planicie elevada rodeada de profundos barrancos que la convirtieron en un efectivo bastión durante la guerra casi continua de los quichés contra los kaqchikeles y otras naciones indígenas vecinas. Estimaciones modernas ubican su fundación a principios de 1400 d. C. y, cuando los españoles llegaron más de un siglo después, se había convertido en una de las ciudades más impresionantes de Mesoamérica. Al igual que Iximché, alguna vez tuvo un juego de pelota, palacios, jardines, residencias reales, templos y plazas. Mientras Stephens y Catherwood deambulaban por las ruinas de trescientos años de antigüedad, les quedaba claro que poco de su sofisticación había sobrevivido. El maíz crecía entre los montículos de piedra, cultivado por una familia local. Había restos de paredes, el piso de las plazas, así como vagos indicios de pintura decorativa en las esquinas interiores de algunas estructuras. En el centro de los escombros se encontraba un pequeño montículo en forma de pirámide con escalones empinados en tres lados. Al romper pedazos de estuco en la esquina de la pirámide, los dos hombres descubrieron varias capas más de estuco debajo, revelando un indicio del arte que parecía haber florecido alguna vez. En una de aquellas capas pudieron distinguir la forma coloreada de lo que parecía un jaguar.

Pero ¿dónde estaban las esculturas y los jeroglíficos tallados similares a los encontrados en Copán? Los dos hombres ya entonces se preguntaban si habría algún vínculo entre Utatlán y lo que habían encontrado en Copán y Quiriguá, a tan solo unos 240 km al este.

> En nuestra investigación de lugares antiguos, aquel nos pareció importante por el hecho de que se conoce su historia y tiene fecha exacta. Alvarado la conquistó cuando la ciudad se hallaba en la cúspide de un evidente esplendor en el carácter de los edificios construidos por los indígenas de aquella época. Sus ruinas confirman los elogiosos relatos de Cortés y sus compañeros sobre el esplendor desplegado en los edificios de México. Nuestra atención estuvo enfocada en descubrir alguna semejanza con las ruinas de Copán y Quiriguá. Sin embargo, no encontramos estatuas, figuras talladas o jeroglíficos, y tampoco pudimos enterarnos de que alguna vez hubieran existido allí. Haber encontrado tales evidencias nos habría permitido considerar la posibilidad de que sus ruinas fueron obra de la misma raza de personas. Pero la ausencia de tales evidencias nos llevó a pensar que Copán y Quiriguá eran ciudades de otra raza y de una fecha mucho más antigua.

Los dos hombres apenas comenzaban a juntar las piezas del rompecabezas. Estaba claro que algunas de las sociedades indígenas que Cortés y Alvarado encontraron durante sus conquistas reflejaban logros sociales y artísticos avanzados. Parte de la impresionante arquitectura que hallaron, incluida la de los aztecas en México y la de los indígenas de Guatemala, aunque fue demolida por los españoles, por lo menos se conservó en vagas descripciones que escribieron los propios conquistadores y los sacerdotes que los acompañaron.

Los mayas que construyeron Iximché y Utatlán eran, de hecho, del mismo grupo étnico y lingüístico que los creadores de las ciudades de la era clásica de Copán y Quiriguá. Aunque los expertos contemporáneos no entienden con claridad los orígenes exactos de los dos grupos indígenas, algunos de ellos creen que, al momento de la conquista, dichos grupos llevaban un milenio ocupando las tierras altas occidentales y centrales de Guatemala, viviendo en la franja sur del gran centro clásico maya del Petén.[6] Si bien la indagatoria de Stephens y Catherwood apuntaba en la dirección correcta, las conexiones no eran nada claras.

Su aproximación inicial también se vio influenciada por la teoría erudita más prevalente de la época, según la cual otra raza había migrado a Mesoamérica cientos —o hasta miles— de años atrás, trayendo consigo las semillas de la civilización del Viejo Mundo y dando como resultado ciudades como Copán, Quiriguá y Palenque. Las llamadas tribus perdidas de Israel se encontraban entre los candidatos mencionados con mayor frecuencia, junto con los fenicios y otros navegantes del Mediterráneo.[7] Después de todo, habrían sabido acerca de los templos y las pirámides, los jeroglíficos y otras formas de escritura inventadas por los egipcios y otras civilizaciones del Medio Oriente. De ser cierta la teoría, entonces podrían haber construido Copán siglos antes y, por otro lado, los indígenas que construyeron Iximché y Utatlán habían copiado y continuado aquella tradición cientos de años después, aunque carecían del arte y el lenguaje escrito de aquellas ciudades más antiguas ahora enterradas. La única explicación que los expertos del siglo XIX no aceptaban fue que los antepasados de las tribus indígenas existentes de alguna manera podrían haber creado Palenque y otras ciudades sumamente evolucionadas solo por su cuenta.

La hipótesis de las tribus de Israel había sido propuesta ya en el siglo XVI por el obispo español Bartolomé de las Casas, como el ferviente "protector" de los indígenas de México y Guatemala. Luego se propusieron múltiples versiones de la "teoría" a lo largo de los siglos, incluida una variación incorporada en el *Libro de Mormón*. Pero la versión con la que Stephens debe haber estado más familiarizado —y un buen ejemplo de la especulación del momento— se presentó en una conferencia dada ante la Asociación de Bibliotecas

Mercantiles en la ciudad de Nueva York en 1837 y se publicó más tarde ese año, poco antes de que Stephens partiera para Centroamérica. El autor, Mordecai M. Noah, fue un destacado periodista judío y uno de los primeros sionistas que participó de forma activa en la política de la ciudad de Nueva York y, al igual que Stephens, fue un escritor de libros de viajes. La conferencia de Noah —a la que pudo haber asistido Stephens— promovió las dos ideas prevalecientes sobre los fenicios y las tribus de Israel, combinándolas de un solo golpe. Explicó que los fenicios, o cananeos, como él también los llamaba, habían navegado desde el Mediterráneo y a través del Atlántico hacia el Nuevo Mundo más de 2000 años antes. Mientras tanto, las tribus perdidas habían partido de Palestina en la dirección opuesta, viajando a través de Asia y luego cruzando el estrecho de Bering hacia América del Norte y después hacia el sur hasta América Central.[8]

No tenemos evidencia de que Stephens supiera de Noah, aunque es probable, ya que los dos hombres frecuentaban los mismos círculos literarios de Nueva York. Antes de partir rumbo a América Central, Stephens se había empeñado en encontrar y absorber toda información y detalle posibles sobre la región, sobre sus lugares ancestrales y su política. Además, en su libro menciona la amplia variedad de especulaciones entonces rampantes entre los eruditos que atribuían la importación de cualquier posible civilización en América del Norte a los "judíos, los cananeos, los fenicios, los cartagineses, los griegos y los escitas en la antigüedad; o a los chinos, los suecos, los noruegos, los galeses y los españoles en la modernidad".[9]

En el otro extremo del espectro se encontraba el influyente historiador escocés William Robertson, famoso en aquel momento por escribir uno de los primeros escritos importantes sobre la historia de las Américas. Stephens señaló el total rechazo de Robertson a la idea de que viajeros del Viejo Mundo hayan traído civilización alguna al Nuevo Mundo. En su historia, Robertson cuestiona la existencia de gente civilizada en el Nuevo Mundo al momento de la llegada de Colón. "Los habitantes del Nuevo Mundo", cita Stephens a Robertson, "vivían en una sociedad tan rudimentaria que desconocían aquellas artes propias de los primeros ensayos del ingenio humano en su avance hacia el refinamiento". Robertson continuó argumentando en su historia que los españoles simplemente habían exagerado al describir la sofisticación de las ciudades que encontraron. Los templos, escribió, no eran más que "montículos de tierra" y las "casas eran meras chozas, construidas con turba o barro, o con ramas de árboles, como las de los indígenas más burdos". Robertson basó su argumento en el relato de una persona que había viajado por todos los lugares de la Nueva España, y concluyó que "no existe, en toda la extensión de aquel vasto imperio, un solo monumento o vestigio de edificación más antiguo que los de la conquista".[10]

Stephens y Catherwood tuvieron que trabajar en aquel contexto de suposiciones y conjeturas de gran alcance. Sin embargo, esas especulaciones no limitarían su forma de pensar. Stephens no tomó partido. Habían viajado a América Central para verlo por sí mismos. Y el abogado Stephens dejó claro que, antes de llegar a una conclusión, quería ver la evidencia, toda la evidencia.

Ahora, no todo se trataba exclusivamente de una obsesiva labor de anticuario, mucho menos en una expedición dirigida por John L. Stephens. Todavía tenía un libro que escribir y había otros lugares tentadores que visitar. Así que se desviaron hacia el lago de Atitlán, un deslumbrante cuerpo de agua en lo alto de los volcanes de Guatemala. "Desde una elevación de entre 900 y 1 200 m aproximadamente", escribió, "miramos abajo a una superficie que brillaba como una lámina de plata fundida, rodeada de rocas y montañas de todas las formas, algunas expuestas y otras cubiertas de verdor, que se elevaban de entre unos 150 m hasta 1500 m de altura. Ambos estuvimos de acuerdo en que era el espectáculo más maravilloso que habíamos visto. Nos detuvimos y observamos cómo las algodonadas nubes de vapor se elevaban desde lo profundo, ascendiendo por las montañas y a los costados de los volcanes".

No contentos con mirar desde lejos, se adentraron en uno de aquellos "incidentes" necesarios a los que aludían los títulos de sus libros. Partieron a la mañana siguiente para explorar las vistas desde la orilla del lago a bordo de una pequeña y frágil embarcación de pesca local, construida con madera y un diseño generoso para un ocupante. "A medida que nos alejábamos, los bordes montañosos del lago se iban elevando majestuosamente ante nosotros", escribió Stephens. Fue entonces cuando comenzó el problema. El enorme lago era bien conocido por sus poderosos y traicioneros vientos que en aquel momento comenzaron a empujar a la embarcación hacia el centro del cuerpo de agua. Juan, el barquero, remó furiosamente hacia la orilla. "El señor C. estaba en la popa, yo me encontraba de rodillas en el fondo de la canoa. La pérdida en el ritmo de la remada, o un movimiento tambaleante al cambiar de lugar, podrían inundarla. Y, de entregarla por completo a los elementos, sería jalada al interior del lago o encallaría en la orilla, si es que lo lograba, a 30 o 50 km de distancia [...]. Observamos cómo la gente en la orilla que nos había estado viendo se iba haciendo cada vez más pequeña sin poder ayudarnos". Al final, Juan logró maniobrar el bote para posicionarlo al amparo de un risco que cortaba el viento y desde allí remar hasta la orilla. El *tour* había terminado y Stephens admitió: "Tuvimos más que suficiente con el lago".

En Quetzaltenango, su próxima parada, la política salió a flote una vez más. En todas partes había permeado el horror de la ejecución de los líderes del pueblo a manos de Carrera. "El lugar todavía temblaba bajo el impacto de ese evento", escribió. Escucharon relatos de primera mano de la masacre. "Me dijeron que Carrera derramó lágrimas por la muerte de los dos primeros, pero dijo que los demás no le habían importado. Se consideraba un golpe a los blancos, y todos temían los horrores de una guerra de castas".

Quetzaltenango era la segunda ciudad más grande de Guatemala: hermosa, las calles bien pavimentadas con adoquines, con siete iglesias dominando el horizonte. Además, era Semana Santa. Elaboradas procesiones y otras demostraciones religiosas pronto predominaron sobre todo lo demás. La plaza se llenó de campesinos indígenas y la mayoría de los residentes blancos, aterrorizados por los acontecimientos recientes, se mantuvo alejada. Los rituales y ceremonias religiosas que presenciaron Stephens y Catherwood fueron, escribió, "tan emocionantes, tan terriblemente tristes, que, sin saber por qué, las lágrimas brotaron de nuestros ojos". Agregó que incluso un descenso de la cruz el Viernes Santo que había presenciado en el Monte Calvario en Jerusalén no se comparaba con el fanatismo religioso y el frenesí que estaba viendo ahora.

Tres días después, quedaron libres de la política centroamericana para siempre, mientras caminaban a través de otro conjunto de ruinas en las afueras del pueblo de Huehuetenango, más de 18 km al norte. El sitio, llamado Zaculeu, fue la tercera gran capital indígena invadida por los españoles durante los primeros años de la Conquista y el centro ceremonial de los reyes de la nación indígena Mam. Al igual que Iximché y Utatlán, también se asentaba sobre una meseta rodeada de quebradas. Había sido fortificada y los mames mayas mantuvieron a raya a los españoles durante más de seis semanas antes de rendirse al hermano de Alvarado, Gonzalo, en 1525. El asedio español logró debilitar a los mames atrapados hasta el punto de llegar a la inanición antes de que se rindieran.[11]

Stephens y Catherwood encontraron un sitio derruido y fragmentado en un revoltijo confuso de piedras cubiertas de vegetación, al igual que los dos sitios anteriores. Excavaciones arqueológicas posteriores determinarían que era mucho más antiguo que la capital quiché y la de kaqchikel, pues originalmente había sido asentado casi mil años antes de la llegada de los españoles. Los dos viajeros se encontraron con el dueño de la propiedad, quien dijo que había comprado el terreno a los indígenas, pero que, para su disgusto, estos solían regresar para llevar a cabo ceremonias rituales en la cima de las dos estructuras piramidales que aún quedaban en el sitio. Dio permiso a Stephens y Catherwood de excavar en las pirámides y los montículos, con la condición de que prometieran entregarle cualquier tesoro que llegaran a encontrar. Pasaron el día siguiente con trabajadores de Huehuetenango excavando el sitio, pero solo hallaron algunos fragmentos de huesos y vasijas de barro. Stephens escribió que lamentaba no tener más tiempo para explorar. Pero Palenque, la resplandeciente meta más allá del horizonte, todavía los esperaba.

En Huehuetenango, recibieron la inesperada visita de un estadounidense llamado Henry Pawling, a quien Stephens había conocido mientras aquel fungía como administrador de una plantación de cochinilla al sur de Ciudad de Guatemala. Pawling —quien creció a la orilla del río Hudson en Rhinebeck Landing, al norte de la ciudad de Nueva York— llevaba siete años viajando y trabajando en México y América Central. Cuando supo que Stephens y Catherwood se dirigían a México, dejó su trabajo y se dispuso a alcanzarlos. Cuatro días de dura cabalgata lo llevaron a Huehuetenango. Un plan anterior de ir a México se había visto frustrado por la falta de pasaporte, y esperaba poder unirse a Stephens, cuya empresa contaba con los documentos diplomáticos adecuados. Pawling ofreció a cambio sus servicios en cualquier capacidad. Stephens no dudó. Pawling era joven, hablaba español con fluidez, además era su compatriota y neoyorquino. Se hallaba en el lugar correcto y en el momento adecuado. Tampoco estaba de más que portara consigo un par de excelentes pistolas, una "pistola corta de dos cañones colgada del arzón de la silla" de aspecto siniestro y con una mula de repuesto que tanto necesitaban. "Al instante le otorgué el cargo de gerente general de la expedición", explicó Stephens.

De allí el equipo, ahora con refuerzos, se dirigió al norte rumbo al tramo más accidentado de su viaje: la sierra de los Cuchumatanes, una formidable cadena montañosa cuyos picos de más de 3800 m de altura son las cumbres más altas de América Central después de los volcanes. La expedición ahora estaba formada por Stephens, Catherwood, Pawling, un cocinero y factótum llamado Juan, así como un soldado mexicano fugitivo llamado Santiago. Un arriero mayor y respetable actuaba como guía.

Los siguientes cuatro días trajeron consigo incomodidades y obstáculos de una escala bíblica. La primera noche, mientras acampaban en una loma azotada por el viento, hizo tanto frío que a la mañana siguiente se despertaron cubiertos de escarcha y más de medio centímetro de espesor cubría el agua que llevaban. Al día siguiente, viajaban por el sendero de una loma, tan estrecho que una ráfaga de viento podría lanzarlos al abismo, cuando de repente fueron rodeados por un furioso incendio forestal. Tomaron con rapidez la dirección opuesta hasta llegar a una aldea cercana; apenas consiguieron escapar de las llamas que se elevaban con estruendo por el costado del barranco. Luego, un enjambre de moscas gigantes que huía del incendio descendió sobre ellos y comenzó a atacar a sus mulas. "Cada bocado sacaba sangre", explicó Stephens. "Durante una hora trabajamos sin parar para evitarlo, pero las moscas atacaron sin piedad sus cabezas y cuellos. Las pobres bestias estaban frenéticas y, a pesar de todo nuestro esfuerzo, sus cuellos, la parte interna de sus patas, hocicos, orejas, fosas nasales y cada superficie de piel tierna chorreaban sangre".

A pesar del gran aprecio que sentían por la imponente belleza que ofrecían las vistas de las montañas, se sintieron aliviados cuando, por fin, su largo descenso los llevó al río Lagartero y a la frontera con México y América del Norte. Su única preocupación era que el ejército mexicano, en busca de contrabandistas a lo largo de la frontera, pudiera detenerlos por falta de pasaporte mexicano. Sin embargo, cruzaron el río sin incidentes. Revitalizado por un placentero baño en las aguas frescas del río, Stephens sintió que podía cabalgar a través de México, hasta Texas y todo el camino de regreso a Nueva York. "De vuelta una vez más a los barcos de vapor y los ferrocarriles, qué sosas, aburridas y fútiles parecen todas sus comodidades", escribió. "Estábamos fuera de América Central, a salvo de los peligros de la revolución, y parados en la frontera agreste de México; con buena salud, buen apetito y algo para comer. Todavía teníamos un tremendo viaje por delante, pero parecía nada. Caminamos por el pequeño claro tan orgullosos como los conquistadores de México, y en nuestra extravagancia resolvimos desayunar pescado".

Un viaje de dos días a través de llanuras y colinas, en su mayoría áridas, los llevó al pueblo mexicano de Comitán, donde se prepararon para enfrentarse a problemas por la falta de pasaportes. Pero, en poco tiempo, el estatus diplomático de Stephens, evidente en sus documentos centroamericanos, una vez más los salvó. Él y su séquito recibieron todos los documentos necesarios para continuar. "Recomiendo", escribió, "a todos los que deseen viajar que obtengan primero un cargo en Washington".

En Comitán supieron que las dificultades que enfrentarían para llegar a Palenque serían mucho mayores de lo previsto. Sabían que el camino sería accidentado, pero se les informó que sus ascensos y descensos escarpados y peligrosos lo hacían mucho más largo de lo que aparecía en el mapa. Y lejos de haber dejado atrás la convulsión política, por primera vez se enteraron de que estarían recorriendo dos estados mexicanos, Chiapas y Yucatán, también convulsionados por la revolución. Lo peor de todo es que les dijeron que el Gobierno mexicano había prohibido la entrada de extranjeros a Palenque.[12]

Un camino lleno de obstáculos no preocupaba mucho a Stephens, no después de haber estado en la sierra del Mico o de su reciente excursión a la sierra de los Cuchumatanes. "En cuanto a las revoluciones", señaló Stephens con un toque de su habitual bravuconería, "no iba a derrotarnos un levantamiento mexicano cuando ya habíamos pasado por el estallido de una [guerra] centroamericana". La prohibición de visitar Palenque les pesaba. Las alternativas no eran prometedoras. Stephens podría viajar al norte hasta Ciudad de México para defender su caso, pero —suponiendo que tuviera éxito— aquel trámite agregaría semanas o inclusive meses a su plan de viaje. De no tener éxito, tendrían que dar por terminado el viaje. O podían arriesgarse y entrar sin permiso a Palenque.

Se convencieron entre ellos de seguir adelante. Santiago, el soldado fugitivo, los dejó pero Juan permaneció con ellos. Ahora, deseoso de ver las ruinas, Pawling decidió no ir a Ciudad de México como había planeado y, en cambio, continuar con ellos. Partieron de Comitán el 1° de mayo, más decididos que nunca de llegar al destino con el que habían soñado en Nueva York, al parecer en otra vida.

El primer tramo del viaje transcurrió sin incidentes. Después de llegar a un pueblo llamado Ocosingo al tercer día, se desató sobre ellos una violenta tormenta, la primera descarga del inicio de la temporada de lluvias. Su plan de llegar a Palenque antes de las lluvias había fracasado. Los relámpagos que tronaban y se estrellaban a su alrededor parecían premonitorios de algo peor, dado lo que ya habían escuchado sobre el camino que los esperaba a través de las montañas.

Cabalgando por Ocosingo, observaron frente a la pared de una iglesia dos estatuas esculpidas que, aunque más pequeñas, reconocieron de inmediato que estaban talladas con el mismo estilo de las que habían visto en Copán. Fue el primer indicio emocionante de que se adentraban a un nuevo territorio y que habían dejado atrás las ruinas sin esculturas de las tierras altas de Guatemala. Durante su investigación, Stephens se había topado con el relato de un capitán jubilado del ejército llamado Guillaume Dupaix, quien —unos treinta años atrás, en 1808— había pasado por Ocosingo en su camino para investigar Palenque a pedido de la corona española.

Luego de enterarse de la existencia de unas ruinas cercanas a Ocosingo, Dupaix las visitó, y su breve descripción, junto con varias ilustraciones inéditas, fueron publicadas en París en la década de 1830.[13]

Conocidas hoy como las ruinas de Toniná, se encuentran a 13 km al este del poblado. Al día siguiente, Stephens, Catherwood y Pawling cabalgaron para ir a echarles un vistazo. Los arqueólogos modernos han determinado que entre el 600 y 900 d. C., durante el apogeo del Periodo Clásico maya, Toniná había sido la sede de un gran poder militar que rivalizaba con el de Palenque, ubicado a unos 64 km al norte. En algún momento del año 711 d. C., de acuerdo con jeroglíficos descifrados más tarde en el sitio, el "gobernante 3" de Toniná logró capturar y decapitar a uno de los reyes de Palenque.[14] Sin embargo, a pesar de su destreza militar, Toniná nunca se acercó a Palenque en cuanto a la escala y belleza de su arquitectura o arte, como Stephens pronto descubriría. Stephens y sus compañeros quedaron muy impresionados con el sitio.

Lo primero que vislumbraron al acercarse fue una edificación de piedra que se elevaba por encima de la copa de los árboles. Salieron del bosque y se adentraron en una plaza cubierta de césped donde encontraron dos figuras de arenisca tendidas en el suelo con sus caras hacia arriba. A pesar del evidente deterioro y erosión por los efectos del clima, Stephens notó que aún era posible distinguir muchas de las características de las figuras. Los tres hombres miraron hacia arriba. Las ruinas se alzaban sobre ellos, elevándose a más de 60 m, incrustadas en la ladera de una colina conectada a las montañas más a lo lejos. "Parecía una fortaleza", escribió Stephens, una enorme forma piramidal con numerosas terrazas, todas revestidas con estuco que aún cubría la mayor parte de la construcción de piedra debajo. Pudieron subir a caballo a través de los huecos en las paredes de la terraza hasta llegar al tercer nivel, donde ataron sus caballos. Las terrazas se hallaban cubiertas de pasto y arbustos. Desde el tercer nivel pudieron subir a un edificio en la parte superior. La estructura medía 15 m de ancho por 30 x 10.5 m de profundidad, con una sola entrada al frente. Al entrar, encontraron que estaba dividido en cinco cámaras interiores. El estuco que cubría las paredes de piedra se había desprendido de muchas secciones. Sobre un portal interior se veía hacia un lado una enorme ala extendida. El yeso del otro lado, donde habría estado la otra ala, se había caído y formado montones de escombros a lo largo de la base de la pared. La puerta tenía encima un dintel que consistía en una viga de madera larga y gruesa. Se quedaron atónitos. Era la primera vez que encontraban madera estructural en las ruinas, lo que les pareció increíble dada la evidente antigüedad. Más tarde encontrarían dinteles de madera similares en otras ruinas y su descubrimiento afectaría la visión de Stephens sobre la edad de las ciudades antiguas. "Era tan sólido", escribió Stephens sobre el dintel, "que al golpearlo resonó como metal. Estaba íntegro y sano, sin un agujero de gusano o cualquier otra señal de deterioro".

El alcalde de Ocosingo les había mencionado la existencia de un pasaje en las ruinas que servía como una ruta subterránea que conducía hasta Palenque. Nada les hubiera complacido más que encontrar aquel atajo, comentó Stephens. Su guía señaló el pasadizo pero se negó a entrar. Sin inmutarse, Stephens se quitó el abrigo y se tumbó boca abajo para entrar.

"Cuando había avanzado casi la mitad de la longitud de mi cuerpo, escuché un horrible chillido", escribió. "Y, mientras retrocedía, pude observar un par de ojos pequeños que brillaban como bolas de fuego en la oscuridad. No vale la pena mencionar el tiempo preciso que empleé en dar marcha atrás". Con pistolas desenfundadas y espadas y machetes listos se prepararon para enfrentar a la bestia que pudiera salir de ahí. Pawling introdujo un largo trozo de madera en el agujero y "un enorme zopilote salió revoloteando por el edificio y se refugió en otra cámara". Sin desanimarse, Stephens se abrió paso a través de la estrecha entrada por segunda vez, solo para descubrir que daba a una cámara que no conducía a ninguna parte. Las paredes de estuco en aquel espacio estaban cubiertas con figuras exquisitamente diseñadas en bajorrelieve, incluyendo imágenes de monos y, en la pared del fondo, las figuras de perfil de dos humanos de tamaño natural cara a cara. Catherwood se arrastró para hacer algunos bocetos, pero la luz era mala y el calor y el humo de las velas pronto ahuyentaron al dúo. Los tres hombres exploraron varios edificios más mientras subían de terraza en terraza por la ladera. Desde la parte superior, Stephens pudo observar que el sitio ofrecía una vista panorámica que dominaba una gran parte del campo circundante, lo que habría dificultado —o incluso hecho imposible— que cualquier enemigo se aproximara sin ser visto.

Era el sitio más notable que habían visitado desde Copán o, en el caso de Catherwood, desde Quiriguá. A pesar de que tenían poco tiempo, Stephens quería regresar al día siguiente para llevar a cabo una inspección más completa. Cuando regresaron a Ocosingo ya había oscurecido. Cuando se reunieron con el alcalde, este les dijo que tomaría por lo menos dos días reunir suficientes hombres para hacer el tipo de excavación que Stephens quería. Y no había casi ninguna herramienta disponible, ni siquiera una barra de apalancamiento en todo el pueblo. El asunto quedó decidido cuando se desató otra violenta tormenta y volvió a llover a cántaros: al día siguiente partirían rumbo a Palenque.

"Tengo la firme opinión de que en este lugar le esperan grandes recompensas al futuro viajero", escribió Stephens, quien no tenía idea de cuán profético resultaría ser. Las excavaciones arqueológicas posteriores en Toniná revelaron dos canchas de pelota, un gran número de monumentos y esculturas, y una enorme cantidad de glifos. Estos han permitido a los investigadores reconstruir la historia del sitio y las relaciones con los pueblos vecinos, que subyugó con despiadada eficiencia. Entre los monumentos encontrados hay esculturas circulares, una rareza entre los mayas. Toniná fue una de las últimas ciudades-Estado mayas clásicas en caer y el sitio contiene un monumento en el que está registrada la última fecha conocida de "cuenta larga", equivalente al año 909 d. C., que marca el final del período Clásico maya.[15]

Por la mañana, mientras se dirigían al norte rumbo a Palenque, Stephens miró con tristeza hacia el este. Le habían mencionado la existencia de otros restos de piedra medio enterrados en las casi impenetrables selvas bajas, más allá de Toniná. Como los arqueólogos descubrirían más tarde, Toniná (y Palenque) se encontraban a lo largo del borde occidental del corazón del Clásico maya, mientras que Copán estaba ubicado en el borde oriental. Pero en la época de Stephens, la espesa jungla intermedia aún escondía los restos de un gran número de ciudades mayas espectaculares: Piedras Negras, Bonampak, Yaxchilán, Dos Pilas y —más adentro— la "Nueva York de los mayas", Tikal, con sus rascacielos piramidales.

Stephens había decidido llevar su heterogénea expedición a Palenque de manera rápida y segura. Las lluvias de las últimas dos noches consiguieron infundir en ellos "una especie de terror" profundo. No ayudó que Stephens hubiera traído consigo el relato del capitán Dupaix sobre su viaje de 1808. Dupaix había advertido:

> El viaje es extenuante. Los caminos, si acaso se les puede llamar así, no son más que senderos angostos y difíciles que ser-

> pentean entre montañas y precipicios, y que hay que seguir unas veces montados en mulas, otras a pie, otras sobre los hombros de indígenas, y a veces hasta en hamacas. En algunos lugares fue necesario pasar sobre puentes o, mejor dicho, troncos de árboles mal asegurados, y sobre territorios cubiertos de madera, desiertos y despoblados, excepto por algunas pocas aldeas y chozas. Llevábamos con nosotros treinta o cuarenta indígenas vigorosos para cargar nuestro equipaje y las hamacas.[16]

Poco había cambiado en los treinta años transcurridos desde el viaje de Dupaix. En el mapa, Palenque quedaba a 64 km en línea recta, pero el camino serpenteante, lleno de subidas y bajadas, duplicaba aquella distancia. Aunque la expedición de Dupaix había durado ocho días, Stephens y compañía lo harían en cinco, pero no con menos esfuerzo y agonía. También les preocupaba cómo serían recibidos por los nativos del área, dado que se les había advertido sobre su naturaleza salvaje. Dupaix había hecho el viaje con una tropa de dragones. Agradecieron más que nunca contar con las dos pistolas adicionales de Pawling y el arma de doble cañón.

Al final, el terreno resultó tan escabroso que se necesitó un relevo de cuatro grupos diferentes de indígenas con piernas frescas, provenientes de las aldeas intermedias, para transportar el equipaje de la expedición. Al tercer día, el calor era sofocante y el camino subía y bajaba de una montaña a otra. El sendero se empinaba hacia abajo en un ángulo demasiado peligroso para montar. Cuando comenzaron su ascenso por el otro lado, ir montado tampoco era una opción. Cargados con espadas, pistolas y espuelas, Stephens y los demás conducían a sus animales por caminos tan empinados que debían detenerse y sentarse después de unos cuantos minutos para recuperar el aliento. Tras llegar a la cima, volvieron a subirse a las mulas, pero cabalgaron solo 100 m antes de tener que descender de nuevo. "El descenso fue más empinado que el ascenso", dijo. "Fue más difícil resistir la bajada que ceder ante la subida. Nuestras mulas venían dando tumbos detrás de nosotros y, después de un descenso muy rápido, caluroso y agotador, llegamos a un arroyo cubierto de hojas e insectos. Fue el día más caluroso que habíamos vivido en el país". El intenso calor había marchitado y resecado el follaje.

Les informaron que el día siguiente sería peor. Para entonces ya se habían despojado de espadas, espuelas y pistolas y hasta de sus camisas y pantalones, para así encontrarse "tan cerca como era posible de la condición de los indígenas". Stephens sufría violentos dolores de cabeza por el calor. Aunque era costumbre que a los viajeros de la región los llevaran por los terrenos más accidentados en sillones atados a la espalda de un cargador indígena, Stephens escribió sobre su "repugnancia a aquel modo de transporte". Sin embargo, para el cuarto día, con la cabeza partida por el dolor, estaba listo para pedir un sillón, repugnante o no, cuando se enfrentaron a un ascenso particularmente empinado. Se subió a un sillón atado a la espalda de un indígena delgado que no media más de 1.44 m de altura. "Para no aumentar el trabajo de cargarme", escribió, "me senté lo más quieto posible". Al estar sentado en el sillón dándole la espalda al camino por recorrer, no pudo evitar darse la vuelta cada cierto tiempo para ver adónde se dirigían. Cuando se acercaron al borde de un precipicio que descendía más de 300 m, Stephens quiso bajarse del sillón pero no consiguió darse a entender con los indígenas. El que lo llevaba a cuestas se estremecía mientras colocaba con cuidado un pie delante del otro a lo largo del borde.

> Subía y bajaba con cada respiración, sentía su cuerpo temblar debajo de mí y sus rodillas parecían ceder. El precipicio era espantoso, y el menor movimiento irregular de mi parte podía hacernos caer a los dos juntos. Para mi gran alivio, el camino se alejó del desfiladero; pero apenas me había felicitado por haber escapado cuando el cargador comenzó un descenso su-

> mamente inclinado. Era mucho peor que la subida; si se caía, nada me impediría salir volando por encima de su cabeza. Sin embargo, me quedé en sentado hasta que él me derribó por su propia voluntad.

Después de horas de trayecto, llegaron a una cabaña donde esperaban pasar la noche. Pero no había agua y se vieron obligados a seguir adelante. Continuaron el ascenso hasta la siguiente cima solo para comenzar otro horrible descenso. Luego, un fuerte viento azotó el lugar, arrancando hojas y ramas secas, mientras que nubes oscuras se acumulaban sobre la montaña. Estaban desesperados por llegar abajo antes de que estallara la tormenta. "Afortunadamente para el lector, esta fue nuestra última montaña; la peor de todas las que encontré en ese o en cualquier otro país. Temiendo el arribo de una nueva tormenta, me aventuraré a decir que ningún otro viajero había conseguido descender en menos tiempo".

Llegaron al llano, cruzaron un río y entraron a un rancho deshabitado. En aquel momento estalló la temida tormenta en la montaña a sus espaldas, pero para entonces ya se encontraban secos y seguros en el pequeño claro. El rancho no era más que una choza con techo de paja expuesta al exterior en sus cuatro lados. Habían comenzado a preparar una fogata para la cena cuando de repente un enjambre de mosquitos cayó sobre ellos. Apenas podían comer, a pesar de sentir un hambre voraz. Encendieron otras fogatas y fumaron tabaco para mantener a raya a los insectos. En la oscuridad descubrieron que también estaban rodeados de luciérnagas gigantes que, a diferencia de las que destellaban de manera intermitente en casa, mantenían una luz constante. Parecían "estrellas fugaces", escribió Stephens.

Aquella noche, los viajeros descansaron completamente vestidos para evitar lo mejor posible las picaduras de mosquito. Pawling trató de cubrirse la cabeza con una tela, pero descubrió que no podía respirar por el calor. Fue a echarse a la orilla del río, donde también reposaban los indígenas. No obstante, a la medianoche, llovió a cántaros, y en medio de truenos y relámpagos, todos buscaron cobijo bajo el techo de paja del rancho. El sonido de manos golpeando mosquitos marcaba la noche. Nadie durmió. Antes del amanecer, Stephens caminó hasta el río y se sumergió a lo largo de la orilla poco profunda. "Fue el primer momento cómodo que tuve. Mi cuerpo acalorado se enfrió y permanecí tendido en el agua hasta la alborada". Cuando amaneció, los hinchados mosquitos partieron. Pero todos se sentían más agotados que cuando llegaron. De alguna manera, durante aquella noche inquieta, Catherwood había perdido su anillo de esmeraldas, un objeto que apreciaba mucho por razones sentimentales.

Se montaron en sus bestias para el viaje del último día. El sendero adelante era plano, pero atravesaba un denso y profundo bosque tropical. Al mediodía, llegaron a una bifurcación que se desviaba hacia una dirección de la jungla que creyeron que podría conducirlos directamente a las ruinas de Palenque. Tal vez era su mejor oportunidad para colarse en el sitio. Pero no estaban seguros y no pudieron comunicarse con sus cargadores indígenas. Así es que, en aquel punto, decidieron que se encontraban en un estado demasiado "deteriorado" para establecer una residencia inmediata en las ruinas. Por lo tanto, continuarían por el camino principal y se arriesgarían a pasar por el pueblo de Santo Domingo de Palenque, donde esperaban descansar y abastecerse de provisiones antes de continuar hacia las ruinas. Salieron del bosque a una amplia llanura en la que observaron ganado pastando. Era un paisaje de ensueño: la hierba fresca de las primeras lluvias, un enorme árbol solitario frente a ellos cubierto de flores amarillas. Stephens volvió a mirar los picos oscuros detrás de él. Habían escapado de las montañas y las selvas tropicales y de los indígenas sin bautizar. Habían sobrevivido de alguna manera y estaba seguro de que ahora nada podría alejarlos del objeto de su deseo: Palenque.

13

Palenque

Más de 3.5 m de lluvia caen cada año en Palenque. El suelo es fértil; el sol tropical, feroz, y capa tras capa de vegetación incontenible lucha continuamente por sepultar a la otrora gran ciudad de los mayas. En lo profundo de las sombras azul verdosas de los árboles, entretejido con más de cincuenta arroyos y manantiales, el follaje lucha por cada ápice de luz solar. El graznido de los pájaros y el zumbido de los insectos cortan el aire húmedo. Los vapores flotan como fantasmas sobre el revoltijo de piedras. Cortés y su ejército, durante su horrible marcha a Honduras en 1524, pasaron a 30 o 50 km de la ciudad enterrada, conocida en la antigüedad como Lakamha, o "El lugar de las grandes aguas", sin haber escuchado a nadie mencionar una sola palabra sobre su existencia. Doscientos sesenta años después, continuaba desenterrada y olvidada, como lo había estado durante casi un milenio, cuando el presidente de la Real Audiencia en la Ciudad de Guatemala ordenó una investigación sobre informes de sacerdotes locales en conexión con la existencia de "casas de piedra" en la selva.[1] Enviado a investigar, el alcalde del cercano poblado de Santo Domingo de Palenque, José Antonio Calderón, se abrió camino a través de la selva en 1784 y pasó tres días en las ruinas antes de ser ahuyentado por la lluvia. Informó que encontró más de doscientas estructuras, incluyendo lo que pensó que eran unos 18 palacios de piedra. De aquel modo los restos de Palenque fueron incluidos en los libros de historia.

El informe de Calderón causó gran revuelo dentro de la corte guatemalteca y planteó una serie de preguntas. ¿Podría haber algo nuevo y diferente en estos restos que los distinguiera de los monumentos erigidos por los toltecas, aztecas e incas, que eran bien conocidos desde los primeros días de la Conquista? ¿Podrían estas ruinas responder a la pregunta de siglos sobre el origen de los primeros habitantes de las Américas y de dónde habían venido? José Estachería, el presidente de la Audiencia, decidió enviar a su arquitecto a investigar. A su regreso, el inspector confirmó mucho de lo que Calderón había encontrado. Maravilloso y extraño, Palenque emergía de las brumas cientos de años después de la Conquista, más un número indeterminado de siglos desde su abandono, y estaba a punto de ganarse un lugar especial en la historia de la exploración. Estos primeros informes y los posteriores relatos que más tarde asegurarían su fama aún se hallaban a décadas de llegar al público.

Templos en Palenque (Carlsen)

La noticia del descubrimiento cruzó el Atlántico hasta España mediante la secreta burocracia colonial, y las órdenes para un estudio y una excavación exhaustivos llegaron directamente de la corte real de Madrid.[2] El rey Carlos III había demostrado un gran interés por las culturas antiguas. Como gobernante de Nápoles, había patrocinado las primeras excavaciones en Pompeya y Herculano.[3] En mayo de 1787, un capitán de artillería español llamado Antonio del Río, seleccionado para el proyecto de Palenque en la Ciudad de Guatemala, se abrió paso a través de una densa niebla para llegar a las ruinas acompañado por un artista que respondía al nombre de Ignacio Almendáriz.[4] Cuando por fin se toparon con los edificios de piedra bajo la densa masa de follaje y enredaderas, Del Río comprendió de inmediato el inmenso esfuerzo que supondría despejar la zona. Una semana más tarde, regresaba a las ruinas con 79 indígenas de Santo Domingo de Palenque armados con hachas, y en dos semanas habían cortado y quemado la vegetación alrededor del grupo de ruinas más intacto. Finalmente pudieron respirar aire saludable, escribió Del Río. Luego se encargaron de los árboles y el follaje que cubría la parte superior de las estructuras, exponiendo hasta sus recovecos internos. Entonces, con la contundente fuerza propia de un artillero, Del Río comenzó la excavación.[5] Fue como si una bomba hubiera estallado en medio del sitio.

"Al final", escribió, "no quedó una sola ventana o entrada bloqueada; se hicieron excavaciones de hasta 6 m de profundidad en todas las paredes divisorias aún de pie, en cuartos, corredores, patios, torres o pasajes subterráneos". Una vez que el campo de visión quedó despejado, Almendáriz se puso a trabajar y produjo 26 hojas de dibujos, algunas de las cuales proporcionaron las primeras representaciones bastante precisas, aunque caricaturescas, de las figuras y jeroglíficos que fueron tallados en las paredes de Palenque o moldeados en las estructuras de yeso.[6] Mostró una cantidad considerable de licencia artística, simplificando los planos y la ornamentación de estuco.

Del Río hizo un minucioso examen de las ruinas centrales. Tomó medidas, cortó algunos jeroglíficos y partes de figuras de estuco, recolectó pedernales, "tinajas de barro" y objetos de cristal; todo fue enviado a España para una investigación más exhaustiva. Incluyó la pata, elaboradamente esculpida, de una mesa de piedra.

Sin embargo, el extraordinario arte de Palenque no logró impresionarlo o sus virtudes descriptivas lo abandonaron, ya que su informe terminó siendo poco elocuente, desapasionado y breve, ocupando menos de una docena de páginas. El serio oficial de artillería optó, en cambio, por basarse en gran medida en las referencias numeradas de los dibujos de Almendáriz, al parecer con la esperanza de que las imágenes transmitieran mejor lo que habían encontrado. Sin embargo, sí se formó una opinión sobre el origen de la ciudad enterrada. Como muchos de los que lo seguirían, incluidos Walker y Caddy, estuvo atrapado en el único marco de referencia que conocía: el clásico. Escribió que las formas esculpidas tenían fuertes influencias romanas y griegas:

> Porque en sus fabulosas supersticiones, parece que vemos la idolatría de los fenicios, los griegos, los romanos y otras naciones primitivas representadas con mayor fuerza. Por esta razón, puede conjeturarse que alguna de estas naciones persiguió sus conquistas incluso hasta este país, donde es probable que solo permanecieran el tiempo suficiente para permitir que las tribus indígenas imitaran sus ideas y adoptaran, de una manera tosca y torpe, aquellas artes que sus invasores creyeron conveniente inculcarles.[7]

Al final, poco del trabajo de Del Río y Almendáriz salió a la luz. Terminó inédito, acumulando polvo en los archivos de Guatemala y España, uno más de los secretos de Hispanoamérica y ocultos al mundo exterior.

Pasaron veinte años antes de la próxima gran expedición, esta bajo el mando del rey Carlos IV. El capitán retirado

Dupaix tenía especial interés en los sitios precolombinos, y por encargo del virrey de la Nueva España viajó en 1808 a Toniná y Palenque. Lo acompañaban un destacamento de dragones y José Luciano Castañeda, un maestro de dibujo de Ciudad de México. Al final, los dibujos de Castañeda y los comentarios de Dupaix corrieron la misma suerte que el informe de Del Río: también fueron enterrados en los archivos. Estos quedarían olvidados en Ciudad de México durante los siguientes 13 años de agitación política, que resultó en la Independencia de México de España en 1821.

Castañeda, aunque más talentoso que Almendáriz, también tuvo dificultades para reproducir con precisión mucho de lo que había visto en Palenque. Dupaix, sin embargo, demostró ser un cuidadoso observador, el primero en establecer una ruptura entre lo que había visto en las ruinas y lo que sabía del arte y la arquitectura clásica griega, romana y egipcia. En un lenguaje mucho más imaginativo que el de Del Río, propuso que Palenque fue construido por un pueblo, escribió, "dotado de su propio genio, de su propia fuerza imaginativa, y que progresó a lo largo de los siglos". Aun así no estaba dispuesto a ir tan lejos como para atribuir los palacios y templos a las tribus indígenas de México y América Central, sino a una raza desaparecida hace mucho tiempo: la gente de la legendaria Atlántida.[8]

El palacio en Palenque y su patio interior (Carlsen)

Por lo tanto, hasta bien entrado el siglo XIX, los primeros vestigios descubiertos de los extraordinarios glifos, el arte y la arquitectura de la civilización maya eran conocidos solo por un pequeño grupo de individuos asociados con la corte real española.[9] Las cosas cambiaron después de las guerras para independizarse de España. Un médico inglés residente en Guatemala extrajo de los archivos el informe de Del Río. Lo llevaron a Londres y lo publicaron en 1822.[10] Después, el relato de Dupaix sobre su expedición de 1808 fue descubierto en Ciudad de México y se incluyó en un infolio que en 1831 publicó un excéntrico irlandés llamado Edward King, también conocido como lord Kingsborough.[11]

Kingsborough era un joven y rico aristócrata proveniente de Cork que se había obsesionado con las antigüedades mexicanas y estadounidenses. Antes de morir, a los 42 años, dedicó toda su fortuna a la publicación de nueve enormes libros ilustrados, uno de los cuales incluía el trabajo de Dupaix y Castañeda.[12] Los infolios estaban llenos de impresionantes letras mexicanas pintadas a mano y glifos, en su mayoría copiados de "códices" o libros mayas de papel de corteza, que los conquistadores y exploradores españoles encontraron y enviaron a Europa. Estaba convencido de que los códices y los restos de piedra hallados en América Central y México eran obra de las "tribus perdidas de Israel".[13] Lamentablemente, sus publicaciones lo llevaron a la bancarrota y murió de tifus en una prisión de deudores en Dublín en 1837, dos años antes de heredar la rica propiedad de su padre.[14]

Los volúmenes de Kingsborough, *Mexican Antiquities*, junto con los informes de Del Río y Dupaix, reavivaron el debate intelectual y profundizaron el misterio que los europeos, y más tarde los estadounidenses, habían debatido desde que Colón regresara de su primer viaje a América.[15] El descubrimiento de los habitantes de los continentes americanos, algunos de los cuales vivían en sociedades relativamente avanzadas, desconcertaba a los intelectuales y eruditos religiosos occidentales y amenazaba el orden bíblico del mundo. ¿De dónde procedían estos nativos, qué edad tenían sus ciudades y cómo encajaban en la narrativa egipcia, griega, romana, del Antiguo y del Nuevo Testamento aceptada desde hacía mucho tiempo? ¿Estos indígenas ya poblaban las Américas antes de Noé y el gran diluvio o en algún momento después? Animado por el informe de Dupaix y los códices en papel de los jeroglíficos mayas, los volúmenes de Kingsborough incluyeron textos con respuestas especulativas a estas preguntas, vinculando a las "tribus perdidas" con México, por ejemplo. Mientras tanto, los franceses no se iban a quedar atrás. Una publicación en París de 1834, *Antiquités Mexicaines*, también estaba plagada de tratados académicos sobre las similitudes entre las ruinas mexicanas y las de Egipto, la India y otras civilizaciones del Viejo Mundo.[16]

Los informes de Del Río y Dupaix desde el sitio, sin discernimiento y sesgados, no hicieron nada para alterar aquella visión del mundo. Solo la afilaron. El descubrimiento de un sitio arquitectónicamente sofisticado de quizá gran antigüedad tan solo llevó a la mayoría de los pedantes y teóricos alejados del lugar a ver a Palenque como una colonia única, fuera de la norma, que de alguna manera encontró su camino del Viejo al Nuevo Mundo, dejando intacta su narrativa histórica básica.[17] Sería tarea de un Stephens y de un Catherwood, experimentados en exploraciones independientes del Viejo Mundo, examinar con cuidado toda la evidencia, las ruinas dispares y muy dispersas, y crear una nueva narrativa.

En 1832, alrededor de la época de la publicación de Kingsborough, apareció en la escena un nuevo y extravagante personaje. El arqueólogo Michael Coe de la Universidad de Yale lo describió así: "Durante la primera mitad del siglo XIX, la investigación americanista estaba repleta de excéntricos: las manos muertas de la academia aún tenían que sofocar el entusiasmo desenfrenado de un pequeño grupo de aficionados en Europa y América".[18] Rumbo a Santo Domingo de Palenque cabalgaba el "conde" Jean-Frédéric-Maximilien de Waldeck, un ciudadano francés naturalizado que, en diferentes momentos, había designado a Viena, Praga o París como su lugar de nacimiento. También llegó a afirmar que su fecha de nacimiento era el 16 de marzo de 1766, lo que, de ser cierto, lo habría puesto a medio camino de sus 60 cuando llegó a Palenque. Waldeck —un hombre de constitución robusta y una leyenda de creación propia— hizo increíbles alardes sobre sus aventuras: viajes a la edad de 14 años por Sudáfrica, estudios de arte neoclásico en París, participación en la ocupación francesa de Egipto y la lucha chilena por la independencia, así como amistades con Napoleón, Humboldt, el rey Jorge III, lord Byron, Marat, Robespierre, poco de lo cual podría ser verificado.[19] Incluso su fecha de nacimiento era sospechosa, lo que fue un golpe potencial a su reputación a finales de su vida en París, donde, ya habiendo pasado la dudosa edad de 100 años, pretendía ser un famoso "admirador" de las mujeres. Una figura alta e imponente con un profundo barítono, Waldeck adquirió el título de "conde" basado en la petición de un título nobiliario como supuesto miembro de la familia Waldestein-Württemberg.

A pesar de toda su automitificación, Waldeck era un artista talentoso. Y en 1822 afirmó haber tenido una experiencia que le cambió la vida, cuando fue contratado en Londres para dibujar las ruinas de Palenque para el libro de Del Río. Al igual que Kingsborough, había desarrollado una gran obsesión por las antigüedades americanas. Más tarde, después de haber trabajado para una compañía minera de plata en México y como retratista en Ciudad de México, por fin llegó a Palenque en mayo de 1832. "Desde el momento en que vi los dibujos [de Almendáriz] a pluma y tinta [para el libro de Del Río]", escribió a la Société de Géographie en París, "sospeché que eran menos que fieles a los originales y comencé a albergar un deseo secreto de ir a dibujar las ruinas yo mismo".

Waldeck pasó casi un año viajando ida y vuelta del pueblo a las ruinas y vivió cuatro meses en una choza al pie del llamado Templo de la Cruz. Trabajó con diligencia dibujando y pintando las ruinas, soportando, en su mayor parte solo, el calor, la lluvia y los atormentadores insectos. Al igual que Almendáriz y Castañeda, luchó mucho con los intrincados jeroglíficos, y en algún momento le escribió a un amigo que había pasado veinte días copiando tan solo 114 glifos.[20] Exhausto y sin dinero, se dirigió al norte, a Yucatán. Allí visitó y trabajó en las ruinas que más tarde serían conocidas como Uxmal.[21, 22] Tenía fama de irascible y contencioso, y de alguna manera ofendió a las autoridades mexicanas, que aparecieron frente a su puerta en Mérida, la capital de Yucatán, y le confiscaron sus escritos y dibujos. Sin embargo, anticipándose a tal acción, Waldeck había hecho copias y enviado gran parte de sus obras originales a Jamaica. En otra versión de la historia, Kingsborough, que había estado financiando a Waldeck, intervino e hizo posible que le devolvieran su obra de arte. Waldeck partió a Londres en 1836.[23]

Aunque era un artista talentoso, gran parte del trabajo de Waldeck sufría de una formación neoclásica y de su generosa imaginación. A menudo cedió a la tentación de idealizar y romantizar lo que había encontrado.[24] Tampoco pudo escapar de la creencia de que las ruinas eran obra de los habitantes del Viejo Mundo, y algunas de sus ilustraciones parecían más egipcias y griegas que mayas.[25] Creó imágenes de estatuas esculpidas que más tarde no serían encontradas en el sitio, sus medidas a veces eran inexactas, y dibujó elefantes y tortugas imaginarios en paredes y adoquines. También restauró de manera creativa partes de las ruinas que estaban dañadas. En una de esas fabricaciones, recreó la pirámide más grande de Uxmal, construida originalmente en forma ovalada, con cuatro lados planos al estilo egipcio.[26]

Poco después de su regreso a Londres, utilizó un novedoso método para calcular con la mayor exactitud posible la edad de las ruinas. En una comparecencia ante la Royal Geographic Society en mayo de 1836, primero deslumbró a los miembros de aquella sociedad con sus dibujos y luego afirmó rotundamente que las ruinas tenían al menos mil años.[27] Explicó que basaba su afirmación en los árboles que encontró creciendo en las ruinas: había cortado uno y contado 973 anillos concéntricos en una sección transversal del tronco. Como señaló, el árbol debió de haber sido plantado después de que el edificio se encontraba en ruinas.[28]

Vista actual del palacio de Palenque desde un templo cercano (Carlsen)

Waldeck se fue a París, donde, en 1838, publicó su obra en un infolio compuesto casi en su totalidad por ilustraciones de hombres y mujeres indígenas de Uxmal y Yucatán vestidos con trajes típicos. Incluye una sola imagen de Palenque. No publicaría sus dibujos de Palenque sino hasta tres décadas más tarde.[29]

Las primeras impresiones de Stephens sobre las ruinas de Palenque reflejaron las de Calderón, Dupaix y Walker: una exuberante selva tropical, densa maleza cubierta de lianas, montículos de piedras, escombros sin forma con los que tropezaban sus mulas; después, mientras subían a la primera terraza y luego otra, el gran edificio y una torre a través de los árboles eran, escribió Stephens, "únicos, extraordinarios y tristemente hermosos".

Era como si la tala y quema de Del Río y los numerosos desmontes realizados por otros durante las décadas intermedias nunca hubieran ocurrido. La selva, resistente y automática, había cubierto y asfixiado a Palenque una vez más. Una espesa vegetación volvía a ocupar la parte superior de la estructura, las raíces serpenteaban por sus cornisas y descendían por las paredes; los árboles cada vez más cercanos cubrían las entradas con sus ramas. Algunas de las paredes se habían derrumbado, pero aún era posible observar a través del follaje la elaborada ornamentación que cubría la fachada del edificio, al igual que unas extrañas figuras en estuco en sus pilastras. Los indígenas que los acompañaban gritaron "¡el palacio!". Stephens, Catherwood y Pawling subieron los últimos escalones a pie y entraron a los pasillos exteriores. Echaron un rápido vistazo a su alrededor, regresaron a la entrada y cada uno disparó cuatro balazos al aire. Fue una celebración que expresaba su enorme alegría. Sin embargo, escribió Stephens, "también tenía el propósito de causar un efecto amedrentador entre los indígenas presentes [...] quienes, sabíamos, relatarían nuestra demostración a la gente del pueblo y así mantendríamos a raya a cualquiera de sus respetables amigos que tuvieran pensado visitarnos por la noche".

Por temor a la lluvia, no tardaron en establecer su residencia en un corredor que rodeaba una parte del palacio. Juan, su cocinero, que había suplicado quedarse en el pueblo, montó una cocina rudimentaria sobre un montón de piedras al final del pasillo y Pawling construyó una mesa de piedra con escombros. Cortaron ramas y las apilaron para formar camas. Tras cortar algunos árboles de la terraza, se dieron cuenta de que la altura del palacio ofrecía una vista de la inmensa jungla a sus pies y abarcaba una llanura amplia, llana y boscosa que llegaba hasta el golfo de México. Profundamente supersticiosos, sus transportistas indígenas sucumbieron más tarde al miedo, se negaron a pasar la noche en las ruinas y regresaron a la aldea.

Justo cuando Stephens y sus compañeros se iban a cenar, el cielo se oscureció; mirando hacia el bosque, podían ver los árboles doblándose ante la fuerza del viento. En un instante, el viento los alcanzó, seguido por una fuerte lluvia. La cena se había empapado. El cielo temblaba con truenos y relámpagos. Fue una tremenda bienvenida grosera, pero solo el comienzo de los tormentos por venir.

Pero no faltaron los momentos de consuelo. Debido al viento hizo que no pudieran encender una vela al caer la noche, pero Stephens descubrió que, agachado en un rincón protegido del pasillo, sus alrededores estaban muy bien iluminados por enormes luciérnagas que a la luz de una sola podía leer un periódico estadounidense que había traído consigo de Guatemala. "Era uno de un paquete que traía, lleno de debates del Congreso [...] y el hecho de leer a la luz de escarabajos, en el palacio en ruinas de Palenque, acerca de los dichos y acciones de grandes hombres de mi patria, me pareció el incidente más extraño de todo mi viaje". Sus pensamientos se volvieron aún más melancólicos cuando Catherwood, al vaciar los bolsillos de su chaqueta de caza, le entregó a Stephens un boleto de ómnibus de Broadway: "Válido por un viaje".

Amanecieron empapados hasta la piel y no había un lugar seco en el que pararse. Peor aún, las tortillas estaban mohosas. "Como a menudo en tiempos de problemas", escribió Stephens, "nos tranquilizamos con un cigarro". Pronto llegaron tortillas frescas con el carnicero del pueblo, quien sirvió como guía oficial de Santo Domingo a las ruinas (la prohibición de visitantes resultó ser falsa); un servicio que también había brindado a Waldeck, Caddy y Walker. Sin su ayuda, explicó Stephens, no tenían idea de qué dirección tomar porque la jungla formaba una sólida cortina alrededor del palacio.

Pasaron el primer día familiarizándose con el lugar e hicieron una inspección preliminar de los templos circundantes. Al día siguiente comenzó el trabajo duro. Stephens y Pawling se pusieron a tomar las medidas del palacio. Más tarde, con la ayuda de los pocos indígenas que venían a diario, derribaron algunos árboles para construir un andamio en el cual Catherwood instalaría su cámara lúcida. Su objetivo primordial era conseguir la máxima precisión en los dibujos. Tuvieron que quitar el musgo, las algas y el moho que a veces oscurecían por completo las figuras esculpidas y los jeroglíficos debajo. Los patios del palacio estaban tan llenos de árboles y arbustos, que resultaba imposible ver más allá de ellos. Tuvieron que cortarlos todos.

En uno de los patios, la extracción de los escombros reveló nueve extraordinarias figuras humanas debajo del corredor, de 1.82 m de altura y talladas en bloques de piedra caliza. "Están adornadas con ricos tocados y collares, pero sus gestos son de dolor y agobio", escribió Stephens. "El diseño y la proporción anatómica son defectuosos, pero hay una fuerza de expresión en ellas que muestra la habilidad y el poder conceptual del artista".

Patio del palacio, Palenque (Catherwood)

Detalle de relieve escultural en el patio del palacio, Palenque (Catherwood)

Las lluvias llegaban con regularidad a eso de las tres o cuatro de la tarde, pero eran la menor de sus molestias. Todas las noches debían soportar el asedio de los mosquitos. La segunda noche, para escapar de estos "asesinos del descanso", Stephens llevó su ropa de cama por un oscuro pasadizo al pie de la torre del palacio y encontró un espacio angosto al que podía entrar gateando con todo y su estera. La humedad de aquel reducto era refrescante. Los murciélagos que zumbaban y revoloteaban encima de él ahuyentaban a la mayoría de los mosquitos. A pesar de "la enorme aprehensión hacia serpientes y reptiles, lagartijas y escorpiones que infestan todas las ruinas", al final pudo conciliar el sueño.

Pero fue solo un alivio temporal, y la noche siguiente fue peor. Incluso la yema de un dedo expuesto era atacada brutalmente. Y el calor se volvía insoportable al meterse debajo de las sábanas en busca de protección. "Por la mañana, nuestras caras estaban llenas de manchas", escribió. Agotados por los trabajos del día, sabían que no podrían continuar sin dormir. Encontraron una solución: cortaron las sábanas que habían sido cosidas para formar sacos. Usando su estera de paja como base, doblaron tres ramas para formar un arco sobre sus camas, desplegaron las sábanas sobre aquella estructura y las tensaron y cosieron alrededor, dejando una pequeña abertura para gatear al interior. Todas las noches, señaló Stephens, "los anfitriones nos esperaban adentro". Sin embargo, después de cerrar la abertura detrás de ellos, podían cazar cada mosquito en el interior con la llama de una vela. Había una segunda ventaja con el nuevo arreglo: aunque no podían escapar del rocío de la lluvia, la sábana húmeda a 30 o 60 cm por encima de sus cuerpos actuaba como enfriador del aire caliente en el interior. "Es en ocasiones como esta cuando se manifiesta el poder creativo del ingenio".

Pero no parecía haber solución para un tormento que Stephens no soportaba. Al igual que Caddy antes que él, fue víctima de un insecto que los indígenas llamaban *nigua*. Esta pequeña garrapata, según Stephens, se abrió paso a mordidas en la carne y depositó sus huevos, que eclosionaron y se multiplicaron rápidamente. Llevó uno en su pie durante varios días sin saber qué le pasaba. Pawling intentó extraerlo con una navaja, dejando un gran agujero. Pronto, se le hinchó hasta el punto de que tuvo que permanecer sentado con el pie en alto durante un día. Un enjambre de pequeñas moscas negras lo atacó y le infligió cientos de pinchazos. Se inflamó tanto que, en su décimo día en las ruinas, Stephens decidió que tenía que regresar al pueblo. El pie no cabía en el estribo y no podía dejarlo colgando sin sentir que la sangre estallaría a través de su piel. Apoyándolo sobre un almohadón encima del borrén delantero de la silla de montar, logró bajar lentamente por el bosque hasta Santo Domingo.

Templo de las inscripciones, Palenque (Catherwood)

Imagen actual del templo (Carlsen)

Pasó dos días acostado en una casa alquilada al alcalde del pueblo. Con la ayuda del botiquín de la expedición la hinchazón bajó lo suficiente como para que pudiera cojear por la ciudad y visitar gente, una de las diversiones favoritas de Stephens. Como se sentía culpable, compró pan, partes de un cerdo sacrificado y otras delicias que alcanzaban para un pequeño festín y tan pronto como pudo, regresó a las ruinas con aquel botín. Se había ido solo unos días, pero se quedó atónito cuando vio a Catherwood. "Estaba pálido y demacrado", informó Stephens, "cojo, como yo, por las picaduras de insectos; su rostro estaba hinchado y su brazo izquierdo colgaba con reumatismo como si estuviera paralizado".

Los cambios en las ruinas fueron igual de sorprendentes dado el poco tiempo que había estado fuera. La lluvia se había filtrado por todas partes, las paredes se volvieron resbaladizas por la humedad, el agua goteaba por las grietas del techo del palacio. Las sillas de montar, las bridas, las botas, cualquier cosa hecha de cuero, se había puesto verde debido al moho; y las pistolas y los rifles estaban cubiertos de óxido. El tiempo se les acababa. Sin embargo, de alguna manera, Catherwood siguió trabajando. A los pocos días supieron que tenían que irse. Cada noche traía más lluvia hasta que temieron que los truenos y relámpagos derribarían el palacio sobre sus cabezas. "El jueves, 30 de mayo, la tormenta comenzó con un torbellino", escribió Stephens. "Por la noche, el estrépito de los árboles que caían resonaba en el bosque, la lluvia caía a cántaros, el estruendo de los truenos era tremendo. Mientras tanto, yacíamos observando el aspecto del palacio en ruinas, iluminado por el resplandor de relámpagos como nunca había visto en este país. Fue grandioso; de hecho, había demasiado de lo sublime y de lo terrible" en aquella escena.

Por la mañana, el patio y los compartimentos inferiores del palacio estaban inundados. Catherwood siguió trabajando un día más. En menos de tres semanas de trabajo casi continuo, había logrado lo prácticamente imposible: capturar la esencia de las ruinas en papel con más precisión que nadie antes que él, sobre todo de los cientos de inscripciones jeroglíficas. Pero no pudo continuar.

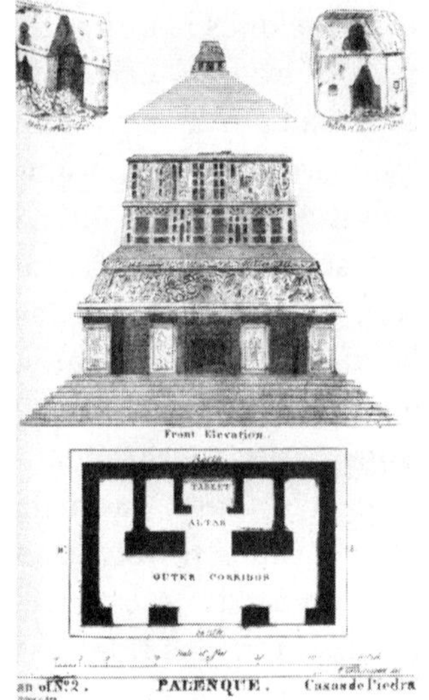

Templo en Palenque
Catherwood (izq.) y Carlsen (der.)

El 31 de mayo terminó su último dibujo. Empacaron el sábado 1 de junio y "como ratas que abandonan un barco hundiéndose", escribió Stephens, se fueron de Palenque.

Catherwood apenas pudo regresar al pueblo. El sendero era todo lodo y barrancos, los otrora arroyos ahora se habían convertido en pequeños ríos. Subiendo por la ribera de uno de los ríos, la mula de Catherwood cayó hacia atrás y rodó sobre él. Pawling pudo liberarlo y, aunque no resultó herido, se encontraba muy conmocionado y débil.

Una vez que llegó al pueblo se derrumbó, deshecho y exhausto. Logró recuperarse, pero le tomó tiempo. Mientras tanto, Stephens volvió a sus cuadernos, que había descuidado durante días. Un mes antes, cuando llegaron a Santo Domingo, les complació enterarse de que Walker y Caddy habían sobrevivido a su viaje y evitado ser asesinados. Stephens también estaba muy al tanto de las exploraciones anteriores de Del Río, Dupaix, Galindo y Waldeck, y cada uno fue objeto de su reconocimiento en su libro. De hecho, había decidido rechazar todo crédito por descubrir Palenque y uno de sus primeros comentarios escritos sobre las ruinas fue describir los grafitis que encontraron en las paredes del palacio. Los nombres de Caddy y Walker estaban allí, y varios otros, incluido el del empresario maderero Noah Platt, quien le había descrito las ruinas a Stephens varios años antes.

Stephens terminaría dedicando dos capítulos del libro, 36 páginas, solo a la descripción de las ruinas de Palenque. Pero entendió que sería el trabajo de Catherwood lo que marcaría la diferencia y elevaría su libro por encima de todo lo que se había publicado antes. "Defiendo los dibujos [de Catherwood] frente a estos costosos infolios", escribió refiriéndose a los volúmenes franceses y a los de Kingsborough. "Y ante cualquier otro libro que se haya publicado sobre el tema de estas ruinas".

Treinta y cuatro ilustraciones de Palenque acompañarían el texto de Stephens, todas ellas grabadas a partir de los dibujos, bocetos, mapas, alzados, secciones transversales y planos de Catherwood. Uno de sus logros más importantes fueron las tres páginas que dedicó a los grandes y complejos paneles jeroglíficos que encontraron en una estructura que luego sería famosa como el Templo de las Inscripciones.[30] Los grabados a doble página también mostrarían a los señores de Palenque, figuras enormes e imponentes con elaborados tocados de plumas, talladas en bloques de piedra caliza e incrustadas en las paredes de los otros templos. Catherwood le daría al mundo su mejor mirada a la belleza y extrañeza de la gran ciudad en ruinas y, aun así, el arte verdaderamente sublime de Palenque continuó desafiando la representación bidimensional en la página.

Palenque no era Copán. Allí, Catherwood había podido utilizar su ojo de arquitecto, su habilidad para el sombreado y la perspectiva, para capturar la gran profundidad del esculpido y la tridimensionalidad de las grandes estelas, altares y otros monumentos. En Palenque no había monolitos, ni pilares de piedra o estelas. El arte se hallaba en superficies planas. Stephens y Catherwood solo pudieron encontrar una estatua tridimensional, con un lado sin terminar, al parecer diseñada para que la colocaran contra una pared. Durante el siglo y medio siguiente, las excavaciones en Palenque revelarían una gran cantidad de esculturas tridimensionales, asombrosas figuras de cerámica y piedra, cabezas y portainciensos, algunos diseñados con un estilo naturalista casi único en el mundo maya. Este enfoque naturalista, tan diferente al predecible método de escultura que se encuentra en muchos otros sitios mayas, daría vida a los habitantes de Palenque, a menudo revelando sus distintivas personalidades. En 1840, yacían enterrados bajo toneladas de tierra y selva. La escultura en bajorrelieve encontrada en las paredes por Stephens y Catherwood, aunque intrincada y de notoria elegancia, era más simple, la forma humana y el rostro se mostraban principalmente de perfil; se habían logrado en superficies verticales con un relieve muy poco profundo, una habilidad que alcanzó su apogeo en Palenque.

Los artistas producían sus obras en dos soportes: sobre piedra caliza o en estuco de cal o yeso. Perfeccionaron su técnica de tallado en calizas de grano muy fino, algunas de las más densas y suaves de Mesoamérica. El material les permitía esculpir con exquisito detalle y conseguir bordes afilados. Si bien la dureza de la piedra no permitía la profundidad de la escultura en la piedra más blanda de Copán y Quiriguá, la densidad de la piedra caliza permitió que los detalles en el tallado del arte de Palenque sobrevivieran por más de un milenio a la humedad, el calor y la invasión de la vegetación. Del mismo modo, el yeso que usaban —sumamente fino y que se endurecía hasta adquirir una resistencia similar al hormigón— se agregaba a la superficie plana en una capa tan delgada como para replicar las tallas de piedra caliza y también para ser moldeado en relieves de extrema delicadeza. La minuciosidad de los artistas había llegado a tal nivel que en algunos casos se pintaba cada capa aunque se tapara con otra capa de yeso. "Vestían a aquellas figuras", escribe la arqueóloga Merle Greene Robertson, "como si fueran humanos reales, primero la ropa interior, luego las faldas de jaguar, los delantales, los taparrabos y, por último, las cuentas y las plumas. Sin embargo, a cada prenda primero la pintaban con una fina capa de estuco de cal y luego se agregaba color encima, aun cuando otra prenda cubriera la primera".[31]

Tallados y moldeados con maestría, y portadores de un registro de la historia dinástica de Palenque, los jeroglíficos deben de haber presentado el desafío más difícil para los artistas de la ciudad. A medida que modelaban los intrincados glifos en pequeñas formas oblongas, similares a los cartuchos egipcios, las figuras y las formas a veces mostraban solo sutiles diferencias. Los glifos eran sumamente complejos, un lenguaje escrito transmitido a través de generaciones de escribas. Si Catherwood tuvo que esforzarse sobremanera nada más para delinearlos en papel, resultaba inimaginable que alguien hubiera podido tallarlos o moldearlos. Tuvo poco más de dos semanas para reproducir no solo los glifos, sino también las figuras estucadas y talladas, los templos con sus complicadas crestas, el palacio y sus patios, y lo hizo con una precisión extraordinaria. Aun así, fue imposible captar la verdadera magnificencia del arte de Palenque. Con el tiempo, y el uso de una acertada iluminación dramática, la fotografía se acercaría un poco más.

Bajorrelieve en el interior de un templo,
Palenque (Catherwood)

Stephens documentó todo lo que encontraron. Podía entusiasmarse como los mejores románticos de su época, pero desdeñaba la exageración y la inexactitud de los hechos. Palenque había sido descrita antes como una ciudad inmensa, que ocupaba kilómetros de terreno al este y al oeste del palacio. En un artículo publicado en Estados Unidos, Stephens señalaría más tarde que le habían informado que el sitio ocupaba un área diez veces el tamaño de la ciudad de Nueva York o, de acuerdo con otra fuente, que era tres veces el tamaño de Londres. Con conocimiento de primera mano del sitio, Stephens creía que no había evidencia para aquellas afirmaciones. Era muy posible, escribió, que la ciudad hubiera sido en verdad grande, sobre todo si la mayoría de la población vivía, como en el antiguo Egipto, en chozas "frágiles y perecederas" similares a las que ocupaban los indígenas en las aldeas cercanas. En cuanto a otros restos similares que cubren una gran área, era imposible saber o pretender saber. "Todo el país estaba cubierto por kilómetros y kilómetros a la redonda de un denso bosque de árboles gigantescos", escribió, "con un crecimiento de maleza y sotobosque

[...] impenetrable en cualquier dirección, excepto mediante el uso de un machete. Sin un guía, podríamos habernos acercado a menos de 30 m de todos los edificios sin descubrir uno solo de ellos".

Hoy en día, se siguen desenterrando los restos de Palenque. Entre 1998 y 2000, se mapearon 1 500 estructuras en el área que rodea el núcleo urbano de Palenque, cuatro veces el número localizado solo 15 años antes.[32] Stephens tuvo razón al decir que una ciudad grande era posible, pero nadie podría haberlo afirmado en 1840.

No era el tamaño de Palenque lo que maravillaba a Stephens. En el contexto de lo que ellos habían encontrado sintió la libertad de echar a volar su imaginación:

> Lo que teníamos ante nuestros ojos era lo suficientemente grandioso, curioso y notable. Aquí se hallaban los restos de un pueblo culto, refinado y peculiar que había pasado por todas las etapas relacionadas con el auge y la caída de las naciones, hasta alcanzar su edad de oro y perecer sin que nadie supiera de ellos. Vivimos en el palacio en ruinas de sus reyes, subimos a sus templos desolados y altares caídos y, a dondequiera que íbamos, observábamos la evidencia de su gusto, de su habilidad en las artes, su riqueza y poderío. En medio de la desolación y la ruina, miramos hacia el pasado, limpiamos el bosque sombrío e imaginamos que cada edificio era perfecto, con sus terrazas y pirámides, sus ornamentos esculpidos y pintados; grandiosos, altos e imponentes, dominando una inmensa llanura despoblada. Llamamos de vuelta a la vida a aquellas personas extrañas que nos miraban con tristeza desde las paredes. Los vimos, con sus elegantes trajes y penachos de plumas adornando sus cabezas, subiendo las terrazas del palacio y las gradas que conducen a los templos; a menudo nuestra imaginación describía escenas de belleza y magnificencia únicas y maravillosas.

Atrapado en el pueblo mientras Catherwood se recuperaba, Stephens aprovechó al máximo el tiempo extra.

Descubrió que, desde hacía años, el estado de Chiapas había puesto a la venta las más de 2400 ha que rodeaban las ruinas sin aún haber encontrado un comprador. Para su sorpresa, la oferta incluía las ruinas sin costo adicional. El valor de tasación de todo el lote se estimó en 1500 dólares. Al igual que con Copán y Quiriguá, el interés de Stephens en Palenque iba más allá de capturarlo en palabras e imágenes. Deseaba poner a las Américas en el mapa mundial con un museo que estuviera a la altura de las grandes instituciones de Europa. Las piezas de Palenque proporcionarían un comienzo increíble. Stephens nunca pudo reprimir los instintos del empresario estadounidense que llevaba adentro. "Acondicionaría el palacio y repoblaría la antigua ciudad de Palenque", escribió emocionado, sin duda pensando en la época de secas, un hotel o dos y un local para la venta de refrigerios. Determinar si estaba bromeando (con Stephens, nunca se podía saber con certeza) fue fácil casi de inmediato. Había surgido una "dificultad" que no pudo superar sin más. Para ser dueño de tierras, un extranjero debía estar casado con una "hija de la patria". Stephens miró a su alrededor. Santo Domingo era un lugar pequeño. "La chica menos joven (disponible) no tenía más de 14 años", explicó, "y la mujer más linda, que ya había contribuido a nuestra felicidad (hizo nuestros puros), ya estaba casada".

Había otra posibilidad. Dos hermanas vivían en una de las mejores casas de la ciudad y daba la casualidad de que la vivienda también contenía dos tablas de piedra tallada de las ruinas. Stephens ya tenía el ojo puesto en la casa con la idea de alquilarla si volvía a pasar más tiempo en las ruinas. Ambas hermanas tenían alrededor de 40 años, una viuda y la otra soltera, y ambas, dijo, "igual de interesantes e igualmente interesadas". La propiedad de las ruinas, una bonita casa y dos extraordinarias tablas de piedra era una posibilidad tentadora. Sin embargo, como eran hermanas la situación resultaba muy delicada. Pero Stephens se enteró de algo que cambió todo: podía comprar las ruinas a nombre del cónsul estadounidense que se encontraba en la cercana ciudad portuaria de Laguna de Términos. El cónsul, Charles Russell, ya poseía grandes propiedades gracias a su esposa mexicana. Stephens rápido se arregló con Pawling, quien accedió a actuar como su agente de compras y regresar a Palenque desde Laguna con la autorización del cónsul y los fondos de Stephens, asumiendo que Russell estuviera de acuerdo. A Pawling también se le encomendó regresar con suficiente "yeso de París" para hacer vaciados de los relieves tallados y estucados de las ruinas, y luego organizar su transporte a Nueva York.

Mientras tanto, después de tres días de recuperación, Catherwood ya se sentía tan bien como para que pudieran dejar el pueblo. Cabalgaron por el lugar para despedirse y, después de un día, llegaron a un convento y a un afluente del caudaloso río Usumacinta, que en la antigüedad había servido como la principal ruta acuática entre Palenque y las grandes ciudades mayas, enterradas y desconocidas, de los bosques de las tierras bajas al este.

Su expedición, sin embargo, se dirigía hacia el otro lado, río abajo en dirección noroeste hasta el golfo de México. Su destino final era Yucatán y, para llegar allí, tomarían la ruta marítima hacia el norte. Pero antes de partir en canoa, Stephens se despidió una vez más:

> Me había llevado por más de 3200 km, a través de los peores caminos que jamás haya recorrido una mula. Lo dejé amarrado a la puerta del convento. Vio cómo el equipaje y hasta su propia silla se alejaban cargados a mano. Y pareció como si tuviera el presentimiento de que algo extraño estaba pasando. Lancé mis brazos alrededor de su cuello y, aunque sus ojos tenían una expresión triste, en aquel momento olvidó el pinchazo furioso de la espuela y yo dejé a un lado el recuerdo de haber sido sacudido en su lomo o sus intentos ineficaces de repetirlo; solo recordamos los amables momentos juntos y la buena camaradería entre nosotros. Compañero probado y fiel,

¿dónde estará ahora? Lo dejé, con otras dos mulas, atado a la puerta del convento para que el sacristán lo llevara al prefecto en Palenque, en donde se recuperaría de la influencia debilitante de las primeras lluvias y vagaría por las fértiles pasturas del lugar, libre de bridas o espuelas hasta que yo volviera a montarlo.

14

Uxmal

El viaje por el Usumacinta hasta el golfo de México no fue nada agradable. Nubes de mosquitos patrullaban el río y en cada oportunidad atacaban a los hombres, mientras los caimanes observaban ominosamente desde las orillas o casi sumergidos por completo en el agua. Las frecuentes ráfagas de lluvia agravaron su miseria. Estaban mojados, apretujados en el fondo del bote y apenas dormían. Tardaron varios días, pero al final flotaron a través de una vasta planicie pantanosa, cruzaron la laguna de Términos y llegaron a la ciudad portuaria de Laguna, en el golfo, para encontrarse en medio de otra revolución. Los líderes del Gobierno de Yucatán acababan de declarar la independencia de su estado de las autoridades centrales de Ciudad de México. Hasta aquel momento, la revuelta guardaba poca semejanza con el violento conflicto que habían dejado atrás en Centroamérica. En las aldeas y pueblos cercanos, los insurrectos derramaron poca sangre cuando depusieron a los funcionarios centrales del partido. En el puerto de Laguna, los rebeldes del partido liberal declararon su lealtad al nuevo estado de Yucatán, desarmaron la guarnición del ejército mexicano y expulsaron a los soldados de la ciudad.

A pesar de la agitación política, Stephens y Catherwood se sintieron muy aliviados cuando desembarcaron. El pueblo les parecía un paraíso. Lleno de tiendas, cafés y cantinas, era un próspero centro para la exportación de palo de Campeche del interior del país a Estados Unidos y Europa. Había una docena de barcos anclados en el puerto. Era un asentamiento lo suficientemente importante como para merecer un cónsul de Estados Unidos. Charles Russel estaba sentado en su porche cuando Stephens y Catherwood se acercaron para saludarlo. "El desgaste de nuestra ropa [era] evidente hasta para el observador más indiferente".

Hacía más de siete meses que no habían visto las aguas del Caribe. Nueva York parecía más cerca que nunca cuando un patrón de barco sentado con Russell, que acababa de llegar directamente de Nueva York, les entregó algunos periódicos y les contó algunas noticias de la ciudad. Para deleite de Stephens, reconoció al hombre, a quien identificó solo como el capitán Fensley. Resultó ser otro de Nueva York a quien Stephens había consultado sobre México antes de partir el año anterior.

El plan de Stephens y Catherwood era alquilar un bungo (una canoa grande a vela) y dirigirse hacia el norte por la costa hasta el puerto marítimo de Campeche, en Yucatán, pero se enteraron de que estaba ocupado por tropas mexicanas y sitiado por los rebeldes. El capitán Fensley, a punto de partir de regreso a Nueva York, acordó llevarlos más allá de Campeche hasta el puerto de Sisal, donde podrían continuar su viaje a Mérida y de ahí a su destino final: las ruinas de Uxmal.[1]

Durante los varios días que le tomó a Fensley preparar su velero para el viaje, Stephens hizo arreglos financieros con Russell, quien accedió a ayudarlo a comprar Palenque y enviar partes de él a Nueva York para el futuro museo. Se redactaron cartas autorizando a Pawling para regresar a Santo Domingo y actuar como su agente. Y, como si las cosas no estuvieran saliendo lo suficientemente bien, también sucedió que al cónsul le sobraban algunos barriles de yeso de París de la construcción de su casa, que recién había terminado. Pawling ahora tenía todos los materiales que necesitaba para hacer moldes en las ruinas. Acompañó a Stephens y Catherwood al barco de Fensley para la despedida final. "Habíamos pasado por escenas tan duras juntos que se puede suponer que no nos separamos con indiferencia", escribió Stephens en su mejor prosa discreta. Juan continuó con ellos hasta Sisal, donde Stephens haría los arreglos, como había prometido, para enviarlo de regreso a Guatemala.

En unos cuantos días ya se encontraban frente a Sisal. Después de considerar por poco tiempo la idea de permanecer a bordo del barco hasta Nueva York, ahora, que faltaban menos de tres semanas por mar, Stephens y Catherwood decidieron seguir adelante hasta Uxmal, su objetivo final, aunque eso significara sortear otra revolución. Entraron a Sisal por un muelle al pie de un antiguo fuerte español y varios soldados armados les exigieron inmediatamente sus pasaportes. Pero había pocos indicios que apuntaban al comienzo de una rebelión. En cambio, la moderación parecía ser la orden del día, algo que no solía suceder en América Central.

Al día siguiente llegaron a Mérida, una hermosa ciudad de 35 000 habitantes con un hotel en la plaza principal que les recordaba las comodidades de Europa. Stephens esperaba encontrarse con otro neoyorkino, un residente de Mérida llamado Simón Peón, a quien había conocido el año anterior en un hotel de Fulton Street que Stephens frecuentaba a menudo para cenar. Cuando Stephens mencionó que pronto se dirigiría al sur en busca de ruinas, Peón lo invitó a su hacienda, en donde, dijo, se encontraban algunas ruinas: los restos de la antigua ciudad de Uxmal.

Stephens y Catherwood fueron a visitar a don Peón y se sorprendieron al ver que su familia vivía en una mansión que ocupaba casi la mitad de un lado de la céntrica Plaza de Armas. El edificio había sido construido cientos de años antes por Francisco de Montejo, el conquistador español que sometió a la mayor parte de la península de Yucatán en 1546, después de 19 años de sangrientas luchas. La entrada a la residencia era una de las más imponentes de todo México. Estaba enmarcada por columnas corintias y coronada por un balcón ornamentado. El escudo de armas de los Montejo estaba colocado en la pared, flanqueado a cada lado por las figuras esculpidas de dos gigantescos soldados españoles empuñando picas y aplastando con sus pies las cabezas de cuatro indígenas quejumbrosos.

Don Simón no se encontraba en casa. Su madre, doña Joaquina, los invitó a pasar y les explicó que su hijo estaba en la hacienda de Uxmal y que pronto regresaría a Mérida. Cuando Stephens sugirió partir de inmediato con la esperanza de encontrarlo allá, doña Joaquina se ofreció a hacer los arreglos necesarios y proporcionarles un guía.

Al día siguiente, mientras se hacían los arreglos, Stephens y Catherwood tuvieron la oportunidad de conocer algo de la sociedad de Mérida. La escena alrededor de la plaza parecía demasiado normal para un estado que se hallaba en medio de la rebelión. De hecho, todo indicaba que en aquel momento la independencia de Yucatán estaba asegurada y la paz a la vuelta, al menos temporalmente, tras la noticia de que la guarnición del ejército mexicano en Campeche se había rendido. Había mucha actividad, incluidos paseos bajo los corredores arqueados que rodean la plaza y una procesión que celebraba uno de los festivales anuales más grandes de la iglesia, la fiesta del Corpus Cristi. Al típico estilo torbellinesco de Stephens, en el espacio de un día los dos hombres se las arreglaron para asistir al servicio en la catedral, participar en la procesión del festival, visitar a una dama con una hermosa hija, pasar a saludar al obispo de Mérida ("un hombre de varios pies de diámetro", observó Stephens, "bien vestido y en una silla hecha a la medida"), y más tarde concluir el día con una noche en el teatro. A las 6:30 de la mañana siguiente se encontraban camino a Uxmal.

Los dos hombres descubrieron pronto que el norte de Yucatán no se parecía en nada a las exuberantes y húmedas montañas que rodean Palenque a 32 km al sur. La península era, en cambio, un inmenso y plano lecho de carbonatos, en su mayoría piedra caliza, formado durante millones de años a partir de capas acumuladas de coral y otros sedimentos marinos. La meseta de Yucatán, que en el pasado se encontraba sumergida en el agua, ahora apenas se eleva sobre el mar cálido y poco profundo que la rodea. Delgada y pedregosa, la capa superior de su suelo se parece más a la creta que a la marga y es lo suficientemente adecuada para el ganado y algunos cultivos resistentes como el cáñamo y el maíz, aunque se encuentra completamente seca más de la mitad del año. Los bosques tropicales "secos" bajos de árboles de corta estatura y matorrales se las arreglan para sobrevivir en un territorio desprovisto de ríos o arroyos. El agua se acumula durante las estaciones lluviosas en depresiones bajas o se filtra en cavernas y arroyos subterráneos a través de grietas en la piedra caliza. El acceso al agua durante la estación seca se realiza sobre todo a través de las entradas de las cuevas y los sumideros que se abren a hermosas y sorprendentes piscinas subterráneas llamadas cenotes, algunas de muchos metros de profundidad (cientos de ellas esparcidas por toda la península), o desde cisternas artificiales y depósitos construidos para almacenar agua de lluvia.

Pedregoso e irregular, el camino que tomaron los dos hombres atravesaba el bosque de matorrales. Tres millas más adelante, llegaron a la primera hacienda de la familia Peón, una plantación de cáñamo. El lugar consistía en una gran casa de piedra junto a la cual se encontraba una cisterna de piedra gigante de 3.6 m de profundidad, llena de agua muy necesaria. Catorce y medio kilómetros más adelante llegaron a la siguiente hacienda de Peón, donde desayunaron. El sol caía a plomo sin piedad, y el calor se hacía más y más opresivo con cada kilómetro avanzado. Cada hacienda parecía más imponente que la anterior. Esta última tenía su propia iglesia con una gran cruz sobre la puerta. Mil quinientos indígenas vivían como arrendatarios de la propiedad en una forma de servidumbre feudal, dependiendo del agua de la familia Peón durante la estación seca. Cada hacienda era dirigida por un mayordomo, por lo general mestizo, que administraba la operación para la familia Peón.

El guía sugirió al joven mayordomo mestizo que, debido al calor, consiguiera transporte para llevar a los invitados a la siguiente parada. Desde el campanario de la iglesia lanzó una llamada, no muy diferente, señaló Stephens, a la llamada a la oración desde un minarete musulmán. En 15 minutos dos docenas de indígenas aparecieron y comenzaron a cortar a machetazos árboles y arbustos cercanos. Con rapidez dispusieron en el suelo los palos de madera cortada y los fueron atando con cáñamo hasta construir dos plataformas a las que agregaron un techo de ramas dobladas como arcos. Se ataron hamacas de pasto a los postes y se colocaron esteras sobre las ramas para bloquear la luz del sol. Seis indígenas fueron elegidos como porteadores por cada trasporte. Stephens y Catherwood se arrastraron al interior y pronto se pusieron en camino. "Por el gran alivio que experimentamos", escribió Stephens, "esta vez no tuvimos ningún escrúpulo en convertir hombres en bestias de carga. No nos sentimos agobiados por culpa alguna ante la posible humillación y, por otro lado, el peso no era mucho y el camino era llano".

Muchos kilómetros más tarde llegaron a una enorme hacienda, de nuevo rodeada de formidables cisternas de agua. Catherwood —todavía recuperándose de la terrible experiencia de Palenque— se echó en la hamaca de una gran suite de habitaciones vacías mientras Stephens iba a investigar una piscina natural cercana. Sorprendido al encontrar una gran abertura en el suelo, su primer cenote, envió de inmediato a buscar a Catherwood. "Era una gran caverna o gruta con un techo de roca rota que sobresalía", escribió, "y en el fondo un cuerpo de agua cristalina, quieta y profunda, descansando sobre un lecho de roca caliza blanca. Era la creación misma del romance; un lugar de baño para Diana y sus ninfas". Los dos hombres se sumergieron con "sentimientos de júbilo infantil" y nadaron alrededor de la cuenca hasta que oscureció.

Al amanecer volvieron a montar a caballo, cabalgando bajo un sol salvaje hasta el mediodía, cuando por fin llegaron a la hacienda de Uxmal de los Peón. Habían recorrido 80 km en dos días y medio, pero don Simón ya se había marchado a la ciudad y de alguna manera no se lo toparon en el camino. Tal era su deshidratación y cansancio que fueron de inmediato a echarse una siesta en sus hamacas.

La hacienda era similar a las demás, con capilla y cisternas, aunque era mucho más antigua, de apariencia más rústica y daba una "malsana sensación de humedad", recordó Stephens. También había dos mayordomos, uno de ellos un joven español que, para su sorpresa, acababa de llegar de Nueva York, donde trabajó como mesero en Delmonico's, uno de los restaurantes favoritos de Stephens. Durante su estancia en Nueva York, don Simón persuadió al joven mesero de que viniera al sur, diciéndole que lo entrenaría para administrar varias de las haciendas de su familia. Pero el joven le confesó a Stephens que extrañaba mucho Nueva York y recordaba con nostalgia la ópera y Delmonico's, donde un amigo que lo había acompañado todavía trabajaba como chocolatero principal. Stephens comenzó a sentir que Yucatán estaba tan cerca de Nueva York por mar que parecía un suburbio de la ciudad, aunque pedregoso e insoportablemente caluroso. Ahora solo Uxmal se interponía entre ellos y su regreso a casa, y las ruinas se encontraban a tan solo 1.6 km de distancia.

Stephens estaba ansioso por irse. Los dos hombres partieron a pie aquella tarde, pero Catherwood pronto comenzó a sentirse mal y regresó a la hacienda. Cuando Stephens más tarde informó sin aliento lo que encontró, "montículos de ruinas y grandes edificios en terrazas y estructuras piramidales, grandiosos y en buen estado de conservación;

ricamente ornamentados, sin un arbusto que obstruya la vista y con un efecto casi igual de pintoresco que el de las ruinas de Thebes", Catherwood, malhumorado e indispuesto debido al agotamiento y la enfermedad, acusó a Stephens de "romantizar". Al día siguiente, sin embargo, viajó a Uxmal y dijo que la descripción anterior de Stephens no le hacía justicia al lugar.

Los dos hombres no lo podían creer. Era el quinto conjunto importante de ruinas que habían encontrado y cada uno de ellos era magnífico, diferente y, de alguna misteriosa manera, similar a los demás. Encontraron otra ciudad grande, evidentemente civilizada, llena de esculturas sofisticadas y maravillas arquitectónicas ornamentadas sobre la cual, no obstante, señaló Stephens, no se conoce ni una palabra de su historia.[2] La escritura de la familia Peón tenía 140 años de antigüedad y las ruinas figuraban solo como las "casas de piedra". El nombre actual de las ruinas, Uxmal, había sido tomado de la hacienda.

Catherwood no perdió tiempo en ponerse a trabajar. Por fortuna, desplazarse por el lugar era bastante fácil y el sitio ofrecía vistas despejadas de las ruinas gracias a que el año anterior el bosque que lo invadía había sido talado, sobre todo para permitir la siembra de maíz. Es posible que Waldeck también haya coordinado su limpieza cuatro años antes. En un día, Catherwood logró producir un importante número de bocetos. El más detallado capturó una vista panorámica de las ruinas, incluida una imponente pirámide que los indígenas llamaban la Casa del Enano (en referencia a una leyenda local), así como un edificio cercano decorado de forma extravagante llamado el Convento. Después exploró el edificio más imponente de las ruinas, conocido como Casa del Gobernador por su enorme tamaño y elaborado trabajo en piedra. Dibujó un diagrama de la enorme plataforma sobre la que se levantaba el edificio y un plano de sus 25 habitaciones, mientras Stephens tomaba y anotaba las medidas. A última hora de la tarde, Catherwood también dibujó bocetos menos detallados de ciertas secciones de la larga fachada del edificio; de nuevo se esforzó por capturar los diferentes e incomprensibles tipos de mampostería y mosaicos que los dos hombres no habían visto en ningún otro lugar.

Fue un comienzo prometedor. Pero aquella noche, Catherwood cayó preso de una violenta fiebre, síntoma de un peligroso ataque de malaria que se vio agravado por el debilitado y agotado estado en el que se encontraba. Más tarde le tocaría a Stephens transmitir con palabras la mayor parte de lo que encontraron en Uxmal, esta vez apenas respaldado con un número mucho menor de ilustraciones de Catherwood. En aquel momento, Stephens temía por la vida de Catherwood. Aunque la fiebre cedió a la tarde siguiente, los dos hombres decidieron regresar a Mérida de inmediato. Tomando en cuenta lo conveniente que era la cercanía entre Yucatán y Nueva York, acordaron que podrían regresar más tarde sin dificultades para terminar el trabajo en Uxmal y dar seguimiento a los informes y rumores de otras ruinas en la península. Por un encuentro que tuvieron en Sisal, también sabían que un bergantín español debía zarpar en unos días rumbo a La Habana. Si salían temprano a la mañana siguiente, podrían llegar a Sisal antes de que partiera. Tras informar al mayordomo de su intención, este subió al campanario de la capilla, y poco tiempo después un grupo de indígenas comenzaba a construir un transportador para Catherwood.

Partieron a las tres de la mañana, Catherwood en transportador a hombros de porteadores indígenas y Stephens a caballo y llevando consigo una carta del joven mayordomo para su amigo, el chocolatero de Delmonico's. La luna estaba en lo alto del cielo mientras Stephens cabalgaba detrás del transportador. "La quietud interrumpida tan solo por el arrastrar de los pies", escribió, "y por el gran temor que sentía por su salud [de Catherwood], que me hacía sentir como si estuviera siguiendo su féretro". Durante la mañana se detuvieron en dos aldeas para el relevo de los porteadores, luego emprendieron los últimos 43 km hasta Mérida. Llegaron a la ciudad tarde, en la noche, después de casi 24 horas de camino. A la mañana siguiente se encontraron con don Simón, quien se preparaba para partir a Uxmal a recibirlos. Al ver el estado de Catherwood, prometió que, si volvían, se uniría a ellos en Uxmal y ayudaría a realizar una investigación exhaustiva de las ruinas.

A pedido de Stephens, Peón acordó enviar dos artículos a Nueva York desde Uxmal. El primero era un mascarón esculpido en piedra que se encontraba sobre una de las puertas de la Casa del Gobernador, "el rostro de una calavera, con alas extendidas y filas de dientes proyectándose hacia afuera de la boca", que hoy se exhibe en el Museo Americano de Historia Natural en la ciudad de Nueva York.[3] Peón ya lo había sacado del edificio con la intención de instalarlo como un adorno en la hacienda. El segundo era un dintel de madera caído que Stephens y Catherwood encontraron recargado en la pared interior de la Casa del Gobernador. Stephens consideró que la pesada viga debía de ser invaluable al tener grabada una hilera de caracteres jeroglíficos similares a los que habían visto en Copán y Palenque, proporcionando un vínculo crucial que unía a las ruinas en los tres sitios distantes. "No hay en Uxmal 'ídolos', como en Copán; ni una sola figura estucada o tablilla tallada, como en Palenque", explicó más tarde. "Aunque nos esforzamos por encontrar elementos vinculantes, con la excepción de esta viga con jeroglíficos, no conseguimos descubrir ningún otro elemento conclusivo de semejanza". La viga de madera nunca llegó a Nueva York, por razones desconocidas.

Al anochecer, después de una fuerte lluvia, Catherwood y Stephens partieron en carruaje hacia Sisal. En el camino se encontraron con un destacamento de soldados yucatecos que acababan de regresar de su victoria en Campeche. Poco tiempo después felicitaron al general victorioso y los oficiales que lo seguían. La breve revolución pareció ser un éxito.

Justo antes del amanecer llegaron al puerto y casi de inmediato abordaron el bergantín español *Alexandre*. Dos horas más tarde estaban en camino rumbo a La Habana. Era el 24 de junio, solo faltaba una semana para que se cumplieran nueve meses —lo que parecía toda una vida— desde que habían zarpado del puerto de Nueva York.

A pesar de las dificultades, los obstáculos físicos y las amenazas de violencia que tuvieron que superar, Stephens y Catherwood eran conscientes de lo mucho que habían logrado, mucho más de lo que pudieron imaginar antes del comienzo de su viaje. Habían encontrado Quiriguá, explorado Copán, Toniná y Palenque, y capturado con cuidado cada una de aquellas ciudades antiguas en palabras e imágenes. Y aunque fue frustrantemente corta, su estadía en Uxmal les bastó para entretejer con sus ruinas aquel patrón que vieron emerger de una civilización sofisticada y extendida, de antigüedad y origen desconocidos, pero una sociedad y cultura avanzada que nadie sabía que existía. ¿Qué más —se preguntaban— aún quedaba por descubrir en la jungla? ¿Y cuándo podrían volver para averiguarlo?

Aunque el estado de salud de Catherwood continuaba siendo una preocupación, sintieron un gran alivio porque ahora solo el mar los separaba de su hogar. El capitán les dijo que llegarían a La Habana en una semana, y desde allí los dos hombres esperaban encontrar una forma rápida de llegar a Nueva York. No obstante, después de cuatro días navegando con vientos suaves a lo largo de la costa de la península, no habían recorrido más de 240 km, según el cálculo del capitán, cuando el viento desapareció por completo.

> El sol calentaba con intensidad, el mar era de una quietud cristalina y un grupo de tiburones nadaba alrededor del bergantín todo el día. A partir de aquel momento los períodos sin viento eran casi continuos, y el mar parecía un espejo, caliente y reflejante del calor. El cuatro de julio reinaba la misma quietud cristalina, con unas cuantas nubes estacionarias, detenidas en

el cielo. El capitán dijo que habíamos caído presas de un encanto, y de verdad que así parecía.

Esperaban celebrar el 4 de julio con el cónsul estadounidense en La Habana. Pero día tras día el barco continuaba a la deriva en mar abierto, sin una pizca de tierra en el horizonte. Parecía imposible a estas alturas, después de tantos meses de duro viaje, estar flotando sin rumbo, sin dirigirse a ninguna parte. Los dos hombres revisaron todos los libros de la biblioteca del barco, en su mayoría novelas francesas traducidas al español, con una excepción que no estaban ansiosos por leer: una historia de naufragios "horribles". Pasaron el tiempo observando a los tiburones, y atraparon y se comieron a dos cuando las provisiones comenzaron a escasear. El 12 de julio, el bergantín se adentró en una corriente rápida, pero el aire permaneció en calma. Los sondeos del segundo oficial se detuvieron a una profundidad de ciento veinte brazas [220 m], aún por debajo del fondo. "En aquel momento nuestra mejor expectativa era la de llegar a La Habana en plena temporada de fiebre amarilla, navegar desde allí durante el peor de los meses de huracanes y hacer cuarentena en Staten Island". Eso si es que algún día llegaban a La Habana. El capitán, un veterano de treinta años en el mar, navegaba por estima y no tenía a bordo un cronómetro para tomar lecturas longitudinales. El cronómetro de Catherwood era viejo, estaba muy dañado por el viaje y ya no era confiable. El capitán se sentía cada vez más ansioso porque solo podía adivinar dónde estaban y habían entrado en la corriente del golfo y podrían ser llevados más allá de La Habana hacia el Atlántico.

A bordo viajaban ocho pasajeros más, todos españoles, así como nueve tripulantes y el capitán. Las provisiones se estaban agotando, pero la verdadera preocupación era el agua para beber. El 13 de julio abrieron el último barril. Había más tiburones que nunca, como si intuyeran que el tiempo se les estaba acabando.

Luego, el día 15, a tres semanas de haber dejado Sisal, una ligera brisa trajo esperanza y levantó el ánimo de todos en el velero.

Poco tiempo después, la salvación apareció como un pequeño destello en el horizonte. A toda velocidad el capitán apuntó el velero en la dirección del viento y se acercaron extasiados a un velero con bandera estadounidense. Bajaron el chinchorro y, debido a que el capitán no hablaba inglés, despacharon a Stephens y Catherwood. Pero las uniones de la pequeña embarcación se habían despegado mientras yacía en la cubierta del bergantín bajo el sol y comenzó a llenarse rápido de agua. En minutos ya inundaba la mitad del bote. Stephens y Catherwood se sentaron en la borda, instando a la tripulación a remar con mayor fuerza mientras observaban a los tiburones "jugar a nuestro alrededor". Cuando se acercaron al velero estadounidense, la tripulación de aquel navío comenzó a sospechar y proclamar que eran piratas. "Pero el capitán", escribió Stephens, "un hombre espigado de cabeza fría, oriundo del extremo norte de la costa este estadounidense, estaba parado en uno de los costados de la popa con ambas manos en los bolsillos y, al observar la condición de hundimiento de nuestro bote, dijo: 'No son piratas'".

Una vez a bordo, Stephens apenas pudo creerlo cuando el capitán les dijo que su barco se dirigía a Nueva York. Aunque la embarcación, llamada *Helen Maria*, transportaba una carga completa de madera de Campeche que había cargado en Tabasco, el capitán accedió a llevar a Stephens y Catherwood a bordo. Apenas tenía suficiente comida para su tripulación, y ahora con dos pasajeros más no tenía nada de sobra. Aun así, accedió a enviar una provisión de agua al *Alexandre*. También facilitó al capitán español las coordenadas de su ubicación. El español había calculado mal por mucho. Tras 21 días en el mar su bergantín se encontraba a solo 322 km de Sisal.

Stephens y Catherwood regresaron al *Alexandre* para despedirse. Se dieron la mano con todos. "No les dio pena deshacerse de nosotros, porque la ausencia de dos bocas más no era nada objetable", explicó Stephens, quien luego se enteró de que el bergantín logró llegar a La Habana de forma segura, aunque en pésimas condiciones y sin una miga de comida a bordo.

Dieciséis días después, Stephens y Catherwood arribaban al puerto de Nueva York. Llegaron poco menos de diez meses después del día en que se fueron.

15

"Magnífico"

Stephens y Catherwood se sentían más que listos para volver a recibir con los brazos abiertos las comodidades de Nueva York. Sin embargo, cualquier alivio que la ciudad pudiera haberle brindado a Catherwood (su salud era incierta) duró poco. Lo esperaba una carta de su hermano mayor James, explicando que mientras él había estado viviendo en el palacio de piedra de Palenque, su madre, Anne, había muerto en Londres. Y eso no era todo. También parecía que su matrimonio peligraba y James le aconsejaba ir a Londres lo antes posible. Catherwood reservó un pasaje y zarpó hacia Inglaterra en algún momento de agosto, menos de un mes después de haber aterrizado en Nueva York.[1]

Cuando llegó a Londres semanas después, tuvo un enfrentamiento con Gertrude. En su carta, James le había explicado a su hermano que durante su estancia en América Central, Gertrude se había mudado de la casa familiar en Charles Square, cuando la salud de su madre empeoró, y alojado en Charlotte Street, Portland-Place. James agregó que también recibía visitas de un notorio peleonero y ebrio, Henry Beresford, el marqués de Waterford.[2] Catherwood recordaba a Beresford del breve viaje que habían hecho juntos a Palestina seis años antes. Parece que, durante su "Gran Tour" por el Mediterráneo, el marqués también conoció a

Gertrude en Beirut. Los dos se cruzaron de nuevo en Londres. Catherwood ahora exigió saber si eran amantes. Lo que se habló entre ellos durante su confrontación nunca se reveló por completo, pero —como lo describió más tarde su abogado— Catherwood quedó convencido de "su deshonra y su perfidia".[3] Las noticias fueron peores de lo que Catherwood había imaginado. Gertrude no tenía una aventura con Beresford, sino con un miembro de la familia de Catherwood: su primo segundo, Henry Caslon.

Catherwood debió de haberse tambaleado ante el descubrimiento. Las familias Caslon y Catherwood tenían una relación en particular cercana: el padre de Frederick, John James, fue socio en una fundición de tipografía con los Caslon, quienes estaban relacionados con los Catherwood a través de la madre de James y Frederick, Anne.[4] James más tarde testificaría que acompañó a su hermano a la casa de Charlotte Street para su reunión con Gertrude. Dijo no haber estado presente durante la mayor parte de la conversación, pero que sí escuchó a Gertrude decirle a su hermano al final: "Tú te quedarás con los niños". No tenía intención de romper con Caslon. Ante esto, Catherwood recogió a su hijo y sus dos hijas, a una de las cuales apenas conocía, y partió hacia Charles Square. Su larga ausencia en Centroamérica le había costado muy caro y debió de sopesar una y otra vez si el viaje con Stephens justificaba el abandono de su familia y la pérdida de su esposa. Estaba furioso con su primo, y aquella emoción nunca lo abandonaría.

Ante la imposibilidad de una reconciliación, no tenía intención de quedarse en Londres, ya que su negocio panorámico y su trabajo con Stephens requerían que regresara a Nueva York lo antes posible. Devastado por la pérdida de las dos mujeres más cercanas en su vida, zarpó a las pocas semanas rumbo a Nueva York, y en octubre arribó con sus tres hijos y su niñera.[5]

Stephens, mientras tanto, se había sumergido casi de inmediato en el trabajo de su libro. Era un escritor poseído y el feroz ritmo de su escritura puso una gran presión en Catherwood para que comenzara a trabajar en las ilustraciones tan pronto como regresara. Sin duda, Stephens sintió una enorme empatía por Catherwood y sus problemas personales; es posible que incluso se sintiera en parte culpable. Pero Catherwood tuvo poco tiempo para meditar, y volver al trabajo fue el mejor bálsamo para sus heridas. Si bien Stephens siempre había sido un escritor rápido y fluido, ahora sentía una urgencia adicional, al temer que otro relato sobre las ruinas centroamericanas, con todo e ilustraciones, pudiera publicarse antes que el suyo. De hecho, los dos hombres sabían que Caddy y Walker habían sobrevivido a su viaje de regreso a Belice.

No tenemos información sobre la salud física de Catherwood durante este período, pero un amigo lo describió como deprimido. Su ira lo consumía tanto que en diciembre presentó cargos en Londres contra Caslon, acusándolo de "conversación criminal" con Gertrude, un eufemismo de la época victoriana para aludir a relaciones sexuales ilícitas. Tales acciones legales, similares a las demandas de "alienación del afecto" en Estados Unidos en ese momento, permitían a un esposo o esposa presentar cargos contra el amante de su cónyuge por daños monetarios. Pasaría un año antes de que la demanda de Catherwood fuera a juicio. Mientras tanto, la crianza de sus hijos y el trabajo en el libro lo mantenían ocupado. Su negocio panorámico también parecía funcionar sin problemas bajo la supervisión de su socio.[6]

El libro fue todo un desafío. Para Catherwood, la prioridad era asegurarse de que las ilustraciones fueran lo más fieles posibles a las ruinas que habían encontrado. Él y Stephens eran muy conscientes de la fuerza destructora que la naturaleza tropical ejercía sobre estas. Ellos mismos habían sufrido sus abusos. Y también sabían que los sitios podrían ser alterados e incluso destruidos por excavaciones y remociones, sobre todo después de la publicación de su libro. De hecho, Stephens ya estaba planeando sus propias remociones con la justificación de que los artefactos y monumentos se conservarían mejor si se enviaban a Estados Unidos y se guardaban de manera segura en un museo y, por supuesto, lejos de los europeos.

Aunque su intención fuera ofrecer una representación precisa de las ruinas y preservarlas para la historia, los dos hombres también eran criaturas de su tiempo. El impulso artístico predominante del día era el Romanticismo, con su énfasis en infundir emoción y drama a la naturaleza. Era un filtro del cual, como la mayoría de los artistas de su época, no podían escapar por completo. En algunos fondos de Catherwood se observa que las colinas y los volcanes han sido exagerados; las raíces y las enredaderas parecen serpientes, mientras que el uso dramático de luces y sombras en los bosques deja a los espectadores con una sensación de decadencia ominosa y envolvente. Parecía que su respuesta emocional a la exuberancia y la amenaza de la jungla lo hubiera liberado de la seca precisión de su trabajo en Egipto y Tierra Santa. Aquella precisión, sin embargo, nunca lo abandonó en lo que respecta a los monumentos y templos de piedra en sí, los cuales representó con la máxima exactitud.

Stephens tampoco fue inmune a su época. A veces no pudo evitar que las emociones, en especial los sentimientos de asombro y fascinación, invadieran su prosa. Pero, en términos generales, el grado con el que ambos hombres se entregaron a los sentimientos románticos fue mínimo en comparación con el gran esfuerzo que invirtieron en representar las ruinas, sus estructuras, glifos e ídolos de forma tan fiel y precisa a los originales como les fue posible.

Para Catherwood la tarea más difícil fue transferir su obra de arte a las planchas de grabado. Había creado *in situ* innumerables bocetos a pluma y lápiz, así como otros dibujos de gran exactitud, mediante la utilización de su cámara lúcida, y también muchas pinturas de escenas en sepia y acuarela. Estas obras tenían que ser compaginadas con el texto de Stephens y reducidas como imágenes individuales del tamaño adecuado para un libro a fin de que los grabadores las pudieran copiar. Stephens decidió que la fidelidad de las ilustraciones era tan importante que no se debía escatimar en gastos, por lo que autorizó a Catherwood contratar a los mejores grabadores de Nueva York y Londres. Pero después de ver los resultados en los grabados en madera de aquellos profesionales, el perfeccionista de Catherwood no estaba satisfecho. "Aunque fueron hechos con una habilidad exquisita y muy efectivos como imágenes", explicó más tarde Stephens en el libro, "no lograron capturar el verdadero carácter y expresión de los originales; y, a pesar de una considerable pérdida de tiempo y dinero, todos fueron desechados". Las imágenes surrealistas de los monolitos de piedra, en particular sus sombras retorcidas e incongruentes, que Catherwood había capturado con tanta profundidad y dimensión en Copán, debieron de haber vuelto locos a los grabadores.

Se decidió volver a grabar las ilustraciones en acero, lo que crearía líneas muy finas. "Y, en mi opinión", escribió Stephens, "son las mejores copias que se pueden ofrecer. A excepción de las piedras mismas, el lector no podría pedir mejor material para la reflexión y el estudio". Al final, 79 litografías y grabados fueron incorporados al libro, incluido un mapa que mostraba la ruta por Centroamérica.[7]

Durante su viaje, Stephens había llenado cuaderno tras cuaderno con sus detalladas observaciones, muy consciente del material que necesitaría a su regreso. Las escenas correspondientes en el libro emergen con sorprendente inmediatez. Si bien existen pocas dudas acerca de la fidelidad de las detalladas descripciones de las ruinas, es imposible saber qué tan fieles son sus relatos sobre personas y eventos. Sin embargo, una lectura del libro podría disipar cualquier duda sobre su compromiso de retratar todo bajo una luz favorable: las personas, los paisajes, las entrevistas y los "incidentes". Viajó la mayor parte del tiempo con Catherwood, a veces con otros, y describió varias ocasiones en las que otras personas estaban presentes, como Morazán y Carrera, quienes podrían haber contradicho o cuestionado sus relatos de haber sido inexactos. De hecho, al igual que con las ilustraciones de Catherwood, profesó de manera abierta la necesidad de crear un relato lo más fiel posible a lo ocurrido y criticó a quienes se tomaban licencias o exageraban lo que encontraban en sus viajes y exploraciones.

Stephens terminó el texto en mayo de 1841. En menos de diez meses, había escrito casi novecientas páginas de una prosa nítida y atractiva, un logro notable. Entregó el manuscrito a los hermanos Harper en el número 82 de Cliff Street, junto con un breve prefacio expresando su agradecimiento al expresidente Martin Van Buren por hacerlo posible. Mientras aún luchaba con sus grabadores, Catherwood aprobó la última de las ilustraciones el mes siguiente y el texto de dos volúmenes salió de las imprentas de Harper en julio, menos de un año después de su regreso a Nueva York.[8]

A pesar del voluminoso texto en dos tomos, sobre un tema tan complicado como la antigüedad, la obra fue un éxito. Edgar Allan Poe lo declaró "magnífico". En una reseña abreviada publicada el mes en que salió el libro, escribió que a pesar de aún no haber recibido una copia, estaba tan ansioso por leerlo que tomó prestada la de un amigo para echarle una ojeada. Poe, un crítico sin pelos en la lengua, alabó la energía limpia y directa en la prosa de Stephens y agregó que era "quizás el libro de viajes más interesante que se haya publicado".[9]

A pesar de su rebuscado título, aunque convencional en aquel entonces, *Incidents of Travel in Central America, Chiapas, and Yucatan* fue un libro con el que los Harper no se daban abasto. "La aparición del libro", escribió la *United States Democratic Review,* "fue recibida con una avalancha instantánea de presión a sus editores, quienes durante muchos días fueron literalmente incapaces de encuadernar y entregar copias en cantidades suficientes para satisfacer la demanda aún creciente".[10] El libro pasó por 12 ediciones en los primeros tres meses con estimaciones de hasta 20 000 copias vendidas en diciembre, un número increíble en ese momento, superando con creces el gran éxito de los libros anteriores de Stephens.[11] También se publicó poco tiempo después en Gran Bretaña, y allí, como en Estados Unidos, recibió una ovación casi unánime. En febrero del año siguiente apareció una traducción al francés y ya estaba en proceso otra al alemán.

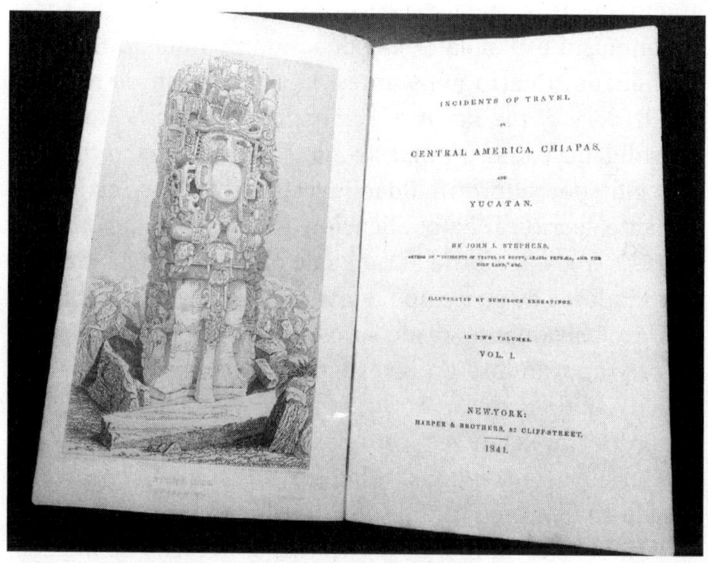

Portada de *Incidents of Travel in Central America, Chiapas, and Yucatan*

"Cerramos este libro con pesar", escribió un crítico en el *London Quarterly Review*. "Desde la primera página hasta la última, la vivacidad, la energía característica del autor y su espíritu optimista permanecen intactos. Los detalles políticos [...] serían por sí solos suficiente para que la obra fuera de gran interés y tuviera un valor imperecedero".[12] Como había sucedido con su libro anterior sobre Egipto y Tierra Santa, los críticos fueron seducidos por el encanto de Stephens. "Hay algo sumamente agradable para un lector en las maneras del Sr. Stephens", señaló uno; "Hay un buen humor, una *bonhomía* en él, que es fascinante e irresistible. Es el Demócrito de los viajeros; se ríe de inconvenientes que harían a otros hombres comerse las uñas y jalarse los cabellos de angustia, y saca provecho de cualquier circunstancia".[13]

Los elogios no solo venían de los críticos de libros ni se limitaron a comentarios sobre la escritura y la personalidad de Stephens. El historiador William Hickling Prescott, quien entonces trabajaba en su vanguardista estudio sobre la conquista española de México, también quedó muy impresionado. Cuatro años antes, la publicación de su libro *The History of the Reign of Ferdinand and Isabella* lo había consolidado como un maestro de la historia narrativa, reconocido por su profundidad investigativa, imparcialidad y elegante escritura. La publicación de su *Conquest of Mexico*, en 1843, lo catapultaría al rango de uno de los más grandes historiadores de su tiempo. A causa de la ceguera trabajaba casi exclusivamente desde su casa en Boston, dictando su prosa y apoyándose en investigadores de España. En 1838 había viajado a Nueva York, donde él y Stephens se conocieron por primera vez justo después de que apareciera el primer libro de Stephens.[14] Una amistad floreció entre ellos basada en el mutuo interés por Hispanoamérica.

En un intercambio de cartas tras su regreso de México, Stephens resumió para Prescott algunos de sus hallazgos, que el historiador consideró invaluables para su propio libro. Stephens le dijo que la calidad de las ruinas centroamericanas era igual a "la mejor de las egipcias" y que "los edificios de Palenque y Uxmal son muy grandes y en realidad uno no puede evitar hablar de ellos de forma extravagante".[15] Prescott respondió sentirse asombrado de que las estructuras hayan sido "tan bien ejecutadas". Estuvo totalmente de acuerdo con Stephens en que el entonces preeminente historiador de las Américas, William Robertson probablemente se equivocaba al insistir en que los nativos americanos eran demasiado primitivos para haber desarrollado una civilización avanzada.[16] Cuando se publicó el libro de Stephens, Prescott le envió una larga carta: "No puedo expresarle con palabras la gran satisfacción y el deleite que me han causado sus volúmenes. Supongo que pocas personas los disfrutarán tanto como yo, siendo que solo unas cuantas han prestado tanta atención al tema. Usted ha superado en efecto y con creces las expectativas que me había formado sobre su libro, que por cierto no eran nada menores".[17]

Prescott y otros académicos quedaron impresionados con el enfoque conservador de Stephens con respecto a la representación de las ruinas: sin exagerar su tamaño o edad como otros habían hecho, sino describiéndolas y mostrándolas tal como él y Catherwood las encontraron. Más allá de las aventuras y las peripecias del resto de su historia, al final fueron las ruinas las que más cautivaron a sus lectores. "[Stephens] manifestó que su intención no fue resolver el gran tema de la historia de América Central", escribió el *New York Review*, "sino simplemente llenar las aún inexplicadas y enigmáticas páginas de esa historia [...] con ayuda del ojo experto y el lápiz entrenado del Sr. Catherwood".[18] Los críticos elogiaron con efusividad a Catherwood, calificándolo como "uno de los ilustradores más consumados y precisos del momento".[19] Prescott le escribió a Stephens que los dibujos de Catherwood "llevan consigo una garantía perfecta de su fidelidad ya que, a diferencia de sus predecesores, no caen en la tentación de un acabado excesivo o de toques efectistas que proyectan un aire de improbabilidad, o al menos incertidumbre, sobre todo".[20]

Al final de su libro, Stephens tuvo mucho cuidado al abordar la pregunta de quién podría haber construido en la jungla aquellas grandes ciudades que parecían tan antiguas. Como abogado, sabía que sus lectores, al igual que los miembros de un jurado, querían un buen resumen y sintió que había acumulado suficientes datos para establecer conclusiones muy básicas. Como un buen abogado, argumentó su caso con frialdad y racionalidad a partir de la evidencia. "Mucho aprendizaje e investigación se ha invertido en datos insuficientes o incorrectos, o en opiniones sesgadas que son erróneamente aceptadas como una declaración de hechos", escribió. Insistió en que él y Catherwood habían llegado a las ruinas sin prejuicios y con el único interés de aprender de lo que encontraron.

En consecuencia, dijo sentirse obligado a refutar con energía aquellos persistentes argumentos según los cuales las ruinas que hallaron fueron herencia de los romanos, griegos, cartagineses, egipcios, judíos, chinos o indios, que de alguna manera habían emigrado a América en un pasado lejano. Ya que él mismo había viajado a las ruinas del Viejo Mundo, argumentó que los restos centroamericanos y mexicanos no se parecían a ninguna obra griega o romana. Y como había estudiado extensamente las arquitecturas antiguas de Asia, tampoco encontró similitudes con ellas.

En cuanto a una conexión egipcia, afirmó que esa teoría se basaba sobre todo en la presencia de estructuras piramidales tanto en Egipto como en el Nuevo Mundo. Sin embargo, escribió, no son lo mismo. Las pirámides de Egipto tienen cuatro lados, son lisas y terminan en punta. Él y Catherwood no encontraron estructuras de ese tipo entre las ruinas de la jungla americana. En Uxmal, la pirámide es ovalada (a pesar de las imágenes de Waldeck), mientras que en Palenque y Copán tienen la forma de plataformas inclinadas con escalinatas en sus costados y templos en la parte superior. Agregó: "La forma piramidal es la que se le sugiere a la inteligencia humana, en todos los países, como el modo más simple y seguro de erigir una estructura alta sobre una base sólida". Argumentó que cada tipo piramidal cumplía, además, una función diferente: en Egipto, como lugares de entierro para los faraones y otras personas de alto estatus, y al parecer en América Central como plataformas para el culto y el sacrificio.

Tampoco encontraron columnas en las ruinas de Copán, Palenque y Uxmal. En cambio, las columnas eran una característica utilizada una y otra vez en los templos a lo largo del

Nilo.[21] Por otra parte, no se había encontrado en Egipto nada parecido a los enormes monolitos que representan a señores extrañamente emplumados o a las estelas individuales cubiertas con jeroglíficos de Copán y Quiriguá.

Si se eliminaba la conexión con el "Viejo Mundo", Stephens declaró que solo quedaba una posibilidad: los monumentos y pirámides de América Central y México son "diferentes a las obras de cualquier otro pueblo conocido, de un orden nuevo, y completa y absolutamente anómalas; son únicas", declaró Stephens. Luego, llegó a una revolucionaria conclusión, estableciendo un concepto que iba en contra de la erudición predominante, que resultaría profético y, en última instancia, correcto:[22]

> A menos que me equivoque, hemos arribado a una conclusión mucho más interesante y maravillosa que la de relacionar a los constructores de estas ciudades con los egipcios o cualquier otro pueblo. Son el espectáculo de un pueblo diestro en arquitectura, escultura, dibujo y, sin duda, en otras artes más perecederas; un pueblo que posee una cultura y refinamiento no derivados del Viejo Mundo, sino originados y desarrollados aquí, sin modelos o maestros, como parte de una existencia distinta, separada e independiente; indígenas como las plantas y frutos de su tierra.

Los nativos americanos construyeron ciudades, crearon arte, edificaron torres, templos y pirámides y desarrollaron un sistema de escritura propio y único. Esta conclusión alteraría para siempre la comprensión de la historia en el continente americano y proporcionaría una nueva visión de la evolución de la cultura humana.

Pero Stephens fue mucho más conservador a la hora de abordar el tema de la antigüedad de la civilización que él y Catherwood encontraron. Después de todo, los exploradores y conquistadores españoles afirmaron haber visto grandes ciudades habitadas en la península de Yucatán cuando navegaron por primera vez a lo largo de su costa a principios del siglo XVI. Y Hernán Cortés y sus hombres informaron en 1519 sobre las maravillas de la capital azteca de Tenochtitlán, el sitio de la actual Ciudad de México. ¿Acaso era posible que aquellas ciudades tuvieran la misma edad que las ruinas que exploraron en la selva?

Stephens también se enfocó en la condición de las ruinas al cuestionar su antigüedad. Dijo que era difícil imaginar que hubieran sobrevivido 1000 o 2000 años a la embestida de la jungla. También lo desconcertaba el descubrimiento de vigas de madera en las ruinas, sobre todo el ejemplo tallado que encontró en Uxmal "en perfecto estado de conservación". Por último, dijo, los jeroglíficos de los códices sobre papel de corteza que se habían llevado los españoles y que luego fueron descubiertos en las bibliotecas de Europa por Kingsborough se parecían a los jeroglíficos de los monumentos que encontraron en los bosques. "La inferencia", escribió, "es que los aztecas y los mexicanos, al momento de la conquista, tenían el mismo lenguaje escrito que el de la gente de Copán y Palenque".

Sin embargo, Stephens basó sus especulaciones en información incompleta y datos desconectados. No tenía forma de saber, por ejemplo, que los aztecas no tenían un lenguaje jeroglífico, sino solo pictografías rudimentarias, o que las vigas de madera que habían encontrado estaban hechas de madera de chicozapote, dura como una piedra y capaz de resistir más de un milenio.[23] Pero hay que darle crédito por no aventurarse más allá de la evidencia que había acumulado, aunque eso significara restarle importancia a sus descubrimientos al asignarles una menor antigüedad a las ruinas.

> Comenzamos nuestra exploración sin apoyar ninguna teoría en particular. Aunque nos inclinábamos a favor de una longeva y venerable antigüedad. Durante la mayor parte de nuestro viaje anduvimos a tientas en la oscuridad, en la duda y la incertidumbre, y no fue sino hasta nuestra llegada a las ruinas

> de Uxmal que pudimos formar la opinión de que se trataba de vestigios relativamente modernos.

Sin embargo, ni él ni Catherwood estaban seguros.

> Algunas [ruinas] son sin duda más antiguas que otras. Se sabe que varias estuvieron habitadas en la época de la Conquista española, mientras que es probable que otras fueran ruinas desde entonces. Y existen puntos de diferencia que todavía no pueden explicarse con facilidad.[24]

Después de todo, habían pasado muy poco tiempo en Uxmal y quedaban demasiadas preguntas sin respuesta. Stephens había comunicado a otros que tenía sentimientos encontrados acerca de regresar. Además, tras la tan positiva recepción de su libro, le ofrecieron un nombramiento como secretario de la legación estadounidense en México. Pero, después de pensarlo seriamente, lo rechazó.[25]

Todavía no había renunciado a su sueño de abrir un "museo nacional de antigüedades americanas" y recibió promesas de donaciones por un total de 20 000 dólares, por parte de amigos neoyorkinos adinerados, para traer artefactos y monumentos con que llenarlo. Pero todos sus intentos hasta el momento habían sido frustrados. Los hermanos Payés en Guatemala seguían esperando una gran suma de dinero para enviar uno o más de los colosales monolitos de Quiriguá a Nueva York. También recibió noticias de que los 28 moldes de yeso que Pawling con trabajo había fundido en Palenque habían sido confiscados por las autoridades mexicanas.[26] Y la viga de 3 m de Uxmal, tallada con valiosos jeroglíficos y que don Peón había acordado enviar, nunca llegó.

A finales del verano de 1841, en los meses posteriores a la publicación del libro, Catherwood y Stephens volvían a hacer planes. La atracción del sur era demasiado poderosa. Catherwood tendría que dejar una vez más a sus hijos, que serían enviados de regreso a Londres con su niñera para vivir con familiares en Charles Square.[27] Gertrude había desaparecido con su primo. Al final parecía que no tenían otra opción: sabían que aún quedaba más por hacer, que no habían terminado aún.

Ahora su éxito era su mayor enemigo, ya que con toda probabilidad el libro había entusiasmado a sus rivales. No sabían nada de los planes de Walker y Caddy hasta aquel momento y Stephens temía sobre todo las expediciones europeas. Decidieron partir rápida y silenciosamente, a más tardar en octubre. Le contó a Prescott sus intenciones, pero le pidió que guardara el secreto. "Deseamos partir sin generar revuelo en los periódicos", le escribió en septiembre, dos semanas antes de hacerse a la mar. "Deseamos terminar lo que hemos comenzado antes de que otros puedan interferir con nosotros".[28] Y esta vez llevarían consigo un inusual aparato que pudo haber sido una de las razones para ir. Estaban a la vanguardia en cuanto a la tecnología. Esperaban regresar del viaje con algo más que solo palabras y dibujos.

16

Yucatán

A Stephens y Catherwood nunca les faltaban dificultades y peligros en su búsqueda de mundos perdidos. Enfrentados una vez más a los mosquitos, las garrapatas, las enfermedades y la agitación política, optaron por navegar rumbo al sur de nuevo directo hacia otra temporada de huracanes, como lo habían hecho dos años antes, apurándose para llegar a Yucatán al comienzo de la estación seca. Lo hicieron al más puro estilo de Stephens y Catherwood: a bordo de un barco que transportaba seiscientos barriles de pólvora.

Salieron de Nueva York el 9 de octubre de 1841 a bordo del velero *Tennessee*, con destino directo al puerto yucateco de Sisal. La pólvora bajo cubierta era para el Gobierno recién independizado de Yucatán en su lucha contra México. El riesgo de huracanes ahora no les parecía nada a los dos hombres. A la cuarta noche, miraron hacia arriba y vieron el primer relámpago iluminar el cielo. Con la tormenta acercándose, escribió Stephens, largas y dentadas lanzas de luz se disparaban hacia el mar "como si tuvieran la expresa intención de encender nuestra pólvora". Se convocó a una reunión rápida. "Discutimos, aunque de forma bastante inconexa, la doctrina de los conductores y los no conductores, y le aconsejamos al capitán que colocara alrededor del palo mayor varios eslabones del extremo de una cadena y lanzara el otro extremo por la borda de uno de los costados de la embarcación. Nos consolamos al pensar que seiscientos barriles no eran peores que sesenta, y que seis bastarían para acabar con nosotros". A la mañana siguiente el mar se había calmado y seguían vivos.

A bordo del barco se encontraba con ellos el doctor Samuel Cabot Jr., un joven cirujano de Boston que se había unido a la expedición de último momento sobre todo para satisfacer su pasión por la ornitología, pero también para ayudar a investigar las ruinas y practicar la medicina cuando fuera necesario.[1] Un naturalista, médico, exboxeador de élite en la Universidad de Harvard y maestro esgrimista, parecía tener todos los requisitos para el complicado viaje por delante, aunque aún quedaba por saber si compartía el mismo gusto por el estilo de vida-muerte de aventura que practicaban Stephens y Catherwood. ¿Qué habría pensado cuando, apenas cinco días después de sobrevivir a la casi detonación de pólvora a causa de los rayos, el *Tennessee,* empujado por los vientos huracanados, se dirigía hacia una traicionera cadena de coral en las Bahamas conocida como el arrecife Ábaco? El peligro en el que se encontraban se hizo evidente cuando el capitán apareció durante el desayuno con la frente brillosa a causa de las enormes gotas de sudor que delataban su angustia. "Nos sentamos con la carta náutica frente a nosotros", escribió Stephens, "mirándola de la misma manera que un convicto sentenciado miraría un anuncio de la hora fijada para su ejecución. Las rocas hundidas destacaban de manera aterradora sobre el papel". Horas más tarde, el viento cambió de dirección justo a tiempo y, para alivio de Cabot, Stephens y Catherwood sobrevivían una vez más por un pelo a la interminable serie de situaciones en potencia letales. Diez días después estaban anclados frente al puerto de Sisal.

Mientras esperaban a que los oficiales aduaneros les permitieran desembarcar, Stephens le escribió a su padre sobre la ansiedad que sentía por no saber cómo lo recibirían: "No siento tanta confianza como cuando tenía una investidura diplomática. Una hora en tierra firme me permita comunicarte si la gente recuerda mi antigua dignidad y me rinde el debido debido respeto a mi pasada grandeza".[2] Su preocupación fue infundada. Al llegar a Mérida al día siguiente se encontró con que era toda una celebridad. Las noticias sobre la publicación de su libro los habían precedido. Y dado que este describía la generosidad y gracia de la sociedad yucateca, sus antiguos conocidos los recibieron con calidez. Como era costumbre, llegaron en medio de una fiesta, la mejor de las dos situaciones que con frecuencia se topaban en sus viajes (la otra era una revolución). La revuelta política en desarrollo durante su primera visita y la secesión de Yucatán del resto de México seguían su curso, aunque apenas se notaban. La noticia más importante fue la reciente alianza de Yucatán con la República de Texas en contra del Gobierno mexicano.[3] Con una duración de nueve días, el Festival de San Cristóbal llegaba a su fin, por lo que la prioridad de los exploradores fue sumergirse en las festividades y disfrutarlas. Luego visitarían al gobernador, después harían las rondas sociales y entonces estarían listos para ponerse a trabajar.

Desempacaron la nueva tecnología que esperaban les ayudara a capturar imágenes exactas de las ruinas. Dos años antes, el primer instrumento fotográfico llamado daguerrotipo había sido presentado en Nueva York, justo dos días después de que Stephens y Catherwood partieran hacia América Central. Antes de su viaje actual adquirieron uno. Ahora solo necesitaban descubrir cómo funcionaba. Montaron un estudio de retratos en la sala de su casa alquilada para fotografiar a las primeras damas de Mérida. "Era una nueva línea de trabajo para nosotros", escribió Stephens, "pero no peor que un editor de un periódico convirtiéndose en capitán de un barco de vapor y, además, tampoco era como la banca: nadie saldría perjudicado si fallábamos".

Primero practicaron con ellos mismos y luego invitaron al público. Como no cobraban, se reservaron el derecho de elegir a sus sujetos: señoritas hermosas que comenzaron a aparecer frente a su puerta casi de inmediato. Era un proceso difícil que requirió que las jóvenes participantes permanecieran quietas durante los noventa segundos exactos que debían transcurrir con el lente de la cámara expuesto. Revelar las imágenes fue igual de complicado. El proceso involucraba meterse a un cuarto oscuro y sumergir las placas fotográficas de cobre en mercurio y otros productos químicos. Fue un trabajo pionero con una nueva tecnología de vanguardia. Solo después de una serie de fracasos y éxitos durante el transcurso de varios días, Catherwood sintió que había dominado el artefacto lo suficiente como para cerrar el negocio de retratos y dirigirse al campo.

Antes de que la expedición partiera rumbo a las ruinas tuvieron una aventura más. Se enteraron de que muchos meridanos sufrían de una condición ocular llamada *estrabismo,* u ojos bizcos, y el Dr. Cabot se ofreció a realizar, sin costo, una nueva técnica quirúrgica que podría corregir la condición con solo cortar uno de los músculos contraídos del ojo. Es discutible cuánta práctica tenía Cabot, si es que tenía alguna, para realizar la cirugía. Tenía 26 años y apenas habían pasado seis meses desde que terminara sus estudios de cirugía avanzada en París. Más tarde se convertiría en uno de los cirujanos más distinguidos de Boston. En una carta que la madre de Cabot le escribió a su hermano Elliott, señaló que el joven Samuel pensó que el viaje a Yucatán sería una oportunidad para operar a "algún paciente desafortunado".[4]

Cuando se corrió la voz de que el médico de Estados Unidos podía curar ojos bizcos, varios "pacientes" se formaron afuera de la casa. Se improvisó una especie de quirófano, otra vez en la sala de estar, lo suficientemente grande como para acomodar tanto a los médicos locales como al gobernador y a una pequeña multitud de luminarias invitadas o coladas. Con finos bisturíes de fabricación parisina, el Dr. Cabot realizó las cirugías sin anestesia. Stephens y Catherwood fueron sus asistentes. Después de varias operaciones, todas exitosas, incluida una practicada al "general más antiguo en el servicio mexicano", que vivía en el exilio en Mérida, Stephens ya no pudo más: "Mi cabeza estaba repleta de visiones de ojos sangrantes y mutilados". Al perder a sus asistentes, Cabot explicó la cirugía a los médicos reunidos y se ofreció a enviarles instrumentos quirúrgicos a su regreso a Boston. Como dijo Stephens, "considerando que la cirugía ya había sido introducida lo suficiente en el país, decidimos detenernos".

Cabot se convirtió en héroe local. "No pude sino pensar en lo fugaz que es la fama en este mundo", escribió Stephens. "Al principio, mi llegada al país había sido bastante anunciada en los periódicos; durante un rato, el señor Catherwood me había arrojado a la sombra del olvido con su daguerrotipo, y ahora todas nuestras glorias habían sido engullidas por el Dr. Cabot y su cura del estrabismo".

Los tres hombres partieron de Mérida a caballo el 12 de noviembre; Stephens y Catherwood armados con pistolas y Cabot con una escopeta para abatir ejemplares ornitológicos. No tenían asistentes o siquiera un mapa, ya que no había mapas confiables disponibles en el país. Más tarde producirían uno propio calculando las distancias por las horas recorridas, con la ayuda de la brújula y un sextante que Catherwood trajo para lecturas latitudinales.[5] En contraste con la magnificencia de los volcanes y los exuberantes y pintorescos valles de América Central, Stephens se quejó de que el camino aquí era aburrido: llano, pedregoso, recto y cercado a ambos lados por un espeso bosque bajo.

Su primer objetivo había sido regresar a Uxmal. Sin embargo, mientras se encontraban en Mérida, se enteraron de un lugar en donde podrían encontrar vestigios de una antigua ciudad llamada Mayapán no muy lejos del camino principal a Uxmal. Cabalgaron a través de haciendas y caseríos indígenas hasta llegar a una enorme finca, Xcanchakán, propiedad de alguien que habían conocido en Mérida. El mayordomo los estaba esperando para llevarlos al bosque. Ahí se toparon con fragmentos de piedra esculpida y paredes derruidas. Habían llegado a Mayapán. Los restos de la ciudad nunca habían sido explorados de manera oficial y la única persona que conocía el sitio era el mayordomo, quien dijo no haberlo visitado desde hacía 23 años. Explicó que las ruinas ocupaban un poco menos de 8 km^2 y que alguna vez estuvieron cercadas por un sólido muro.

Hacienda Xcanchakán en Yucatán (Catherwood)

Comenzando en Mérida y deteniéndose primero en Mayapán, para luego continuar hacia Uxmal, los hombres, sin saberlo, viajaban de regreso a través del tiempo, en el mismo sentido que cuando salieron de Ciudad de Guatemala en su largo recorrido por Iximché y Utatlán hasta Palenque. Stephens no viajaba totalmente a ciegas. Antes de emprender el trayecto, había buscado todos los libros que pudo con información sobre la conquista española de Yucatán.[6] Sabía, por ejemplo, que Mérida fue construida por los conquistadores sobre una ciudad indígena llamada T'Hó después de que los nativos perdieran una furiosa batalla en las afueras de la ciudad en 1542.[7] Los españoles derribaron las pirámides escalonadas y los templos de T'Hó, utilizando las piedras para construir su capital colonial.[8]

Stephens también aprendió de los cronistas españoles que Mayapán había sido una de las últimas grandes capitales indígenas y que fue destruida durante una rebelión apenas cien años antes de la llegada de los españoles. (La palabra *maya* fue utilizada originalmente por los españoles para describir el idioma de los indígenas de Yucatán y llegó a usarse de forma común a principios del siglo XIX para describir a los indígenas.) Como primer explorador arqueológico en el sitio, Stephens no tenía forma de encajar las ruinas en la larga narrativa cronológica de la historia maya. Como testigo de su deteriorada condición, teorizó que Mayapán pudo haberse fundado mucho antes que Uxmal. Sin embargo, los arqueólogos modernos la clasificarían como una ciudad del Posclásico tardío y determinarían que fue establecida siglos después de la fundación de Uxmal.[9] Ahora han construido una línea de tiempo histórica en la que Palenque y Copán florecieron durante el llamado período Clásico de los mayas, del 400 al 900 d. C., Uxmal entre el 700 y el 950, y Mayapán del 1000 al 1461. T'Hó fue uno de los pequeños centros sobrevivientes aún ocupados por los mayas al momento de la Conquista, tal como lo habían sido Iximché y Utatlán en Guatemala.

Mayapán, cerca de Mérida, Yucatán (Catherwood)

Sin saber nada sobre aquella secuencia histórica mientras avanzaban a tientas por el bosque de Xcanchakán, los tres hombres casi chocan de frente contra un enorme montículo de forma cuadrada que se elevaba 20 m sobre el suelo. No había sido visible a través del espeso bosque y se hallaba tan cubierto de vegetación que parecía una pequeña colina empinada y boscosa. Pero pudieron distinguir los contornos de cuatro grandes escaleras que se elevaban a cada lado hasta llegar a una plataforma plana en la parte superior. Encontraron piedras esculpidas esparcidas por todas partes que representaban figuras humanas o de animales "con rasgos y expresiones horribles". Después encontraron un inusual edificio redondo de gran tamaño, algo que nunca habían visto en sus exploraciones anteriores. Alcanzando una altura de 7.3 m, se erigía sobre un gran montículo y estaba cubierto de varias capas de estuco sobre las cuales aún era posible observar restos de pintura roja, amarilla y azul. Una sola puerta conducía a un pasillo circular en el interior que rodeaba un centro sólido. Con una abertura de casi 1 m de ancho, les resultaba imposible concebir para qué había servido. Luego descubrieron una plataforma que sobresalía de un montículo con lo que parecía ser una doble fila de columnas fragmentadas, las primeras columnas que habían encontrado en las ruinas. Mientras Catherwood dibujaba la estructura circular, Stephens y Cabot exploraron un cenote cercano que conducía a un estanque de agua con incrustaciones de cal.

Fotografía actual de Mayapán (Carlsen)

Casi había oscurecido cuando llegaron a la hacienda de Xcanchakán, una de las mejores en la península con sus formidables tanques de agua, un enorme corral de ganado y frescos corredores residenciales. A la mañana siguiente cabalgaron hacia Uxmal. A pesar de que el día anterior habían encontrado muchos más montículos y fragmentos intrigantes, lo que sugería el gran tamaño de Mayapán, el sitio se hallaba cubierto de maleza y enterrado a tal grado que hubieran necesitado un batallón de trabajadores para limpiarlo. Estaban ansiosos por continuar lo que habían comenzado en Uxmal, un sitio más expuesto al aire libre.

A las 12 del mediodía siguiente, cuando se acercaban a Uxmal, se sobresaltaron por el cambio que había ocurrido durante el último año y medio. A pesar de que el terreno que rodeaba los edificios había sido despejado durante su primera visita, ahora apenas podían ver las ruinas. "Los cimientos, las terrazas y la cima de los edificios se hallaban cubiertos de maleza, hierbas y enredaderas que se amotinaban y trepaban por las fachadas", escribió Stephens. "Una naturaleza fuerte y vigorosa luchaba por dominar el arte, envolviendo a la ciudad con su abrazo asfixiante y sepultándola de la vista. Parecía como si una tumba con un amigo adentro se estuviera cerrando".

Se abrieron camino a través de la maleza por una escalera y varias terrazas y quitaron la vegetación que cubría el llamado Palacio del Gobernador, un inmenso edificio de bloques rectangulares de 91.44 m de ancho, 12.2 m de profundidad y 7.92 m de alto. La magnífica estructura estaba dividida por 13 puertas y cubierta con una fachada superior de mosaicos de piedra increíblemente intrincados. En Mérida les habían advertido que retrasaran su visita a Uxmal, ya que la lluvia se había prolongado más de lo habitual, y se consideraba uno de los lugares más insalubres de la península cuando llovía. Se dieron cuenta de que deberían de haber seguido el consejo. Había tanta humedad en el aire que apenas podían respirar, y estaban seguros de que, si no hacían algo rápido, volverían a ser víctimas de la fiebre (la malaria, o *mal aire* en italiano) que había tumbado a Catherwood en su última visita. Lo primero que hicieron fue encender un fuego dentro del edificio de piedra para secarlo.

Ni con la incorporación de un médico en la expedición estaban más cerca de comprender la causa de la enfermedad. Tuvieron que transcurrir otros sesenta años, durante la construcción del canal de Panamá, para que los expertos en salud por fin identificaran a los mosquitos como los culpables. Aquella noche, mientras fumaban antes de subirse a sus hamacas, hablaron con aire de suficiencia sobre cómo habían tomado la ofensiva contra la humedad y se felicitaban por haber encontrado una manera de contener la fiebre, quizás hasta que las lluvias cesaran por completo. Pero las enormes terrazas elevadas sobre las que Uxmal fue construida contenían depresiones de roca sólida donde se acumulaba

el agua de lluvia de donde surgía el enemigo. Justo cuando se acostaron a dormir, sufrieron el primer ataque. "Apenas nuestras cabezas se habían posado en sus respectivas almohadas", recordó Stephens, "cuando toda esa población dividida en tres enjambres, que parecía saber justo dónde asaltarnos, se abalanzó sobre nosotros como si estuviera decidida a cargar nuestros cuerpos y expulsarnos del recinto". Aunque aquella sería la última noche que dormirían sin mosquitero cubriendo cada hamaca, ya era demasiado tarde.

Al día siguiente no tardaron en ponerse a trabajar. Indígenas de la cercana hacienda de Peón llegaron a cortar las enredaderas y la vegetación. Tan pronto como las vistas estaban despejadas, Catherwood preparó el daguerrotipo. Pero no quedó satisfecho con las primeras imágenes producidas, debido al contraste entre las partes de las ruinas que recibían la luz del sol y las que se encontraban a la sombra.

Vista completa del Palacio del Gobernador en Uxmal (Catherwood)

"Daban la idea general del carácter de los edificios", escribió Stephens, "pero no sería bueno dejarlas en manos del grabador sin copiar las vistas sobre papel". Así que Catherwood, tan meticuloso como siempre, empezó a dibujar cada estructura con sus lápices y cámara lúcida, hasta el más mínimo detalle. Creó, informó Stephens, "minuciosos dibujos arquitectónicos del conjunto", a tal grado que "tiene en su poder material suficiente como para erigir un edificio exactamente igual". El daguerrotipo demostró su utilidad. Stephens y Cabot lo usaron para crear vistas más amplias para complementar los dibujos de Catherwood.

Fachada del Cuadrángulo de las Monjas, Uxmal
(Fotografía de Désiré Charnay)

Uxmal hoy: el Palacio del Gobernador con la Pirámide del Adivino en la distancia (Carslen)

Incansable y con buena salud, Catherwood trabajaría sin parar durante las siguientes seis semanas para capturar las maravillas arquitectónicas y escultóricas de Uxmal: el llamado Cuadrángulo de las Monjas, la Pirámide del Adivino, las atinadamente denominadas Casa de las Palomas y Casa de las Tortugas, así como el Palacio del Gobernador.[10] Creó dibujos que abarcaban amplias vistas de las ruinas y otros que capturaban los fragmentos más pequeños de sus ornamentadas fachadas. Los resultados demostrarían ser obras maestras cuando más tarde Catherwood publicó su propio libro de las ruinas a gran escala.

En cuanto quedó satisfecho con el avance de la limpieza de las ruinas, Stephens decidió cabalgar hacia el oeste de Uxmal para averiguar si había más vestigios que valiera la pena investigar. Viajando solo durante los siguientes seis días y con guías que fue recogiendo en haciendas a lo largo del camino, visitó vestigios de lo que parecían ser varias ciudades mayas más pequeñas. En un sitio, a casi 64 km de Uxmal, se adentró en una cámara donde encontró una pintura en una pared realizada con colores primarios brillantes; una imagen similar a una máscara que habían encontrado en Palenque. Tan concentrado estaba en la obra frente a él que no se percató de las miles de garrapatas que se le treparon. Huyó de la cámara y se cambió de ropa, quitándose las garrapatas lo más rápido posible antes de que pudieran enterrársele en la piel.

Frente de la Pirámide del Adivino en Uxmal (Catherwood)

Vista actual del lado posterior de la pirámide (Carlsen)

Días después, en el camino de regreso a Uxmal, se detuvo en el poblado de Maxcanú, donde lo dirigieron a una cueva cercana que se rumoreaba había sido creada por manos humanas. Aunque un grupo de aldeanos viajó con él a la cueva, ninguno quiso entrar. Intrépido como siempre, Stephens se metió solo con una cuerda atada a su muñeca para poder encontrar la salida. Llevaba una vela en una mano y una pistola en la otra. La cueva resultó haber sido construida por personas, y contenía una serie de pasillos estrechos que se entrecruzaban, doblaban hacia atrás y formaban un elaborado laberinto. Le recordó a los pasadizos de las tumbas y pirámides egipcias, y se entusiasmó con la idea de que podría descubrir una gran sala, una galería, una tumba real. En su lugar, se encontró con una ráfaga de murciélagos que pasaron zumbando junto a su cabeza y cuyo aleteo casi apaga la vela. Al final no pudo avanzar más debido a los escombros que bloqueaban el paso. De vuelta al aire libre, miró hacia arriba y se dio cuenta de que no se trataba de un pasaje subterráneo, sino que se había adentrado en las profundidades de una gran pirámide. Fue toda una revelación, porque siempre había visto estas pirámides como masas sólidas. Ahora creía que esta pirámide y otras pirámides similares podrían contener cámaras secretas que tal vez ayudarían a revelar quién las construyó y por qué.

Los aldeanos explicaron que había varios montículos y piedras esculpidas cerca. Stephens se sintió intrigado al darse cuenta de que el sitio comenzaba a adquirir la dimensión de una ciudad de buen tamaño. No existía un registro de relatos sobre estas ruinas, ni siquiera los indígenas del pueblo las habían mencionado antes de partir esa mañana. Stephens quería volver para hacer un examen más completo del sitio, pero —una vez que la expedición en Uxmal terminó— decidieron viajar en dirección opuesta, al sur y al este. Aquellas ruinas, que más tarde llegarían a ser conocidas como Oxkintok, resultaron ser una importante ciudad maya con raíces aún más antiguas que las de Uxmal. Pasaría otro siglo antes de que la excavaran y exploraran.[11]

Antes de regresar a Uxmal, Stephens había visitado un total de siete lugares con restos de montículos, templos y otras estructuras de piedra, la mayoría de ellos en sitios dispersos menores. Observar el monumental arte intacto de Uxmal lo emocionó una vez más. Esa noche hicieron una gran fogata en la terraza frente al Palacio del Gobernador. "Las llamas iluminaron la fachada del gran palacio", escribió Stephens, "y cuando se extinguieron, la luna llena bañó el lugar con su luz, suavizando sus roturas y fisuras, y ofreciendo una escena a la vez triste y hermosa".

Aunque las lluvias habían comenzado de nuevo, decidieron visitar varias de las cámaras con forma de cúpula que encontraron esparcidas por Uxmal. Stephens, atrevido como siempre, ignoró el riesgo que representaban los escorpiones y las serpientes y bajó con una cuerda a algunas de las cavernas revestidas con yeso duro en el interior. Stephens teorizó que podrían haber sido graneros, pero después de examinar varias más de aquellas cámaras, a las que los nativos llamaban *chultunes*, se dio cuenta de que eran cisternas utilizadas para almacenar agua durante la estación de lluvias en preparación para la época de sequía. Stephens y los demás se habían preguntado cómo los constructores de estas ciudades, que tenían grandes poblaciones, podrían haber sobrevivido la larga sequía en una región desprovista de ríos, arroyos y lagos. Los chultunes y cenotes eran la respuesta. Más tarde, también encontraron lagos artificiales, incluido uno cercano en Uxmal, con todo y suelos de piedra enlucidos que demostraban el grado de sofisticación ingenieril de los habitantes originales.

Durante los días siguientes, mientras Catherwood dibujaba y Cabot buscaba especímenes de aves, Stephens medía y exploraba. En uno de los aposentos del palacio localizó la viga de madera esculpida que habían encontrado en su primera visita y que nunca fue enviada a Nueva York. Encontraron otros dinteles de madera, pero este era como ninguno, era la única viga de madera exquisitamente tallada con hileras de jeroglíficos. Una vez más, Stephens hizo arreglos para que llevaran la viga de 3 m a Mérida y la enviaran a Estados Unidos, se presume que con el consentimiento de don Peón, quien los había visitado hacía poco en las ruinas. Stephens planeaba transportarlo más tarde a Washington, D. C., junto con los otros artefactos que estaban recolectando, para exhibirlos en el museo nacional que aún tenía planeado crear. "Se fue de Uxmal sobre los hombros de diez indígenas", escribió, "después de muchas vicisitudes, llegó [a Nueva York] ileso y fue depositado en el Panorama del señor Catherwood".

A principios de diciembre, Stephens encontró piedras esculpidas a medio enterrar en la cima de uno de los montículos más altos de Uxmal, que creía que conducían a una entrada. Un grupo de trabajadores indígenas comenzó a excavar y el emblema característico de Uxmal, "una cara horrible con dientes que sobresalen de la boca", comenzó a aparecer. Las piedras empezaron a moverse y los trabajadores retrocedieron por temor a que les cayeran encima. Stephens, que había estado ayudando, se lanzó solo a cavar con todas sus fuerzas, llevado por la idea de que estaba a punto de entrar en una cámara que había estado "cerrada durante mucho tiempo". No obstante, cuando llegó debajo de la cornisa y clavó su machete en la tierra donde creía que estaba la entrada, golpeó una pared de piedra.

Máscaras de Chaac, dios de la lluvia, en Uxmal (Catherwood)

Devastado por la decepción y cubierto de sudor, se tambaleó bajo el resplandor del sol. "Al descender del montículo, mis extremidades apenas podían sostenerme", recordó. "Con gran dificultad me arrastré hasta nuestros aposentos. Mi sed era insaciable. Me arrojé en mi hamaca, y a los pocos momentos me sobrevino una fiebre ardiente. La enfermedad había estado acechando a nuestro alrededor, pero ahora tocaba a nuestra puerta por vez primera". De nuevo había caído en las garras de la malaria.

Después de cuatro días de violentas fiebres y escalofríos, al fin pudo montar su caballo y cabalgar 14.5 km hasta una hacienda, donde se desplomó. Luego fue transportado en un "coche" improvisado cargado por indígenas hasta Ticul, un pueblo grande a unos 32 km de las ruinas. Allí, el sacerdote del pueblo, a quien Stephens solo identificó como Carillo, lo llevó al recinto residencial de la iglesia. Explosiones de fuegos artificiales anunciaban otra fiesta pero, en su estado actual, el ruido era "asesino".

Stephens permaneció en cama los siguientes tres días bajo el cuidado del sacerdote. Al cuarto día se sintió lo suficientemente bien como para dar un paseo con el cura por la propiedad. Al regresar encontraron al Dr. Cabot en el pasillo tendido en una camilla, con fiebre. "Me sorprendió el extraordinario cambio que había sufrido su apariencia en tan solo unos cuantos días. Su rostro estaba enrojecido, su mirada era salvaje, su figura larguirucha". Resultó que Cabot había contraído fiebre el día después de que Stephens partiera de Uxmal y desde entonces se encontraba en un estado de delirio. Al día siguiente, uno de sus ayudantes habituales, llamado Albino, llegó temblando de escalofríos y fiebre. Traía una nota de Catherwood. Ahora solo quedaba él en Uxmal, escribió, pero aguantaría todo el tiempo posible. A la primera señal de fiebre, añadió, se uniría a ellos.

17

Londres

La mañana del 11 de diciembre de 1841, el juez James Scarlett inició sesión en el ayuntamiento medieval de Londres, un imponente edificio gótico en Gresham Street que había sido escenario de muchos de los históricos juicios de Inglaterra. Había transcurrido un año desde que Catherwood presentara una demanda en contra de su primo Henry Caslon, y ahora, mientras trabajaba solo en Uxmal, a miles de kilómetros al otro lado del Atlántico, un jurado se reunía para decidir su caso. Scarlett, cuyo título formal era lord Abinger, les tomó el juramento a sus miembros.

Cuando Catherwood ordenó a su abogado londinense presentar la demanda el año anterior, su primo y su esposa, Gertrude, habían desaparecido de Londres. Habría sido muy inusual que Catherwood, un hombre muy reservado y discreto en lo referente a su vida personal, solicitara un juicio en un tribunal que expondría al escrutinio público su vida privada y, lo que es peor, una vergonzosa aventura entre su esposa y su primo. Lo más probable es que haya pensado que podría evitar un juicio y ganar el caso por incomparecencia dado que la pareja había desaparecido. Pero Henry y Gertrude habían regresado a Londres meses después y comenzaron a vivir como "marido y mujer" en la casa de la familia Caslon en Chiswell Street. El caso se había vuelto tan escandaloso que el juicio atrajo la atención de los periódicos londinenses.[1]

Como era la costumbre legal, la Sra. Catherwood, como esposa supuestamente maltratada, no aparecía mencionada como demandada en la querella, y no queda claro en el expediente si estuvo presente en el tribunal. Cuando se abrió el caso, Caslon se declaró inocente del cargo de "conversación criminal" con Gertrude. Su abogado, Frederic Thesiger, luego presentó una defensa legal novedosa, afirmando que no se cometió ningún delito en la aventura de Caslon con Gertrude porque los Catherwood, de hecho, no eran un matrimonio. No se habían casado de forma legal en Beirut en 1834, dijo, porque la ceremonia la había realizado un misionero bautista estadounidense y no un clérigo de la Iglesia de Inglaterra, como exige la ley inglesa.

Lord Abinger descartó esta impactante afirmación y consideró que se trataba de una cuestión legal tan inusual que solo podía ser resuelta por un tribunal de apelaciones si se presentaba una apelación más tarde. Luego ordenó que el juicio continuara bajo la presunción de que los Catherwood estaban casados. La pregunta principal ante los miembros del jurado era si ocurrieron relaciones ilícitas entre Henry y Gertrude antes de que Catherwood presentara su demanda el mes de diciembre anterior y, de ser así, Catherwood tenía una base legal para demandar.

Aunque no representó directamente a Catherwood, el fiscal general Frederick Pollock procesó el caso como un asunto penal en nombre de la Corona. Para establecer la validez del matrimonio Catherwood, llamó al hermano de este, James, quien testificó que la pareja había vivido junta como marido y mujer en la casa familiar en Charles Square durante varios años y que había tenido tres hijos.

Los sirvientes de la casa londinense de Gertrude en Charlotte Street fueron convocados y dieron testimonio indicando que Henry había pasado la noche con Gertrude en varias ocasiones durante el período crucial en cuestión.

Pollock también llamó al antiguo compañero de viaje de Catherwood en Egipto y Palestina, Joseph Bonomi, para establecer aún más la legitimidad del matrimonio de los Catherwood. Bonomi explicó al jurado que estuvo presente en la casa de Beirut del cónsul inglés, Peter Abbott, cuando se llevó a cabo la boda el 11 de marzo de 1834. El padre, la madrastra y dos hermanas de Gertrude también estuvieron presentes en la ceremonia. Agregó que la boda se realizó de acuerdo con los ritos de la Iglesia de Inglaterra. Poco después de las nupcias, dijo, los Catherwood partieron para viajar por Siria, y dos o tres meses después se reunió con ellos en Damasco. Desde allí, los tres viajaron a las antiguas ruinas de Baalbek, donde permanecieron un mes más antes de que la pareja viajara rumbo a Inglaterra. Describió a los recién casados como cariñosos y sin duda cómodos juntos.

El abogado defensor de Caslon, Thesiger, se hizo cargo e interrogó a Bonomi sobre quién exactamente había realizado la ceremonia en Beirut. Bonomi respondió que era un misionero estadounidense. "No puedo decir que el señor Bird fuera de la Iglesia de Inglaterra", continuó Bonomi. "No llevaba puesto sobrepelliz".

Luego Thesiger intentó redirigir el enfoque del juicio de Henry y Gertrude hacia el propio Catherwood. Le preguntó a Bonomi cuáles habían sido los arreglos para dormir cuando él y los recién casados viajaron juntos por Siria.

"En Baalbeck, dormí en la misma tienda con el demandante y su esposa", respondió Bonomi, sin saber adónde quería llegar con eso Thesiger.

¿La señora Catherwood se había opuesto?, preguntó Thesiger.

"Ella podría haberlo objetado", respondió Bonomi. "No sé si lo hizo, pero fue casi una cuestión de necesidad, ya que solo había una tienda. Todas las personas que viajaban en ese país tenían carpas para dormir. Era la costumbre. La sociedad en Beirut y Acre, y en otros lugares de Siria, era lo que podría llamarse muy fácil y familiar; muy diferente a lo que era en el clima frío del norte de Inglaterra".

Thesiger no se dio por vencido. Tras más preguntas, Bonomi admitió que se reunieron con el padre de Gertrude, Peter Abbott, en uno de los sitios, y que en aquella ocasión Bonomi no durmió en la misma tienda que los Catherwood, sino en el interior de unas ruinas.

Según los relatos de los periódicos, las preguntas de Thesiger parecían bastante inocuas, dejando como mucho una vaga insinuación de que pudo haber existido una relación sexual inapropiada entre los tres. Las implicaciones, sin embargo, pueden haber sido mucho más claras en la sala del tribunal. Al parecer, Bonomi sintió que el contrainterrogatorio de Thesiger había dejado una mancha en su honor.[2] En correspondencia posterior con su propio abogado, insistió en que se incluyera una carta en el expediente judicial que, en su opinión, limpiaría su nombre.

Thesiger también le preguntó a Bonomi si el padre de Gertrude le había advertido a Catherwood que tomara precauciones adicionales con respecto a su nueva esposa porque su madre era española y se había criado principalmente en el este.

"Por supuesto, la sociedad del este es mucho más libre y accesible que en Inglaterra", respondió Bonomi. "El señor Abbott podría haber advertido al demandante que cuidara de su esposa debido a su sangre y disposición". La señora Catherwood, agregó, era "de una particular disposición animada y encantadora. Tenía una educación oriental y unos modales sumamente agradables y fascinantes, temperamento vivaz y sangre española".

Entonces Thesiger llamó a declarar al hermano de Catherwood, James, y durante su interrogatorio intentó demostrar que Frederick había sido un marido poco atento. Le preguntó a James si su hermano y Gertrude dormían en camas o en habitaciones separadas en Charles Square. James respondió que él nunca se había dado cuenta de eso, excepto quizá durante las últimas etapas de sus embarazos. Thesiger hizo hincapié en la ausencia de Catherwood durante diez meses en América Central, un hecho que algunos miembros del jurado ya sabían por la publicación del libro de Stephens y Catherwood.

Thesiger: ¿Acaso no le dijo su hermano, Frederick, que su matrimonio con la señora Catherwood no valía "ni un céntimo?".

"No", respondió James.

En su alegato de clausura, Thesiger trató de reducir los posibles daños que el jurado podría infligir a Catherwood, describiendo a Gertrude como una mujer libertina y a él como un marido desatento. "No es del todo improbable", dijo a los miembros del jurado, "con su peculiar sangre y educación, así como la ausencia de su esposo, hubiera pecado antes de conocer al acusado. Tal esposa merecía la cautelosa guardia sugerida por su padre al demandante; pero en lugar de adoptar un curso tan prudente, la envía sola a casa desde Nueva York y la expone a todos los peligros del abandono y la deserción. Este fue un acto de negligencia tan grande como para privarlo de la posibilidad de demandar compensación por cualquier cosa que haya sucedido".

Los jurados deliberaron menos de veinte minutos, emitieron un veredicto a favor de Catherwood, pero le otorgaron una indemnización de solo doscientas libras esterlinas. Había pedido cinco mil.

Técnicamente, Catherwood fue reivindicado. Pero su pequeña victoria tuvo un considerable y mortificante costo. Se habían planteado dudas sobre su carácter moral, así como sobre su aptitud y atención como esposo, sobre todo debido a su larga ausencia en América Central.

En efecto, su matrimonio con Gertrude había terminado. Y no habría divorcio. La indemnización mínima del jurado fue anulada dos años después cuando un tribunal de apelaciones dictaminó que su matrimonio nunca existió. El caso (Catherwood contra Caslon) se citaría como precedente en años venideros y los jueces de apelación dictaminarían que los matrimonios realizados fuera de la Iglesia de Inglaterra no eran legales; y, por lo tanto, la indemnización por daños y perjuicios a Catherwood fue anulada.

Un mes más tarde se inauguró una curiosa exposición en el centro de Londres, a 1.5 km al oeste, en Somerset House, entre Strand y el río Támesis. Somerset House alguna vez albergó la sala de exposiciones de la Real Academia, donde Catherwood mostró su trabajo con anterioridad. El 13 de enero de 1842, el capitán John Caddy exhibió por primera vez de forma pública sus dibujos y pinturas de Palenque. La muestra tuvo lugar en las salas de la Sociedad de Anticuarios. Las actas de la sociedad señalan que los dibujos daban "la apariencia de una gran precisión y diferían de otros publicados por lord Kingsbury y Mons. Waldeck, ganándose el derecho a recibir atención especial de los anticuarios ingleses. El capitán Caddy supone que estas ruinas son de origen egipcio-indio".[3]

Había transcurrido más de un año y medio desde que Caddy y Patrick Walker regresaron sanos y salvos a Belice de su expedición a Palenque. Desde entonces, el teniente Caddy había sido ascendido a capitán y se le había otorgado un permiso para zarpar de regreso a Inglaterra, en donde se reunió con su esposa e hijos. Mientras tanto, el coronel Alexander MacDonald había enviado por adelantado a la Oficina Colonial de Londres una copia del informe oficial de Palenque de Walker y los dibujos de Caddy. Tenía la esperanza de que los documentos de una buena vez justificaran ante sus superiores su rápida decisión, en 1839, de ordenar la expedición sin aprobación previa. El informe y los dibujos fueron recibidos por lord John Russell, en algún momento a principios de 1841, más o menos cuando Caddy había arribado a Inglaterra.

En un despacho en respuesta al informe de MacDonald, lord Russell elogió a Walker y Caddy, otorgándoles "gran crédito por su celo y espíritu emprendedor". Se refirió a los dibujos como "muy curiosos e interesantes". En ese momento, Russell no sabía que Stephens y Catherwood estaban en Nueva York trabajando en la publicación de su libro sobre el mismo tema. Dijo que quería aliviar a MacDonald de su preocupación por el reembolso de la expedición de Palenque, pero señaló que el coronel aún no había dado cuenta de los gastos. Lo haría cuando los presentara, dijo: "Siempre y cuando parezca que los gastos fueron moderados y razonables, recomendaré a los señores de la tesorería que lo liberen de la responsabilidad".

En este punto, los acontecimientos dieron un giro desafortunado y el registro de la tortuosa expedición a Palenque de Walker y Caddy prácticamente desapareció de los libros de historia, en parte gracias a Stephens y Catherwood, pero también a la lenta y muy jerarquizada burocracia británica. Se desconoce si alguna vez el "Cofre Militar" de MacDonald fue reembolsado. En cambio, todo el asunto fue enterrado con discreción en los archivos. Más de un siglo después, David Pendergast, quien publicó el relato de la expedición Walker-Caddy, descubrió la razón en una astuta labor detectivesca. Se las arregló para desenterrar de los registros coloniales la última carta de MacDonald a lord Russell. En la portada del despacho, Pendergast encontró una nota sin firmar, fechada el 14 de octubre. Sin duda, el autor de la nota había leído el libro de Stephens y Catherwood, que acababa de llegar de Estados Unidos.

> Un estadounidense llamado Stephens hizo el mismo viaje y ha publicado un relato completo de Palenque con dibujos mucho más detallados que cualquiera de los hechos por el capitán Caddy y con un enfoque de observación general mucho más amplio. Me temo, por lo tanto, que lo único que se puede hacer con este despacho es dejarlo a un lado.

A pesar de la recomendación, la carta siguió ascendiendo por la escalera burocrática hasta llegar a una autoridad superior en la Oficina Colonial. El siguiente funcionario, llamado, qué casualidad, J. Stephens, agregó una nota final:

> El coronel MacDonald y el señor Walker y el capitán Caddy llevaron a cabo esta misión científica sin previa sanción del Tesoro. El motivo fue simplemente el celo científico en busca de superar a los estadounidenses. No fue una acción muy sabia, y el resultado es que hemos sido derrotados por estos nuevos rivales en la investigación científica, que ahora podrán jactarse de nuestra inferioridad en lugar de solo contentarse con jactarse de nuestra relativa inactividad. Después de todo, los *Dibujos y Viajes* no han sido publicados, y es difícil suponer que algún librero se arriesgue a publicarlos ahora. En resumen, aunque bien intencionado, todo el asunto ha sido un garrafal error.

Nunca se hizo ninguna publicación o aviso oficial de la expedición. Lord Russell le escribió a MacDonald que había enviado el informe de Walker y los dibujos de Caddy a la Royal Geographic Society, pero es posible que los documentos nunca hayan llegado. La sociedad no muestra ningún registro de ellos. En cambio, Pendergast solo encontró el informe y el registro de gastos de Walker en los archivos de la Oficina Colonial, pero ninguno de los dibujos de Caddy. Aparentemente fueron devueltos a este y terminaron en la exhibición de Somerset House.

Caddy pronto tuvo otras distracciones. A principios de 1842, poco después de su exposición, nació su quinto hijo; tendría ocho en total. Unos meses más tarde dejó Inglaterra con su familia para ocupar un nuevo puesto militar en la ciudad de London en Ontario, Canadá, no lejos de donde se había criado. En poco tiempo, Palenque sería un recuerdo lejano e, igual que el soldado Carnick —la única víctima mortal de la expedición que yacía enterrada en algún lugar de Petén—, prácticamente olvidado.

18

Hallazgos

Para el día de Navidad de 1841, Stephens regresó a Uxmal, seguido poco después por el Dr. Cabot y al final por Albino, todos suficientemente recuperados de sus ataques de malaria. Catherwood, que permaneció saludable y solo en las ruinas sin nada más que su trabajo como ocupación, había terminado la mayoría de los planos y dibujos. Debido a que fue el único residente durante semanas en el Palacio del Gobernador, cada noche colocaba una pistola de resorte con una cuerda en la entrada para "derribar" a cualquier personaje no invitado. Afortunadamente, no apareció ninguno.

Mientras Stephens se recuperaba en el convento de Ticul, hizo varios viajes cortos a los suburbios y bosques circundantes. Parecía que dondequiera que miraba se encontraba con vestigios de antiguas estructuras y templos, la mayoría de ellos derribados por los aldeanos locales que se habían llevado las piedras para hacer sus propias construcciones. Carillo, el sacerdote local, le dijo que no muy lejos al sur se encontraban los restos de varias otras ciudades antiguas. Stephens comenzó entonces a darse cuenta de que en algún momento esta parte de Yucatán debió de haber estado densamente poblada y llena de sofisticadas ciudades y centros sagrados.

Durante la última semana de diciembre, los hombres terminaron su trabajo en Uxmal y se prepararon para dirigirse al sur hacia las ruinas reportadas. Antes de partir, Stephens subió por última vez la escalera cubierta de escombros de la gran Pirámide del Adivino. Llegó al punto más alto por encima de las ruinas, y hacia el oeste, hasta donde alcanzaba la vista, se extendía una planicie boscosa de matorrales verdes. Estaba de pie en la parte superior de la pirámide en una plataforma que sobresalía dramáticamente, con un acceso que se abría al templo detrás de él, cuya entrada estaba enmarcada por ornamentados mosaicos de piedra. Se estremeció al imaginar el horror de los sacrificios humanos que probablemente se habían realizado allí, una práctica descrita más de un siglo y medio antes por el historiador franciscano Diego López de Cogolludo: los sacerdotes mayas cortaban los corazones de sus víctimas para ofrecerlos a sus ídolos, y luego arrojaban los cuerpos por la escalera hasta el atestado patio de abajo. Stephens escribió: "En todo el largo catálogo de ritos supersticiosos que oscurecen las páginas de la historia del hombre, no puedo imaginar una imagen más terriblemente perturbadora que la del sacerdote indígena, con su vestido blanco y su cabello largo cubierto de sangre, realizando sus sacrificios asesinos desde esta elevada altura, a la vista de la gente a través de toda la extensión de la ciudad".

Casa de las Palomas en Uxmal (Catherwood)

Vista actual (Carlsen)

En dirección a Uxmal pudo ver las terrazas hechas a mano y las enormes plataformas de piedra caliza de varios niveles que formaban la base de la ciudad. Delante de él se encontraba el lugar conocido como el Cuadrángulo de las Monjas, llamado así por los 88 departamentos o celdas de los edificios que rodeaban el patio. Al otro lado del patio vio una de las fachadas más intrincadas de Uxmal. El entablamento sobre las entradas estaba cubierto con adornos de piedra y un elaborado friso que incluía dos serpientes emplumadas y entrelazadas que cubrían toda la extensión de la estructura de 52.7 m de ancho. Las fauces abiertas de una de las serpientes apretaban una cabeza humana.

Más allá del cuadrángulo, a su izquierda, había dos montículos largos e idénticos, sus fachadas cubiertas de serpientes, una frente a la otra y separadas por una distancia de 21 m. Stephens escribió: "Fue nuestra opinión que habían sido construidos expresamente en función de los dos grandes anillos enfrentados en las fachadas, y que el espacio intermedio estaba destinado a la celebración de algún tipo de juego público". Habían acertado de nuevo. Los arqueólogos determinarían más tarde que los anillos y las paredes inclinadas de Uxmal —al igual que las paredes paralelas similares que se encuentran en las ruinas de Guatemala, México y otros lugares tan lejanos como Copán— eran canchas utilizadas para juegos de pelota rituales. A la izquierda de estos patios, Stephens podía ver el irregular perfil de la Casa de las Palomas, la Casa del Gobernador y otras fascinantes estructuras, encaramadas en diferentes niveles de las amplias terrazas de Uxmal.

Al día siguiente, mientras tomaba las imágenes finales del Cuadrángulo de las Monjas con el daguerrotipo, Stephens recibió una nota de Catherwood. Después de todo, el infatigable artista sucumbió a la fiebre. La tristeza descendió sobre ellos. Las fuertes lluvias comenzaron de nuevo. Catherwood estuvo postrado en cama en la Casa del Gobernador, y luego Stephens y Cabot, como por empatía, sufrieron recaídas con escalofríos y fiebre.

izq.: Decoración con mosaicos en Kabah (Catherwood)

der.: Detalle, vista actual (Carlsen)

Dos días después, miserables y enfermos, finalmente reunieron la energía suficiente para partir. Mientras lo hacían, Catherwood señaló que era el primer día de 1842, el día de Año Nuevo. Habían sobrevivido un año más, pero no estaban en condiciones de celebrar e incluso se sentían demasiado débiles para viajar a caballo. Los indígenas de la hacienda improvisaron los carruajes tipo camilla para llevar a los tres hombres al pueblo cercano de Nohcacab.

El 8 de enero se habían recuperado lo suficiente como para cabalgar hacia el sur y llegar a un lugar que los nativos llamaban Kabah, donde encontraron una variedad de estructuras impresionantes, aun para los experimentados ojos de Stephens y Catherwood. Algunos de los edificios se encontraban en excelente estado de conservación y casi completos. Uno de los edificios estaba cubierto con el juego de mosaicos de piedra más intrincado que habían visto hasta entonces. De efecto casi rítmico, daba la impresión de un centenar de ojos mirando desde la pared. Era único entre las ruinas debido a su repetitivo patrón de máscaras que representaban lo que luego se identificaría como Chaac, el dios de la lluvia de nariz Larga. Cerca había una gran pirámide ceremonial escalonada. Se podían ver jeroglíficos iguales a los que habían encontrado en Copán, tallados en varias estructuras, y superestructuras "en forma de cresta" se alzaban sobre algunos de los techos, similares a los de Palenque.

Kabah era de tal sofisticación artística —en algunos aspectos semejante a Uxmal, aunque de menor escala— que los hombres se preguntaron de nuevo por el avanzado nivel de organización y habilidad requeridos para crear cada sitio. Lo que más sorprendió a Stephens y a los demás fue que aquellas magníficas ruinas fueran "absolutamente desconocidas", excepto para los aldeanos y campesinos locales. Era cada vez más claro para Stephens que habían hallado algo mucho más significativo y de mayores dimensiones de lo que podrían haber imaginado dos años antes cuando, llenos de asombro, se toparon con Copán y Palenque. Catherwood y él entendieron que se encontraban en presencia de los vastos vestigios de una civilización sumamente refinada e interconectada que había existido siglos atrás. Una civilización que se había extendido sobre un territorio que ahora abarcaba tres naciones modernas y había desaparecido de forma misteriosa y, al parecer, abrupta, sin que nadie, ni siquiera los habitantes del área, conociera nada sobre su historia. La pregunta que continuaría obsesionándolos durante el resto de su viaje, y que nunca podrían resolver, era ¿por qué aquellas maravillosas ciudades de piedra, construidas con tanto trabajo y arte, fueron abandonadas y a qué se debió la súbita desaparición de la gran civilización que las había construido?

Pasaron varios días en Kabah mientras Catherwood se dedicaba a crear imágenes con sus lápices y pinturas y Stephens con el daguerrotipo. Aunque no se sabía nada sobre la historia de Kabah, los aldeanos cercanos le dijeron a Stephens que la ciudad y Uxmal habían estado conectadas en la antigüedad por un gran camino pavimentado que aún se podía encontrar en algunas partes de la selva. Estaba construido sobre una base elevada de piedra de 5 m de ancho que había sido estucada para alisarlo. El camino se llamaba Sacbé, o *Sacbeh* que en lengua maya significa "camino blanco". Stephens y Catherwood nunca dieron con él, aunque sí descubrieron una gran arcada en Kabah que miraba en dirección a Uxmal. Stephens dijo que le recordaba a las antiguas arcadas triunfales que había visto en Roma. Con una extensión de poco más de 4 m, se encontraba sola en un claro, con la parte superior derrumbada y, según escribió Stephens, "desconectada de cualquier otra estructura, en un estado de grandeza solitaria". Sin embargo, de haber excavado un poco, habrían descubierto que no estaba aislada en absoluto: de hecho, el camino de piedra pasaba por debajo y recorría aproximadamente 20 km en línea casi recta a través de la jungla hasta conectarse a una segunda arcada monumental en Uxmal. Y si bien ahora se sabe que los antiguos mayas nunca usaron la rueda, la carretera blanca y lisa debe de haber proporcionado una forma eficiente para que los mensajeros y tal vez los ejércitos, así como los peatones, viajaran rápidamente a través de la jungla de una ciudad a otra.

En un punto más allá de la arcada descubrieron un grupo de edificios —en su mayoría derruidos y enterrados en el bosque que ni siquiera los guías de la zona conocían. En el interior de uno de ellos encontraron huellas de manos de color rojo que cubrían casi toda una pared. La pintura era brillante y parecía casi fresca. Aunque poco impresionantes desde el exterior, las estructuras fragmentadas y derrumbadas también produjeron otro importante hallazgo. Encima de la puerta de uno de los departamentos lleno de escombros casi hasta el tope, Catherwood encontró un dintel o arquitrabe de madera exquisitamente tallado. Se había arrastrado boca arriba para tomar medidas cuando, al mirar hacia arriba, observó la figura de cuerpo entero de un señor real con un tocado de plumas parado sobre una serpiente. Lo más notable de aquella figura era su sorprendente parecido con las que habían visto talladas en las paredes de Palenque. Fue la primera imagen que encontraron en Yucatán que ofrecía un vínculo muy claro entre las dos ciudades.

Stephens tenía que hacerse de él. Quería enviarlo a Nueva York para exhibirlo en su anhelado museo. Pero el dintel consistía en dos vigas completas de 3 m cada una incrustadas en la pared a cada lado de la entrada. También le preocupaba que los aldeanos de Nohcacab se opusieran, pues recordaba los problemas que había tenido para sacar inclusive los moldes de yeso de Palenque. No obstante, al día siguiente, reunió a una cuadrilla de aldeanos armados con palancas que lograron desalojaron las vigas después de un día de exhaustivo trabajo. Luego envolvió cuidadosamente las dos vigas como había hecho con la viga cubierta de jeroglíficos de Uxmal.

IZQ.: Dintel tallado en Kabah, enviado por Stephens a Nueva York (Catherwood)

DER.: Interior de Kabah (Catherwood)

Más tarde, Catherwood representaría la salida de las vigas de Kabah en una litografía bellamente coloreada que mostraba una de las pocas imágenes de Stephens. Es una ilustración dramática, llena de movimiento, y en el fondo es posible observar la mayoría de las principales ruinas de Kabah rodeada por el paisaje tropical de Yucatán.

Sorprendidos de encontrar el arquitrabe en un lugar tan anodino, decidieron ser más meticulosos en sus exploraciones. Si bien encontraron dinteles de madera en varios edificios, no hallaban ninguno que estuviera tallado. Sin embargo, Stephens se topó con dos jambas de piedra de 1.83 m de alto, elaboradamente talladas y enterradas en una pila de restos como cualquier otra. Al igual que el arquitrabe, mostraban a los señores reales con tocados de plumas, pero esta vez elevándose sobre otras figuras arrodilladas ante ellos, un tema artístico elaborado con gran maestría en los bajorrelieves de Palenque. Stephens trabajó arduamente durante dos días junto a los trabajadores indígenas para sacarlos y enviarlos a Nueva York.[1] Luego volvió a sufrir una violenta recaída de fiebre, como si las ruinas le hubieran echado una maldición que surtía efecto cada vez que les perturbaba. Montó su caballo para Nohcacab, pero solo pudo cubrir una parte del trayecto. "Me vi obligado a desmontar y acostarme a la sombra de un arbusto, pero las garrapatas me ahuyentaron. Finalmente llegué al pueblo y esa fue mi última visita a Kabah".

En poco tiempo, Cabot, Albino y esta vez también Catherwood experimentaron recaídas de fiebre y se unieron a Stephens en el convento del pueblo. "La muerte nos rondaba", escribió Stephens. Lo dijo literalmente. Un cementerio y un osario colindaban con el convento, lo que le permitió, en su debilitado estado, disfrutar de uno de sus temas favoritos: la melancólica brevedad de la vida. Hileras de calaveras se alineaban en la parte superior de la pared del convento. "El espectáculo era sombrío para los hombres enfermos", escribió. Nunca dejó de notar las incongruencias del momento. Incluso en medio de aquella tristeza mortal, estaba en marcha otra fiesta.

Stephens fue el único lo suficientemente sano como para asistir a la procesión final del festival. Inclusive ayudó a llevar la imagen del santo del pueblo hasta la iglesia. "Lo siguió una tropa irregular de mujeres, todas con vestidos de gala y portando largas velas encendidas". Se lanzaron fuegos artificiales y petardos, y luego se sumaron los hombres del pueblo, la mayoría de ellos medio borrachos. El baile en la plaza comenzó.

> Todo el pueblo parecía entregado al placer del momento [...] había mujeres bonitas bellamente vestidas. Un aire de abandono y despreocupación lo impregnaba todo y suscitaba sentimientos solidarios. Y cuando el padrecito y yo regresábamos

al convento, el coro nos alcanzó en los escalones, suave y dulce por la combinación de voces femeninas que parecía brotar del fondo de cada corazón:

"Qué bonito es el mundo;
lástima es que yo me muera".

Finalmente, el 24 de enero, volvieron a sentirse lo suficientemente bien como para viajar. Al haber conseguido caballos de primera, decidieron dejar atrás el pesado equipaje para viajar ligeros. Stephens enumeró los pocos artículos que empacaron en sus alforjas o que llevaban con ellos a caballo: "el aparato de daguerrotipo, las hamacas, una caja grande que contenía nuestro servicio de mesa de hojalata, un candelabro, pan, chocolate, café y azúcar, y algunas mudas de ropa". Y, por supuesto, la cámara lúcida plegable de Catherwood, sus lápices, pinturas y papel, además de los siempre presentes cuadernos de Stephens.

Durante las siguientes seis semanas, zigzaguearon hacia el sur, descubriendo un grupo tras otro de ruinas esparcidas por el campo o enterradas en lo profundo de la jungla. Para ubicarlas, recurrieron únicamente a la información que habían recopilado de los aldeanos y agricultores sobre las "piedras viejas" en el bosque. Albino resultó indispensable como intérprete y explorador. Algunos sitios no eran más que una estructura aislada en el bosque, mientras que otros parecían ser los restos de centros sagrados o pequeñas ciudades como Kabah. Los primeros dos sitios que encontraron al sur de Kabah, llamados por los indígenas locales Sayil y Labná, eran lugares de ese tipo. Cada uno tenía edificios bien conservados, algunos impresionantemente grandes y decorados. En ambos lugares encontraron asombrosos templos encaramados en la cima de pirámides o montículos aún más altos con gigantescas crestas ornamentales, como las de Palenque.

En Labná pasaron un día entero examinando un templo ubicado sobre un montículo extremadamente empinado, de 15 m de altura, y casi imposible de escalar sin asirse de los árboles que se habían enraizado en las piedras caídas. En la parte superior, la cresta decorativa del techo del templo se elevaba otros 10 m. "Otrora adornado de arriba abajo, y de un lado al otro, con figuras colosales y otros diseños en estuco, ahora derruido y fragmentado [...] bajo una hilera de cabezas de muertos había dos filas de figuras humanas", escribió Stephens. Catherwood hizo dibujos usando diferentes ángulos del sol, mientras que Stephens y Cabot trabajaban con el daguerrotipo. El estuco blanco era tan intenso a la luz del sol que era doloroso mirarlo, y aún era posible observar algunos rastros de pintura de colores brillantes que, según Stephens, "desafiaban la acción de los elementos".

No muy lejos del montículo, encontraron una impresionante puerta de entrada arqueada de notables proporciones, cubierta con diseños abstractos e imágenes ceñudas como máscaras que de nuevo mostraban el refinado arte de sus constructores. Stephens y Catherwood —incluso con sus experiencias en Egipto, Grecia y Roma— no recordaban ninguna otra cultura que hubiera empleado los adornos y las sobrecogedoras imágenes frente a ellos o que hubiera dominado las complejidades de la mampostería como los mayas lo hicieron en estas imágenes extrañas y congeladas. Era obvio para ambos hombres que las fachadas tenían el propósito de causar un efecto hipnótico, inquietante, inclusive aterrador en el espectador; efecto que probablemente habría sido aún mayor cuando estaban cubiertas con su pintura original. ¿Cómo se habrían visto hace cientos de años?, se preguntaron. Con los pocos rastros de color como referente, su imaginación se hizo cargo de evocar una visión onírica: fachadas brillantes adornadas con patrones arabescos retorcidos en profundo relieve, puntuados por grotescas máscaras de dioses espeluznantes y deslumbrantes. La fuerza de las imágenes era asombrosa.

Arcada de Labná (Catherwood)

Arcada de Labná hoy día (Carlsen)

Durante el mes siguiente exploraron ruinas con nombres indígenas como Sabachtsche, Kiuic, Xampón, Chunhuhub, Itzimté, Xlabpak, y docenas de sitios más pequeños sin nombre. Se detuvieron el tiempo suficiente en cada uno para que Catherwood los capturara en papel y los otros dos hombres con el daguerrotipo, si había suficiente luz. Se encontraban en un estado de asombro casi constante. Cada sitio era solamente conocido por un pequeño grupo de nativos cercanos al lugar. ¿Cómo era posible que hubieran permanecido ocultos a la sociedad yucateca, ya no se diga al resto del mundo?, se preguntaban. Stephens lamentó que muchos de los restos, erosionados por el tiempo y la naturaleza, no durarían mucho más. Finalmente, su predicción resultó cierta, ya que algunos de ellos se convertirían en escombros tan carentes de forma que las ilustraciones y descripciones de aquella expedición son la única evidencia documental de su existencia. Era como si estuvieran ante los últimos rastros de aquella desconcertante civilización que se desvanecía ante sus ojos.

Esta aprensión los motivó a registrar cada estructura significativa que encontraron y tratar de llevarse a Nueva York artefactos relevantes y fáciles de transportar: piedras esculpidas, figuras de arcilla y jarrones pintados. Hoy tal extracción sería ilegal e internacionalmente condenada, pero Stephens estaba actuando, al menos en parte, por un sincero deseo de preservar esos tesoros, al observar que nadie en Yucatán estaba interesado en protegerlos. También fue honesto acerca de su deseo de convertirlos en posesiones estadounidenses, de la misma forma que Francia e Inglaterra se hacían de artefactos, esculturas y monumentos antiguos de Egipto, Grecia e Italia para sus propios museos nacionales.

Pueblo en la ruta de Stephens y Catherwood a Yucatán (Catherwood)

En las ruinas a las afueras del pueblo de Kiuic, por ejemplo, encontraron una impactante imagen tallada en una gran piedra incrustada en el techo de un edificio. Mostraba una figura, pintada en rojo intenso y verde, con un tocado salvaje y rodeada de jeroglíficos. Sin objetar, indígenas locales rompieron el techo con gran esfuerzo y bajaron la piedra con cuerdas. Medía 46 x 76 cm y era tan pesada que las cuerdas se rompieron y la piedra cayó al suelo, por suerte sin sufrir daños. Aunque Stephens quería llevarla a Nueva York, era demasiado pesada para una mula y los indígenas se negaron a llevarla a Mérida. Stephens dejó de insistir en llevársela solo después de persuadir al propietario del rancho cercano de que colocara la escultura en un lugar cubierto que la protegiera de la lluvia. Dijo que esperaba que otro viajero estadounidense "se la lleve por su propia cuenta y la entregue al Museo Nacional de Washington".[2]

Por fin las lluvias disminuyeron, mientras que la época de sequía luchaba tardíamente para imponerse. Los mosquitos dieron paso a las diminutas garrapatas, cuyas picaduras eran una tortura. "Con frecuencia", escribió Stephens, "entrábamos en contacto con un arbusto cubierto de ellas y se abalanzaban sobre nosotros como granos de arena en movimiento, propagándose hasta que el cuerpo parecía estar repleto. Nuestros caballos probablemente sufrían más que nosotros y rascarles los costados con un palo lijoso se convirtió en un hábito cada vez que desmontábamos".

Los mosquitos, sin embargo, habían dejado su legado. Cuando la expedición partió de Kiuic rumbo al siguiente pueblo, Catherwood se quejó de dolor de cabeza y pidió reducir la velocidad, mientras que Stephens y Cabot iban adelante. Más tarde esa mañana, en el siguiente rancho, los cargadores de equipaje anunciaron que Catherwood había caído enfermo. Lo habían dejado acostado a un lado del camino. Cuando Stephens lo encontró, el artista estaba en el suelo debajo de un árbol, temblando de escalofríos y envuelto en todas las mantas que pudo hallar, incluidas las de su caballo. Albino estaba a su lado. La escena sacudió a Stephens, quien recordó el grave episodio que había dejado a Catherwood incapacitado en su última visita. Pronto llegaron los arrieros con los materiales para construir un carro cubierto y lo llevaron al rancho. Cuando llegaron, Stephens descubrió que Cabot también había tenido fiebre. El mismo Stephens comenzó a sentir frío y todos se retiraron a sus hamacas una vez más.

Regresaron a Ticul, donde descansaron y se recuperaron. Allí, Stephens conoció a uno de los pocos eruditos mayas en la península: Juan Pío Pérez, un exfuncionario del Gobierno y autor de una monografía que explicaba el calendario maya. Stephens tendría largas charlas con Pérez, quien como administrador regional tuvo acceso a muchos documentos antiguos en la lengua maya y realizó uno de los primeros estudios sobre cómo los mayas calculaban el tiempo. Stephens incorporaría la investigación de Pérez en el apéndice de su libro.

A mediados de febrero, la expedición volvió al sur, a las ruinas de Xampón, donde Catherwood creó una de sus ilustraciones más dramáticas. Con una luna emergiendo espectacularmente de nubes oscuras arremolinándose, recurrió a contrastes profundos de blanco y negro para proyectar sombras sobre un edificio semienterrado cuyas paredes derrumbadas revelan espacios interiores y techos abovedados. En primer plano, dos perros corren a través del pastizal y derriban a un ciervo. A pesar de, o posiblemente debido a sus frecuentes ataques de fiebre, el arte de Catherwood alcanzaba cada día un mayor nivel; encontraba nuevas formas de expresar las cosas extraordinarias que veía. En la siguiente parada, Bolonchén, un pueblo habitado cerca de la frontera sur del Yucatán, se encontrarían con una maravilla que requeriría toda la destreza artística de Catherwood.

La luz de luna bañando las ruinas en Xampón (Catherwood)

Durante su viaje el agua fue una constante preocupación. ¿Cómo encontrarla en esta tierra pedregosa sin ríos para saciar su sed y la de sus caballos? ¿Cómo habían sobrevivido los antiguos habitantes, y cómo lo hacían los actuales, en un territorio como aquel con una larga época de sequía?

Encontraron varias respuestas: los cenotes naturales, los chultunes y lagos subterráneos que aquella cultura antigua construyó, así como los pozos profundos y tanques de almacenamiento de las haciendas y pueblos. Antes habían sido testigos de las habilidades de supervivencia humana en los desiertos del Sinaí y Egipto, y aquí quedaron igualmente impresionados por la tenacidad y el ingenio de los indígenas yucatecos.

La maravilla de Bolonchén superaría todo lo que habían visto hasta entonces. El pueblo tenía nueve pozos, pero todos se quedaban sin agua durante la estación seca. Cuando aquello sucedía, los aldeanos tenían que viajar a una cueva inusual ubicada a unos 3 km de distancia. Stephens y compañía tuvieron que verlo por sí mismos. Una inmensa roca que sobresalía señalaba la entrada de la cueva. Guiados por indígenas con antorchas, entraron y descendieron en la oscuridad, en un punto bajaron por una escalera de 6 m. Llegaron al borde de una enorme caverna que descendía al menos 30 m más. La luz del sol se filtraba desde arriba a través de un agujero en la superficie de la tierra.

Para llegar al fondo tuvieron que descender por una escalera de madera gigante que requería una considerable renovación. Stephens escribió: "Estaba muy empinada, parecía precaria e insegura". Pero Stephens estaba decidido a satisfacer su curiosidad omnívora y ver qué había abajo. Y como la aventura en barco por el ventoso lago de Atitlán, o los negros pasadizos en ruinas tambaleantes por los que había entrado sin más que una vela y una cuerda, esta sería una aventura más sobre la que escribir.

Así que bajaron, la madera seca y desvencijada se partía bajo sus pies. Tropezaron, aguantaron y, de alguna manera, llegaron al fondo. El suelo de la caverna, sin embargo, no fue el final del viaje. Stephens y Cabot continuaron descendiendo cada vez por una serie de escaleras más cortas hasta que entraron en una gruta con una pequeña cuenca de agua. Cubiertos de mugre y ennegrecidos por sus antorchas humeantes, sudando en el calor húmedo, no pudieron resistir. Se desnudaron y se dieron un rápido chapuzón. Mientras tanto, sus antorchas chisporroteaban y amenazaban con apagarse, y se apoderó de ellos el temor de que nunca encontrarían la salida a través de la oscuridad. "Estábamos entonces a más de 400 m de la boca de la cueva", escribió Stephens, "y a una profundidad perpendicular de unos 120 m".

En su camino de regreso una escalera se derrumbó bajo sus pies. Por fortuna, llegó Albino con una cuerda para subirlos al siguiente nivel. Exploraron tres pasajes laterales que conducían a otras cuencas de agua. Para su gran alivio, al fin llegaron a la caverna principal, ascendieron por la gran escalera tambaleante y exhaustos emergieron a la luz del sol. Stephens no podía creer cuando le dijeron que los 7000 residentes de la ciudad y el campo circundante dependían exclusivamente del agua de la cueva para sobrevivir cuatro o cinco meses del año.

Mientras Stephens y Cabot exploraban la cueva, Catherwood se quedó en la caverna para dibujar la extraordinaria escena que tenía ante él. Su ilustración final —a pesar de no tratarse de una estela gigante o una pirámide antigua— se encuentra entre sus mejores logros artísticos. Con ojo maestro, captó en una imagen deslumbrante la historia de la determinación de los indígenas de sobrevivir al adentrarse en las entrañas de la tierra para obtener agua. La ilustración no solo es impresionante por sus nítidos contrastes de luz y sombra, o rígidas líneas horizontales y verticales de la amplia y larga escalera que contrasta con el suave remolino de la pared de la caverna detrás, sino por la representación del incesante esfuerzo humano para llevar agua a la superficie: indígenas trepando como hormigas por la escalera con vasijas llenas de agua a sus espaldas, una imagen imposible de olvidar.

Mientras continuaban hacia el sur rumbo a un sitio conocido como Xlabpak (hoy Santa Rosa Xtampak), Stephens notó cambios en el entorno. Los caminos eran mucho menos pedregosos y el suelo más profundo y rico en marga. Encontraron su primer rancho de azúcar. En las ruinas de Xlabpak hallaron un edificio inmenso, uno de los más grandes que habían visto. La estructura y sus alrededores estaban cubiertos de árboles. Al quitar el follaje, encontraron una "escalera gigante" y un gran número de portales y departamentos, terrazas y un enorme patio. Stephens quedó impresionado por los paneles de pared estucados en bajorrelieve, diferentes a los mosaicos de piedra caliza del norte. Los paneles mostraban imágenes estilizadas de la realeza similares al arte estucado de Palenque.

> Ahora nos movíamos en dirección a Palenque, aunque, por supuesto, a una gran distancia de aquel lugar. La cara del país era menos pedregosa, y el descubrimiento de estos bajorrelieves, y el aumento y profusión de ornamentos estucados, sugerían que, al ir más allá de la gran superficie de piedra caliza [hacia el norte], los constructores de estas ciudades habían adaptado su estilo a los materiales disponibles.

Explorando las áreas circundantes, se toparon con otro gran edificio parcialmente enterrado y con una variedad de estructuras desconectadas con fachadas ornamentadas. Concluyeron que, probablemente, Xlabpak había sido en algún momento una ciudad de buen tamaño. Futuros arqueólogos determinarían que hasta 10 000 personas habían vivido en el área y que el recinto central tenía una rica historia como capital regional que se remontaba al período Clásico, entre el 550 y 950 d. C. Stephens quería continuar sus investigaciones, pero los indígenas que ayudaron con la limpieza preliminar del sitio los abandonaron cuando una fuerte tormenta llegó desde el norte. Con otro acceso de fiebre, Catherwood estaba demasiado débil para trabajar y decidieron irse. "Ningún otro lugar nos hizo sentir tan reacios a dejarlo sin haber terminado el trabajo", escribió Stephens.

Iturbide, su siguiente parada rumbo al sur, era un pueblo nuevo en el borde de la frontera sur de Yucatán y estaba lleno de inmigrantes indígenas del norte. Su población había aumentado de 25 a 1 500 personas en un período de cinco años debido a la oferta del gobierno de tierras gratuitas para los colonos. Dado su rápido crecimiento como puesto pionero, Stephens se refirió a él como el "Chicago" de Yucatán. (Hoy se conoce principalmente como *Vicente Guerrero*). Lo que trajo a Stephens y Catherwood a Iturbide fue, como de costumbre, un relato que escucharon en el camino sobre un conjunto de ruinas ubicado cerca de Iturbide, conocido hoy como Dzibilnocac. Descubrieron que los vestigios valían la pena, pero las recurrentes fiebres de Catherwood lo dejaron inhabilitado. Un día después, hizo el esfuerzo y se paró a dibujar frente a la estructura más grande mientras un cultivador de tabaco vecino sostenía una sombrilla sobre su cabeza para protegerlo del sol. Dentro de la estructura encontraron restos de pinturas que le recordaban a Stephens las que había visto en las tumbas egipcias, con la tez de las figuras pintada de rojo. Las pinturas estaban demasiado fragmentadas para copiarlas, "y parecían haber sobrevivido al desastre general solo para mostrar que estos constructores aborígenes habían poseído más habilidad en la rama menos perdurable de las artes gráficas".

Mientras Catherwood trabajaba, Stephens y Cabot deambularon por el sitio y contaron 33 montículos diferentes, todos tan cubiertos de árboles y vegetación que pocas características eran visibles. Cuando regresaron al edificio principal, encontraron a Catherwood acostado. Se hallaba demasiado débil para continuar. Stephens se preocupó tanto por Catherwood y se desanimó debido a sus constantes luchas contra la enfermedad que sugirió que cancelaran el resto de la expedición y se fueran a casa. Catherwood, sin embargo, se negó rotundamente e insistió en que siguieran.

Más allá de Iturbide no había nada más que un desierto que se extendía hacia el sur hasta las selvas de las tierras bajas del Petén de Guatemala. En la ciudad no escucharon informes sobre más ruinas en aquella dirección, pero Stephens no estaba convencido. "Bien puede ser que en el pueblo de Iturbide yazcan sepultados los restos de otras ciudades antiguas, pero algunas leguas más allá", escribió, "cuya existencia se desconoce por completo en este lugar por la misma razón por la que ni una sola persona allí sabía de las ruinas de Xlabpak, que visitamos poco antes, hasta que nos oyeron hablar de ellas". Decidieron no continuar hacia el sur. Habían logrado mucho en su marcha en aquella dirección, a pesar de las recurrentes fiebres que los habían atacado a todos, siendo Catherwood el más afectado de ellos.

Había más por descubrir en el norte, quizá mucho más. Ansiaban visitar un conjunto de ruinas al parecer magnífico que, junto con Uxmal, había sido la razón principal de su regreso a Yucatán. Siempre había rondado en su horizonte, en sus planes, y estaban decididos a explorarlo si conseguían mantenerse lo suficientemente saludables para llegar allí.[3]

19

Chichén Itzá

Para principios de marzo, llevaban más de cuatro meses viajando. De Iturbide viajaron 160 km en dirección norte a través de varios pueblos; visitaron ruinas menores en el camino. Después de dos semanas con paradas para permitir que Catherwood recuperara sus fuerzas, llegaron a su destino largamente esperado: un deslumbrante grupo de ruinas llamado Chichén Itzá. Ya sabían algo de historia sobre las ruinas, cuyo nombre significa "boca del pozo de los itzá" en maya. Los conquistadores habían ocupado brevemente el sitio en 1533 en un intento de convertirlo en su capital, al parecer atraídos por su ubicación céntrica y sus ruinas de piedra como material de construcción para una nueva ciudad. Sin embargo, en una gran demostración de fuerza, los guerreros mayas derrotaron a los españoles en una feroz batalla que tuvo lugar en una llanura a las afueras de las ruinas. Al terminar la batalla, 150 españoles yacían muertos y la mayoría de los soldados restantes habían sido heridos.[1] Los conquistadores sobrevivientes se escabulleron durante la noche. Fue una de las peores derrotas sufridas por los conquistadores y retrasó durante años la conquista española de Yucatán.[2] Stephens señaló que, por lo tanto, no fue una sorpresa que, los españoles dejaran una descripción poco detallada del sitio, considerando sus apuradas circunstancias y su derrota. Sin embargo, la existencia del lugar quedó para siempre establecida en los libros de historia de la Conquista.

"Desde que salimos de Estados Unidos", escribió, "teníamos los ojos puestos en aquel lugar". En Mérida les dijeron que sería difícil para cualquier persona no encontrarse con las ruinas viajando desde el este de Mérida a Valladolid, la segunda ciudad más grande de Yucatán. Las estructuras más altas eran claramente visibles desde la carretera. Sin embargo, aunque fueran bien conocidas por la gente de Yucatán, Stephens señaló que todavía eran casi desconocidas para el resto del mundo. Decididos a remediar eso, él y sus compañeros pasaron más de dos semanas examinando y registrando de manera meticulosa cada grieta y hendidura de las ruinas.

Cenote en Chichén Itzá (Catherwood)

El sitio tenía dos grandes cenotes expuestos al cielo cuyo nivel de agua se mantenía igual durante todo el año, lo cual indicaba que se alimentaban de una constante fuente de agua subterránea. Sin duda, aquella había sido la razón por la que los constructores originales eligieron la ubicación de su ciudad. Aunque en medio había densas áreas arboladas en algunos lugares, los edificios principales se hallaban en medio de un gran rancho ganadero arrendado al gobierno por un hombre llamado Juan Sosa, quien había construido una hacienda en las cercanías. A diferencia de muchos de los otros sitios que habían explorado, Chichén Itzá no requirió una limpieza laboriosa. El ganado mantuvo gran parte de la maleza baja y creó caminos que facilitaban el paso de una estructura a otra.

En este punto, Stephens y Catherwood habían visitado casi cuarenta ruinas mayas y nadie les hubiera recriminado sentirse un poco cansados. Stephens, incontenible como siempre, con su celo inquebrantable, declaró que Chichén Itzá era "magnífica". Sin duda fue el sitio más impresionante de Yucatán desde Uxmal. Muchas de las estructuras eran, como la de Uxmal, imponentes, construidas a escala monumental y en buen estado de conservación. Como en el caso de Uxmal, Stephens especuló que en la época de la Conquista los indígenas podrían haber habitado estas ciudades. Los registros españoles no afirmaban que Chichén Itzá fuera una ciudad próspera como T'Hó, sobre la cual se construiría Mérida más tarde. Estudios actuales indican que tanto Uxmal como Chichén Itzá ya habían alcanzado su apogeo y habían sido abandonadas cientos de años antes de la llegada de los españoles.[3]

Sin ninguna de las herramientas de la ciencia arqueológica moderna a su disposición, Stephens vaciló sobre la edad de las ruinas de un sitio a otro. Luchó por mantener una postura abierta a todas las posibilidades. "Chichén Itzá, aunque en mejor estado de conservación que la mayoría de los demás sitios, da la apariencia de una mayor antigüedad; algunos de los edificios son sin duda más antiguos que otros, y pueden haber transcurrido largos intervalos entre los tiempos de su construcción".[4]

La presencia de ganado en el área trajo consigo una dosis extra de garrapatas, pero —a pesar de lo intolerables que eran— los hombres concluyeron que el hecho de que el ganado hubiera limpiado gran parte del sitio había valido la pena. Catherwood pudo ponerse a trabajar de inmediato. Documentarían Chichén Itzá tan minuciosamente como lo hicieron con Uxmal, Palenque y Copán, aunque sabían que no eran los primeros en investigar el sitio. Estaban al tanto de que, no mucho antes de su llegada, un diplomático austríaco y un ingeniero estadounidense que trabajaban en las cercanías de Valladolid habían visitado las ruinas.[5]

Su primer descubrimiento en Chichén Itzá marcó la pauta. En el primer edificio al que entraron, Akab Dzib ("Casa de la escritura misteriosa"), encontraron una tablilla que mostraba la imagen esculpida de un señor real o sacerdote en bajorrelieve con hileras de jeroglíficos. Esto confirmó una vez más la unidad en el arte y la escritura que creían que vinculaba a la mayoría de las ruinas que habían examinado. En sus viajes vieron variaciones significativas en la arquitectura y la ornamentación exterior pero los denominadores comunes de una civilización, sus temas artísticos y culturales, así como su escritura, eran casi los mismos en todas partes. En particular en Chichén Itzá los jeroglíficos y bajorrelieves abundaban. Era claro para ellos que habían llegado a uno de los puntos más septentrionales de aquella civilización singular y cohesiva que exploraban desde su visita a Copán, mucho más al sur.

Con sus habilidades de percepción ahora finamente depuradas, Stephens sintió que había algo diferente en Chichén Itzá. "En general", escribió, "las fachadas no estaban tan ornamentadas como otras que habíamos visto, parecían de una fecha más antigua, y la escultura era más rudimentaria", sobre todo en comparación con los bajorrelieves delicadamente cincelados que encontraron en Palenque. Pero los escultores de Chichén Itzá trabajaban con piedra, un material mucho más poroso que no se prestaba a los detalles que tanto los había impresionado en Palenque. Más que eso, Chichén Itzá era claramente el sitio más bélico que habían investigado. Abundaban las imágenes talladas de guerreros; soldados portando lanzas y escudos, ataviados con elaborados penachos de guerra. Toda una pared de la plataforma en el centro de la plaza principal del sitio estaba formada por filas y filas de cráneos humanos esculpidos y empalados en lanzas.

A pesar del claro vínculo cultural de Chichén Itzá con los sitios al sur en Chiapas, Guatemala y Honduras, Stephens también notó que los itzaes —el pueblo que alguna vez gobernó la ciudad— parecían tener una relación más estrecha con México de lo que habían visto en otros sitios. Detectó grandes similitudes entre los murales de colores de un templo (imágenes de los ejércitos itzaes invadiendo ciudades y pueblos, y destruyendo a sus enemigos) y los "escritos pictóricos" mexicanos publicados en los volúmenes gigantes de Lord Kingsborough. También observó que una "danza" de guerreros itzaes tallada en la pared de un segundo templo, cada uno de ellos con tocados de plumas y portando montones de lanzas, se asemejaba a imágenes de soldados talladas en una piedra gigante de "sacrificio" que había sido desenterrada en la plaza de la Ciudad de México cerca de donde una vez estuvo uno de los templos aztecas. Asimismo, sabía que los aztecas y otras sociedades mexicanas adoraban a la serpiente emplumada, y en Chichén Itzá había esparcidas muchas esculturas e imágenes de serpientes. A Stephens, Chichén Itzá le pareció una mezcla de las culturas centroamericana y mexicana. Una vez más, sus observaciones resultarían ciertas. Tiempo después, los arqueólogos rastrearían muchas influencias del México central y litoral en Chichén Itzá, en parte debido al éxito de los mayas itzaes en el comercio costero.

Aunque las figuras de los muros en bajorrelieve eran más simples y "más toscas" que las del sur, encontraron un grupo de estructuras muy semejantes a los edificios magníficamente ornamentados de Uxmal, Kabah y Labná. Separadas del resto de las ruinas de Chichén Itzá en una sección aparte, estas estructuras ostentaban un trabajo en piedra tan elaborado y un aspecto general tan elegante que parecían haber sido construidas para imitar y superar a las fachadas que Stephens y Catherwood habían encontrado en el suroeste de Yucatán. Estas decoraciones y mosaicos exteriores ahora se conocen como el estilo arquitectónico Puuc. ¿Fueron inmigrantes de Uxmal y Kabah quienes replicaron en Chichén Itzá el estilo de sus lugares de procedencia, o simplemente fue robado por los itzaes? ¿O acaso dicho estilo en realidad se originó en Chichén Itzá y más tarde fue llevado al sur? Un erudito moderno ha llamado al estilo Puuc "barroco", pero una mejor analogía podría ser "rococó", el estilo europeo florido y exagerado del siglo XVIII. En cualquier caso, era una forma de ornamentación que parecía haber llegado a su propio extremo.

El Cuadrángulo de las Monjas (Catherwood)

Cuadrángulo de las Monjas, detalle hoy día (Carlsen)

Pirámide principal en Chichén Itzá (Catherwood)

Pirámide principal y área circundante hoy (Carlsen)

Estas estructuras eran tierra fértil para Catherwood, quien les prodigó algunos de sus mejores trabajos. Era como si las hubieran construido y decorado sin otro propósito que el puro placer estético de observarlas. Catherwood se deleitaba con eso, capturándolas en toda su brillante complejidad.

Chichén Itzá ofrecía material de sobra para Catherwood. El sitio parecía tener algo de todo lo que habían encontrado en las otras ruinas, solo que a veces en mejores condiciones. Por ejemplo, volvieron a encontrar los dos muros paralelos que llegarían a identificarse como cancha para el juego de pelota. Pero aquí las paredes que rodeaban el patio eran increíblemente macizas, al igual que los anillos de piedra tallada incrustados en la pared uno frente al otro.[6] Con un diámetro de 1.22 m y ubicado a 6 m de altura, el tallado de los anillos sugería la forma de "serpientes entrelazadas". A diferencia de los derruidos y fragmentados anillos de Uxmal, estos se hallaban en perfecto estado. También descubrieron un enorme edificio redondo similar al que encontraron en Mayapán. Y no muy al norte estaba la única estructura que parecía obligatoria en casi todos los sitios: una pirámide. Pero aquí se trataba de una de las pirámides escalonadas más impresionantes que habían visto hasta entonces. En una de las cuatro escaleras que llegaban a la parte superior del templo, Stephens observó flanqueando la base "dos colosales cabezas de serpiente" de 3 m de largo, con bocas abiertas y lenguas protuberantes.[7] Al subir al templo encontraron vigas talladas intactas sobre las entradas (otra vez de madera de chicozapote, dura como una roca) que ostentaban jambas de piedra, bellamente esculpidas en un bajorrelieve que delineaba formas de figuras humanas.

Pero al mirar hacia abajo desde la plataforma del templo, observaron entre los árboles algo que nunca habían visto.

Caída de un rayo sobre la cancha de juego en Chichén Itzá (Catherwood)

> Desde aquella gran altura vimos por primera vez grupos de pequeñas columnas que, al examinarlas, resultaron ser unos de los restos más notables e ininteligibles que habíamos encontrado hasta ahora. Erigidas en filas de tres, cuatro y cinco, una al lado de la otra y varias de ellas proyectadas en la misma dirección [...] Muchas de ellas derribadas, y en algunos lugares postradas en filas, todas en la misma dirección, como si las hubieran tirado intencionalmente. En algunos lugares se extendían hasta las bases de grandes montículos, sobre los cuales yacían ruinas de edificios y colosales fragmentos de esculturas, mientras que en otros lados se bifurcaban y terminaban abruptamente. Conté 380 y había muchas más.

Chichén Itzá asombró y confundió tanto a Stephens como a Catherwood. El sitio mostraba una impresionante amalgama de estilos, algunos extravagantes y excesivos, pero que aún contenían claros vínculos con las ruinas que habían explorado anteriormente. El sitio era tan grande como Uxmal e igual de grandioso; sin embargo, dada la proximidad de las dos ciudades, a menos de 140 km de distancia, sus diferencias presentaban un enigma en aparencia imposible de resolver. Lejos de arrojar más luz al misterio de estas antiguas y maravillosas ciudades, Chichén Itzá parecía hacerlas más inescrutables.

Foto tomada desde la cima de de pirámide principal en Chichén Itzá (Carlsen)

El día antes de partir no pudieron resistir una visita al cenote norte de Chichén Itzá que durante siglos había sido, y continuaba siendo, un lugar sagrado de peregrinaje para los indígenas de Yucatán. Cuando llegaron a través de un denso bosque de árboles, un halcón volaba en círculos en el interior del enorme, y casi perfectamente redondo, hueco en el suelo. Llegaron al borde y miraron el agua en el fondo. Las paredes irregulares de piedra caliza en capas del cenote caían directamente en la piscina verde 6 m más abajo, sin un camino por el cual descender al cuerpo de agua o para regresar a la superficie. Los árboles y arbustos sobresalían en voladizo por los lados. En un lugar a lo largo del borde los hombres encontraron una estructura de piedra. De pie en el borde, Stephens se estremeció mirando hacia el abismo acuoso. Según la leyenda, explicó, fue aquí donde los humanos fueron arrojados al agua del abismo, como sacrificio al dios de la lluvia.[8]

20

"Tuloom"

El 29 de marzo partieron de Chichén Itzá y viajaron en dirección este hasta Valladolid; llegaron antes que su equipaje. Fundada en tiempos tempranos de la Conquista, la ciudad de 15 000 habitantes, declaró Stephens, se encontraba deteriorada y sus siete iglesias, "en ruinas". Todo el lugar tenía un aire "melancólico". Valladolid fue la primera parada que hicieron de camino a la costa este de la península, donde —siguiendo los informes recibidos— esperaban encontrar los restos de una ciudad descrita por los primeros marineros españoles como impresionante en tamaño y esplendor y, lo más intrigante de todo, habitada. El lugar se llamaba Tuloom, como lo escribió Stephens fonéticamente en inglés, aunque hoy se escribe Tulum. También querían navegar hasta la isla de Cozumel, donde los españoles afirmaban haber descubierto numerosos templos de piedra.

Los tres hombres buscaron alojamiento en Valladolid. Mientras se acomodaban para pasar la noche, Albino llegó galopando al pueblo y golpeó la puerta para anunciar que había ocurrido un terrible accidente. El caballo que llevaba el daguerrotipo se desbocó y salió disparado. El aparato quedó destrozado. El dispositivo fue una gran pérdida. Los hombres se consolaron con la idea de que al menos tenían las imágenes que ya habían revelado en placas de cobre.

Más inquietante que la pérdida del daguerrotipo fue la sensación de aprensión que sintieron en Valladolid. Anteriormente, Stephens había percibido que un miedo recorría la sociedad yucateca blanca. En Valladolid parecía más palpable que en cualquier otro lugar. En uno de sus frecuentes apartes sociológicos, había escrito que los indígenas mayas de la península habían sufrido siglos de brutal subyugación, muchos trabajando en la esclavitud feudal de sus amos blancos. Se preguntó: "¿Serán estos los descendientes de aquel pueblo feroz que tan cruenta resistencia había ofrecido a los conquistadores españoles?".

Desde la Conquista, los nativos tenían prohibido poseer armas. Stephens se enteró de que en la reciente revuelta contra México los blancos dependieron en gran medida de los indígenas para luchar. Los habían reclutado en el campo y armado para ayudar a expulsar de Valladolid a la guarnición mexicana. Escribió: "¿Cuáles podrían ser las consecuencias de encontrarse, tras siglos de servidumbre, una vez más en posesión de armas y con un mayor conocimiento de su fuerza física?, es una pregunta de suma y trascendental importancia para el pueblo de este país, y cuya respuesta nadie puede predecir".

Si bien Stephens no pudo "predecir" las consecuencias exactas, comprendió el peligro dada su experiencia en Guatemala. Yucatán era una bomba de tiempo. Por primera vez, las circunstancias de Stephens y Catherwood estaban a su favor: se irían pronto y se perderían una revolución. Y a esta revolución tal vez no hubieran sobrevivido. En los años que siguieron, la península explotó y Valladolid se convirtió en el centro de cientos de masacres de blancos por parte de los indígenas. Los mayas yucatecos, que a menudo atacaban solo con sus machetes, se levantaron por todo el este y el centro de Yucatán y montaron una revuelta tan violenta que hizo que el levantamiento indígena de Guatemala pareciera agradable en comparación. Para 1848, los indígenas habían barrido Yucatán desde el este, rodeando Mérida y arrojando al mar a casi todos los habitantes blancos de la península. Siguieron ocho años de conflicto y masacres fanáticas conocidas como la guerra de Castas. Antes de que terminara la guerra, habían muerto hasta 80 000 personas, 16% de la población, mientras que otro 25% sería expulsado de la península. Los conquistadores españoles nunca aplastaron por completo la voluntad de los mayas yucatecos, quienes habían soportado siglos de opresión mientras esperaban el momento de contraatacar.[1]

La expedición consiguió evadir la violencia, pero en el camino, al este de Valladolid, se encontraron con un numeroso grupo de hombres indígenas cuya apariencia les trajo recuerdos de Guatemala. "Desnudos, armados con armas largas y con ciervos y jabalíes colgados a sus espaldas", escribió Stephens, "su aspecto era el más truculento que habíamos visto. Eran algunos de los indígenas que se habían levantado al llamado [en el ataque a la guarnición mexicana en Valladolid], y parecían estar listos en cualquier momento para la batalla".

Stephens se sorprendió cuando no pudieron encontrar a nadie en Valladolid que hubiera oído hablar de Tulum. Había un asentamiento en la costa llamado Tancah, les dijeron, pero para encontrarlo tendrían que dirigirse en dirección este hasta el pueblo de Chemax para determinar si había un camino que los llevara a él.[2] Chemax estaba ubicado en línea recta entre Valladolid y Tancah. Al llegar descubrieron que ese lugar era el límite oriental del Yucatán poblado. Ahora estaban en la frontera con los más de 62 km de jungla enmarañada y desierto continuos que separaban a Chemax de la costa. Les informaron que Tancah no era más que un "simple rancho". Sin embargo, había un camino a través de la jungla: un sendero para peatones poco utilizado y densamente cubierto de maleza.

Asimismo, Stephens se enteró de que Tancah era un campamento establecido por un contrabandista y pirata llamado Molas. Tiempo antes, Molas había sido condenado a muerte en Mérida pero se fugó de la cárcel de la capital y huyó a la costa, donde él y su familia instalaron su campamento solitario "fuera del alcance de la justicia". Cuando los soldados que fueron enviados desde Mérida para capturarlo llegaron a Chemax y vieron la selva frente a ellos, dieron media vuelta y regresaron. Tiempo después, encontraron a Molas muerto en un sendero, aunque nadie pudo explicar la causa de su muerte. "Aquellos reportes nos llegaron de la manera más inesperada y trastornaron todos nuestros planes", escribió Stephens.

Se cree que Tulum fue la primera ciudad avistada por los españoles cuando llegaron a la costa de Yucatán en la primavera de 1518, en una expedición desde Cuba liderada por Juan de Grijalva. Los cuatro barcos españoles se detuvieron primero en una isla grande que los nativos llamaban Cozumel y luego navegaron a través del canal hacia la península de Yucatán. El capellán de la expedición, Juan Díaz, describió lo que vino después: "Seguimos por la costa día y noche. Al día siguiente [...] avistamos una ciudad o pueblo tan grande que Sevilla no nos hubiera parecido más grande ni mejor [...] allí se veía una torre muy alta". Cuando Stephens conoció a Juan Pío Pérez el mes anterior, este le dijo que un explorador llamado Juan José Gálvez había navegado recientemente por el mismo tramo de costa e informó haber encontrado dos ciudades antiguas no muy lejos de Cozumel: Tancah y Tulum, y notó que esta última estaba rodeada por un enorme muro de piedra. ¿Cómo era posible que se supiera tan poco sobre aquellas ruinas?, se preguntó Stephens.

La expedición había llegado a una encrucijada. Tulum parecía fuera de su alcance, como el canto de una sirena filtrándose desde más allá de la jungla. El deterioro del último par de zapatos de Stephens era tal que nunca sobreviviría a un sendero de más de 70 km. Pero ahora todos se encontraban sanos y ya habían llegado muy lejos. Tulum se perfilaba como un destino indispensable y probablemente final, antes de que la temporada de lluvias pusiera fin a la expedición. "Regresar no formaba parte de nuestras deliberaciones", escribió Stephens. Idearon un plan alternativo, desafortunadamente uno que agregaría semanas no contempladas en el plan original a su itinerario. Tomarían un camino de Chemax que los conduciría en dirección noreste hasta el puerto norteño de Yalahau. De allí podrían tomar un bote y navegar alrededor del extremo norte de la península, conocido como cabo Catoche, y luego hacia el sur hasta Cozumel, Tancah y Tulum. "Esto nos obligaría a realizar dos viajes a lo largo de la costa, de ida y de vuelta y probablemente tardaríamos 15 días en llegar a Tancah, adonde originalmente esperábamos arribar en tres días".

Tardaron tres días en llegar a Yalahau por un tortuoso camino de piedras puntiagudas. "Hacía un calor insoportable. Solo podíamos ver el camino angosto que teníamos inmediatamente enfrente mientras avanzábamos a tropezones y nos preguntábamos cómo era posible que una superficie tan pedregosa pudiera ser propicia para una vegetación tan abundante". En Yalahau encontraron un pequeño puerto aislado con cabañas de techo de palma dispuestas a la sombra de cocoteros, uno de los antiguos refugios de piratas que ahora dependían de la respetabilidad del contrabando o del cultivo de caña de azúcar en los ranchos cercanos. Aún estaban muy presentes los recuerdos de la época en que el poblado había tenido una mala reputación como lugar gobernado por la ley de los piratas y como repositorio de los botines llevados a tierra y repartidos para gastarse en apuestas y borracheras. Una canoa o embarcación que se encontraba frente a la costa les fue señalada como un antiguo barco pirata. La ubicación era ideal para la piratería debido a que el pequeño puerto daba al amplio canal entre Yucatán y Cuba, lo que permitía a los bucaneros aprovecharse de los barcos mercantes que pasaban por ahí. Cuando barcos más grandes y mejor armados perseguían a los piratas, estos escapaban en sus navíos de cascos poco profundos hacia la larga bahía en forma de laguna donde los barcos más grandes no podían seguirlos.

En lo que Cabot se maravillaba observando la vida de las aves en la costa, Stephens y Catherwood alquilaron una pequeña canoa y compraron provisiones. Después de dos días de preparativos estaban listos para partir. El plan requería que sus caballos fueran llevados por el camino de regreso a Valladolid y luego hacia el oeste hasta un puerto cerca de Mérida, llamado Dzilam. Los hombres finalmente navegarían a Dzilam a su regreso de Tulum. Una vez que la canoa estuvo llena de alimentos, barriles de agua e "implementos" para hacer tortillas, apenas quedaba espacio para el grupo expedicionario. La embarcación descubierta, llamada *El Sol*, medía 10.5 m de largo por 1.83 m de ancho. La tripulación de la embarcación de dos velas y sin quilla consistía en un capitán y dos marineros. Abordaron el 7 de abril y, según Stephens, "las perspectivas parecían poco prometedoras para un viaje en velero que duraría un mes. No había viento, las velas ondeaban contra el mástil, no había forma de resguardarse del sol ya que la embarcación no contaba con techo o toldo de ningún tipo, a pesar de que el agente lo había prometido. Nuestro capitán era un mestizo de mediana edad, pescador, contratado para la ocasión".

Navegaron a la deriva durante los dos primeros días y avanzaron poco. La primera noche se hacinaron en la popa, durmiendo uno al lado del otro tan apretados que, escribió Stephens, "si el bote se hubiera desfondado, difícilmente nos habríamos hundido". Finalmente, sortearon el cabo Catoche, pasaron una noche en una pequeña isla Contoy y, al día siguiente, navegaron por la costa de isla Mujeres, lugar que, al igual que Yalahau, había sido un notorio "oasis" para piratas como el famoso Jean Lafitte. *El Sol* continuó avanzando, dando un giro hacia el oeste rumbo al continente y acercándose a las desiertas colinas de arena de Kancune (hoy Cancún, un importante centro turístico). Se tomaron un tiempo para bañarse en la orilla y buscar conchas en la playa, pero al atardecer tuvieron que correr por sus vidas hacia el bote, "volando para huir de los nativos del lugar que nos perseguían". "Enjambres de mosquitos nos perseguían con el mismo espíritu sanguinario que animaba a los indígenas de la costa cuando perseguían a los españoles".

Al día siguiente, navegaron hacia la isla de Cozumel con la ayuda de una fuerte brisa. El mar embravecido se estrellaba contras las bordas, empapando a los viajeros, sus provisiones y su equipaje. Anclaron en altamar para pasar la noche, y por la mañana, después de explorar la costa boscosa, divisaron un pequeño y abandonado grupo de cabañas con techo de paja. Se abrieron paso a través del arrecife hasta una pequeña bahía, desembarcaron y se instalaron en el rancho vacío. Libres de los húmedos y abarrotados espacios de la canoa, los tres hombres estrecharon las piernas y se relajaron a la sombra de un cocotero para contemplar la pequeña y hermosa bahía. "Con nuestras armas recargadas en los árboles, barbas abundantes e indumentarias de canoa probablemente parecíamos un trío de piratas tan convincente como aquellos que hundían barcos en el mar".

Cabañas y campamento en Cozumel donde se hospedaron Stephens, Catherwood y Cabot (Catherwood)

Stephens había leído relatos de Juan Díaz, Bernal Díaz del Castillo y otros conquistadores que acompañaron a Grijalva y luego a Cortés en sus exploraciones de Cozumel. Aquellas historias fueron una de las principales motivaciones para su viaje. Todos los informes describían una isla poblada, salpicada de aldeas con casas de piedra y "torres", en donde los indígenas rendían culto a sus ídolos. Así que Stephens y sus compañeros se sorprendieron al encontrar una isla aparentemente deshabitada. El rancho estaba rodeado de una jungla tropical tan densa y crecida que se dieron cuenta de lo difícil que sería abrirse camino tierra adentro en busca de ruinas. Bien podrían pasar a unos metros de un edificio antiguo y nunca verlo. Mientras, Cabot encontró una isla en la que abundaban especies raras y rápidamente se puso a trabajar derribando tantas como pudo para agregarlas a su gran y creciente colección ornitológica.

Si bien se descartó la exploración tierra adentro, a la mañana siguiente investigaron un edificio cuadrado de piedra que era visible a través de los árboles cuando llegaron a la bahía. Pequeño y de poca altura, se parecía poco a las grandes estructuras que habían visto en Chichén Itzá, Uxmal y otros sitios del continente. Pero tenía la apariencia típica de un pequeño templo, construido sobre una plataforma rodeada de gradas y con cuatro puertas mirando hacia los cuatro puntos cardinales. Encontraron otra ruina cerca, construida sobre una terraza baja, con vestigios de la pintura original en sus paredes exteriores. No muy lejos, enterrados en la jungla, descubrieron los restos de una iglesia española, posiblemente la que Cortés había mandado construir después de desembarcar en la isla en 1519. El techo se había derrumbado pero sus paredes aún se elevaban a 6 m de altura y un árbol había crecido en su altar.

El día siguiente les rindió poco debido a una tormenta que se desató repentinamente. El capitán, para salvar su embarcación, zarpó con celeridad de la bahía en busca de un fondeadero más seguro y dejó atrás al grupo expedicionario sin equipaje ni provisiones. Con la oscuridad acercándose, Stephens temía por la tripulación del barco en las aguas turbulentas. Luego se preguntó acerca de su propia suerte. "Si nunca regresaban por nosotros, nos convertiríamos en [cuatro] náufragos como Robinson Crusoe, completamente abandonados en una isla desierta". Se consolaron un poco con el hecho de que al menos tenían armas, luego descubrieron que la mayoría de las municiones estaba en el bote. "A medida que la tormenta arreciaba, nuestra aprensión fue aumentando a tal grado que en algún punto llegamos a calcular las probabilidades de llegar a tierra firme en una balsa improvisada".

Tal medida resultó innecesaria cuando, al día siguiente, tras caminar varios kilómetros sobre rocas irregulares, cubiertas de restos antiguos de naufragios, Stephens y Albino encontraron el bote y su tripulación a salvo en una cala protegida. "Velas, maletas, los pájaros del Dr. Cabot y mi copia del escrito de [Diego López de] Cogolludo, fueron tendidos al sol para secar". Cuando partieron al día siguiente, escribió Stephens, "un halcón que lloraba la pérdida de su pareja, que nos llevamos, fue el único ser vivo que vio nuestra partida". Sin éxito en Cozumel, ahora depositaban todas sus esperanzas en encontrar aquella ciudad "tan grande como Sevilla" en algún lugar de la costa peninsular.

Se necesitaron dos días para navegar de regreso a través del canal hasta el continente de Yucatán y rumbo al sur por la costa hasta el rancho en Tancah. Aunque la distancia no era larga, tuvieron que luchar contra el mar embravecido, el viento y una fuerte corriente del norte. Antes de arribar en Tancah, divisaron en lo alto de un acantilado la enorme torre de piedra de Tulum. Eso infundió en ellos una nueva carga de energía. Allí, por fin, habían llegado a su destino final, a la culminación de su largo viaje por Yucatán. Stephens le indicó al capitán que llevara a *El Sol* a la playa de arena blanca de Tancah. Encontraron una choza abandonada que despejaron para habitarla. Al poco tiempo recibieron la visita de los hijos del pirata Molas, dos jóvenes que habían tomado posesión del rancho tras la muerte de su padre el año anterior. Fueron anfitriones amables que se sentían felices de tener compañía en un lugar tan aislado y solitario. Se decía que Tancah contenía edificios de piedra que alguna vez fueron visibles desde el mar. Los jóvenes los condujeron a través de la jungla hasta un sembradío de maíz, donde encontraron una colección poco impresionante de estructuras fragmentadas y derruidas, esparcidas sobre terrazas de piedra.

Su decepción duró poco. Tulum, después de todo, representaba el último tramo de su aventura, su indispensable premio final. Se encontraba a casi 5 km al sur, y al día siguiente partieron por la costa; caminaron sobre la fina arena blanca y refrescaron sus pies descalzos en las aguas cristalinas. El Molas más joven los acompañaba como guía. Aproximadamente a la mitad del camino, tuvieron que escalar una serie de acantilados muy empinados. En la parte superior de cada uno, la distante torre, conocida como el Castillo, se acercaba cada vez más a la vista. Era la escena indómita y dramática de una fortaleza de piedra encaramada en un acantilado que se alzaba sobre el mar.

Una vez que subieron el último barranco, se dirigieron a través de una espesa jungla con viejos muros de piedra y edificios en ruinas apenas visibles entre los árboles, hasta que llegaron al pie de una gran escalera que conducía a un templo en la parte superior del Castillo. Árboles crecían esparcidos en los escalones a la penumbra del bosque que se cernía sobre ellos. Desde Copán —las primeras ruinas que exploraron—, no se habían sentido tan envueltos por la naturaleza. "Habíamos emprendido nuestro largo viaje a este lugar llenos de incertidumbre sobre lo que encontraríamos. Todos los numerosos impedimentos y dificultades que tuvimos que encarar fueron recompensados con creces.

Estábamos en medio del paisaje más salvaje que habíamos encontrado en Yucatán".

Subieron por la imponente escalera de 10 m de ancho bordeada por enormes balaustradas, arrastraron su equipaje hasta allí y tomaron posesión de dos cuartos en el templo. Al respecto, Stephens escribió: "Observamos la escena más allá del inmenso bosque: tras caminar alrededor de una pared, pudimos observar el océano sin límites". Parados sobre la cornisa detrás del templo en lo alto del acantilado, contemplaron el agua cristalina de tono aguamarina que empapaba la arena de coral.

Foto actual del Castillo en Tulum (Carlsen)

El Castillo visto desde la costa (Catherwood)

Raíces y matorrales enredados serpenteaban por el edificio y los hombres pasaron el primer día limpiando la mayor cantidad posible de vegetación. A medida que quitaban el follaje fue emergiendo una estructura de una simplicidad casi clásica y diseñada con simetría griega. La fachada miraba al oeste hacia la jungla y la escalera dominaba el centro, subiendo tres pisos hasta el templo cuadrado que se encontraba en la parte superior. Grandes departamentos cerrados en el segundo nivel se extendían a cada lado de la escalera como alas idénticas, sus techos derrumbados, plataformas al frente. Cada ala tenía una escalera que bajaba al suelo del bosque, así como gruesas columnas enmarcando las puertas. A nivel del suelo, justo debajo de los departamentos, dos pequeños templos se proyectaban desde la base a cada lado, ambos con puertas únicas que conducían a las cámaras interiores. Desde el frente, toda la estructura tenía la apariencia de un pastel escalonado y perfectamente equilibrado. En su parte posterior, desde el mar, la pared inclinada en blanco que formaba la parte trasera del edificio principal, daba la impresión de una ciudadela inexpugnable que se elevaba sobre el acantilado por encima del agua.

No había daguerrotipo para usar en Tulum. Esta vez las imágenes serían capturadas únicamente por los lápices y pinceles de Catherwood. Pasaron horas limpiando la jungla circundante para que Catherwood pudiera retroceder hasta un punto con suficiente perspectiva para hacer su trabajo. Mientras tanto, Cabot fue a cazar y Stephens se dedicó a tomar medidas.

Encontró un muro descomunal que rodeaba el sitio y que medía unos 8 m de espesor y se elevaba a una altura de hasta 5 m en algunos lugares. Formaba los tres lados de un rectángulo gigante que encerraba todo el recinto de Tulum. El cuarto lado era el acantilado abierto frente al mar. Habría sido una defensa ideal en contra de los enemigos. Descubrieron cinco entradas estrechas a través de la muralla y dos torres de vigilancia de piedra construidas en las esquinas.

Desde el comienzo de la expedición escucharon hablar de murallas que protegían las antiguas ciudades, pero solo habían encontrado restos de ellas. Aquí el muro estaba casi intacto, lo que sugirió a Stephens que la construcción de Tulum era más reciente que otras ruinas, sobre todo si se toma en cuenta el enorme impacto que la naturaleza circundante hubiera ejercido en el lugar de haber sido más antiguo. Lo midió caminando a lo largo de su parte superior.

Pequeño templo en Tulum (Catherwood)

"Incluso desde ahí no fue una tarea fácil. Los árboles que crecían junto al muro arrojaban sus ramas sobre él, mientras que todo tipo de espinos, arbustos y bejucos brotaban de su interior. A cada paso nos veíamos obligados a cortar las *Agave americana* que nos cortaban con sus espinas largas y puntiagudas". El muro medía 854 m de un extremo a otro. El joven Molas les dijo que había encontrado una gran cantidad de ruinas dispersas del lado exterior del muro, lo que llevó a Stephens a suponer que los edificios en su interior formaban el centro religioso y administrativo de una ciudad mucho más grande.

Catherwood siguió trabajando a toda velocidad. Desde la plataforma, Stephens miraba hacia abajo la entrada del templo y observó a su amigo realizando su trabajo. Esa imagen se grabó en Stephens para siempre al ver el estoicismo de su compañero. El artista había instalado su cámara lúcida en una plataforma de piedra elevada no lejos de la base de los escalones del Castillo. Trabajaba de pie, bajo una enramada que lo protegía del sol: "El efecto pintoresco se veía acentuado en gran medida por su manera de mantener una mano en el bolsillo, para salvarla de los ataques de los mosquitos, y por la apropiada costumbre de atar sus pantalones alrededor de sus piernas para evitar que las hormigas y otros insectos subieran por ellas".

En varias estructuras dispersas encontraron máscaras intrigantes y otras decoraciones esculpidas sobre cornisas y entradas, junto con tablas talladas en las paredes con imágenes similares a las de Xtampak. Las paredes interiores de varios edificios estaban cubiertas por frescos, la mayoría de ellos borrada a tal grado que resultaba imposible descifrarla. Descubrieron un cenote lleno de agua salobre dentro del muro norte, que obviamente servía como la fuente de agua utilizada para el santuario interior de Tulum.

A pesar del éxito en Tulum, estaban desesperados por irse. Los zapatos de Stephens se habían desgastado tanto que solo se desplazaba cuando era absolutamente necesario. Además, la belleza natural del lugar incluía a los minivampiros asesinos. Los mosquitos los estaban corriendo de ahí. Cada noche era una tortura. "Nos mantuvimos firmes contra ellos durante dos noches", escribió Stephens. Aparentemente, los hombres no habían traído mosquiteros. En la tercera noche se vieron obligados a salir del templo, solo para volver a entrar buscando alivio en donde fuera pero sin encontrarlo. Casi habían renunciado a dormir. "Un aviso salvaje para que nos diéramos por vencidos zumbaba continuamente en nuestros oídos y lo único que nos hacía desear era salir huyendo".

Catherwood había capturado en papel las estructuras principales y ya estaban haciendo las maletas para marcharse cuando Cabot, en su último intento de hacerse de un guajolote ocelado, se abría paso entre la jungla y tropezó con otro grupo de edificios extraordinarios. Aunque se encontraban a menos de 30 m del Castillo, había sido imposible verlo antes de que Cabot se topara con él, debido a la densidad del follaje que lo ocultaba. De haberse desviado tan solo unos cuantos metros hacia un lado u otro, Cabot lo habría pasado de largo sin reparar en él. Ni siquiera Molas sabía de su existencia. Ahora no había manera de que pudieran escapar hasta que despejaran los árboles y la maleza, para que Catherwood lo dibujara.

Una de las estructuras consistía en dos templos gemelos, uno encima del otro. El singular edificio estaba ricamente decorado con figuras esculpidas en nichos localizados arriba de las puertas, mientras que las paredes interiores se hallaban cubiertas con pinturas. Desafortunadamente, las capas de musgo y moho que cubrían la superficie de las pinturas hacían imposible distinguir a los sujetos representados. También encontraron dos estelas circulares que se parecían un poco a las de Copán y Quiriguá, aunque eran mucho menos ambiciosas. Medían cerca de 2 m de alto y el grado de deterioro de la escultura hacía difícil distinguir qué representaba. Stephens no incluye en sus notas cuántas horas o días más agregaron a su estadía aquellos nuevos hallazgos, pero los dibujos de Catherwood requirieron que se llevara a cabo una extensa limpieza de la vegetación.[3] Cuando terminaron de medir, dibujar y agregar aquellas ruinas a su plano del sitio, los hombres huyeron antes de que sus devotos enemigos sedientos de sangre los volvieran a visitar.

Habían llegado al final. Tulum fue su última gran ciudad fantasma, encantada con maravillas no menos asombrosas que las de las primeras ruinas que visitaron en Copán. Ambos lugares eran víctimas de la naturaleza, ambos perdidos en el tiempo y, como gran parte de lo que habían presenciado durante el período transcurrido entre uno y el otro, ambos eran provocativos y desconcertantes. Fue por una eventualidad que al final habían viajado a Tulum, que casualmente también había sido uno de los últimos reductos de la otrora gran civilización maya. Es posible que el capellán español Juan Díaz haya exagerado cuando en 1518 informó que Tulum era "tan grande que Sevilla no hubiera parecido más grande o mejor". Pero tenía razón en que lo que vio desde el mar era una ciudad aún habitada y de una elegancia y esplendor impresionantes. Investigaciones científicas subsecuentes mostrarían que Tulum sobrevivió durante décadas después de la llegada de los conquistadores, debido a que estos optaron por invadir Yucatán, por el golfo de México, para evitar la indomable jungla que habían visto a lo largo de la costa este. Esta ciudad nunca fue conquistada pero sí fue abandonada poco a poco a fines del siglo XVI cuando las enfermedades introducidas por los españoles llegaron al sitio, abriendo una brecha en la gran muralla. Esto provocó el contagio y la muerte de los habitantes. Stephens sintió aquella particularidad que hacía a Tulum diferente. Observó el enorme muro casi intacto, muchos de sus edificios en buen estado de conservación a pesar de la contundente fuerza de la naturaleza.

El joven Molas les dijo que había oído hablar de otros grandes edificios "cubiertos con pinturas de colores vivos y brillantes", ubicados en lo profundo del bosque hacia el oeste. Los hombres interrogaron a un anciano indígena en el rancho que informó haber tropezado con ellos mientras cazaba. Pero fue evasivo y la información que les dio era demasiado ambigua como para aventurarse varios kilómetros en el interior de la selva, sobre todo si había que hacerlo descalzo como en el caso de Stephens.

Sin embargo, incluso si no conseguían penetrarlo, el bosque los intrigaba. La enorme franja de tierra que se expandía del rancho de Molas a Chemax más de 70 km al interior estaba cubierta por selva tropical regada por los vientos alisios y los huracanes provenientes del mar. Ni un solo camino la atravesaba y los hombres blancos nunca entraban. Stephens estaba convencido de que "sin duda existen ciudades en ruinas". Ochenta años más tarde se demostraría que tenía razón, cuando los arqueólogos descubrieron la antigua ciudad de Cobá, a unos 50 km al noroeste de Tulum. La ciudad —que data de la época Clásica maya— fue uno de los centros más poblados y complejos de Yucatán, y su pirámide principal, una de las más altas del mundo maya. Lo que Stephens tampoco podía saber era que el vasto desierto, que se extendía hacia el norte y el sur, estaba prácticamente deshabitado en el momento de su visita, pero pronto se repoblaría. En una década se convertiría en el refugio de una gran población de indígenas que buscaba la seguridad de sus bosques al final de la guerra de Castas.[4]

La expedición se había quedado sin espacio y sin tiempo. El mes de mayo, y con él la temporada de lluvias (árbitro final de todas sus exploraciones), se avecinaba rápidamente. Harapientos y exhaustos, todavía debían enfrentar el largo viaje por mar de regreso a Mérida.

Salieron del asentamiento de Molas a fines de abril. Con la corriente y el viento a su favor, hicieron buen tiempo navegando hacia el norte. Pasaron la segunda noche en el largo y angosto afloramiento de roca y arena conocido como isla Mujeres, donde visitaron dos templos de piedra con vistas al mar. Rodearon cabo Catoche y se dirigieron al oeste de regreso a Yalahau. "La guarida de los viejos piratas parecía una metrópolis", dijo Stephens. Continuando hacia el oeste empujados por un fuerte viento, llegaron al día siguiente a Silán, hoy Dzilam de Bravo.

Con sus ropas hechas jirones y sus rostros barbados y quemados por el sol, deben de haber parecido náufragos como Crusoe mientras vadeaban hasta la orilla. Tal como estaba previsto, los caballos los esperaban con un guía, identificado por Stephens como Dimas, quien heroicamente había recorrido más de 240 km para traerlos desde Yalahau.

Cabot estaba en el paraíso. La costa cerca de Dzilam rebosaba de aves y dedicaron dos días a la búsqueda de flamencos y espátulas rosadas.

Transcurriría una semana más antes de que llegaran a Mérida. En el camino se detuvieron para examinar varios montículos grandes cubiertos por la maleza. Aunque algunos eran de enorme tamaño y contenían templos derruidos, no revelaron nada especial. Muchos de ellos habían sido desmantelados para proporcionar material de construcción a la gente de las ciudades. En el pueblo de Izamal, trescientos años antes, una enorme pirámide había sido destruida y sus piedras utilizadas para la construcción, en el mismo sitio, de una imponente iglesia y un monasterio franciscano. En el patio trasero de una casa cercana encontraron una cabeza gigantesca que sobresalía de una pared estucada. Catherwood diligentemente lo catalogó y creó una imagen dramática de la escultura para su libro más reciente de ilustraciones coloreadas a mano.

No muy lejos de Mérida, hicieron un alto para pasar la noche en la hacienda Aké. A la mañana siguiente investigaron un montículo denominado El Palacio. Subieron por una gran escalera que los condujo a una amplia plataforma en donde encontraron 36 columnas de piedra dispuestas en tres filas paralelas, de entre 4 y 5 m de altura, que aparentemente alguna vez habían sostenido un techo. La plataforma se hallaba cubierta de maleza y algunas de las columnas se habían caído. Era su última exploración, el final de su largo viaje. Nunca más volverían a ver templos de piedra, pirámides o ruinas antiguas.

Pasaron varios días en Mérida visitando amigos y empacando artefactos y la enorme colección de especímenes de aves de Cabot. La capital de nuevo se hallaba en pie de guerra y el jefe del Gobierno mexicano, Santa Anna, amenazaba con invadirla. A pesar de que Stephens no quería tener nada que ver con los problemas de Yucatán (de por sí su atención ya estaba puesta en las noticias sobre una posible guerra entre Estados Unidos e Inglaterra, y las batallas entre Texas y México), no pudo evitar demostrar cierto interés por el conflicto. "Me encontraba en la cámara del Senado cuando se leyó el ultimátum de Santa Anna", confesó. "Las nubes se volvían más oscuras y portentosas".

Dieron un último paseo de despedida por la plaza de Mérida. "Un volcán ardía y bullía con fuegos internos", escribió Stephens, "pero el lugar continuaba manifestando la misma alegría, alborozo y hermosura de antes".

Desgraciadamente, la única embarcación disponible en el puerto de Sisal era el viejo *Alexandre,* el mismo navío encallado y rodeado de tiburones en el que habían navegado durante su último viaje de regreso a Estados Unidos. Como no se sabía con certeza cuándo llegaría otro barco, de mala gana ordenaron que su equipaje fuera llevado a Sisal.

Se hicieron a la mar en el *Alexandre* dos días después, el 18 de mayo. El viaje fue largo pero esta vez sin incidentes. Cuando finalmente llegaron al puerto de La Habana, se enteraron de que la fiebre amarilla acababa de estallar en la ciudad. Sin embargo, la suerte continuó sonriéndoles: reconocieron un barco de carga estadounidense, el *Anna Louise,* que acababa de ingresar al puerto y que al día siguiente zarpaba rumbo a Nueva York.

Stephens ya había hecho arreglos en Mérida para el envío a Nueva York de los dos pesados dinteles cubiertos de glifos que habían tomado de Uxmal y Kabah. Pero aún tenían consigo una gran cantidad de reliquias y artefactos valiosos que habían acumulado durante la expedición: esculturas, figuras de arcilla, jarrones pintados; cada uno de ellos, crucial para el anhelado museo nacional de antigüedades americanas de Stephens. Todos esos objetos preciosos, junto con la colección de pájaros de Cabot, habían sido embarcados en el *Anna Louise.*

Esa noche, Stephens, Catherwood y Cabot desembarcaron para visitar la tumba de Cristóbal Colón, el hombre que había hecho más que ningún otro para conectar el Viejo Mundo con el Nuevo. El célebre almirante murió en España en 1506. Tres décadas después sus restos serían llevados primero a Santo Domingo y luego, en 1795, a La Habana (un siglo después serían devueltos a España). En junio de 1842, sus huesos yacían en una tumba de mármol en la catedral de La Habana, ante la cual los tres hombres, recién desembarcados del *Alexandre,* con una vela y sombrero en mano se detuvieron a presentar sus respetos.[5]

Al día siguiente se hicieron a la mar, y 13 días después arribaban en el puerto de Nueva York.

21

Hogar

A las 9:30 p. m., del 29 de julio, exactamente seis semanas después de que él y Stephens regresaran a Nueva York, Catherwood cerraba con llave las puertas de su rotonda en las calles Prince y Mercer. Se disponía a marcharse cuando de repente observó humo en el interior del lugar. En cuestión de minutos, las llamas se propagaron desde el interior de la cavernosa estructura de madera. Poco tiempo después los bomberos acudían al lugar y rápidamente alistaban sus mangueras. Aunque pudieron salvar la mayor parte de las paredes exteriores del edificio, en tan solo media hora el techo se había derrumbado y las llamas del interior estallaban hacia el cielo con furia volcánica.

"Debido a la gran combustibilidad de las pinturas y otros materiales", informó el *New York Herald* al día siguiente, "el interior se consumió por completo, incluidos los espléndidos panoramas de Jerusalén y Tebas". [1]

Catherwood estaba arruinado. Su principal fuente de ingresos, sus panoramas, yacían en cenizas, y de su rotonda apenas quedaba una armazón. Peor aún, su sueño con Stephens de un museo nacional de antigüedades también se consumió en las llamas. Cuando llegaron en junio, habían decidido almacenar en la rotonda algunas de las ilustraciones originales de Catherwood y todos los artefactos que habían recolectado, incluidos los dos dinteles de madera sólida tallada que contenían jeroglíficos e imágenes de la realeza maya emplumada y cuyo valor era incalculable. Stephens escribió que tenía la intención de enviar toda la colección, los dinteles, "jarrones, figuras, ídolos y otras reliquias" al "Museo Nacional de Washington" tan pronto como llegaran de Mérida las piedras esculpidas que habían obtenido en Uxmal.[2]

Descubrieron que nada había sobrevivido al infierno. "Tuve la melancólica satisfacción de ver sus cenizas exactamente como las había dejado el fuego", escribió. "Parecíamos condenados a estar en medio de las ruinas".

A pesar de que un testigo declaró que un rayo había provocado el siniestro, al final se determinó que una de las doscientas lámparas de gas utilizadas para iluminar la galería de la rotonda había causado el incendio. La pérdida financiera para Catherwood y su socio, George Jackson, fue enorme; la pérdida de los artefactos fue incalculable. Los daños físicos se calcularon en más de 20 000.00 dólares, una suma enorme en aquel momento, mientras que la sociedad estaba asegurada por tan solo 3 000.00 dólares. La noche del incendio, Catherwood le dijo al reportero del *New York Herald* que había tratado de salvar los tesoros arqueológicos informando a los bomberos hacia dónde tenían que dirigir el chorro de agua de las mangueras, pero no le hicieron caso.[3] Las pérdidas fueron tan devastadoras financiera y psicológicamente que la rotonda fue destruida y nunca reconstruida; Catherwood jamás volvió a crear otro panorama.

Milagrosamente, la mayoría de las obras de arte de Catherwood creadas durante las expediciones sobrevivieron. Al parecer, había guardado muchas de sus pinturas y dibujos no muy lejos del lugar, en su residencia localizada en el número 86 de Prince Street, así como en las oficinas de Harper Brothers. Entre aquel material aún intacto se encontraban algunas placas de daguerrotipos que Stephens decidió conservar tras darse cuenta de que las ilustraciones de Catherwood en los volúmenes de Yucatán se basaban tanto en imágenes de daguerrotipos como en los dibujos que había creado "en el lugar".[4] Y resulta claro que Catherwood tuvo a su disposición mucho material original con el que trabajar cuando más tarde produjo un libro bellamente ilustrado sobre las ruinas de Yucatán y América Central. En aquel momento tan difícil, su arte se convirtió en el único salvavidas que le permitía mantener una conexión entre los grandes trabajos de su pasado y su obra futura. Su vida anterior se había desvanecido casi por completo. Para entonces ya se había enterado de los humillantes pormenores del juicio en Londres y sabía que no podría reconciliarse con su esposa. Sus hijos y su colaboración con Stephens eran todo lo que le quedaba.

No hay forma de determinar con exactitud la magnitud del daño psicológico que el fuego infligió en ambos hombres, pero debe de haber sido enorme. Con la rotonda en ruinas y la visión compartida de un museo evaporada, solo les quedaba entregarse de lleno a trabajar en el libro, y a un ritmo frenético que tal vez les ayudó a mitigar la pérdida. Así como el incidente tuvo repercusiones devastadoras en la situación económica de Catherwood y, sin duda, en su estado anímico, también ensombreció el ánimo del siempre resiliente Stephens; algo que se hizo más evidente con el paso del tiempo. Desaparecido el sueño del museo, parte de la curiosidad, la inquietud y la ambición que lo habían impulsado durante la última década comenzaron a abandonarlo.

A fines de agosto, Stephens se tomó un descanso del libro y viajó a Massachusetts para asesorarse con William Prescott, quien se encontraba terminando la obra monumental que lo haría famoso: *The History of the Conquest of Mexico* [La historia de la conquista de México]. En aquel momento, Prescott se hallaba en su casa de verano en la península de Nahant, al norte de Boston, y estaba ansioso por escuchar de primera mano los descubrimientos de Stephens en Yucatán.[5] Los dos hombres compartían un gran interés por los orígenes de las civilizaciones anteriores a la Conquista en México y América Central. Si bien abordaron el tema desde diferentes perspectivas, pudieron encontrar puntos en común. El trabajo de campo era la especialidad de Stephens, mientras que Prescott era un erudito que estudiaba crónicas españolas, documentos inéditos, cartas y manuscritos, muchos de los cuales habían sido extraídos por primera vez de los archivos en España. Rara vez viajaba más allá del área de Boston y nunca había visitado México. Casi ciego, dependía en cambio de investigadores de archivos e individuos como Stephens y otros corresponsales que le servían como ojos y oídos. Mientras tanto, Stephens dependía en gran medida de Prescott para obtener información de fondo antes y después de sus viajes; a menudo tomaba prestadas de él historias y crónicas españolas.[6] Tenían mucho de qué hablar. Con base en la evidencia recolectada por los dos hombres de fuentes muy variadas y diferentes entre sí, habían llegado a una misma conclusión que contradecía rotundamente las teorías predominantes de la época: las antiguas ciudades en ruinas de América no eran obra de personas provenientes del Viejo Mundo o Asia, sino de pueblos originarios de la zona. Y el último hallazgo de Stephens en los bosques de Yucatán solo sirvió para corroborar aquella hipótesis compartida.

En su camino de regreso a Nueva York, Stephens se detuvo en Boston durante varios días para visitar al Dr. Cabot y a sus padres. Más tarde, la madre de Cabot le escribió a su hijo menor que Stephens estaba ansioso por regresar a Nueva York para trabajar en su libro, pero que se había "retrasado por las fiebres". ¿Quién las padecía? ¿Acaso Catherwood tuvo otra recaída, encima de todo lo demás? Ella no lo dijo.[7]

A pesar de la conmoción causada por el incendio y de posibles recaídas a causa de la fiebre, Stephens y Catherwood trabajaron diligentemente durante el otoño y el invierno. Para fines de febrero de 1843, solo ocho meses después de su retorno, la obra en dos volúmenes titulada *Incidents of Travel in Yucatan* [Incidentes de viaje en Yucatán] estaba lista para la imprenta.[8] Con 938 páginas, era un poco más extensa que su primer libro sobre Centroamérica e incluía un mayor número de grabados (120 en total). El aumento se debió en parte a la inclusión de los daguerrotipos, pero también al mayor número de ruinas que habían explorado (la extraordinaria cantidad de 44 sitios en total). Y, a diferencia del primer libro, Catherwood agregó paisajes y escenas adicionales no relacionadas con las ruinas, incluida aquella imagen dramática de la escalera que desciende a la cueva de Bolonchén.[9]

El libro también difería del primero en la cantidad de material que Stephens agregó como apéndices (47 páginas en letra pequeña), algunos de los cuales contribuirían significativamente a la futura erudición sobre los mayas.[10] Incluyen estadísticas acerca de Yucatán, un breve tratado de arquitectura de Catherwood y un memorándum ornitológico de Cabot.[11] Pero el apéndice más importante vino de Pío Pérez, el único yucateco que conoció Stephens que había hecho un estudio erudito de los mayas. Este material incluía el primer manuscrito publicado que intentaba delinear las épocas históricas en la península desde el año 144 d. C., hasta la Conquista española, así como un ensayo de Pérez describiendo la terminología maya, su sistema de numeración y los complicados ciclos de sus calendarios.[12] Estas incorporaciones indican la seriedad con la que Stephens trató de abordar el tema de la historia maya.

Sin embargo, Stephens había dejado claro desde el principio que no estaba interesado en escribir un extenso tratado académico sobre los orígenes y la cultura de los mayas. Nunca podría dedicarle tanto tiempo al trabajo de escritorio.

Como su biógrafo, Victor von Hagen, observó: "No era un erudito aburrido y pedante".[13] Su naturaleza era la de un narrador de historias y lo que anhelaba era material ("incidentes", acción, evidencia, trabajo de campo), superar todos los obstáculos, transmitir lo que descubría y sacar las conclusiones más concisas y cuidadosas que podía de esos descubrimientos. Y lo que encontró en Yucatán lo sorprendió: una gran variedad de ruinas esparcidas por la península, muy diferentes entre sí pero unidas de manera subyacente por el arte, la escritura y la arquitectura, así como el estado de pobreza abyecta de los indígenas yucatecos contemporáneos. La evidencia ahora era abrumadora, escribió, y reiteraba lo que ya había intuido en su primer libro: que una civilización indígena sumamente evolucionada había existido en América Central y Yucatán mucho antes de la llegada de los españoles. Con base en la evidencia física, sobre todo en Uxmal y Tulum, junto con su lectura de las crónicas españolas, esas sociedades parecen haber existido hasta el período de la Conquista.

Más tarde, Stephens planteó la siguiente pregunta: ¿Por qué concluir que aquella civilización había sido creada por los ancestros de los indígenas actuales y no por alguna raza ya desaparecida o por colonos del Viejo Mundo? Repitió las observaciones hechas en su primer libro de que no había nada en aquellas ruinas que se pareciera a las del Viejo Mundo. Entonces, el abogado en él asumió un persistente contraargumento resumido de la siguiente manera: "Un pueblo que posee el poder, el arte y la habilidad para erigir tales ciudades, nunca podría haber caído tan bajo como los miserables indígenas que ahora deambulan por sus ruinas". Stephens señaló, sin embargo, que era completamente posible, dada la brutalidad y crueldad con la que los españoles subyugaron a los indígenas después de la Conquista. Con un giro ingenioso señaló que la transformación dramática de los indígenas no fue menos visible en sus conquistadores españoles:

> Los indígenas que ahora habitan ese país no han cambiado más que sus amos españoles. Sabemos que en el tiempo de la Conquista eran por lo menos orgullosos, feroces y belicosos, y que derramaron su sangre como si fuera agua para salvar su legado de las garras de aquellos extraños. Aplastados, humillados y doblegados ahora, y como lo han sido por generaciones de amarga servidumbre, ni siquiera así han cambiado más que los descendientes de aquellos terribles españoles que invadieron y conquistaron su país. En ambos, todo rastro del carácter audaz y guerrero de sus antepasados ha desaparecido por completo. El cambio es radical [...] y, al contemplar este cambio en el indígena, la mera pérdida de la habilidad mecánica y el arte parecen comparativamente irrelevantes; de hecho, esas cualidades han perecido por sí solas dado que, en el caso de los indígenas, la escuela para para su aprendizaje y práctica ha sido destruida por completo.

En cuanto a la antigüedad de las ciudades de piedra y la procedencia de sus constructores y ocupantes, Stephens fue mucho más circunspecto. Era posible que las estructuras y los monumentos se hubieran construido mucho antes de la llegada de los conquistadores, escribió, pero dudaba seriamente de que el período ascendiera a los varios miles de años planteados por Waldeck, quien basó su estimación, al menos de manera parcial, en el número de anillos concéntricos en árboles que encontró creciendo en las ruinas. Ni siquiera las exploraciones anteriores de Stephens en Copán y Palenque —ciudades de una antigüedad aparentemente mayor— lo llevaron a sospechar que habían sido abandonadas muchos siglos antes de la llegada de los españoles. El mejor estado de conservación de Uxmal, Tulum y las otras ruinas yucatecas, así como las descripciones de los cronistas españoles de poblaciones abundantes y templos imponentes, se combinaron para convencerlo de que la civilización era más reciente.

Pero si Stephens se equivocó al estimar la antigüedad de las ruinas mayas, fue porque no pudo comprender que las ciudades que él (y los españoles) encontraron en Yucatán eran los últimos vestigios de una civilización mucho más antigua. Finalmente se determinaría que las ruinas yucatecas mejor conservadas pertenecían a los períodos que los arqueólogos modernos denominaron Clásico Terminal y Posclásico, y que surgieron mucho tiempo después de que las ciudades del período Clásico —como Copán, Palenque y otros sitios de las tierras bajas del sur— se derrumbaran y fueran abandonadas. A pesar de todas las observaciones perspicaces que hizo entre las ruinas, Stephens apenas consiguió rascar la superficie del profundo misterio de los mayas.

Otras evidencias históricas se sumaron a la confusión. Prescott le dijo a Stephens que en México existió un sofisticado grupo indígena, los toltecas, que había vivido cientos de años antes de la llegada de los españoles. Le explicó que los toltecas construyeron la ciudad de Tula, cerca de la actual Ciudad de México, a finales del siglo VIII. Retomando el hilo de Prescott, Stephens escribió que cuando su imperio se disolvió en el siglo X u XI, es posible que los toltecas se hayan dispersado hacia el sur, convirtiéndose en los "iniciadores de aquel peculiar estilo arquitectónico que se encuentra en Guatemala y Yucatán". Pero eso significaba que las ciudades y monumentos mayas no tendrían más de cuatrocientos o quinientos años cuando los españoles llegaron. Stephens tenía sus dudas:

> Les da mucha menos antigüedad que la que afirma el manuscrito maya [de Pío Pérez], y, de hecho, mucha menos que la que yo mismo debería atribuirles. Simplemente identificarlos como obra de los antepasados de los indígenas actuales no despeja la nube que se cierne sobre su origen; el momento de su construcción, y las circunstancias bajo las cuales se construyeron, el surgimiento, el progreso y el pleno desarrollo del poder, el arte y la habilidad necesarias para su construcción, son todos misterios que no se desentrañarán fácilmente. Se erigen como esqueletos de una tumba, envueltos

> en sus mortajas funerarias; no aseveran afinidad alguna con las obras de otros pueblos conocidos, solamente una existencia distinta, independiente y separada.

Con base en la evidencia que había encontrado, Stephens intuyó, aunque todavía no podía saberlo a ciencia cierta, que se trataba de una civilización completamente desarrollada y singular que sería descrita con lujo de detalles por futuros arqueólogos. Entendió que había descubierto una civilización "perdida", pero no disponía de la metodología arqueológica (incluida la excavación meticulosa) necesaria para determinar su larga historia o diferenciarla de las sociedades indígenas posteriores en el norte de México. Al escuchar a Pío Pérez, sintió que se había topado con algo único, una civilización más antigua y sofisticada, independiente y singular. El tiempo le daría la razón. Aunque había demostrado limitaciones en términos de la datación o la comprensión a fondo de las ciudades en ruinas que exploró, su descubrimiento, y su conclusión cuidadosamente razonada de que habían sido construidas por pueblos originarios, otorgarían a Stephens el reconocimiento de padre de la arqueología americana.

Los mayas

Copán, las primeras ruinas exploradas por Stephens y Catherwood, se encuentran en el borde de la civilización maya.[1] Al este y al sur vivían simples cazadores-agricultores, algunos en asentamientos tribales dispersos de los cuales aún se sabe poco. Al noroeste, abundaban decenas de ciudades mayas en las tierras bajas tropicales de la península de Yucatán. Aunque, en efecto, era el puesto de avanzada de los mayas en el lejano oriente, Copán no tenía nada que ver con una ciudad fronteriza. A principios del siglo VIII d. C., era un glorioso ejemplo de la civilización maya. Tenía magníficas estelas, pirámides, templos y palacios, arte y jeroglíficos exquisitos. Ocupando un fértil valle en una zona templada, Copán había florecido durante trescientos años de gobierno dinástico bajo una docena de reyes-dioses. Era asombrosamente hermosa y poderosa.

El 29 de diciembre de 724, uno de sus más grandes reyes, conocido como 18 Conejo, instauró al joven señor Cauac Cielo como rey de una ciudad portuaria 40 km al norte a la orilla del río Motagua. Aunque pequeña, la ciudad de Quiriguá era, debido a su ubicación, vital para el comercio de Copán, no solo por la lucrativa ruta del jade a lo largo del río y hasta el golfo de Honduras, sino también como enlace entre las ciudades-Estado en el corazón del territorio maya.

Durante muchas décadas Quiriguá había estado bajo el control de Copán como Estado vasallo. Luego, menos de 14 años después de su investidura, el 23 de abril de 738, Cauac Cielo capturó a 18 Conejo en una batalla. Seis días después, el gran rey de Copán sería decapitado por su antiguo vasallo.

La derrota fue abrumadora. Como decimotercer gobernante de la larga dinastía de Copán, los académicos especializados en los mayas atribuyen a 18 Conejo (también conocido como Uaxaclajuun Ub'aah K'awill) haber elevado a su ciudad a sus mayores alturas. Durante su reinado de 43 años, contribuyó al desarrollo del arte y la arquitectura de Copán más que cualquier otro rey anterior. Construyó el templo Esmeralda, encima de la tumba de su predecesor inmediato, y otro erigido como una montaña mítica en el patio este de la ciudad. Dirigió la reconstrucción de una de las pirámides más grandes de Copán y creó la versión original de la ahora famosa Escalinata de los Jeroglíficos de la ciudad. Después de remodelar varias veces la cancha del juego de pelota ritual de Copán, ordenó una completamente nueva, flanqueada por edificios cubiertos con esculturas multicolores de una gran deidad con forma de guacamaya.

Sin embargo, su mayor logro fue implementar un programa de arte escultórico sin igual en la historia maya. Ordenó que se erigieran siete estelas monumentales en la gran plaza de la ciudad, cada una esculpida por artistas mayas en la cúspide de su genio imaginativo. Todos los imponentes retratos de piedra (los mismos monumentos que habían desconcertado a Catherwood cuando intentó plasmarlos por primera vez en papel) representan a 18 Conejo en diferentes manifestaciones divinas cargadas de un simbolismo mítico y cósmico. Los jeroglíficos tallados en cada uno contienen la historia dinástica y fechas conmemorativas sincronizadas con eventos celestiales e importantes ciclos del calendario. Las imágenes evocan dioses patronos, rituales de derramamiento de sangre y el mito de la creación maya del renacimiento desde el inframundo. Obras maestras tridimensionales profundamente talladas, las piezas contienen imágenes de flores, filosos pedernales de guerra, mazorcas de maíz, serpientes de dos cabezas, conchas marinas, cocodrilos, guacamayas, tortugas cósmicas, el Dios Jaguar, peces monstruosos y otros símbolos sobrenaturales. En cada una de ellas, 18 Conejo sostiene el cetro real del poder divino y lleva un tocado tan extravagante e imponente que ocupa casi el tercio superior de algunos de los enormes bloques de piedra.[2]

La captura y decapitación del gran rey fueron profundamente desmoralizadoras para la ciudad de Copán. Durante los siguientes 17 años, no se erigió ningún otro monumento ni se terminó ningún proyecto de construcción. Y aunque 18 Conejo fue seguido más tarde por cuatro reyes más y un breve período de revitalización, una escultura real parcialmente completada con fecha de 822 marcó el final de Copán. "Para una ciudad que demostraba tanta pasión por la escultura", observaron los académicos Martin Simon y Nikolai Grube, "es conmovedor y apropiado que su fin haya sido capturado en piedra. El valle había visto al último de sus reyes".[3]

Estela que representa al rey 18 Conejo en Copán (Catherwood)

Sin embargo, Copán ya había comenzado su declive mucho antes del gobierno de su último rey e incluso antes del final sin gloria de 18 Conejo. En su apogeo, la ciudad y el valle circundante mantuvieron una población de casi 20 000 habitantes —el centro de la ciudad era el lugar más densamente poblado de todos los reinos mayas— y excedía con creces la capacidad de carga agrícola del área. La deforestación había sido tal que incluso las laderas superiores del valle fueron despojadas de sus árboles, y la erosión resultante dañaba seriamente los campos de cultivo restantes. A mediados del siglo VIII, la desnutrición y las enfermedades se habían vuelto cada vez más comunes. Con el final de la dinastía real en 822, la ciudad se había convertido en un cascarón, casi completamente vacía salvo por apenas una fracción de la población que antes había vivido allí. Pero Copán no fue un caso único. Su desaparición fue emblemática de lo que estaba ocurriendo en el corazón del territorio de los mayas. Las guerras incesantes, el daño ecológico, la sobrepoblación y la sequía estaban estrangulando a muerte a aquella civilización clásica maya.

A pesar de todas las conclusiones argumentadas con elocuencia por Stephens sobre los edificadores de aquellas ciudades en ruinas halladas por él y Catherwood, fue el artista quien proporcionó la visión más perspicaz sobre la antigua civilización que las creó. En un escrito incluido en un gran folio de ilustraciones que Catherwood publicó después en *Yucatan*, reiteró la creencia, que compartía con Stephens y Prescott, de que los edificadores de las ciudades perdidas eran los antepasados de los indígenas contemporáneos. Pero fue más allá al decodificar las ruinas a través de la mirada de un arquitecto e ingeniero:

> Es evidente que para la construcción de estas estupendas obras, en una época no familiarizada del todo con los recursos mecánicos que facilitan el trabajo, el número de artesanos empleados para la tarea debió de haber sido tan grande [...] que tendría que haber existido un poder supremo, y probablemente despótico, con autoridad suficiente para exigir aquel excesivo trabajo y dirigir los esfuerzos de una población servil y subordinada a la exhibición de la grandeza y el esplendor civil o religioso; y que, para posibilitar el sustento de dichas masas de personas así dispuestas, se debe de haber logrado un cierto avance en las ciencias agrícolas y económicas que permitieran los frecuentes experimentos e intentos necesarios para alcanzar el nivel de maestría que ahora podemos

> observar en la construcción, la escultura y la pintura del lugar; y que, en un país donde la transmisión del conocimiento de una generación a otra solamente ocurre de forma rudimentaria, es probable que el aprendizaje de métodos tradicionales adquirido a través de la experiencia fuera preservado por una casta sagrada o tribu de sacerdotes responsables, sin duda, de la creación de varios de aquellos edificios, en muchos casos para uso propio.

Los siguientes 170 años de descubrimiento, excavación e investigación demostrarían lo proféticamente acertadas que habían sido cada una de las observaciones de Catherwood. Los prerrequisitos que describió eran conocidos en relación con las antiguas civilizaciones del Viejo Mundo, sobre todo la de Egipto, que él y Stephens tuvieron la oportunidad de investigar de primera mano en las fértiles tierras agrícolas a orillas del Nilo. Sin embargo, lo que resultaría más sorprendente acerca de la civilización creada por los mayas era lo improbable que era que haya logrado surgir (erigida como lo había sido sobre un mantillo delgado de tierra, en el interior de selvas tropicales poco iluminadas) y, además, que llegara a los niveles de refinamiento que consiguió alcanzar.

Por ejemplo, en lo que a antiguas civilizaciones respecta, los mayas tenían pocas de las ventajas materiales y tecnológicas que poseían las civilizaciones del Viejo Mundo. En primer lugar, a diferencia de esas sociedades, los mayas no contaban con animales domésticos grandes por lo que carecían de la dieta proteínica que proporcionaban y de la fuerza bruta que aportaban para arar, moler y transportar. En segundo lugar, los arqueólogos no han encontrado evidencia de que los mayas hayan desarrollado y utilizado una de las formas más básicas de tecnología: la rueda. Aunque entendían el concepto (se han encontrado restos de juguetes con ruedas), nunca emplearon poleas o ruedas de alfarero, carretas o carruajes, a pesar de haber construido calzadas largas y planas sobre las que bien podrían haber rodado. Y, finalmente, los mayas nunca desarrollaron el uso del metal, excepto en raras ocasiones para la ornamentación personal. Construían sus herramientas (y armas) solo con huesos, madera, vidrio volcánico afilado como la obsidiana y piedras macizas como el pedernal.[4] Aun así los mayas crearon una civilización de sofisticación material y cultural al menos igual a las que se encontraron en Egipto, Mesopotamia y la antigua Grecia. ¿Cómo lo hicieron? ¿Cómo —se preguntaban los eruditos y los arqueólogos— pudieron erigir en medio de la jungla grandes ciudades-Estado repletas de una gran arquitectura monumental y arte sin las herramientas básicas disponibles en las antiguas culturas del Viejo Mundo?

En sus dos expediciones, los itinerarios de Stephens y Catherwood los habían llevado en círculo alrededor de lo que luego sería reconocido como el núcleo de la civilización maya clásica: los densos bosques de las tierras bajas de Petén, hoy la provincia más septentrional de Guatemala. De manera sorprendente, habían inspeccionado dos de las mayores ciudades mayas de la "edad de oro": Copán, en la franja este del corazón del territorio maya, y Palenque, en su perímetro occidental. En el medio, esperando a ser descubiertas, había más de sesenta ciudades y asentamientos mayas de la época Preclásica y Clásica (entre 800 a. C., y 950 d. C.), enterrados en una jungla no más grande en kilómetros cuadrados que el pequeño estado de Maryland en Estados Unidos. Fue dentro de este entorno poco prometedor para la agricultura donde los mayas prosperaron, y más tarde se expandieron hacia el este, hasta lo que hoy es Belice; al oeste hasta Chiapas, y hacia el norte hasta los áridos confines del norte de la península de Yucatán para construir Uxmal y Chichén Itzá, Labná, Kabah y Tulum.

La agricultura presentó el primer desafío fundamental de la civilización maya. En lugar de cereales sustanciosos como el trigo y la cebada, comunes en Eurasia pero desconocidos en las Américas, el principal alimento básico de los mayas era el maíz, una planta pobre en proteínas que los mesoamericanos cultivaron selectivamente durante miles de años a partir de una hierba silvestre.[5] En Petén, los mayas se enfrentaron a fuertes lluvias estacionales, pantanos, largas épocas de sequía, bosques densos y suelos que en muchas áreas apenas cubrían el lecho rocoso de piedra caliza de la península de Yucatán. Para adaptarse, alternaron cultivos, fertilizaron sus campos de maíz con la ceniza de los empobrecidos tallos quemados y el fértil estiércol de los pantanos; construyeron lechos de cultivo elevados en humedales, almacenaron y canalizaron el agua y terraplenaron pendientes para recolectar cieno. Cuidadosamente, cambiaron y esparcieron los cultivos bajo las copas de los árboles raleados de la protectora selva tropical, y mantuvieron huertos familiares con frutos locales como aguacates, papayas y guayabas. Reservaron zonas de barbecho y pastizales para la caza de venados, jabalíes, tapires y pecaríes que proporcionaban proteínas a su dieta.[6]

Para el siglo X a. C., las parcelas familiares y tribales producían suficiente maíz y frijoles, pimientos y calabazas para ofrecer una dieta completa. La población comenzó a aumentar rápidamente, las aldeas se convirtieron en asentamientos más grandes o en pequeños cacicazgos. Solo entonces las condiciones fueron propicias para que un porcentaje suficiente de la población fuera liberado de las constantes demandas de la agricultura y la caza, y se dedicara a la creación de los primeros indicios de civilización, tal como había especulado Catherwood.[7]

La evidencia arqueológica ahora muestra que la cuna de esta civilización se formó en un lugar en el norte de Petén conocido ahora como la Cuenca Mirador. Dos centros claves parecen haber surgido en un período de tiempo sorprendentemente corto, Nakbé y El Mirador, ubicados a 13 km de distancia entre sí y conectados por una calzada construida con piedra caliza triturada. Si bien Nakbé ahora se considera el centro ceremonial maya más antiguo, al haber sido fundado alrededor del 800 a. C., El Mirador se convirtió en uno de los complejos urbanos más grandes del mundo en aquel momento, con una población estimada entre 60 000 y posiblemente hasta más de 100 000 personas para el 200 a. C. Las inmensas plataformas que construyeron bordeando lagos poco profundos —llamados *bajos*— soportaban palacios, pirámides y templos, incluido un complejo arquitectónico con una altura de 70 m (equivalente a la altura de un edificio de 18 pisos) que hasta el día de hoy se considera uno de los más grandes del mundo. Construidas sobre terrazas de varios niveles con millones de m^3 de relleno, las plazas de la ciudad y las estructuras ceremoniales fueron cubiertas con yeso y pintura roja (hecha con el mineral cinabrio), amarilla, azul y verde. Con hasta mil estructuras y montículos de casas circundantes, el sitio cubría entre 18 y 26 km^2. Además de sus recintos centrales, contaba con seis calzadas (una de ellas de 29 km de largo) que se extendían a través de la jungla hacia centros cercanos más pequeños. Estas notables vías antiguas, algunas todavía visibles desde el aire, se elevaban de los pantanos y el suelo del bosque hasta más de 3 m en algunos lugares, con una anchura que variaba de 3 a 18 m. Las superestructuras en El Mirador también habían sido planificadas: los templos están cuidadosamente alineados con la constelación de Orión y se encuentran dispuestos en patrones triádicos que representan las tres piedras del mito maya de la creación.

El descubrimiento de estas dos ciudades entre 1960 y 1990 dejó a los arqueólogos atónitos. Representaban la prueba material de que una avanzada civilización había surgido con una asombrosa rapidez y mucho antes de lo que habían pensado. Solo podían especular sobre la organización social y los millones de horas de trabajo necesarios para construir una ciudad tan extraordinaria como El Mirador. Con cientos de estructuras, una arquitectura monumental y amplias calzadas elevadas, El Mirador ha sido descrito por Richard

Hansen —uno de sus principales investigadores— como el primer Estado político bien definido en el hemisferio occidental.[8]

Aunque muy evolucionadas, estas primeras ciudades no surgieron de la selva completamente formadas y sin ayuda. A pesar de vivir en las profundidades del Petén, los mayas estaban en contacto con las poblaciones y culturas mesoamericanas vecinas, algunas de las cuales también eran avanzadas. Una de las más desarrolladas, la olmeca, floreció entre 1200 y 350 a. C., a lo largo de la costa del golfo, cerca de los actuales estados mexicanos de Veracruz y Tabasco. Durante el apogeo de su cultura, los olmecas construyeron grandes asentamientos con centros ceremoniales rudimentarios, montículos artificiales, cerámica estilizada y esculturas que incluían cabezas gigantes esculpidas en roca volcánica. Más importante aún, existe evidencia, aunque no concluyente, de que los olmecas crearon el llamado *sistema de calendario de cuenta larga*, la escritura logográfica temprana, el juego de pelota mesoamericano y los rituales de sangría, todos los cuales se convertirían en elementos vitales de la civilización maya. Tras la desaparición de los olmecas, hacia el 350 a. C., su influencia continuó expandiéndose ampliamente a otros grupos, algunos con raíces mayas ubicados al sur de Petén en las tierras altas de Guatemala y a lo largo de la costa del Pacífico.

Así, tras siglos de un desarrollo agrícola gradual, entre 800 y 200 a. C., la civilización maya experimentó una rápida evolución, un vertiginoso ascenso debido en parte a dos abundantes recursos, uno que la rodeaba y otro debajo de sus pies: la madera y la piedra caliza.

En primer lugar, la innovación más significativa en la dieta de los mayas resultó de la inmersión de granos de maíz en agua mezclada con polvo de cal quemada. El procedimiento comenzaba con la quema de bloques de piedra caliza en enormes piras de madera para transformar la piedra en polvo. Acto seguido, el maíz se dejaba remojando en la solución de polvo de cal, un procedimiento llamado *nixtamalización,* que descompone las paredes de los granos, libera calcio, lisina y triptófano, aumentando de manera significativa el valor nutricional y el sabor del maíz.[9] La masa resultante se convierte fácilmente en alimentos básicos como la tortilla, un pilar en la dieta de los indígenas mayas hasta el día de hoy.

En segundo lugar, cuando la piedra caliza se extraía en bloques (con herramientas de piedra) para su uso en la arquitectura, los mayas descubrieron que quemar grandes fragmentos, empleando el mismo proceso utilizado en la preparación del maíz, también producía un material esencial para la construcción de estructuras a gran escala. Al combinar el polvo de cal quemado con agua y fragmentos de lodolita, llamado *marga,* produjeron un cemento sumamente resistente. También mezclaron el polvo de cal con agua y agentes aglutinantes, como la savia de los árboles, para crear un yeso de color crema claro de gran durabilidad.[10] También utilizaron el yeso como estuco para crear superficies lisas en los templos y palacios de piedra, así como para modelar arte escultórico, como los rostros zoomorfos pintados de colores que representaban a las deidades mayas y que decoraban las fachadas. Una de aquellas máscaras en Nakbé mide aproximadamente 5 m de alto por 10 m de ancho.[11] Como Catherwood había señalado, estas prácticas innovadoras seguramente fueron depuradas durante siglos de experimentación, de fracasos y éxitos.

Para el año 200 a. C., la mayoría de los componentes materiales que llegaría a caracterizar a la civilización maya, en particular el arte y la arquitectura, ya había sido incorporada. Pero también existían elementos culturales esenciales en funcionamiento. Al excavar cerca de El Mirador en 2001, los arqueólogos descubrieron un conjunto de ruinas, ahora conocidas como *San Bartolo,* en las que encontraron un impresionante mural que cubría cuatro paredes de una bóveda enterrada. La vívida pintura muestra imágenes de dioses que forman parte de la compleja narrativa de la creación de los mayas, la base mitológica de una cosmovisión que los uniría e impulsaría durante el siguiente milenio de su civilización. En buen estado de conservación y pintado con negros, rojos, amarillos, naranjas y azules, el intrincado mural muestra la imagen de cinco dioses junto a los cinco árboles sagrados que en la mitología maya conectan al cielo con la tierra. También incluye imágenes del dios del maíz, la deidad en el centro del sistema de creencias de los mayas, así como señores de la realeza llevando a cabo la perforación genital, un sacrificio de sangre ritual que simbolizaba la regeneración. El dios del maíz también se muestra presidiendo la coronación de un rey, la primera representación visual encontrada hasta ahora del concepto de *derecho divino de la realeza*. La datación por carbono ha determinado que las pinturas fueron creadas alrededor del año 100 a. C., lo que las convierte en las pinturas más antiguas encontradas hasta ahora. El mural proporcionó la primera evidencia de que para esa fecha los dioses míticos habían sido expropiados por, y estaban entrelazados con, los reyes mayas.

Asimismo, en el sitio se descubrió una de las tumbas reales más antiguas halladas hasta hoy (que data del 150 a. C.) y que representa una prueba más del establecimiento de la realeza divina, el principio político central que gobernaría todas las futuras ciudades-Estado mayas. Al excavar a mayor profundidad, los arqueólogos hallaron un bloque de piedra pintado con un texto jeroglífico que se cree que pudiera ser la escritura maya identificable más antigua hasta ahora, fechada con carbono entre el 200 y el 300 a. C. Además, se descubrió una de las canchas más antiguas que los mayas utilizaban para los juegos rituales de pelota, cuya construcción se estima que se remonta al 600 a. C. Estos hallazgos recientes en San Bartolo y en la cuenca de El Mirador han incrementado la antigüedad de dataciones anteriores de la civilización maya por cientos de años. También han desdibujado las líneas entre la época

Preclásica (1800 a. C.-150 d. C.) y la Clásica (350-900 d. C.), las dos categorías genéricas que los arqueólogos habían asignado a la civilización maya décadas atrás.

De hecho, en muchos sentidos, la evolución de El Mirador y San Bartolo fue mayor que en muchos otros sitios mayas clásicos establecidos cientos de años después. Pero de repente, ocurrió una misteriosa ruptura en el desarrollo de los mayas en la cuenca de El Mirador. Alrededor del año 150 d. C., las ciudades de Nakbé, El Mirador y otros centros circundantes fueron abandonados y, por muchas de las mismas razones, los arqueólogos ahora creen que la civilización maya de la era Clásica se disolvería ochocientos años después.

Sin embargo, un siglo después del colapso de El Mirador, los mayas se encontrarían nuevamente en ascenso. Decenas de pequeños centros por todo Petén crecieron en poder y sofisticación, iniciando la primera fase de una "edad de oro" que duraría 650 años y la cual, según el arqueólogo Michael Coe, "alcanzó alturas intelectuales y artísticas como ninguna otra en el Nuevo Mundo y como pocas en Europa podían igualar en aquella época".[12] Y mientras que la cosmología y la creencia en el poder real sagrado, ilustrado en los murales de San Bartolo, unificarían la civilización, su expresión política tomó la forma de decenas de reinos independientes esparcidos por las tierras bajas, algunos de los cuales se convertirían en las grandes ciudades-Estado de Tikal, Calakmul, Caracol, Palenque y Copán.

La creencia en lo sobrenatural y el culto a los antepasados incidía en todos los aspectos de la vida maya, desde las ofrendas de los agricultores a Chaac, el dios de la lluvia, hasta los rituales meticulosamente organizados y presentados ante miles de personas reunidas en las plazas, durante las ceremonias de dedicación de los templos o la investidura de los gobernantes. Las pirámides, los templos, la escultura y el arte fueron creados como obras del gobierno para legitimar los linajes reales. Los mismos reyes servían como intermediarios chamánicos, como "recipientes" divinos y "ejes del universo" entre el pueblo y los dioses.[13, 14, 15] Vestidos con elaborados trajes y tocados de plumas, ataviados con dijes y aretes de jade, realizaban bailes rituales en las plataformas de los templos con el acompañamiento de flautas, tambores y trompetas; se automutilaban, perforándose los genitales con hojas de obsidiana o espinas de mantarraya y pasando cuerdas por su lengua para convocar a los dioses y regenerar el mundo con su sangre.

Con el surgimiento de un número cada vez mayor de ciudades-Estado independientes, el conflicto se volvió inevitable. Los reyes mayas —a diferencia de nuestros líderes—, iban a la batalla con sus guerreros, a menudo llevados en literas. En el período Clásico temprano, las guerras no se iniciaban en pos de ganancias territoriales, sino para capturar a la nobleza del enemigo; el rey contrario era el premio mayor. Cada bando llevaba estandartes y escudos de batalla reales que creían estar investidos con los espíritus de sus dioses de la guerra, simbolizados por animales como serpientes, jaguares y búhos. Las batallas terrenales también se libraban en el plano sobrenatural, así, la caída del rey derrotado se consideraba un fracaso espiritual humillante y, en ocasiones, resultaba en la ruina de todo su reino.

Como David Freidel, Linda Schele y Joy Parker describieron en su libro, *Maya Cosmos* [El cosmos de los mayas]:

> Los reyes mayas y sus nobles vasallos no solamente ponían en peligro sus cuerpos sino también sus almas cada vez que se enfrentaban. No es exagerado decir que vivían para aquellos momentos decisivos que ponían a prueba su fuerza de espíritu. Toda actividad política importante en sus vidas, la dedicación de cada texto público, imagen y edificio de importancia real y comunitaria, requería la captura y el sacrificio de sus homólogos rivales. Solo así era posible cumplir los rituales de santificación apropiados, nutrir a los dioses y abrir los portales de comunicación entre lo humano y lo divino.[16]

Los nobles capturados y sus reyes eran sacrificados por los vencedores de los juegos de pelota rituales (los soldados comunes capturados a menudo se convertían en esclavos). Prácticamente todos los centros mayas, sin importar su tamaño, tenían una cancha de pelota, un largo callejón ubicado entre dos paredes inclinadas paralelas abiertas en ambos extremos. El evento se jugaba con una pelota de goma grande y dura. Los juegos de pelota se consideraban un portal a través del cual los mayas interactuaban con el mundo de los espíritus; constituían recreaciones rituales de la historia de la creación maya, en la que los humanos, representados por los mitológicos "héroes gemelos", habían derrotado a los señores de la muerte del inframundo en un juego de pelota. Los expertos del arte y las inscripciones mayas creen que los juegos de pelota, entendidos como batallas rituales entre el bien y el mal, se usaban como recreaciones de la derrota y captura de los señores rivales, en las que los prisioneros eran derrotados otra vez y posteriormente decapitados.[17,18]

El sacrificio humano tomó también otras formas en la veneración y deificación de los señores mayas. Los arqueólogos han encontrado esqueletos, a veces de adolescentes y niños, enterrados en tumbas reales junto a sus reyes, una práctica que también se encuentra en Egipto, donde a los criados se les sacrificaba para que continuaran sirviendo a los faraones en el más allá.

Cada guerra, festival para los dioses, dedicación de un templo o coronación era programado durante las fechas importantes del complejo calendario maya, lo que refleja la obsesión de aquella cultura con el tiempo. Los calendarios quedaban en manos de los escribas, quienes los usaban para registrar el movimiento del Sol, la Luna y las estrellas, manteniendo así un seguimiento de ciclos de 260 días y 52 años junto con el año solar. Pudieron predecir eventos celestes y eclipses con gran precisión. También refinaron y perfeccionaron un segundo calendario mesoamericano antiguo llamado *de cuenta larga*. Registraba un gran ciclo de tiempo que reiniciaba cada 5 126 años para celebrar la continua recreación del universo. Las fechas de cuenta larga se encuentran comúnmente en las inscripciones jeroglíficas de monumentos y pinturas. Y dado que los expertos en los mayas ahora han descifrado el código jeroglífico y descubierto la correlación entre la cuenta larga y nuestro calendario gregoriano, ya es posible determinar el día exacto en que ocurrieron los eventos y armar registros históricos completos de los reyes y reinas mayas y sus dinastías.

Para el 300 d. C., o incluso antes, los escribas habían perfeccionado la escritura, un elemento crucial para la transferencia de conocimiento entre generaciones —como señaló Catherwood— pero también esencial en el mundo maya para establecer el sagrado linaje real y legitimar la autoridad de las élites. Sus inscripciones jeroglíficas eran el único sistema de escritura verdadero en la América precolombina, lo que significaba que el idioma maya podía transcribirse fonéticamente tal como se hablaba, así como a través de logogramas o símbolos para formar palabras o nombres completos. Más de mil años después, los aztecas e incas, por ejemplo, no habían desarrollado un sistema de escritura fonética (un método de transcripción hoy en día común en Occidente en forma alfabética). Los expertos estiman que miles de textos mayas fueron escritos en libros con forma de acordeón, hechos de papel de corteza machacada (amate), que no pudieron sobrevivir el clima tropical de las tierras bajas.[19] Pero los mayas dejaron tras de sí suficiente historia cincelada en piedra y pintada en cerámica y murales, que ha permitido a los académicos especializados en el tema reconstruir las historias de reyes y reinas específicos, de débiles y poderosos, del ascenso y la caída de las ciudades-Estado, las intrigas políticas, las alianzas y las guerras.

Sabemos ahora, por ejemplo, que el 31 de enero de 378 d. C., un señor llamado Nacido del Fuego (Siyaj K'ak') llegó a la ya poderosa ciudad de Tikal, acompañado de guerreros, y estableció una nueva dinastía con fuertes vínculos, o quizá directos, con la ciudad dominante en Mesoamérica en aquel momento, Teotihuacán, ubicada en el centro de México. El mismo día, el séptimo gobernante de la antigua dinastía de Tikal encontró la muerte, ya sea en batalla o posiblemente por decapitación sacrificial. Durante los cincuenta años siguientes, Teotihuacán dominaría Tikal, y a una gran franja de reinos de las tierras bajas centrales.[20]

Dios escriba maya sosteniendo un pincel, dibujado en una vasija de barro

La influencia de Teotihuacán se extendió hasta la frontera sureste de los mayas, donde, en 427 d. C., el señor Gran Sol Primer Guacamayo Quetzal (K'inich Yax K'uk' Mo') llegó al asentamiento preclásico que se convertiría en Copán. Incluso si este no era mexicano, trajo consigo muchos de los atavíos y símbolos artísticos de la cultura teotihuacana, probablemente de Tikal. Fue el fundador de una dinastía en Copán que duraría 17 generaciones.[21] Stephens y Catherwood más tarde se detendrían ante un gran altar rectangular en el bosque de Copán cubierto de representaciones esculpidas de 16 de los 17 gobernantes sagrados. La obra en piedra muestra a K'inich Yax K'uk' Mo', el fundador, entregando el cetro del poder al penúltimo gobernante de Copán, quien dedicó el monumento en el 776 d. C. Aunque desconocía su significado, Catherwood se aseguró de capturar las figuras que cubrían los cuatro lados del altar, así como las hileras de glifos grabados en su parte superior.

Altar a los 16 reyes de Copán (Catherwood)

Al final, los mayas reafirmarían el control político al incorporar de manera gradual a los extranjeros en su sociedad, muy probablemente a través del matrimonio. Pero algunos estilos artísticos y otras influencias de Teotihuacán —con su poderoso culto al guerrero, sus símbolos y dioses militaristas— llegarían a formar parte de la cultura maya y perdurarían durante siglos.

Las inscripciones también cuentan la historia de la gran rivalidad entre dos de los reinos mayas más grandes y formidables: Tikal, en el centro de Petén, y su gigantesco vecino del norte, Calakmul, ubicado en el actual estado mexicano de Campeche. Ambos se habían convertido en superpotencias regionales mediante alianzas con ciudades más pequeñas o anexándolas como Estados vasallos. Los siglos VI y VII vieron una sucesión de guerras entre los dos gigantes y sus ciudades satélites. Primero, Tikal sufrió grandes derrotas militares en 562 y 657, un período en el que la otrora gran ciudad entró en un fuerte declive. Luego, el 5 de agosto de 695, Tikal consiguió vengarse cuando su gobernante, Jasaw Chan K'awiil (Señor que Aclara el Cielo), logró una victoria militar decisiva sobre el rey de Calakmul, marcando el resurgimiento de Tikal y el declive gradual del dominio de Calakmul sobre un gran número de ciudades de las tierras bajas. Las inscripciones parecen sugerir que al menos uno de los reyes de Tikal perdió la cabeza en una de las guerras anteriores, posiblemente en un sacrificio durante el juego de pelota. Aunque no queda claro si el rey de Calakmul, Garra de Jaguar (Yuknoom Yich'aak K'ak'), fue capturado durante la victoria de Tikal y sacrificado. Lo que sí se sabe es que una efigie de batalla que representaba a uno de los grandes dioses de Calakmul fue decomisada y dos importantes señores de Calakmul fueron capturados. En noviembre de 695, tres meses después de la derrota, un nuevo gobernante, probablemente instalado por Tikal, conocido tan solo como Tierra Dividida, asumió el trono en Calakmul.[22, 23]

Cuando exploraron Copán y Palenque, Stephens y Catherwood no tenían forma de saber que los respectivos reyes de aquellas ciudades también habían sufrido derrotas ignominiosas. De hecho, en el caso de Copán, durante su única visita a Quiriguá, Catherwood pudo observar evidencia tangible de la derrota de Copán sin comprender su significado. El rey de Quiriguá, Cauac Cielo, enriquecido por su victoria sobre Copán en 738, había emprendido una ambiciosa era de construcción que presidió la reconstrucción de la acrópolis de Quiriguá. Después, con la intención de no solo emular sino superar a su antiguo señor, 18 Conejo, se dedicó a crear una serie de estelas que serían las más grandes del mundo maya, cada una esculpida a su imagen, sin duda por artistas capturados de Copán. Catherwood dibujó dos de ellas, incluida la que hoy en día se conoce como la Estela F, que mide 7.5 m de altura y pesa 30 toneladas.[24]

Palenque y su vecino del sur, Toniná, se hallaban rodeados de misterio cuando Stephens y Catherwood los visitaron en 1840. Pero a medida que más y más obras de arte e inscripciones han sido desenterradas e interpretadas por epigrafistas o expertos en glifos, una historia conflictiva y violenta entre los dos rivales ha emergido; una que se asemeja un poco a las guerras griegas de la antigüedad entre Atenas y Esparta. Mientras los reyes de Palenque (Atenas) dedicaron siglos a la creación de una de las ciudades más bellas desde el punto de vista artístico y arquitectónico del mundo maya, la pequeña Toniná (Esparta) utilizó su energía y talento para convertirse en una fuerza militar que no podría ser ignorada. Uno de los principales programas escultóricos de Toniná se centró en representaciones de prisioneros atados, algunos de los cuales aparecen en una de las dos canchas de pelota de Toniná. Representan a gobernantes provenientes de centros periféricos indeterminados (contra los cuales Toniná y Palenque habían luchado por el poder) que, tras ser capturados, habían encontrado con toda probabilidad su fin en el juego de pelota ritual.

Estela inmensa que representa al rey Cauac Cielo en Quiriguá (Foto de Alfred Maudslay)

A pesar de demostrar una aparente mayor preocupación por el arte que por la guerra, Palenque ejercía una poderosa influencia militar y económica sobre las ciudades mayas del este. Y, en septiembre de 687, dirigió a sus fuerzas rumbo al sur para atacar y doblegar a Toniná. Aunque el registro no es claro, existen indicios de que el rey de Toniná, conocido solamente como Gobernante Dos, fue capturado y es probable que haya sido decapitado en el juego de pelota de Palenque. La lucha entre las dos ciudades continuó durante otros 24 años. Finalmente, en 711, Toniná contraatacó, ingresando al corazón de los recintos sagrados de Palenque y capturó al rey de la ciudad de 66 años, Gran Pecarí Precioso

(K'an Joy Chitam II). Aunque no hay registros precisos que indiquen qué le deparó el destino, un panel de piedra arenisca elegantemente esculpida que se encontró en Toniná lo muestra agachado, con los brazos atados y las tiras de papel que los condenados llevaban ensartadas en los lóbulos de las orejas. La derrota fue un golpe aplastante, ya que dejó a Palenque con una brecha dinástica de diez años antes de que un nuevo rey ascendiera al trono.[25]

Sin embargo, no todo fue guerra. Durante los períodos intermedios de paz, los gobernantes mayas, sus familias y la nobleza en general florecían. Es posible que la gente común también haya prosperado, especialmente cuando podían beneficiarse de los botines de guerra. A los soldados, por ejemplo, se les permitía tomar como esclavos a los prisioneros de clase baja. Pero la vida de quienes no pertenecían a las élites nunca fue fácil. Trabajaban en las milpas, o campos de maíz, que alimentaban tanto a sus familias como a la élite, y en la temporada baja producían artesanías o eran reclutados en *corvées* para construir las calzadas, los espacios públicos y centros ceremoniales de su ciudad. Durante la guerra, se les obligaba a servir como soldados rasos.

Debido a que el arte y las inscripciones mayas eran dominio exclusivo de la élite, son pocas las descripciones de la vida cotidiana de las clases bajas. Sabemos acerca de su alimentación, la utilización de piedras para moler y su cocina gracias a las excavaciones; sus niveles nutricionales han sido determinados mediante el estudio de sus huesos; su grado de "riqueza" lo informan los recipientes de cerámica, ornamentos rudimentarios y pequeñas figurillas descubiertos entre los escombros de sus viviendas. Cuando aparecen en murales o jarrones pintados, solo es como prisioneros de guerra o sirvientes de la corte. A diferencia de los elaborados trajes que usaban sus señores, la vestimenta de la gente común era muy sencilla. Los hombres usaban taparrabos de algodón blanco, y en ocasiones llevaban puesta una capa para abrigarse. Las mujeres vestían atuendos blancos parecidos a sacos. Los hombres llevaban el pelo largo y bien trenzado, por lo general recogido hacia atrás y atado o envuelto alrededor de la cabeza. El cabello de las mujeres también se usaba largo y en una variedad de estilos. Modestas sandalias de piel de venado con correas de cáñamo protegían sus pies (la élite usaba una variedad de ataduras intrincadas) y, cuando un plebeyo podía permitírselo, añadían tobilleras, muñequeras y collares de conchas o dientes de animales. Ambos sexos ataviaban sus rostros con narigueras y aretes de hueso o madera. Según las historias contadas a los cronistas españoles después de la Conquista, los matrimonios de las clases bajas eran monógamos.

Bajorrelieve de un rey en la corte de Yaxchilán
con prisioneros debajo de él

La vivienda de la gente común consistía en chozas construidas con postes de madera, paredes de adobe y techos de paja tejida. Las estructuras generalmente eran construidas sobre montículos elevados alrededor de patios familiares (tal y como continúan viviendo hoy en día muchos de los millones de indígenas mayas).[26] Cuando no se encontraban trabajando en los campos de cultivo, huertos domésticos o en proyectos cívicos, llevaban a los mercados sus artesanías y alimentos sobrantes para ofrecer en trueque.

El mismo formato de viviendas en grupo se replicaba en todos los niveles de la sociedad, con cortesanos, escribas y artistas que también vivían alrededor de patios familiares, pero en estructuras más grandes, hechas de piedra, con techos construidos con ménsulas de piedra, pisos finamente revocados, artefactos de jade, cerámica y escultura. En todos los niveles se veneraba a los antepasados y a los familiares muertos, y se les consideraba intercesores con el mundo de los espíritus. No era raro encontrar altares en los patios familiares. Los cuerpos de los muertos, tanto de la élite como de la gente común, se enterraban debajo de sus viviendas y, a veces, en el caso de los nobles, en opulentas tumbas. Reyes y reinas eran sepultados debajo de las pirámides y templos. El formato de las viviendas en grupo se extendía de manera no planificada desde los recintos sagrados y cívicos de la ciudad, a menudo hasta los centros satélites, y a medida que la densidad de la población disminuía, los campos de cultivo y caza fueron llenando los espacios deshabitados.

Mucho se sabe sobre la vida de las clases dominantes, sobre todo de los reyes, gracias al registro que dejaron plasmado en el arte y los jeroglíficos mayas. Sabemos que los señores divinos vivían vidas polígamas, rodeados de esposas y cortesanos en sus palacios reales. Se sentaban en tronos cubiertos con pieles de jaguar, desde los cuales comandaban a sus súbditos, administraban justicia y recibían a emisarios, aliados reales y comerciantes extranjeros. En escenas cinceladas en piedra caliza y arenisca, en murales pintados y cerámica policromada, aparecen vistiendo prendas de tela finamente teñidas con diseños geométricos y tocados extravagantes coronados con las largas plumas iridiscentes del quetzal y otras aves tropicales. Tomaban un brebaje espumoso hecho con el grano de cacao (le dieron el chocolate al resto del mundo) y atribuían un gran valor a los productos exóticos traídos de las costas y las montañas, que se obtenían mediante intercambio o tributo: conchas marinas, espinas de mantarrayas, coral, pedernal finamente tallado, obsidiana, mosaicos de pirita pulida decorando cetros o espejos y, sobre todo, el jade proveniente del valle del Motagua y sus montañas circundantes. El control y la exhibición de estos preciados bienes reforzaba su estatus y poder.

Pero nada evidenciaba la supremacía de la realeza de forma tan elocuente como su capacidad para movilizar a las masivas fuerzas laborales —grupos de ingenieros, artesanos y artistas— para construir y embellecer centros monumentales dedicados a sus reinados y dinastías. Aunque los complejos ceremoniales desempeñaban un papel ritual en la interacción de los mayas con los dioses, al final de cuentas eran dedicados a los reyes y reinas divinos que yacían enterrados bajo su suelo. Los proyectos de construcción aumentaron en tamaño, alcance y belleza durante la era Clásica, y cada siglo que pasaba requería más y más inversión de recursos y mano de obra humana.

Los señores mayas nunca estaban satisfechos. Cada generación encargaba nuevos monumentos y pirámides, construyendo una nueva acrópolis encima de otra, enterrando capa tras capa de la historia maya. Tras cavar túneles en las estructuras, los arqueólogos han encontrado los restos de las primeras pirámides y templos, algunos completamente intactos. La dedicación de cada nuevo estrato de autoengrandecimiento real siempre era sincronizada con importantes ciclos del calendario y, para su presentación, los reyes recurrían a antiguos rituales operísticos: sacrificios humanos y perforaciones genitales. Cada nuevo ciclo de construcción producía un arte cada vez más refinado y exquisito. Los artistas, como los escribas, eran apreciados por los reyes, y en ocasiones el segundo o tercer hijo de un rey se incorporaba a sus filas.

Ya con millones de habitantes, la población de Petén había alcanzado su punto máximo a finales del siglo VIII.[27] Las ciudades, incluso las de menor tamaño, rebosaban de un extraordinario arte. Centros importantes con nombres como Dos Pilas, Piedras Negras, Naranjo, Seibal, Cancuén, Yaxhá, Bonampak, Altar de Sacrificios, Yaxchilán y decenas más llenaban el territorio. Los mayas habían logrado tal éxito que su civilización, tan brillantemente adaptada a las selvas tropicales desde hacía más de un milenio, ahora vivía más allá de sus posibilidades. Alimentadas por una migración proveniente del sur, ciudades más nuevas en el norte —como Uxmal, Kabah, Sayil y Chichén Itzá— crecerieron en tamaño y población.

En el corazón de la civilización maya ya se sentía el efecto devastador de los excesos reales. Habían devorado vastas secciones de los bosques protectores para producir cantidades cada vez mayores de yeso y cemento. Las clases bajas buscaban por doquier madera para cocinar sus alimentos, y en algunos lugares debían recorrer casi cada centímetro del territorio en busca de tierra fértil para el cultivo. Las guerras aumentaron en número e intensidad y se volvieron casi continuas en ciertas regiones. La floreciente nobleza, muchos de sus miembros herederos y parientes de los reyes polígamos formaron sus propios reinos y ahora luchaban entre sí por espacio y poder. Ya no limitaban las batallas a la captura ritual de los rivales: los señores iban a la guerra por la tierra, las rutas comerciales y en pos del tributo o el dominio absoluto de sus adversarios. Cada vez más, se erigían muros defensivos y fortificaciones alrededor de las ciudades e incluso de las pequeñas aldeas.

En las primeras décadas del siglo IX, los señores mayas gradualmente perdían el control sobre su pueblo. Las derrotas militares habían hecho añicos su aura de infalibilidad, devastado sus ciudades y puesto en marcha una emigración a gran escala que despoblaba sus reinos y ejercía una fuerte presión sobre los territorios vecinos. La noción de los reyes como intermediarios entre la gente y los dioses ya no funcionaba. Largos períodos de sequía, los peores en cientos de años, profundizaron la crisis. Una de esas sequías comenzó en 810 y duró casi una década, la cual se corresponde estrechamente con el abandono de varias ciudades mayas, incluida Palenque.[28]

La autoridad política y espiritual de la realeza divina, la fuerza unificadora que había creado y sustentado a la civilización maya durante más de un milenio, se desmoronaba. Pirámides cada vez más grandes, espectáculos teatrales y eventos rituales, incluso guerras que distraían y sacrificios en juegos de pelota, no hacían nada para aminorar las emigraciones forzadas, la sequía y el hambre. Y, una por una, las grandes ciudades del corazón maya quedaron vacías.

El colapso de la civilización maya no ocurrió de la noche a la mañana ni en todos los lugares al mismo tiempo. Ciudades como Tikal y Calakmul, quizá debido a su gran tamaño, se aferraron a algún tipo de realeza debilitada durante décadas, incluso frente a otra gran sequía en 860. Toniná, un sobreviviente tardío posiblemente debido a su destreza militar, registró en el reverso de una estela la última inscripción de "cuenta larga" conocida: 18 de enero de 909. Las razones de la desaparición de cada ciudad fueron múltiples y complejas y aún son tema de controversia entre los arqueólogos. La sobrepoblación, la degradación ambiental y la sequía, seguidas por el hambre y las enfermedades, crearon una "tormenta perfecta" para derribar a los grandes señores y sus reinos. Para finales del siglo IX, los santos señores y sus cortesanos, los escribas y los notables artistas del corazón de los mayas se habían ido. Al final, solo los ocupantes ilegales se ganaban la vida a duras penas entre los restos de las que alguna vez fueron grandes ciudades.

Sorprendentemente, a pesar de las severas sequías (otra ocurrió en 910), las ciudades mayas del norte, incluidas las dos más visitadas por Stephens y Catherwood, Uxmal y Chichén Itzá, es probable que hayan podido continuar gracias al agua subterránea accesible a través de cenotes y sistemas de embalses mejor diseñados. Pero a mediados del siglo X, tras la muerte de uno de los más grandes constructores de Uxmal, el señor Chak (Chan Chak K'ak'nal Ahaw), toda construcción monumental cesó en una ciudad de Uxmal también en declive.[29] Chichén Itzá aguantaría otros 250 años.

Chichén Itzá sigue siendo uno de los últimos grandes misterios de la civilización maya. No existe un consenso claro entre los expertos mayas sobre el origen exacto de los mayas itzaes y qué tanta influencia tuvieron de los toltecas, una sociedad militarista con sede en el centro de México. Algunos expertos están convencidos de que los invasores toltecas tomaron Chichén Itzá, mientras que otros creen que la proximidad de los itzaes al golfo de México simplemente los convirtió en un verdadero Estado internacional que intercambiaba e incorporaba influencias de toda la región. Sin embargo, no hay duda de que la ciudad está llena de motivos militaristas, el simbolismo de la serpiente emplumada y una arquitectura distintiva asociada con los toltecas.

Stephens sintió que Chichén Itzá era diferente. Describió su combinación de estructuras, algunas similares a los edificios mayas cubiertos de mosaicos que habían visto en Uxmal y las ciudades del sur, y otras, aunque bien conservadas, en apariencia más antiguas, "más toscas" y no tan elaboradamente ornamentadas. En estos, lo que estaba viendo era más simple pero más moderno: un simbolismo belicoso tolteca superpuesto al último florecimiento de la civilización maya.

Aunque observadores y perspicaces, Stephens y Catherwood no pudieron comprender en aquel entonces lo que habían encontrado en sus viajes por América Central, México y Yucatán. Mientras que Chichén Itzá y, en particular,

Tulum, eran ciudades más modernas, Copán y Palenque se encontraban entre las ciudades mayas más antiguas. Aunque Stephen nunca sintió que podía fecharlas con precisión, sí observó que "no todas estas ciudades, por supuesto, fueron construidas al mismo tiempo y son vestigios de épocas diferentes". Lo que los dos hombres nunca imaginaron fue la enorme brecha que separaba entre sí aquellas épocas diferentes. Habían descubierto la última generación, la última capa de fluorescencia de la civilización maya clásica y posclásica; el barniz final y artísticamente deslumbrante de una civilización que, según determinarían los arqueólogos, se remonta a casi 2 000 años.

CUARTA PARTE

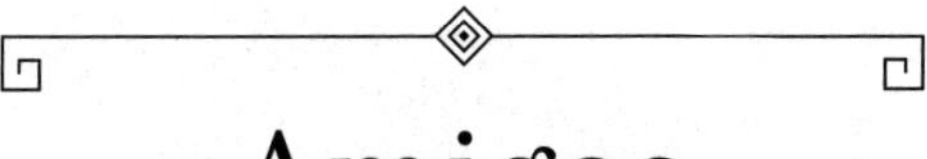

Amigos

22

Vistas de monumentos antiguos

Incidents of Travel in Yucatan de Stephens y Catherwood atrajo efusivas reseñas, aunque el libro ya gozaba de un enorme éxito popular incluso antes de que los críticos publicaran sus artículos. Algunos señalaron que el libro se esperaba con tanta impaciencia y que se habían vendido tantas copias antes de que la crítica tuviera la oportunidad de comentar que no sabían qué podían decir que los lectores aún no supieran. Un comentarista se quejó así:

> ¿Quién no ha ojeado con curiosidad los múltiples grabados en los que la destreza de Catherwood y la maravillosa fidelidad del daguerrotipo han dado perpetuidad, al menos en la representación, a aquellas magníficas reliquias de la arquitectura y el arte americano antiguos que la terrible energía de la vegetación tropical ha destruido con tanta premura? ¿Quién no ha acompañado al aventurero autor y a sus compañeros por todos los peligros y privaciones de su tortuoso camino entre ruinas desmoronadas, bóvedas subterráneas, cuevas, ranchos, islas desiertas, conventos, haciendas, casas reales, pulgas, mosquitos, garrapatas, indígenas salvajes, padres opulentos, bichos, señoritas de ojos negros, tahúres, contrabandistas, hormigas negras y revoluciones? [...] ¡Oh, si tan solo Stephens hubiera vivido y escrito su libro unos 150 años atrás! ¡Si acaso la investigación

paciente y la buena fortuna nos permitiera resucitarlo, y con ello dar a conocer la riqueza de sus tesoros a millones de olvidadizos![1]

La revista *Knickerbocker* llegó al extremo de declarar que "sus volúmenes sobre Yucatán se posicionarán, de inmediato, entre los logros más destacados de la literatura estadounidense, no solo en la estimación de sus propios compatriotas, sino en la del mundo ilustrado".[2] Stephens y Catherwood fueron celebrados, famosos. Una edición en inglés ya había superado las 2 500 copias y se informó que la reina Victoria estaba "entre los ávidos lectores de Stephen". *Yucatan* se traduciría más tarde a seis idiomas. Como el autor más vendido de Harper & Brothers, Stephens se encontraba en la mejor posición posible para negociar el contrato de sus publicaciones.[3]

Mientras nuevas ediciones del libro se vendían como pan caliente, Stephens centró su atención en Catherwood. A diferencia de su primer viaje en 1839, no existe registro del arreglo monetario que hicieron los dos hombres para el viaje a Yucatán. Sin embargo, la pérdida de su rotonda había puesto a Catherwood en una situación financiera precaria, por lo que él y Stephens concibieron un proyecto que esperaban que lo ayudara a recuperarse. Durante la década anterior, el ornitólogo-artista John James Audubon había producido una serie de grabados monumentales bajo el título *The Birds of America* [Las aves de América], que lo hicieron célebre en ambos lados del Atlántico. Sin escatimar en gastos para lograr reproducciones de la más alta calidad, Audubon financió el costoso proyecto mediante exhibiciones y suscripciones adelantadas.[4] Con el portafolio de Catherwood repleto de material de sus dos expediciones, Stephens razonó que podrían hacer algo similar. El aspecto económico fue sin duda gran parte de la motivación para Catherwood. Pero Stephens también sintió que los pequeños grabados en blanco y negro del tamaño de una página en sus libros no habían conseguido hacer justicia al enorme talento de su compañero de viaje.

A fines de marzo de 1843, Stephens expuso su ambicioso plan a William H. Prescott en una larga carta acompañada de una copia de su libro sobre Yucatán que acababa de publicar.[5] Obviamente, había pensado mucho en la idea porque calculó que necesitarían novecientos suscriptores: bibliotecas, sociedades científicas e individuos adinerados, cada uno dispuesto a pagar cien dólares por adelantado para cubrir los gastos de la monumental obra. Le dijo a Prescott que habría hasta 120 ilustraciones a gran escala impresas en "folios", divididas en cuatro volúmenes trimestrales que "se acreditarían al país como una obra de arte". Las imágenes estarían acompañadas por monografías en inglés y francés de cuatro autoridades eminentes, incluido Alexander von Humboldt y el mismo Prescott, si él estaba de acuerdo.[6] Stephens agregó que no esperaba obtener ninguna ganancia para él. "Novecientos suscriptores me salvarán de la pérdida, que es todo lo que me importa", le dijo a Prescott. El historiador respondió cuatro días después que estaría encantado de contribuir al "noble" proyecto.[7]

Sin embargo, recaudar una suma tan grande mediante suscripciones fue una tarea abrumadora. Pero Stephens era un optimista. Con la publicación de *Yucatán,* él y Catherwood eran el centro de atención de la ciudad de Nueva York. El punto culminante se produjo durante la reunión de mayo de la New-York Historical Society. Como miembro del comité ejecutivo, Stephens organizó una exposición con 12 de las ilustraciones de gran tamaño de Catherwood que recibió grandes elogios de los miembros de la sociedad.[8] No se solicitó dinero; Stephens solo pidió la aprobación de una resolución que le permitiera publicar el folio bajo los "auspicios" de la sociedad. Varios miembros instaron a que se aprobara la resolución, uno de los cuales señaló que el proyecto "tendrá una influencia importante en el carácter y la reputación de nuestro país", y agregó con aire de suficiencia que "los europeos tienen actualmente poco acceso a todo lo que provenga del hemisferio occidental". La resolución fue aprobada por unanimidad.[9]

Pero cuando llegaba el momento de recaudar el dinero, la campaña de suscripción comenzó a fallar. Los hermanos Harper acordaron publicar solamente si podían encontrar trescientos suscriptores. Mientras tanto, Catherwood siguió el ejemplo de Audubon y llevó su pequeña exposición de gira, organizando en el mes de junio presentaciones para solicitar suscriptores en Boston y probablemente también en Filadelfia.[10] Pero Stephens y Catherwood habían calculado mal. Debido a la grandiosa ambición y al costo del proyecto, y sin duda porque la demanda se vio atenuada por gran parte del material que ya aparecía en sus libros de Yucatán y Centroamérica, el proyecto no logró atraer un número suficiente de suscriptores.[11]

Frustrado por el fracaso, Catherwood partió a Londres en julio para probar suerte allí. Prescott redactó una carta de presentación para él dirigida a su amigo Edward Everett, el embajador de Estados Unidos en Inglaterra. En la carta Prescott le escribió a Everett: "Los señores Stephens y Catherwood están poniendo en marcha aquí un proyecto literario de cierta magnitud", e hizo referencia a los "magníficos dibujos creados por el señor Catherwood".[12] A pesar del respaldo de Everett, al poco tiempo de llegar Catherwood fracasó en su intento de conseguir una audiencia con la reina Victoria y el príncipe Alberto. También tuvo poca suerte con los editores de Londres. Inglaterra se encontraba en medio de una depresión económica y padeciendo las consecuencias de una humillante derrota de su ejército en Afganistán. Catherwood escribió a Prescott en agosto: "Parecería que hoy en día nada aquí puede tener éxito con los ricos y los aristócratas sin el patrocinio y la sanción de la realeza, lo que no concuerda con mis nociones de loco foco". (El término *loco foco* se refiere a la facción radical de la clase obrera del Partido Demócrata entonces activa en Nueva York).[13]

Entonces Catherwood dejó de lado sus inclinaciones políticas y, poco tiempo después, "tuvo el honor" —según el *Times* de Londres— de enviar algunos de sus dibujos al príncipe Alberto y visitar a la realeza francesa.[14] No se sabe si acordaron apoyarlo económicamente.

Estaba de regreso en el número 21 de Charles Square, que todavía era el hogar de su hermano, el Dr. Alfred Catherwood, y su hermana soltera, Caroline. Era su primera visita desde la confrontación con su esposa casi dos años antes. En su correspondencia no se menciona a sus hijos, pero al parecer vivían en Londres con su familia. Tampoco han sobrevivido registros relacionados con su esposa, quien presuntamente todavía vivía con su primo.

En diciembre, le escribió a Prescott que había obtenido una copia de *The History of the Conquest of México*, el libro que el historiador había publicado recientemente. "Lo devoré como suelo hacerlo con una novela nueva e interesante", escribió, "sin soltarlo hasta que lo terminé". Pero en la carta queda claro que el gran proyecto que él y Stephens imaginaron se había derrumbado nuevamente por falta de suscripciones. Explicó que ahora planeaba publicar por su cuenta un pequeño grupo de ilustraciones a color y tinta de gran tamaño. "Agradezco la mención de mi nombre [en *Conquest*]", continuó, "y me he tomado la libertad de enviarle algunos ejemplos de mi trabajo por medio del señor Stephens. El señor Stephens se ha ofrecido amablemente a escribir una introducción y las descripciones, pero no sé si estarán a tiempo, ya que estoy haciendo todo lo posible por partir a principios de marzo".[15] Desafortunadamente, nada de la correspondencia de ese entonces con Stephens sobrevivió.

En febrero de 1844, Catherwood se reunió con colegas en el Instituto Real de Arquitectos Británicos, donde exhibió sus dibujos y leyó un artículo sobre los vestigios de América Central. Fue una sesión práctica en la que habló sobre el "perfecto conocimiento del corte de piedra de los antiguos mayas [...] diversas clases de morteros, estucos y cementos". También habló en detalle sobre el inusual "arco maya", comparándolo con el utilizado por los griegos, egipcios y antiguos etruscos, quienes aún no habían desarrollado el llamado arco romano. "[Los constructores centroamericanos] eran, de hecho, en lo que respecta al aspecto mecánico, albañiles consumados", dijo. "En muchos de sus edificios es posible encontrar grandes masas de concreto de excelente calidad". Asimismo, explicó que quedó muy impresionado con la pintura que vio en los muros interiores de algunas de las ruinas, particularmente en Chichén Itzá. "Su pintura es de hecho superior tanto a su arquitectura como a su escultura, e incluso superaron a los egipcios en la combinación de colores, acercándose más a las pinturas encontradas en Pompeya y Herculano".[16]

No cumplió con la fecha límite de marzo, pero es posible que haya obtenido un resultado más depurado debido a la demora. Sus "folios imperiales" (de 53.3 x 36.2 cm) fueron publicados a fines de abril de 1844 bajo el título *Views of Ancient Monuments in Central America, Chiapas and Yucatan* [Vistas de monumentos antiguos en América Central, Chiapas y Yucatán].[17] Los libros de gran tamaño incluían una introducción de 22 páginas escrita por Catherwood y 25 ilustraciones magníficas, además de un mapa con la ubicación de las ruinas que él y Stephens exploraron. Había contratado a los mejores litógrafos de Inglaterra para grabar la obra. En total, solo se produjeron, a un gran costo, trescientos ejemplares en Londres y Nueva York. En 250 de los volúmenes, las litografías fueron entintadas con marrones, azules y grises, mientras que las cincuenta restantes fueron coloreadas a mano. Sin escatimar en gasto alguno en pos de la calidad y la perfección, Catherwood contrató a Owen Jones, un amigo cercano y uno de los diseñadores gráficos más destacados de Inglaterra, para crear un elaborado frontispicio multicolor. Jones también imprimió la edición de Londres.[18] El libro costó una pequeña fortuna, a pesar de que solamente contenía una quinta parte de las ilustraciones propuestas en el plan original. Continúa siendo un misterio cómo fue que Catherwood se las arregló para financiarlo.

Además de la introducción, Catherwood escribió un texto descriptivo para cada ilustración. Su introducción resumió gran parte del terreno que Stephens había cubierto, pero incluyó la lista de requisitos previos que creía que habían sido necesarios para el desarrollo de la civilización maya. Sin embargo, se expresó de manera más elocuente con su arte, y las láminas ilustradas en su folio son obras maestras. Ahí es donde su proyecto se distingue de los libros de Stephens y los pequeños grabados en blanco y negro que estos incluyen. Su uso de la iluminación y el contraste continuaba siendo extraordinario, pero en esta nueva propuesta las imágenes cobraban vida mediante la incorporación del color. Es el trabajo de un perfeccionista que ha escapado de los límites de la celda monástica hacia la luz del sol. No libre por completo del período romántico en el que vivió, exagera algunos paisajes y la oscuridad de la selva para crear una sensación de misterio y desolación. Y las escenas están llenas de indígenas exóticos, perros, serpientes e incluso un jaguar, empleando así hasta cierto punto un truco de todo artista experimentado para conferir la escala adecuada a las ruinas. Sin embargo, los monumentos mismos, los ídolos, los jeroglíficos, los ornamentos y los templos, con solo ligeras reconstrucciones, siguen siendo indiscutiblemente exactos. Y, con astucia, también incorpora de manera disimulada sus famosas imágenes de sí mismo, Stephens y Cabot.

Liberado del dominio de Stephens y Robert Hay, el modesto y discreto Catherwood por fin había producido un libro por completo suyo. Y, por extraordinario que pueda parecer, aún no estaba satisfecho. Cuando Prescott le pidió consejo para elegir un ilustrador para uno de sus libros, Catherwood respondió: "Realmente no me siento a la altura de un proyecto tan importante. Fue este sentimiento lo que me hizo sentir feliz cuando tuve el control total de mi trabajo, al saber que si bien podría no quedar satisfecho con el resultado (aunque eso tiene poca importancia), por lo menos no corría el riesgo de decepcionar a Stephens".[20]

No hay registro que indique cuántas copias vendió Catherwood. Los folios habrían sido prohibitivamente caros para el comprador medio de libros de la época. Fijó el precio de las ediciones entintadas en treinta dólares y el doble para las coloreadas a mano.[21] Aunque es difícil traducir los precios de la época de Catherwood a los de la actualidad, en 2015 la versión entintada podría haber costado el equivalente a 750 dólares y la edición coloreada a mano 1 500. Los folios originales ahora son tan difíciles de conseguir que cuando llegan a aparecer en subastas de libros se venden a precios que oscilan entre 50 000 y 125 000 dólares, dependiendo de su condición. De haber vendido los trescientos libros, Catherwood habría ganado más de 10 000 dólares, pero no se sabe cuánto les pagó a los grabadores ni el costo de la impresión. A diferencia del público objetivo de los libros populares y relativamente baratos de Stephens, los compradores de los folios habrían sido universidades, sociedades científicas, bibliotecas y los principales enemigos de sus "nociones de loco foco": aristócratas y coleccionistas adinerados, los mismos suscriptores que Stephens había buscado en primer lugar.

Catherwood le informó a Prescott que el libro se estaba vendiendo "muy bien" en Londres, pero no estaba seguro de cómo le iría a la edición de Nueva York. De los volúmenes coloreados a mano, señaló: "He vendido considerablemente más de lo que esperaba". Y resultó que, después de todo, había tenido algo de suerte con la realeza. Muchos años después, se informó en los periódicos ingleses que el príncipe Alberto había enviado una copia del libro de Catherwood a Alexander von Humboldt en agradecimiento por una copia que había recibido de su libro *Cosmos*.[22]

Pero ¿y Stephens? Tras la publicación de su libro y su campaña en apoyo a Catherwood, había desaparecido casi por completo. El fracaso de su esfuerzo para conseguir suscriptores fue una señal de que algo andaba mal, al igual que su tardía oferta para escribir la introducción del libro de Catherwood. Alrededor de la época en que se publicó el libro de Catherwood, los dos hombres hablaron sobre la posibilidad de otra gran aventura. Esta vez, según Prescott, estaban considerando un viaje a Perú en busca de restos de la civilización inca. "Este es mi campo", escribió Prescott a Catherwood en abril, refiriéndose al próximo libro que planeaba publicar sobre la conquista de Perú. "Pero supongo que a usted no le irá menos mal si se adentra en las antigüedades arquitectónicas del lugar. Deseo poder ver los frutos de tal viaje en sus hermosas ilustraciones".[23]

La expedición nunca se llevó a cabo, pero la posibilidad de tal viaje deja una pregunta fascinante. Dada la inusual capacidad de los dos hombres para encontrar ruinas precolombinas, de haber emprendido aquella nueva aventura, ¿acaso habrían podido encontrar Machu Picchu, la ahora famosa "ciudad perdida" de los incas? Los españoles nunca pudieron hallar las ruinas en lo alto de las montañas de los Andes, pero los indígenas del área las conocían. Al igual que las ruinas de los mayas, nadie había explorado seriamente los restos del Imperio inca, que había florecido en los siglos XV y XVI antes de la conquista de los españoles. Sin embargo, Stephens decidió no realizar otra larga expedición y la mágica ciudadela de Machu Picchu permanecería perdida durante otros 67 años, hasta ser "descubierta", en 1911, por el profesor de la Universidad de Yale Hiram Bingham.

Pero ¿por qué Stephens se negó a ir mientras Catherwood parecía listo y dispuesto? ¿Sería que Stephens tan solo estaba exhausto, o se había abierto una brecha entre los dos hombres? Aparentemente, no por parte de Catherwood, ya que él había escrito la dedicatoria en su folio a "mi buen amigo John L. Stephens".

En ausencia de cualquier correspondencia aún existente entre los dos hombres durante este período, las únicas pistas que tenemos sobre el estado de ánimo de Stephens provienen de Prescott. Pero las breves observaciones del historiador de Boston en varias cartas dejan más preguntas que respuestas. En un comentario sobre el viaje propuesto a Perú, por ejemplo, Prescott le dijo a Catherwood: "Stephens dice que no está preparado para la empresa y que no puede dejar a su padre. Todavía sufre depresión por la gran pérdida en el círculo familiar".[24] A quién o a qué se refería Prescott es un misterio. Si hubo una muerte en el clan Stephens, no fue dentro de la familia inmediata del autor, según los registros disponibles. Aunque es posible que su padre haya sufrido alguna enfermedad, según los comentarios adicionales de Prescott. En julio, en una segunda carta a Catherwood, escribió:

> No he tenido noticias de Stephens últimamente, pero Cabot lo vio el otro día en Nueva York y dijo que su ánimo parecía bastante bueno. Pensé que se encontraba algo desanimado cuando lo vi allí en abril pasado. Ciertamente, muestra una gran profundidad de sentimientos. Creo que mientras viva su padre no estará muy dispuesto a deambular de nuevo, al menos eso me dijo. Y, mientras tanto, se encarga de su propiedad y la de su padre, y se deja seducir por el derecho, pero no es fácil avanzar en el ámbito de los negocios o el profesional cuando se sabe que un hombre no depende de ellos.[25]

Stephens no volvería a "deambular" por algún tiempo. No hasta que su espíritu inquieto lo llevó nuevamente al sur para enfrentarse a una nueva jungla con un propósito muy distinto en mente. Durante los años siguientes, casi desapareció de los libros de registro mientras "se dejaba seducir por el derecho".

23

Barco de vapor

Una mañana de fines de verano de 1807, los espectadores abarrotaron los muelles a lo largo del río Hudson para observar al artista e ingeniero Robert Fulton maniobrando por el río una embarcación larga, estrecha y con una chimenea negra cómicamente alta. Sin duda, la familia Stephens, cuya casa quedaba a solo unas cuadras de distancia, observaba desde la orilla con John Stephens, de 2 años, sobre los hombros de alguien. El buque había sido apodado *Fulton's Folly* [La locura de Fulton] por aquellos incrédulos que esperaban con aire de suficiencia que el artilugio explotara. Descrito como "una embarcación desgarbada que parecía como si un aserradero hubiera sido montado sobre una chalana a la que se le prendió fuego", el llamado barco de vapor recorrió una corta distancia tras dejar su botadura, luego se detuvo y se quedó inmóvil en el agua.[1] Los abucheos y silbidos flotaban desde la orilla mientras el suspenso se hacía palpable. Finalmente, un Fulton nervioso desapareció bajo cubierta, hizo varios ajustes mecánicos y las ruedas de paletas a ambos costados de la embarcación comenzaron a girar una vez más en el agua. Emitiendo cenizas ardientes y bocanadas de humo negro, el bote giró lentamente hacia el norte río arriba, y dos días después llegó triunfante a la capital del estado, Albany.

Si bien el *Clermont* de Robert Fulton no fue el primer barco impulsado por vapor que había sido construido, los viajes subsecuentes de la embarcación entre la ciudad de Nueva York y Albany representaron el primer uso exitoso de la energía de vapor como medio de transporte en el mundo. En un instante, sin que la gente lo advirtiera, el mundo había cambiado y la era industrial había llegado a Estados Unidos. Era el comienzo de la gran época de los barcos de vapor y los ferrocarriles. Stephens y Catherwood crecerían con aquella revolución y en el transcurso de sus vidas serían testigos de todos los avances tecnológicos que traería consigo. Cuatro décadas después del lanzamiento del "Fulton's Folly", el imparable gigante de vapor estaba a punto de pasarles por encima.

Catherwood fue el primero en sucumbir. Aunque nunca abandonó su pasión por las ruinas antiguas, después de que Stephens decidiera no ir a Perú fue como si un telón hubiera caído sobre su pasado y los dos hombres rara vez volvieron a hablar sobre el mundo antiguo. Con su libro terminado, Catherwood decidió tomar una nueva dirección, otra transformación personal. Un año después de publicarlo, el artista-arquitecto antes conocido como Arq. Catherwood, ahora añadía a su nombre la nueva abreviatura de I. C. (ingeniero civil). A los 46 años, con niños que todavía dependían de él para su alimentación y educación, se reinventó como ferrocarrilero.

No hay registro del momento en que ocurrió el cambio. Durante más de un año desapareció, dejándonos con otro hueco insondable de su vida. Es posible que haya regresado a Estados Unidos.[2] De acuerdo con las credenciales que presentó para un trabajo en los ferrocarriles británicos, afirmó haber trabajado en los ferrocarriles de Estados Unidos.[3] Su último cambio de imagen llegó en el momento oportuno. Los ingenieros ferroviarios tenían una gran demanda en Inglaterra. En 1845-1846, una locura especulativa en las acciones ferroviarias envolvió a Gran Bretaña en lo que se conoció simplemente como la *manía ferroviaria*, uno de los grandes auges tecnológicos de la historia.[4] Los rieles eran tendidos por toda Inglaterra tan rápido como era posible fabricar el acero para su construcción. Y la demanda de inversión en nuevos proyectos ferroviarios se había vuelto tan arrolladora que se extendió a las colonias británicas.

Subiéndose a la ola del cambio, Catherwood encontró un puesto como jefe de ingenieros "prácticos" en Demerara Railway Company. Demerara era una región selvática en la costa noreste de América del Sur con plantaciones de azúcar diseminadas a lo largo y a lo ancho. La compañía parecía saber poco sobre el pasado de Catherwood (sus panoramas, su interés en la antigüedad, su talento artístico) o no le importaba. "El consejo [administrativo] se considera particularmente afortunado", informó el presidente de la empresa, Charles Cave, a los accionistas. "El señor Catherwood, el caballero al que han contratado, residió durante algunos años en América del Norte, donde trabajó en ferrocarriles y extensas obras públicas; y en el momento de ofrecer sus servicios a nuestra compañía trabajaba para una empresa ferroviaria en este país". Su familiaridad con los bosques tropicales no se mencionó, aunque tal vez la haya usado como uno de sus puntos a favor. Catherwood firmó un contrato por un año y partió hacia Demerara, ubicada en la Guayana Británica, el 17 de noviembre de 1845.[5]

No hay cartas o relato alguno que explique por qué dejó a sus hijos una vez más durante un período tan prolongado cuando fácilmente podría haber encontrado trabajo en Gran Bretaña. El dinero puede haber sido un incentivo. Posteriormente, le escribiría a Stephens más de una vez sobre la seriedad con la que se tomaba la responsabilidad de mantener a sus hijos. La pérdida de su rotonda de Nueva York había sido un grave revés, incluso si llegó a tener algún éxito financiero con la venta de sus folios. Es posible que el trabajo en Guayana le ofreciera más libertad, un mejor salario y mayor control que cualquier otra opción laboral disponible en Inglaterra. Pero ahora también un claro patrón de comportamiento comenzaba a tomar forma. Había pasado gran parte de su vida deambulando por el Mediterráneo y el Oriente Próximo, había viajado dos veces con Stephens a América Central y Yucatán y estuvo más que dispuesto a emprender otra larga expedición, esta vez a Perú. El trabajo para él parecía justificar una inquietud habitual. Y por desastroso que haya sido su matrimonio con Gertrude, ella ya no figuraba en su vida para ofrecer un ancla.

Durante los cinco meses siguientes, inspeccionó casi 100 km de costa para un proyecto ferroviario que conectaría las plantaciones costeras con Georgetown, la capital de Guayana. Luego navegó a Jamaica para examinar un ferrocarril entre Kingston y Spanish Town, una población que presentaba condiciones similares a las de Guayana. Impresionado, informó lo siguiente al consejo administrativo: "No pude evitar sentir que, si el ferrocarril de Jamaica tuvo éxito, a pesar de un tráfico mínimo y solo de pasajeros, la línea Demerara, con su gran tráfico de bienes, reales y futuros, además de una gran cantidad de pasajeros, tendrá un éxito mucho mayor". Después de una parada en los Estados Unidos para investigar "manufacturas" de locomotoras y rieles (y una probable parada en Nueva York para visitar a Stephens y a su familia), regresó a Londres. Allí presentó su informe a la compañía en octubre de 1846. Complacido con sus proyecciones, el consejo administrativo prolongó su contrato y lo envió de regreso a Guayana para supervisar la construcción de la línea, la primera que se construiría en América del Sur.

Mientras tanto, en Nueva York, Stephens parecía casi ocioso en comparación. En 1843, año en que se publicó el libro *Yucatán,* había establecido una oficina en el número 67 de Wall Street, pero no existen documentos que demuestren que ejerció la abogacía desde allí. El año anterior, en un informe sobre los ciudadanos más ricos de la ciudad de Nueva York, se estimó que el padre de Stephens, Benjamin, había amasado una fortuna de 500 000 dólares, una cantidad de dinero que equivaldría a millones de dólares actuales. "Un carpintero de una familia de Nueva Jersey", continuó el informe, "era un buen trabajador, muy dedicado, que ha hecho todo su dinero trabajando duro e invirtiendo de manera inteligente. Él construyó la antigua prisión estatal en esta ciudad y fue un contratista de importancia en la construcción". John L. Stephens, "el viajero distinguido", figuraba a continuación con una fortuna aparte de 100 000 dólares.[6] Es muy probable que ambas cantidades fueran exageraciones. Las fortunas de los hombres de negocios más conocidos y ricos de la época no llegaban a los 500 000 dólares, y Benjamin Stephens, aunque rico, no estaba en esa categoría. John Stephens ciertamente no lo estaba, aunque sus libros continuaban generándole ingresos. Los registros de este período indican que se mantuvo ocupado con inversiones. Además de especular con bienes raíces en la parte alta de la ciudad, a medida que la urbe se extendía rápidamente hacia el norte por Manhattan, tanto el padre como el hijo se dedicaron a comprar y alquilar propiedades en el norte del estado de Nueva York, Nueva Inglaterra y lugares tan lejanos como Ohio y Michigan.[7]

Durante los años inmediatamente posteriores a la publicación de *Yucatán*, se sabe poco sobre la vida privada de Stephens. Es casi seguro que vivía con su padre, con quien solía quedarse cuando estaba en Nueva York. Compartían una cómoda casa de cuatro pisos con una elegante fachada de granito en el número 13 de Leroy Place, una casa adosada de estilo federal que tenía una inusual distancia mínima de 3 m con respecto a la calle. Estaba ubicada en una sección exclusiva de la ciudad, a una cuadra de Broadway en lo que alguna vez fue el pueblo de Greenwich antes de que la ciudad lo engullera.[8]

Para el verano de 1844, aparentemente, Stephens se había sacudido la misteriosa depresión que Prescott había notado. Y si no estaba practicando de manera activa la ley, es posible que simplemente haya estado saboreando los frutos de sus ocho arduos años de viaje y largos períodos de trabajo en su escritorio. Su obra literaria y arqueológica lo elevó a lo más alto de la escena intelectual de la ciudad. Era visto con frecuencia en las oficinas cercanas del *Evening Post,* donde visitaba al editor de aquel periódico, el conocido poeta William Cullen Bryant,[9] descrito por un periodista del periódico como "un hombre pequeño, agudo y nervioso". Stephens se había unido a Bryant como miembro del comité administrativo de la Century Association, un club privado que ayudaron a organizar en 1847. La exclusiva asociación solamente tenía cien miembros, algunos de los cuales soñaban con que se convirtiera en el equivalente estadounidense de la Academia francesa. Si bien sus miembros iniciales eran escritores, artistas, científicos y otros hombres de talento y logros intelectuales, evolucionó en unos pocos años hasta convertirse también en una asociación de "banqueros, ejecutivos ferroviarios, funcionarios de seguros, abogados y médicos destacados".[10] Y para entonces Stephens se había convertido en una figura central de ambos mundos.

También frecuentaba la librería Bartlett & Welford, ubicada en Astor House, frente al Ayuntamiento.[11] Uno de sus propietarios, John Russell Bartlett, había concentrado gran parte de sus primeras compras de libros en México y aseguró haber sido el primero en animar a Stephens a explorar las ruinas en México y América Central. Su tienda vendía libros raros y tomos antiguos, y era un lugar de encuentro para los eruditos y literatos de la ciudad; siendo frecuentado por Bryant, Washington Irving, Albert Gallatin, Edgar Allan Poe y James Fenimore Cooper. Bartlett y Gallatin fundaron la Sociedad Etnológica Estadounidense en 1842, que se dedicó a "investigaciones sobre los orígenes, el progreso y las características de las diversas razas del hombre". Stephens y Catherwood eran miembros fundadores.[12] En 1844, Bartlett & Welford también publicó la edición estadounidense *de Views of Ancient Monuments* de Catherwood.

Durante este período, Stephens hizo una pequeña incursión en la política. Fue elegido en 1846 como delegado a una convención estatal para revisar la Constitución de Nueva York. Fue un demócrata de toda la vida, pero era tan popular que tanto los *whigs* como los demócratas lo eligieron candidato de consenso.[13] Durante un verano sofocante en Albany, a pesar de su apasionado pasado en Tammany Hall, evitó la mayoría de los animados debates políticos, habló poco y limitó sus esfuerzos a cortejar reformas.[14] La experiencia no pareció despertar un interés más profundo en una carrera política. Más tarde, sus amigos lo instaron a postularse para el Senado estatal, pero se negó.[15]

En cambio, como Catherwood, cedió a la fuerza devoradora de la era del vapor. Ese mismo año se unió a un grupo de inversionistas que armaron la primera compañía de barcos de vapor transatlánticos de Estados Unidos. Su plan era construir cuatro grandes barcos de vapor con ruedas de paletas para transportar carga, correo y cientos de pasajeros regularmente entre Nueva York y Bremen, Alemania.[16] Pero a diferencia de Catherwood, Stephens llegó a la cima. Fue nombrado vicepresidente de Ocean Steam Navigation Company.[17] Y en la primavera de 1847, cuando el primer barco estuvo listo, accedió a participar en el viaje inaugural, su primer viaje al extranjero desde su regreso de Yucatán cinco años antes.

El barco de vapor de madera de 70 m fue construido en los astilleros de Nueva York de Westervelt & MacKay, y sus gigantescas máquinas de vapor de "palanca lateral" se construyeron en Novelty Iron Works, una herrería cercana.[18] El barco también estaba equipado con velas para proporcionar energía auxiliar. El 1 de junio de 1847, el SS *Washington* de tres pisos, el poderoso símbolo de Estados Unidos, con un mascarón de proa del primer presidente al frente, partió de Nueva York con Stephens, Selah R. Hobbie, el primer asistente del director de correos de Estados Unidos, y 125 pasajeros más, mientras que miles de personas lo vitoreaban a lo largo del muelle. Si bien no era equivalente a un canal a través de Nicaragua, de cualquier modo Stephens aún estaba decidido a expandir el alcance de Estados Unidos (y Nueva York) y establecer conexiones entre las naciones, en su ferviente creencia de que aquello solamente podía resultar en algo bueno. El propio Estados Unidos se hallaba en medio de su mayor expansión desde la compra de Luisiana; había anexado Texas a su territorio y estaba a punto de tomar el control total de Oregón. "Estamos obligados a seguir hacia adelante", anunció con entusiasmo el *New York Herald*, al informar sobre la botadura del barco. "Y el barco de vapor es el agente de la época".[19]

El SS *Washington* atracó en Bremen más de dos semanas después. Salvas de cañón, bandas musicales y miles de ciudadanos en los muelles de la ciudad lo recibieron. Durante los días siguientes, a la tripulación y a los pasajeros los festejaron con una lluvia de banquetes y otras celebraciones. Stephens habló brevemente en una cena formal donde el secretario de Relaciones Exteriores de Prusia recibió a los estadounidenses. Tras varios brindis, leyó una carta de los directivos de la empresa, pidiendo que Bremen aceptara un modelo a escala del SS *Washington*. Acto seguido, ocho nativos de Bremen, ahora ciudadanos de Estados Unidos que habían regresado de visita, entraron marchando con una réplica del barco de vapor de casi 2 m de largo sobre sus hombros. "Esto fue recibido con gran algarabía", informó un espectador.[20]

Finalmente, Stephens pudo escabullirse y abordar un tren a Berlín, adonde llegó el 1 de julio bajo el "suave crepúsculo" de pleno verano. "Solo tenía un día para visitar Berlín", señaló, antes de tomar el SS *Washington* de regreso a Nueva York. "Viajé allí con un solo propósito: ver a Humboldt".[21]

El barón Alexander von Humboldt, quien según informes se encontraba enfermo, vivía en la corte del rey Federico Guillermo IV en la ciudad de Potsdam, a 24 km de distancia. Stephens decidió arriesgarse y partió de inmediato hacia Potsdam. Humboldt, de 77 años, uno de los consejeros más cercanos del rey, vivía en el palacio real, una espléndida residencia rococó llamada San Souci, ubicada en medio de cientos de hectáreas de jardines bien cuidados. Después de llamar atrevidamente a la puerta del apartamento de Humboldt, a Stephens le informaron que el barón no recibiría visitas ese día. Desanimado y sin tiempo, dejó su tarjeta y una carta de presentación del exembajador de Prusia en Estados Unidos, señalando que volvería a intentar a las 2:00 p. m. Cuando lo hizo, lo condujeron al salón del apartamento. Poco tiempo después, Humboldt lo saludó en un inglés con mucho acento pero fluido, diciendo que no era necesaria una carta de presentación y que estaba más que familiarizado con los escritos de Stephens y sus famosos viajes.

Stephens estaba atónito. Apenas podía creer que Humboldt, su héroe de la infancia, estuviera de pie frente a él elogiando su trabajo. "Casi medio siglo atrás había ocupado el primer lugar en el mundo de las letras", escribió Stephens, "sentado, por así decirlo, en un trono, iluminando un camino de ciencia para el filósofo y enseñando al niño sentado en su pupitre en la escuela". Aunque enfermo, el barón parecía mucho más joven de lo que era. Iba vestido con un sencillo traje negro y su apartamento reflejaba aquella misma sencillez.

Hablaron brevemente sobre las ciudades en ruinas de América, pero la conversación se enfocó muy pronto en las ventajas del comercio entre Estados Unidos y Prusia cuando Humboldt se enteró de la conexión de Stephens con la línea de barcos de vapor a Bremen. Aunque Humboldt acababa de terminar de escribir los dos primeros volúmenes de *Cosmos* —su monumental obra sobre la unidad de todos los fenómenos naturales—, Stephens notó que demostraba una pasión equivalente por el tema de la política actual de Alemania y Europa. De la política europea, la conversación pasó a México, cuyas ruinas Humboldt había investigado poco antes de que naciera Stephens. Humboldt elogió

The History of the Conquest of México de Prescott y agregó que "no había historiador de la época, en Inglaterra o Alemania, igual a él". Luego Humboldt sorprendió a Stephens con el gran interés que demostró por la reciente guerra entre Estados Unidos y México.

"Nuestra guerra con México lo consumía", escribió Stephens. A pesar de todos sus puntos de vista liberales, agregó, Humboldt no dejaba de ser hijo de Prusia, un Estado inmerso en el militarismo. "En Prusia", continuó Stephens, "la guerra es una ciencia y, de acuerdo con la política prevalente en Europa, para estar siempre listo para la guerra todos los hombres de Prusia sin excepción, incluido el hijo del noble más importante, deben cumplir un período regular de servicio militar". Incluso teniendo en cuenta eso, Stephens se sorprendió al saber que Humboldt, el rey y su consejo militar a menudo se reunían alrededor de los mapas de Humboldt para seguir el curso de la guerra mexicana con cada nuevo reporte noticioso proveniente del otro lado del Atlántico. Según Humboldt, habían "seguido al general [Zachary] Taylor desde su campamento en Corpus Christi [...] a través de la toma de Monterrey, y las escenas sangrientas de Buena Vista. Habían peleado en todas sus batallas, con sus posiciones marcadas en el mapa".

Stephens dijo que sabía que el ejército estadounidense se había ganado el respeto de gran parte de Europa y que su éxito en la campaña contra México elevó a Estados Unidos al nivel de una potencia de "primera clase". No obstante, hasta su conversación con Humboldt, no sabía cuánto había también trastornado "toda la doctrina" en Europa, y especialmente en Prusia, de los ejércitos profesionales. "A pesar de todas las opiniones prevalentes", continuó, "el general Taylor, con un puñado de soldados regulares y un pequeño cuerpo de voluntarios sin experiencia, se enfrentó durante un día entero al fuego asesino hasta finalmente derrotar a un ejército cuatro veces más numeroso. Los mariscales de campo y generales de Prusia, entre ellos veteranos que estudiaron el arte de la guerra en los grandes campos de batalla de Europa, quedaron impresionados por la audacia y la habilidad mostradas en Buena Vista; y esta admiración, dijo el barón Humboldt, la expresaban sin reservas, libremente, públicamente y en todas partes".

Los dos hombres habían estado hablando durante más de una hora cuando entró un sirviente y llamó al barón a cenar con el rey. Humboldt le preguntó a Stephens si acaso podría quedarse varios días y aceptar una carta de presentación suya dirigida a varios caballeros importantes en Berlín a quienes Stephens debería de conocer. "Las circunstancias no me permitieron usar la carta", escribió. "Pero tuve la satisfacción de llevármela a casa, escrita en alemán con letra fuerte y firme, y atesorarla como un autógrafo de Humboldt y un recuerdo de uno de mis más interesantes incidentes de viaje".

Siete semanas después, en una reunión de la junta directiva de Ocean Steam Navigation Company, Stephens propuso que uno de los próximos dos barcos de vapor que construiría la empresa llevara el nombre de SS *Humboldt*. Se envió una carta a tal efecto a Humboldt a través del ministro prusiano en Washington, y en una respuesta fechada el 21 de septiembre de 1847, el barón estuvo de acuerdo.[22]

Al mes siguiente, apareció un artículo de tres páginas titulado "Una hora con Alexander von Humboldt" en un periódico de Boston llamado *Littell's Living Age*. Sería el último trabajo publicado por Stephens, pero no su última aventura. Pronto viajaría de nuevo, atraído una vez más por la jungla. Esta vez las fuerzas impulsoras no serían las antigüedades, sino el vapor y el poder acumulado de la ambición de Estados Unidos en el mundo.

24

Panamá

El SS *Humboldt* nunca se construiría. Incluso con la ayuda de un lucrativo subsidio federal del Servicio Postal de Estados Unidos, la compañía nunca pudo reunir el capital necesario para concretar su gran plan de cuatro barcos. Y en la primavera de 1848, cuando se botó el segundo y último barco de vapor de la empresa, el SS *Herman* de 72 m de largo, la energía y la atención de Stephens estaban en otra parte. Había partido al sur en otro viaje de descubrimiento. Aunque muy diferente de sus exploraciones con Catherwood, esta aventura los volvería a reunir y, por otro lado, consumiría los últimos años de vida de Stephens. Se encontraba en Panamá. Su presencia allí se debía a un acuerdo alcanzado con William Henry Aspinwall.

No queda claro cómo y cuándo los dos hombres se conocieron. Los padres de ambos eran comerciantes e inversionistas exitosos de Nueva York, y para cuando Stephens fue nombrado director de la línea Bremen, él y Aspinwall frecuentaban los mismos círculos sociales y de negocios. Aspinwall provenía de una familia naviera cuyo linaje se remontaba a los Padres Peregrinos. Nacido en Nueva York, en 1807, y educado en las escuelas locales, desde muy joven comenzó a trabajar como empleado en la empresa naviera de sus tíos Gardiner y Samuel Howland. Asimiló tan rápido todo lo relacionado con el negocio de importación y exportación que con 25 años ya se había convertido en socio. La empresa, que comenzó con el comercio del Caribe, se había expandió con rapidez para incluir rutas a Inglaterra y el Mediterráneo. Unos años más tarde, cuando los dos socios principales se jubilaron, Aspinwall —que entonces solo tenía 30 años— y su primo se hicieron cargo de la dirección de la empresa bajo el nombre de Howland & Aspinwall.[1] En aquel entonces, la compañía se había convertido en la línea naviera por excelencia de Nueva York, operando en lugares tan lejanos como Sudamérica y China. Para el joven Aspinwall, un hombre de voz suave y modesto, pero impulsado por la ambición, fue un ascenso meteórico.[2]

En ese momento, con la empresa sobre una base financiera firme, Aspinwall centró su atención en el diseño de barcos y contrató al arquitecto naval de vanguardia John Willis Griffiths.[3] Aspinwall, un tomador de riesgos empedernido, apostó por el talento de Griffiths.[4] Lo que Aspinwall buscaba era la velocidad. Sabía que las hojas de té chinas se venderían mejor en Nueva York si estaban frescas. Así que Griffiths diseñó para él lo que llegó a conocerse como el primer clíper "extremo", el *Rainbow*.[5] Le siguió rápidamente uno de los veleros más hermosos que hayan sido construidos, el *Sea Witch*, un clíper chino de casco negro botado en Nueva York en 1846. En marzo de 1849, bajo las esponjadas nubes de lona, con una cabeza de dragón dorada sobresaliendo de su proa, el *Sea Witch* arribó al puerto de Nueva York 74 días y 14 horas después de haber zarpado de Hong Kong, un récord de navegación que no se rompería por 154 años.[6] Poco tiempo después, al ser subastadas, las hojas de té que transportaba en su casco le dieron a Howland & Aspinwall suficiente dinero en un solo viaje para cubrir el costo de su construcción. El largo y elegante barco de Aspinwall-Griffiths, con su generoso número de velas, dominaría el comercio de carga perecedera durante décadas. Sin embargo, cuando el *Sea Witch* aparecía en el horizonte en 1849, los clíperes y los récords de velocidad ya no consumían al inquieto Aspinwall. Siempre un visionario, para entonces se encontraba mirando hacia el futuro. Sabía que la máquina de vapor estaba transformando el mundo y que avanzaba a una velocidad que ni siquiera el *Sea Witch* sería capaz de mantener.

Dados sus antecedentes y su corta edad (Stephens era dos años mayor que Aspinwall), y debido a lo pequeño que era el mundo de los negocios de Nueva York, los caminos de los dos hombres inevitablemente se cruzaron. Formaban una extraña pareja: los rasgos suaves y redondos de Aspinwall y su comportamiento tranquilo contrastaban con la aguda intensidad y explosividad de Stephens. Ambos hombres poseían una ágil inteligencia, pero Stephens seguía siendo un idealista, en contraste con el pragmatismo mercantil de Aspinwall. Era, de hecho, una poderosa combinación. Los dos hombres descubrieron que compartían una cautivadora visión que estaba a punto de llevarlos a establecer una estrecha alianza. En algún momento a fines de 1847, poco después del regreso de Stephens de Alemania, se reunieron para hablar sobre Panamá.

Aspinwall acababa realizar su movimiento más audaz hasta entonces, la culminación de una sucesión de eventos que comenzó en 1846, cuando Estados Unidos resolvió una vieja disputa con Gran Bretaña en torno al territorio de Oregón. Los dos países firmaron un tratado que otorgó la tierra debajo del paralelo 49, con la excepción de la isla de Vancouver, a Estados Unidos. Un año más tarde, cuando el gobierno estadounidense se preparaba para apoderarse de California tras su victoria en la guerra contra México, ofreció subsidios a las empresas navieras a cambio de que estas llevaran el correo de Estados Unidos de la costa este del país a Panamá y de Panamá a Oregón y California. Aspinwall obtuvo el contrato de correo para la ruta del Pacífico, un subsidio con valor de 199 000 dólares al año.[7] Con un pequeño grupo de socios comerciales, estableció la Pacific Mail

Steamship Company y comenzó a construir tres barcos de vapor para enviar alrededor de América del Sur hasta la costa del Pacífico.[8]

Al escuchar la noticia, varios colegas capitalistas en Nueva York se preguntaron con incredulidad si acaso Aspinwall había perdido la cabeza. Señalaron el hecho de que casi no existía infraestructura para la reparación de barcos de vapor y carbón a lo largo de la costa oeste. Además, dada la gran lejanía y subdesarrollo de California y Oregón, cuestionaron cómo la compañía podría llegar a obtener ganancias de su inversión.[9] Pero Aspinwall, había adoptado una estrategia a largo plazo, convencido de que California y Oregón ofrecían un enorme potencial. También tenía en mente un plan mucho más emprendedor. Creía que Panamá era la clave para las vastas transacciones comerciales del este y el oeste, que se extendían desde Europa hasta Asia, y ahora había conseguido una pieza importante del rompecabezas.

Entonces, cuando él y Stephens, el experto en América Central, se sentaron a hablar, la conversación giró en torno a lo atractivo que parecía el estrecho istmo de Panamá. Con su anexión de California, Oregón y la mitad de los territorios occidentales, Estados Unidos se había convertido en un imperio continental y en la fuerza dominante en América. Pero ahora también era una nación de gran tamaño y en expansión con dos costas distantes entre sí que debía conectar. Francia e Inglaterra habían mostrado un fuerte interés en el istmo. Sin embargo, para Stephens, tal como lo había sentido con respecto al mundo antiguo maya, Panamá debía mantenerse al alcance y bajo el control de Estados Unidos. ¿Era factible que unos cuantos neoyorquinos, con el respaldo únicamente de capital privado, pudieran abrirse paso a través de una estrecha franja de tierra que había frustrado a conspiradores y soñadores durante cientos de años?

En enero de 1848 Stephens llegó al istmo para averiguarlo. Lo acompañaba el ingeniero James Baldwin, contratado para ayudarlo a evaluar si era posible construir un ferrocarril de costa a costa. Debe de haber sido un momento extraño. John L. Stephens, famoso por haber desenterrado las antigüedades de la selva tropical de América Central, se encontraba de regreso en la jungla con el propósito de trazar una ruta para que las modernas máquinas de vapor pudieran dividir y conquistar las implacables tierras salvajes del istmo de Panamá.

Al desembarcar en la desembocadura del río Chagres, los dos hombres descubrieron a lo que se enfrentaban. El lado caribeño del istmo era una sólida pared de jungla y manglares, no muy diferente a la costa de Guatemala cuando Stephens y Catherwood se habían aproximado a ella nueve años antes. El único acceso al Pacífico era en canoa por el serpenteante Chagres hasta los rápidos en el centro del país. Hubo que pasar varias noches en cabañas o acampar a la orilla del río en medio de cocodrilos, guacamayos chillones, serpientes y los inquietantes rugidos profundos de los monos aulladores. A pesar de que no era nada nuevo para Stephens, no por ello dejaba de ser desconcertante. Dejando el río en los pueblos centrales de Gorgona o Cruces, la única forma de cruzar la divisoria continental hacia el Pacífico era por uno de dos senderos antiguos, ambos apenas utilizados y en muy mal estado. La larga columna montañosa de Panamá, la sierra de Veraguas, formaba un collado en aquel punto. Los viajeros descendieron los últimos 32 km hasta la Ciudad de Panamá por un terreno dolorosamente accidentado, tanto a pie como en mula.

Aunque se trataba de unos 80 km solamente, el viaje tomaba varios días o inclusive más de una semana, dependiendo de la época del año. Durante los meses de lluvia, de mayo a noviembre, el Chagres se convertía en un torrente lleno de árboles caídos, pedazos de madera y otros escombros, mientras que los senderos hacia el Pacífico se volvían prácticamente intransitables por el lodo. Durante la época de sequía, el serpenteante río era tan poco profundo en ciertas partes de la jungla que solo las canoas de poco calado, o los bongos, podían navegar río arriba sin encallar. Sin importar la estación, las nubes de mosquitos provenientes de los pantanos propagaban la malaria y el dengue. La ruta era tan tortuosa y letal que menos de cuatrocientas personas la transitaron del Caribe al Pacífico el año en que Stephens la recorrió.[10] La mayoría de los viajeros prefirió correr el riesgo de navegar hacia el sur, rodear la punta sur de Sudamérica y dirigirse hacia el norte para llegar a ese otro extremo de Panamá, a pesar de que agregaba meses al viaje y ofrecía graves peligros.

Aunque cruzaron el istmo durante la época de sequía (la estación menos arriesgada para la salud), Baldwin se enfermó, probablemente de malaria. Stephens le escribió a su padre que, aunque él mismo nunca había estado más saludable, se sentía desanimado por las condiciones que habían encontrado. "La geografía accidentada y fragmentada del país complica enormemente el estudio del terreno y hace que lleve más tiempo del que esperaba".[11] Sin embargo, se obligó a mantenerse optimista. "Creo que esto va a representar un punto de tránsito importante en el mundo y una gran vía para viajar. Desde aquí se efectuarán grandes transacciones con toda la costa del Pacífico de arriba abajo".

Llegó el momento en el que los dos hombres tuvieron motivos para exclamar "¡Eureka!". Baldwin, ya recuperado, encontró un paso a través de la divisoria continental que se elevaba tan solo 90 m s. n. m. Entonces se dieron cuenta de que, con la nivelación adecuada, se podía colocar un lecho de riel que permitiría el tránsito de locomotoras de océano a océano.[12]

Cuando Stephens regresó a Nueva York en junio, Aspinwall se sintió eufórico con la noticia. Había adquirido, mientras tanto, un tercer socio para la posible empresa ferroviaria: Henry Chauncey, uno de los inversionistas de la Pacific Mail Steamship Company. El hombre de negocios de 53 años encajaba a la perfección. Descendiente de una antigua familia de Nueva Inglaterra (su abuelo fue uno de los primeros presidentes de la Universidad de Harvard), Chauncey era socio, por matrimonio, de una empresa comercial con intereses en la costa del Pacífico de América del Sur. Años antes, se había mudado con su esposa e hijos a Perú y Chile, donde pasó diez años haciendo negocios y acumulando una pequeña fortuna.[13] Con sus conexiones en Nueva York y América del Sur, aportaba a la sociedad un conocimiento de primera mano del comercio en la región.

Durante la ausencia de Stephens y Baldwin, se botó en Nueva York el primer barco de vapor de la Pacific Mail Steamship Company, el SS *California*. Después de las pruebas en el mar, zarpó hacia el cabo de Hornos y la costa del Pacífico, seguido poco después por los otros dos nuevos barcos de la compañía, el SS *Panama* y el SS *Oregon*. A su partida de Nueva York en octubre, el SS *Californian* llevaba a bordo muy pocos pasajeros.[14] Sin embargo, sería la última vez que un barco partía vacío hacia la costa del Pacífico.

En diciembre de 1848, el entonces presidente de Estados Unidos, James Polk, informó en su discurso anual ante el Congreso que se había descubierto oro en California. "Los relatos de la abundancia de oro en [California] son de un carácter tan extraordinario", explicó Polk, un hombre por lo general circunspecto, "que serían difíciles de creer de no haber sido corroborados por los informes fidedignos de los funcionarios del servicio público que han visitado el distrito mineral".[15]

Fundadores del ferrocarril de Panamá: Aspinwall (arriba), Stephens (abajo a la izq.) y Chauncey (abajo a la der.)

La noticia generó una reacción en cadena a lo largo de Estados Unidos. Incluso antes de que las palabras del presidente tuvieran tiempo de ser asimiladas, la exposición pública en la Oficina de Guerra en Washington de un pequeño cofre de oro traído de California avivó la obsesión por el oro hasta alcanzar un punto álgido.[16] Los anuncios de servicios de transporte alrededor del cabo de Hornos, o a través de Panamá, con destino a los yacimientos de oro en California llenaban todos los periódicos, y la ahora legendaria y frenética carrera por el oro estaba en marcha.[17]

La apuesta de Aspinwall en su línea Pacific Mail Steamship estaba a punto de dar resultados más allá de lo imaginable.[18] No obstante, nadie entendió del todo la magnitud de lo que estaba sucediendo. Stephens y sus dos socios habían pasado la última mitad de 1848 elaborando un cuidadoso plan para su ferrocarril. Habían llegado a Washington, sombrero en mano, en busca de un subsidio considerable del gobierno, casi al mismo tiempo que Polk daba su discurso en el Congreso. A pesar de las noticias de California, siguieron presionando e incluso se reunieron con Polk. Fueron invitados a cenar en la Casa Blanca con el presidente, miembros de su gabinete y una decena de senadores y congresistas. Sin embargo, Polk no mencionó el ferrocarril en la entrada de su diario del 14 de diciembre, y solo señaló que a la cena asistieron Aspinwall y "Stevens, de Nueva York, este último el viajero".[19]

Durante las semanas siguientes, la sociedad solicitó un apoyo de cinco millones de dólares durante un período de veinte años, una vez que el ferrocarril fuera operativo, a cambio de ofrecer transporte gratuito a través del istmo al correo estadounidense, personal del gobierno y tropas militares, así como equipo y municiones.[20] Era una absurda suma de dinero, dada la situación en California y las grandes ganancias que el ferrocarril seguramente obtendría de ello. Sin embargo, el Congreso casi estuvo de acuerdo. El senador Thomas Hart Benton, de Missouri, apoyó la idea (con un subsidio reducido) y señaló que los tres hombres tenían el capital, la experiencia y la motivación para concretar el proyecto. "Uno de ellos, el Sr. Stephens", dijo, "es conocido en el mundo literario por sus viajes a una parte de América del Sur que se encuentra cerca del país sobre el cual pasaría aquel camino".[21]

Al final, el presidente Polk no quiso saber nada sobre el asunto. Después de que algunos miembros de su gabinete lo instaran a apoyar el proyecto, Polk escribió en una entrada de su diario, fechada el 30 de enero de 1849: "Los interrumpí y les dije que tal poder no existía en la Constitución. Agregué que consideraba la propuesta de ese proyecto de ley casi equivalente a una propuesta para saquear los fondos públicos [...] Informé al gabinete que, de ser aprobaba, la vetaría".[22]

El descubrimiento de oro ya había alterado el cálculo. El 28 de diciembre de 1848, con la aprobación de la legislación aún pendiente, los tres socios firmaron un acuerdo formal en Washington con Nueva Granada (hoy Colombia, que en aquel momento incluía a Panamá) otorgándoles el derecho exclusivo por 49 años para construir y operar el ferrocarril a través de Panamá.[23] A pesar de los términos favorables (Granada obtendría apenas 3% de la ganancia neta de las operaciones del ferrocarril), el contrato también implicaba serios riesgos. Dependía completamente de la evaluación inicial del istmo llevada a cabo por Stephens y Baldwin. Sobre la base del estudio, los socios ofrecieron 120 000 dólares como garantía; suma que perderían si el ferrocarril no se construía dentro de los seis años posteriores a la ratificación de la concesión por el Congreso de Nueva Granada. Al menos en apariencia, los socios parecían seguros de lograrlo. Pero Stephens, que había visto el istmo en persona, debió de tragar saliva y reunir cada gota de su profundo optimismo antes de firmar.

Cuatro meses después, la Panama Railroad Company era incorporada por la legislatura de Nueva York.[24] El prospecto sobre las acciones de la compañía era muy optimista. Como resultado de la fiebre del oro, declaraba que "el istmo de Panamá ya ha sufrido un cambio extraordinario y casi sin precedentes en la historia del mundo. No es una incongruencia suponer que, en un día no muy lejano, todo el país será habitado por una población próspera, y que de un día para otro grandes ciudades, destinadas a ocupar un lugar destacado e importante en el comercio del mundo, serán erigidas a la orilla de ambos mares". El prospecto contenía informes sumamente positivos de los topógrafos que la sociedad envió a principios de 1849 para establecer la línea del cruce del ferrocarril. La temporada de lluvias fue descrita como un problema menor. Se restó importancia a la famosa insalubridad del clima y a los pantanos de Panamá. "No se puede negar que las fiebres son prevalentes", escribió el Dr. Halsted, quien había sido enviado para cuidar la salud de los topógrafos durante el proyecto. "Pero de ninguna manera son más difíciles de curar que aquellas tan comunes en nuestras ciudades del norte". Incluso la pantanosa isla de Manzanillo, proyectada como la terminal caribeña del ferrocarril y que más tarde causaría a los constructores pesadillas impensables, se describió en términos optimistas como "bellamente situada [...] de una vegetación exuberante. El terreno está situado entre 3 y 5 m por encima de la marca del nivel máximo del agua, generalmente nivelado y bien regado con manantiales", afirmaciones que más tarde resultaron falsas en gran parte.[25]

El plan consistía en vender cada acción a cien dólares para recaudar una cantidad inicial de un millón. La lista de suscriptores estuvo disponible el 28 de junio de 1849, y para las 3:00 p. m., todas las asignaciones se habían vendido. Una cantidad sustancial de acciones fue transferida a Aspinwall, Stephens, Chauncey y sus patrocinadores originales a cambio de ceder a la empresa la concesión de la República de Nueva Granada.[26] El 2 de julio, los directores de la empresa se reunieron por primera vez en Nueva York y un destacado ejecutivo de seguros, Thomas W. Ludlow, fue elegido presidente. John L. Stephens fue nombrado vicepresidente.[27] El futuro resplandecía como una olla de oro. Dos días después, el pasado aparecería en la puerta de Stephens.

A principios de ese año, en mayo, después de trabajar de manera constante durante más de dos años en la Guayana Británica, Catherwood perdió su puesto como jefe de ingenieros de la Demerara Railway Company. Su contrato fue rescindido en un movimiento de ahorro de costos que realizó la empresa, aunque probablemente también influyeron otras disputas con el comité local del ferrocarril.[28] Solo un segmento de los rieles a lo largo de la costa de Guayana había sido construido y el proyecto estaba muy retrasado. El año anterior se había realizado un evento ceremonial para permitir que varios vagones de dignatarios recorrieran una sección terminada. El recorrido de inspección terminó cuando una vaca saltó a la vía, lo que hizo que la locomotora se descarrilara, lo que ocasionó la muerte de dos pasajeros, incluido un funcionario municipal de Georgetown.[29]

El desastre fue solo uno de los problemas que aquejaron al ferrocarril después de que Catherwood regresara como ingeniero en jefe en marzo de 1847. La contratación de mano de obra resultó difícil y hubo numerosos paros por falta de capital. Las disputas con los terratenientes sobre el costo de adquirir secciones de su propiedad para la carretera también retrasaron el proyecto. Y aunque Catherwood pudo abrir una gran sección de rieles para el tráfico en noviembre de 1848, las tensiones aumentaron hasta que, finalmente, en mayo, el trabajo se le entregó a un asistente de ingeniero dispuesto a trabajar por menos dinero.

Dos meses después, Catherwood llegaba a Filadelfia vía las Islas Turcas en el Caribe.[30] Unos días después, se encontraba en Nueva York celebrando el 4 de Julio [Día de la Independencia de Estados Unidos] con Stephens.[31] Ninguno de los dos dejó un relato de aquel reencuentro, pero después de tantos años separados, debe de haber sido particularmente cálido. También debió de sentirse como de regreso en casa, ya que el clan Stephens siempre había sido una segunda familia para Catherwood. Seis años antes, en julio de 1843, es la única otra fecha anterior comprobable en la que estuvo en Nueva York, que es cuando fracasó el intento de conseguir suscriptores para su folio. Es posible que haya regresado a la ciudad en 1844, después de la publicación del folio en Londres, y que también visitara a Stephens en 1846, durante su primer viaje de regreso de Guayana a Inglaterra, aunque no existen registros que confirmen esos viajes.

Durante los años que estuvieron separados, no hubo indicios de una ruptura en su amistad o de alguna pelea entre ellos. Después de que Stephens rechazara la idea de ir a Perú, parece que, simplemente, las circunstancias los habían llevado por caminos diferentes. Si bien es muy probable que hayan mantenido correspondencia entre ellos durante este período (dado lo que sabemos por sus cartas posteriores), esta se ha perdido o fue destruida. El retorno de Catherwood a Inglaterra en 1843 estuvo claramente motivado por el deseo de publicar una obra propia y de reunirse con sus hijos y su familia. Pero también pudo deberse a la necesidad de salir de la sombra de Stephens, quien había sido la fuerza dominante en sus viajes y publicaciones. Ahora, en Nueva York una vez más, se sentía perdido. Pasó la mayor parte de julio allí. Sin duda, los viejos compañeros de viaje tuvieron mucho de qué hablar, y con toda certeza sus conversaciones abarcaron ampliamente el tema de los ferrocarriles. Es probable que Stephens hablara sobre su tiempo en Panamá y Catherwood acerca de sus experiencias y frustraciones durante la construcción del primer ferrocarril de América del Sur, que, al igual que Panamá, quedaba un poco más arriba del ecuador y no muy lejos al este del istmo. Quiso la casualidad, o tal vez no pudieron resistirlo, que ambos hombres acabaran una vez más en las selvas tropicales.

En agosto, Catherwood regresó con su familia a Charles Square. Hizo el viaje a casa a bordo del SS *Washington* de la Ocean Steam Navigation, el mismo vapor que había llevado a Stephens dos años antes a Bremen. Posiblemente, Stephens le había conseguido un buen camarote, porque Catherwood comentó en una carta a Stephens, con fecha del 18 de agosto de 1849, lo agradable que había sido el viaje.[32] "Mis hijos están bien", continuó. "Deseo que mi hijo, que es tan alto como yo y un buen estudiante y aritmético, se dedique a la ingeniería". Pero, agregó, sus planes aún eran inciertos. Por el momento se dedicaba a administrar algunos negocios para un acaudalado fabricante naval y ejecutivo ferroviario de Nueva Jersey que había conocido en el SS *Washington*. Escribió que también había estado brevemente en contacto con Aspinwall, quien en aquel momento se hallaba en Londres buscando accionistas para recaudar 250 000 dólares en acciones de la Panama Railroad. Catherwood insinuó que estaba considerando un trabajo en el ferrocarril y quería seguir discutiendo el asunto con Aspinwall. "Es posible que se haya ido de Londres debido al cólera", agregó. "No he sabido nada de él".

Cuando volvió a escribir a Stephens en octubre, todavía no había tenido noticias de Aspinwall y su carta reflejaba una creciente frustración. Señaló que, debido a la mala administración del proyecto, Demerara Railway no había colocado un solo riel en los meses transcurridos desde su partida. "La empresa todavía me debe cerca de mil libras y eso me hace temblar de indignación", explicó. "Y me considero muy afortunado de haber guardado todo lo que tengo". Mencionó que había enviado una propuesta a los hermanos Harper ofreciéndoles abrir una sucursal de su editorial en Londres con uno de los hijos de los Harper, pero no se sentía muy optimista sobre aquel proyecto. Entonces le preguntó directamente a Stephens si había alguna posibilidad de un nombramiento como "Agrimensor de las tierras" para la Panama Railroad Company. "Es absolutamente necesario que yo esté haciendo algo y que mis hijos crezcan conmigo".[33]

En la mayoría de sus cartas a Stephens (no tenemos ninguna de las respuestas de Stephens), Catherwood hacía referencia al mundo antiguo y a América Central como un atleta en declive que recuerda con añoranza los gloriosos años que ya han quedado atrás. Parecía incapaz de dejar a un lado las hazañas vividas con Stephens y aquello que representaba uno de los momentos más extraordinarios de su vida. En algún momento, es probable que para ayudar económicamente a su amigo, Stephens haya acordado comprar una serie de litografías centroamericanas de gran tamaño que Catherwood había impreso. Catherwood explicó que eran 17 en total y que solo le cobraría a Stephens el costo de la impresión y el enmarcado, menos las diez libras esterlinas que le debía. "Ocupan mucho espacio", explicó, refiriéndose a su gran tamaño. "Para exhibirlos de la mejor manera, el lugar debe tener por lo menos entre 8 y 9 m de largo, y entre 5 y 6 m de ancho, y contar con techos de buena altura". Por otro lado, un vendedor de libros se había puesto en contacto con él, dijo, para publicar un pequeño volumen sobre América Central, por lo que supuso que el vendedor se refería a una versión económica de dos chelines del libro de Stephens. "Le informé que no sabía cómo escribir un libro y, además, que no podía acceder a nada por el estilo sin que fuera aprobado por usted primero". Agregó que preferiría publicar una nueva versión de su propio libro. "Creo que existe una cierta demanda por mi trabajo sobre América Central y, teniendo las planchas todavía a la mano, estoy pensando en publicar una edición más barata, que se venda a mitad del precio de la primera".[34] Pero todas aquellas cartas evidenciaban que se había quedado sin dinero y que el trabajo ferroviario con Stephens en Panamá le parecía cada vez más una mejor opción que la de apostar por estratagemas editoriales inciertas.

Mientras tanto, Aspinwall estaba teniendo cierto éxito con la venta de acciones de la compañía en Inglaterra. Baring Brothers & Company, la poderosa firma bancaria londinense, estaría dispuesta a comprar acciones si el gobierno británico accedía a unirse a Estados Unidos para garantizar la neutralidad del istmo. Aspinwall le escribió a Stephens a principios de octubre instándolo a viajar a Washington para presionar a la administración del presidente Zachary Taylor a que apoyara la medida.

En la misma carta, dijo que Catherwood se había puesto en contacto con él en busca de trabajo y le pidió a Stephens su opinión.[35] La compañía ya había elegido a dos contratistas para construir el ferrocarril, por lo que no quedaba claro qué papel podría asumir Catherwood. "Catherwood está ansioso por ir al istmo, especialmente si cuenta con su compañía", escribió Aspinwall. "Y se iría con usted en términos muy razonables, un punto en particular que él deseaba que yo entendiera". Poco tiempo después, Catherwood le escribió a Stephens diciendo que entendía si la empresa no estaba en condiciones de pagar salarios altos. Sus gastos anuales, explicó, oscilaban entre 1500 y 2000 dólares, y por el momento "estoy obligado a viajar con mi capital, que por supuesto no es lo más deseable".[36]

Finalmente, en noviembre, Aspinwall acordó emplear a Catherwood, ofreciéndole un contrato de un año por 1500 dólares junto con el pago de los gastos de viaje a Panamá y de regreso. Aspinwall le escribió a Stephens que Catherwood partiría de inmediato a Nueva York, donde se reuniría con los directores de la compañía antes de viajar a Panamá con Stephens.[37] Pero Stephens no parece haber recibido la carta de Aspinwall a tiempo y partió solo a Panamá, adonde arribó el 10 de diciembre.

"Estoy en una casa de hierro perteneciente a la compañía ferroviaria y habitada por decenas de personas; tantas que al salir de ella es imposible no tropezar con algún cuerpo", le escribió a su padre, describiendo el asentamiento rudimentario que se había materializado en la desembocadura del río Chagres a raíz del gran número de buscadores de oro que constantemente arribaban al lugar en barcos de vapor. "Hay una gran confusión y angustia. Esta tarde entre quinientas y seiscientas personas estaban plantadas en la orilla con equipajes de todo tipo, inquietos, regateando canoas en medio del fango y la lluvia".[38]

Catherwood llegó el mes siguiente y se reunió con Stephens en la Ciudad de Panamá. El par de viejos camaradas estaban juntos de nuevo, solo que esta vez en medio del caos de una ciudad invadida por miles de personas presas de la fiebre del oro. Y en esta ocasión, su tiempo juntos terminaría casi antes de comenzar.

25

Cruzando el istmo

El plan maestro para la construcción del ferrocarril era simple. Fue diseñado para acomodar y aprovechar el gran tráfico de multitudes que en aquel momento llegaba a Panamá. Con base en un estudio de ingeniería realizado a principios de año, el proyecto requería que las obras del ferrocarril comenzaran en medio del istmo en Gorgona, y que las vías fueran colocadas desde allí, a través de la sierra de Veraguas y hasta la Ciudad de Panamá. Se esperaba que aquel tramo no tomara más de un año en construirse y que, entonces, el ferrocarril pudiera comenzar a recibir ingresos por el transporte de pasajeros y cargamento proveniente del río Chagres. De aquel modo, fortalecida con esta infusión de capital adicional, la compañía daría un giro y comenzaría la tarea mucho más formidable de colocar vías a través de la densa jungla del lado del Caribe. Mientras tanto, la rápida construcción de un camino temporal de tablones a lo largo de la ruta, de ser factible, también serviría para generar un ingreso adicional. La compañía, además, se hallaba en el proceso de construir barcos de vapor pequeños y de poco calado para enviarlos a Panamá y ponerlos en el Chagres como medio de transporte comercial al servicio de pasajeros que desearan viajar río arriba hasta Gorgona. Los barcos de vapor también transportarían materiales y trabajadores ferrocarrileros hasta los sitios de construcción del ferrocarril en el interior del país. De acuerdo con aquel plan, después de terminar la primera mitad de la línea ferroviaria, la compañía podría ofrecer transporte cómodo por medio de barco, carreta techada y tren a través del istmo en uno o dos días, y luego en los barcos de vapor Pacific Mail entre la Ciudad de Panamá y San Francisco, un viaje de no más de tres semanas. De ese modo, todo el viaje entre Nueva York y San Francisco podría hacerse con relativa comodidad y seguridad, y reducirse a poco más de un mes.[1] Era un plan perfecto, por lo menos en teoría.

En octubre, la empresa contrató a dos ingenieros veteranos estadounidenses con experiencia trabajando en el trópico a lo largo de la costa caribeña de Nueva Granada. Cuando llegaron al istmo a principios de 1850, casi inmediatamente se dieron cuenta de que tenían un grave problema. Con la llegada del primero de los barcos de vapor de poco calado había quedado claro que, durante la temporada de estiaje, que era cuando se llevaría a cabo la mayor parte de la construcción, incluso el calado mínimo de aquellas embarcaciones no podría remontar un río Chagres con poco caudal.[2] La compañía debía modificar su plan de inmediato justo cuando aumentaba la presión de empresas competidoras que ya planeaban cruces al Pacífico más al norte, a través de México y Nicaragua. De afianzar su posición, aquellas empresas podrían desviar suficiente tráfico del istmo como para llevar el proyecto del ferrocarril a la bancarrota antes de que lo terminaran.[3]

La Bahía Limón —el nombre que Colón originalmente le dio en su tercer viaje a América— se encuentra en la costa del Caribe desde la desembocadura del Chagres. Yacía junto a una isla bordeada de coral llamada Manzanillo, ubicada a poca distancia del continente. El sondeo de la compañía requería que la terminal caribeña del ferrocarril se construyera en Manzanillo porque la Bahía de Limón proporcionaba un puerto de aguas profundas bien protegido y capaz de albergar barcos de vapor transoceánicos. Los contratistas se percataron de que, les gustara o no, tendrían que comenzar la construcción en aquel punto.

Stephens, mientras tanto, había viajado a la Ciudad de Panamá, donde la empresa tenía sus oficinas. Le escribió a su padre a fines de diciembre que la temporada de lluvias tardía lo había detenido cinco días en el río. Se cumplía un año y medio desde que él y Baldwin habían inspeccionado el istmo y se sentía asombrado con los cambios. Casi todos los días, escribió, los barcos de vapor dejaban a cientos de personas en la desembocadura del Chagres. "Todo lo cual indica la necesidad de nuestro camino, pero al mismo tiempo aumenta las dificultades para construirlo". La transformación de la Ciudad de Panamá le pareció lo más sorprendente. Donde antes pagaba ocho dólares al mes por alojamiento, dijo, ahora tenía que pagar más de cien dólares por el mismo lugar. La ciudad era un manicomio, atestada de gente que esperaba barcos para California. Agregó que esperaba ansioso la llegada de Catherwood, ya que había que atender muchísimos asuntos ferroviarios antes de partir rumbo a Bogotá, la capital de Nueva Granada. La concesión acordada por la compañía de ferrocarriles y la república aún no había sido ratificada y el Congreso nacional debía llevarla a voto a principios de la primavera. Era esencial, escribió Stephens, que él estuviera allí. "Salgo para Bogotá en barco de vapor el 27 de enero y temo no ver a Catherwood hasta mi regreso".[4]

Mapa de América Central en 1850, con Panamá (Nueva Granada) abajo a la derecha

Su viejo amigo apareció poco tiempo después, trayendo consigo un montón de documentos y cartas de la empresa. "Recibí la carta que usted me envió con Catherwood y me alegra saber que se encuentra bien", le escribió a su padre. "Aquí hay mucho por hacer todo el tiempo". Había encontrado un alojamiento decente que recibía la brisa fresca del océano, explicó, pero estaba enfermo de nuevo. A pesar de lo terrible que era su antigua némesis, la malaria, la tensión del trabajo también estaba pasándole factura y la irritación se le notaba. "Por cierto", refunfuñó en una inusual reprimenda dirigida a su aparentemente tacaño padre, "en vez de estos pequeños pedazos de papel, me gustaría que me escribiera en hojas para cartas, sin importar si la hoja no está llena, y que me las envíe en el interior de un sobre".

También le dijo a su padre que debería haber pedido un bono a los directivos de la empresa si su viaje a Bogotá salía bien.

> Pero no pretendo quejarme porque hicieron todo lo que les pedí y sus términos me han otorgado un poder tan absoluto que yo difícilmente estaría dispuesto a darlo a cualquier hombre vivo; de manera que prácticamente han puesto en mis manos el control total de la compañía y sin restricción alguna. Ingenieros, capitanes y toda persona o cosa involucrada en el proyecto está bajo mi control. Se trata de un grado de confianza en mis capacidades e integridad tal que impone en mí una gran responsabilidad, al tener que considerar y decidir unilateralmente asuntos de mayor importancia que aquellos que en Nueva York requerían dos o tres reuniones de la junta directiva.[5]

Antes de partir rumbo a Bogotá, entregó gran parte del trabajo administrativo prioritario y la correspondencia de la empresa a Catherwood. Aunque no pasaron mucho tiempo juntos, esperaban ponerse al día cuando Stephens regresara de Bogotá.

La ciudad de Bogotá se encontraba a unos 1 300 km tierra adentro del Caribe, enclavada en una meseta de poco más de 2 700 m de altura en las montañas de los Andes. Ha sido descrita por un historiador que ha escrito sobre el período como "una de las ciudades más inaccesibles sobre la faz de la tierra".[6] En el siglo XIX, la travesía desde Panamá en barco y mula era un viaje tortuoso de tres o cuatro semanas. En el ascenso final a la ciudad por un empinado sendero montañoso, Stephens se cayó de la mula y se lesionó gravemente la espalda. Llegó a la capital con terribles dolores y de inmediato fue confinado a su cama. Con gran dificultad se las arregló para continuar las negociaciones ferroviarias con el gobierno. A mediados de marzo, le escribió a su padre que, a pesar del "duro viaje", se estaba recuperando lentamente. "El cólera nos rodea y se dice que ayer entró en la ciudad. Pero esto solo me perturba en la medida en que pueda afectar mi negocio".[7]

A mediados de abril, el Congreso ratificó el contrato ferroviario. Pero Stephens no pudo salir de la capital hasta cinco semanas más tarde, pues una grave enfermedad lo retrasó. No queda claro si estaba relacionada con su lesión en la espalda, el cólera o sus viejas fiebres palúdicas. Un amigo comentó más tarde que después de su accidente cerca de Bogotá nunca volvió a recuperar completamente su salud.[8] Muchos meses después informó que todavía usaba una muleta. Mientras tanto, la noticia de su lesión y enfermedad había llegado a los periódicos de Nueva York, lo que causó gran preocupación entre sus amigos y familiares. Aspinwall expresó una gran inquietud cuando escuchó la noticia; escribió a Stephens en mayo: "Me alegro de que Catherwood se encontrara en el istmo y el hecho también debe de haber sido un alivio para usted mientras se veía obligado a estar ausente. No se le olvide: debe regresar a casa".[9] La gravedad de su condición también fue evidente en una carta que la hermana de Stephens, Amelia Ann, escribió a fines de mayo. En ella menciona "la ansiedad de nuestro pobre padre" e insta a Stephens a regresar a casa de inmediato. Conocía bien a su hermano y sabía que rara vez se quejaba, en especial si se trataba de una enfermedad. "Por lo que cuentas", escribió, "debes de haber sufrido terriblemente, y sabemos que si mencionaste que habías sufrido es que debes de haber estado en verdad enfermo. Muchas veces has estado ausente, mi querido hermano, pero nunca me había sentido tan inquieta por ti".[10]

Stephens se recuperó lo suficiente como para dejar Bogotá en mayo, más de tres meses después de que lo llevaran a la ciudad. A pesar de su fragilidad, su misión había sido un rotundo éxito. Además de la ratificación, las modificaciones adicionales ampliaron el tamaño del territorio otorgado en la concesión y agregaron el camino de carretas de Aspinwall.[11] Y a pesar de haber quedado confinado en cama durante un tiempo sin poder moverse debido a su lesión y enfermedad, aparentemente no había perdido nada de su encanto. Hizo varios amigos entre los funcionarios del gobierno, cuyas cartas posteriores estaban llenas de profundo afecto y respeto por él. Cuando aún se encontraba convaleciente, recibió una invitación personal del presidente de la república para cenar con él en el palacio de gobierno.[12] Al final, lo tuvieron que llevar montaña abajo en una silla especialmente diseñada y acolchada hasta el río Magdalena para el viaje de regreso a Panamá, lo que sin duda le recordó su breve pero aterrador viaje en la espalda de un indígena que lo llevó por las montañas de la Sierra Madre hasta Palenque.[13] En la ciudad costera de Cartagena, conoció a George Totten, uno de los dos contratistas del ferrocarril que estaban reclutando trabajadores. Los dos hombres viajaron juntos a Panamá en un barco de vapor que además transportaba cuarenta trabajadores ferroviarios.[14]

Catherwood, que había estado esperando con ansias el regreso de Stephens, ahora también se hallaba gravemente enfermo en la Ciudad de Panamá. Le escribió a Stephens que había contraído su enfermedad por "exposición" mientras viajaba a pie por el istmo inspeccionando la ruta del camino de tablones.[15] Ahora ninguno de los dos estaba en condiciones de hacer el viaje a través del istmo para reunirse, especialmente con la temporada de lluvias encima. "Me causó una gran decepción enterarme de que usted no podrá llegar a [la Ciudad de] Panamá", escribió Catherwood. "El último 4 de julio lo pasamos juntos en Nueva York [...] y esperaba con peculiar entusiasmo que pasáramos, aunque en circunstancias muy diferentes, otro Día de la Independencia juntos. El capitán Liot me dice que hizo muy bien en no intentarlo, ya que el camino en algunos lugares es muy malo". En cuanto a su propia salud, dijo: "No recuerdo haber tenido un ataque tan severo como el más reciente".[16]

Primera cabaña construida en un pantano de Panamá para trabajadores ferroviarios (*Harper's New Monthly Magazine*, 1859)

Antes de abordar un barco de vapor para Nueva York, Stephens fue a la Bahía de Limón por primera vez para observar las etapas iniciales de construcción. Lo que vio fue absolutamente desalentador. La isla de Manzanillo no se parecía en nada al idílico paraíso tropical que los topógrafos de la compañía, en aquel optimista prospecto, retrataron. Rodeado de coral, la mayoría de los 2.5 km^2 de su interior se encontraba al nivel del mar o por debajo de él; era una mancha viscosa de lodo negro azulado, pantanos y manglares plagados de cocodrilos, serpientes, flebótomos y mosquitos, y sin agua dulce en ninguna parte. Estaba deshabitado y era inhabitable. Pero no había elección. La bahía en sí era ideal y el ferrocarril tenía que empezar desde allí.

El socio contratante de Totten, junto con James Baldwin, quien ahora se desempeñaba como su asistente principal, habían desembarcado el mes anterior con una pequeña fuerza de trabajadores y comenzaron a cortar los árboles de mangle con el propósito de despejar suficiente espacio para construir un almacén sobre pilotes.[17] Cuando Stephens llegó, los hombres todavía se alojaban en un pequeño bergantín anclado cerca de la costa. Era imposible dormir en la isla por la noche debido a los incesantes ataques de los insectos. Incluso a bordo del bergantín, las condiciones de hacinamiento debajo de la cubierta, la intensa humedad, el calor y los mosquitos llevaron a la mayoría de los hombres a cubierta, incluso si eso significaba dormir bajo la lluvia torrencial. La mayoría de los trabajadores estaba enferma, con fiebre, y muchos de los que aún tenían energía suficiente empacaban sus cosas para cruzar el istmo y dirigirse a California. Stephens hizo los arreglos para que se remolcara del Chagres a la Bahía de Limón un barco de vapor abandonado para proporcionar mejor alojamiento a los trabajadores que quedaban.[18] Cuando partió a Nueva York a fines de junio, el desmonte de Manzanillo continuaba bajo condiciones sofocantes, lluvias torrenciales y con una fuerza laboral mínima.

A pesar las deprimentes condiciones en Panamá, el proyecto del ferrocarril siguió avanzando en Nueva York por pura inercia. Cuando llegó a casa, Stephens fue elegido el nuevo presidente de la compañía, un acontecimiento que le debe de haber parecido una distinción y una carga al mismo tiempo. Gracias a su visita a la Bahía de Limón, y a sus múltiples viajes por el istmo, conocía de primera mano los enormes obstáculos que se avecinaban.

Ahora que de manera oficial llevaba a cuestas todo el peso de la empresa no podría regresar al istmo hasta dentro de seis meses. Durante el intervalo, el trabajo consumía su vida: concertar contratos para locomotoras, encargar rieles, crear estrategias para atraer trabajadores (se les ofrecía contratos por seis meses, tres meses, incluso seis semanas o menos, con pasaje garantizado a casa o a California). Con la excepción de los rieles de hierro, que en su mayoría provenían de Inglaterra, todo lo demás debía comprarse o construirse en Estados Unidos, y luego transportarse a Panamá en barcos de vapor. Incluso las viviendas para los cientos de trabajadores que convergían en el istmo eran prefabricadas en Estados Unidos y se enviaban a Panamá, junto con miles de kilogramos de alimentos y suministros médicos, para ensamblarlas ahí. Se contrataron médicos y se estaba construyendo un hospital en el lugar. Martillos de vapor, pilotes de madera, durmientes, herramientas; en suma, todo lo necesario para la construcción de un ferrocarril tuvo que comprarse y transportarse a Panamá a un gran costo.[19]

En aquel momento, Stephens se había convertido, en efecto, en el rey de uno de los mayores proyectos de construcción de su época, una monumental empresa equivalente de algún modo a las grandes obras de los mayas. Tuvo que tomar control de la selva y rehacer su paisaje y, de haber tenido un momento para notar las semejanzas, sin duda habría apreciado los desafíos y las fuerzas naturales que los mayas, señores y trabajadores por igual, tuvieron que superar con muchas menos herramientas y recursos que los que él tenía a su disposición. Sin embargo, es dudoso que tal pensamiento hubiera servido de consuelo. Su salud aún estaba comprometida, el trabajo era interminable y en ese momento no tenía otra opción que reunir de alguna manera la energía suficiente para mantener vivo y en movimiento el sueño del primer ferrocarril intercontinental del hemisferio occidental.

Tras su experiencia en Guayana, el objetivo de Catherwood era entrar y salir de Panamá lo más rápido posible, sobre todo ahora que Stephens ya no estaba con él en el istmo. Al igual que los miles de personas que se aglomeraban para cruzar Panamá hacia el Pacífico, su cabeza estaba llena de sueños sobre California. No había ocultado su plan en sus negociaciones con Aspinwall. El año anterior le había dicho a Stephens que no deseaba excavar en busca de riquezas, sino que veía a California como una mina de oro de otro tipo: una oportunidad para utilizar sus habilidades arquitectónicas y de ingeniería en una costa oeste estadounidense en rápido desarrollo. En un nuevo acuerdo con Aspinwall, quedaron en que pasaría solo seis meses en el istmo debido a su mala salud, y el resto del año de su contrato trabajaría para Aspinwall en el depósito de mantenimiento de la Pacific Mail Steamship Company en la ciudad de Benicia, cerca de San Francisco. Sin embargo, responsabilidades adicionales debido a la ausencia y la enfermedad de Stephens postergaron su partida a California hasta agosto. Antes de salir de la Ciudad de Panamá, envió una solicitud a Stephens:

> como mi salario ha sido muy pequeño, debido a que mi estancia en el istmo ha sido alargada dos meses más de lo planeado, y dado que mis servicios han sido aprobados por el señor [Ludlow] y el señor Aspinwall, espero que la junta considere apropiado concederme una suma mayor a la de mi salario. Espero que sean 1 000 dólares, un monto que me resultaría de gran utilidad durante mi estadía en San Francisco. Estoy pagando un seguro de vida de 625 dólares al año para el beneficio de mis hijos en caso de mi muerte, y tan solo eso representa un gasto muy pesado [...] con 1 500 al año he debido arreglármelas para costear la educación de tres hijos. De hecho, este año, sin ninguna otra ayuda, tendré que socavar un capital que de por sí ya es muy limitado.[20]

Cuando finalmente arribó a San Francisco a fines de agosto, su pasión por el mundo antiguo volvió a apoderarse de él. En una carta después de su llegada, le informó a Stephens que se había enterado de nuevas "ruinas indias" en California durante su viaje al norte y que esperaba localizarlas e investigar. "La fuente es muy confiable", afirmó. Agregó que, aunque había esperado que su estancia en San Francisco lo ayudara a recobrar su salud, se quejaba del "horrendo" y notoriamente frío clima de verano de la ciudad.[21] Dos meses más tarde, en octubre, describía a la ciudad como "encantadora, cálida durante el día pero de tardes deliciosamente frescas y renovadoras; además de que no ha llovido en seis o siete meses", lo que debe de haber sido un enorme alivio después de su experiencia en Panamá.[22]

Stephens, mientras tanto, se encargó de asegurar el aumento salarial de su amigo. Catherwood le agradeció por haberlo hecho "1 000 dólares más rico", y agregó que siempre estaría en deuda con él por su "amabilidad y amistad". Por desgracia, solamente tenemos la mitad de la correspondencia entre ellos, ya que las cartas de Stephens a Catherwood nunca aparecieron y, por lo tanto, es difícil saber por qué Stephens no respondió a las subsecuentes cartas de su amigo. Catherwood se quejó varias veces de no haber recibido noticias de carácter personal, nada sobre la familia de Stephens en Nueva York, nada sobre sus amigos en común. Finalmente, exasperado, en enero de 1851 escribió: "No tengo ninguna duda de que los deberes de su oficina ocupan tanto de su tiempo que no le permiten un momento para dedicarlo a la mera correspondencia personal. Sin embargo, aun así confío en que en un futuro cercano encontrará la manera de enmendar su largo silencio".[23]

Le preocupaba la salud de Stephens y trató de convencerlo de que dejara Panamá y fuera a California, al menos para visitarlo a él y a su sobrino, Pratt Stephens. Pratt había llegado a principios de aquel año y le escribió a su tío desde San Francisco: "Catherwood se encuentra de camino a este país y tiene la intención de inducirlo, si es posible, a que lo acompañe. Me gustaría que usted conociera este lugar y lo verdaderamente original que es".[24] Catherwood fue más lejos, al instar a Stephens a que considerara una carrera política en California. "Qué lástima que sus pasos no lo han llevado a California y a postularse aquí como candidato al Senado de Estados Unidos", escribió. "Pero incluso ahora no es demasiado tarde y tendría una excelente oportunidad de éxito. En este lugar un hombre nuevo y distinguido conseguiría todo lo que se propone. ¿Qué le parece?".[25]

En el otro extremo del continente, en Nueva York, la política era lo último en lo que Stephens pensaba, y es muy probable que, como Catherwood sospechaba, no respondía las cartas de este debido sobre todo a la abrumadora carga de trabajo que tenía. Además, a principios de 1851, cuando Catherwood se quejaba de su largo silencio, Stephens se encontraba de vuelta en Panamá, del todo inmerso en las aparentemente interminables dificultades que retrasaban la construcción del ferrocarril.

A su llegada, se encontró con una situación desalentadora. Los equipos de trabajo estaban atrapados en lo que se conocía como el peor pantano de América Central. Sumergidos hasta el pecho, Totten, Baldwin y sus hombres habían logrado vadear los pantanos, despejar el área y construir un camino de la isla Manzanillo a tierra firme. Lo que pensaban que sería la parte más difícil era solo el comienzo. Los dos hombres, que sufrieron ataques alternados de disentería y malaria, en aquel momento se enfrentaban a un bosque tropical virgen y kilómetro tras kilómetro de arenas movedizas, estiércol y pantanos tan profundos en algunos lugares que resultaba muy difícil llenarlos con las toneladas de piedras y tierra que arrojaban en ellos con el propósito de crear una base sólida para las vias.[26] Para poder avanzar, debían construir una estructura de pilotes sobre los pantanos que sirvieran de base para los rieles, y luego rellenar o apuntalar la cama. Mientras tanto, decenas o hasta centenas de trabajadores morían en el lugar.

"El clima se interpuso como un dragón en el camino", escribió Tracy Robinson, un empleado fiel que llegó a Panamá varios años después de que la carretera fuera terminada. "Hasta el día de hoy parece asombroso que haya sobrevivido alma alguna para contarlo".[27] Gran parte del trabajo en los pantanos la llevaron a cabo trabajadores locales traídos de distritos ubicados en las inmediaciones de Cartagena. Ellos, junto con varios cientos de negros reclutados en Jamaica, eran considerados por Totten los trabajadores más eficientes y resistentes, ya que estaban acostumbrados al clima. Pronto se les unieron irlandeses de Nueva Orleans y más tarde aquellos que provenían directamente de Irlanda. Un gran número de carpinteros, mecánicos y asistentes de ingeniero llegó de Estados Unidos. A principios de 1851, cuando Stephens arribó, casi mil hombres se habían unido a la fuerza laboral, algunos construyendo viviendas, hospitales y estaciones en parches de terreno elevado ubicados a intervalos de poco más de 30 km tierra adentro a lo largo de la línea topográfica. Pero la mayoría tuvo que quedarse a colocar las barandas en los pantanos intermedios, donde a veces el trabajo, especialmente en una sección llamada Pantano Negro, se detenía con frecuencia debido a la enfermedad y la muerte.

"Los hombres blancos se marchitaban como plantas cortadas bajo el sol", escribió Robinson, quien había leído informes de primera mano. A veces, más de la mitad de la fuerza laboral se hallaba enferma y no podía trabajar. De un grupo de 45 carpinteros, recordó Totten, después de dos meses "solo tres o cuatro de ellos estaban trabajando o en condiciones de trabajar. La mayoría de ellos se encontraba postrada en cama con fiebre". A aquellos que los médicos consideraban incapaces de reanudar el trabajo, escribió, los enviaban de regreso a casa en todo barco de vapor disponible. Uno de los primeros grupos de trabajadores había acordado trabajar por un período de cien días. Pero, según Totten, solo noventa de los trescientos trabajadores originales cumplieron su contrato. Además, cientos más abandonaron sus herramientas y se fundieron en el interminable flujo humano que se desbordaba por el istmo rumbo a California.[28]

Fue una lucha sin cuartel, una guerra con todo y comandantes en el campo de batalla, bajas y desertores. Al final, no quedó claro cuántos trabajadores perdieron la vida construyendo el ferrocarril.[29] La compañía nunca mantuvo registros precisos, lo que puede haber sido deliberado. Públicamente, se minimizaron los accidentes y las enfermedades como malaria, dengue, fiebre tifoidea, disentería, hepatitis y cólera.[30] Muchos informes sobre las muertes eran exageraciones groseras, como el célebre rumor de que había un hombre muerto por cada traviesa tendida en el istmo, lo que habría colocado el número de muertos en más de diez veces el número de hombres que realmente trabajaron en la construcción del ferrocarril. Pero era claro que los trabajadores estaban muriendo a un ritmo inaceptable, incluso para la época. Totten, el ingeniero en jefe del ferrocarril y más tarde su director, admitió que de los más de 6 000 hombres que trabajaron en la línea durante los cinco años que tardó en que la terminaran, ente ochocientos y 1 200 de ellos perdieron la vida.[31] Otros relatos sostienen que hasta 40% de la fuerza laboral había fallecido. Estos recuentos no incluían a los cientos de individuos adicionales que se hallaban demasiado enfermos para trabajar y que regresaron a su lugar de procedencia a morir prematuramente, con su salud destruida por las enfermedades tropicales.

La cabaña de Stephens con vistas al río Chagres
(*Harper's New Monthly Magazine*, 1859)

Cuando Stephens llegó, las muertes apenas comenzaban y él también se volvió a enfermar de inmediato, probablemente de malaria y sus —ya tan familiares— fiebres y escalofríos. Al enterarse de que había caído enfermo, un amigo le escribió en marzo urgiéndole que no se quedara en el istmo durante la temporada de lluvias siguiente: "Recuerde que la salud no tiene precio y ya recibió una advertencia de que no puede jugar con ella, sin importar qué tanta fortaleza mental tenga".[32] Aspinwall también se había enterado. "Ahora, por el amor de Dios", le escribió en abril, "recuerde su promesa, mi querido amigo, de no permanecer en el istmo si por cualquier razón queda expuesto al peligro. No puedo decirle cuánto me preocupa que ese espíritu suyo lo lleve más allá de los límites de la prudencia. En este momento daría cualquier cosa por verlo otra vez de regreso en la tranquilidad de su hogar. Espero que sin falta regrese en el [barco de vapor] *Georgia*".[33]

Stephens los ignoró. Permaneció en Panamá hasta julio, ya bien entrada la temporada de lluvias.[34] El ritmo agonizantemente lento del proyecto solo lo motivó a sumergirse de lleno en su trabajo. Que la jungla panameña, salvaje e inflexible, pudiera tragarse al ferrocarril entero, y a Stephens con él, se volvía cada vez más una deprimente posibilidad, tal y como la naturaleza había devorado las grandes ciudades de los mayas. El calendario del proyecto y todos los planes tuvieron que revisarse, recalcularse y modificarse constantemente. Y, a pesar de un prolongado y esmerado cabildeo, no consiguió convencer a un número suficiente de funcionarios en Granada para que otorgaran a la compañía el título de propiedad de toda la isla de Manzanillo, que, según él, era esencial para crear una ciudad portuaria para el ferrocarril.

Como presidente de la empresa, sabía que el dinero se estaba acabando, ya que el ferrocarril había utilizado casi por completo la inversión inicial de los accionistas. Además, las posibilidades de recaudar más capital disminuían con cada informe que llegaba a Nueva York sobre las muertes y enfermedades, los pantanos y las condiciones de trabajo intolerables, así como la incapacidad de la empresa para mantener a los hombres bajo contrato. Los inversionistas escépticos afirmaban que el proyecto del ferrocarril nunca se terminaría. Por si eso fuera poco, el creciente éxito de una empresa de transporte creada por Cornelius Vanderbilt, el famoso "comodoro" despiadado, quien también estaba ansioso por aprovecharse de la fiebre de oro, pendía sobre el proyecto como la espada de Damocles. Vanderbilt ya había puesto varios barcos de vapor en el río San Juan, que fluía del lago de Nicaragua hasta el Caribe. Desde el oeste del lago solo una corta distancia por tierra lo separaba del Pacífico, una ruta que Stephens conocía bien por sus exploraciones allí diez años antes en busca de un posible canal.

Finalmente, en julio, Stephens regresó a Nueva York, donde los proyectistas originales del ferrocarril concentraban toda su energía en recaudar más fondos. Para ganar tiempo, se emitieron bonos. Stephens mantuvo la cabeza gacha, suprimió sus dudas y siguió adelante con su trabajo. Regresó al istmo cuatro meses después, en noviembre de 1851. "Fue una circunstancia muy afortunada que me comportara como lo hice", le escribió a su padre en enero. "El trabajo había llegado a su punto más bajo y nunca había parecido más sombrío. Pero ahora todo ha dado un giro positivo. Nos encontramos en el último pantano, un lugar terrible para trabajar, pero el clima seco y una fuerza laboral sólida nos permitirán concluir el tramo en dos semanas".[35]

Totten y Baldwin se negaron a rendirse y avanzaron en la construcción del camino hasta el pueblo de Gatún a la orilla del río Chagres, poco más de 11 km tierra adentro desde Manzanillo. Sin embargo, toda la empresa aún enfrentaba el abismal colapso financiero.

Entonces los dioses se mostraron misericordiosos: las mismas fuerzas naturales que habían interferido con el proyecto ahora, inesperadamente, se volvían a su favor. A principios de diciembre, el mal tiempo llevó a varios barcos de vapor a abandonar la peligrosa desembocadura del río Chagres y buscar refugio en la Bahía de Limón. Allí, cientos de pasajeros invadieron la isla de Manzanillo, implorando por transporte a Gatún sin importar el precio. "Ofrecimos adaptar nuestros vagones de grava para el transporte de pasajeros", escribió Totten, "una propuesta que fue aceptada gustosamente. Y así, sentados sobre rústicas tablas o sobre sus baúles, 1 200 pasajeros, alegres de viajar como nunca lo habían estado, se subieron a los vagones de grava para así efectivamente inaugurar los primeros 11 km del Ferrocarril de Panamá".[36]

En Gatún, los pasajeros abordaron canoas locales para continuar el resto de su travesía río arriba por el Chagres. En cuestión de semanas, prácticamente todos los barcos de vapor que llegaban habían salido del Chagres para reubicarse en la Bahía de Limón, desde donde un viaje en ferrocarril acortaba por dos días el tiempo que tomaba atravesar el istmo. La decisión de Stephens y Totten de hacerse cargo de los pasajeros, incluso a riesgo de más demoras en la construcción, generó una gran infusión de efectivo que ayudó a salvar el proyecto ferroviario. Durante los meses siguientes, cientos de trabajadores más fueron reclutados y la construcción avanzó rápidamente a medida que las vías eran tendidas sobre los pantanos en dirección a terrenos más elevados y firmes. Casi 1 200 hombres se hallaban trabajando en varios puntos a lo largo de la ruta ferroviaria a principios de 1852, lo que permitió a Stephens predecir que para fines del año llegarían y cruzarían el Chagres a la altura del pueblo de Barbacoa, en la mitad del istmo. Cuando la noticia de los nuevos avances llegó a Nueva York, los inversionistas nuevamente clamaban por invertir en el proyecto.

El 22 de febrero de 1852, las cosas habían mejorado lo suficiente como para que la compañía realizara una ceremonia para colocar la primera piedra del primer edificio de ladrillos de Manzanillo. Ubicada junto a los muelles del ferrocarril, la gran estructura se convertiría en las futuras oficinas de la empresa. Cerca de allí, un pueblo descuidado y desordenado surgía rápidamente del viejo manglar mientras los dueños de hoteles y los comerciantes se apresuraban a trasladar sus negocios desde Chagres. Cada día más áreas de la isla eran rellenadas y las calles eran emplazadas. Stephens organizó el transporte de agua dulce por un acueducto proveniente de un río a varios kilómetros de distancia. Y por fin estaba a punto de convencer al gobierno de Nueva Granada de otorgar a la compañía la titularidad plena de la isla. Había llegado el momento de darle un nombre al lugar.

Puerto de Aspinwall (*Harper's New Monthly Magazine*, 1859)

El nuevo embajador de Granada en Estados Unidos, Victoriano de Diego Paredes, estuvo presente en el evento inaugural en el que se colocó la primera piedra. En un breve discurso, propuso que la nueva ciudad se llamara *Aspinwall,* en honor al principal fundador de la empresa.[37] George Law, uno de los directores más ricos de la empresa ferroviaria, que acababa de llegar para inspeccionar la carretera, de inmediato aceptó la recomendación. Luego Stephens, hablando brevemente como presidente de la compañía, adoptó de manera formal el nombre (años más tarde el gobierno colombiano lo cambiaría a *Colón,* en honor al descubridor), y tres vítores se elevaron entre la multitud de espectadores.[38] A medida que los aplausos se apagaban, cualquiera que hubiera presenciado la escena habría pensado que John L. Stephens, famoso cronista de la antigua civilización maya, era de hecho el amo y señor de uno de los proyectos monumentales de su época.

Lo que sucedió después no está claro. Según un relato popular, a Stephens lo encontraron un mes después en la jungla cerca de Lion Hill, inconsciente sobre las vías del tren, bajo la sombra de una ceiba gigante que más tarde se conocería como el *Árbol de Stephens.* Se dice que lo llevaron en coma a bordo de un barco de vapor que partía a Nueva York.[39] Ciertamente, Stephens se había enfermado varias veces en Panamá.[40] Y sí regresó a Nueva York en abril de 1852.[41] Pero es posible que aquel relato sea apócrifo. Su amigo, el reverendo Francis L. Hawks, lo describió en "buen estado de salud, incluso mejor de lo habitual" cuando llegó a Nueva York.[42]

El árbol de Stephens, bajo el cual supuestamente fue encontrado inconsciente (*Harper's New Monthly Magazine*, 1859)

Habían pasado diez años desde que descendió del *Anna Louisa* con Catherwood y Cabot luego de su regreso de Yucatán, y había pasado casi la mitad de los últimos cuatro años de su vida en las selvas de Panamá. No había duda de que aquellos viajes acumulados habían afectado su salud. A la edad de 46 años, él mismo a veces se preguntaba en voz alta si viviría para ver la terminación del ferrocarril que estaba decidido a construir. "He sufrido una enfermedad grave", concedió en una última carta a su padre poco antes de salir de Panamá.[43]

A su llegada a Nueva York, se registró en el Hotel Delmonico, ubicado a pocos pasos de las oficinas del ferrocarril en el número 78 de Broadway.[44] Aspinwall le escribió a Stephens en marzo que los directores de la compañía esperaban ansiosamente su regreso para enterarse sobre el avance de la construcción del largo puente que atravesaría el río Chagres en Barbacoa. La empresa había dado un giro. El camino ahora cubría más de la mitad de la ruta planeada, atravesando la peor y más tortuosa parte del istmo. La compañía planeaba delegar el resto de la construcción a los socios de George Law, quienes habían firmado un contrato para construir el puente Barbacoa y colocar los rieles en la zona más elevada y en el tramo final hasta la Ciudad de Panamá. "Creo que ya veo la luz del día", le había escrito Stephens a su padre desde Panamá.[45]

En mayo, casi trescientas personas llenaron un salón de banquetes en Astor House para una cena en honor a George Law. Su parte de la ruta de Panamá, su línea de barcos de vapor para el correo entre Nueva York, Charleston, La Habana, Chagres y ahora el puerto de Aspinwall, había ganado un gran reconocimiento popular y generado enormes oportunidades para los comerciantes de la ciudad. Durante el banquete abundaron los elogios para la Panama Railroad Company, en cuyo consejo Law tenía un asiento como uno de sus directores destacados. Cuando Law finalmente se levantó para hablar, volteó hacia Stephens, que estaba sentado cerca en el estrado, y levantó su copa para brindar: "Es este caballero quien por mucho tiempo ha estado involucrado en el transporte de pasajeros de aquí a California. Es él, repito, quien comenzó esta empresa. Todos conocen aquel trabajo, y todos conocen a John L. Stephens, presidente del Ferrocarril de Panamá". La multitud estalló en aplausos.

Entonces Stephens se levantó y rechazó cualquier pretensión de ser el creador del ferrocarril. Era a William Aspinwall a quien se debía aquel honor, dijo, provocando otra ronda de aplausos. Admitió, sin embargo, que después de realizar el levantamiento original del istmo varios años antes, pensó en lo imposible que sería que "el silbato de una locomotora llegara algún día a escucharse en aquel país". Acto seguido, volteó para brindar por Law, reconociendo su papel de haber llevado a cabo el resto del trabajo del ferrocarril. También brindó por las empresas rivales que cruzaban por Nicaragua y Tehuantepec (México) y, en su último levantamiento de copa, exclamó: "Éxito en la gran iniciativa estadounidense que es conectar los océanos Atlántico y Pacífico".[46]

26

Juntos otra vez

Un año antes se había descubierto una rica veta de cuarzo aurífero en las faldas de las montañas de Sierra Nevada, en un lugar llamado Grass Valley.[1] La noticia del hallazgo viajó 200 km hasta San Francisco y desencadenó una nueva fiebre del oro a pequeña escala. Cientos de buscadores de oro irrumpieron en el distrito, y entre ellos se encontraba Frederick Catherwood.[2] Una vez más había decidido reinventarse, esta vez como ingeniero de minas. A pesar de sus comentarios a Stephens sobre evitar las minas, la posibilidad de hacer una pequeña fortuna le pareció irresistible.

La llegada de Catherwood a Grass Valley, en abril de 1851, coincidió con el arribo de un artista y escritor llamado Alonzo Delano, quien había comprado con un socio los derechos sobre una de las colinas del valle. Mientras trabajaba en su excavación se hizo amigo de Catherwood, quien para entonces se había convertido en copropietario de una mina en la cercana Gold Hill. Delano continuaría publicando una serie de bocetos de personajes que conoció durante la fiebre del oro. Su breve descripción de Catherwood, escrita en una carta a un amigo en agosto de 1851, sigue siendo uno de los únicos retratos que existen del inglés. Sin embargo, al igual que el "autorretrato" que Catherwood dibujó años antes en las ruinas de Tulum, la descripción de Delano nos deja de nuevo con una imagen borrosa que prácticamente mantiene intacta el aura de misterio que envuelve a Catherwood:

> A pesar de la horda de villanos que se amontonan entre nosotros, también hay mineros y operadores de gran carácter e inteligencia cuyos logros son bien merecidos. Entre estos se encuentra un vecino y amigo, el señor Frederick M. Catherwood, célebre en todo el mundo como artista y viajero. Es difícil imaginar que este hombre modesto y tranquilo (parado junto a un molino ruidoso que resopla y fricciona), cuyos modales no revelan ni una pizca de ostentación, vestido con una sencilla chaqueta y pantalones de pana, botas altas de cuero rugoso que sobrepasan sus rodillas, un sombrero californiano de ala ancha cubriendo su cabeza y un par de anteojos encima de una nariz un tanto prominente, sea el mismo artista que ilustró en vivo las admirables obras sobre *Petraea* y *Yucatán* escritas por Stephens. Sí, es él, y si usted desea hacerlo sonrojar [...] basta con hablarle de sus obras. Es demasiado modesto para interrumpirlo y mencionar él mismo sus logros. Pero en caso de que sea usted quien introduzca el tema, encontrará que, además de ser un artista, es todo un caballero, el presidente de su compañía y uno de los propietarios del molino.[3]

La Gold Hill Quartz Mining Company fue un éxito y obtuvo ganancias de entre ochocientos y mil dólares diarios durante su período inicial. Catherwood parecía haber logrado finalmente la seguridad económica que tanto había buscado.[4] Sin embargo, le escribió a Stephens que seguía siendo cauteloso y que no invirtió más de 5 000 dólares de su capital en la operación.[5] Sin duda sus habilidades como ingeniero fueron requeridas en el diseño del trabajo de fresado, necesario para separar las vetas de oro incrustadas en el cuarzo. Motores de vapor daban marcha a las máquinas de estampado que trituraban el mineral. La ruidosa era del vapor había llegado a las tranquilas laderas de la sierra.

"Desafortunadamente, California no mejora con la familiaridad", escribió a Stephens. "No me refiero al país (que se encuentra bastante bien) sino al estado de la sociedad. Para los jóvenes que gustan de cierto tipo de emociones, puede tener sus atractivos, pero para un anciano sobrio y laborioso como yo resulta particularmente desagradable. Ganar dinero es lo único que lo hace soportable".[6]

En enero de 1852, cuando Gold Hill declaró un dividendo del 10%, Catherwood estaba de vuelta con sus hijos en Londres, adonde había llevado muestras del cuarzo de Gold Hill para conseguir nuevos inversionistas en la empresa. No tenemos fecha de su salida de California, pero es probable que partiera en algún momento durante el otoño de 1851. Para su regreso a Inglaterra, desembarcó en Acapulco y luego cruzó al Atlántico por México y no por Panamá.

En febrero de 1852, mientras Stephens hablaba en la ceremonia de colocación de la primera piedra en la isla de Manzanillo, Catherwood se dirigía a los miembros del Instituto Bancario de Londres en Threadneedle Street. Los miembros estaban preocupados por los efectos inflacionarios del hallazgo de oro en California y, más recientemente, en Australia. Describió la situación general en California y les dijo a los banqueros que entre 180 000 y 200 000 hombres trabajaban en aquel momento en los distritos mineros y recibían un pago promedio de siete u ocho chelines por día.[7] Luego, buscando inversionistas entre los banqueros, mostró el cuarzo con vetas de oro que había traído de la mina de Grass Valley.

En abril, le escribió a Stephens desde Charles Square preguntándole si estaba interesado en invertir en Gold Hill. Dijo que entendería si Stephens tomaba con cautela una operación tan especulativa. "Pero creo que saldrá bien", afirmó, señalando que ya había cobrado su primer dividendo de 10%. Estaba tratando de organizar una fusión de Gold

Hill con otra compañía minera, explicó, y él y otros se encontraban trabajando para recaudar nuevo capital para las empresas combinadas. "Avísese antes de que se vendan todas las acciones".

Luego volvió a mencionar las ruinas indígenas sobre las que había oído hablar en California, pero dijo que aún no había tenido la oportunidad de visitarlas. No mencionó el lugar exacto de las ruinas, pero afirmó que eran "antigüedades notables" de "carácter enorme e importante".[8] Solo otras tres o cuatro personas más sabían de ellas, agregó, y estaba ansioso por ser el primero en llegar al lugar. (La referencia es un misterio, ya que en California no se conocen ruinas similares a las de los antiguos mayas).

"Mi idea era crear dibujos precisos y detallados de las ruinas y después pasar un mes más o menos con usted para añadir una pequeña adenda a una nueva edición de su trabajo. ¿Qué le parece la idea?".[9] Stephens pudo haber acogido la idea ahora que el peso del ferrocarril paulatinamente dejaba de recaer sobre sus hombros gracias al nuevo contrato de construcción arreglado por Law. Por desgracia, no tenemos cartas de Stephens respondiendo a las Catherwood para confirmarlo.[10]

A finales de junio, al enterarse por el propio Stephens de su regreso a Nueva York, Catherwood respondió que le causaba un gran alivio saber que se encontraba de vuelta en casa y a salvo. Escribió sobre su intención de viajar a Nueva York, pero indicó que las negociaciones para la unión de las empresas retrasarían su viaje. Su carta tomó un tono aprensivo. Si bien en abril se había referido a su empresa de forma positiva, ahora no se sentía tan seguro sobre su futuro. Indicó que algo podría haber salido mal en California porque no estaba recibiendo regularmente las cuentas financieras de Gold Hill. Luego añadió en un tono siniestro:

> No deberá sorprenderse si vuelvo a acudir a usted para trabajar en el proyecto del ferrocarril de Panamá, y creo que no

> está de más preguntarle por adelantado si acaso cree poder ofrecerme un puesto en él, en caso de que me vea obligado dentro de ocho o diez meses, o posiblemente antes, a buscar una mejor situación. He invertido 13000 dólares en la mina, y no me sorprendería si pierdo la mayor parte. Por supuesto, esto queda entre nosotros. Me molesta y me preocupa más de lo que puedo expresar con palabras; no por mí, yo no importo nada, sino por mis hijos.[11]

Después, silencio. La carta de junio es la última que se ha encontrado de la correspondencia entre los dos hombres.

Desde el banquete en honor a May, la salud de Stephens se había deteriorado sin interrupción. Aunque no se sabe cuándo exactamente, en algún momento durante el verano cayó enfermo de gravedad. Debido al calor y la humedad de la congestionada ciudad, se fue de Manhattan a Long Island, posiblemente a la casa de campo de un familiar o amigo. Pero no estaba tan enfermo como para no poder seguir de cerca todos los negocios del ferrocarril, así como otras noticias. "He visto al señor Lawrence [el embajador de Estados Unidos en Inglaterra]", escribió Aspinwall en una breve nota a Stephens el 13 de julio, "y tuve una conversación agradable con él que le comunicaré cuando vaya a verlo. Me alegra saber que se siente más cómodo".[12]

Francis Spies, el secretario del ferrocarril, le escribía regularmente sobre los negocios de la compañía y el progreso en el istmo, que se había ralentizado durante la peor parte de la temporada de lluvias en Panamá. Spies visitaba a Stephens cada vez que podía salir de la oficina. "He estado tratando de ir allá esta semana y visitarlo, pero hasta ahora no ha sido posible", escribió el 18 de agosto. "Probablemente vaya el sábado".[13] Y cada vez que arribaba un barco de vapor proveniente del istmo, Spies le traía a Stephens las noticias más recientes, algunas de las cuales le deben de haber pesado mucho y hacerlo pensar en lo urgente que era terminar el camino.[14]

El SS *John L. Stephens*

En un informe se hablaba de un regimiento del ejército de Estados Unidos que había sido enviado desde Nueva York para cruzar Panamá, dirigirse a California y Oregón y asumir el servicio de guarnición allí. Acompañados por sus esposas e hijos, 550 soldados arribaron a los muelles del ferrocarril en Aspinwall el 16 de julio, para después viajar más de 30 km sobre los rieles existentes de la compañía hasta el centro del istmo, donde continuaba la construcción. Desde allí, la mayoría de los hombres continuaron a pie por la montaña hasta la Ciudad de Panamá, mientras que las mujeres y los niños esperaban con el equipaje a que un joven teniente a cargo, Ulysses S. Grant, reuniera con mucho esfuerzo suficientes mulas para el descenso final. El retraso, que duró más de una semana, resultó fatal. Cuando Grant llevó al resto del grupo a la costa del Pacífico, sus filas habían sido diezmadas por el cólera. El futuro general y presidente de Estados Unidos estimó que una de cada tres personas en su grupo había muerto. Durante las semanas siguientes, muchos más en el regimiento sucumbieron mientras se encontraban en cuarentena en un barco abandonado en la bahía de Panamá. Para cuando el regimiento zarpó hacia San Francisco a fines de agosto, Grant le escribió a su esposa que habían "perdido a cien personas, contando hombres, mujeres y niños".[15]

El estado de salud de Stephens fluctuaba. Había vencido antes las fiebres y había períodos de mejoría. En un punto, Spies escribió una nota, sin fecha, mencionando que había escuchado de un amigo en común que "usted ayer parecía sentirse mucho mejor" y que por fin "los médicos han encontrado el tratamiento correcto".[16]

Pero si bien sus médicos ahora entendían la causa probable del trastorno de Stephens, poco podían hacer al respecto. Se le diagnosticó una enfermedad del hígado, resultado de una hepatitis y un cúmulo de enfermedades tropicales adquiridas en el istmo y en Bogotá. El 31 de agosto, el *Long Island Farmer and Queen County Advertiser* publicó un breve artículo: "Se dice que el abogado John L. Stephens, conocido viajero y artista, se encuentra gravemente enfermo" en Hempstead, Nueva York, un pueblo en Long Island no lejos de la ciudad de Nueva York.

Por aquel entonces, Aspinwall, profundamente afectado por la enfermedad de su amigo cercano, decidió nombrar un nuevo barco de vapor del Pacific Mail en honor a Stephens. La embarcación de casi 84 m, un magnífico navío de ruedas laterales de madera de última generación, se encontraba en la etapa final de construcción en el astillero Smith & Dimon en el East River. Al barco lo estaban equipado con lujosos camarotes con paneles de madera, grandes ojos de buey de vidrio, un sistema de ventilación mejorado, tanques con capacidad para 76 000 l de agua dulce y una amplia serie de baños para sus novecientos pasajeros y tripulación, con todo y agua caliente y fría. Aspinwall organizó la botadura y el bautizo del barco de vapor el 21 de septiembre, al que asistieron el padre, la familia, los amigos y el público de Stephens. Él no se sintió lo suficientemente bien como para asistir. Lo habían trasladado a la casa de su padre en 13 Leroy Place, donde era más fácil para sus médicos y su familia atenderlo.

A las dos de la tarde del último día del verano, un día "muy húmedo" según un periódico, una gran multitud se reunió en el extremo este de Fourth Street. Habían pasado

45 años desde que un John Stephens de 2 años y su familia se pararan al otro lado de Manhattan para presenciar la botadura del *Clermont* creado por Robert Fulton, el pionero de los barcos de vapor. A las 3:30 p. m., el enorme casco del *John L. Stephens* se deslizó hacia el East River ante el gran júbilo de los espectadores. En aquella época, miles de neoyorquinos solían congregarse para presenciar tales botaduras. "Es una embarcación muy afilada y hermosa, y la belleza del modelo fue motivo de comentarios entre la multitud presente para verla entrar al agua", informó el *New York Herald* al día siguiente.[17] El *John L. Stephens* fue el decimocuarto barco de vapor de la línea perteneciente a la Pacific Mail, así como el más grande y lujoso. Es muy probable que, parado ahí en medio de la "muchedumbre", se encontraran Frederick Catherwood y su hijo, Frederick Jr.

Stephens estaba de vuelta en casa, en Leroy Place, un lugar tranquilo y arbolado, no lejos de los campos de juego de su juventud: el paseo a lo largo del Battery y Bowling Green, donde en su infancia se había atrevido a trepar la valla de hierro desafiando a los ancianos de la ciudad para recuperar las pelotas voladas.[18]

Un absceso creciente se había apoderado del hígado de Stephens. Los médicos de mediados del siglo XIX casi no tenían recursos para hacer frente a tal condición, sin antibióticos u otros medicamentos para tratar la infección. Aparte de la cirugía —que en aquella época anterior a los antisépticos tenía tantas probabilidades de matar como de curar a un paciente—, en el mejor de los casos solo podían ofrecer opiáceos y otros brebajes paliativos. Es probable que Stephens haya estado delirando cuando Catherwood se apareció en Leroy Place.

Sabemos por el propio relato de Catherwood que vio a Stephens por lo menos una vez más después del corto período que trabajaron juntos en Panamá. En un breve perfil sobre Stephens que publicó posteriormente, Catherwood mencionó que no se habían visto durante dos años. Sin embargo, no tenemos detalles, registros o relatos de testigos ni descripciones de ningún tipo acerca de los últimos días de Stephens. Por manifiestos de viajes marítimos sabemos que Catherwood y su hijo partieron de Liverpool el 4 de septiembre a bordo del barco de vapor SS *Pacific* y que llegaron a Nueva York el 20 de septiembre, un día antes de la botadura del SS *John L. Stephens*.[19] Seguramente lo primero que Catherwood hizo al llegar fue visitar a la familia Stephens, a quienes consideraba como su propia familia. De ser así, ¿se habrá enterado entonces por primera vez de la gravedad de la enfermedad de Stephens y de la botadura del barco de vapor en su nombre? ¿O será que se enteró cuando aún estaba en Inglaterra y por eso se apresuró a Nueva York para estar al lado de su viejo amigo? A falta de cartas o cualquier otro material que lo confirme, no es posible saberlo con certeza. Lo único que sí sabemos es que llegó justo a tiempo.

Ver de pronto a Catherwood y al hijo de este junto a su cama debió de parecerle a Stephens un producto de su imaginación, una aparición, un sueño febril. Frederick hijo, quien en aquel momento tenía 17 años, era apenas un niño de entre 6 y 8 años la última vez que Stephens lo vio. ¿Y qué habrá percibido y sentido Catherwood? Ante él yacía su amigo más querido, su antiguo compañero de viaje, el hombre con el que había compartido penurias y aventuras, una complicidad que lindaba en la locura y el genio. A pesar de haber soportado graves enfermedades juntos, a Catherwood seguramente le sorprendió ver el deterioro físico de su viejo compañero, sus ojos hundidos y la piel amarillenta debido a la ictericia. Solo dos años antes, al escribir desde Panamá a una persona no identificada, quizá el padre de Stephens, Catherwood había sido tranquilizador. "Conociendo la fortaleza de su constitución y lo rápido que se recupera de los ataques de fiebre", dijo sobre el accidente y la enfermedad de Stephens en Bogotá, "confío en encontrarlo con buena salud la próxima vez que lo vea".[20]

Pero no se trataba de una simple recaída de fiebre. El gran corazón y espíritu indomable de Stephens ahora eran sobrepasados por enfermedades y toxinas mortales. Estaba muriendo. Por más recuperaciones anteriores que los dos hombres hubieran vivido, nada servía para tranquilizarlos ahora.

¿Acaso Catherwood había llegado demasiado tarde? ¿Se encontraba Stephens tan distraído y febril, tan confundido mentalmente como para que los dos hombres pudieran comunicarse? O, en cambio, ¿tuvieron tiempo de conversar, y rememorar, durante las últimas horas que pasaron juntos? ¿Hablaron quizá sobre la publicación de nuevos libros, acerca de ferrocarriles, Egipto y Jerusalén? ¿Recordaron el tortuoso viaje a través del lodo en la sierra del Mico? ¿Revivieron el momento en que la multitud enfurecida irrumpió en el cabildo de Camotán y les apuntó con mosquetes directo al corazón? ¿Se habrán reído de nuevo del águila de medio dólar que usaron como sello impreso en lacre caliente? En su delirio, ¿volvió una vez más un asombrado Stephens a observar boquiabierto junto a Catherwood a los fantasmagóricos señores mayas que desde monolitos se elevaron por encima de ellos en el bosque de Copán para cambiar sus vidas?

¿Recordaron la angustia que les causó viajar separados por Centroamérica y el alivio de aquel abrazo al reencontrarse en la Ciudad de Guatemala? ¿Pudieron compartir recuerdos como navegar a la deriva mientras se alejaban peligrosamente de la orilla del deslumbrante lago azul de Atitlán, el frío que sentían en las noches, o las nubes de insectos y el fuego de los que debieron huir durante su andar por la cordillera de los Cuchumatanes? ¿Evocaron las nocturnas luciérnagas gigantes en el palacio de Palenque bajo un cielo negro atravesado por relámpagos y nubes hinchadas precipitándose sobre ellos por entre las copas de torcidos árboles? ¿Recordaron los tiburones al acecho dando vueltas alrededor de su barco encallado en el golfo de México, las sesiones de daguerrotipo en Mérida o las inexpertas cirugías oculares? ¿Volvieron a sentir aquella agua cristalina, fresca y calcárea de los cenotes, donde nadaban al final de largos y calurosos paseos por el pedregoso Yucatán? ¿Revivieron por última vez el descenso por la desvencijada escalera gigante de Bolonchén, las interminables fiebres y resfríos que padecieron, o sus breves temporadas con barba a la sombra de las palmeras de las playas de Cozumel, los ataques asesinos de los mosquitos en Tulum y, una y otra vez, la inquietante y desconcertante belleza de las ciudades de piedra, que habían encontrado juntos, enterradas a gran profundidad en la jungla?

La gran odisea de su extraordinario viaje juntos, de su larga y estrecha amistad, llegó a su fin la noche del martes 12 de octubre de 1852.[21] Stephens murió en la casa de su padre en Leroy Place a los 46 años.

Mausoleo de John L. Stephens en el Marble Cemetery
de la ciudad de Nueva York, con detalle de glifo maya esculpido
a partir de una imagen de Catherwood

Tres días después, el cuerpo de Stephens era llevado a la iglesia de St. Thomas en una carroza fúnebre tirada por caballos. Tras el servicio episcopal allí, llevaron el ataúd de palo de rosa al Marble Cemetery en la Calle 2. Entre los portadores del féretro se encontraba Samuel J. Tilden, un amigo cercano de Stephens, quien más tarde se convertiría en gobernador de Nueva York y ganaría el voto popular para la presidencia de Estados Unidos en 1876, solo para perder una disputada votación en el Colegio Electoral que al final favoreció a Rutherford B. Hayes.[22] Los restos de Stephens se depositaron temporalmente en una cripta sin marcar reservada para su cuñado. Casi un siglo después, fueron trasladados a un gran mausoleo (en donde descansan hasta el día hoy) marcado por un glifo maya en el que aparece un escriba copiado de una ilustración de Catherwood.[23]

27

Desaparecido

Stephens había sido el mejor amigo de Catherwood, su ancla, el hombre en el que más había confiado y al que más había querido. Su pérdida debe de haberle causado un profundo dolor. Además, también había señales de que estaba perdiendo su equilibrio mental.

Bajo una gran presión había regresado a California lo más rápido posible para salvar su inversión en el negocio de la minería. Pero a los pocos días de su regreso, su plan de fusión comenzó a desmoronarse. Al llegar a San Francisco, exigió a los nuevos socios "el pago inmediato de una gran suma" además de la cantidad acordada en Inglaterra. El agente de la compañía se negó y la unión de las dos empresas se vino abajo.[1] La demanda aparentemente inexplicable de Catherwood pudo haberse debido a que la otra compañía ya estaba negociando otras concesiones mineras antes de su llegada.

No queda claro qué significó esto para Gold Hill. Mientras Catherwood se encontraba de viaje en Inglaterra, se llevó a cabo una elección de directivos de la compañía y no fue reelegido presidente.[2] Incluso si estos eventos de alguna manera impactaron negativamente su inversión personal, como le había insinuado a Stephens que podría suceder, la compañía minera en sí continuó prosperando financieramente durante al menos otro año.[3] Pero el nombre de Catherwood nunca volvió a ser asociado con Gold Hill Mining. En cambio, terminó una vez más como topógrafo ferroviario contratado para ayudar a trazar una línea de 160 km desde Marysville, cerca de los distritos mineros, hasta Benicia, cerca de la bahía de San Francisco.[4] El proyecto se retrasó debido a las lluvias invernales, pero finalmente se terminó en marzo de 1853.[5]

Luego, Catherwood desapareció una vez más, solo para reaparecer un año después en Londres con la publicación de una edición revisada de su primer libro con Stephens: *Incidents of Travel in Central America, Chiapas, and Yucatan*.[6] El libro, que se puso en venta en marzo de 1854 por 12 chelines, resultó ser aquella reimpresión más económica de un solo volumen que Catherwood se había negado a publicar antes sin la "sanción y aprobación" de Stephens.[7]

"Al preparar la presente obra para su publicación en una forma económica", escribió Catherwood en el prefacio del libro, "no he omitido ninguna de las ilustraciones que aparecieron en la edición americana, y he dado algunas adicionales, que ahora se publican por primera vez".[8] Y aunque había aumentado su propio trabajo, explicó que había "recortado una parte" de la narración de Stephens para reducir el libro a un solo volumen. Sin embargo, se trató de una síntesis menor y la nueva edición británica aún ocupaba 548 páginas, en letra más pequeña. Las revisiones de Catherwood también fueron muy prudentes para conservar la fuerza narrativa del original de dos tomos.

Catherwood también añadió a la obra dos elementos significativos. El primero fue un retrato del escritor, grabado "a partir de un daguerrotipo", en el que un Stephens de aspecto severo mira desde la página con ojos intensos y fulminantes, un mechón de pelo negro y espeso peinado desde lo alto de su amplia frente, y una firme barbilla y mandíbula enmarcadas por su barba. Una elección curiosa, dado que la escogió la persona que probablemente conocía mejor que nadie a Stephens y su apariencia; una imagen que si bien Catherwood pudo haber sentido que capturaba el espíritu decidido e inquebrantable de Stephens, contrastaba enormemente con muchos otros retratos de este aún existentes, en donde su apariencia es más suave y halagadora.

El otro complemento fue una "nota biográfica" de dos páginas escrita por Catherwood que cubría brevemente los puntos más importantes de la vida de Stephens, así como la asociación de los dos hombres durante más de una década. Termina con un tributo de una sola frase al estilo característicamente formal, casi reprimido, de Catherwood: "Como su compañero de viaje y amigo íntimo, me tomo la libertad de dar testimonio de su amable disposición y de las muchas excelentes cualidades de intelecto y corazón con las que se ganó el cariño de un gran círculo de amigos y conocidos". Agregó que si la nueva edición era bien recibida en Inglaterra, le seguiría una "continuación de nuestros viajes en Yucatán en los años 1841, 1842". Ese volumen nunca sería publicado.

Seis meses después, el 20 de septiembre de 1854, Catherwood subió a bordo del SS *Arctic* en Liverpool, con destino a Nueva York; esta vez viajaba solo. El SS *Arctic* era el orgullo de la llamada Línea Collins, con sede en Nueva York, que durante años competía con su rival inglesa, la Cunard Line, por la supremacía en el comercio transatlántico por paquebotes.[9] Los paquebotes eran barcos de vapor que operaban en horarios regulares, a diferencia de la mayoría de los veleros que dependían de vientos favorables y bodegas de carga completas.

La *gran carrera del Atlántico*, como se le conoció, despertó pasiones patrióticas en ambos lados del Atlántico. El SS *Arctic* fue botado en Nueva York en 1850 con bombo y platillo. Con 86.5 m de largo y 2.856 t, al igual que el SS *John L. Stephens*, se encontraba entre los barcos en uso más grandes, lujosos y potentes. En dos años había batido varios récords y conseguido navegar de Nueva York a Liverpool en menos de diez días.

Cuando partió de Liverpool rumbo a Nueva York el último día de verano de 1854, el SS *Arctic* viajaba al máximo de su capacidad, con 233 pasajeros, 175 tripulantes y seis botes salvavidas capaces de transportar un máximo de 180 personas. A bordo con Catherwood viajaban decenas de los miembros más destacados de la sociedad neoyorkina que regresaban a casa de sus viajes de verano por Europa, incluida la esposa y los dos hijos de Edward Knight Collins, el principal propietario la Línea Collins. También iban a bordo tres hijos mayores de James Brown, copropietario del banco de inversión más grande de América del Norte, así como George Allen, socio de Novelty Iron Works (la empresa que construyó las gigantescas máquinas de vapor del SS *Arctic*) que regresaba a Nueva York con su esposa y su pequeño hijo.[10]

Siete días después de salir de Liverpool, el SS *Arctic* avanzaba a través de una espesa niebla casi 100 km al sur de Terranova. En dirección opuesta se aproximaba una embarcación más pequeña llamada *Vesta*, un barco de vapor con casco de hierro propulsado por hélices que transportaba a más de cien marineros y pescadores de regreso a Francia después de la temporada de pesca en el gran banco de Terranova. Aunque eran las 12:00 p. m., los vigías de cada barco no pudieron verse a través de la niebla hasta el último momento. En una chirriante explosión de metal, el *Vesta* de 46.3 m se estrelló contra la proa de estribor del SS *Arctic*, luego continuó por el costado, pasando de largo la sección más grande del barco. Cuando el capitán del SS *Arctic*, James Luce, salió corriendo a cubierta a inspeccionar los daños, pudo ver que el *Vesta*, cuya proa había desaparecido por completo, estaba condenado a hundirse en cuestión de minutos. Pensando que su barco, mucho más grande, no había sufrido daños graves, ordenó al timonel del *Artic* que rodeara el barco francés para prestar toda la ayuda necesaria y así salvar a sus pasajeros y tripulación. No obstante, en poco tiempo quedó claro que el SS *Arctic* también tenía serios daños por todo el estribor, incluyendo un enorme agujero debajo de la línea de flotación, donde ahora sobresalía gran parte de la retorcida proa de hierro del *Vesta*. El SS *Arctic* comenzó a llenarse de agua. Durante las siguientes horas, la tripulación y los pasajeros fallaron una y otra vez en su esfuerzo frenético por detener el avance del mar hacia el interior de la embarcación.

Alejándose del SS *Arctic* en la niebla, la tripulación y los pescadores a bordo del *Vesta* lucharon para reforzar el mamparo delantero del barco y contener de ese modo la entrada de agua. Luego trasladaron el cargamento a la popa. De ese modo, elevaron la proa del barco lo suficiente para mantener el barco a flote el tiempo necesario para llegar a la costa de Terranova tres días después.

En el SS *Arctic*, por otro lado, el pánico se apoderó de todos cuando se hizo evidente que el barco se hundía lentamente y no llegaría a la costa. El capitán Luce, en un esfuerzo heroico, trató de subir a bordo de los escasos botes salvavidas del barco a todas las mujeres y niños. Con el apoyo de un grupo de oficiales leales, luchó contra la mayoría de su tripulación, algunos de ellos fogoneros y carboneros que subieron a cubierta mientras el agua que llenaba el interior apagaba el fuego de las calderas del barco. En la batalla campal que siguió, la tripulación sometió a Luce y, junto con algunos pasajeros masculinos, se apoderó de los botes salvavidas. Tras quedarse sin los botes (que partieron sin siquiera haber sido ocupados en toda su capacidad), la tripulación y los pasajeros que quedaban se apuraron a romper tablones y a arrojar por la borda los mástiles del barco, puertas y cualquier otra cosa que flotara, con la intención de crear una gran balsa improvisada. Cuatro horas después de la colisión, mientras el SS *Arctic* se hundía cada vez más, muchos de sus pasajeros subieron al techo de la caseta de navegación rezando y llorando. Luego, el enorme barco de vapor se hundió y el mar se tragó a prácticamente todos los pasajeros, incluido el capitán; su hijo de 11 años, Willie; las familias Collins, Brown y Allen, y Frederick Catherwood.

Sin desprenderse de su hijo, el capitán Luce fue absorbido junto con él por el vórtice acuoso, pero de alguna manera lograron encontrar la forma de regresar a la superficie. Unos momentos después, una de las grandes cubiertas redondas de madera acoplada a una de las ruedas de paletas laterales del SS *Arctic* se desprendió del barco y, llena de aire, salió disparada a la superficie. Uno de sus bordes golpeó al capitán y dejó una profunda herida en su cabeza. Cuando la caja semicircular volvió a caer al agua, aplastó el cráneo de su hijo, matándolo al instante. Cegado por su propia sangre, Luce luchó para sobrevivir durante algún tiempo. Cerca de allí, George Allen, el socio de Novelty Iron Works, también había reaparecido con vida. Los dos hombres se aferraron a la caja flotante de ruedas de paletas y finalmente se metieron en ella. Otras 12 personas nadaron en el agua helada hacia ellos y también entraron en la caja, pero solo Luce, Allen y otro hombre seguían vivos dos días después, cuando la tripulación de un barco que pasaba cerca de ellos los rescató. Siete personas más, entre pasajeros y miembros de la tripulación, que también habían conseguido subirse a fragmentos de buen tamaño, sobrevivieron lo suficiente como para que los encontraran. Al final, otras 76 personas en tres botes salvavidas fueron rescatadas o llegaron a la costa de Terranova, de las cuales 159 eran miembros de la tripulación y 17 pasajeros, ninguno de ellos mujer o niño. De los 408 pasajeros y tripulantes que viajaban en el SS *Arctic*, tan solo 86 sobrevivieron. Catherwood no estaba entre ellos.

El hundimiento del SS *Arctic*

Los horripilantes relatos de la tragedia del SS *Arctic* que hicieron los sobrevivientes y un informe oficial del capitán Luce llenaron las páginas de los periódicos de Nueva York, Londres y otras ciudades durante semanas. Se publicaron obituarios de muchos de los pasajeros más distinguidos del SS *Arctic*. Pero no hubo una sola mención de Catherwood. Muchos días después el nombre "señor Catherwood" finalmente apareció en una sola línea de una lista que lo designaba como "desaparecido".

NEW-YORK DAILY TRIBUNE. MO[N]

THE LOSS OF THE ARCTIC.

CAPTAIN LUCE SAFE.

NINE MORE RESCUED.

THRILLING ACCOUNT BY THE CAPTAIN

STATEMENT BY MR. GILBERT.

ADDITIONAL STATEMENTS.

PERSONAL NOTICES.

ARRIVAL OF THE HURON AT QUEBEC.

SERMONS ON THE DISASTER BY HENRY WARD BEECHER and E. H. CHAPIN.

The people on Saturday morning momentarily forgot their great sorrow and fairly wept tears of joy on the receipt of the following dispatch from Quebec:

Quebec, Saturday, Oct. 14, 1854.

The bark Cambria picked up Capt. Luce, three of the passengers and five of the crew of the Artic from a raft.

That brief announcement created more excitement and thankfulness than any similar announcement within our recollection. The population rushed en masse to The Tribune and other newspaper offices, to hear glad tidings, and a thousand anxious friends waited in trembling hope to hear the names that were to make them wild with joy or plunge them again into the depths of despair. In a few minutes the following dispatch came to hand;

Quebec, Saturday, Oct. 14, 1854.

Reportaje periodístico sobre la tragedia del SS *Arctic*

Seis meses después, en San Francisco, apareció una nota en el número del 15 de abril de 1855 del *Daily Alta California*. Anunció que una carta de crédito del Union Bank en Londres emitida para el Sr. Frederick Catherwood por un monto de 950 libras esterlinas había sido suspendida: "[...] habiendo perecido el señor Catherwood en el *Arctic*".[11]

Nunca se publicaron obituarios en Londres, Nueva York o San Francisco. La identidad borrosa y escurridiza, la modestia y el anonimato que habían permanecido con Catherwood durante toda su vida, lo siguieron hasta la muerte.

Epílogo

El sol de Petén, una enorme burbuja de oro fundido que se eleva desde el borde del mundo, ilumina las ancestrales piedras que sobresalen del dosel de la selva. Los templos austeros y aislados de los mayas son los únicos objetos visibles en un mar de verdor. De pie durante siglos en lo alto de sus pirámides, sus tonos escarlata y azafrán resplandeciendo al amanecer, las piedras han triunfado sobre la naturaleza un día más. Originalmente llamada Yax Mutal —hoy Tikal—, la antigua ciudad inmersa en el bosque era el lugar que Stephens y Catherwood más deseaban visitar. Un sacerdote que conocieron de camino a Palenque les contó sobre ella. El clérigo les dijo que, cuando era joven, había subido a la cima de la cordillera en el centro de Guatemala y, al dirigir su mirada a la inmensa selva que se extendía ante él hasta Yucatán y el golfo de México, observó a la distancia "una gran ciudad que abarcaba un enorme espacio y contenía unas torrecillas blancas que relucían al sol".

"Sentimos un gran deseo de explorar aquella misteriosa ciudad", escribió Stephens.[1] Pero se encontraba en medio de una selva baja inexplorada, donde no entraban hombres blancos, y además debían llegar a Palenque antes de que comenzaran las lluvias. "Ya teníamos suficientes dificultades con el camino frente a nosotros", agregó, y cabalgaron rumbo a Palenque rodeando el aparentemente impenetrable bosque de Petén. Sin embargo, explorar la magnificencia y el esplendor descritos por el clérigo fue una obsesión que nunca los abandonó; además, estaban convencidos de que otras ciudades yacían enterradas en Petén esperando a que las descubrieran, y creían que no pasaría mucho tiempo antes de que así fuera.

Sus especulaciones resultaron proféticas, aunque no cuándo ocurriría. Pasarían años antes de que Tikal se descubriera, e inclusive muchas décadas más antes de que otras ciudades esparcidas por todo Petén fueran halladas, y sus monumentos, templos y palacios, descubiertos. Descifrar el código jeroglífico maya llevaría más de otro siglo. Hoy en día todavía hay ruinas que yacen cubiertas por la selva.

Templos de Tikal que se elevan sobre el dosel de la selva del Petén, Guatemala (Carlsen)

Stephens siempre se preocupó por sus rivales, y estaba convencido de que otros rápidamente seguirían sus pasos. Pero la enorme popularidad de sus libros no consiguió desencadenar una estampida de exploradores rumbo al corazón de América Central. Y en gran parte él fue responsable de ello.

Sus convincentes descripciones de la accidentada topografía y las implacables junglas de América Central tuvieron un efecto bastante desalentador. Y también —aunque no haya sido intencional— los sombríos relatos de sus historias en torno a la violencia política que envolvía a la región habían conseguido ahuyentar a la gente.

Entre los estadounidenses en particular, cuya intrepidez Stephens deseaba inspirar, había otras dinámicas poderosas en juego. Estados Unidos se encontraba en medio de una gran expansión hacia el oeste, el "destino manifiesto", con la ayuda y la complicidad de la fiebre del oro y la segunda gran aventura de Stephens y Catherwood: el Ferrocarril de Panamá, terminado en 1855. A medida que la nación se desplazaba hacia el oeste, también se volvía hacia sí misma, con sus intereses y energía consumidos por el establecimiento de nuevos asentamientos y las mejoras en sus vastos espacios interiores. Después, en 1861, la guerra civil engulló por completo al país.

No obstante, los libros de Stephens continuaron siendo inmensamente populares. Año tras año, nuevas ediciones salían de la imprenta y generaban un profundo interés, sobre todo en Europa. En especial Inglaterra, su rival, había sido sorprendida con la guardia baja y gravemente golpeada por el éxito de Stephens y Catherwood. Después de todo, un estadounidense con la ayuda de un "*americanizado* artista inglés" había superado a los británicos al encontrar una civilización perdida en América Central justo delante de sus narices, a pesar de que Walker y Caddy habían llegado primero a Palenque.[2] Lento bajo el peso de su burocracia, el gobierno británico no hizo nada durante más de una década después de la publicación de los libros de Stephens. Al final, fue necesario que los administradores del Museo Británico despertaran de su letargo al Ministerio de Exteriores. Tal como Stephens había temido, decidieron que era esencial que el gran museo poseyera antigüedades mayas en sus colecciones, un deseo sin duda despertado por la apertura en París, en 1850, de una galería de antigüedades americanas en el Louvre que exhibía artefactos de México y Perú.[3]

Por lo tanto, en julio de 1851, mientras Stephens luchaba por mantener a flote su compañía ferroviaria en Panamá, lord Palmerston envió un despacho a Frederick Chatfield en Guatemala diciendo que "sería deseable obtener para el Museo Británico algunos especímenes de las esculturas" de las ruinas en Copán.[4] El mensaje fue bastante específico. El museo quería las esculturas descritas e ilustradas en las páginas 134 a 144 de los primeros volúmenes de Stephens y Catherwood sobre Centroamérica.[5] La solicitud era notablemente ambiciosa dado que aquellas piezas se encontraban entre las estatuas y monumentos más grandes de Copán. Pero después de varios años e innumerables despachos entre Belice, Guatemala e Inglaterra, no se hizo nada.[6]

Mientras tanto, los funcionarios centroamericanos también habían leído los libros de Stephens. En 1848, después de ser alertado por un recolector de chicle, quien dijo haber visto estructuras de piedra sobresaliendo de la selva, el gobernador de Petén, el coronel Modesto Méndez, se aventuró en las profundidades del bosque y encontró los enormes y altísimos templos de Tikal. El descubrimiento resultó en el primer registro oficial del ahora famoso sitio. El informe de Méndez fue publicado en 1853 en una revista berlinesa, un año después de la muerte de Stephens.[7] Después, el descubrimiento quedó casi en el olvido.

Pasaron años antes de que se volvieran a llevar a cabo nuevas exploraciones del lugar. Luego, gradualmente, durante los siguientes cincuenta años, a partir de fines de la década de 1850 y veinte años después de la primera expedición de Stephens y Catherwood, comenzaron a llegar exploradores solitarios a Chiapas, Yucatán y Guatemala, casi todos europeos. Cada uno llevaba consigo ejemplares gastados de los libros de Stephens junto con cientos de kilogramos de aparatoso equipo fotográfico.

Alfred Maudslay trabajando en Chichén Itzá

Financiado por el magnate tabacalero estadounidense Peter Lorillard, un francés llamado Désiré Charnay fue uno de los primeros fotógrafos serios de las ruinas. En 1888, Harper & Brothers publicó *Ancient Cities of the New World* [Ciudades antiguas del Nuevo Mundo]. Con *Incidents of Travel...* en mano, el explorador inglés Alfred P. Maudslay siguió la ruta exacta que Stephens y Catherwood tomaron por el río Dulce hasta el pueblo de Izabal, luego por la sierra del Mico hasta Quiriguá y Copán. Para cuando finalizó su séptimo y último viaje por la región 13 años después, había documentado meticulosamente Quiriguá, Copán y Palenque, y se había adentrado en lo profundo de la selva baja de Petén para registrar Tikal, Yaxchilán y otras ciudades enterradas hasta entonces desconocidas. Creó un registro extraordinario de las ruinas utilizando cámaras de gran formato para producir hermosas fotografías en blanco y negro de alta resolución. También realizó mapas, dibujos, planos y vaciados en yeso.[8]

Monumento derruido en Copán (Catherwood)

El mismo monumento derruido en Copán
(fotografiado por Alfred Maudslay)

Inmediatamente después de Maudslay, el explorador austríaco Teobert Maler desenterraría más ciudades y ampliaría el registro para incluir ruinas en Piedras Negras, Naranjo y Seibal.[9]

Luego, lo que habían sido solo unas cuantas incursiones a fines del siglo XIX se convirtió en una avalancha de nuevas exploraciones durante la primera mitad del siglo XX. El antiguo mundo de los mayas cobraba vida una vez más. Cada año se hacía más evidente que la civilización "clásica" que los mayas habían creado un milenio y medio antes fue más grande, más densamente poblada y más avanzada de lo que se pudiera haber imaginado.

Las fotografías *in situ* de un número cada vez mayor de ruinas, así como los precisos dibujos de Catherwood y otros, fueron de gran ayuda. Las inscripciones jeroglíficas de los mayas, su arte y arquitectura ahora podían estudiarse cuidadosa y cómodamente fuera de su inhóspito entorno selvático. Aunque pasarían décadas antes de que se descifrara el código jeroglífico, los expertos pudieron decodificar el sistema de numeración maya y su complicado calendario con mayor rapidez. Descifraron las fechas de los monumentos, las correlacionaron con nuestro calendario gregoriano y calcularon la edad exacta de las ruinas y sus habitantes. La historia de las antiguas dinastías inscritas en piedra comenzó a emerger lentamente y, tal como había predicho Stephens, las amenazantes estatuas con rostros severos se convirtieron en personas reales con historias igualmente reales.

La manera de estudiar el mundo antiguo durante el siglo XIX se había transformado para principios del siglo XX, escribe el arqueólogo Ian Graham, de "poco más que la catalogación de curiosidades a una naciente disciplina científica".[10] Y mientras que la exploración maya había pertenecido a los europeos durante la última mitad del siglo XIX, los estadounidenses irrumpieron en el campo en el siglo XX, dominando rápidamente el tema de la manera que Stephens siempre había esperado. El Peabody Museum de Harvard, la Carnegie Institution de Washington, así como la National Geographic Society y un gran número de universidades y museos, enviaron equipos de arqueólogos, etnógrafos y epigrafistas a México y América Central para trabajar en colaboración con un creciente número de arqueólogos locales. Recorrieron los bosques, encontraron y excavaron nuevos sitios, y documentaron y reconstruyeron escrupulosamente muchas de las grandes ciudades en ruinas. Después, de manera paulatina, a trompicones al principio, y finalmente con la ayuda de un lingüista ruso llamado Yuri Knórosov, los avances claves en las décadas de 1950 a 1990 permitieron a los epigrafistas descifrar el código jeroglífico y el notable sistema de escritura maya.[11]

A Stephens y Catherwood solamente les habría sorprendido el tiempo que tomó. "Una cosa que creo", escribió Stephens sobre la primera e imponente estela que él y Catherwood encontraron en Copán en noviembre de 1839, "es que su historia está inscrita en sus monumentos".

Hoy en día los antiguos mayas son reconocidos por haber desarrollado una de las civilizaciones tempranas más sofisticadas del mundo. Millones de turistas de todas partes del planeta, llegan año tras año a las ruinas mayas de México, Guatemala, Honduras y Belice. Se sienten atraídos por la inusual belleza de aquel arte y arquitectura, pero también por los mitos y leyendas, reales o imaginarios, que aún envuelven a los mayas en el misterio. Su civilización ha quedado firmemente arraigada en la imaginación popular, estimulando el interés por el chamanismo, la mitología de la creación, la cosmología de la nueva era y el descubrimiento de diferentes formas de entender nuestro lugar en el universo. Los mayas también han inspirado decenas de libros y películas que los vinculan, no con Egipto, los fenicios o las tribus perdidas de Israel, como ocurría en el pasado, sino con visitantes del espacio exterior. Hace no tanto tiempo, los agoreros afirmaron que la "cuenta larga" de 5126 años los mayas —que terminó (y comenzó de nuevo) el 21 de diciembre de 2012— significaba la llegada de un evento catastrófico, una predicción del fin del mundo que llevó a Columbia Pictures a lanzar una película apocalíptica titulada *2012,* que costó 200 millones de dólares.

En términos científicos y arqueológicos, aún queda mucho por descubrir sobre los antiguos mayas y se siguen encontrando nuevas ruinas. Si prestamos atención, la historia aún emergente de su civilización tiene el poder de enseñarnos sobre otro tipo de apocalipsis: la degradación ambiental, la sequía, la guerra y los peligros de la sobrepoblación y el consumo excesivo que amenazan nuestro mundo actual. Sus ciudades de piedra nos hablan a través de los siglos sobre las riquezas inherentes a los grandes éxitos, así como de los riesgos que traen consigo los grandes fracasos: la historia sumamente humana de sus reyes y señores, su comprensión del cosmos, sentido del tiempo, observaciones astronómicas, matemáticas, calendarios y lengua, así como sus extravagancias, sobreexplotación de recursos, rivalidades dinásticas, conflictos y conquistas. Los adustos señores de piedra de la selva, que tanto sorprendieron e hipnotizaron a Stephens y Catherwood, no eran dioses todopoderosos sino humanos, y las antiguas ruinas que los rodean ahora han cobrado vida, como escribió Stephens, con "oradores, guerreros y estadistas, belleza, ambición y gloria".

El 27 de enero de 1855, la cuadrilla de trabajadores de la línea férrea del tramo proveniente del puerto de Aspinwall y los de línea originada en la Ciudad de Panamá se encontraron en la parte superior de la divisoria continental. A medianoche, bajo una lluvia torrencial y a la luz de lámparas con aceite de ballena, se colocó el último riel y la última espiga del Ferrocarril de Panamá. Al día siguiente, el primer tren atravesó la distancia entre los dos océanos.[12] Aunque Stephens no vivió para verlo, su sueño se había hecho realidad.

"Desde su inicio hasta su consumación, es totalmente estadounidense", alardeó el editor del Aspinwall Courier varios días después. "El genio estadounidense concibió el plan y la ciencia estadounidense lo declaró ejecutable; el capital estadounidense ha proporcionado la estructura y la energía estadounidense ha llevado a cabo la gigantesca empresa hasta su finalización a pesar de las dificultades más formidables".[13]

La construcción de la vía férrea de poco más de 75 km había costado cientos, si no miles, de vidas. Por kilómetro fue el ferrocarril más caro del mundo, con un costo final de 6 564 553 de dólares (el equivalente a por lo menos 250 millones de dólares de hoy). "La verdadera maravilla fue que la carretera se hubiera construido", escribió Tracy Robinson, quien luego se desempeñó como funcionario en la línea. "Imposible pasar de un océano a otro, observar desde las ventanillas de los vagones la densa masa de verdor enredado a ambos lados y que en muchos lugares forma paredes verdes aparentemente impenetrables, sin maravillarse".[14]

Durante años fue el ferrocarril más rentable del mundo y sus acciones alcanzaron el mayor precio del momento (295 dólares cada una) en la Bolsa de Nueva York. Después, el 10 de mayo de 1869, las costas del Atlántico y el Pacífico de Estados Unidos se unieron en Utah con la colocación de los últimos rieles de los ferrocarriles Central Pacific y Union Pacific. Las ganancias del Ferrocarril de Panamá cayeron drásticamente, y diez años más tarde la empresa fue vendida en 25 millones de dólares a una compañía francesa que intentó, sin éxito, construir un canal a través del istmo siguiendo la misma línea del ferrocarril.

El Ferrocarril de Panamá, cuatro años después de haber sido terminado (*Harper's New Monthly Magazine*, 1859)

Estados Unidos se hizo cargo del ferrocarril en 1904 y desempeñó un papel clave en la construcción del canal de Panamá.[15] Hoy, tras la reconstrucción a fines de la década de 1990 de gran parte de la ruta original trazada por John L. Stephens y James Baldwin 150 años antes, el ferrocarril aún transporta pasajeros y carga a través del istmo de Panamá.[16]

Agradecimientos

La génesis de este libro fue producto de la confluencia de coincidencias afortunadas. Un día a fines de la década de 1990, mientras me encontraba viviendo en la ciudad colonial española de Antigua, Guatemala, una amiga mía, Jane Binaris, me dio una copia de *Incident of Travel in Central America, Chiapas, and Yucatan* de John Lloyd Stephens. Justo por esa época había conocido a Edwin Shook, quien se había mudado a Antigua al jubilarse después de una larga carrera como uno de los arqueólogos más importantes del mundo especializado en los mayas. Sabiendo que pronto regresaría a mi hogar en San Francisco, me pidió que lo ayudara a vender a la Biblioteca Bancroft de la Universidad de California, en Berkeley, una pequeña biblioteca que había reunido con libros y publicaciones periódicas centroamericanas. Estuve de acuerdo, y como muestra de agradecimiento, antes de irme colocó con cuidado sobre su mesa de trabajo los extraordinariamente raros originales coloreados a mano de *Views of Ancient Monuments* de Frederick Catherwood. En aquella época me encontraba bajo el hechizo del absorbente relato de Stephens sobre sus aventuras con Catherwood, y la belleza de las imágenes desplegadas ante mí me dejó boquiabierto. Aunque no conseguí que la universidad se interesara en la colección de Shook, para mi sorpresa descubrí que la Biblioteca Bancroft tenía en sus archivos cartas y documentos personales de Stephens. La sinergia de estos eventos me inspiró a escribir *Jungla de piedra*, y debo mi más profundo agradecimiento por haberlo hecho posible al difunto Edwin Shook, a mi querida amiga Jane Binaris, quien lamentablemente falleció antes de la publicación del libro, así como a la Librería Bancroft, donde por casualidad había trabajado décadas antes, durante mi época estudiantil, como asistente de bibliotecario.

Nunca faltarán elogios para los libros de John L. Stephens, cuya escritura brillante y accesible, así como su encantadora compañía, han ganado legiones de admiradores durante los últimos 175 años. Nada me haría sentir más afortunado si *Jungla de piedra* llega a ser considerada una décima parte de lo bien escrita, interesante y entretenida que es la obra de Stephens, y durante la escritura de este libro me esforcé para hacerle al menos un poco de justicia. El presente libro será todo un éxito para mí si por lo menos consigue atraer lectores a la obra de Stephens. Las recompensas que se obtienen de su talento literario rebasan por mucho el estrecho perímetro de este libro.

Como todo autor sabe, ningún libro se escribe de la nada y, en el caso de este el vacío lo han llenado expertos, amigos y colegas que me ayudaron a darle vida. Solo se ha escrito una biografía sobre Stephens y otra sobre Catherwood, ambas del difunto Victor Wolfgang von Hagen, y a él le debo el esqueleto biográfico de este volumen. Muchos académicos contribuyeron a mi comprensión de la historia y la política de Centroamérica, pero ninguno mejor que Ralph Lee Woodward Jr., cuyo notable *Rafael Carrera and the Emergence of the Republic of Central America, 1821-1871* [Rafael Carrera y el surgimiento de la República de Centroamérica, 1821-1871] se erige como un relato completo y convincente de los males acontecidos en la región a mediados del siglo XIX. Por mi modesta comprensión de los antiguos mayas, tengo una gran deuda con innumerables autoridades en el tema, entre las que se destacan: Robert J. Sharer, Arthur Demarest,

Michael D. Coe, Simon Martin, Nikolai Grube, Ian Graham, David Freidel, Linda Schele, Joy Parker, Peter Mathews y Richard Hansen.

Un autor en particular me ayudó a completar la historia de fondo en torno a la búsqueda de los antiguos mayas. David M. Pendergast y su maravilloso *Palenque: The Walker-Caddy Expedition to the Ancient City, 1839-1840* [Palenque: La expedición Walker-Caddy a la antigua ciudad maya, 1839-1840] sacaron de las sombras una expedición poco conocida que contribuyó a que la aventura fuera más enriquecedora y emocionante, y me permitió dar un paso atrás para explorar el tema más amplio del Imperio británico frente a las iniciativas individuales estadounidenses. Y si bien los relatos de los periódicos sobre el hundimiento del SS *Arctic* ofrecen una gran cantidad de detalles, el fascinante libro de David W. Shaw, *The Sea Shall Embrace Them: The Tragic Story of the Steamship* Arctic [El mar los acogerá: la trágica historia del barco de vapor *Arctic*] revivió la tragedia con terrible realismo.

Encontrar y reproducir la edición original coloreada a mano de *Views of Ancient Monuments* de Catherwood no hubiera sido posible sin la ayuda de John Weeks, bibliotecario en jefe de la biblioteca del Museo de la Universidad de Pensilvania, así como de Alessandro Pezzati, archivista del mismo museo. También le estoy profundamente agradecido a mi amigo Alec Dubro, quien de manera desinteresada me dio una primera edición de 1843 de *Incidents of Travel in Yucatan* que me permitió ver y reproducir los detallados grabados originales en blanco y negro de la obra de Catherwood.

Durante mi investigación inicial, encontré importantes documentos primarios en la New-York Historical Society con la invaluable ayuda de Loraine Baratti del departamento de manuscritos, a quien debo mi agradecimiento. *Jungla de piedra* nunca podría haberse escrito sin el apoyo del personal de la Biblioteca de la Universidad de California, en Berkeley, y de las colecciones especiales de investigación de la Biblioteca Bancroft en esa misma universidad. Además, agradezco al arqueólogo Richard C. Bronson, quien me brindó información histórica sobre el río Dulce de Guatemala y el pueblo de Izabal, donde desembarcaron Stephens y Catherwood para comenzar su viaje. También tengo una deuda con tres personas en Gran Bretaña, quienes me ayudaron personalmente en mi investigación sobre la vida de Frederick Catherwood. Fiona Hodgson y Julie Redman, descendientes de la familia Catherwood, me proporcionaron un árbol genealógico e información sobre los primeros años de vida de Catherwood en Londres. También le agradezco a Selwyn Tillet, cuya investigación sobre el escocés Robert Hay ofreció una importante carta que arrojó luz sobre el juicio en contra del primo de Catherwood, Henry Caslon.

Mis amigos Neil Friedman, Stephen Magagnini y, especialmente, Ed Gilmore merecen premios por su generosidad al leer partes o la totalidad de mi manuscrito y brindarme consejos y el aliento que tanto necesitaba. Estoy agradecido con muchos de mis amigos por su apoyo a lo largo de los años. Pero, por su constante confianza en mí y sus pacientes palabras de aliento, deseo agradecer especialmente a Ellen Retter (quien me llevó a ver la tumba de Stephens en la ciudad de Nueva York), Rick Carlsen, Chris Carlsen, Dorothy May, Barbara Arbunich, John Pearlman, Mark Liss, Bonnie Burt, Kathi McPherson y Terry y Joanne Dale. Por otro lado, este libro ni siquiera se habría contemplado si no fuera por Carol DeRuiter, quien acogió a un adolescente de 15 años y lo introdujo en las glorias de la palabra escrita (y los rigores de la gramática inglesa), y a su esposo, Peter DeRuiter, quien me hizo creer que podía lograr cualquier cosa si me lo proponía.

A mi agente Geri Thoma de Writers House, gracias por creer en este proyecto desde el principio, y a Genevieve Gagne-Hawes por la excelente edición que permitió que el libro se hiciera realidad. Para mi editor, Peter Hubbard, reservo mi más profundo agradecimiento por ver el potencial de

Jungla de piedra y comprender sus puntos débiles y fuertes. Con mi editorial William Morrow/HarperCollins estoy en deuda por el arduo trabajo de Nick Amphlett, Lauren Janiec, Kaitlyn Kennedy, Paul Lamb y Owen Corrigan. Agradezco también al cartógrafo Nick Springer, y debo expresar mi admiración por la habilidad y la tenacidad del corrector de estilo Tom Pitoniak.

Y por literalmente mantenerme con vida y nunca dejar de creer en mí, por soportar con buen ánimo y una paciencia y gracia asombrosas interminables monólogos sobre Stephens y Catherwood, Morazán y Carrera; por ser el pilar y el amor de mi vida, nunca podré expresar suficientemente la profundidad de mi gratitud a Kathie O'Shea. Además, pocas personas son tan afortunadas como yo de haber contado con la compañía constante de Rosalita y Roxanne, quienes literalmente me apoyaron durante toda la escritura de *Jungla de piedra*.

Finalmente, por su increíble belleza, dignidad y resiliencia, siempre tendré en mi corazón al extraordinario pueblo maya, descendientes de los antiguos mayas y a quienes he tenido la suerte de conocer durante mis viajes por Guatemala y Honduras, Yucatán, Chiapas y otros lugares de México. Que su sofisticada cultura siempre se mantenga viva para el beneficio de todos nosotros.

Bibliografía

PUBLICACIONES PERIÓDICAS Y DOCUMENTOS

Banking Institute. *Daily News*. Londres. (1852).

Daily Alta California. San Francisco. (1852).

Letter of Credit #7185. *Daily Alta California*. San Francisco. (1855).

Littell's Living Age. Boston. (1847).

Mechanics' Magazine. Museum Register, Journal, and Gazette. Londres. (1847).

National Academy of Design Exhibition Record 1826-1860. Nueva York: National Academy of Design. (1860).

New York Daily Tribune. (1854).

Obituario, William H. Aspinwall. *New York Times*. (1875).

Ocean Steam Navigation. *New York Times*. (1864).

Panama Rail-road Company, acta constitutiva. New York Public Library. (1849).

Railway Meetings. *Daily News*. Londres. (1849).

Sacramento Daily Union. (1853).

Sacramento Transcript. (1851).

The Alexander von Humboldt Digital Library. (2006).

The American Monthly Magazine. Nueva York. (1833).

The Annual Register, or a View of the History, Politics, and Literature of the Year 1835. Londres. (1836).

The Christian Examiner and General Review. Boston. (1842).

The Family Magazine. Nueva York. (1837).
The Knickerbocker; o, *New-York Monthly Magazine*. (1859).
The Literary Gazette and Journal of the Belles Lettres, Arts, Sciences, &c. Londres. (1835).
The Times. London. (1854).
The United States Democratic Review. Nueva York. (1843).
Times. Londres. (1841).
West Mariposa Gold Quartz Mine Company. *The Times*. Londres. (1852).

LIBROS

Aguirre, R. D. *Informal Empire: Mexico and Central America in Victorian Culture* [Imperio informal: México y Centroamérica en la cultura victoriana]. Minneapolis: University of Minnesota Press, 2005.
Aitken, J. *John Newton: From Disgrace to Amazing Grace* [John Newton: de la desgracia a la sublime gracia]. Wheaton, IL: Crossway Books, 2007.
Almendáriz, R., A. del Río, *et al.* Colección de estampas copiadas de las figuras originales, que de medio y bajorrelieve, se manifiestan, en estucos y piedras, en varios edificios de la población antigua nuevamente descubierta en las inmediaciones del pueblo de Palenque en la Provincia de Ciudad Real de Chiapa, una de las del Reyno de Guatemala en la American Septentrional, 1787.
American Anthropological Society. *American Anthropologist* [Antropólogo estadounidense]. Berkeley: University of California Press, 1900.
American Ethnological Society. *Transactions of the American Ethnological Society* [Transacciones de la American Ethnological Society]. Nueva York: Bartlett & Welford, 1845.
Architects, R. I. of B. "Antiquities of Central America". *Civil Engineer and Architect's Journal, Scientific and Railway Gazetter* 7 (1844): 92-94.

Architectural Publication Society. *The Dictionary of Architecture* [El diccionario de arquitectura]. Londres: Richards, 1852, 1887.

Arundale, F. *Illustrations of Jerusalem and Mount Sinai: Including the Most Interesting Sites Between Grand Cairo and Beirout* [Ilustraciones de Jerusalén y el monte Sinaí: incluidos los sitios más interesantes entre Gran Cairo y Beirut]. Londres: H. Colburn, 1837.

Bancroft, H. H. *History of Central America* [Historia de Centroamérica]. San Francisco: A. L. Bancroft, 1882.

Baradère, H., G. Dupaix, *et al. Antiquités mexicaines. Relation des trois expéditions du capitaine Dupaix, ordonnées en 1805, 1806, et 1807, pour la recherche des antiquités du pays, notamment celles de Mitla et de Palenque.* París: Bureau des Antiquités mexicaines impr. de J. Didot l'aîné, 1834.

Barnhart, E. L. *Palenque Mapping Project, 1998-2000 Final Report* [Proyecto de Mapeo de Palenque, informe final 1998-2000]. Foundation for the Advancement of Mesoamerican Studies, 2000.

Bartlett, W. H. *Walks About the City and Environs of Jerusalem* [Paseos por la ciudad de Jeruralén y sus alrededores]. Londres: George Virtue, 1846.

Beach, M. Y. *Wealth and pedigree of the wealthy citizens of New York City comprising an alphabetical arrangement of persons estimated to be worth* [Riqueza y pedigrí de los ciudadanos acaudalados de la ciudad de Nueva York que incluye en orden alfabético a personas a las que se considera adineradas]. Nueva York: Sun Office, 1842.

Bernal, I. *A History of Mexican Archaeology: The Vanished Civilizations of Middle America* [Una historia de la arqueología mexicana: las civilizaciones desaparecidas de América Central]. Londres y Nueva York: Thames & Hudson, 1980.

Bishop, J. B. *The Panama Gateway* [La entrada de Panamá]. Nueva York: Scribner's, 1913.

Bourgoyne, C. *Mémoire sur la possibilité, les avantages, et les moyens douvrir un canal dans l'Amérique septentrionale, pour communiquer de la mer Atlantique, ou du Nord, à la mer Pacifique, ou du Sud, circa* 1785.

Brown, S. *Joseph Severn: A Life: The Rewards of Friendship* [Joseph Severn: una vida: las recompensas de la amistad]. Oxford: Oxford University Press, 2009.

Brunhouse, R. L. *In Search of the Maya: The First Archaeologists* [En busca de los mayas: los primeros arqueólogos]. Albuquerque: University of New Mexico Press, 1973.

Burrows, E. G. y M. Wallace. *Gotham: A History of New York City to 1898* [Gotham: una historia de la ciudad de Nueva York]. Nueva York: Oxford University Press, 1999.

Burton, W. E. *The Gentleman's Magazine.* Filadelfia, 1837.

Cabello Carro, P. *Política investigadora de la época de Carlos III en el área maya: descubrimiento de Palenque y primeras excavaciones de carácter científico: según documentación de Calderón, Bernasconi, Del Río y otros.* Madrid: Ediciones de la Torre, 1992.

Carpenter, W. *Peerage for the People* [Nobleza para el pueblo]. Londres: W. Strange, 1837.

Catherwood, F. *Engineers Report. Demerara Railway Company.* British Library, 1847.

Cebulski, F. J. "Letter from William Hickling Prescott to John Lloyd Stephens". Texto mecanografiado (ponencia), circa 1967, 33 hojas.

Chamberlain, W. H., y H. L. Wells. *History of Yuba County, California with illustrations descriptive of its scenery, residences, public buildings, fine blocks and manufactories* [Historia del condado de Yuba, California, con ilustraciones descriptivas de su paisaje, residencias, edificios públicos, elegantes manzanas y fábricas]. Oakland, CA: Thompson & West, 1879.

Clark, A. H. *The Clipper Ship Era: An Epitome of Famous American and British Clipper Ships, Their Owners, Builders, Commanders, and Crews, 1843-1869* [La era de los clíperes: un epítome de los famosos clíperes estadounidenses y británicos, sus propietarios, constructores, comandantes y tripulaciones, 1843-1869]. Nueva York: Putnam's, 1910.

Coe, M. D. *Breaking the Maya Code* [Descifrando el código maya]. Nueva York: Thames & Hudson, 1992.

_______. *The Maya* [Los mayas]. Londres: Thames & Hudson, 2011.

Cohen, P. E. y R. T. Augustyn. *Manhattan in Maps, 1527-1995* [Manhattan en mapas, 1527-1995]. Nueva York: Rizzoli International, 1997.

College of St. Gregory. *The Downside Review*. Bath, Inglaterra, 1889.

Columbia University y W. J. Maxwell. *Catalogue of Officers and Graduates of Columbia University from the Foundation of King's College in 1754* [Catálogo de oficiales y graduados de la Universidad de Colombia desde la fundación de King's College en 1754]. Nueva York: Columbia University, 1916.

Colvin, H. *A Biographical Dictionary of British Architects, 1600-1840* [Un diccionario biográfico de arquitéctos británicos, 1600-1840]. New Haven, CT: Yale University Press, 2008.

"Congressional Summary". *American Whig Review* 9, núm. 14 (1849): 208-16.

Coy, O. C. *The Great Trek* [La gran travesía]. Los Angeles: Powell, 1931.

Crosby, A. W. *The Columbian Voyages, the Columbian Exchange, and Their Historians* [Los viajes colombinos, el intercambio colombino y sus historiadores]. Washington, D. C.: American Historical Association, 1987.

Crowe, F. *The gospel in Central America containing a sketch of the country, physical and geographical, historical and political, moral and religious: A history of the Baptist mission in British Honduras, and of the introduction of the Bible into the Spanish American republic of Guatemala* [El evangelio en Centroamérica, con un esbozo físico y geográfico, histórico y político, moral y religioso de la zona: una historia de la misión bautista en Honduras Británica y de la introducción de la Biblia en la América española de la República de Guatemala]. Londres: C. Gilpin, 1850.

Danien, E. C., R. J. Sharer, *et al. New Theories on the Ancient Maya* [Nuevas teorías sobre los antiguos mayas]. Filadelfia: University Museum, University of Pennsylvania, 1992.

Delano, A. y I. McKee. *Alonzo Delano's California Correspondence: Being Letters Hitherto Uncollected from the Ottawa (Illinois) Free Trader and the New Orleans True Delta, 1849-1952* [Correspondencia de California de Alonzo Delano: siendo cartas hasta ahora no recopiladas del *Ottawa (Illinois) Free Trader* y del *New Orleans True Delta,* 1849-1952]. Sacramento, CA: Sacramento Book Collectors Club, 1952.

Delgado, J. P. *To California by Sea: A Maritime History of the California Gold Rush* [A California por mar: una historia marítima de la fiebre del oro de California]. Columbia: University of South Carolina Press, 1990.

Demarest, A. A. *Ancient Maya: The Rise and Fall of a Rainforest Civilization* [Antiguos mayas: el auge y la caída de una civilización de la selva tropical]. Cambridge y Nueva York: Cambridge University Press, 2004.

Demarest, A. A., P. M. Rice, *et al. The Terminal Classic in the Maya Lowlands: Collapse, Transition, and Transformation* [El Clásico Terminal en las tierras bajas mayas: colapso, transición y transformación]. Boulder: University of Colorado Press, 2004.

Denevan, W. M. *The Native Population of the Americas in 1492* [La población nativa de las Américas en 1492]. Madison: University of Wisconsin Press, 1992.

Diamond, J. M. *Guns, Germs, and Steel: The Fates of Human Societies* [Armas, gérmenes y acero: el destino de las sociedades humanas]. Nueva York: Norton, 2003.

Dickinson, D. S., J. R. Dickinson, *et al. Speeches, correspondence, etc., of the late Daniel S. Dickinson of New York. Including: addresses on important public topics: Speeches in the state and United States Senate, and in support of the government during the rebellion; correspondence, private and political (collected and arranged by Mrs. Dickinson), poems (collected and arranged by Mrs. Mygatt), etc.* [Discursos, correspondencias, etc., del finado Daniel S. Dickinson de Nueva York. Incluyendo: discursos sobre temas públicos importantes: discursos en el Senado estatal y de Estados Unidos, y en apoyo del gobierno durante la rebelión; correspondencia, privada y política, (recopilada y organizada por la señora Dickinson), poemas (recolectados y organizados por la señora Mygatt), etc.]. Nueva York: Putnam, 1867.

Documentos familiares de Stephens, New York Historical Society.

Downing, A. J. y Making of America Project. *A treatise on the theory and practice of landscape gardening adapted to North America; with a view to the improvement of country residences. With remarks on rural architecture* [Un tratado sobre la teoría y la práctica de la jardinería paisajista adaptada a América del Norte, dirigido a la mejora de las residencias en el campo; con comentarios sobre la arquitectura rural]. Nueva York: Putnam's, 1853.

Edison, P. N. "Colonial Prospecting in Independent Mexico: Abbé Baradère's Antiquités Mexicaines". *Proceedings of the Western Society for French History* 32, 2004: 195-215.

Eissler, M. y G. M. Toten. "The Panama Canal". *Scientific American Supplement* 14 (1882).

Estados Unidos. Board of Consulting Engineers on Panama Canal, J. F. Wallace, *et al. Report of the Board of Consulting Engineers for the Panama Canal* [Informe del consejo asesor de ingenieros para el canal de Panamá]. Washington, D. C.: U.S. Government Printing Office, 1906.

Estados Unidos. Congreso, F. P. Blair, *et al. The Congressional Globe*. Buffalo, NY: Hein, 2007.

Estados Unidos. Departamento de Estado. *Mediation of the Honduran-Guatemalan boundary question, held under the good offices of the Department of State, 1918-1919* [Mediación del asunto fronterizo entre Honduras y Guatemala, realizada con la ayuda del Departamento de Estado, 1918-1919]. Washington, D. C.: U.S. Government Printing Office, 1919.

_______. Mensaje del presidente de Estados Unidos, transmitido en respuesta a la resolución del Senado del 18 del mes anterior, un informe del secretario de Estado, con documentos adjuntos relacionados con las capitulaciones del Imperio otomano. Washington, D. C.: U.S. Government Printing Office, 1881.

Evans, R. T. *Romancing the Maya: Mexican Antiquity in the American Imagination, 1820-1915* [En busca de los mayas: la antigüedad mexicana en la imaginación estadounidense, 1820-1915]. Austin: University of Texas Press, 2004.

Exman, E. *The Brothers Harper: A Unique Publishing Partnership and Its Impact upon the Cultural Life of America from 1817 to 1853* [Los hermanos Harper: Una asociación editorial única y su impacto en la vida cultural de Estados Unidos entre 1817 y 1853]. Nueva York: Harper & Row, 1965.

Fahmy, K. *All the Pasha's Men: Mehmed Ali, His Army, and the Making of Modern Egypt* [Todos los hombres del bajá: Mehmet Alí, su ejército y la creación del Egipto moderno]. Cairo y Nueva York: American University in Cairo Press, 2002.

Fischer-Westhauser, U. "Emanuel von Friedrichsthal: The First Daguerreotypist in Yucatán". *Photoresearcher*. European Society for the History of Photography, 10, 2007.

Fowler, W. C. *Memorials of the Chaunceys, including President Chauncey, His Ancestors and Descendants* [Monumentos de los Chauncey, incluyendo al presidente Chauncey, sus anscestros y descendientes] (Y apéndice). Boston: H. W. Dutton, 1858.

Freidel, D. A., L. Schele, *et al. Maya cosmos: three thousand years on the shaman's Path* [El cosmos de los mayas: 3000 años por el sendero del chamán]. Nueva York: W. Morrow, 1993.

García de Palacio, D., E. G. Squier, *et al. Letter to the King of Spain: Being a description of the ancient provinces of Guazacapan, Izalco, Cuscatlan, and Chiquimula, in the Audiencia of Guatemala, with an account of the languages, customs, and religion of their aboriginal inhabitants, and a description of the ruins of Copán* [Carta al rey de España: siendo una descripción de las antiguas provincias de Guazacapán, Iztalco, Cuscatlán y Chiquimula, en la Audiencia de Guatemala, con una relación de las lenguas, las costumbres y la religión de sus habitantes aborígenes, así como una descripción de las ruinas de Copán]. Culver City, CA: Labyrinthos, 1985.

Gibson, A. y A. Donovan. *The Abandoned Ocean: A History of United States Maritime Policy* [El océano abandonado: una historia de la política de navegación marítima de Estados Unidos]. Columbia: University of South Carolina Press, 2000.

Graham, I. "Juan Galindo, Enthusiast". *Estudios de cultura maya*. Universidad Nacional Autónoma de México, Facultad de Filosofía y Letras, Seminario de cultura Maya, vol. 3, 1963: 11-35.

_______. *Alfred Maudslay and the Maya: A Biography* [Alfred Maudslay y los mayas: una biografía]. Norman: University of Oklahoma Press, 2002.

Grant, U. S. *Memoirs and Selected Letters: Personal Memoirs of U. S. Grant, Selected Letters 1839-1865* [Memorias y cartas selectas: memorias personales de U. S. Grant, cartas selectas]. Nueva York: Library of America, 1990.

Grant, U. S. y J. M. McPherson. *Personal Memoirs of U.S. Grant* [Memorias personales de U. S. Grant]. Nueva York: Penguin Books, 1999.

Graves, A. *The Royal Academy of Arts; a complete dictionary of contributors and their work from its foundation in 1769 to 1904* [La Real Academia de Artes; un diccionario completo de contribuidores y su trabajo, desde su fundación en 1769 hasta 1904]. Londres, H. Graves, 1905.

Greene, A. *A Glance at New York: Embracing the city government, theatres, hotels, churches, mobs, monopolies, learned professions, newspapers, rogues, dandies, fires and firemen, water and other liquids, &c., &c.* [Una mirada a Nueva York: acogiendo al gobierno de la ciudad, los monopolios, profesiones aprendidas, periódicos, charlatanes, dandies, incendios y bomberos, agua y otros líquidos, &c., &c.]. Nueva York: A. Greene, 1837.

Griffith, W. J. "Juan Galindo, Central American Chauvanist". *Hispanic American Historical Review* 40, núm. 1, 1960: 25-52.

Grutz, J. W. "The Lost Portfolios of Robert Hay". www.saudiaramcoworld.com, mayo/abril 2003.

Hall, C., H. Pâerez Brignoli, *et al. Historical Atlas of Central America* [Atlas histórico de América Central]. Norman: University of Oklahoma Press, 2003.

Hall, H. *America's Successful Men of Affairs. An Encyclopedia of Contemporaneous Biography*. [Hombres de negocios exitosos de Estados Unidos. Una enciclopedia de biografías contemporáneas]. Nueva York: New York Tribune, 1895.

Haug, G. H., *et al.* "Climate and the Collapse of the Maya Civilization". *Science* 299, 2003: 1731-35.

Hawks, R. "The Late John L. Stephens". *Putnam's Monthly Magazine of American Literature, Science and Art* 1, 1853: 64-68.

Hemstreet, C. *Literary New York: Its Landmarks and Associations* [Nueva York literario: Sus puntos de referencia y asociaciones]. Nueva York y Londres: Knickerbocker Press, 1903.

Herzog, R. "Über Henry Westcars Tagebuch einer Reise durch Ägypten und Nubien (1823-24)". *Mitteilungen des Deutschen Archäologischen Instituts, Abteilung Kairo* 24, 1969: 201-11.

Hoskins, G. A. *Visit to the Great Oasis of the Libyan Desert* [Visita al Gran Oasis del desierto libio]. Londres, 1837.

Humboldt, A. von y A. Bonpland. *Personal Narrative of Travels to the Equinoctial Regions of the New Continent During the Years 1799-1804* [Narrativa personal de viajes a las regiones equinocciales del nuevo continente durante los años 1799-1804]. Londres, 1814.

Humboldt, A. von y H. M. Williams. *Researches, concerning the institutions & monuments of the ancient inhabitants of America: With descriptions & views of some of the most striking scenes in the Cordilleras*! [Investigaciones, relativas a las instituciones y monumentos de los antiguos habitantes de América: ¡con descripciones y vistas de algunos de los paisajes más llamativos de las cordilleras!]. Londres, 1814.

Humboldt, A. von y J. Wilson. *Personal Narrative* [Narrativa personal]. Nueva York: Penguin Books, 1995.

Hunt, F., T. P. Kettell, *et al. Merchants' Magazine and Commercial Review*. Nueva York, 1847.

"Incidents of Travel in Central America, Chiapas and Yucatan". *London Quarterly Review* 69, 1842: 52-91.

Jackson, K. T., y D. S. Dunbar. *Empire City: New York Through the Centuries* [Ciudad imperial: Nueva York a través de los siglos]. Nueva York: Columbia University Press, 2002.

Johnson, R. y J. H. Brown. *The Twentieth Century Biographical Dictionary of Notable Americans* [El diccionario biográfico del siglo XX de estadounidenses prominentes]. Boston: Biographical Society, 1904.

Juarros, D. y J. Baily. *A statistical and commercial history of the kingdom of Guatemala, in Spanish America containing important particulars relative to its productions, manufactures, customs, &c. &c. &c.* [Una historia estadística y comercial del reino de Guatemala, en la América Española, con detalles importantes relacionados con su producción, manufacturas, costumbres, &c. &c. &c]. Londres: J. Hearne, 1823.

Kandasammy, L. "From Georgetown to Mahaica: A Brief History of South America's First Railway". *Stabroek News*, Georgetown, Guayana británica, 2006.

Kark, R. *American Consuls in the Holy Land, 1832-1914* [Cónsules estadounidenses en la Tierra Santa]. Detroit: Wayne State University Press, 1994.

Keith, A. *Evidence of the truth of the Christian religion: Derived from the literal fulfillment of Prophecy, particularly as illustrated by the history of the Jews, and by the discoveries of recent travelers* [Evidencia de la verdad de la religión cristiana: derivada del cumplimiento literal de la profecía, particularmente como lo ilustra la historia de los judíos y los descubrimientos de viajeros recientes]. Edinburgh: Waugh & Innes, 1834.

Kemble, J. H. *The Panama Route, 1848-1869* [La ruta de Panamá, 1848-1869]. Berkeley: University of California Press, 1943.

Kingsborough, E. K., A. Aglio *et al. Antiquities of Mexico: Comprising facsimiles of ancient Mexican paintings and hieroglyphics, preserved in the royal libraries of Paris, Berlin and Dresden, in the Imperial library of Vienna, in the Vatican library, in the Borgian museum at Rome, in the library of the Institute at Bologna, and in the Bodleian Library at Oxford, together with the monuments of New Spain by M. Dupaix, with their respective scales of measurement and accompanying descriptions* [Antigüedades de México: consta de facsímiles de pinturas y jeroglíficos mexicanos antiguos, preservados en las bibliotecas reales de París, Berlín y Dresde, en la biblioteca imperial de Viena, en la del Vaticano, en el Museo Borgiano de Roma, en la biblioteca del Instituto en Bolonia y en la Bodleiana de Oxford, junto con los monumentos de Nueva España de M. Dupaix, con sus respectivas escalas de medida y descripciones adjuntas]. Londres: Robert Havell, 1831.

Kuhnke, L. y eScholarship. *Lives at Risk: Public Health in Nineteenth-Century Egypt* [Vidas en peligro: salud pública en el Egipto del siglo XIX]. Berkeley: University of California Press, 1990.

Laing, A. *The* Sea Witch*: A narrative of the experiences of Capt. Roger Murray and others in an American clipper ship during the years 1846 to 1956* [El *Sea Witch*: un relato de las experiencias del cap. Roger Murray y otros en un clíper estadounidense durante los años de 1846 a 1956]. Londres: Thornton Butterworth, 1933.

Lewis, O. y J. B. Goodman. *Sea Routes to the Gold Fields: The Migration by Water to California in 1849-1852* [Rutas marítimas a los campos de oro: la migración por agua a California en 1849-1852]. Nueva York: Knopf, 1949.

Lewis, W. J., F. Catherwood, *et al. Report of the Engineers on the Survey of the Marysville and Benicia National Rail Road* [Informe de los ingenieros sobre el estudio del ferrocarril nacional de Marysville y Benicia]. Marysville, CA: California Express, 1853.

Lilly, L., C. S. Henry, *et al. The New-York Review*. Nueva York: George Dearborn, 1837, 1841.

List, T. S. "The American Steam-ship 'Washington'". 2012. http://www.theshipslist.com/1847/washington.html.

Lockey, J. B. *Diplomatic Futility* [Futilidad diplomática]. Durham, Carolina del Norte: [s.e.], 1930.

López Cogolludo, D., F. de Ayeta, *et al. Historia de Yucathan*. Madrid: Juan García Infantes, 1688.

Lovell, W. G. *Conquest and Survival in Colonial Guatemala: A Historical Geography of the Cuchumatán Highlands, 1500-1821* [Conquista y supervivencia en la Guatemala colonial: una geografía histórica de las tierras altas de Cuchumatán, 1500-1821]. Montreal: McGill-Queen's University Press, 1992.

Madox, J. *Excursions in the Holy Land, Egypt, Nubia, Syria, &c. including a visit to the unfrequented district of the Haouran* [Excursiones en Tierra Santa, Egipto, Nubia, Siria, &c., incluyendo una visita al distrito poco frecuentado de Haouran]. Londres: R. Bentley, 1834.

Manning, W. R. y United States Department of State. *Diplomatic Correspondence of the United States* [Correspondencia diplomática de Estados Unidos]. Washington, D. C.: Carnegie Endowment for International Peace, 1932.

________. *Diplomatic Correspondence of the United States Concerning the Independence of the Latin-American Nations* [Correspondencia diplomática de los Estados Unidos relativa a la independencia de las naciones latinoamericanas]. Nueva York: Oxford University Press, 1925.

Martin, S. y N. Grube. *Chronicle of the Maya Kings and Queens: Deciphering the Dynasties of the Ancient Maya* [Crónica de los reyes y reinas mayas: descifrando las dinastías de los antiguos mayas]. Londres y Nueva York: Thames & Hudson, 2000.

McCullough, D. G. *The Path Between the Seas: The Creation of the Panama Canal, 1870*-1914 [La ruta ente los mares: la creación del Canal de Panamá, 1870-1914]. Nueva York: Simon & Schuster, 1977.

Means, P. A., A. Avendano y De Loyola *et al. History of the Spanish Conquest of Yucatán and of the Itzas* [Historia de la conquista española de Yucatán y de los itzaes]. Cambridge, MA: El [Peabody] Museum, 1917.

Metropolitan Museum of Art. Bulletin of the Metropolitan Museum of Art 7 (1912).

Miceli, K. L. "Rafael Carrera: Defender and Promoter of Peasant Interest in Guatemala, 1837-1848". *The Americas* 31, núm. 1, 1944: 72-94.

Miller, M. E., S. Martin *et al. Courtly Art of the Ancient Maya* [Arte cortesano de los antiguos mayas]. Nueva York: Thames & Hudson, 2004.

Moorhead, M. L. "Rafael Carrera of Guatemala: His Life and Times". Tesis de doctorado, University of California, Berkeley, 1942.

Morison, S. E. *William Hickling Prescott, 1796-1859*. Boston: Massachusetts Historical Society, 1958.

Morley, S. G. *The Inscriptions at Copan* [Las inscripciones en Copán]. Washington, D. C.: Carnegie Institution of Washington, 1920.

Morrison, J. H. *History of American Steam Navigation* [Historia de la navegación a vapor de Estados Unidos]. Nueva York: W. F. Sametz, 1903.

Nelson, W. *Five Years at Panama: The Trans-Isthmian Canal* [Cinco años en Panamá: el canal transístmico]. Nueva York y Chicago: Belford, 1889.

Nevins, A. *The* Evening Post*: A Century of Journalism* [El *Evening Post*: un siglo de periodismo]. Nueva York: Boni & Liveright, 1922.

New-York Historical Society. *Proceedings of the New-York Historical Society* [Actas de la New York Historical Society]. Nueva York: Press of the Historical Society, 1844.

New York (estado). *Report of the Debates and Proceedings of the Convention for the Revision of the Constitution of the State of New York* [Informe sobre los debates y los actos de la convención para la revisión de la Constitución del estado de Nueva York]. Albany: Evening Atlas, 1846.

Nichols, T. L. *Forty Years of American Life* [Cuarenta años de vida estadounidense]. Londres: Longmans Green, 1874.

Noah, M. M. *Discourse on the evidences of the American Indians being the descendants of the lost tribes of Israel: Delivered before the Mercantile Library Association, Clinton Hall* [Discurso sobre las evidencias de que los indígenas americanos son descendientes de las tribus perdidas de Israel: pronunciado ante la Mercantile Library Association, Clinton Hall]. Nueva York: J. Van Norden, 1837.

Norman, B. M., C. C. Moore, *et al. Rambles in Yucatán, or, Notes of travel through the peninsula: Including a visit to the remarkable ruins of Chi-Chen, Kabah, Zayi, and Uxmal* [Paseos en Yucatán, o notas de viaje por la península: incluye una visita a las extraordinarias ruinas de Chi-Chen, Kabah, Zayi y Uxmal]. Nueva York: J. & H. G. Langley; Filadelfia: Thomas, Cowperthwait; Nueva Orleans: Norman, Steel, 1843.

Odlyzko, A. *Collective Hallucinations and Inefficient Markets: The British Railway Mania of the 1840s* [Alucinaciones colectivas y mercados ineficientes: la manía ferroviaria británica de la década de 1840]. University of Minnesota, 15 de enero, 2010.

Oran. "Tropical Journeyings". *Harper's New Monthly Magazine* 18, 1859: 145-69.

Otis, F. N. *Isthmus of Panama: History of the Panama railroad; and of the Pacific Mail Steamship Company. Together with a travellers' guide and business man's handbook for the Panama Railroad and the lines of steamships connecting it with Europe, the United States, the north and south Atlantic and Pacific coasts, China, Australia, and Japan* [Istmo de Panamá: historia del ferrocarril de Panamá; y de la Pacific Mail Steamship Company. Junto con una guía del viajero y un manual de hombre de negocios para el ferrocarril de Panamá y las líneas de barcos de vapor que lo conectan con Europa, Estados Unidos, las costas del Atlántico norte y sur y del Pacífico, China, Australia y Japón]. Nueva York: Harper & Brothers, 1867.

Palmquist, P. E., y T. R. Kailbourn. *Pioneer Photographers of the Far West: A Biographical Dictionary, 1840-1865* [Fotógrafos pioneros del lejano oeste: un diccionario biográfico, 1840-1865]. Stanford, CA: Stanford University Press, 2000.

Peck, D. T. *Yucatán: From Prehistoric Times to the Great Maya Revolt* [Yucatán: de tiempos prehistóricos a la gran revuelta maya]. [s.e.]: Xlibris, 2005.

Pendergast, D. M. *Palenque: The Walker-Caddy Expedition to the Ancient Maya City, 1839-1840* [Palenque: La expedición de

Walker-Caddy a la antigua ciudad maya, 1839-1840]. Norman: University of Oklahoma Press, 1967.

Perez-Venero, A. *Before the Five Frontiers: Panama, from 1821-1903* [Antes de las cinco fronteras: Panamá, de 1821 a 1903]. Nueva York: AMS Press, 1978.

Philbrick, N. *Sea of Glory: America's Voyage of Discovery, the U.S. Exploring Expedition, 1838-1842* [Mar de Gloria: el viaje de descubrimiento de América, la expedición exploradora de EE. UU., 1838-1842]. Waterville, ME: Thorndike Press, 2004.

Philological Society (Gran Bretaña). *The European Magazine, and London Review.* Londres, 1782. Podgorny, I. "'Silent and Alone': How the Ruins of Palenque Were Taught to Speak the Language of Archeology". *Comparative Archaeologies,* part 2, 2011: 527-53.

Poe, E. A. "Review of New Books". *Graham's Magazine,* 1841: 90-96.

Polk, J. K., y M. M. Quaife. *The Diary of James K. Polk During His Presidency, 1845 to* 1849 [El diario de James K. Polk durante su presidencia, de 1845 a 1849]. Chicago: McClurg, 1910.

Prescott, W. H. *History of the Conquest of Mexico, and History of the Conquest of Peru* [Historia de la conquista de México, e historia de la conquista de Perú]. Nueva York: Modern Library, 1936.

Prescott, W. H., y C. H. Gardiner. *Literary Memoranda* [Memorandos literarios]. Norman: University of Oklahoma Press, 1961.

Prescott, W. H., y R. Wolcott. *The Correspondence of William Hickling Prescott, 1833-1847* [La correspondencia de William Hickling Prescott, 1833-1847]. Boston y Nueva York: Houghton Mifflin, 1925.

Reed, N. A. *The Caste War of Yucatán* [La Guerra de Castas de Yucatán]. Stanford, CA: Stanford University Press, 2001.

Restall, M., y F. G. L. Asselbergs. *Invading Guatemala: Spanish, Nahua, and Maya Accounts of the Conquest Wars* [Invadiendo Guatemala: Testimonios españoles, nahuas y mayas sobre las guerras de la Conquista]. University Park: Pennsylvania State University Press, 2007.

Rhodes, R. *John James Audubon: The Making of an American* [John James Audubon: la creación de un estadounidense]. Nueva York: Knopf, 2004.

Ridgely-Nevitt, C. *American Steamships on the Atlantic* [Barcos de vapor estadounidenses en el Atlántico]. Newark: University of Delaware Press; Londres: Associated University Presses, 1980.

Río, A. del, y P. F. Cabrera. *Description of the ruins of an ancient city: Discovered near Palenque, in the kingdom of Guatemala or, A critical investigation and research into the history of the Americans* [Descripción de las ruinas de una ciudad antigua: descubierta cerca de Palenque, en el reino de Guatemala o, una investigación crítica de la historia de las Américas]. Londres, 1822.

Roberts, J. L. "Landscapes of Indifference: Robert Smithson and John Lloyd Stephens in Yucatán". *Art Bulletin* 82, núm. 3, 2000: 544-67.

Robertson, W. *The History of America* [La historia de América]. Londres: A. Strahan, 1803.

Robinson, T. *Panama: A Personal Record of Forty-Six Years, 1861-1907* [Panamá: Un registro personal de 46 años, 1861-1907]. Nueva York: Star and Herald, 1907.

Rodríguez, M. *A Palmerstonian Diplomat in Central America: Frederick Chatfield, Esq.* [Un diplomático palmerstoniano en Centroamérica: el sr. Frederick Chatfield]. Tucson: University of Arizona Press, 1964.

Salmon, F. "Storming the Campo Vaccino: British Architects and the Antique Buildings of Rome after Waterloo". *Architectual History* 38, 1995: 146-75.

Schele, L., y P. Mathews. *The Code of Kings: The Language of Seven Sacred Maya Temples and Tombs* [El código de los reyes: el lenguaje de siete templos y tumbas sagradas mayas]. Nueva York: Touchstone Books, 1998.

Schlesinger, A. M. *The Age of Jackson* [La era de Jackson]. Boston: Little, Brown, 1945.

Severn, J., y G. F. Scott. *Joseph Severn: Letters and Memoirs* [Joseph Severn: cartas y memorias]. Burlington, VT: Ashgate, 2005.

Seward, W. H., y F. W. Seward. *Autobiography of William H. Seward, from 1801 to 1834 with a memoir of his life, and selections from his letters from 1831 to 1846* [Autobiografía de William H. Seward, de 1801 a 1834, incluye sus memorias y una selección de cartas de 1831 a 1846]. Nueva York: Appleton, 1877.

Sharer, R. J., y S. G. Morley. *The Ancient Maya* [Los antiguos mayas]. Stanford, CA: Stanford University Press, 1994.

Shaw, D. W. *The Sea Shall Embrace Them: The Tragic Story of the Steamship* Arctic [El mar los acogerá: la trágica historia del barco de vapor *Arctic*]. Nueva York: Free Press, 2002.

Spears, J. R. *Captain Nathaniel Brown Palmer, an Old-Time Sailor of the Sea* [El capitán Nathaniel Brown Palmer, un experimentado navegante del mar]. Nueva York: Macmillan, 1922.

Starkey, P., y J. Starkey. *Travellers in Egypt* [Viajeros en Egipto]. Londres y Nueva York: Tauris, 1998.

Stephens, J. L. *Incidents of Travel in Central America, Chiapas, and Yucatan* [Incidentes de viaje en Centroamérica, Chiapas y Yucatán]. Nueva York: Harper & Brothers, 1841.

_______. *Incidents of Travel in Egypt, Arabia Petraea, and the Holy Land* [Incidentes de viaje en Egipto, Arabia Pétrea y la Tierra Santa]. Norman: University of Oklahoma Press, 1970.

_______. *Incidents of Travel in Greece, Turkey, Russia, and Poland* [Incidentes de viaje en Grecia, Turquía, Rusia y Polonia]. Nueva York: Harper & Brothers, 1838, 1854.

_______. *Incidents of Travel in the Russian and Turkish Empires* [Incidentes de viaje en los imperios ruso y turco]. Londres: R. Bentley, 1839.

_______. *Incidents of Travel in Yucatan* [Incidentes de viaje en Yucatán]. Nueva York: Harper & Brothers, 1843.

_______. Documentos de John Lloyd Stephens, 1795-1882. BANC MSS Z-Z 116, Biblioteca Bancroft de la Universidad de California, Berkeley.

Stephens, J. L., y F. Catherwood. *Incidents of Travel in Central America, Chiapas, and Yucatan* [Incidentes de viaje en Centroamérica, Chiapas y Yucatán]. Londres: A. Hall, Virtue, 1854.

Stevens, J. A., B. F. DeCosta, *et al. The Magazine of American History with Notes and Queries.* Nueva York: A. S. Barnes.

Sutcliffe, A. C. Robert Fulton and the "Clermont" [Robert Fulton y el *Clermont*]*;* la historia autorizada de los primeros experimentos esfuerzos persistentes y logros históricos de Robert Fulton. Contiene muchas de las cartas, dibujos e imágenes inéditos de Fulton. Nueva York: Century, 1909.

"The Antiquities of Central America". Reseña de libro. *United States Democratic Review* 9, núm. 38 (agosto de 1841).

Thomas, H. *Conquest: Montezuma, Cortés, and the Fall of Old Mexico* [La conquista: Montezuma, Cortés y la caída del México antiguo]. Nueva York: Simon & Schuster, 1993.

Tillett, S. *Egypt Itself: The Career of Robert Hay, Esquire, of Linplum and Nunraw, 1799-1863* [Egipto mismo: La carrera de Robert Hay, Esquire, de Liplum y Nunraw, 1799-1863]. Londres: SD Books, 1984.

Tomes, R., y Making of America Project. *Panama in 1855: An account of the Panama railroad, of the cities of Panama and Aspinwall, with sketches of life and character on the Isthmus* [Panamá en 1855: un recuento sobre el ferrocarril de Panamá, las ciudades de Panamá y Aspinwall, con bocetos de la vida y el carácter en el istmo]. Nueva York: Harper & Brothers, 1855.

Von Hagen, V. W. *John Lloyd Stephens Collection, 1946-47* [Colección de John Lloyd Stephens, 1946-47]. New-York Historical Society, Von Hagen Papers, Nueva York.

Von Hagen, V. W. *F. Catherwood, archt. (1799-1854)* [F. Catherwood, arq. (1799-1854)]. Nueva York: [s.e.], 1946.

________. *Frederick Catherwood, archt.* [Frederick Catherwood, arq.]. Nueva York: Oxford University Press, 1950.

________. *Maya Explorer: John Lloyd Stephens and the Lost Cities of Central America and Yucatan* [Explorador de los mayas: John

Lloyd Stephens y las ciudades perdidas de Centroamérica y Yucatán]. Norman: University of Oklahoma Press, 1947.

Waldeck, J. F. M., M. Mestre Ghigliazza, *et al. Viaje pintoresco y arqueológico a la provincia de Yucatán (América Central) durante los años 1834 y 1836.* Mérida, México, 1930.

Wallace, D. R. *The Monkey's Bridge: Mysteries of Evolution in Central America* [El puente del mono: misterios de la evolución en Centroamérica]. San Francisco: Sierra Club Books, 1997.

Weed, T., H. A. Weed, *et al. Life of Thurlow Weed Including His Autobiography and a Memoir* [La vida de Thurlow Weed, incluyendo su autobiografía y sus memorias]. Boston y Nueva York: Houghton, Mifflin, 1883.

Whitmore, S. D. "Lord Kingsborough and His Contribution to Ancient Mesoamerican Scholarship: The Antiquities of Mexico". *PARI Journal* 9, núm. 4, 2009: 8-16.

Wills, G. *Henry Adams and the Making of America* [Henry Adams y la creación de Estados Unidos]. Boston: Houghton Mifflin, 2005.

Wollam, P. F. *The Apostle of Central American Liberalism: Francisco Morazán and His Struggle for Union* [El apóstol del liberalismo centroamericano: Francisco Morazán y su lucha por la unión]. Tesis de maestría, University of California, Berkeley, 1940.

Woodward, R. L. *Rafael Carrera and the Emergence of the Republic of Guatemala, 1821-1871* [Rafael Carrera y el surgimiento de la República de Guatemala, 1821-1871]. Athens: University of Georgia Press, 1993.

Notas

PRÓLOGO

1. Gran parte del material que describe la construcción del ferrocarril fue extraída de numerosas cartas contenidas en los documentos personales de Stephens archivados en la Biblioteca Bancroft de la Universidad de California, en Berkeley. Material de referencia adicional fue encontrado en: Otis, F. N. (1867). *Isthmus of Panama: History of the Panama railroad; and of the Pacific Mail Steamship Company. Together with a travelers' guide and business man's hand-book for the Panama Railroad and the lines of steamships connecting it with Europe, the United States, the north and south Atlantic and Pacific coasts, China, Australia, and Japan* [Istmo de Panamá. historia del ferrocarril de Panamá; y de la Pacific Mail Steamship Company. Junto con una guía para viajeros y un manual para hombres de negocios del ferrocarril de Panamá y las líneas de barcos de vapor que lo conectan con Europa, Estados Unidos, las costas del Atlántico norte y sur y del Pacífico, China, Australia y Japón] (Nueva York: Harper & Brothers, 1867); J. H. Kemble y J. B. Goodman, *The Panama Route, 1848-1869* [La ruta de Panamá, 1848-1869] (Berkeley: University of California Press, 1943); O. Lewis y J. B. Goodman, *The Panama Route, 1848-1869* (Berkeley: University of California Press, 1943); O. Lewis y J. B. Goodman,

Sea Routes to the Gold Fields: The Migration by Water to California in 1849-1852 [Rutas marítimas a los campos de oro: la migración por agua a California en 1849-1852] (Nueva York: Knopf, 1949); J. L. Schott, *Rails Across Panama: The Story of the Building of the Panama Railroad, 1849-1855* [Rieles a través de Panamá: la historia de la construcción del ferrocarril de Panamá, 1849-1855] (Indianapolis: Bobbs-Merrill, 1967); G. Mack, *The Land Divided: A History of the Panama Canal and Other Isthmian Canal Projects* [La tierra dividida: una historia del Canal de Panamá y otros proyectos del canal ístmico] (Nueva York: Octagon Books, 1974); D. Mc-Cullough, *The Path Between the Seas: The Creation of the Panama Canal, 1870-1914* [La ruta ente los mares: la creación del canal de Panamá, 1870-1914] (Nueva York: Simon & Schuster, 1977).

2. Documentos de John Lloyd Stephens, 1795-1882, Universidad de California, Berkeley, Biblioteca Bancroft.

CAPÍTULO 1: SUR, 1839

1. Todas las citas y paráfrasis, así como la narración general de los viajes de Stephens-Catherwood a Centroamérica y México entre 1839 y 1842 se tomaron de J. L. Stephens, *Incidents of Travel in Central America, Chiapas, and Yucatan* (Nueva York: Harper & Brothers, 1841), y J. L. Stephens, *Incidents of Travel in Yucatan* (Nueva York: Harper & Brothers, 1843).
2. Con la excepción del territorio que posteriormente se conocería como *Brasil*, que fue concedido a Portugal mediante el famoso Tratado de Tordesillas de 1494.
3. W. R. Manning y U.S. Department of State, *Diplomatic Correspondence of the United States* [Correspondencia diplomática de Estados Unidos] (Washington, D. C.: Carnegie Endowment for International Peace, 1932).

4. V. W. von Hagen, *Maya Explorer: John Lloyd Stephens and the Lost Cities of Central America and Yucatan* (Norman: University of Oklahoma Press, 1947).
5. Catherwood arribó a la ciudad de Nueva York el 7 de junio de 1836, en el barco *Barque Union* proveniente de Londres, Inglaterra. Publicación en microfilm de los archivos nacionales, M237, número de clase 30, número de lista 447. Stephens arribó en Alexandria, Egipto, el 11 de mayo de 1836. Véase la última página de J. L. Stephens, *Incidents of Travel in Egypt, Arabia Petraea, and the Holy Land* (Norman: University of Oklahoma Press, 1970).

   Su llegada a Londres habría ocurrido muchas semanas después de que Catherwood partiera de Inglaterra (alrededor de mediados de mayo) y ya se encontraba en Nueva York. Stephens arribó en Nueva York el 6 de septiembre de 1836, en el barco *Hiberia* proveniente de Liverpool, Inglaterra. Publicación en microfilm de los Archivos Nacionales.
6. Architectural Publication Society, *The Dictionary of Architecture* [El diccionario de arquitectura] (Londres: Richards, 1852).
7. Stephens, *Incidents of Travel in Egypt, Arabia Petraea, and the Holy Land.*
8. El contrato original se encuentra entre los documentos de Stephens en la Biblioteca Bancroft de la Universidad de California, Berkeley.
9. El contrato agregaba en jerga legal: "Queda entendido que todo el dinero que se deberá pagar a la señora Catherwood y su familia se deducirá de la suma de 1 500 dólares antes mencionada o se incluirá en el monto de un acuerdo final como cantidad a pagar a dicha persona".
10. Existe un boceto con un autorretrato de Catherwood en las ruinas de Tulum, México, pero con tan pocos detalles que deja intacto el misterio de su apariencia.
11. W. M. Denevan, *The Native Population of the Americas in 1492* [La población nativa de las Américas] (Madison: University of Wisconsin Press, 1992). La referencia a los esclavos

propiedad del juez John Lloyd (abuelo materno de Stephens) aparece en cartas al padre de Stephens, Benjamin Stephens, escritas por su cuñada, sobre el desembolso de la herencia del juez Lloyd: John Lloyd Stephens Collection, 1946-47, New York Historical Society, Von Hagen Papers.

CAPÍTULO 2: RÍO ARRIBA

1. J. B. Lockey, *Diplomatic Futility* [Futilidad diplomática] (Durham, Carolina del Norte): (s.e., 1930).
2. Manning y U.S. Department of State, *Diplomatic Correspondence of the United States* [Correspondencia diplomática de Estados Unidos].
3. "DeWitt, Charles Gerrit, 1789-1839", Directorio Biográfico del Congreso de Estados Unidos. Suicidio mencionado en Lockey, *Diplomatic Futility,* p. 281.
4. A. M. Schlesinger, *The Age of Jackson* [La era de Jackson] (Boston: Little, Brown, 1945).

CAPÍTULO 3: SIERRA DEL MICO

1. John Lloyd Stephens Collection, 1946-47, New-York Historical Society, Von Hagen Papers.
2. N. Philbrick, *Sea of Glory: America's Voyage of Discovery, the U.S. Exploring Expedition, 1838-1842* [Mar de gloria: viaje de descubrimiento de América, la expedición exploradora de EE. UU., 1838-1842] (Waterville, ME: Thorndike Press, 2004).

CAPÍTULO 4: PASAPORTE

1. R. L. Woodward, *Rafael Carrera and the Emergence of the Republic of Guatemala, 1821-1871* [Rafael Carrera y el surgimiento

de la República de Guatemala, 1821-1871] (Athens: University of Georgia Press, 1993).

2. D. M. Pendergast, *Palenque: The Walker-Caddy Expedition to the Ancient Maya City, 1839-1840* [Palenque: La expedición Walker-Caddy a la antigua ciudad maya, 1839-1840] (Norman: University of Oklahoma Press, 1967). Pendergast incluye el diario personal de la expedición de Caddy y su descripción de las ruinas de Palenque, así como el informe oficial de Walker, todo lo cual forma la base de esta narración. También descubrió los despachos cruciales entre el coronel MacDonald y la Oficina Colonial, así como la historia del *Belize Advertiser*.
3. Ibídem. Véase ilustración después de la p. 32.

CAPÍTULO 5: A LOS MONOS LES GUSTA EL VIENTO

1. D. R. Wallace, *The Monkey's Bridge: Mysteries of Evolution in Central America* [El puente del mono: misterios de la evolución en Centroamérica] (San Francisco: Sierra Club Books, 1997).
2. C. Hall, H. Perez Brignoli *et al., Historical Atlas of Central America* [Atlas histórico de Centroamérica] (Norman: University of Oklahoma Press, 2003).
3. Philbrick, *Sea of Glory*.
4. H. Thomas, *Conquest: Montezuma, Cortes, and the Fall of Old Mexico* [La conquista: Montezuma, Cortés y la caída del México antiguo] (Nueva York: Simon & Schuster, 1993).
5. La población de Europa hasta los Montes Urales se estimó en 80 millones en ese momento, según Alfred Crosby. Véase *The Columbian Voyages, the Columbian Exchange, and Their Historians* (Washington, D. C.: American Historical Association, 1987), p. 19.
6. Ídem.
7. Los indígenas tuvieron una forma de venganza mediante lo que ahora se conoce como el *intercambio colombino*. Se cree

que infectaron a los europeos con sífilis, aunque sigue existiendo cierta controversia sobre si la enfermedad ya existía en Europa sin haber sido detectada antes de 1492. El primer caso registrado en Europa se reportó en 1495.

8. C. Mann, *1491* (Nueva York: Knopf, 2005); H. Dobyns, "An Outline of Andean Epidemic History to 1720", *Bulletin of the History of Medicine* 37, 1963, pp. 493-515.

 Todavía existe un debate entre académicos sobre si la muerte de Capa y su heredero se debió a la viruela. Al igual que con gran parte de la especulación en torno a la Conquista española de las Américas, se han encontrado pocos registros satisfactorios, lo que lleva a argumentos y contraargumentos sobre qué tanto afectaron al Nuevo Mundo las enfermedades traídas del Viejo Mundo. Por ejemplo, desde los ataques contra el World Trade Center, el 11 de septiembre de 2001, y la posterior preocupación por el posible uso de la viruela como arma por parte de los terroristas, los científicos han debatido qué tan rápido se puede propagar la enfermedad y su grado real de contagio. Algunos han señalado que no es tan infecciosa como suele afirmarse; otros han utilizado esa información para argumentar que la viruela no era la guadaña de la muerte en las Américas que los historiadores han dicho que es. Sin embargo, lo que a menudo se pasa por alto en el debate sobre los detalles es que los europeos trajeron consigo múltiples virus y patógenos mortales. En su conjunto, habrían sido devastadores. Además, hubo un efecto multiplicador de interrupciones en la agricultura y la caza que afectó a generaciones enteras, y que llevó a la desnutrición y el hambre. Pocos expertos sostienen hoy que la totalidad del impacto de la enfermedad fue algo menos que demográficamente catastrófico para los nativos americanos. Sin embargo, para obtener una muestra de un contraargumento sobre la viruela, consultar Francis Brooks, "The First Impact of Smallpox: What Was the Columbian Exchange Rate?" en *Columbus and the Consequences of 1492,* editado por A. R. Disney (Melbourne: La Trobe University, 1994).

10. Hall, Perez Brignoli, *et al., Historical Atlas of Central America.*
11. U.S. Department of State, *Mediation of the Honduran-Guatemalan boundary question, held under the good offices of the Department of State, 1918-1919* [Mediación sobre el asunto fronterizo entre Honduras y Guatemala, realizada bajo los Buenos oficios del Departamento de Estado] (Washington, D. C.: U.S. Government Printing Office, 1919), pp. 62, 172.

STEPHENS

1. Alexander von Humboldt Digital Library, 2006.
2. Ídem.
3. A. von Humboldt y J. Wilson, *Personal Narrative* [Narrativa personal] (Nueva York: Penguin Books, 1995).
4. Ídem.
5. Ídem.
6. Ídem.
7. Alexander von Humboldt, biblioteca digital.
8. A. von Humboldt y A. Bonpland. *Personal narrative of travels to the equinoctial regions of the New continent during the years 1799-1804* [Narrativa personal de viajes al las regiones equinocciales del Nuevo Continente durante los años 1799-1804] (Londres: Longman Hurst Rees Orme and Brown, 1814).
9. Humboldt y Wilson, *Personal Narrative.*
10. Una carta de la madre de John L. Stephens, Clemence, a su hermana Mary Hendrickson, enviada desde la ciudad de Nueva York a Middleton, Nueva Jersey, indica que, para el 11 de marzo de 1907, cuando se escribió la carta y John tendría 15 meses, la familia vivía en Nueva York. La carta es parte del archivo de Victor von Hagen en la New-York Historical Society.
11. E. G. Burrows y M. Wallace, *Gotham: A History of New York City to 1898* [Gotham: una historia de la ciudad de Nueva York hasta 1898] (Nueva York: Oxford University Press, 1999).

12. De hecho, durante la siguiente década se colocaron 1549 marcadores de piedra de 114 cm de largo cada uno, que indicaban cada esquina futura de la calle a lo largo de la isla. P. E. Cohen y R. T. Augustyn, *Manhattan in Maps, 1527-1995* [Manhattan en mapas, 1527-1995] (Nueva York: Rizzoli International, 1997), p. 104.
13. K. T. Jackson y D. S. Dunbar, *Empire City: New York Trough the Centuries* [Ciudad imperial: Nueva York a través de los siglos] (Nueva York: Columbia University Press, 2002), p. 119.
14. Burrows y Wallace, *Gotham,* pp. 333-34.
15. Es posible encontrar registros de las primeras transacciones comerciales de Benjamin Stephens, a partir de 1796, en los archivos de la familia Stephens en la New-York Historical Society. Denevan, *The Native Population of the Americas in 1492* [Las poblaciones nativas de las Américas en 1492].
16. J. L. Stephens, *Incidents of Travel in Greece, Turkey, Russia, and Poland* [Incidentes de viaje en Grecia, Rusia y Polonia] (Nueva York: Harper & Brothers, 1854). “El Bowling Green estaba asociado con mis primeros recuerdos. Había sido mi patio de recreo cuando era niño; cientos de veces me había saltado la cerca por mi pelota, y fui parte de una banda de muchachos que se aferró al lugar mucho después de que la corporación invadiera nuestros derechos” (p. 282).
17. G. Wills, *Henry Adams and the Making of America* (Boston: Houghton Mifflin, 2005), pp. 223-45.
18. Denevan, *The Native Population of the Americas in 1492.*
19. Burrows y Wallace, *Gotham,* pp. 424-28.
20. BANC MSS ZZ 116, documentos de John Lloyd Stephens, 1795-1882, Biblioteca Bancroft de la Universidad de California, Berkeley. De ahora en adelante referida como BANC MSS ZZ 116.
21. Edgar Allan Poe Society of Baltimore, artículos críticos de Poe en *Southern Literary Messenger,* enero, 1837.
22. R. Hawks, “The Late John L. Stephens”. *Putnam's Monthly Magazine of American Literature, Science and Art* 1, 1853: 64-68.
23. Von Hagen, *Maya Explorer,* p. 14.

24. Columbia University y W. J. Maxwell, *Catalogue of Officers and Graduates of Columbia University from the Foundation of King's College in 1754* [Catálogo de oficiales y graduados de la Universidad de Columbia de la fundación del King's College en 1754]] (Nueva York: The University, 1916).
25. Von Hagen, *Maya Explorer,* p. 15.
26. BANC MSS ZZ 116.
27. John Lloyd Stephens Collection, 1946-47, New-York Historical Society, Von Hagen Papers.
28. Hawks, "The Late John L. Stephens".
29. Stephens, *Incidents of Travel in Greece, Turkey, Russia, and Poland.*
30. Ídem.
31. Es posible que Stephens haya enviado las cartas directamente a Hoffman, quien se movía en el mismo círculo de Stephens en Nueva York y tal vez era su amigo. De modo que su publicación habría sido más calculada y menos fortuita de lo que dejó entrever. Su único comentario se encuentra en la página 122 de su segundo libro, *Incidents of Travel in Greece, Turkey, Russia, and Poland.*
32. *American Monthly Magazine,* octubre de 1835, p. 91.
33. J. L. Stephens, *Incidents of Travel in the Russian and Turkish Empires* [Incidentes de viaje en los imperios ruso y turco] (Londres: R. Bentley, 1839), p. 200.
34. Ibídem, p. 216.
35. L. Kuhnke y eScholarship, *Lives at Risk: Public Health in Nineteenth-Century Egypt* [Vidas en peligro: salud pública en el Egipto del siglo XIX] (Berkeley: University of California Press, 1990).
36. Stephens, *Incidents of Travel in Greece, Turkey, Russia, and Poland.*
37. Stephens, *Incidents of Travel in Egypt, Arabia Petraea, and the Holy Land.*
38. A. Keith, *Evidence of the truth of the Christian religion: Derived from the literal fulfillment of Prophecy, particularly as illustrated by the history of the Jews, and by the discoveries of recent*

travelers [Evidencia de la verdad de la religión cristiana: derivada del cumplimiento literal de la profecía, particularmente ilustrada por la historia de los judíos y los descubrimientos de viajeros recientes] (Edinburgh: Waugh & Innes, 1834).

39. A. Greene, *A glance at New York: Embracing the city government, theatres, hotels, churches, mobs, monopolies, learned professions, newspapers, rogues, dandies, fires and firemen, water and other liquids, &c., &c.* [Una mirada a Nueva York: acogiendo al gobierno de la ciudad, los monopolios, profesiones aprendidas, periódicos, charlatanes, dandies, incendios y bomberos, agua y otros líquidos, &c., &c.] (Nueva York: A. Greene, 1837), pp. 149-66.
40. Stephens hace una referencia a los difíciles tiempos en el prefacio de la cuarta edición: "Y, en cuanto al todo [este autor] solo puede decir, como lo ha hecho antes, que en el estado actual del mundo es casi presuntuoso publicar un libro de viajes".
41. Burrows y Wallace, *Gotham,* pp. 571-617.
42. T. L. Nichols, *Forty Years of American Life* [Cuarenta años de vida estadounidense] (Londres: Longmans Green, 1874), p. 343.
43. E. Exman, *The Brothers Harper: A Unique Publishing Partnership and Its Impact upon the Cultural Life of America from 1817 to 1853* [Los hermanos Harper: Una asociación editorial única y su impacto en la vida cultural de Estados Unidos entre 1817 y 1853] (Nueva York: Harper & Row, 1965), p. 93.
44. Ibídem, p. 93.
45. J. A. Stevens, B. F. DeCosta, *et al.*, *The Magazine of American History with Notes and Queries* (Nueva York: A. S. Barnes), pp. 29-30.
46. T. Weed, H. A. Weed, *et al.*, *Life of Thurlow Weed Including His Autobiography and a Memoir Memoir* [La vida de Thurlow Weed, incluyendo su autobiografía y sus memorias] (Boston y Nueva York: Houghton Mifflin, 1883), pp. 435-36.
47. L. Lilly, C. S. Henry, *et al.*, *The New-York Review* (Nueva York: George Dearborn, 1837), pp. 351-67.

48. *Southern Literary Messenger,* agosto de 1839.
49. W. H. Seward y F. W. Seward, *Autobiography of William H. Seward, from 1801 to 1834 with a memoir of his life, and selections from his letters from 1831 to 1846* [Autobiografía de William H. Seward, de 1801 a 1834, incluyendo sus memorias y una selección de cartas de 1831 a 1846] (Nueva York: Appleton, 1877).
50. D. S. Dickinson, J. R. Dickinson, *et al., Speeches, Correspondence, etc., of the Late Daniel S. Dickinson of New York* [Discursos, correspondencia, etc., del finado Daniel S. Dickinson de Nueva York] (Nueva York: Putnam, 1867).

CAPÍTULO 6: RUINAS

1. J. W. Griffith, "Juan Galindo, Central American Chauvanist", *Hispanic American Historical Review* 40, núm. 1 (1960): 25-52.
2. I. Graham, "Juan Galindo, Enthusiast", *Estudios de cultura maya México* 3, 1963, pp. 11-35. Griffith y Graham ofrecen recuentos bien investigados y complementarios sobre el involucramiento de Galindo en América Central, tanto en términos políticos como arqueológicos.
3. Ibídem. Véase miniatura en la Figura 2.
4. S. G. Morley, *The Inscriptions at Copan* (Las inscripciones en Copán] (Washington, D. C.: Carnegie Institution of Washington, 1920).
5. La conjetura de Galindo sobre la base fonética de la escritura jeroglífica es curiosa. No ofreció ninguna base que respaldara una suposición que parecería seguir el desciframiento parcialmente fonético, diez años antes, de la piedra de Rosetta del sabio francés Jean Champollion, quien consiguiera descifrar el lenguaje escrito de los jeroglíficos egipcios. Pero Galindo, en su limitado conocimiento, parece ignorar en su informe el avance fonético de Champollion, al escribir: "Esta escritura [maya] es jeroglífico-fonética, representa sonidos, y es muy superior a las pinturas de los

mexicanos y los jeroglíficos simbólicos de los egipcios, que solo representaban cosas". Durante el siglo siguiente, los epigrafistas se negaron obstinadamente a creer que los jeroglíficos mayas tenían componentes fonéticos y, de hecho, insistían en que no eran más que referencias de calendario, hasta que por fin, en la segunda mitad del siglo XX, se demostró que se trataba de un sistema de escritura fonético completamente realizado.

6. Galindo también se equivocó en varios aspectos. Por ejemplo, creía que Copán había sido fundada aproximadamente en el siglo XI d. C. y que, al igual que los aztecas, todavía se encontraba floreciendo cuando llegaron los españoles.
7. D. Garcia de Palacio, E. G. Squier, *et al.*, *Letter to the King of Spain: Being a description of the ancient provinces of Guazacapan, Izalco, Cuscatlan, and Chiquimula, in the Audiencia of Guatemala, with an account of the languages, customs, and religion of their aboriginal inhabitants, and a description of the ruins of Copán* [Carta al rey de España: siendo una descripción de las antiguas provincias de Guazacapán, Iztalco, Cuscatlán y Chiquimula, en la Audiencia de Guatemala, con una relación de las lenguas, las costumbres y la religión de sus habitantes aborígenes, así como una descripción de las ruinas de Copán] (Culver City, CA: Labyrinthos, 1985).
8. Ídem.
9. Galindo deseaba mucho el reconocimiento, así como recibir la medalla de oro concedida por la Société de Géographie de París a la mejor descripción de las ruinas encontradas en las Américas.
10. Morley, *The Inscriptions at Copan.*
11. Un plan consistía en traer a su padre de Inglaterra para instaurarlo como jefe de un puerto rentable en Boca de Toro, en lo que ahora es parte de Panamá. El proyecto fracasó miserablemente y solo sirvió para provocar que Nueva Granada, la actual nación de Colombia, enviara fuerzas armadas para reclamar la zona.
12. Griffith, "Juan Galindo, Central American Chauvanist".

13. R. T. Evans, *Romancing the Maya: Mexican Antiquity in the American Imagination, 1820-1915* [En busca de los mayas: la antigüedad mexicana en la imaginación estadounidense, 1820-1915] (Austin: University of Texas Press, 2004). Evans analiza la clara posición nacionalista de Stephens en aquel momento, según la cual los estadounidenses deberían ser los custodios de los tesoros arqueológicos y que los latinoamericanos eran demasiado ignorantes o desinteresados para preservarlos (pp. 54-62).
14. J. L. Roberts, "Landscapes of Indifference: Robert Smithson and John Lloyd Stephens in Yucatán", *Art Bulletin* 82, núm. 3, 2000, pp. 544-67. El autor analiza con cierto detalle los problemas de percepción que enfrentó Catherwood y cómo los manejó.

CAPÍTULO 7: CARRERA

1. W. R. Manning y U.S. Department of State, *Diplomatic Correspondence of the United States Concerning the Independence of the Latin-American Nations* [Correspondencia diplomática de Estados Unidos relativa a la independencia de las naciones latinoamericanas] (Nueva York: Oxford University Press, 1925), vol. 2, doc. 741, pp. 22-23.
2. M. Rodríguez, *A Palmerstonian Diplomat in Central America: Frederick Chatfield, Esq.* [Un diplomático palmerstoniano en Centroamérica: el sr. Frederick Chatfield] (Tucson: University of Arizona Press, 1964).
3. Ídem.
4. Graham, "Juan Galindo, Enthusiast".
5. Rodríguez, *A Palmerstonian Diplomat in Central America.*
6. José Rafael Carrera y Turcios gobernaría Guatemala como líder militar y dictador conservador durante 22 de los siguientes 25 años. Fue declarado "presidente vitalicio" de Guatemala en 1854, y murió en 1865 con 51 años.

7. Pendergast, *Palenque*. El informe oficial de Walker y el diario de Caddy se encuentran completos en el libro de Pendergast.

CAPÍTULO 8: GUERRA

1. Woodward, *Rafael Carrera and the Emergence of the Republic of Guatemala, 1821-1871*. Es un relato extraordinario y exhaustivamente investigado del período.
2. P. F. Wollam, "The Apostle of Central American Liberalism: Francisco Morazan and His Struggle for Union" (tesis de meastría, University of California, Berkeley, 1940); Woodward, *Rafael Carrera and the Emergence of the Republic of Guatemala, 1821-1871*.
3. Woodward, *Rafael Carrera and the Emergence of the Republic of Guatemala, 1821-1871*, p. 484.
4. Ibídem, p. 49.
5. K. L. Miceli, "Rafael Carrera: Defender and Promoter of Peasant Interest in Guatemala, 1837-1848", *The Americas* 31, núm. 1 (1944): 72-94. Woodward y Miceli ofrecen la descripción más completa en inglés de las condiciones que llevaron a la insurrección de 1837.

Woodward, *Rafael Carrera and the Emergence of the Republic of Guatemala, 1821-1871*, pp. 37-55; Miceli, "Rafael Carrera", pp. 72-75.

6. M. L. Moorhead, "Rafael Carrera of Guatemala: His Life and Times" (tesis de doctorado, University of California, Berkeley, 1942).
7. Ibídem, p. 18.
8. Manning and U.S. Department of State, *Diplomatic Correspondence of the United States*.
9. H. H. Bancroft, *History of Central America* [Historia de Centroamérica] (San Francisco: A. L. Bancroft, 1882).
10. Manning and U.S. Department of State, *Diplomatic Correspondence of the United States*.

11. Ídem.
12. Ídem.

CAPÍTULO 9: MALARIA

1. Ídem.
2. No hay un registro escrito de comunicación del Departamento de Estado a Stephens pidiéndole que investigue la viabilidad de la ubicación en donde se construiría el canal. Sus instrucciones fueron explícitas: completar la negociación del tratado y cerrar la legación en la ciudad de Guatemala. Sin embargo, un enviado estadounidense a Centroamérica anterior, William Jeffers, recibió instrucciones para evaluar y discutir con la república la construcción del canal a través de Nicaragua. Charles DeWitt menciona en un despacho a Forsyth que consideraba esas instrucciones como órdenes "vigentes" incorporadas a sus instrucciones formales, por lo que Stephens bien pudo haber asumido la misma obligación cuando decidió viajar a Nicaragua. Sin embargo, también señaló en una carta posterior a Forsyth que hizo el viaje por su propia cuenta, lo que indica que consideraba que el asunto no estaba relacionado con sus deberes oficiales. No obstante, Stephens, a su regreso a Estados Unidos, entregó al gobierno en Washington todas sus notas y observaciones, así como copias (escritas por él mismo) de los estudios del canal. Por supuesto, también incluyó en su libro parte del material clave y es posible que haya considerado que su inspección en persona del lugar en Nicaragua podría llegar a resultar provechosa si decidiera asociarse con amigos de Nueva York que estaban considerando un proyecto de canal de este tipo.
3. Jefferson conocía la ruta de Nicaragua desde 1785, cuando recibió un manuscrito francés escrito por Chevalier Bourgoyne sobre la ruta. Presentó el manuscrito a la biblioteca de la Sociedad Filosófica Estadounidense en Filadelfia en 1817.

4. Otros jefes de Estado se sentían igualmente intrigados por la ruta de Nicaragua. El rey de Holanda en 1830 ganó el derecho exclusivo de la nueva República de Centroamérica para construir un canal en el río San Juan. Sin embargo, al escribir desde Guatemala cinco años después, el predecesor de Stephens, DeWitt, informó al secretario Forsyth que el proyecto holandés había fracasado. Agregó que ahora el momento era propicio para que Estados Unidos asumiera el proyecto.
5. United States Congress., F. P. Blair, *et al., The Congressional Globe* (Buffalo, NY: Hein, 2007).
6. Manning y U.S. Department of State, *Diplomatic Correspondence of the United States.*
7. Pendergast, *Palenque.*
8. Don Juan también sirvió como guía para Jean-Frédéric Waldeck a principios de la década de 1830, y para Stephens y Catherwood.
9. Pendergast, *Palenque.* Pendergast escribe que el informe formal de Caddy estaba destinado a acompañar su carpeta de dibujos y servir como complemento de una presentación científica que realizaría más tarde en Londres. No queda claro si formó parte del informe oficial que Walker entregó a la Oficina Colonial. Su diario personal, por el contrario, que Pendergast incluye en su libro, aparentemente indica que nunca se pensó para que se publicara o para que oficiales lo leyeran.

CAPÍTULO 10: CRISIS INMINENTE

1. Griffith, "Juan Galindo, Central American Chauvanist". Stephens informó que en el relato que escuchó, Galindo había sido asesinado por indígenas. "Después de la batalla", escribió Stephens, "al intentar escapar, con dos dragones y un joven sirviente, pasó por una aldea indígena, lo reconocieron y todos fueron asesinados con machetes", en *Incidents of*

Travel in Central America, vol. 1, p. 423. Sin embargo, en un despacho Frederick Chatfield escribió: "El coronel Galindo fue baleado en un pueblo del estado de Honduras llamado Aguanqueterique [...] intentaba encontrar el camino a San Miguel, después de la derrota de su cacique Cabañas, cuando se topó con un grupo de tropas hondureñas que acabaron con él al instante". Graham, "Juan Galindo, Enthusiast", pp. 21-22.

2. Al final, Galindo recibió el reconocimiento que tanto había deseado. Desafortunadamente, llegó después de su muerte, cuando los franceses le otorgaron una medalla de plata por sus descubrimientos.
3. Woodward, *Rafael Carrera and the Emergence of the Republic of Guatemala, 1821-1871*, p. 120.
4. Bancroft, *History of Central America*, vol. 13, p. 141.
5. Hay una serie de informes que describen esta batalla histórica, pero Stephens, quien habló con testigos oculares poco después de la batalla, brinda el relato registrado en inglés más nítido que se conozca. Stephens, *Incidents of Travel in Central America, Chiapas, and Yucatan*, vol. 2, pp. 110-15.
6. Morazán, en cambio, tenía fama de tratar bien a sus prisioneros. Véase Bancroft, *History of Central America*, vol. 13, p. 141.
7. Ibídem, pp. 141-2; F. Crowe, *The gospel in Central America containing a sketch of the country, physical and geographical, historical and political, moral and religious. A history of the Baptist mission in British Honduras, and of the introduction of the Bible into the Spanish American republic of Guatemala* [El evangelio en Centroamérica, con un esbozo físico y geográfico, histórico y político, moral y religioso de la zona: una historia de la misión bautista en Honduras Británica y de la introducción de la Biblia en la América española de la República de Guatemala] (Londres: C. Gilpin, 1850), p. 147.
8. José Francisco Morazán Quezada regresó a América Central del exilio en América del Sur menos de dos años después de ser derrotado por Carrera. Después de intentar reunir un

ejército para formar una nueva unión centroamericana, fue capturado en Costa Rica en 1842 y ejecutado por un pelotón de fusilamiento. Su muerte a los 49 años puso fin a todos los intentos serios de unir a los estados centroamericanos en una sola república.

CAPÍTULO 11: LA REUNIÓN

1. Los intentos de Stephens de sustraer monumentos y artefactos de América Central y México para exhibirlos en Estados Unidos y, más específicamente, en Nueva York, han generado un debate académico sobre si lo impulsaron motivos irresponsables e imperialistas. No hay duda de que las motivaciones de Stephens fueron una mezcla de diferentes impulsos: preocupaciones nacionalistas (es decir, imperialismo en un sentido amplio), una apreciación genuina y un fuerte deseo de preservar los artefactos mismos, así como la esperanza de expandir el conocimiento científico e histórico; todo lo cual, pensó, también podría ser respaldado mediante la explotación comercial de las ruinas. Stephens también expresó su esperanza de crear el museo nacional de antigüedades americanas, aunque nunca especificó si tomaría la forma de una institución pública, privada o comercial. En la época de Stephens, la mayoría de los museos de Estados Unidos eran empresas privadas o comerciales. Sin embargo, Stephens conocía los grandes museos nacionales de Europa y estaba al tanto de las adquisiciones de antigüedades romanas, griegas y egipcias por parte de Inglaterra y Francia. Es válido preguntarse si Stephens y Catherwood (quien era dueño de un panorama) consideraban la adquisición de artefactos mayas como una iniciativa comercial. Resulta claro que Stephens era nacionalista y ferozmente chovinista cuando de Nueva York se trataba, y explicó que lo motivaba la preocupación de que, a menos que fueran llevadas a Estados Unidos, las antigüedades americanas

terminaran en Europa. Más allá de eso, argumentó que Estados Unidos era el lugar adecuado para preservarlas y exponerlas, ya que los funcionarios del gobierno del país de origen no las protegían y además la gente de América Central no las apreciaba. Quienes critican las acciones de Stephens, sin embargo, afirman que sus argumentos no son más que racionalizaciones de lo que uno de ellos denominó la "codicia" de Stephens, así como la actitud imperialista de los estadounidenses en general hacia sus vecinos del sur, la que muy pronto quedaría plenamente manifestada en la Guerra México-Estados Unidos. Véase R. D. Aguirre, *Informal Empire: Mexico and Central America in Victorian Culture* (Minneapolis: University of Minnesota Press, 2005), pp. 66-76; Evans, *Romancing the Maya*, pp. 44-87; Roberts, "Landscapes of Indiference", pp. 544-67.

2. En un epílogo que escribió para su libro *Incidents of Travel in Central America, Chiapas and ucatán*, Stephens describe que, tras su regreso a Nueva York, consiguió promesas de contribuciones que en total alcanzaban los 20 000 dólares para comprar y extraer las ruinas, o parte de ellas, de Quiriguá y enviarlas a Nueva York. No especifica si los fondos recaudados eran inversiones filantrópicas o comerciales. No obstante, con ese compromiso en la mano, aumentó el monto de la oferta que les había hecho a los hermanos Payes. Sin embargo, al momento en que se hizo la nueva oferta, la noticia del descubrimiento de las ruinas había llegado a Estados Unidos y Europa debido a que Payes había publicado las notas de Catherwood. Payes rechazó la nueva oferta de Stephens. "A partir de vagas conversaciones con extranjeros que nunca las habían visto ni sabían nada de ellas", escribió Stephens, "[Payes] imaginó que todos los gobiernos de Europa se pelearían entre sí por poseerlas", una noción que Stephens caracterizó como "alucinatoria". El monto de la segunda oferta de Stephens, como la primera, nunca es revelado. Y Stephens demostró tener razón en cuanto a la falta de interés de los gobiernos de Europa. Pero lo afortunado

de todo eso es que la avaricia de los hermanos Payes y su "alucinación" en lo referente al valor de Quiriguá resultó sin querer en la preservación, *in situ* y sin ser alteradas, de las notables ruinas en cuestión.

3. Pendergast, *Palenque,* p. 135.

CATHERWOOD

1. En registros públicos se han encontrado un resumen de la vida de Frederick Catherwood, algunas cartas, referencias a él poco conocidas por parte de algunos de sus contemporáneos, su propio pequeño canon de escritos, un libro de cuentas, las narraciones de Stephens y un caso legal clave relacionado con su matrimonio. Por supuesto, el mayor legado de Catherwood ha sido su obra de arte, pero incluso una gran parte ella, particularmente su trabajo en Egipto, se ha perdido.
2. Véase http://www.british-history.ac.uk/report.aspx?compid=98247.
3. V. W. von Hagen, *"F. Catherwood archt" (1799-1854)* (Nueva York: Oxford University Press, 1946), fn. 8, pp. 145-46. La biografía de Von Hagen erróneamente identifica a Nathaniel Catherwood como el padre de Frederick. Pero los registros de nacimiento, bautismo y de la iglesia identifican a su padre y a su madre como John James Catherwood y Anne Rowe. La información relacionada con la familia de Frederick Catherwood provino de la correspondencia entre Fiona Hodgson y Julie Redman, quienes son descendientes de la familia Catherwood y han rastreado cuidadosamente su árbol genealógico.
4. J. Aitken, *John Newton: From Disgrace to Amazing Grace* [John Newton: de la desgracia a la sublime gracia] (Wheaton, IL: Crossway Books, 2007), pp. 273-74.
5. Correspondencia con Fiona Hodgson y Julie Redman.

6. J. J. Scoles, "Catherwood", *The Dictionary of Architecture* (Londres: Richards,1852), pp. 53-92.
7. S. Brown, *Joseph Severn: A Life: The Rewards of Friendship* [Joseph Severn: una vida: las recompensas de la amistad] (Oxford: Oxford University Press, 2009), fn. 35, p. 29.
8. A. Graves, *The Royal Academy of Arts; A Complete Dictionary of Contributors and Their Work from Its Foundation in 1769 to 1904* [La Real Academia de Artes; un diccionario completo de contribuidores y su trabajo, desde su fundación en 1769 hasta 1904] (Londres: H. Graves, 1905), p. 14.
9. J. Severn y G. F. Scott, *Joseph Severn: Letters and Memoirs* [Joseph Severn: cartas y memorias] (Aldershot, Inglaterra, y Burlington, VT: Ashgate, 2005).
10. Von Hagen, *"F. Catherwood archt" (1799-1854)*.
11. F. Salmon, "Storming the Campo Vaccino: British Architects and the Antique Buildings of Rome after Waterloo", *Architectural History* 38, 1995, pp. 146-75.
12. American Ethnological Society, *Transactions of the American Ethnological Society* [Transacciones de la American Ethnological Society] (Nueva York: Bartlett & Welford, 1845), p. 487.
13. *National Academy of Design Exhibition Record 1826-1860* [Registro de exposiciones 1826-1860 de la Academia Nacional de Diseño] (Nueva York: National Academy of Design, 1860). Su témpera del monte Etna es una de las pocas pinturas originales que se conservan del período temprano de su vida.
14. P. Starkey y J. Starkey, *Travellers in Egypt* [Viajeros en Egipto] (Londres y Nueva York: Tauris, 1998), p. 48.
15. H. Colvin, *A Biographical Dictionary of British Architects, 1600-1840* [Un diccionario biográfico de arquitectos británicos, 1600-1840] (New Haven, CT, y Londres: Yale University Press, 2008), s.v. "Scoles", p. 908.
16. *The Annual Register, or a View of the History, Politics, and Literature of the Year 1835* [The Annual Register, o una mirada a la historia, política y literatura del año 1835] (Londres: Longman, Rees, Orme, 1836), p. 202.

17. K. Fahmy, *All the Pasha's Men: Mehmed Ali, His Army, and the Making of Modern Egypt* [Todos los hombres del bajá: Mehmet Alí, su ejército y la creación del Egipto moderno] (Cairo y Nueva York: American University in Cairo Press, 2002), pp. 95-96.
18. J. Madox, *Excursions in the Holy Land, Egypt, Nubia, Syria, &c. Including a Visit to the Unfrequented District of the Haouran* [Excursiones en Tierra Santa, Egipto, Nubia, Siria, &c., incluyendo una visita al distrito poco frecuentado de Haouran] (Londres: R. Bentley, 1834), vol. 2, p. 28.
19. *Times* (Londres), agosto 25, 1824. El periódico publicó un extracto de una carta enviada desde Ghenney el 21 de abril de 1824, informando que Catherwood, Parke y Scoles habían regresado de su "excursión científica" y se encontraban "en buen estado de salud".
20. R. Herzog, "Über Henry Westcars Tagebuch einer Reise durch Ägypten und Nubien (1823-24)", *Mitteilungen des Deutschen Archäologischen Instituts, Abteilung Kairo* 24, 1969: 201-11.
21. J. W. Grutz, "The Lost Portfolios of Robert Hay", www.saudiaramcoworld.com, marzo/abril de 2003.
22. Starkey y Starkey, *Travellers in Egypt*, p. 131.
23. Severn y Scott, *Joseph Severn: Letters and Memoirs.*
24. V. W. von Hagen, *Frederick Catherwood, archt.* [Frederick Catherwood, arq.] (Nueva York: Oxford University Press, 1950), p. VI.
25. Architectural Publication Society, *The Dictionary of Architecture.*
26. *Downside Review* (Downside Abbey, Bath, Inglaterra) 8, 1889, pp. 115-16.
27. Graves, *The Royal Academy of Arts*, p. 14.
28. Su nombre original en la era púnica fue Thugga. Catherwood llamó al área *Dugga* y hoy se conoce como Dougga. Se ha convertido en una atracción turística debido a las numerosas ruinas romanas que se encuentran allí.
29. *Transactions of the American Ethnological Society*, pp. 474-91.

30. Durante un tiempo, Catherwood creyó que él había descubierto el monumento. Más tarde, sin embargo, se enteró de que las mismas inscripciones habían sido copiadas doscientos años antes por un viajero francés llamado D'Arcos.
31. Cuando sir Thomas Reade, el cónsul británico en Túnez, se enteró del descubrimiento de Catherwood, ordenó que las inscripciones fueran extraídas de la fachada y enviadas al Museo Británico, destruyendo en el proceso gran parte de la tumba. El monumento, hoy llamado Mausoleo Líbico-Púnico, fue reconstruido a principios del siglo XX por el arqueólogo francés Louis Poinssot. Una piedra esculpida de 1.82 m de largo que representa "un auriga conduciendo cuatro caballos a toda velocidad", que Catherwood había excavado de la base del monumento, volvió a ser colocado en la parte superior. Basándose en el estilo "más antiguo y primitivo" de la estructura de las columnas y capiteles griegos y el arquitrabe y las cornisas puramente egipcios, Catherwood estimó que fue erigida cerca de la fundación de Cartago alrededor del año 900 a. C. Los expertos modernos, sin embargo, sitúan la fecha más cerca del 300 a. C.
32. Starkey y Starkey, *Travellers in Egypt*, pp. 132-33.
33. G. A. Hoskins, *Visit to the Great Oasis of the Libyan Desert* [Visita al Gran Oasis del desierto libio] (Londres, 1837).
34. Ídem. Hoskins describió el viaje con gran detalle. Los pueblos que visitaron se conocen hoy como El-Kharga, Baris, Bulaq y Ezbet Dush.
35. F Arundale, *Illustrations of Jerusalem and Mount Sinai: Including the Most Interesting Sites Between Grand Cairo and Beirout* (Londres: H. Colburn, 1837).
36. W. H. Bartlett, *Walks About the City and Environs of Jerusalem* [Paseos por la ciudad y alrededores de Jerusalén] (Londres: George Virtue, 1846). El recuento de Catherwood se encuentra en las pp. 161-78.
37. Arundale, *Illustrations of Jerusalem and Mount Sinai*, p. 69.

38. Fue construido aproximadamente al mismo tiempo que cuando las ciudades mayas de Palenque y Copán prosperaban en América Central durante el apogeo de su período Clásico.
39. El diario de Arundale concluye con su llegada a Beirut, por lo que se desconocen con exactitud los detalles de lo que siguió.
40. En el testamento de Frederick Catherwood, su esposa registró su nombre como Gertrude Catherwood.
41. U.S. Department of State, President Garfield, *et al., Message from the President of the United States, transmitting, in response to the resolution of the Senate of the 18th ultimo, a report of the secretary of state, with accompanying papers, in relation to the capitulations of the Ottoman Empire* [Mensaje del Presidente de Estados Unidos, transmitido en respuesta a la resolución del Senado del 18 ultimo, un informe del secretario de Estado, con documentos adjuntos, relacionados con las capitulaciones del Imperio otomano] (Washington, D. C.: U.S. Government Printing Office, 1881), p. 35.
42. R. Kark, *American Consuls in the Holy Land 1832-1914* [Cónsules estadounidenses en la Tierra Prometida, 1832-1914] (Detroit: Wayne State University Press, 1994), p. 85.
43. El relato de Bonomi sobre la boda de Gertrude Abbott y Frederick Catherwood, y su viaje posterior, fue presentado durante el testimonio de Bonomi en un juicio en 1841.
44. Correspondencia con Fiona Hodgson y Julie Redman.
45. S. Tillett, *Egypt Itself: The Career of Robert Hay, Esquire, of Linplum and Nunraw, 1799-1863* [Egipto mismo: La carrera de Robert Hay, Esquire, de Liplum y Nunraw, 1799-1863] (Londres: SD Books, 1984), pp. 68-71.
46. *The Literary Gazette and Journal of the Belles Lettres, Arts, Sciences, &c.* (Londres: W. A. Scripps, 1835), p. 380.
47. Von Hagen, *Frederick Catherwood, archt*, pp. 43-45.
48. A. J. Downing, *A treatise on the theory and practice of landscape gardening adapted to North America; with a view to the improvement of country residences. With remarks on rural architecture* [Un tratado sobre la teoría y la práctica de la jardinería paisajista adaptada a América del Norte, dirigido a

la mejora de las residencias en el campo; con comentarios sobre la arquitectura rural] (Nueva York: Putnam, 1853). Incluye una ilustración del invernadero de Catherwood en la p. 452, una de las únicas ilustraciones de una estructura diseñada por él. Para más información, véase también "Rural Essays" de Downing, p. 201, y "Montgomery Place" de Haley, p. 13.

49. El panorama de Catherwood no fue el primero en América. Otro había sido construido en 1818 por el artista John Vanderlyn en un terreno rentado a la ciudad de Nueva York en la esquina noreste de City Hall Park. Sin embargo, quebró 11 años después. *Bulletin of the Metropolitan Museum of Art* 7 (1912).
50. El libro de cuentas encuadernado con el registro de los gastos e ingresos del panorama de 1838 hasta 1842 se conserva en el archivo de la New-York Historical Society. Excepto por el tenedor de libros que llevaba las cuentas, es difícil, si no imposible, determinar cómo Catherwood y Jackson repartieron entre ellos los costos y los ingresos durante los cuatro años registrados en el libro mayor, o qué tan rentable fue realmente el negocio. Se trató de una empresa complicada con panoramas enviados para exposiciones en Boston, Baltimore, Toronto, Filadelfia y otros lugares, de los cuales no hay constancia de ingresos. Además, se vendieron a los clientes libros relacionados con los panoramas, una actividad secundaria, pequeña pero aparentemente lucrativa. El libro de cuentas, sin embargo, contiene cifras brutas de los ingresos diarios de las exhibiciones de Nueva York, así como la cantidad adeudada mensualmente por el alquiler del terreno en el que se encontraba la rotonda, propiedad de la familia Astor: salarios, gastos de publicación, facturas de gas, impuestos y el costo del alquiler de los lienzos panorámicos.
51. Hay evidencia de que Catherwood llevó su panorama de Jerusalén a Boston para exhibirlo en 1837. *Christian Examiner and General Review* 23, 1842, p. 261.

52. Victor Wolfgang von Hagen, biógrafo de Stephens y Catherwood, escribió que los dos hombres se conocieron en Londres en el panorama de Jerusalén de Burford, una afirmación que se ha repetido muchas veces. Sin embargo, un encuentro entre ambos en Inglaterra hubiera sido físicamente imposible. Los registros de pasajeros marítimos muestran que Catherwood y su familia se encontraban a bordo de un barco rumbo a Nueva York cuando Stephens viajaba de Beirut a Alejandría, Egipto. Stephens llegó a Nueva York el 6 de septiembre de 1836. Catherwood y su familia habían llegado tres meses antes, el 7 de junio de 1836.
53. Exman, *The Brothers Harper,* p. 121.
54. *The Knickerbocker; o, New-York Monthly Magazine* 54, 1859.
55. Ibídem, pp. 318-19.
56. S. E. Morison, *William Hickling Prescott, 1796-1859* (Boston: Massachusetts Historical Society, 1958).
57. Von Hagen, *Frederick Catherwood, archt,* n. 4, pp. 152-53. Citas de Von Hagen contenidas en la correspondencia de John R. Bartlett, John Carter Brown Library, Brown University. Una copia de esta carta también se encuentra archivada en la sección Victor von Hagen Papers de la New-York Historical Society.
58. "Biographical Notice", en la edición de Londres de *Incidents of Travel in Central America, Chiapas, and Yucatan,* publicada por Catherwood en 1854.
59. "Court of Exchequer", *Times* (Londres), diciembre 11, 1841.
60. BANC MSS ZZ 116, contract between Stephens and Catherwood.

CAPÍTULO 12: VIAJE AL PASADO

1. Bancroft, *History of Central America,* ch. 25. La capital, Iximché, ha recibido varios nombres. Stephens se refirió a ella como Patinamit. Y el nombre que le dieron los guerreros mexicanos que acompañaron a Alvarado en su conquista

fue *Quauhtemala*, que luego se transformó en el nombre común del país, Guatemala.

2. M. Restall y F. G. L. Asselbergs, *Invading Guatemala: Spanish, Nahua, and Maya Accounts of the Conquest Wars* [Invadiendo Guatemala: Testimonios españoles, nahuas y mayas sobre las guerras de la Conquista] (University Park: Pennsylvania State University Press, 2007). Este excelente libro ofrece una versión al estilo Rashomon de la conquista de América Central, con traducciones al inglés de registros, cartas y otros relatos de la invasión de los conquistadores, incluidos los de Pedro de Alvarado y su hermano Jorge, los indígenas mexicanos que los acompañaron y los propios conquistados.
3. R. J. Sharer y S. G. Morley, *The Ancient Maya* [Los antiguos mayas] (Stanford, CA: Stanford University Press, 1994), pp. 737-41. Bancroft, en *History of Central America*, también ofrece un relato detallado de la conquista de América Central por parte de Alvarado (cc. 22-27).

   Como se ha mencionado, la capital española, llamada Santiago, fue reubicada varias veces. Pasó de encontrarse al pie del volcán Agua, a ser reubicada, después de un gran deslave que sepultó gran parte del pueblo, en el cercano valle de Panchoy, donde permaneció varios siglos, hasta 1773, cuando aquella ciudad también fue destruida, esta vez por un terremoto. Los restos de esa ciudad llegaron a ser conocidos como *Antigua* cuando la capital se trasladó por última vez a su ubicación actual y finalmente se denominó *Ciudad de Guatemala*. Hoy el pueblo de Ciudad Vieja ocupa el sitio desocupado al pie del volcán Agua. Y Antigua, con sus hermosas casas estilo colonial, iglesias y calles empedradas, fue nombrada Patrimonio de la Humanidad por la UNESCO.
4. Cabe señalar que los mayas quiché y kaqchikel no fueron presa fácil de la embestida española. Los mayas lucharon heroicamente, pero su clase guerrera ya había sido diezmada por las enfermedades del Viejo Mundo, principalmente la viruela, que los europeos habían propagado con rapidez y que precedieron a la invasión. Los españoles,

aunque pocos, eran resistentes y disciplinados. Contaban con el importante apoyo de miles de guerreros tlaxcaltecas y otros grupos indígenas enviados de México durante la Conquista. Además tenían la ventaja tecnológica de las armas de fuego y de acero, la artillería, las armaduras y los caballos españoles, animales aterradores que los indígenas con frecuencia mencionaban nunca haber visto antes.

5. Utatlán, sin embargo, fue uno de los sitios indígenas mejor documentados de Guatemala. Como había hecho con la investigación de Copán de Galindo, el gobierno liberal guatemalteco de Gálvez también había comisionado, en 1834, a Miguel Rivera y Maestre para que llevara a cabo una investigación exhaustiva de Utatlán, o lo que quedaba de ella. Stephens conoció a Rivera y Maestre en Ciudad de Guatemala y lo describió como "un caballero distinguido por sus gustos científicos y anticuarios". Le dio a Stephens una copia del informe que entregó al gobierno, además de una pequeña estatua de arcilla de una figura maya sentada que había extraído de las ruinas.
6. Véase http://pages.ucsd.edu/~gbraswel/docs/Braswell%20CV_Peer%20Reviewed%20Chapters%20&%20Articles/Braswell%202003f.pdf.
7. Las diez tribus perdidas de Israel originalmente se hallaban en el Reino del Norte de Israel y fueron enviadas al exilio durante la invasión asiria del reino en el 722 a. C. Desde entonces, su desaparición ha provocado siglos de especulaciones sobre cuál fue su destino.
8. M. M. Noah, *Discourse on the Evidences of the American Indians Being the Descendants of the Lost Tribes of Israel: Delivered before the Mercantile Library Association, Clinton Hall* (Nueva York: J. Van Norden, 1837), pp. 21-29. Noah escribió: "En México y Centroamérica abundan las curiosidades. Una de ellas es el hecho del origen asiático de sus habitantes, o que no hace muchos años las ruinas de toda una ciudad —con una muralla de más de 11 km de circunferencia, con castillos, palacios y templos evidentemente de arquitectura

hebrea o fenicia— fuera encontrada a la orilla del río Palenque. Las ruinas de esta ciudad cerca de Guatemala, en Centroamérica, fueron descritas por Del Río en 1782, [y] tomadas en conjunto con las extraordinarias, diría yo maravillosas, antigüedades esparcidas por toda la superficie de ese país, nos recuerdan y remontan a través de su arquitectura a las primeras páginas de la historia, demostrando duda que nosotros, que nos imaginábamos nativos de un nuevo mundo apenas descubierto, de hecho habitamos un continente que no solo llegó a ser tan esplendoroso como Egipto o Siria, sino que además fue poblado por una nación del Viejo Mundo sumamente poderosa y culta".

9. E. K. Kingsborough, A. Aglio, *et al.*, *Antiquities of Mexico: Comprising facsimiles of ancient Mexican paintings and hieroglyphics, preserved in the royal libraries of Paris, Berlin and Dresden, in the Imperial library of Vienna, in the Vatican library, in the Borgian museum at Rome, in the library of the Institute at Bologna, and in the Bodleian Library at Oxford, together with the monuments of New Spain by M. Dupaix, with their respective scales of measurement and accompanying descriptions* [Antigüedades de México: consta de facsímiles de pinturas y jeroglíficos mexicanos antiguos, preservados en las bibliotecas reales de París, Berlín y Dresde, en la biblioteca imperial de Viena, en la biblioteca del Vaticano, en el Museo Borgiano de Roma, en la biblioteca del Instituto en Bolonia y en la biblioteca Bodleiana de Oxford, junto con los monumentos de Nueva España de M. Dupaix, con sus respectivas escalas de medida y descripciones adjuntas] (Londres, 1831). Kingsborough incluyó en sus volúmenes varios ensayos de académicos que especulaban sobre los orígenes de los nativos del Nuevo Mundo, sus ciudades y la civilización antigua.

   Entre ellos: "Comparison of the Ancient Monuments of Mexico with Those of Egypt, India, and the Rest of the Ancient World", de Alexandre Lenoir, y "Discourse on Two Questions Submitted to the Historical Congress of Europe, the Value of Documents Relating to the History of America, and to Decide Whether There Is Any Link Between the Languages of the Various American Tribes and those of Africa and India", de Charles Farcy.

10. W. Robertson, *The History of America* (Londres, 1803). La mayor parte del análisis de Robertson sobre el estado de los pueblos originarios americanos puede encontrarse en el vol. 2, libro IV, pp. 13-32.
11. W. G. Lovell, *Conquest and Survival in Colonial Guatemala: A Historical Geography of the Cuchumatán Highlands, 1500-1821* [Conquista y supervivencia en la Guatemala colonial: una geografía histórica de las tierras altas de Cuchumatán, 1500-1821] (Montréal: McGill- Queen's University Press, 1992), pp. 61-64. Bancroft, *History of Central America,* también ofrece un relato absorbente de la campaña de Gonzalo de Alvarado en contra de los indígenas mam (pp. 695-704).
12. De hecho, escribió Stephens, tres belgas supuestamente enviados poco antes por su gobierno a una expedición científica de Palenque solicitaron permiso para visitar las ruinas y fueron rechazados.
13. Kingsborough, Aglio, *et al., Antiquities of Mexico*. Véase el informe de Dupaix.
14. S. Martin y N. Grube, *Chronicle of the Maya Kings and Queens: Deciphering the Dynasties of the Ancient Maya* [Crónica de los reyes y reinas mayas: descifrando las dinastías de los antiguos mayas] (Londres y Nueva York: Thames & Hudson, 2000), pp. 177-89.
15. Ídem.
16. Aquí Stephens cita a Dupaix, en traducción, en *Incidents of Travel in Central America*, pp. 262-63.

CAPÍTULO 13: PALENQUE

1. Desde hacía décadas, tal vez siglos, los nativos del lugar simplemente conocían a las ruinas como las *casas de piedra*, sin ninguna historia específica acerca de ellas. Cuándo fue con exactitud que los europeos descubrieron Palenque por primera vez continúa siendo un misterio. En un relato sobre Guatemala, publicado en dos volúmenes, 1808-18, Domingo Juarros describió a Palenque de la siguiente manera: "Esta metrópoli [...] permaneció desconocida hasta mediados del siglo XVIII, cuando algunos españoles, habiéndose adentrado en la lúgubre soledad, se hallaron, para su enorme asombro, a la vista de los restos de lo que había sido una soberbia ciudad de seis leguas de circunferencia. Su vasta extensión, sin embargo, no superaba en importancia la solidez de sus edificios o la suntuosidad de sus obras públicas; templos, altares, deidades, esculturas y piedras monumentales que ofrecen testimonio de su gran antigüedad". Véase D. Juarros y J. Bailey, *A Statistical and Commercial History of the Kingdom of Guatemala, in Spanish America containing important particulars relative to its productions, manufactures, customs, &c. &c. &c.* [Una historia estadística y comercial del reino de Guatemala, en la América Española, con detalles importantes relacionados con su producción, manufacturas, costumbres, &c. &c. &c] (Londres: J. Hearne, 1823), pp. 18-19. Juarros no nombra a los españoles, pero hubo informes orales de que un párroco llamado Antonio de Solís, en las cercanías de Tumbala y Santo Domingo del Palenque, había visitado las ruinas de Palenque ya en 1746. Uno de sus parientes, Ramón de Ordóñez y Aguiar, escuchó un relato de familia sobre la visita y se convirtió en el principal instigador de futuros estudios del sitio por parte del gobierno. Aunque Ordóñez y Aguiar, un sacerdote que vivía en Ciudad Real (San Cristóbal de las Casas, actualmente), y que al parecer nunca visitó el sitio en persona, logró incitar a dos funcionarios locales de Ciudad Real, Fernando Gómez de

Andrade y Esteban Gutiérrez, a visitar las ruinas en 1773. Ordóñez y Aguiar redactó una "memoria" sobre lo encontrado y alertó a las autoridades de la ciudad de Guatemala sobre el descubrimiento. Pero pasarían otros 11 años antes de que José Estacheria, presidente de la Audiencia de Guatemala, ordenara a José Antonio Calderón, alcalde de Santo Domingo, la aldea más cercana al sitio, que investigara (en 1784). Una discusión completa sobre la participación y las acciones de Ramón Ordóñez y Aguiar y José Estacheria, así como la reacción de las cortes reales en Guatemala y España ante el descubrimiento, se describe en el excelente *How to Write the History of the New World* [Cómo escribir la historia del Nuevo Mundo] de Jorge Cañizares-Esguerra. (Stanford, CA: Stanford University Press, 2001), pp. 321-46.

2. P. Cabello Carro, *Política investigadora de la época de Carlos III en el área maya: descubrimiento de Palenque y primeras excavaciones de carácter científico: según documentación de Calderón, Bernasconi, Del Río y otros* (Madrid: Ediciones de la Torre, 1992). Este trabajo proporciona copias de la correspondencia y otros documentos relacionados con Palenque, incluidos los informes de Bernasconi y Calderón compartidos entre Guatemala y la Real Audiencia en España.
3. No parece que el rey Carlos haya dado órdenes directas. Sin embargo, existen documentos en España y en el Museo Británico que indican que el historiógrafo real de Hispanoamérica Juan Bautista Muñoz mantuvo correspondencia desde España con el presidente de la Real Audiencia en Guatemala, José Estacheria, sobre las múltiples expediciones a Palenque. Véase Cabello Carro, *Política investigadora de la época de Carlos III en el área maya*. Al informar sobre las expediciones, los dos hombres redactaron una lista de preguntas para las que buscaban respuestas, como el alcance de las ruinas, su antigüedad, quiénes fueron los fundadores y el motivo de su abandono.
4. E. C. Danien, R. J. Sharer, *et al.*, *New Theories on the Ancient Maya* (Philadelphia: University Museum, University of

Pennsylvania, 1992). Ignacio Almendáriz también ha sido identificado con el nombre de Ricardo Almendáriz (p. 5).

5. Se ha llegado a especular que Del Río, al igual que los conquistadores originales, andaba en busca de oro y otros tesoros.
6. R. Almendáriz, A. d. Río, *et al.*, *Colección de estampas copiadas de las figuras originales, que de medio y bajorrelieve, se manifiestan, en estucos y piedras, en varios edificios de la población antigua nuevamente descubierta en las inmediaciones del pueblo de Palenque en la Provincia de Ciudad Real de Chiapa, una de las del Reyno de Guatemala en la América Septentrional* (1787).
7. A. del Río y P. F. Cabrera, *Description of the Ruins of an Ancient City: Discovered Near Palenque, in the Kingdom of Guatemala or, A critical investigation and research into the history of the Americans* [Descripción de las ruinas de una ciudad antigua: descubierta cerca de Palenque, en el reino de Guatemala o, una investigación crítica de la historia de las Américas] (Londres, 1822), p. 19.
8. Evans, *Romancing the Maya,* pp. 23-32.
9. Domingo Juarros publicó una historia del Reino de Guatemala en 1808 en la que describió brevemente Palenque: "Los jeroglíficos, símbolos y emblemas que se han descubierto en los templos guardan una semejanza tan grande con los de los egipcios que hacen suponer que una colonia de esa nación pudo haber fundado la ciudad de Palenque o Culhuacán. La misma opinión puede formarse respecto a la de Tulhá, cuyas ruinas aún se ven cerca del pueblo de Ocosingo en el mismo distrito [donde se encuentra Toniná]". Juarros parece haber visto una copia o resumen del informe de Dupaix, y quizá también del de Del Río. Su relato de Palenque ocupa menos de una página de su libro de 520 páginas, publicado originalmente en español en 1808. La referencia a Palenque atrajo poco o ningún interés. Una traducción al inglés fue publicada en 1823 en Londres. Juarros y Bailey, *A Statistical and Commercial History of the*

Kingdom of Guatemala, pp. 18-19. Varios años después de la expedición de Dupaix, mientras su informe aún estaba en un cajón en la Ciudad de México, Alexander von Humboldt comenzó a publicar en París su monumental obra de treinta volúmenes que cubría su viaje científico por Hispanoamérica. Mientras estuvo en México, Humboldt escuchó de las ruinas de Palenque, pero nunca viajó al sitio. A su regreso a Europa en 1804, se enteró por un anticuario alemán del llamado Códice de Dresden, uno de los cuatro "libros" de papel de corteza sobrevivientes llenos de jeroglíficos mayas vívidamente pintados que no habían sido destruidos por los españoles durante la Conquista. En 1810 publicó *View of the Cordilleras and Monuments of the Indigenous People of America* y reprodujo cinco páginas de jeroglíficos del códice, así como una imagen de una de las figuras de estuco de Palenque, aparentemente copia de uno de los dibujos de 1787 de Almendáriz. Fue la primera mirada del mundo a los jeroglíficos mayas y a una figura de Palenque. Sin embargo, Humboldt no entendió qué era lo que estaba publicando. Erróneamente identificó la imagen del bajorrelieve como proveniente del estado mexicano de Oaxaca. De igual manera no incluyó la fuente de los jeroglíficos, aunque más tarde se supuso erróneamente que eran aztecas, del imperio de la región central de México que existió siglos después del colapso de los mayas clásicos. Humboldt corrige en parte la ubicación del bajorrelieve en una nota al final del texto y señala su ubicación no en Oaxaca sino cerca de Guatemala, "según información recibida de México" (p. 254). A. von Humboldt y H. M. Williams, *Researches, concerning the institutions & monuments of the ancient inhabitants of America: With descriptions & views of some of the most striking scenes in the Cordilleras!* [Investigaciones, relativas a las instituciones y monumentos de los antiguos habitantes de América: ¡con descripciones y vistas de algunos de los paisajes más llamativos de las cordilleras!] (Londres, 1814), pp. 126-34, 144-47. De hecho, la primera publicación de un jeroglífico maya se produjo en una publicación de 1796 que mostraba varios glifos empleados como elementos decorativos en un modelo de habitación mexicana creado para un tratado sobre decoración de interiores de Joseph Friedrich. Baron von Racknitz. Danien, Sharer, *et al., New Theories on the Ancient Maya,* p. 3.

10. La publicación atrajo poca atención en Inglaterra, pero intrigó mucho a los franceses, a quienes la antigüedad les fascinaba desde que Bonaparte invadió Egipto a principios de siglo. El relato de Del Río causó sensación entre los sabios franceses y en 1825 la prestigiosa Société de Géographie ofreció una medalla de oro valorada en 2400 francos por la mejor descripción de un testigo de Palenque en particular, y de las ruinas antiguas de América Central en general. La competencia se había puesto en marcha. En rápida sucesión, varios interesados se presentaron en Santo Domingo de Palenque y viajaron a las ruinas. Entre los más importantes estuvo el teniente coronel Juan Galindo. Cuando llegó en abril de 1831, era gobernador militar del cercano Petén y aún estaba a tres años de explorar Copán. Envió informes sobre Palenque a la Société y a la *Literary Gazette,* un periódico de amplia circulación en Londres. Debido a que el público en general sabía muy poco sobre Palenque, a pesar de la publicación del relato de Del Río varios años antes, muchos asumieron después de leer el informe de Galindo en la *Gazette* que fue él quien descubrió las ruinas. Galindo nunca hizo tal aseveración. Sin embargo, afirmó en un artículo posterior en la *Gazette* que no tenía conocimiento de las investigaciones de Del Río o de Dupaix en el momento en que llegó a Palenque. Y aunque nunca explicó qué lo había llevado a visitar las ruinas, claramente estaba al tanto del premio de París y sin duda lo codiciaba, según informes a la sociedad de sus exploraciones posteriores, incluido Copán.
11. Kingsborough, Aglio, *et al., Antiquities of Mexico.*
12. P. N. Edison, "Colonial Prospecting in Independent Mexico: Abbé Baradère's Antiquités Mexicaines", *Proceedings of*

the Western Society for French History 32, 2004, pp. 195-215. Baradère, un sacerdote francés, descubrió en la Ciudad de México, junto con las ilustraciones de Castañeda, los relatos de las expediciones de Dupaix y los llevó a París, donde se convirtieron en la pieza central de un conjunto de folios en dos volúmenes llamado *Antiquités Mexicaines*, que Baradère publicó en 1834-36.

13. Kingsborough, desde su época de estudiante y también después, tuvo acceso a los códices mexicanos archivados en la famosa Biblioteca Bodleian de Oxford. Estos eran "libros ilustrados" indígenas que, al igual que el Códice de Dresde, habían sobrevivido a la Conquista. Los manuscritos, creados en gran parte por los aztecas, no estaban ilustrados con jeroglíficos sino con pictografías (símbolos y figuras coloridas que a veces se describen como caricaturas narrativas) pintadas en papel de corteza machacada, algunos de más de 6 m de largo y doblados en forma de acordeón para hacerlos compactos y portátiles. A pesar de la destrucción española de un gran número de estos manuscritos, algunos fueron llevados de regreso a España y finalmente acabaron en Oxford. El encuentro de Kingsborough con estos códices ahí cambió su vida y lo envió a una búsqueda para encontrar y publicar todo el material disponible relacionado con la América precolombina. Contrató a un artista italiano, Augustino A. Aglio, para que buscara, en los archivos de las bibliotecas, las colecciones privadas y demás instituciones de Europa, y copiara cuidadosamente todos los materiales que pudiera encontrar relacionados con las antigüedades americanas, incluidos los códices mayas llenos de jeroglíficos. El resultado fue un conjunto desorganizado, ricamente ilustrado, de nueve volúmenes de gran tamaño, cada uno con un peso de entre 9 y 18 kg, algunos con ilustraciones coloreadas a mano e impresas en vitela. Kingsborough inicialmente planeó siete volúmenes, pero dos volúmenes adicionales se agregaron después de su muerte. Un décimo volumen también fue creado, pero

nunca se publicó. SD Whitmore, "Lord Kingsborough and his Contribution to Ancient Mesoamerican Scholarship: The Antiquities of Mexico", *PARI Journal* 9, núm. 4, 2009, pp. 8-16. El precio de estos llamados folios de elefante era prohibitivamente caro y la tirada muy pequeña. Más tarde, Stephens mencionó que aquella obra costaba cuatrocientos dólares por copia, una suma enorme en aquel momento, señalando que solo sabía de la existencia de un juego en Estados Unidos. Fue esta fantástica suma lo que limitaría la venta de los folios a tan solo unos cuantos elegidos, lo que motivó a Stephens a insistir en que sus libros tuvieran un precio razonable para incrementar su distribución lo más posible. Las magníficas *Antiques of Mexico* finalmente demostrarían ser un recurso invaluable para futuros estudiosos del tema: una colección masiva de folios que reproducen fielmente los pocos manuscritos sobrevivientes de la América precolombina, todos reunidos en un solo lugar. Sin embargo, pasaría más de un siglo antes de que alguien fuera capaz de descifrar sus secuencias desordenadas y comenzaran a darles un sentido real. Los primeros siete volúmenes de *Antiques of Mexico* se publicaron en 1830 y 1831, y los dos últimos en 1848. Kingsborough no vivió para ver impresos los dos últimos volúmenes. Fue encarcelado en la prisión de deudores después de no pagar al fabricante del papel de gran calidad hecho a mano que Kingsborough insistió en que se usara en la impresión de sus libros. Su padre, el conde de Kingston, murió poco después que su hijo. De haber estado vivo tras la muerte de su padre, Kingsborough habría heredado el título y la propiedad de su padre y habría podido pagar sus deudas.

14. W. E. Burton, *The Gentleman's Magazine* (Philadelphia, 1837), pp. 537-38. Este obituario afirma que Kingsborough fue encarcelado debido a una deuda de su padre y no como resultado de alguna "extravagancia" en la que hubiera incurrido el propio Kingsborough.
15. I. Podgorny, "'Silent and Alone': How the Ruins of Palenque Were Taught to Speak the Language of Archeology",

Comparative Archaeologies, parte 2, 2011, pp. 527-553. Podgorny ofrece un análisis interesante sobre este tema.

16. H. Baradère, G. Dupaix, *et al., Antiquités mexicaines. Relation des trois expeditions du capitaine Dupaix, ordonnées en 1805, 1806, et 1807, pour la recherche des antiquités du pays, notamment celles de Mitla et de Palenque* (París, 1834). Baradère esperaba ganar la medalla de oro ofrecida por la Société de Géographie con sus dos volúmenes, pero fracasó por falta de una exploración exhaustiva *in situ.* Posteriormente, en 1835, Baradère partió de Francia rumbo a México con un ambicioso plan de explorar Palenque y otros sitios. Fue visto por última vez en México en 1839; luego desapareció. Especulaciones sobre el origen de esta misteriosa nueva civilización no estuvieron limitadas a las culturas clásicas y del Medio Oriente, sino que también incluyeron a Asia: Japón, China y la India.
17. No todas las opiniones habían caído en la especulación de que las civilizaciones nativas americanas debían de haber descendido de las del Viejo Mundo. Ya en 1823 había voces que consideraban presuntuosas tales aseveraciones. En una reseña de 1823 en *European Magazine* sobre el relato de Palenque publicado por Del Río, un crítico anónimo escribió: "Los escritores sobre estos temas tienen la absurda costumbre de seleccionar dos naciones distantes y encontrar alguna semejanza, ya sea en sus antiguas costumbres, modales, religiones o arquitectura civil, para inferir que una debe de haber descendido de la otra, olvidando que tales semejanzas solamente prueban la analogía general de nuestra naturaleza animal; y que el hombre, en etapas similares en la escala de la civilización, tendrá instituciones análogas y objetos análogos tanto de ornamento como de conveniencia, aunque todos ellos puedan modificarse de manera diferente por diversas circunstancias inesperadas". Qué profético resultó ser el escritor. *European Magazine, and London Review* 83, mayo de 1823, pp. 454-56.

18. M. D. Coe, *Breaking the Maya Code* [Descifrando el código maya] (Nueva York: Thames & Hudson, 1992), p. 80.
19. Según el relato de Waldeck sobre su vida, a la temprana edad de 14 años ya se encontraba en una expedición en Sudáfrica. A su regreso, emprendió estudios de arte en Francia con el influyente pintor neoclásico Jacques-Louis David. Dijo que se unió al ejército de Napoleón como soldado durante el sitio de Toulon y la campaña italiana, para después seguir a Bonaparte a Egipto. Después de la derrota francesa allí, cruzó el desierto y se adentró en África. Cuando salió, afirmó ser el único sobreviviente de los cinco hombres que habían comenzado el viaje. Luego participó en una expedición con piratas en el océano Índico. Los siguientes 15 años de su vida continúan siendo un misterio, un período que ni siquiera él mismo se molestó en registrar. Reapareció en 1819, esta vez en América del Sur, donde, según su relato, se unió a las hazañas navales de lord Cochrane en apoyo a la lucha de Chile por independizarse de España. H. F. Cline, "La carrera temprana apócrifa de J. F. Waldeck, pionero americanista", *Acta Americana* 5, 1947, pp. 278-300.
20. Danien, Sharer, *et al.*, *New Theories on the Ancient Maya*, p. 13. Asimismo, un excelente análisis de George Stuart, que cita a otros dos pioneros en el campo de la interpretación de los jeroglíficos mayas, puede encontrarse en http://www.mesoweb.com/bearc/cmr/RRAMW29.pdf. Constantine S. Rafinesque, uno de los eruditos, fue a quien Waldeck le había escrito. Además, había otros sumamente interesados en Palenque al mismo tiempo que Waldeck se encontraba en las ruinas. Uno era Francisco Corroy, un médico francés que vivía cerca de Tabasco, que había visitado las ruinas muchas veces y mantenía correspondencia con Waldeck. Véase R. L. Brunhouse, *In Search of the Maya: The First Archaeologists* (Albuquerque: University of New Mexico Press, 1973), pp. 66-73.

21. Véase la referencia en la página de Mesoweb que se hace a las menciones más tempranas de Uxmal en http://www.mesoweb.com/features/uxmal/history.html.
22. Al parecer, Waldeck se había enterado de la ubicación de Uxmal por haber sido mencionada en el *Atlas of Two Americas* de J. S. Buchon, publicado en 1825 en París. Brunhouse, *In Search of the Maya,* p. 74. También hay que tomar en cuenta que Del Río se refirió a Uxmal en su informe como *Oxmutal,* lo que, asimismo, puede haber motivado la visita de Waldeck. Además, Uxmal es mencionado en una historia de Yucatán escrita por el sacerdote franciscano Diego López Cogolludo. D. López Cogolludo, F. de Ayeta, *et al., Historia de Yucathan* (Madrid: Jvan Garcia Infanzen, 1688).
23. J. F. M. Waldeck, M. Mestre Ghigliazza, *et al., Viaje pintoresco y arqueológico a la provincia de Yucatán (América Central) durante los años 1834 y 1836* (Mérida, México, 1930).
24. Danien, Sharer, *et al., New Theories on the Ancient Maya.* En su ensayo, "Quest for Decipherment: A Historical and Biographical Survey of Maya Hieroglyphic Investigation", George E. Stuart señala que los dibujos originales de Waldeck eran mucho más precisos que las versiones publicadas, las cuales pudo haber alterado para reforzar su afirmación de que Palenque había sido fundada por personas provenientes del Viejo Mundo.
25. Brunhouse, *In Search of the Maya,* p. 74.
26. Véase Waldeck en la "annotated bibliography" por Charles Rhyne de Reed College, así como imágenes del libro de Waldeck, en http://academic.reed.edu/uxmal/contents.html.
27. En una coincidencia notable, el coronel Galindo se encontraba en aquel momento en Inglaterra tratando de persuadir a los británicos para que cedieran a Guatemala grandes porciones de territorio que Gran Bretaña reclamaba para Belice. Entre sus conversaciones con lord Palmerston, encontró tiempo para asistir a la misma reunión de la Royal Geographical Society. Galindo habló con los miembros después de la presentación de Waldeck, diciéndoles que tenía

"pocas dudas de que Palenque había sido construida antes de la fundación de la Ciudad de México en 1342". Agregó que creía que Palenque y Copán no habían sido la creación de comerciantes o conquistadores del Viejo Mundo, sino de los antepasados de los habitantes indígenas que ahora vivían en la región. Fue más allá. En su opinión, dijo que, aunque ahora sean una raza "senil", los pueblos originarios del lugar habían creado las civilizaciones más antiguas del mundo. Palenque y Copán, así como las ciudades construidas más tarde por los aztecas y los incas, fueron todas "renacimientos modernos" de una civilización indígena de América mucho más antigua que precedió incluso a las de Japón y China. No hay registro de que Waldeck y Galindo hayan entablado una conversación, aunque es muy probable que ocurriera, y su discusión pudo haber sido acalorada dadas sus personalidades y sus diferentes puntos de vista en torno al origen de las ciudades antiguas. Poco tiempo después, Galindo regresaba a Centroamérica y a su cita con el destino, y Waldeck se marchaba a París. *The Literary Gazette and Journal of the Belles Lettres, Arts, Sciences, &c.* (Londres: W. A. Scripps, 1835); *The Family Magazine,* n. 4 (Nueva York: Redfield & Lindsay, 1837), p. 180.

28. La de Waldeck resultó ser la afirmación más visionaria. No solo los arqueólogos han confirmado su estimación por otros medios —principalmente desciframiento jeroglífico y datación por radiocarbono—, pero pasarían otros 70 años antes de que se desarrollara la ciencia de la dendrocronología, una herramienta confiable para la datación arqueológica.
29. Dado que su edición de 1838 estaba dedicada a Kingsborough, quien había aportado la mayor parte del dinero para su aventura en Yucatán y había muerto recientemente, es posible que Waldeck quisiera o se sintiera obligado a que el primer libro estuviera enfocado en Uxmal. Y quizá más importante, a diferencia de Palenque, aún no se había publicado ningún libro con imágenes de Uxmal. Las habilidades

artísticas de Waldeck quedan claramente demostradas en el folio. Pero sus distorsiones y embellecimientos de las ruinas de Uxmal, sumados a los cuestionables relatos de su pasado, claramente han devaluado su trabajo tanto en Uxmal como en Palenque. Según un relato, Waldeck había planeado publicar en algún momento un trío de libros sobre los mayas y sus expediciones. Pero pasarían casi treinta años antes de que sus dibujos sobre Palenque se publicaran en París, en 1866, junto con el texto de Charles Etienne Brasseur de Bourbourg titulado *Recherches sur les Ruines de Palenque*. Waldeck había llegado a un acuerdo con el gobierno francés, que le había pagado una suma total por 188 de sus dibujos. Sin embargo, se creó una comisión de seis académicos encargados de comparar sus dibujos con fotografías tomadas en Palenque por Désiré Charnay. Solo 56 de los dibujos recibieron una evaluación favorable y se incluyeron en el libro. Véase Brunhouse, *In Search of the Maya,* pp. 79-80.

30. En 1952, Alberto Ruz, director de investigación en Palenque para el Instituto Nacional de Antropología e Historia de México, descubrió una elaborada tumba enterrada en lo profundo del templo de las inscripciones. La tumba contenía una tapa de sarcófago magníficamente tallada que mostraba al gran gobernante de Palenque, Pakal, cuyos restos se encontraron en su interior. El hallazgo de la tumba, de más de 1 200 años de antigüedad, generó titulares en todo el mundo.
31. M. E. Miller, S. Martin, *et al., Courtly Art of the Ancient Maya* [Arte cortesano de los antiguos mayas] (Nueva York: Thames & Hudson, 2004), p. 247.
32. Más de 1 500 estructuras fueron mapeadas en el área circundante más allá del núcleo urbano de Palenque entre 1998 y 2000, cuatro veces el número estimado ubicado solo 15 años antes. Véase E. L. Barnhart, "Palenque Mapping Project, 1998-2000 Final Report", Foundation for the Advancement of Mesoamerican Studies, 2000.

CAPÍTULO 14: UXMAL

1. H. H. Bancroft, *The Native Races* (Nueva York: 1967). Véase nota al pie en la p. 145 en el volumen 4 para las primeras referencias históricas a Uxmal.
2. Stephens se refería al hecho de que los mayas nunca habían dejado registro de una historia de sus ciudades (hasta donde él sabía). Pero sabía de Uxmal por el libro de Waldeck publicado en 1838 en París, y por un relato del sitio de Lorenzo de Zavala, el embajador de México en Francia, quien creció en Yucatán y había visitado el lugar. Zavala, "Notice sur les Monuments Antiques d'Ushmal, dans la Province de Yucatán", en Baradère, Dupaix, *et al., Antiquités mexicaines;* Waldeck, Mestre Ghigliazza, *et al., Viaje pintoresco y arqueológico a la provincia de Yucatán.*
3. La escultura tomó un camino inusual hacia el museo. Se exhibió en Cruger's Island en el medio del río Hudson durante casi ochenta años antes de que el museo la comprara en 1919 junto con otros 11 artefactos recopilados por Stephens.

CAPÍTULO 15: "MAGNÍFICO"

1. La carta de James Catherwood se menciona en relatos noticiosos sobre los pleitos legales relacionados con la aventura de su esposa.
2. W. Carpenter, *Peerage for the People* [Nobleza para el pueblo] (Londres: W. Strange, 1837), pp. 734-37.
3. Cobertura periodística del juicio posterior.
4. El tío de Catherwood, Nathaniel Catherwood, también había sido socio.
5. New York Passenger Lists, 1820-1957 (1840; Microfilm serial: M237:44; Line 7; List number: 808), es el manifiesto del barco *Ontario,* que llegó a Nueva York el 23 de octubre de 1840. Entre los pasajeros figuran Catherwood, sus tres hijos y una mujer de 26 años llamada Mary Ann Bennett, cuya

ocupación figura como "enfermera" y quien era casi seguro la niñera de los niños.

6. Libro de contabilidad del Panorama, New-York Historical Society.
7. El libro contenía 34 láminas grabadas en acero, 29 láminas litografiadas, cuatro láminas grabadas en madera y nueve tallas en madera.
8. Además de la precisión del texto y las ilustraciones, el otro objetivo principal de Stephens era producir un libro lo más asequible posible para llegar a la mayor cantidad de lectores. Dejó en claro desde el principio que no deseaba crear un tomo sobre las antigüedades centroamericanas, como lo habían hecho Waldeck y Kingsborough, que fuera tan costoso que solamente estuviera al alcance de unas cuantas personas adineradas. Negoció con los hermanos Harper para fijar el precio en cinco dólares, por debajo del precio promedio de aquella época para una publicación ilustrada de dos tomos; pero, aun así, una suma considerable en un país que en 1841 trataba de salir de una depresión económica.
9. E. A. Poe, "Review of New Books", *Graham's Magazine*, 1841, pp. 90-96.
10. "The Antiquities of Central America", book review, *United States Democratic Review* 9, núm. 38 (agosto de 1841).
11. Años después, un incendio destruyó las oficinas de Harper & Brothers, y muchos registros de pagos e impresiones desaparecieron con él. Pero los contemporáneos en aquel momento estimaron las ventas entre 12 000 y 20 000 copias en los primeros seis meses de publicación. El libro continuó vendiéndose en grandes cantidades durante décadas y hasta bien entrado el siglo XX, y continúa imprimiéndose en la actualidad.
12. "Incidents of Travel in Central America, Chiapas, and Yucatán", reseña de libro, *London Quarterly Review* 69, 1842, pp. 52-91.
13. "The Antiquities of Central America", *United States Democratic Review.*

14. F. J. Cebulski, "Letter from William Hickling Prescott to John Lloyd Stephens", texto mecanografiado (ponencia), *ca.* 1967, 33 hojas.
15. Morison, *William Hickling Prescott, 1796-1859,* copia de una carta manuscrita de Stephens a Prescott fechada el 2 de febrero de 1841.
16. Prescott añade: "Sin embargo, los viajeros franceses y españoles escriben con mucha glorificación, y en particular los diseños de Waldeck se parecen tan poco a las imágenes de las ruinas que supuse que había alguna exageración a este respecto. Sin embargo, nadie puede ser mejor juez que usted mismo, que está familiarizado con los mejores modelos del viejo mundo, para compararlos". W. H. Prescott y R. Wolcott, *The Correspondence of William Hickling Prescott, 1833-1847* [La correspondencia de William Hickling Prescott, 1833-1847] (Boston y Nueva York: Houghton Mifflin, 1925), carta de Prescott dirigida a Stephens, marzo de 1841.
17. Ibídem, pp. 240-43, carta de Prescott dirigida a Stephens, con fecha del 2 de agosto de 1841.
18. Lilly, L., C. S. Henry, *et al., The New-York Review,* vol. 9 (Nueva York: George Dearborn, 1841), p. 242.
19. "The Antiquities of Central America", *United States Democratic Review.*
20. Prescott y Wolcott, *The Correspondence of William Hickling Prescott, 1833-1847,* pp. 240-42, carta de Prescott dirigida a Stephens del 2 de agosto de 1841.
21. Aunque por lo general Stephens tenía razón, se equivocaría en ambos puntos, como se supo cuando se hicieron más excavaciones y restauraciones en las ruinas de México y Guatemala. Más tarde se hallaron columnas en varias ruinas y, en un caso dramático, se encontró la tumba del gran señor de Palenque, Pakal, en lo profundo del centro de una de las pirámides más notables del sitio.
22. Juan Galindo, sin embargo, había hecho la misma afirmación antes, argumentando no solo que la población indígena creó las ruinas de Copán y Palenque, sino que las antiguas

sociedades indígenas americanas fueron la cuna de la civilización mundial.

23. Algunos dinteles de madera han demostrado ser tan duraderos que han sido hallados en sitios mayas del período Clásico mucho más antiguos, como Tikal. Aunque la mayoría de los que pertenecieron a dicho período se han podrido y con frecuencia provocado que las entradas se derrumben.
24. Se ha determinado que Uxmal había quedado deshabitado, excepto por unos cuantos indígenas.
25. Prescott y Wolcott, *The Correspondence of William Hickling Prescott, 1833-1847,* p. 257, carta con fecha del 24 de septiembre de 1841.
26. La correspondencia sobre el destino de los moldes de yeso fue incluida por Stephens en el apéndice de *Incidents of Travel in Central America, Chiapas, and Yucatan.* En el apéndice también explica las promesas de donación por 20 000 dólares para un museo nacional.
27. Más tarde Catherwood se uniría a ellos allí, donde vivieron la mayor parte de su infancia y años escolares.
28. Prescott y Wolcott, *The Correspondence of William Hickling Prescott, 1833-1847,* p. 257.

CAPÍTULO 16: YUCATÁN

1. La madre de Cabot escribió una carta a Elliot, hermano de Samuel que se encontraba en Hamburgo, Alemania. En la carta describe cómo fue la partida de último momento de Cabot. Señaló que durante el verano Sam había considerado unirse a la expedición, de la que aparentemente se enteró por Prescott, pero "se había dado por sentado que Stephens había renunciado a la idea de regresar, hasta que un día Sam llegó tarde a cenar y dijo que había recibido un carta de Stephens en la que le decía que si le daba tiempo de empacar sus trampas y llegar el sábado antes de que zarpara el barco (era jueves al mediodía) estaría contento de tenerlo

[...] Tu padre fue con Sam a Nueva York y vio a Stephens y Catherwood. Se sintió muy complacido con el recibimiento que le dieron a Sam. Se encontraban embalando todo tipo de cosas, entre ellas dos daguerrotipos que serán justo lo que necesitan para copiar los monumentos antiguos encontrados en Centroamérica. Sam piensa que tendrá la oportunidad de operar a algún paciente desafortunado, aunque Stephens le dijo a tu padre que solo podría hacerlo si ponía de manifiesto su destreza como médico". Una copia de la carta, fechada el 28 de octubre de 1841, se encuentra en Von Hagen Papers de la New-York Historical Society, copiados de los Cabot Papers de la Massachusetts Historical Society.

2. The John L. Stephens Papers, BANC MSS ZZ 116, University of California, Berkeley. Box III, Fólder 200.
3. Dos días después de la llegada de Stephens y Catherwood, una goleta de guerra de Texas ancló frente a Sisal con una oferta: por 8 000 dólares al mes, los tejanos brindarían protección a lo largo de la costa de Yucatán contra cualquier invasión de México. La oferta fue aceptada de inmediato.
4. Véase la primera nota de este capítulo.
5. Catherwood describe los métodos utilizados en un breve texto incluido en su mapa en el libro de Stephens *Incidents of Travel in Yucatan.*
6. Antes de partir hacia Yucatán, Stephens le escribió a William Prescott para preguntarle si le podía prestar su copia de *Historia de Yucatán* (publicada en 1688 y solo disponible en español) del misionero franciscano Diego López Cogolludo, quien vivió en Yucatán a mediados del siglo XVII. Cuando Stephens viajó a la península, había poco material disponible sobre la conquista española de Yucatán, y mucho menos sobre su historia anterior a la llegada de los españoles. La obra más importante fue escrita en 1566 por otro fraile franciscano, Diego de Landa, titulada *Relación de las cosas de Yucatán.* Sin embargo, el manuscrito de Landa permaneció en la oscuridad hasta que Brasseur de Bourbourg lo descubrió en Madrid y se tradujo y publicó en París en

1864, más de veinte años después del viaje de Stephens por Yucatán. Se desconoce si Stephens llevó consigo a Yucatán la copia de Prescott del libro de Cogolludo o si la leyó solo en preparación para el viaje. "¿Me puede prestar el libro de Cogolludo? (¿Lo he escrito bien?)", preguntó Stephens en la carta a Prescott fechada el 24 de septiembre de 1841, apenas unas semanas antes de partir de Nueva York. "De ser así, ¿me lo enviaría lo antes posible por Hampden's Express y me haría el favor de decirme si puedo llevarlo conmigo, aunque probablemente no desee hacerlo debido a su volumen?". Prescott y Wolcott, *The Correspondence of William Hickling Prescott*, p. 257. Stephens cita a Cogolludo varias veces en su libro sobre Yucatán.

7. Un excelente relato de la conquista española de Yucatán se puede encontrar en D. T. Peck, *Yucatán: From Prehistoric Times to the Great Maya Revolt* ([s.e.]: Xlibris, 2005), pp. 351-53.
8. Stephens escribió que encontró en Mérida restos de un fragmento de los primeros ocupantes mayas de T'Hó: una arcada en el interior del monasterio franciscano de Mérida. Explicó que el "arco" no era el tipo de arco romano de medio punto que usaban los españoles, sino que estaba construido con un vértice triangular característico de los que había encontrado en las demás ruinas que habían explorado y que él identificaba específicamente como maya. Este singular arco maya que había sobrevivido en Mérida, junto con los registros históricos que dejaron los conquistadores y sacerdotes españoles, que describían los "montículos" escalonados y los templos encontrados, ayudaron a convencer a Stephens de que las personas que construyeron las ciudades de Copán, Palenque y Uxmal pertenecían a la misma raza de indígenas americanos que también construyeron T'Hó y vivieron en Yucatán durante la época de la Conquista y que, hasta el día de hoy, ocupan aquel territorio.
9. Los arqueólogos ahora creen que, tras la rebelión durante la cual Mayapán fue invadido y destruido por el fuego, el poder político en la región norte de la península se dividió

y descentralizó en ciudades-Estado más pequeñas como T'Hó.

10. Stephens encontró muchos de los nombres en *Historia de Yucatán* de Diego López Cogolludo, quien había registrado los nombres populares de las estructuras en Uxmal.
11. Las primeras excavaciones fueron financiadas por la Universidad de Pensilvania y dirigidas por H. E. Mercer en febrero de 1895.

CAPÍTULO 17: LONDRES

1. El relato de lo ocurrido en el juicio se basa en informes publicados en tres periódicos de Londres: el *Times, Morning Chronicle* y *Examiner*. Cada artículo corroboró a los demás, con solo pequeños detalles agregados o excluidos de algunas de las versiones. He combinado los tres para ofrecer el relato más completo posible.
2. La carta se menciona en la correspondencia de "PM Gaskell" y está dirigida a J. B. (Joseph Bonomi), con dirección en 9 Trafalgar Place, Kentish Town (en el norte de Londres) y con fecha del sábado 7. No hay indicación de mes o año. Los pasajes relevantes dicen: "Mi estimado Bonomi [,] no vi un informe extenso del proceso judicial del desafortunado caso, pero de lo que vi creo que nadie inferiría que algo inapropiado podría haber existido entre el Sr. C. y usted. Pero si el abogado realmente tuvo éxito en dar tal impresión, como sin duda era su sucio negocio intentarlo, aun así, tal como está el asunto ahora, discúlpeme si sugiero que la inserción de una carta como la que usted adjunta no podría hacer ningún bien. Si en el juicio hubiera sido posible aclarar cualquier punto que el jurado pudiera haber entendido mal, por supuesto que podría haber influido en el veredicto a favor de Catherwood [...] Realmente dudo que valga la pena enviarla. Nadie que conozca a las partes puede, por supuesto, suponer que hubo alguna incorrección y, en cuanto al

público, este ya perdió interés en el asunto. Y aunque debe prestarse toda atención a su buen sentido del honor, creo que los mismos Catherwood, las personas principalmente interesadas, desaprobarían el procedimiento [...] Pobre Sr. C., supe de él antes de su partida a Yucatán, y por segunda vez parecía sentirse deprimido". La carta me fue enviada en correspondencia personal con el autor Selwyn Tillett.

3. Pendergast, *Palenque,* pp. 187-200.

CAPÍTULO 18: HALLAZGOS

1. Ambas jambas se exhiben en el American Museum of Natural History de Nueva York, como parte de los pocos artefactos que quedan de las expediciones de Stephens y Catherwood.
2. En aquel momento no había ningún "museo nacional" en Washington y es posible que Stephens estuviera anticipando la apertura, unos años más tarde, del Instituto Smithsoniano. Para 1841, cuando la expedición partió de Nueva York, el Congreso de Estados Unidos ya había aceptado el gran legado del patrimonio del científico británico James Smithson que más tarde sería utilizado para establecer el Instituto Smithsoniano. Durante varios años hubo debates en curso cubiertos por los periódicos sobre la apertura de un museo nacional con el dinero.
3. Cuando viajaba en dirección norte rumbo a Chichén Itzá, Stephens se detuvo en el pueblo de Peto, donde volvió a encontrarse con Juan Pío Pérez, quien había ocupado el cargo de jefe de departamento hasta su jubilación unos años antes. Desde entonces se había dedicado casi por completo al estudio de la lengua maya, el calendario antiguo y la historia. Sería un recurso valioso. Pérez le dio a Stephens una copia de un documento notable que había desenterrado de los archivos del gobierno y que luego resultaría extremadamente útil para los arqueólogos dedicados a descifrar los

jeroglíficos mayas. Contaba la historia antigua de los mayas yucatecos. El documento era un fragmento de una historia oral, registrada tanto en maya como en español poco tiempo después de la Conquista. Debido a que los españoles habían quemado prácticamente todos los textos en papel de corteza escritos con jeroglíficos mayas, este documento resultaría ser uno de los relatos más importantes de la historia maya. Stephens lo incluiría en el apéndice de su libro. Pérez también le entregó a Stephens un memorándum que había elaborado para explicar algunas de las formas verbales y la gramática del idioma maya, así como un vocabulario que comprende más de 4 000 palabras mayas. Más tarde, Stephens entregaría a la New-York Historical Society estos documentos, así como una copia de un mapa de 1557 dibujado descuidadamente que mostraba a los pueblos indígenas existentes en Yucatán durante la época de la Conquista.

CAPÍTULO 19: CHICHÉN ITZÁ

1. P. A. Means, A. Avendano y Loyola, *et al.*, *History of the Spanish Conquest of Yucatán and of the Itzas* [Historia de la conquista española de Yucatán y de los itzaes] (Cambridge, MA: The [Peabody] Museum, 1917), pp. 43-46.
2. Sharer y Morley, *The Ancient Maya,* pp. 743-44.
3. Hay evidencia de que ciertos grupos de indígenas continuaron utilizando algunos de los sitios en ruinas con fines ceremoniales durante el período de la Conquista.
4. La datación cronológica más reciente de los principales sitios de Uxmal y Chichén Itzá indica que fueron fundados entre el 400 d. C. (Chichén Itzá) y 500 d. C. (Uxmal). Pero ambos alcanzaron el cenit de su poder político y grandiosidad arquitectónica entre el 750 d. C. y 1050 d. C., durante períodos que los arqueólogos modernos clasifican como Posclásico y Clásico Terminal. Véase A. A. Demarest, P. M. Rice, *et al., The Terminal Classic in the Maya Lowlands: Collapse,*

Transition, and Transformation (Boulder: University Press of Colorado, 2004), pp. 525-43.

5. Prescott y Wolcott, *The Correspondence of William Hickling Prescott, 1833-1847;* P. E. Palmquist y T. R. Kailbourn, *Pioneer Photographers of the Far West: A Biographical Dictionary, 1840-1865* (Stanford, CA: Stanford University Press, 2000), p. 252.

   Stephens siempre daba crédito a cualquiera que conociera que hubiera explorado un sitio antes que él y Catherwood. Lo hizo con Chichén Itzá en su libro, señalando que el primer ciudadano no yucateco o no español que visitó las ruinas fue un estadounidense llamado John Burke, un ingeniero que trabajaba en Valladolid y que viajó al sitio en 1838. Dos años más tarde, escribió Stephens, un joven diplomático y botánico austríaco llamado barón Emanuel von Friedrichsthal llegó a Chichén Itzá con un daguerrotipo para registrar las ruinas. Un año después, en 1841, exhibió en Nueva York, Londres (en el British Museum) y París 25 imágenes en daguerrotipo de Chichén Itzá y varias otras ruinas de Yucatán, incluida Uxmal. Friedrichsthal murió en 1842 en Viena (aparentemente de neumonía) antes de poder publicar el relato de su expedición. Tenía 34 años. Aunque siempre generoso en dar crédito, Stephens no pudo resistir en su libro señalar que fue él quien le había recomendado la ruta por Yucatán a Friedrichsthal, quien se interesó en visitar Yucatán después de enterarse de las aventuras de Stephens en Chiapas y Yucatán. Prescott y Wolcott, *The Correspondence of William Hickling Prescott, 1833-1847,* pp. XXI, 691. Para obtener información biográfica sobre Friedrichsthal, consúltese Palmquist y Kailbourn, *Pioneer Photographers of the Far West,* p. 252. Véase también U. Fischer- Westhauser, "Emanuel von Friedrichsthal: The First Daguerrotypist in Yucatán", *Photoresearcher* (European Society for the History of Photography) 10 (2007).

6. La cancha de pelota de Chichén Itzá resultaría ser la más grande de Mesoamérica.

7. En esta pirámide —ahora llamada pirámide de Kukulkán—, durante el equinoccio de primavera y otoño la sombra del Sol desciende por la balaustrada que flanquea la escalera e ilumina lo que parece ser el cuerpo de una serpiente hasta llegar a la cabeza de la serpiente en la base.
8. Cuando se dragó el cenote, a principios del siglo XX, se encontraron huesos humanos, cerámica, abalorios de oro, jade y otros artículos. Sharer y Morley, *The Ancient Maya*.

CAPÍTULO 20: "TULOOM"

1. Nelson A. Reed describe esta extraordinaria rebelión con vívidos detalles. N. A. Reed, *The Caste War of* Yucatan [La Guerra de las Castas de Yucatán] (Stanford, CA: Stanford University Press, 2001). Pérdidas poblacionales, pp.141-42.
2. El día de hoy Tancah es conocido como Tankah.
3. La ilustración de uno de los edificios, identificada como Lámina XLVIII en el libro de Stephens, *Incidents of Travel in Yucatan*, vol. 2, muestra tres figuras borrosas y sombrías recortadas en los escalones frente a la estructura. Sin embargo, cuando Catherwood, varios años después, produjo su propio libro de litografías de gran formato, *Views of Ancient Monuments*, agregó a la ilustración lo que se cree que son imágenes de sí mismo con un largo abrigo marrón junto al Dr. Cabot o Stephens. Los dos hombres sostienen la cuerda de medir de Catherwood mientras recorren la distancia frente al edificio. Increíblemente, la imagen autobiográfica de Catherwood se considera la única imagen de él que se ha encontrado.
4. Reed, *The Caste War of Yucatan*.
5. Hoy la República Dominicana afirma que los huesos de Colón permanecen en Santo Domingo, y que los restos trasladados a La Habana, y más tarde a Sevilla, eran los de su hijo, Diego Colón. Resultados de la prueba de ADN parecen confirmar, sin embargo, que al menos algunos de los huesos en Sevilla son los del famoso almirante y explorador.

CAPÍTULO 21: HOGAR

1. *New York Herald,* 30 de julio de 1842, p. 2. El *Herald* publicó un artículo de seguimiento, el 1 de agosto de 1842, sobre las pérdidas monetarias y la cobertura del seguro, p. 2.
2. En 1842 no existía un "Museo Nacional de Washington". Aparentemente, Stephens se refería a las exposiciones y colecciones alojadas en la recién construida oficina de patentes de Estados Unidos en Washington. En 1841, el secretario de Estado había asignado el uso del gran salón del edificio a una organización llamada Instituto Nacional para la Promoción de la Ciencia, precursora del Instituto Smithsoniano. A partir de 1838, sin duda Stephens había seguido los intensos debates públicos y del Congreso publicados en los periódicos sobre lo que debería hacerse con un legado de medio millón de dólares a Estados Unidos del científico inglés James Smithson. Las muchas propuestas incluyeron una universidad nacional, un observatorio astronómico, una biblioteca nacional, un instituto de investigación científica y un museo nacional. En 1846, finalmente se llegó a un acuerdo en el Congreso y se creó una organización amalgama, conocida hoy como el Instituto Smithsoniano, que incorporó muchas de las sugerencias.
3. *New York Herald,* 30 de julio y 1 de agosto de 1842, ambos artículos en la p. 2.
4. Desgraciadamente, ninguno de los daguerrotipos o los dibujos y bocetos originales de Catherwood han sido encontrados. En el prefacio de *Incidents of Travel in Yucatan,* Stephens señaló que algunos de los daguerrotipos se utilizaron como base para las ilustraciones del libro.
5. W. H. Prescott y C. H. Gardiner, *Literary Memoranda* [Memorandos literarios] (Norman: University of Oklahoma Press, 1961), vol. 2, pp. 93-94.
6. En cartas entre los dos hombres, Stephens menciona haber tomado prestadas las historias de Cogolludo, Herrera y Juarros.

7. V. W. von Hagen, *Maya Explorer: John Lloyd Stephens and the Lost Cities of Central America and Yucatán* (Norman: University of Oklahoma Press, 1947), p. 256.
8. Stephens y Catherwood por lo general trabajaban rápido. Durante el desarrollo de su primera colaboración editorial, creyeron posible que John Caddy y Patrick Walker publicaran sus propias investigaciones e ilustraciones de Palenque antes que ellos. Además, se enteraron de que un vendedor de libros de Nueva Orleans, llamado Benjamin M. Norman, había viajado por Yucatán en 1842 solo uno o dos meses después que ellos y que había tomado muchas notas. Habiéndose inspirado en un principio en el libro de Stephens para explorar Yucatán, Norman aparentemente se apresuró a publicar su relato y pudo publicar una primera edición de su libro, titulado *Rambles in Yucatan* [Paseos en Yucatán], a finales de 1842. El libro describe visitas a Kabah, Zayi y Uxmal (después de la visita de Stephens), así como a Chichén Itzá (varios meses antes que Stephens), e incluye ilustraciones de las ruinas y planos del sitio realizados por Norman. Pero Stephens y Catherwood debieron de respirar aliviados cuando vieron el libro de 304 páginas de Norman y el escaso espacio que dedicó a las ruinas. Escrito en un estilo ordinario pero formal, no podía competir con el libro de novecientas páginas que Stephens publicó solo tres meses después con descripciones de los 44 sitios en ruinas que habían visitado, así como los daguerrotipos y las ilustraciones de Catherwood. Las ilustraciones de Norman eran, en el mejor de los casos, bocetos simples, lo que podía esperarse de un vendedor de libros que claramente no era un artista, o, en el peor de los casos, imágenes en extremo fantasiosas. Opacado casi inmediatamente por *Incidents of Travel in Yucatan*, el libro de Norman estaba destinado a convertirse tan solo en una nota interesante al pie de página para futuros investigadores de los mayas. B. Norman, C. C. Moore, *et al.*, *Rambles in Yucatán, or, Notes of travel through the peninsula: Including a visit to the remarkable ruins of Chi-Chen, Kabah,*

Zayi, and Uxmal [Paseos en Yucatán, o notas de viaje por la península: incluyendo una visita a las extraordinarias ruinas de Chichén, Kabah, Zayi y Uxmal] (Nueva York: J. & H. G. Langley; Philadelphia: Thomas, Cowperthwait; New Orleans: Norman, Steel, 1843).

9. En las publicaciones originales de *Incidents of Travel in Central America, Chiapas, and Yucatan,* los grabados se enfocaban por completo en las ruinas. En una edición posterior de 1854, Catherwood agregaría varias escenas y paisajes ajenos a las ruinas.
10. El apéndice de su primera obra constaba de no más de seis páginas de correspondencias sobre el fracaso de su proyecto de yeso de París en Palenque.
11. Se incluyeron elementos básicos como lecturas de temperatura, una tabla de página completa de varias "estadísticas de Yucatán" y gráficos de población. El tratado de cinco páginas, con diagramas arquitectónicos de Catherwood, trataba sobre la construcción del arco triangular maya. Y el "memorándum para la ornitología" de ocho páginas aportado por Cabot incluía una lista de todas las aves que observó durante la expedición.
12. El manuscrito histórico fue escrito de memoria en lengua maya por un autor desconocido que vivió en el período inmediatamente posterior a la Conquista. Stephens proporcionó tanto el texto maya original como una traducción al inglés. Pío Pérez señaló en sus comentarios que este raro manuscrito era el único que se había encontrado sobre la historia de los mayas. Agregó que los hermanos franciscanos, bajo las órdenes del obispo Diego de Landa, habían confiscado después de la Conquista todas las "historias, pinturas y jeroglíficos" que los indígenas tenían sobre su historia. Sin embargo, no mencionó que Landa mandó a quemar todo el material, el que incluía los "libros" jeroglíficos de los mayas.
13. Von Hagen, *Maya Explorer*.

14. Sin duda, Stephens fue influenciado por Prescott, quien había reunido relatos documentales de la historia de los toltecas, en lo referente al posible origen tolteca de la arquitectura del sur. Prescott escribió más tarde en su famosa historia de la Conquista que el trabajo de campo de Stephens ayudó a corroborar su teoría, a la que afirmó haber llegado por su propia cuenta: que los nativos americanos construyeron las ciudades diseminadas por México y América Central, aunque solo sugirió que podrían haber sido los toltecas. La investigación de Prescott sobre los toltecas estuvo basada principalmente en relatos históricos orales recopilados por los españoles durante sus primeros encuentros con los aztecas y otros pueblos indígenas. Sin embargo, Stephens, como indicó en su libro publicado siete meses antes que el de Prescott, no estaba del todo convencido de que los toltecas fueran los responsables de las ruinas que había explorado. W. H. Prescott, *History of the Conquest of Mexico, and History of the Conquest of Peru* [Historia de la conquista de México, e historia de la conquista de Perú] (Nueva York: Modern Library, 1936), p. 688.

LOS MAYAS

1. Se trata, en el mejor de los casos, de un breve repaso que apenas comienza a contar la historia de una civilización maya extremadamente compleja. Para aquellos lectores que deseen información más completa, existen numerosos libros al respecto que son excelentes. Pero los siguientes cuatro libros son los que ofrecen al lector la base más sólida para la mejor comprensión del tema: *The Ancient Maya* [Los antiguos mayas] de Robert J. Sharer, para un relato amplio pero muy detallado de la civilización maya; *Maya Cosmos*, de David Freidel, Linda Schele y Joy Parker, para comprender la mitología maya y su visión del lugar que ocupan en el universo; Michael Coe, *Breaking the Maya*

Code [Descifrando el código de los mayas], para una comprensión del antiguo sistema de escritura maya narrado a través de la historia de cómo el código fue descifrado; y *Chronicle of the Maya Kings and Queens,* de Simon Martin y Nikolai Grube, para relatos detallados de las dinastías reales de 11 de las ciudades mayas más importantes, basados en el desciframiento de sus jeroglíficos. Ofrezco disculpas a todos los otros autores que han escrito magníficos libros sobre el tema.

2. L. Schele y P. Mathews, *The Code of Kings: The Language of Seven Sacred Maya Temples and Tombs* [El código de los reyes: el lenguaje de siete templos y tumbas sagradas mayas] (Nueva York: Touchstone Books, 1998), pp. 133-74.
3. S. Martin y N. Grube, *Chronicle of the Maya Kings and Queens: Deciphering the Dynasties of the Ancient Maya* [Crónica de los reyes y reinas mayas: descifrando las dinastías de los antiguos mayas] (Londres y Nueva York: Thames & Hudson, 2000), pp. 191-225.
4. J. M. Diamond, *Guns, Germs, and Steel: The Fates of Human Societies* [Armas, gérmenes y acero: el destino de las sociedades humanas] (Nueva York: Norton, 2003), pp. 354-60.
5. M. D. Coe, *The Maya* [Los mayas] (Londres: Thames & Hudson, 2011), p. 45.
6. A. A. Demarest, *Ancient Maya: The Rise and Fall of a Rainforest Civilization* [Antiguos mayas: el auge y la caída de una civilización de la selva tropical] (Cambridge y Nueva York: Cambridge University Press, 2004), pp. 113-47.
7. Debido a la naturaleza repentina de la construcción de complejos centros mayas, los arqueólogos aún no están seguros de si los pueblos de habla maya se asentaron en el área durante un largo período de tiempo o si emigraron a las tierras bajas desde otro lugar.
8. http://www.newmedia.ufm.edu/gsm/index.php/Mapping_the_Mirador_Basin:_Exploration_and_New_Technology_in_the_Cradle_of_Maya_Civilization.

9. http://www.academia.edu/366565/Building_Materials_of_the_Ancient_ Maya_A_Study_of_Archaeological_Plasters.
10. Coe, *The Maya,* p. 80.
11. Demarest, *Ancient Maya,* p. 83.
12. Coe, *The Maya,* p. 91.
13. Ibídem, p. 231.
14. Demarest, *Ancient Maya,* p. 88.
15. D. A. Freidel, L. Schele y J. Parker, *Maya Cosmos: Three Thousand Years on the Shaman's Path* [El cosmos de los mayas: tres mil años por el sendero del chamán] (Nueva York: William Morrow, 1993).
16. Ibídem, p. 317.
17. Ibídem, pp. 337-91
18. Sharer y Morley, *The Ancient Maya,* p. 143.
19. Poco después de la conquista de Yucatán, los sacerdotes españoles juntaron y quemaron un número incalculable de estos libros. Tres ahora famosos "códices" en forma de acordeón, escritos no mucho antes de la llegada de los españoles, han sobrevivido y se encuentran en bibliotecas y museos europeos. Fueron reproducidos en los volúmenes de Kingsborough.
20. Martin y Grube, *Chronicle of the Maya Kings and Queens,* pp. 26-40.
21. Ibídem, pp.190-213.
22. Demarest, Rice, *et al., The Terminal Classic in the Maya Lowlands: Collapse, Transition, and Transformation* [El Clásico Terminal en las tierras bajas mayas: colapso, transición y transformación], p. 189.
23. Martin y Grube, *Chronicle of the Maya Kings and Queens,* pp. 101-15.
24. Ibídem, pp. 203-9, 218-22.
25. Ibídem, pp. 169-72, 180-84.
26. Para estimar el tamaño de la población, los arqueólogos han mapeado estos montículos de casas y han incluido en su fórmula lo que se piensa que son viviendas adicionales, ocupadas por las clases más bajas, que a pesar de no haber

dejado ruinas sí dejaron restos de fragmentos de cerámica y otras evidencias de ocupación.

27. Las estimaciones han variado enormemente de tres a 13 millones.
28. G. H. Haug *et al.*, "Climate and the Collapse of the Maya Civilization", *Science* 299, 2003, pp. 1731-35.
29. Schele y Mathews, *The Code of Kings,* pp. 259-60.

CAPÍTULO 22: VISTAS DE MONUMENTOS ANTIGUOS

1. *United States Democratic Review,* mayo de 1843, p. 492.
2. D. W. Shaw, *The Sea Shall Embrace Them: The Tragic Story of the Steamship* Arctic [El mar los acogerá: la trágica historia del barco de vapor *Arctic*] (Nueva York: Free Press, 2002).
3. Exman, *The Brothers* Harper [Los hermanos Harper], pp. 171-72.
4. R. Rhodes, *John James Audubon: The Making of an American* [John James Audubon: la creación de un estadounidense] (Nueva York: Knopf, 2004), p. 403.
5. Prescott y Wolcott, *The Correspondence of William Hickling Prescott, 1833-1847* [La correspondencia de William Hickling Prescott, 1833-1847], pp. 339-41.
6. El gran plan de Stephens requería el primer artículo del conocido egiptólogo sir John G. Wilkinson, quien, señaló Stephens, podría comparar con gran autoridad la "supuesta semejanza entre los signos y símbolos americanos y los de Egipto". Wilkinson y Catherwood se habían conocido en Egipto. El segundo experto fue el excongresista, diplomático y secretario del Tesoro de EE. UU. Albert Gallatin, quien al final de su vida se había dedicado al estudio de los nativos americanos y había publicado varias monografías sobre el tema. Stephens y Gallatin, quien vivía en Nueva York, eran amigos. La tercera autoridad sería Alexander von Humboldt. Stephens dijo que tenía la esperanza de que Gallatin, quien había formado un "conocimiento íntimo"

con Humboldt mientras se desempeñaba como ministro de Estados Unidos en Francia, pudiera convencer al gran naturalista y explorador para que contribuyera. Y, por último, Stephens le dijo a Prescott: "La cuarta y única otra persona a la que he pensado recurrir es usted mismo". Explicó que, según su estimación de gastos, solo podría compensar a Prescott con una copia de la obra, que se llamaría *American Antiquities* [Antigüedades americanas], y 250 dólares. Si Prescott estaba de acuerdo, Stephens dijo que necesitaría un artículo de unas veinte o treinta páginas en aproximadamente un año. Prescott estuvo de acuerdo. Prescott y Wolcott, *The Correspondence of William Hickling Prescott*, 1833-1847, pp. XXI, 691, 339-41.

7. En el mismo intercambio de cartas con Stephens, Prescott también mencionó que había estado en contacto con la familia Cabot. El médico se había enfermado en algún momento después de la visita de Stephens meses antes. "Su amigo, el Dr. Cabot, ha tenido un pie en la tumba, pobre hombre, y todavía se encuentra muy débil", escribió Prescott, "aunque confío en que supere esa gran dificultad". La "gran dificultad" aparentemente fue un ataque grave de apendicitis, aunque es posible que Stephens haya temido que fuera el resultado de algo que había contraído en Yucatán. Cabot sobrevivió y se convirtió en un destacado médico de Boston. Prescott y Wolcott, *The Correspondence of William Hickling Prescott, 1833-1847;* Morison, *William Hickling Prescott, 1796-1859,* carta personal del hijo del Dr. Cabot, Godfrey L. Cabot, a Von Hagen, con fecha del 26 de febrero de 1945.
8. Solo dos meses antes, Catherwood había impresionado a los miembros de la sociedad con el alcance de su conocimiento de anticuario cuando les envió un documento que ilustraba su descubrimiento, 11 años antes, del monumento de 2500 años de antigüedad en Dugga, Túnez, cerca del sitio de la antigua Cartago. *Proceedings of the New-York Historical Society* [Actas de la Sociedad Histórica de Nueva York] (1844), p. 11.

9. El octogenario presidente de la sociedad, Albert Gallatin, manifestó su apoyo incondicional y señaló: "el carácter, la habilidad y la experiencia del eminente artista empleado en esta ocasión garantizan por completo la escrupulosa fidelidad de los dibujos originales. El señor Catherwood es el único artista y anticuario que ha visitado y estudiado las ruinas más célebres del otro hemisferio, así como las de América". Ibídem, pp. 54-57.10. Von Hagen, *Frederick Catherwood, archt.* [Frederick Catherwood, arq.], pp. 158-59. Von Hagen cita al *Boston Semi-Weekly Advertiser,* 10 de mayo y 3 de junio de 1843.
11. Durante este mismo período, Stephens tuvo más éxito en un segundo proyecto, uno que emprendió con el propósito de ayudar a Prescott. Negoció un trato entre su editor, Harper & Brothers, y Prescott para publicar *Conquest of México* [La conquista de México]. Stephens no fue remunerado, actuando por amistad en beneficio de Prescott. Por otro lado, sabía que estaba ayudando a aumentar de forma significativa el prestigio de sus editores. *Conquest of Mexico* fue publicado por los Harper a fines de 1843 y, cuatro años más tarde, fue seguido por *Conquest of Peru* [La conquista de Perú] de Prescott. Nuevas ediciones de los dos libros eran lanzadas continuamente y llegaron a ser considerados obras maestras de la investigación y la narrativa histórica, dando fama a Prescott como uno de los más grandes historiadores del siglo XIX. Prescott y Wolcott, *La correspondencia de William Hickling Prescott, 1833-1847,* p. 368.
12. Ibídem, pp. 366-67.
13. Ibídem, p. 381.
14. *The Times* de Londres informó el 25 de agosto de 1843 que cuando la reina Victoria se presentó para la clausura de la sesión del parlamento, "El señor F. Catherwood, cuyo talento como artista es bien conocido por el público gracias a sus ilustraciones [...] tuvo el honor de presentar el martes su interesante colección de dibujos originales para ser inspeccionados por su alteza real el príncipe Alberto y sus altezas reales, el príncipe de Joinville y el duque de Aunale".

15. Prescott y Wolcott, *The Correspondence of William Hickling Prescott, 1833-1847,* pp. 426-27.
16. "Antiquities of Central America", *Civil Engineer and Architect's Journal, Scientific and Railway Gazetter* 7, 1844, pp. 92-94.
17. Páginas de folio imperial miden 22 por 15 pulgadas [559 × 381 mm].
18. La edición de Nueva York fue impresa por Bartlett & Welford, también en 1844.
19. En su biografía de Catherwood, Von Hagen da varias cifras sobre el costo de la obra, pero no ofrece ninguna indicación de cómo obtuvo las cifras.
20. Prescott y Wolcott, *The Correspondence of William Hickling Prescott, 1833-1847,* p. 466.
21. Anuncio en el *Examiner* (Londres) para la venta de *View of Ancient Monuments,* 5.5 libras por la versión en tinta y 12.12 libras por la versión en portafolio. "Publish by F. Catherwood at No. 9 Argyll Place, Regent Street, Londres".
22. Un artículo en el *Daily News* de Londres, del 19 de marzo de 1860, titulado "Baron Humboldt and Prince Albert", señala la molestia de Humboldt cuando, tras haber obsequiado una copia de su libro *Kosmos* al príncipe Albert, el polímata prusiano "se molestó porque el príncipe le envió una copia de *Views in Central America* de Catherwood, un libro" que dijo "haber comprado hace dos años".
23. Prescott y Wolcott, *The Correspondence of William Hickling Prescott, 1833-1847,* p. 464.
24. Ídem.
25. Ibídem, p. 486.

CAPÍTULO 23: BARCO DE VAPOR

1. A. C. Sutcliff, *Robert Fulton and the "Clermont"* [Robert Fulton y el *Clermont*] (Nueva York: Century, 1909).
2. En su biografía *Frederick Catherwood, Archt.* [Frederick Catherwood, arq.], Victor von Hagen dice que sí regresó. Cita

el trabajo arquitectónico en el que participó Catherwood, pero no da ninguna referencia documental para tal trabajo. Sin embargo, hubo una exposición en Nueva York de la obra centroamericana de Catherwood y algunos otros elementos de diseño en algún momento de 1845. Véase *National Academy of Design Exhibition Record, 1826-60* [Registro de exposiciones de la Academia Nacional de Diseño], pp. 71-72, que da su dirección en 86 Prince Street, Nueva York. Y una litografía con el nombre de Catherwood (y otros) fue presentada en junio de 1845 en un concurso para una estatua propuesta en Nueva York. Véase I. N. Phelps Stokes, *Iconography of Manhattan Island, 1498-1909* [Iconografía de la isla de Manhattan, 1498-1909] (Nueva York: R. H. Dodd, 1915-28), vol. 5, p. 1792. Estas actividades indican la posibilidad de que Catherwood se haya encontrado en Nueva York, o que los materiales hayan sido presentados por otros en su nombre. Tampoco hay registro de su arribo a Estados Unidos por barco durante este intervalo, mientras que todas sus otras llegadas por mar habían sido registradas.

3. F. Catherwood, *Engineers Report* [Informe de ingenieros], British Library, p. 7.
4. A. Odlyzko, *Collective Hallucinations and Inefficient Markets: The British Railway Mania of the 1840s* [Alucinaciones colectivas y mercados ineficientes: la manía ferroviaria británica de la década de 1840], University of Minnesota, 2010.
5. Catherwood, *Informe de ingenieros*. Todas las referencias adicionales en el texto sobre el contrato y trabajo de Catherwood para la Demerara Railway Company se pueden encontrar en el *Informe de ingenieros*, en el que se incluye un informe en Londres, del 15 de abril de 1847, del consejo directivo a los accionistas, así como el informe completo de Catherwood del 30 de octubre de 1846, con apéndices. Véase también L. Kandasammy, "From Georgetown to Mahaica: A Brief History of South America's First Railway", Georgetown, Guayana, 7 de diciembre de 2006.

6. M. Y. Beach, *Wealth and Pedigree of the Wealthy Citizens of New York City comprising an alphabetical arrangement of persons estimated to be worth* [Riqueza y pedigrí de los ciudadanos acaudalados de la ciudad de Nueva York que incluye en orden alfabético a personas a las que se considera adineradas] (Nueva York: Sun Office, 1842), p. 22.
7. Muchos de los documentos que registran las transacciones comerciales de Benjamin y John Stephens se pueden encontrar entre los documentos personales de J. L. Stephens, ubicados en la Biblioteca Bancroft, University of Californa, Berkeley.
8. Los edificios ya no existen. Leroy Place había ocupado un tramo de Bleecker Street entre las calles Mercer y Greene, que ahora está ocupado por edificios de la Universidad de Nueva York.
9. A. Nevins, *The* Evening Post*: A Century of Journalism* [El *Evening Post*: un siglo de periodismo] (Nueva York: Boni & Liverights, 1922), p. 191. La relación era con Parke Godwin, el yerno de Bryant y un periodista veterano de *The Evening Post.*
10. Burrows y Wallace, *Gotham,* p. 713.
11. C. Hemstreet, C. *Literary New York: Its Landmarks and Associations* [Nueva York literario: sus puntos de referencia y asociaciones] (Nueva York y Londres: Knickerbocker Press, 1903), pp. 175-80.
12. *American Anthropologist,* 1900.
13. *New York Herald,* 25 de abril de 1846
14. *Report of the debates and proceedings of the convention for the revision of the constitution of the state of New York, 1846* [Informe de los debates y actas de la convención para la revisión de la Constitución del estado de Nueva York, 1846] (Albany, NY: Evening Atlas, 1846). Aparecen múltiples referencias a Stephens, así como sus votos, que se pueden buscar en línea.
15. BANC MSS ZZ 116. Véase carta de John Dash Van Buren.
16. A. Gibson y A. Donovan, *The Abandoned Ocean: A History of United States Maritime Policy* [El océano abandonado: una historia de la política de navegación marítima de Estados

Unidos] (Columbia: University of South Carolina Press, 2000), pp. 51-52.

17. "Ocean Steam Navigation", *New York Times,* 20 de marzo de 1864.
18. J. H. Morrison, *History of American Steam Navigation* [Historia de la navegación a vapor de Estados Unidos] (Nueva York: W. F. Sametz, 1903), p. 408. Véase también *Mechanics' Magazine,* 26 de junio de 1847, p. 622. El costo era de 120 dólares por una cabina de primera clase y sesenta dólares por una de segunda clase. El franqueo de una carta costaba 24 centavos de dólar por media onza o menos, y 15 centavos por cada media onza adicional. La única nota amarga del viaje inaugural del SS *Washington* se produjo cuando el barco de vapor del correo británico *Britannia,* de siete años de antigüedad, partió de Boston el mismo día y logró llegar a Inglaterra dos días antes que el mucho más poderoso *Washington,* una hazaña que los británicos no dejaron de recordarles a los estadounidenses. Para una historia detallada sobre el SS *Washington* y la Ocean Steam Navigation Company, véase el excelente informe: C. Ridgely-Nevitt, *American Steamships on the Atlantic* [Barcos de vapor estadounidenses en el Atlántico] (Newark: University of Delaware Press, 1980).
19. "The American Steam-ship 'Washington,'" http://www.theshipslist.com/1847/washington.html.
20. *Merchants' Magazine and Commercial Review,* 1847, pp. 357-64.
21. *Littell's Living Age,* 1847, pp. 151-53.
22. BANC MSS ZZ 116, Fólder 230, Caja IV.

CAPÍTULO 24: PANAMÁ

1. Obituario de William H. Aspinwall, *New York Times,* 19 de enero de 1875.
2. H. Hall, *America's Successful Men of Affairs. An Encyclopedia of Contemporaneous Biography* [Los hombres de negocios

exitosos de Estados Unidos. Una enciclopedia biográfica contemporánea] (Nueva York: New York Tribune, 1895), vol. 1, p. 31.

3. J. R. Spears, *Captain Nathaniel Brown Palmer, an Old-Time Sailor of the Sea* [El capitán Nathaniel Brown Palmer, un experimentado navegante del mar] (Nueva York: Macmillan, 1922). Para información sobre la carrera de Griffiths, véase pp. 184-88.
4. A. H. Clark, *The Clipper Ship Era* [La era del barco clíper] (Nueva York: Putnam, 1910), pp. 61-77.
5. R. Johnson y J. H. Brown, *The Twentieth Century Biographical Dictionary of Notable Americans* [El diccionario biográfico del siglo XX de estadounidenses prominentes] (Boston: Biographical Society, 1904).
6. A. Laing, *The* Sea Witch*: A narrative of the experiences of Capt. Roger Murray and others in an American clipper ship during the years 1846 to 1956* [El *Sea Witch*: una narración de las experiencias del capitán Roger Murray y otros en un clíper estadounidense durante los años 1846 a 1956] (Londres: Thornton Butterworth, 1933). Para una descripción excelente del comercio marítimo en la costa del Pacífico durante la fiebre de oro, véase J. P. Delgado, *To California by Sea: A Maritime History of the California Gold Rush* [A Californa por mar: una historia marítima de la fiebre de oro de California] (Columbia: University of South Carolina Press, 1990). En mayo de 2003, el trimarán *Great American II* realizó la travesía de Hong Kong a Nueva York en 72 días y 21 horas. El *Sea Witch* sigue ostentando el récord de un velero monocasco. Más tarde, Howland & Aspinwall puso en servicio al *Sea Witch* durante la fiebre del oro para transportar carga perecedera y de alto valor alrededor del cabo de Hornos desde Nueva York a San Francisco, y varias veces hizo el viaje en poco más de cien días.
7. Como condición para otorgar los subsidios del gobierno destinados al correo, todos los barcos de vapor de correo tenían que estar listos para su conversión de emergencia

en barcos de guerra en caso de que la marina llegara a necesitarlos, y debían ser construidos de acuerdo con ciertas especificaciones y pasar las inspecciones que permitieran tal conversión.

8. F. N. Otis, *Isthmus of Panama: History of the Panama Railroad; and of the Pacific Mail Steamship Company* [Istmo de Panamá: historia del ferrocarril de Panamá; y de la Pacific Mail Steamship Company] (Nueva York: Harper & Brothers, 1867), pp. 149-55.
9. Kemble, *The Panama Route, 1848-1869* [La ruta de Panamá, 1848-1869], pp. 22-23.
10. Ibídem, p. 254. Kemble estima que por lo menos 335 personas viajaron por el istmo en su viaje de Nueva York a San Francisco en 1848, pero señala que no existen registros oficiales y que es muy difícil determinar con precisión las cifras exactas.
11. BANC MSS ZZ 116, Caja III, con fecha de marzo 26 de 1848.
12. Otis, *Isthmus of Panama,* p. 17.
13. W. C. Fowler, *Memorials of the Chaunceys, Including President Chauncey, His Ancestors and Descendants Descendants* [Monumentos de los Chauncey, incluyendo al presidente Chauncey, sus anscestros y descendientes] (Boston: H. W. Dutton, 1858).
14. Kemble, *The Panama Route, 1848-1869,* p. 31.
15. Ibídem, pp. 32-33.
16. O. C. Coy, *The Great Trek* [La gran travesía] (Los Angeles: Powell, 1931), pp. 71-74.
17. O. Lewis y J. B. Goodman, *Sea Routes to the Gold Fields: The Migration by Water to California in 1849-1852* [Rutas marítimas a los campos de oro: la migración por agua a California en 1849-1852] (Nueva York: Knopf, 1949), pp. 5-10.
18. Cuando el SS *California* finalmente llegó a Panamá el 17 de enero de 1849, más de setecientos buscadores de oro se abalanzaron hacia él, la mayoría de los cuales había viajado a Panamá desde el norte y cruzado el istmo hasta la ciudad de Panamá, en donde buscaba desesperadamente una forma de llegar a California. El SS *California* fue construido

para acomodar a no más de 250 pasajeros, pero partió de Panamá rumbo a San Francisco el 31 de enero con poco más de cuatrocientos. Kemble, *The Panama Route, 1848-1869,* pp. 34-35.

19. J. K. Polk y M. M. Quaife, *The Diary of James K. Polk During His Presidency, 1845 to 1849* [El diario de James K. Polk durante su presidencia, de 1845 a 1849] (Chicago: McClurg, 1910), vol. 4, p. 235.
20. *Panama Railroad Company Prospectus, 1949* [Prospecto de compañía de ferrocarriles de Panamá, 1949], New York Public Library.
21. "Congressional Summary", *American Whig Review* 9, núm. 14, 1849, pp. 208-16.
22. Polk y Quaife, *The Diary of James K. Polk* [El diario de James K. Polk], vol. 4, entrada del 30 de enero de 1849.
23. La concesión también incluía disposiciones para que el ferrocarril volviera a ser propiedad de los granadinos antes de los 49 años. Granada tenía derecho, por ejemplo, a comprar el ferrocarril después de veinte años por cinco millones de dólares, después de treinta años por cuatro millones y después de cuarenta años por dos millones.
24. Además de los tres creadores del ferrocarril, los directores iniciales fueron James Brown, Cornelius W. Lawrence, Gouverneur Kemble, Thomas W. Ludlow, David Thompson, Joseph B. Varnum, Samuel S. Howland, Prosper M. Wetmore, Edwin Bartlett, Horatio Allen y asociados. Véase A. Perez-Venero, *Before the Five Frontiers: Panama, from 1821-1903* [Antes de las cinco fronteras: Pánama, de 1821 a 1903] (Nueva York: AMS Press, 1978), p. 63.
25. Panama Railroad Company charter, 1849 [Acta constitutiva de la compañía de ferrocarriles de Panamá, 1849], New York Public Library.
26. A los tres socios iniciales se les otorgaron 50 000 dólares en acciones y, quizá lo más importante, la mitad de la propiedad de 10 117 ha de tierra adicional que había otorgado Granada como parte de la concesión, incluidos los derechos mineros.

27. Kemble, *The Panama Route, 1848-1869,* p. 183; Perez-Venero, *Before the Five Frontiers,* p. 63.
28. "Railway Meetings", *Daily News*, Londres, 1849.
29. Kandasammy, "From Georgetown to Mahaica".
30. Lista de Pasajeros de embarcaciones que llegan a Filadelfia, Pennsylvania, 1800-1882, Micropublication M425., rolls #1-71. National Archives, Washington, D. C.
31. BANC MSS ZZ 116, cartas de Catherwood a Stephens, 4 de julio de 1850.
32. Ibídem, carta de Catherwood a Stephens, 18 de agosto de 1849.
33. Ibídem, carta de Catherwood a Stephens, 2 de octubre de 1849.
34. Ibídem, carta de Catherwood a Stephens, 19 de octubre de 1849.
35. Ibídem, carta de Aspinwall a Stephens, 4 de octubre de 1849.
36. Ibídem, carta de Catherwood a Stephens, 8 de octubre de 1849.
37. Ibídem, carta de Aspinwall a Stephens, 15 de noviembre de 1849.
38. Ibídem, carta de Stephens a su padre, 10 de diciembre de 1849. 65 po pal 8 000.

CAPÍTULO 25: CRUZANDO EL ISTMO

1. Kemble, *The Panama Route, 1848-1869,* pp. 146-7.
2. Oran, "Tropical Journeyings", *Harper's New Monthly Magazine* 18, 1859, pp. 145-69, 141. Gran parte de la narrativa de la construcción del ferrocarril se toma de este relato, que fue escrito durante los diez años posteriores a los hechos y, a su vez, que está basado en relatos de los involucrados, junto con documentos y cartas de la empresa. Lo más importante también fue el relato escrito por el ingeniero jefe del ferrocarril, George Totten, quien estuvo presente durante la

construcción del ferrocarril. Véase M. Eissler y G. M. Totten, "The Panama Canal", Scientific American Suplemento 14, núm. 347, 1882. Asimismo, parte de la información ha sido corroborada por relatos escritos a mano de varios participantes que se encuentran en los documentos personales de John L. Stephens en la biblioteca Bancroft de la Universidad de California. Véase también Otis, *Isthmus of Panama* [Istmo de Panamá]; R. Tomes, *Panama in 1855: An account of the Panama rail-road, of the cities of Panama and Aspinwall, with sketches of life and character on the Istmus* [Panamá en 1855: un recuento sobre el ferrocarril de Panamá, las ciudades de Panamá y Aspinwall, con bocetos de la vida y el carácter en el istmo] (Nueva York: Harper & Brothers, 1855); T. Robinson, *Panama: A Personal Record of Forty- Six Years, 1861-1907* [Panamá: un registro personal de 46 años, 1861-1907] (Nueva York: Star & Herald, 1907).

3. Oran, *Tropical Journeyings* [Viajes tropicales].
4. BANC MSS ZZ 116. Stephens le escribe a su padre desde la ciudad de Panamá el 27 de diciembre de 1849.
5. BANC MSS ZZ 116, Stephens le escribe a su padre desde la ciudad de Panamá el 22 de enero de 1850.
6. D. G. McCullough, *The Path Between the Seas: The Creation of the Panama Canal, 1870-1914* [La ruta ente los mares: la creación del canal de Panamá, 1870-1914] (Nueva York: Simon & Schuster, 1977), p. 64.
7. BANC MSS ZZ 116. Stephens le escribe a su padre desde Bogotá el 17 de marzo de 1850.
8. Hawks, "The Late John L. Stephens".
9. BANC MSS ZZ 116. Aspinwall le escribe a Stephens, quien está en Bogotá el 13 de mayo de 1950.
10. Ibídem. La hermana de Stephens, Amelia Ann, le escribe a Stephens, quien está en Bogotá el 1 de mayo de 1850.
11. *Syracuse Daily Star,* 10 de julio de 1850; Kemble, *The Panama Route, 1848-1869.*

12. BANC MSS ZZ 116, cartas del presidente de Granada a Stephens del 29 de abril de 1850, y de Victoriano de Diego Paredes a Benjamin Stephens del 31 de mayo de 1855.
13. Hawks, "The Late John L. Stephens".
14. Eissler y Totten, "The Panama Canal".
15. BANC MSS ZZ 116. Catherwood le escribe desde la ciudad de Panamá a Stephens, quien está en Bogotá el 6 de junio de 1850.
16. Ibídem. Catherwood le escribe a Stephens, quien está en la Bahía de Limón el 4 de julio de 1850.
17. Oran, "Tropical Journeyings".
18. Eissler y Totten, "The Panama Canal". Esto contiene el propio relato de G. M. Totten sobre la construcción del ferrocarril, publicado en 1882.
19. Tomes, *Panama in 1855,* pp. 112-14.
20. BANC MSS ZZ 116. Catherwood le escribe desde la ciudad de Panamá a Stephens, quien está en la Bahía de Limón el 4 de julio de 1850.
21. Ibídem. Catherwood escribe desde San Francisco a Stephens, quien está en Nueva York el 28 de agosto de 1850.
22. Ibídem. Catherwood escribe desde Benicia, California, a Stephens, quien está en Nueva York el 20 de octubre de 1850.
23. Ibídem, Catherwood le escribe desde San Francisco a Stephens, quien está en Nueva York en enero de 1851.
24. Ibídem. El sobrino Pratt Stephens le escribe desde San Francisco a J. Stephens, quien está en Bogotá el 1 de abril de 1850.
25. Ibídem. Catherwood le escribe desde Benicia, California, a Stephens, quien está en Nueva York el 20 de octubre de 1850.
26. W. Nelson, *Five Years at Panama: The Trans-Isthmian Canal* [Cinco años en Panamá: el canal transístmico] (Nueva York: Belford, 1889), p. 147.
27. Robinson, *Panama,* p. 15.
28. Eissler y Totten, "The Panama Canal".
29. Las estimaciones de varios miles de muertes probablemente también fueron exageraciones hechas por compañías de

transporte rivales en Nicaragua y México, con la esperanza de asustar a los comerciantes y trabajadores (y pasajeros) para que no viajaran a Panamá. Y funcionó. Los periódicos de Nueva York y otras ciudades describieron con frecuencia la insalubridad letal del istmo y repitieron el alto número de muertes entre los trabajadores, lo que más tarde hizo casi imposible el reclutamiento, al menos en los Estados Unidos.

30. United States Board of Consulting Engineers on Panama Canal, J. F. Wallace, *et al.*, *Report of the Board of Consulting Engineers for the Panama Canal* [Informe del consejo de ingenieros consultores del canal de Panamá] (Washington, DC: U.S. Government Printing Office, 1906), p. 18.
31. J. B. Bishop, *The Panama Gateway* [La entrada de Panamá] (Nueva York: Scribner's, 1913), p. 48. Totten afirma que de 6 000 personas 835 fallecieron. *Report of the Board of Consulting Engineers for the Panama Canal*, p. 18.
32. BANC MSS ZZ 116, carta de George W. Matthews a Stephens, quien está en la Bahía de Limón, fechada el 18 de marzo de 1851.
33. Ibídem. Aspinwall le escribe desde Nueva York a Stephens, quien está en la Bahía de Limón, 10 de abril de 1851.
34. Según el manifiesto del barco de vapor *Empire City*, Stephens arribó en Nueva York el 7 de julio de 1851.
35. BANC MSS ZZ 116. Stephens le escribe a su padre desde la Bahía de Limón el 27 de enero de 1852.
36. Eissler y Totten, "The Panama Canal".
37. El nombre fue cambiado posteriormente a *Colón* por el gobierno de Nueva Granada.
38. "City of Aspinwall", *Daily Alta California* (San Francisco), 1852. Véase también el relato de Totten en "The Panama Canal".
39. Este relato aparece en *Maya Explorer* de Von Hagen, para el cual no se da ninguna referencia. No se pudo encontrar ningún otro relato similar, y la evaluación opuesta de la salud de Stephen apareció en el obituario escrito por Hawk en *Harper's Magazine*.

40. Véase carta Francis M. Preston, 24 de julio de 1851.
41. Según el manifiesto del barco de vapor *Georgia,* Stephens arribó el 21 de abril de 1852.
42. Hawks, "The Late John L. Stephens".
43. BANC MSS ZZ 116. Stephens le escribe a su padre desde la Bahía de Limón el 27 de enero de 1852.
44. BANC MSS ZZ 116. Una copia de su factura de hotel para las fechas del 20 de abril al 6 de mayo.
45. BANC MSS ZZ 116. Stephens le escribe a su padre desde la Bahía de Limón el 27 de enero de 1852.
46. *New York Evening Express,* 21 de mayo de 1852; *New-York Tribune,* 21 de mayo de 1852.

CAPÍTULO 26: JUNTOS OTRA VEZ

1. "Núm. 297 Site of One of the First Discoveries of Quartz Gold in California", California State Historical Landmarks in Nevada County, California Environmental Resources Evaluation System.
2. BANC MSS ZZ 116. Catherwood le escribe a Stephens desde San Francisco el 11 de junio de 1851.
3. A. Delano y I. McKee, *Alonzo Delano's California Correspondence: Being Letters Hitherto Uncollected from the Ottawa (Illinois) Free Trader and the New Orleans True Delta, 1849-1952* [Correspondencia de Alonzo Delano en California: cartas recién recopiladas del *Free Trader* de Ottawa (Illinois) y del *True Delta de Nueva Orleans,* 1849-1952] (Sacramento, CA: Sacramento Book Collectors Club, 1952).
4. *Sacramento Transcript,* 1851; *Sacramento Daily Union,* 1853.
5. BANC MSS ZZ 116. Catherwood le escribe desde San Francisco a Stephens, 11 de junio de 1851.
6. Ibídem. Catherwood le escribe desde San Francisco a Stephens, enero de 1851.
7. "Banking Institute", *Daily News* (Londres), 1852.

8. El sitio nunca ha sido identificado y no se sabe que existan ruinas de una civilización antigua como la maya en California.
9. BANC MSS ZZ 116. Catherwood escribe desde Londres a Stephens, quien se encuentra en la Bahía de Limón, 28 de abril de 1852.
10. Catherwood había reprendido una vez a Stephens, advirtiéndole que debía destruir las cartas que le había enviado, "sabiendo lo descuidado que es usted con sus cartas". Ibídem, Catherwood a Stephens, 28 de agosto de 1850. No sabemos si esto también incluía la práctica por parte de Catherwood de destruir las cartas que recibía. De cualquier forma, sin las cartas guardadas de Stephens se habría perdido una buena parte de la relación entre los dos. Por suerte, Stephens ignoró la advertencia de Catherwood y guardó por lo menos varias de las cartas que recibió de Catherwood.
11. Ibídem. Catherwood le escribe desde Londres a Stephens, quien está en Nueva York, 25 de junio de 1852.
12. Ibídem. Aspinwall en Nueva York le escribe a Stephens, quien está en Hempstead, Nueva York, 13 de julio de 1852.
13. Ibídem. Spies en la ciudad de Nueva York le escribe a Stephens, quien está en Hempstead, Nueva York, 18 de agosto de 1852.
14. Ibídem. Varias cartas de Spies a Stephens describen la llegada de vapores con noticias del istmo.
15. U. S. Grant, *Memoirs and Selected Letters: Personal Memoirs of U.S. Grant, Selected Letters 1839-1865* [Memorias y cartas selectas: memorias personales de U. S. Grant, cartas selectas 1839-1865] (Nueva York: Library of America, 1990); U. S. Grant and J. M. McPherson, *Personal Memoirs of U.S. Grant* [U. S. Grant y J. M. McPherson, memorias personales de U. S. Grant] (Nueva York: Penguin Books, 1999), p. 235.
16. BANC MSS ZZ 116. Spies en nota a Stephens un "miércoles", pero sin fecha.
17. *New York Herald,* 21 de septiembre de 1852; *New York Daily News,* 1852; *Brooklyn Daily Eagle,* 22 de septiembre de 1852.

18. Stephens, *Incidents of Travel in Greece, Turkey, Russia, and Poland,* p. 33.
19. La "notificación bibliográfica" de Catherwood en la edición británica de 1854 de *Incidents of Travel in Central America, Chiapas, and Yucatan,* declara que él y Stephens se reunieron por segunda vez casi dos años después de su tiempo juntos en Panamá. La llegada de Catherwood y su hijo, el 20 de septiembre de 1852 a bordo del SS *Pacific,* aparece en el manifiesto del barco para el "Distrito de Nueva York-Puerto de Nueva York". Passenger Lists of Vessels Arriving at New York, New York, 1820-897. The National Archives.
20. BANC MSS ZZ 116. Catherwood escribe desde Panamá a Benjamin Stephens en Nueva York el 23 de abril de 1850.
21. Se han dado varias fechas para el día en que murió Stephens. El 10 de octubre de 1852 quedó grabado en una placa de plata en su ataúd. Véase aviso de muerte en los papeles del archivo de Stephens en la Biblioteca Bancroft. Su certificado de defunción establece el 14 de octubre. Su biógrafo Von Hagen da la fecha del 5 y 13 de octubre en su libro *Maya Explorer* [Explorador de los mayas]. Pero el consenso de los obituarios de los periódicos fue que murió un martes por la noche, lo que habría sido el 12 de octubre. No hay duda de que fue enterrado en el Marble Cemetery de la ciudad de Nueva York el viernes 15 de octubre. El certificado de defunción de Stephens, emitido por el Departamento de Salud del Estado de Nueva York, declaró que la causa de la muerte fue la hepatitis. John Lloyd Stephens Collection, 1946-47, New-York Historical Society, Von Hagen Papers.
22. BANC MSS ZZ 116. Los detalles del funeral de Stephens aparecen en dos avisos no identificados de defunciones que forman parte su archivo en la Biblioteca Bancroft.
23. El Marble Cemetery de la ciudad de Nueva York, un hito histórico nacional, está cerrado al público, pero se puede visitar con cita previa o en ciertos días del año cuando abre al público. Está ubicado en 52-74 East Second Street entre

First Avenue y Second Avenue en el East Village. La cripta de Stephens es una de las más destacadas, centrada justo enfrente de la puerta al entrar. Casi un siglo después del entierro de Stephens, se llevó a cabo una ceremonia en su honor el 9 de octubre de 1947, durante la cual se colocaron una placa y un cartucho de un glifo maya, diseñado por Catherwood, sobre la entrada de la bóveda.

CAPÍTULO 27: DESAPARECIDO

1. "West Mariposa Gold Quartz Mine Company", *Times* (Londres), 15 de diciembre, 1852, p. 9.
2. *Daily Alta California* (San Francisco), 30 de agosto, 1852.
3. "Gold Hill Mining", *Sacramento Daily Union*, 1853.
4. W. H. Chamberlain y H. L. Wells, *History of Yuba County, California with illustrations descriptive of its scenery, residences, public buildings, fine blocks and manufactories* [Historia del condado de Yuba, California, con ilustraciones descriptivas de su paisaje, residencias, edificios públicos, elegantes manzanas y fábricas] (Oakland, CA: Thompson & West, 1879), ch. 38. El proyecto del ferrocarril fue abandonado al año siguiente y reanudado después de cuatro años, en 1857, con un nuevo estudio.
5. W. J. Lewis, F. Catherwood, *et al.*, *Report of the Engineers on the Survey of the Marysville and Benicia National Rail Road* [Informe de los ingenieros sobre el estudio del ferrocarril nacional de Marysville y Benicia] (Marysville, CA: California Express, 1853).
6. *Times* (Londres), 22 de marzo, 1854, p. 13; Stephens y Catherwood, *Incidents of Travel in Central America, Chiapas, and Yucatan*.
7. Se podría argumentar que Catherwood, que siempre parecía encontrarse en apuros económicos, había decidido sacar provecho del libro de Stephens. Con Stephens fuera del proyecto y en ese momento sin una ley internacional

de derechos de autor, claramente habría podido hacer su propio acuerdo de publicación en Inglaterra. Si bien eso podría haber sido una motivación, lo cierto es que el libro y la ardua exploración que implicó habían sido una empresa conjunta hasta cierto punto, y mientras Stephens estaba vivo cosechó la mayoría, si no todos, los beneficios monetarios del libro, que resultaron ser sustanciales. También es concebible que lo hayan conversado y que Stephens le diera el visto bueno a aquella edición antes de morir.

8. Stephens y Catherwood, *Incidents of Travel in Central America, Chiapas, and Yucatan*. Todas las referencias siguientes son de la edición inglesa revisada de 1854.
9. El nombre oficial de la Línea Collins era New York & Liverpool United States Mail Steamship Company.
10. Shaw, *The Sea Shall Embrace Them*. El libro excelentemente investigado de Shaw es un fascinante relato del viaje final del SS *Arctic*. La información que contiene, sobre los antecedentes del barco y su viaje final y hundimiento, se ha tomado del libro de Shaw, así como de relatos de testigos en los periódicos. Véase, específicamente, "The Loss of the *Arctic*", *New York Daily Tribune*, 13 de octubre, 1854, p. 1; "Loss of the United State Steamer *Arctic*", *Times* (Londres), 13 de octubre, 1854, p. 13.
11. "Letter of Credit #7185", *Daily Alta California*, San Francisco, 15 de abril, 1855.

EPÍLOGO

1. Según el relato del sacerdote y los informes de aldeanos indígenas de la zona, Stephens creía que la ciudad aún podría estar ocupada. "De tener razón", escribió Stephens, "aún existiría un lugar habitado por indígenas y una antigua ciudad indígena tal como la encontraron Cortés y Alvarado; hay hombres vivos capaces de resolver el misterio que se cierne sobre las ciudades en ruinas de América y que tal vez

puedan ir a Copán y leer las inscripciones de sus monumentos". Sin embargo, Tikal había sido abandonada mil años antes, como todas las ciudades mayas de la época Clásica.

2. Pendergast, *Palenque*. Pendergast cita un despacho del 18 de marzo de 1840 enviado por Frederick Chatfield al superintendente de Belice MacDonald: "El señor Stephens y el artista inglés americanizado que lo acompaña se han ido a Quetzaltenango, con la intención de llegar a Palenque cruzando la frontera con México" (p. 143).
3. I. Bernal, *A History of Mexican Archaeology: The Vanished Civilizations of Middle America* (Londres y Nueva York: Thames & Hudson, 1980), p. 132.
4. Aguirre, *Informal Empire*. Tras indagar en una serie de despachos de la oficina de Relaciones Exteriores, Aguirre dedica un capítulo fascinante (cap. 3) a los problemas de la administración colonial británica, usando la debacle de las antigüedades centroamericanas como un excelente ejemplo.
5. Esto habría sido un momento de reivindicación sumamente satisfactorio para Stephens. Diez años antes, Chatfield había menospreciado su expedición a América Central en un despacho al coronel MacDonald: "No tengo información sobre los viajeros. Stephens revolotea por todo el país en busca de material para su libro". Pero, por supuesto, Stephens no tenía forma de saber nada sobre ninguno de los despachos.
6. Finalmente, en 1854, los frustrados directivos del Museo Británico encargaron a dos extranjeros que viajaban por América Central, el explorador alemán Moritz Wagner y el naturalista austríaco Karl Ritter von Scherzer, que fueran a las ruinas a investigar la forma más práctica de extraer las esculturas. Sin embargo, los dos hombres no estuvieron dispuestos a arriesgar sus vidas dirigiéndose a Copán mientras había una guerra en curso entre Honduras y Guatemala. En su lugar, decidieron explorar Quiriguá. Scherzer produjo un informe para el museo sobre las ruinas de aquel lugar. No obstante, al final el proyecto fue abandonado y tendrían que

pasar varias décadas antes de que los británicos obtuvieran esculturas mayas de importancia.

7. J. Peréz de Lara, "A Brief History of the Rediscovery of Tikal and Archaeological Work at the Site", http://www.mesoweb.com/tikal/features/history/history.html.
8. I. Graham, *Alfred Maudslay and the Maya: A Biography* (Norman: University of Oklahoma Press, 2002). Graham ofrece un relato fascinante y afectuoso de la vida de Maudslay.
9. Aunque Teobert Maler era austríaco, parte de su trabajo fue patrocinado por el Museo Peabody de la Universidad de Harvard.
10. Graham, *Alfred Maudslay and the Maya.*
11. Coe, *Breaking the Maya Code.* Coe ofrece un magistral relato del largo y arduo trabajo que implica el desciframiento de los jeroglíficos mayas. Además, cubre la historia de la investigación sobre los mayas a lo largo del siglo XX, evocando interesantes descripciones biográficas de muchos de los personajes involucrados.
12. Eissler y Totten, "The Panama Canal".
13. http://www.czbrats.com/Articles/prropen.htm.
14. Robinson, *Panama,* p. 21.
15. McCullough, *The Path Between the Seas.*
16. http://www.panarail.com/en/history/index-03.ht.